독일외교문서
한 국 편

1874~1910

8

이 저서는 2017년 대한민국 교육부와 한국학중앙연구원(한국학진흥사업단)의 한국학 분야 토대연구지원사업의 지원을 받아 수행된 연구임 (AKS-2017-KFR-1230002)

This work was supported by Korean Studies Foundation Research through the Ministry of Education of the Republic of Korea and Korean Studies Promotion Service of the Academy of Korean Studies (AKS-2017-KFR-1230002)

■ 독일학총서 Bibliothek der Germanistik ■

독일외교문서
한 국 편

1874~1910

8

고려대학교 독일어권문화연구소 편

보고사
BOGOSA

개항기 한국 관련
독일외교문서 번역총서 발간에 부쳐

1. 본 총서에 대하여

본 총서는 고려대학교 독일어권문화연구소가 한국학중앙연구원에서 시행하는 토대사업(2017년)의 지원을 받아 3년에 걸쳐 출간하는 작업의 두 번째 결과물이다. 해당 프로젝트 〈개항기 한국 관련 독일외교문서 탈초·번역·DB 구축〉은 1866년을 전후한 한－독 간 교섭 초기부터 1910년까지의 한국 관련 독일 측 외교문서 9,902면을 탈초, 번역, 한국사 감교 후 출판하고, 동시에 체계적인 목록화, DB 구축을 통해 온라인 서비스 토대를 마련함으로써 관련 연구자 및 관심 있는 일반인에게 제공하기 위한 것이다. 본 프로젝트의 의의는 개항기 한국에서의 독일의 역할과 객관적인 역사의 복원, 한국사 연구토대의 심화·확대, 그리고 소외분야 연구 접근성 및 개방성 확대라는 측면에서 찾을 수 있다.

이번 우리 연구소가 국역하여 공개하는 독일외교문서 자료는 한국근대사 연구는 물론이고 외교사, 한독 교섭사를 한 단계 끌어올릴 수 있는 중요한 일차 사료들이다. 그러나 이 시기의 해당 문서는 모두 전문가가 아닌 경우 접근하기 힘든 옛 독일어 필기체로 작성되어 있어 미발굴 문서는 차치하고 국내에 기수집된 자료들조차 일반인은 물론이고 국내 전문연구자의 접근성이 극히 제한되어 있는 상황이다. 이런 상황에서 우리의 프로젝트가 성공적으로 마무리된다면 절대적으로 부족한 독일어권 연구 사료를 구축하여, 균형 잡힌 개항기 연구 토대를 마련하고, 연구 접근성과 개방성, 자료 이용의 효율성을 제고함과 동시에 한국사, 독일학, 번역학, 언어학 전문가들의 학제 간 협동 연구를 촉진하는 중요한 계기가 될 것이다.

2. 정치적 상황

오늘날 우리는 전 지구적 세계화가 가속화되고 있는 상황 속에 살고 있다. '물결'만으로는 세계화의 속도를 따라잡을 수 없게 되었다. 초연결 사회의 출현으로 공간과 시간,

그리고 이념이 지배하던 지역, 국가 간 간극은 점차 줄어들고 있다. 그렇다고 국가의 개념이 사라지는 것은 아니다. 오히려 국가는 국민을 안전하게 보호하고 대외적으로 이익을 대변해야 하는 역할을 이런 혼란스러운 상황 속에서 더욱 성실히 이행해야 하는 사명을 갖는다.

한국을 둘러싼 동아시아 국제정세는 빠르게 변화하고 있다. 지난 2년 사이에 남북한 정상은 두 번의 만남을 가졌고, 영원히 만나지 않을 것 같았던 북한과 미국의 정상 역시 싱가포르에 이어 하노이에서 역사적 회담을 진행하였다. 한반도를 둘러싼 오랜 적대적 긴장 관계가 완화되고 화해와 평화의 분위기가 조성된 것이다.

하지만 한반도에 완전한 평화가 정착되었다고 단언하기란 쉽지 않다. 휴전선을 둘러싼 남북한의 군사적 대치 상황은 여전히 변한 것이 없다. 동아시아에서의 주변 강대국의 패권 경쟁 또한 현재 진행형이다. 즉 한반도 평화 정착을 위해서는 한국, 북한, 미국을 비롯해서 중국, 러시아, 일본 등 동아시아 정세에 관여하는 국가들의 다양하고 때로는 상충하는 이해관계들을 외교적으로 세밀하게 조정할 필요가 있다.

한국은 다양한 국가의 복잡한 이해관계를 어떻게 조정할 것인가? 우리 프로젝트 팀은 세계화의 기원이라 할 수 있는 19세기 말에서 20세기 초 한반도의 시공간에 주목하였다. 이 시기는 통상 개항기, 개화기, 구한말, 근대 초기로 불린다. 증기기관과 증기선 도입, 철도 부설, 그 밖의 교통 운송 수단의 발달로 인해서 전 세계가 예전에 상상할 수 없을 정도로 가까워지기 시작하던 때였다. 서구 문물의 도입을 통해서 한국에서는 서구식 근대적 발전이 모색되고 있었다.

또 한편으로는 일본뿐만 아니라 청국, 그리고 서구 열강의 제국주의적 침탈이 진행되었던 시기였다. 한국 문제에 관여한 국가들은 동아시아에서 자국의 이익을 유지, 확대하려는 목적에서 끊임없이 경쟁 혹은 협력하였다. 한국 역시 세계화에 따른 근대적 변화에 공감하면서도 외세의 침략을 막고 독립을 유지하려는 데에 전력을 기울였다. 오늘날 세계화와 한국 관련 국제 정세를 이해하기 위해서는 무엇보다 그 역사적 근원인 19세기 후반에서 20세기 초반의 상황을 알아야 한다. 이에 본 연구소에서는 개항기 독일외교문서에 주목하였다.

3. 한국과 독일의 관계와 그 중요성

오늘날 한국인에게 독일은 친숙한 국가이다. 1960~70년대 약 18,000여 명의 한국인은 낯선 땅 독일에서 광부와 간호사로 삶을 보냈다. 한국인들이 과거사 반성에 미흡한 일본을 비판할 때마다 내세우는 반면교사의 대상은 독일이다. 한때는 분단의 아픔을 공유하기도 했으며, 통일을 준비하는 한국에 타산지석의 대상이 되는 국가가 바로 독일이다. 독일은 2017년 기준으로 중국과 미국에 이어 한국의 세 번째로 큰 교역 국가이기도 하다.

한국인에게 독일은 이웃과도 같은 국가이지만, 정작 한국인들은 독일 쪽에서는 한국을 어떻게 인식하고 정책을 추진하는지 잘 알지 못한다. 그 이유는 독일이 한반도 국제정세에 결정적인 역할을 끼쳐온 국가가 아니기 때문이다. 오늘날 한국인에게는 미국, 중국, 일본, 러시아가 현실적으로 중요하기에, 정서상으로는 가까운 독일을 간과하는 것이 아닐까 하는 생각이 든다.

그렇다면 우리는 독일을 몰라도 될까? 그렇지 않다. 독일은 EU를 좌우하는 핵심 국가이자, 세계의 정치, 경제, 사회, 문화를 주도하는 선진국이자 강대국이다. 독일은 유럽뿐만 아니라 동아시아를 비롯한 전 세계의 동향을 종합적으로 고려하는 가운데 한국을 인식하고 정책을 시행한다. 독일의 대한정책(對韓政策)은 전 지구적 세계화 속에서 한국의 위상을 보여주는 시금석과 같다.

세계화의 기원인 근대 초기도 지금과 상황이 유사하였다. 미국, 영국에 이어서 한국과 조약을 체결한 서구 열강은 독일이었다. 청일전쟁 직후에는 삼국간섭을 통해서 동아시아 진출을 본격화하기도 했다. 하지만 당시 동아시아에서는 영국, 러시아, 일본, 청국, 그리고 미국의 존재감이 컸다. 19세기 말에서 20세기 초 한반도를 둘러싼 국제정세에서 독일이 차지하는 위상은 상대적으로 높지 않았다.

하지만 당시 독일은 동아시아 정세의 주요 당사국인 영국, 러시아, 일본, 청국, 미국 등의 인식과 정책 관련 정보를 집중적으로 수집하고 종합적으로 분석하였다. 세계 각국의 동향을 종합적으로 판단한 과정에서 독일은 한국을 평가하고 이를 정책으로 구현하고자 했다.

그렇기 때문에 개항기 한국 관련 독일외교문서는 의미가 남다르다. 독일외교문서에는 독일의 한국 인식 및 정책뿐만 아니라, 한국 문제에 관여한 주요 국가들의 인식과 대응들이 담겨 있는 보고서들로 가득하다. 독일은 자국 내 동향뿐만 아니라 세계 각국의 동향을 고려하는 과정에서 한국을 인식, 평가하고 정책화하였다. 그렇기에 독일외교문서는 유럽 중심에 위치한 독일의 독특한 위상과 전 지구적 세계화 속에서 세계 각국이 한국을 이해한 방식의 역사적 기원을 입체적으로 추적하기에 더할 나위 없이 좋은 자료인 것이다.

4. 이번 번역총서 작업과정에 대해

1973년 4월 4일, 독일과의 본격적인 교류를 위하여 〈독일문화연구소〉라는 이름으로 탄생을 알리며 활동을 시작한 본 연구소는 2003년 5월 15일 자로 〈독일어권문화연구소〉

로 명칭을 바꾸고 보다 폭넓은 학술 및 연구를 지향하여 연구원들의 많은 활동을 통해, 특히 독일어권 번역학 연구와 실제 번역작업에 심혈을 기울여 왔다. 이번에 본 연구소에서 세상에 내놓는 4권의 책은 모두(冒頭)에서 밝힌 대로 2017년 9월부터 시작한, 3년에 걸친 한국학중앙연구원 프로젝트의 1년 차 연구의 결과물이다. 여기까지 오기까지 작업의 역사는 상당히 길고 또한 거기에 참여했던 인원도 적지 않다. 이 작업은 독일어권연구소장을 맡았던 한봉흠 교수로부터 시작된다. 한봉흠 교수는 연구소소장으로서 개항기 때 독일 외교관이 조선에서 본국으로 보낸 보고 자료들을 직접 독일에서 복사하여 가져옴으로써 자료 축적의 기본을 구축하였다. 그 뒤 김승옥 교수가 연구소 소장으로 재직하면서 그 자료의 일부를 번역하여 소개한 바 있다(고려대 독일문화연구소 편, 『(朝鮮駐在)獨逸外交文書 資料集』, 우삼, 1993). 당시는 여건이 만만치 않아 선별적으로 번역을 했고 한국사 쪽의 감교를 받지도 못하는 상태였다. 그러나 당시로써 옛 독일어 필기체로 작성된 보고문을 정자의 독일어로 탈초하고 이를 우리말로 옮기는 것은 생면부지의 거친 황야를 걷는 것과 같은 것이었다.

우리 연구팀은 저간의 사정을 감안하여 이번 프로젝트를 위해 보다 철저하게 다양한 팀을 구성하고 연구 진행에 차질이 없도록 하였다. 연구팀은 탈초, 번역, 한국사 감교팀으로 나뉘어 먼저 원문의 자료를 시대별로 정리하고 원문 중 옛 독일어 필기체인 쿠렌트체와 쥐털린체로 작성된 문서들을 독일어 정자로 탈초하고 이를 타이핑하여 입력한 뒤 번역팀이 우리말로 옮기고 이후 번역된 원고를 감교팀에서 역사적으로 고증하여 맞는 용어를 선택하고 필요에 따라 각주를 다는 등 다양한 협력을 수행하였다. 이번에 출간된 4권의 책은 데이터베이스화하여 많은 연구자들이 널리 이용할 수 있을 것이다. 총서는 전체 15권으로 구성될 예정이다.

2018년 9월부터 2019년 8월까지 작업한 2차분 6권을 드디어 출간하게 된 것을 연구책임자로서 기쁘게 생각한다. 무엇보다 긴밀하게 조직화된 팀워크를 보여준 팀원들(번역자, 탈초자, 번역탈초 감수 책임자, 한국사 내용 감수 책임자, 데이터베이스팀 책임자)과 연구보조원 한 분 한 분에게 감사드린다. 그리고 프로젝트의 준비단계에서 활발한 역할을 한 김용현 교수와 실무를 맡아 프로젝트가 순항하도록 치밀하게 꾸려온 이정린 박사와 한승훈 박사에게 감사의 뜻을 전한다. 본 연구에 참여한 모든 연구원의 해당 작업과 명단은 각 책의 말미에 작성하여 실어놓았다.

2020년 봄날에
고려대학교 독일어권문화연구소장
김재혁

일러두기

1. 『독일외교문서 한국편 1874~1910』은 독일연방 외무부 정치문서보관소(Archives des Auswärtigen Amts)에서 소장하고 있는 근대 시기 한국 관련 독일외교문서를 번역한 것이다. 구체적으로는 1874년부터 1910년에 이르는 시기 독일 외무부에서 생산한 한국 관련 사료군에 해당하는 I. B. 16 (Korea)과 I. B. 22 Korea 1에 포함된 문서철을 대상으로 한다. ※ Peking II 127, 128에 수록된 한국 관련 기사(시기 : 1866~1881)는 별도 권호를 지정해서 출판할 예정임을 알려둔다.

2. 당시 독일외무부는 문서의 외무부 도착일, 즉 수신일을 기준으로 문서를 편집하였다. 이에 본 문서집에서는 독일외무부가 문서철 편집과정에서 취했던 수신일 기준 방식을 따랐다.

3. 본 문서집은 한국어 번역본과 독일어 원문 탈초본으로 구성되어 있다.

   1) 한국어 번역본에는 독일어 원문의 쪽수를 기입함으로써, 교차 검토를 용의하게 했다.
   2) 독일어 이외의 언어로 작성된 문서는 한국어로 번역하지 않되, 전문을 탈초해서 문서집에 수록하였다. 해당 문서가 주 보고서인 경우는 한국어 번역본과 독일어 원문 탈초본에 함께 수록하였으며, 첨부문서에 해당할 경우에는 한국어 번역본에 수록하지 않고, 독일어 탈초본에 수록하였다. ※ 주 보고서에 첨부문서로 표기되지 않은 상태에서 추가된 문서(언론보도, 각 국 공문서 등)들은 [첨부문서]로 표기하였다.

4. 당대 독일에서는 쿠렌트체(Kurrentschrift)로 불리는 옛 독일어 필기체와 프로이센의 쥐털린체(Sütterlinschrift)가 부가된 형태의 외교문서를 작성하였다. 이에 본 연구팀은 쿠렌트체와 쥐털린체로 되어 있는 독일외교문서 전문을 현대 독일어로 탈초함으로써 문자 해독 및 번역을 용이하게 했다.

   1) 독일어 탈초본은 작성 당시의 원문을 그대로 현대 독일어로 옮기는 것을 원칙으로 했다. 그 때문에 독일어 탈초본에는 문서 작성 당시의 철자법과 개인의 문서 작성 상의 특성이 드러나 있다. 최종적으로 해독하지 못한 단어나 철자는 [sic.]로 표기했다.

2) 문서 본문 내용에 대한 다양한 종류의 제3자의 메모는 각주에 [Randbemerkung]을 설정하여 최대한 수록하고 있다.

3) 원문서 일부에 있는 제3자의 취소 표시(취소선)는 취소선 맨 뒤에 별도의 각주를 만들어 제3자의 취소 영역을 표시했다. 편집자의 추가 각주 부분은 모두 대괄호를 통해 원주와 구분하고 있다.

4) 독일어 탈초본에서는 연구자들의 편의를 돕기 위해서 각 문건 상단에 원문출처, 문서수발신 정보, 문서의 수신 과정에서 추가된 문구 등을 알아볼 수 있도록 표를 작성하였다.

예)　　　　　Die Rückkehr Li hung chang's nach Tientsin. ──❶

PAAA_RZ201-018901_162 ──❷			
Empfänger	Bismarck ──❸	Absender	Brandt ──❹
A. 6624. pr. 30 Oktober 1882. ──❺		Peking, den 7. September 1882. ──❻	
Memo	Orig. 1. 11. nach Hamburg ──❼		

① 문서 제목 : 원문서에 제목(문서 앞 또는 뒤에 Inhalt 또는 제목만 표기됨)이 있는 경우 제목을 따르되, 제목이 없는 경우는 "[　]"로 표기해 원문서에 제목이 없음을 나타냄.

② 원문출처 : 베를린 문서고에서 부여한 해당 문서 번호에 대한 출처 표기. 문서번호-권수_페이지 수로 구성

③ 문서 수신자

④ 문서 발신자

⑤ 문서 번호, 수신일

⑥ 문서 발신지, 발신일

⑦ 문서 수신·전달 과정에서 추가적으로 작성된 문구

이 같은 표가 작성되지 않은 문서는 베를린 자체 생성 문서이거나 정식 문서 형태를 갖추지 않은 문서들이다.

5. 본 연구팀은 독일외교문서의 독일어 전문을 한국어로 번역·감교하였다. 이를 통해 독일어 본래의 특성과 당대 역사적 맥락을 함께 담고자 했다. 독일외교문서 원문의 번역 과정에서 뜻이 분명하지 않은 경우에는 [번역 주석]을 부기하였으며, [감교 주석]을 통해서 당대사적 맥락을 보완하였다. 아울러 독일외교문서 원문에 수록된 주석의 경우는 [원문 주석]으로 별도로 표기하였다.

6. 한국어 번역본에서는 중국, 일본, 한국의 지명, 인명은 모두 원음으로 표기하되, 관직과 관청명의 경우는 한국 학계에서 일반적으로 통용되는 한문의 한국어 발음을 적용하였다. 각 국가의 군함 이름 등 기타 사항은 외교문서에 수록된 단어를 그대로 병기하였다. 독일외교관이 현지어 발음을 독일어로 변환되는 과정에서 실체가 불분명해진 고유명사의 경우, 독일외교문서 원문에 수록된 단어 그대로 표기하였다.

7. 한국어 번역본에서는 연구자들의 편의를 돕기 위해서 각 문건 상단에 문서제목, 문서 수발신 정보(날짜, 번호), 문서의 수신 과정에서 추가된 문구 등을 알아볼 수 있도록 표를 작성하였다.

예)

01
조선의 현황 관련 ―❶

발신(생산)일	1889. 1. 5 ―❷	수신(접수)일	1889. 3. 3 ―❸
발신(생산)자	브란트 ―❹	수신(접수)자	비스마르크 ―❺
발신지 정보	베이징 주재 독일 공사관 ―❻	수신지 정보	베를린 정부 ―❼
	No. 17 ―❽		A. 3294 ―❾
메모	3월 7일 런던 221, 페테르부르크 89 전달 ―❿		

① 문서 제목, 번호 : 독일어로 서술된 제목을 따르되, 별도 제목이 없을 경우는 문서 내용을 확인 후 "[ ]"로 구별하여 문서 제목을 부여하였음. 제목 위의 번호는 본 자료집에서 부여하였음.
② 문서 발신일 : 문서 작성자가 문서를 발송한 날짜
③ 문서 수신일 : 문서 수신자가 문서를 받은 날짜
④ 문서 발신자 : 문서 작성자 이름
⑤ 문서 수신자 : 문서 수신자 이름
⑥ 문서 발신 담당 기관
⑦ 문서 수신 담당 기관
⑧ 문서 발신 번호 : 문서 작성 기관에서 부여한 고유 번호
⑨ 문서 수신 번호 : 독일외무부에서 문서 수신 순서에 따라 부여한 번호
⑩ 메모 : 독일외교문서의 수신·전달 과정에서 추가적으로 작성된 문구

8. 문서의 수발신 관련 정보를 특정하기 어려운 문서(예를 들어 신문 스크랩)의 경우는 독일외무부에서 편집한 날짜, 문서 수신 번호, 그리고 문서 내용을 토대로 문서 제목

을 표기하였다.

9. 각 권의 원문 출처는 다음과 같다.

자료집 권 (발간 연도)	독일외무부 정치문서고 문서 분류 방식			
	문서분류 기호	일련번호	자료명	대상시기
1 (2019)	I. B. 16 (Korea)	R18900	Akten betr. die Verhältnisse Koreas (1878년 이전) 조선 상황	1874.1~1878.12
	I. B. 22 Korea 1	R18901	Allgemiene Angelegenheiten 1 일반상황 보고서 1	1879.1~1882.6
	I. B. 22 Korea 1	R18902	Allgemiene Angelegenheiten 2 일반상황 보고서 2	1882.7~1882.11
2 (2019)	I. B. 22 Korea 1	R18903	Allgemiene Angelegenheiten 3 일반상황 보고서 3	1882.11~1885.1.19
	I. B. 22 Korea 1	R18904	Allgemiene Angelegenheiten 4 일반상황 보고서 4	1885.1.20~1885.4.23
	I. B. 22 Korea 1	R18905	Allgemiene Angelegenheiten 5 일반상황 보고서 5	1885.4.24~1885.7.23
3 (2019)	I. B. 22 Korea 1	R18906	Allgemiene Angelegenheiten 6 일반상황 보고서 6	1885.7.24~1885.12.15
	I. B. 22 Korea 1	R18907	Allgemiene Angelegenheiten 7 일반상황 보고서 7	1885.12.16~1886.12.31
	I. B. 22 Korea 1	R18908	Allgemiene Angelegenheiten 8 일반상황 보고서 8	1887.1.1~1887.11.14
4 (2019)	I. B. 22 Korea 1	R18909	Allgemiene Angelegenheiten 9 일반상황 보고서 9	1887.11.15~1888.10.3
	I. B. 22 Korea 1	R18910	Allgemiene Angelegenheiten 10 일반상황 보고서 10	1888.10.4~1889.2.28
	I. B. 22 Korea 1	R18911	Allgemiene Angelegenheiten 11 일반상황 보고서 11	1889.3.1~1890.12.13
	I. B. 22 Korea 1	R18912	Allgemiene Angelegenheiten 12 일반상황 보고서 12	1890.12.14~1893.1.11

5 (2020)	I. B. 22 Korea 1	R18913	Allgemiene Angelegenheiten 13 일반상황 보고서 13	1893.1.12~1893.12.31
	I. B. 22 Korea 1	R18914	Allgemiene Angelegenheiten 14 일반상황 보고서 14	1894.1.1~1894.7.14
	I. B. 22 Korea 1	R18915	Allgemiene Angelegenheiten 15 일반상황 보고서 15	1894.7.15~1894.8.12
	I. B. 22 Korea 1	R18916	Allgemiene Angelegenheiten 16 일반상황 보고서 16	1894.8.13~1894.8.25
6 (2020)	I. B. 22 Korea 1	R18917	Allgemiene Angelegenheiten 17 일반상황 보고서 17	1894.8.26~1894.12.31
	I. B. 22 Korea 1	R18918	Allgemiene Angelegenheiten 18 일반상황 보고서 18	1895.1.19~1895.10.18
	I. B. 22 Korea 1	R18919	Allgemiene Angelegenheiten 19 일반상황 보고서 19	1895.10.19~1895.12.31
	I. B. 22 Korea 1	R18920	Allgemiene Angelegenheiten 20 일반상황 보고서 20	1896.1.1~1896.2.29
7 (2020)	I. B. 22 Korea 1	R18921	Allgemiene Angelegenheiten 21 일반상황 보고서 21	1896.3.1~1896.5.6
	I. B. 22 Korea 1	R18922	Allgemiene Angelegenheiten 22 일반상황 보고서 22	1896.5.7~1896.8.10
	I. B. 22 Korea 1	R18923	Allgemiene Angelegenheiten 23 일반상황 보고서 23	1896.8.11~1896.12.31
	I. B. 22 Korea 1	R18924	Allgemiene Angelegenheiten 24 일반상황 보고서 24	1897.1.1~1897.10.31
8 (2020)	I. B. 22 Korea 1	R18925	Allgemiene Angelegenheiten 25 일반상황 보고서 25	1897.11.1~1898.3.15
	I. B. 22 Korea 1	R18926	Allgemiene Angelegenheiten 26 일반상황 보고서 26	1898.3.16~1898.9.30
	I. B. 22 Korea 1	R18927	Allgemiene Angelegenheiten 27 일반상황 보고서 27	1898.10.1~1899.12.31

9 (2020)	I. B. 22 Korea 1	R18928	Allgemiene Angelegenheiten 28	1900.1.1~1900.6.1
			일반상황 보고서 28	
	I. B. 22 Korea 1	R18929	Allgemiene Angelegenheiten 29	1900.6.2~1900.10.31
			일반상황 보고서 29	
	I. B. 22 Korea 1	R18930	Allgemiene Angelegenheiten 30	1900.11.1~1901.2.28
			일반상황 보고서 30	
10 (2020)	I. B. 22 Korea 1	R18931	Allgemiene Angelegenheiten 31	1901.3.1~1901.7.15
			일반상황 보고서 31	
	I. B. 22 Korea 1	R18932	Allgemiene Angelegenheiten 32	1901.7.16~1902.3.31
			일반상황 보고서 32	
	I. B. 22 Korea 1	R18933	Allgemiene Angelegenheiten 33	1902.4.1~1902.10.31
			일반상황 보고서 33	

10. 본 문서집은 조선과 대한제국을 아우르는 국가 명의 경우는 한국으로 통칭하되, 대한제국 이전 시기를 다루는 문서의 경우는 조선, 대한제국 선포 이후를 다루는 문서의 경우는 대한제국으로 표기하였다.

11. 사료군 해제

I. B. 16 (Korea)와 I. B. 22 Korea 1은 개항기 전시기라 할 수 있는 1874년부터 1910년까지 한국 관련 독일외교문서를 연, 월, 일에 중심으로 분류하여 정리한 사료군이다. 개항기 한국과 독일의 거의 전 분야에 걸친 다양한 관계를 확인할 수 있는 기초적인 사료라 할 수 있다. 한국과 독일의 관계 전반을 확인할 수 있는 편년체식 사료군은 독일이 동아시아정책에 기반을 둔 한국정책을 수립하는 데 기본이 되었다.

• I. B. 16 (Korea) : 1859년 오일렌부르크의 동아시아 원정 이후 베이징과 도쿄에 주재한 독일 공사들이 조선과 독일의 수교 이전인 1874~1878년간 조선 관련하여 보고한 문서들이 수록되어 있다. 이 시기는 조선이 최초 외세를 향해서 문호를 개방하고 후속 조치가 모색되었던 시기였다. 특히 쇄국정책을 주도하였던 흥선대원군이 하야하고 고종이 친정을 단행함으로써, 국내외에서는 조선의 대외정책 기조가 변화할 것이라는 전망이 나오던 시절이었다. 이러한 역사적 배경 속에서 I. B. 16 (Korea)에는 1876년 이전 서계문제로 촉발되었던 조선과 일본의 갈등과 강화도조약 체결,

그리고 조선의 대서구 문호개방에 관련해서 청국, 일본을 비롯해서 조선의 문호개방에 관여한 국가에 주재한 외교관의 보고서 및 언론기사를 비롯한 참고문서들이 수록되어 있다.

● I. B. 22 Korea 1 : 독일 외무부는 조선과 조약 체결을 본격화하기 시작한 1879년부터 별도로 "Korea"로 분류해서 한국 관련 문서를 보관하기 시작하였다. 영국외무부가 한국 관련 문서를 "China"와 "Japan"의 하위 목록에 분류한 것과 비교해보면, 독일외무부는 일찍부터 한국에 대한 중요성을 인식하고 대응했던 것으로 볼 수도 있다.

그 중에서 I. B. 22 Korea 1은 1879년부터 1910년까지 한국에 주재한 독일외교관을 비롯해서 한국 관련 각종 문서들이 연, 월, 일의 순서로 편집되어 있다. 개항기 전시기 독일의 대한정책 및 한국과 독일관계를 조망하는 본 연구의 취지에 부합한 사료군이라 할 수 있다. 그러기에 I. B. 22 Korea 1에는 한국의 국내외 정세 관련해서 한국에 주재한 독일외교관을 비롯해서 청국, 일본, 영국, 러시아 등 한국 문제에 관여한 국가에 관한 보고서 및 언론 기사를 비롯한 참고문서들이 수록되어 있다.

차례

외무부 정치 문서고 조선 관계 문서
1897.11.1~1898.3.15

외무부 정치 문서고 조선 관계 문서

1898.3.16~1898.9.30

외무부 정치 문서고 조선 관계 문서

1898.10.1~1899.12.31

외무부
A편

외무부 정치 문서고
조선 관계 문서

1897년 11월 1일부터
1898년 3월 15일까지

제25권
제26권에 계속

한국 No. 1

1897년	목록	수신정보
11월 4일 베를린의 최신 소식들 −절영도에 설치된 러시아 저탄소의 의미.		12923 11월 4일
11월 20일 "Neue Preußische Zeitung" "한국에서의 러시아와 영국의 대립" −한국에서 영국과 일본은 실패한 반면 러시아는 성공을 거두고 있는 것에 대한 논평.		13587 11월 20일
10월 3일 서울 보고서 No. 62 −한국 새 내각의 각료 명단을 보면 러시아의 영향권 하에 있는 것으로 보임. −한국에서의 러시아와 미국의 대립.		13774 11월 25일

11월 27일 도쿄 전보 No. 28
−일본에는 군사교관 문제로 협상이 진행되고 있다는 사실만 전해졌을 뿐,
  러시아와 한국 간에 최근 이루어진 합의에 대해서는 전혀 알려진 바가
  없음.
		13898
		11월 28일

12월 15일 베이징 전보 No. 97 −슈뻬이예르가 한국 탁지부 고문으로 초빙된 것에 대해 영국 정부가 불쾌 감 표명. −영국 전함이 한국 앞바다에서 우발적으로 시위를 벌임.		1257 12월 18일
12월 15일 페테르부르크 보고서 No. 455 −한국의 황제 선언에 대한 "Novoye Vremya"지 보도.		14636 12월 18일
12월 28일 황제 폐하의 전보 No. 10 −한국 정부에 해관총재 브라운을 다시 채용하라고 압박하기 위해 제물포 앞바다에서 시위하는 영국 함대에 대한 "Daily Mail"지의 기사.		1428 12월 28일
12월 28일 페테르부르크 보고서 No. 481 −한국 의회의 재소집, 새로운 국토 분할, 한국의 군사력 등에 관한 "Novoye Vremya"지 보도.		15086 12월 30일
12월 15일 런던 보고서 No. 502 −러시아가 한국의 재정과 군사 문제에 개입하며 점차 영향력을 확대하고 있는 것에 대한 "Saturday Review"지 보도. −일본에 러시아의 이런 행보를 더 이상 좌시하지 말 것을 촉구함.		14718

9월 23일 서울 보고서 No. 57 -태국 정부가 외국 대표들에게 민영익을 유럽 주재 공사로 임명하였음을 밝히고 오스트리아 정부에 이 사실을 전해줄 것을 요청함. -민영익의 공사 임명에 대한 프랑스 대리공사의 항의.	12987 11월 6일
10월 13일 서울 보고서 KNo. 66 -프랑스 정부는 새로 임명된 공사 민영익에 대한 승인을 거부함.	14007 12월 1일
10월 4일 서울 보고서 KNo. 63 -한국 왕이 황제 칭호 사용을 공식적으로 공포함.	13775 11월 25일
10월 22일 도쿄 보고서 tl 20 -한국 왕의 황제 칭호 사용 문제에 관한 일본 정부의 입장.	14009 12월 1일
10월 14일 서울 보고서 KNo. 67 -한국 왕이 외교사절단을 직접 소집해, 황제 칭호를 사용하기로 했다는 것을 통지하고 각국 대표들에게 이 사실을 본국 정부에 보고해줄 것을 요청함. -러시아와 일본 정부는 새로운 칭호 사용을 인정하는 문제로 곤란을 겪고 있는 것으로 보이나 미국은 별 문제 없는 것으로 보임. -한국의 국명은 옛 한자어인 '한' 또는 '대한'으로 변경되었음.	14208 12월 8일
10월 21일 서울 보고서 KNo. 68 -태국 정부는 한국의 국명이 변경되었음을 공식적으로 공포함. -독일제국 영사가 앞으로 이 국호를 계속 사용할 것인지 문의함.	14340 12월 9일
12월 16일 이곳 오스트리아 대사관의 외교 각서 -오스트리아 정부는 태국 공사 민영익을 승인하는 문제와 관련해 사전에 독일 정부의 입장이 어떤지 문의함.	14763 12월 21일
12월 28일 클레메트의 외교각서 -독일 정부가 태국 공사 민영익을 승인하는 문제에 관해 아직 입장을 안 밝히는 이유들.	14763에 추가
11월 28일 도쿄 보고서 tl 33 -한국 때문에 다른 분야에서 일본에 양보하려는 러시아의 의도. -현재의 일본 대신들은, 특히 외무대신 니시는 러시아에 우호적인 입장임. -한국과 관련해 러시아와 일본 간에 협상이 진행 중임.	74 1월 3일

11월 27일 서울 보고서 No. 76 －피살된 한국 왕비의 장례식.	672 11월 19일
2월 23일 서울 전보 No. 4 －대원군(왕의 부친)의 죽음. 　I. 대원군의 인품에 대한 클레메트의 평가 　II. 2월 24일 직접 보고	2264 2월 23일
12월 24일 서울 보고서 No. 79 －러시아 황제가 전보에 답신을 보내면서 수취인 이름에 "한국의 황제"라 　는 칭호를 사용함. －황제 칭호 문제에 대한 일본의 입장.	1795 2월 12일
1월 11일 런던 보고서 No. 28 －한국의 지배권을 놓고 영국, 러시아, 일본 간에 체결된 조약. －현 상태의 복구. －브라운의 재임용 및 원산과 부산에 있는 러시아와 일본의 위원들.	443 1월 13일
1월 11일 서울 보고서 No. 5 －제물포 앞바다에 영국의 강력한 전투함대가 정박하고 있음. －이에 두려움을 느낀 한국 왕이 미국 대표에게 도움을 요청했으나 거절 　당함. －영국 총영사가 영국 함대의 시위는 점령과는 상관없다고 밝힘.	443 1월 13일
1월 4일 서울 전보 No. 1 －러시아가 한국 황제를 인정함.	135 1월 5일
1월 5일 차관보의 기록 －프랑스 대사가 유럽 주재 한국대표(대사)의 임명 내정에 대해 독일 정부 　의 입장은 무엇인지 문의함. －프랑스 정부는 민영익을 유럽대사로 승인하지 않을 것이라고 함.	174 1월 6일
11월 11일 페테르부르크 칙령 No. 37 －한국 통치자의 황제 칭호 사용 문제 및 민영익을 한국 공사로 승인하는 　문제에 대한 러시아 정부의 입장에 대한 문의.	135에 추가
1월 11일 서울 전보 No. 1 －민영익이 러시아나 영국의 비호를 받을 것인지에 대한 문의.	174에 추가

1월 15일 서울 전보 No. 2 －러시아는 민영익을 옹호하고, 영국은 배척함.	545 1월 15일
1월 19일 페테르부르크에 발송한 전보 No. 21 －러시아가 민영익을 받아들이자 독일도 즉시 민영익을 승인.	545에 추가
1월 19일 페테르부르크 전보 No. 18 －무라비예프가 한국의 황제 칭호 인정을 사소한 기사도 정신의 발현이라고 함. －러시아 황제가 전보를 보면서 "한국 황제"라는 칭호를 사용. －러시아 정부는 민영익을 공사로 승인함.	712 1월 20일
3월 2일 클레메트의 기록 －한국에서의 러시아의 노력, 황제 칭호 인정 문제, 한국의 새 연호에 대한 크리엔 공사의 태도. /3월 4일 해당 내용에 대해 직접 보고/	2583 3월 2일 2583 I에 추가
3월 7일 페테르부르크에 보낸 칙령 No. 194 －한국에서 좋은 상태를 유지하고 있는 독－러 관계에 어울리지 않는 행동을 했다는 비난을 받은 크리엔 영사의 태도에 대한 해명. －독일은 한국의 경제 분야에 관심이 있을 뿐, 정치 분야에 대해서는 관심이 없음.	2583 III에 추가
3월 7일 서울에 보낸 칙령 t. 2 －러시아 영사의 선례를 따라 독일제국 영사도 한국 관청과 한국어로 문서를 교환할 때에는, 왕이 자신과 가족, 그리고 그의 나라를 지칭할 때 가리키는 새로운 명칭을 사용할 것. －독일 문서에는 지금까지 사용하던 명칭을 그대로 사용할 것. －독일제국 영사는 앞으로도 엄격히 중립적인 태도를 유지할 것.	2583 III에 추가
3월 9일 페테르부르크 보고서 No. 109 －독일 대사가 한국 주재 독일제국 영사의 태도에 대해 무라비예프에게 해명함.	2985 3월 11일
3월 18일 페테르부르크 전보 No. 65 －러시아 군사교관들과 재무부 고문이 한국에서 해임됨.	836 3월 18일
1월 13일 서울 보고서 No. 7 －한국 왕의 생모 사망. －왕의 양모는 이미 1890년에 사망했음.	2999(26권) 3월 11일

1월 15일 서울 보고서 No. 8 ─민영익이 페테르부르크에서 공사로 승인받는 바람에 영국은 그에게 아 　무런 이의도 제기하지 못함.	3000 3월 11일
3월 13일 서울 전보 No. 5 ─러시아의 군사 위원들과 재무 감독관이 한국에서 철수할 예정. /3월 15일 페테르부르크 220에서 보내온 암호 칙령/	3119 3월 13일
3월 5일 페테르부르크 보고서 No. 95 ─한국에서의 러시아 영향력에 대한 서울 주재 오스트리아 공사의 견해.	757 3월 11일
1월 18일 서울 보고서 No. 11 ─제물포 앞바다에 정박하고 있는 영국 함대.	3001 3월 11일
1월 19일 서울 보고서 No. 13 ─서울에서 조─러 국경까지, 이어서 블라디보스토크까지 철도 건설을 추 　진하려는 러시아의 계획. ─한국에서는 향후 외국에 철도 건설과 광산 허가권을 더 이상 내주지 않을 　예정.	760 3월 11일
1월 22일 차관보의 기록 ─베를린에서 한국 공사 민영익을 공사로 승인할 것인지 아닌지에 대한 　이탈리아 정부의 문의.	842 1월 22일

01

원문 p.392

[한국 관련 언론 보도]

발신(생산)일		수신(접수)일	1897. 10. 27
발신(생산)자		수신(접수)자	
발신지 정보		수신지 정보	베를린 외무부
			A. 12923

A. 12923   1897년 11월 4일 오후 수신

"베를리너 노이에스테 나흐리히텐[1]"

일본 측에서 우리에게 다음과 같은 서신을 보냈다.:

"한국에 대한 러시아의 영향력이 날로 커지고 있습니다. 러시아가 가장 최근에 거둔 성과는 한국 동남쪽에 위치한 작은 섬 절영도[2](Makinoschima 혹은 Sekedo라고도 부른다)에 저탄소 시설을 갖게 된 것입니다. 절영도는 중요한 조약항구인 부산 어귀에 위치해 있습니다. 이 새 저탄소는 절영도에 있는 일본의 옛 저탄소에서 불과 850미터 떨어져 있으며, 규모는 약 3만 Tsubo(일본 도량형) 혹은 12만 평방미터입니다. 땅이 평평한 곳이고, 바로 앞에 배를 댈 수 있는 훌륭한 선착장이 있습니다. 또 근처에서 언제든 좋은 식수를 구할 수 있습니다. 그래서 날이 가물면 부산 사람들이 늘 물을 길어가는 곳이기도 합니다. 부산에서 발간되는 일본어 신문 [조선신보[3]]에서 그 문제에 대해 다음과 같이 보도하였습니다.:

"이 러시아 저탄소는 무역은 차치하더라도 전략적으로 매우 중요한 위치에 자리하고 있다. 왜냐하면 그 섬 맞은편에 있는 쓰시마로부터 겨우 36킬로미터 떨어져 있기 때문에 일본에서 한국으로 건너갈 때 혹은 대한해협을 자유롭게 운항할 때 방해가 될 수 있다.

---

1 [감교 주석] 베를리너 노이에스테 나흐리히텐(Berliner Neueste Nachrichten)
2 [감교 주석] 절영도(Dear-Island)
3 [감교 주석] 조선신보(朝鮮新報)

러시아는 그런 자리를 확보함으로써 한국 남부에 튼튼한 거점을 마련하였다. 또한 들리는 소문에 의하면 러시아는 한국의 서쪽에 있는 제물포항 앞에도 제2의 저탄소를 설치할 것이라고 한다. 북쪽에서는 이미 만주를 관통하는 철도가 건설되었으며, 동쪽에서는 오래 전부터 강력한 전투항구인 블라디보스토크가 자리하고 있다. 이렇게 되면 한국은 사방에서 완전히 러시아의 영향권에 들어가게 된다. [조선신보]은 기사에서 영국인들이 12년 전에 점령했다가 1887년에 철수한 거문도의 사례를 거론하고 있다. 당시 영국 정부의 위원이었던 크랜브룩[4]은 상원에서 다음과 같이 설명했다.:

"우리는 해밀턴을[5] 포기했습니다. 청국 정부로부터 러시아가 그 섬을 차지할 일은 절대 없을 것이라는 확약을 받았기 때문입니다. 우리는 그 약속을 확고히 믿고 있습니다. 또한 청국 정부가 문서로 확인해준 바와 같이, 영국이 한국에 개입하지 않으면 러시아 역시 한국에 개입하지 않을 것이라는 다른 약속도 굳게 믿고 있습니다."

그런데 지금 러시아는 한국 해관을 이끌고 있는 영국 위원을 러시아 사람으로 교체하라고 한국 정부를 압박하고 있으며, 거문도 못지않게 중요한 섬 절영도에 거점을 마련하는 데 성공하였습니다. 영국과 일본은 그것을 가만히 지켜보기만 할 것입니까?

---

4   [감교 주석] 크랜브룩(G. Cranbrook)
5   [감교 주석] 거문도(Port Hamilton)

02

유럽 조약국 주재 신임 한국 공사의 임명

발신(생산)일	1897. 9. 23	수신(접수)일	1897. 11. 6
발신(생산)자	크리엔	수신(접수)자	호엔로에-실링스퓌르스트
발신지 정보	서울 주재 독일 총영사관	수신지 정보	베를린 정부
	No. 57		A. 12981
메모	연도번호 No. 415		

A. 12981 1897년 11월 6일 오전 수신

서울, 1897년 9월 23일

No. 57

독일제국 수상 호엔로에-실링스퓌르스트 전하 귀하

금년 7월 31일 본인의 보고서 No. 45에 이어, 전하께 삼가 아래와 같이 보고 드리게 되어 영광입니다. 이곳 외부대신[1]이 보낸 공식 서한에 의하면, 유럽 주재 공사로 임명되었던 민영환[2]은 어제 날짜로 그 직위에서 해임되었습니다. "그에게 하달된 지시를 따르지 않고 주어진 임무를 수행하지 않은 채 제멋대로 미국으로 돌아갔기 때문입니다." 그를 대신해 "궁을 자유롭게 출입하는 고위관리" 민영익[3]이 지난 달 31일로 독일, 오스트리아, 헝가리, 이탈리아, 러시아, 영국, 프랑스 지역을 관할하는 한국 공사로 임명되었습니다.

민영익은 죽은 왕비의 조카로, 1884년 12월까지만 해도 민씨 일파의 핵심적인 인물이자 한국에서 가장 영향력이 큰 대신들 가운데 한 명이었습니다. 그는 1884년 12월 4일[4], 모반자들에게 공격 받아 중상을 입었습니다. 치료를 마친 뒤 그는 추가 공격이 있을까 겁을 먹은 나머지 홍콩으로 도망쳤습니다. 그는 1887년 서울에 잠시 들렀던 것을 제외하고는 몇 년 전까지 계속 홍콩에 머물렀습니다. 그러다 3년 전부터는 주로 상하이에서

---

1   [감교 주석] 민종묵(閔種默)
2   [감교 주석] 민영환(閔泳煥)
3   [감교 주석] 민영익(閔泳翊)
4   [감교 주석] 갑신정변(甲申政變)

살고 있습니다. 그는 왕의 완벽한 신뢰를 받고 있는 터라 외국에 살면서도 계속 왕에게 영향력을 미쳐왔습니다.

새로운 공사의 임명 소식은 이곳에 파견된 유럽 조약국 대표들에게 사전에 통지되지 않았습니다. 프랑스 대리공사 플랑시[5]가 한국 외부 대신[6]을 만나 왕의 선택에 대해 구두로 항의했기 때문입니다.

1885년 말, 프랑스 은행[7] 홍콩 지점에서 민영익의 일행인 젊은 남자 2명이 위조된 서명으로 17,000달러를 사취해 간 일이 있었다고 합니다. 그 두 한국인 가운데 더 젊은 남자 역시 왕비의 친척이었다고 합니다. 플랑시가 얼마 전 본인에게 전해준 바에 의하면 사연은 이렇습니다. 어느 날 오전 두 젊은이가 은행을 찾아와 위조된 서명만 있고 직인은 찍히지 않은 수표를 은행에 제시하며 돈을 인출하려 합니다. 은행 측이 수표에 직인이 찍혀 있어야 한다고 말하자 그들은 그날 오후 민영익의 직인이 찍힌 수표를 들고 다시 찾아와 현금으로 교환한 뒤 그 돈을 갖고 미국으로 도망갔다는 것입니다. 민영익은 사기꾼들이 개인적으로 미국에 갈 여비가 전혀 없다는 사실을 이미 알고 있었을 것이 분명한데도, 위조범들이 홍콩을 떠난 지 일주일이 지나서야 은행에 혹시 그들이 부당한 방법으로 돈을 가져갔느냐고 문의했다고 합니다. 그제야 그들의 사기행각이 발각된 것입니다. 하지만 이미 사기꾼들을 일본을 떠나 미국으로 가고 있었기 때문에 그들을 추적하는 것은 불가능했습니다.

결국 은행은 민영익에게 손해를 배상하라며 소송을 제기했지만 홍콩 법정에서 패소하였습니다. 좋은 방법으로 돈을 받아내려던 홍콩 주재 프랑스 영사의 시도는 허사로 끝났습니다.

그 모든 사안이 민영익에게 불리하게 작용하고 있습니다.

각고의 노력 끝에 드디어 그와 프랑뎅[8] 위원은 1891년과 1893년에 한국인들에게 사취당한 금액을 회수하는 데 성공했다고 합니다. 물론 이자는 받지 못했습니다.

8월 초 민영익을 공사로 임명한다는 소문이 돌자 그는 일단 본국 정부에 민영익에 관해 자세한 보고를 올렸다고 합니다. 그리고 파리에서 민영익을 공사로 승인할 것인지 여부를 전신으로 알려달라고 요청하였습니다.

프랑스 대리공사가 계속 이의를 제기하였음에도 불구하고 현재 민영익은 유럽을 관

---

5 [감교 주석] 플랑시(V. C. Plancy)
6 [감교 주석] 조병식(趙秉式)
7 [감교 주석] 할인은행(Comptoir d' Escompte)
8 [감교 주석] 프랑뎅(H. Frandin)

할하는 한국 대표로 임명되었습니다.

끝으로 전하께 삼가 아래 사항에 대해 정중히 보고 드립니다. 한국 외부대신이 어제 공식 문서로, 오스트리아-헝가리 제국 정부에 민영익 임명 소식을 전해달라고 요청해 왔습니다. 그에 따라 본인은 그 요구사항을 정중히 전하께 전달하는 바입니다.

본인은 본 보고서의 사본을 베이징과 도쿄 주재 독일제국 공사관에 보낼 것입니다.

크리엔[9]

내용: 유럽 조약국 주재 신임 한국 공사의 임명

---

9 [감교 주석] 크리엔(F. Krien)

03

[한국 관련 영러 대립에 관한 언론 보도]

발신(생산)일		수신(접수)일	1897. 11. 20
발신(생산)자		수신(접수)자	
발신지 정보		수신지 정보	베를린 외무부 A. 13587

A. 13587 1897년 11월 20일 오후 수신

"노이에 프로이셰 짜이퉁"[1]

한국에서의 러시아와 영국의 대립

몇 주 전, 페테르부르크와 모스크바의 주요 신문들에 동아시아에서 러시아의 영향력이 크게 줄었다며 탄식하는 기사가 실렸다. 러시아가 수년 전부터 황해 연안에서 자국의 위상을 확고히 다지기 위해 많은 노력을 기울여왔음에도 불구하고 결과는 그동안의 강력한 노력에 부합하지 못한 게 확실하다. 따라서 그들의 탄식이 결코 터무니없지만은 않다. 일단 영국인들이 러시아의 진출을 방해할 수 있는 많은 이권을 획득했다. 한국 탁지부의 최고 직위에 영국인[2]이 진출한 것이 그 사례라 하겠다. 그는 뛰어난 업무 역량을 발휘하고 있으며, 조국인 영국의 무역 이익을 대변하는 데에도 큰 역할을 수행하였다. 영국의 자본과 행동력은 한국의 채무관계를 안정화 시켰다. 브라운은 한국 탁지부에서 2년간 있으면서 한국의 국가채무 총액을 상회하는 규모의 금액을 대출 받게 해 주었고, 그것을 통해 영국은 많은 이익을 보았다. 자연스레 한국에서 영국의 영향력은 커졌고, 양국 관계는 경제 분야에서 현격하게 발전하기 시작했다. 브라운의 신중한 처신과 외교 사절단의 노력을 통해 한국에 수많은 영국 무역상 거류지가 설치되었다. 또한 그는 한국 왕으로부터 현재 국제 무역에 사용되고 있는 중요한 항구 2개를 개항하라는 허가를 받아 냈다.

---

1 [감교 주석] 노이에 프로이셰 짜이퉁(Neue Preußische Zeitung)
2 [감교 주석] 브라운(J. M. Brown)

러시아는 최근의 이런 상황에 몹시 당황하고 있다.

누구나 주변여건이 자신에게 유리한 도시에서 사업을 할 수 있는 현재와 같은 상황에서는 경제 분야에서 영국의 영향력이 커진 것은 당연하다.

누구나 자신에게 특히 상황이 유리한 도시에서 사업을 할 수 있는 가능성이 있는 열려 있는 지금, 경제적인 면에서 영국의 영향력이 우세해진 것은 당연하다. 왕비가 피살된 이후 왕이 1895년 10월 9일 러시아 공사관으로 피신[3]하였을 때, 페테르부르크에서는 조만간 한국이 러시아에 합병될 수도 있겠다고 거의 확신했다. 그 확신이 너무 큰 나머지 러시아 사절단은 영국의 사소한 활동들에 충분히 주목하지 않았고, 그 결과 실제로 영국인들이 갑작스럽게 성공을 거두자 놀란 것이다. 하지만 이런 추론이 가능하려면 영국인들이 한국에 열정적으로 새로이 진출해 그동안 그들이 이룩한 성과를 능가하는 특혜를 요구할 수 있는 기회를 잡을 때까지 러시아가 일부러 영국인들을 방치했다는 가정이 필요하다. 하지만 근래 한국에서 급속하게 영향력을 확대해가고 있는 러시아 정부가 모든 것을 우연에 맡기고 마냥 손을 놓고 있었다는 것은 상상할 수 없는 일이다. 왜냐하면 러시아는 늘 모든 것을 사전에 주도면밀하게 준비하였고, 계획했던 일이 일어나기에 적합한 때가 오기를 기다려왔기 때문이다.

늘 목적을 염두에 두고 행동하는 러시아 정부가 제일 먼저 한국 군대를 훈련시킬 러시아 교관을 다시 파견하는 것은 어둠 속에서 슬금슬금 파고들어오는 적에게 보낸 단호한 답변이라 할 수 있다. 러시아 교관의 파견은 영국에 치명적인 타격이 될 수 있다. 영국인들이 이제껏 어렵게 이룩한 모든 것을 수포로 만들어버릴 수 있기 때문이다. 또한 그것은 한국을 매개로 아시아 시장을 새로이 개척하려는 영국 산업계의 계획에 심각한 장애가 될 수 있다. 이제부터 한국 군대에 미칠 러시아 장교들의 영향력은 오로지 무역 분야에서만 탁월한 능력을 발휘하고 있는 영국의 위상을 서서히 무너뜨릴 게 분명하다. 러시아는 아시아에서의 적을 눈앞에서 바짝 쫓아갈 수 있는 최적의 시기를 포착하였다. 아직 완전히 문명화되지 않은 극동아시아의 민족들을 제 편으로 끌어들이는 데에는 활발한 교류와 상품의 교역보다는 군사적인 우월함이 더 유리하기 때문이다. 군사교관의 파견은 새로운 사건이 아니다. 그 계획은 시모노세키 사건이 평화적으로 해결된 직후부터 추진되었다. 러시아 공사관은 서울에서 오랫동안 그에 유리한 상황을 조성하기 위해 노력했다. 그리고 드디어 왕의 마음을 움직여, 그가 직접 자국 군대를 재조직하기 위해

---

3   [감교 주석] 아관파천(俄館播遷). 아관파천은 1896년 2월 11일 단행됨. 1895년 10월 9일은 명성황후 시해사건 다음날임.

많은 교관들을 파견해 달라고 러시아에 요청하게 만든 것이다. 모스크바에서 황제 대관식이 열렸을 때에도 러시아는 이 일을 계속 추진해 민영환[4] 공사와 협상을 벌였다. 비록 협상의 내용 가운데 극히 일부만 공개되었지만 당시에 이미 두 나라는 합의에 도달하였다. 일단 한국의 군대 현황을 파악하기 위해서라는 명분을 내세워 푸티아타 참모총장[5]이 한국으로 떠났다. 하지만 실제 목적은 한국 왕에게 조언하고 러시아 공사관의 업무를 돕기 위해서였다. 그 때문에 드디어 이 사안의 윤곽이 드러난 것이다. 그런 다음 장교 몇 명이 그를 뒤따라 서울로 갔다. 그런데 그 장교들이 어찌나 유능하게 일을 잘했던지 벌써 한국 군대의 일부가 러시아 훈련에 참여하고 있으며, 한국 장교들은 러시아어로 지휘하고 있다. 사실 최근에 교관들이 추가로 파견된 것은 이미 오랜 전에 결정된 조처를 이행하는 것에 불과하며, 단지 지금 더 활기차게 진행되고 있을 뿐이다.

러시아 장교를 한국에 파견하는 일은, 자국 군대를 서구화시키겠다는 한국 왕의 "소망" 때문이 아니라 오히려 영국에 대한 러시아의 직접적인 도발을 의미한다는 것이 정설이다. 이는 교관 파견과 거의 동시에 발표된, 한국 총세무사에 있던 영국인이 해임되고 그 자리에 러시아인[6]이 임명된 사실로도 확인할 수 있다. 이 일은 러시아인들에게 가장 커다란 의미를 갖고 있다. 왜냐하면 그로 인해 러시아인들이 직접 재무 관리에 개입할 수 있는 가능성을 갖게 되었기 때문이다. 이로써 러시아인들이 영국인들을 완벽하면서도 영원히 몰아낼 수 있게 되었다. 러시아가 대한해협에 있는 어느 섬에 저탄소를 설치하는 데 성공했다는 소식이 널리 알려진다면, 페테르부르크의 외교사절단도 동아시아에서의 영국 외교사절단 못지않게 실력이 뛰어나다는 것을 인정해야 할 것이다. 절영도 저탄소의 가치는, 그것이 중요한 항구 부산 바로 앞에 위치해 있기 때문에 부산항을 완전히 지배할 수 있게 된다는 점에 있다. 또한 절영도는 일본에서 한국으로 가는 길목인 쓰시마섬 근처에 있기 때문에 대한해협의 항로를 효과적으로 막을 수 있다. 이 새로운 성과물의 전략적 중요성은 즉시 확인할 수 있다.

러시아는 이제 영국이 한국에서 거둔 경제적 성과의 대부분을 충분히 따라잡았다. 하지만 여전히 문제는 남아 있다. 러시아 공사관 모르게, 혹은 러시아 공사관의 뜻에 어긋나게 결정된 일이 있는 것이다. 바로 국제무역을 위해 목포와 진남포항을 개방한 것이다. 돌이킬 수 없는 이 명령은 러시아에 더더욱 아쉽게 느껴진다. 왜냐하면 두 항구 모두 아주 유리한 장점들을 갖고 있을 뿐만 아니라, 러시아 해군이 군항으로 사용하기에

---

4   [감교 주석] 민영환(閔泳煥)

5   [감교 주석] 푸티아타(Putiata). 당시 계급은 대령이었음. 참모총장은 잘못된 정보에 따른 오기로 보임.

6   [감교 주석] 알렉세예프(K. Alexeev)

적합할 듯해서 오래 전부터 항구 곳곳을 이미 점유하고 있었기 때문이다. 한동안 페테르부르크 사람들은 그곳을 군항으로 사용하려던 생각을 버려야 할 것이다. 무역을 위해 개방한 자유항은 곧바로 가장 강력하고 공격적인 힘을 가진 나라의 함정들 정박지로 제공될 수 없기 때문이다. 또한 러시아에게는 미운 적이라 할 수 있는 영국인들은 앞에서 언급된 두 항구를 통해 다시 한국으로 밀고 들어오려는 것이 거의 확실해 보인다. 군사분야에서의 우월함에도 불구하고 이것은 러시아인들에게 많은 불편함을 야기할 것이다.

러시아인들이 표면적으로는 꽤나 성공한 듯 보이지만, 여러 정황으로 미루어 볼 때 한국에서 러시아의 지위는 보기보다 불리한 것이 사실이다. 절영도에 있는 러시아 저탄소 인근에는 일본 함대가 정박할 수 있는 유사한 부두가 있다. 그것은 러시아가 거둔 성과의 가치를 현저하게 떨어뜨릴 수 있는 방해요소이다. 뿐만 아니라 그로 인해 대한해협에 '러시아항 거문도'를 설치하는 것이 무산될 우려도 있다. 러시아는 해안가를 비롯해 인근 수역에서 이루어지는 무역행위를 뜻대로 통제하지 못할 것이다. 그래서 러시아는 지속적으로 한국의 다른 지역에서 확고한 발판을 마련하려는 노력을 펼치고 있다. 들리는 소문에 의하면 러시아인들이 한국 서쪽에 있는 제물포항 맞은편에 제2의 저탄소 설치 허가를 받아냈다고 한다. 이제 러시아 정부가 그것을 얼마나 광범위하게 이용할지 지켜봐야 할 것이다. 물론 일본인들은 그것을 매우 못마땅하게 여기고 있다. 그래서 이미 알려진 바와 같이 그것에 대해 이의를 제기했다. 일본과 사전 협의도 없이 러시아가 그런 식으로 일을 추진하는 것은 한국과 관련해 로바노프[7]와 야마가타[8] 해군제독이 체결한 조약[9]에 어긋난다는 것이다. 페테르부르크에서는 도쿄 정부가 무라비예프[10]의 항의에 의미를 두지 않는 것과 마찬가지로 일본의 항의에 큰 의미를 두지 않고 있다. 왜냐하면 "일본이 너무 많은 병력을 한국에 주둔시켰고" 영국인들의 진출을 공개적으로 지원했기 때문이라는 것이다.

러시아 정부 대 일본과 영국 연합세력의 외교적 이권싸움에서 특기할 만 한 것은 일본 외무대신의 사임이다. 오쿠마[11]가 실각한 이유는 일본 정부가 러시아의 성공을 오쿠마의 태만에서 비롯된 것으로 판단했기 때문이다. 신임 외무대신 니시[12]는 오랫동안 페테르부르크 주재 공사를 역임한데다가 러시아어를 할 줄 안다. 또한 러시아의 정책을

---

7 [감교 주석] 로바노프(A. Lobanow)
8 [감교 주석] 야마가타 아리토모(山縣有朋)
9 [감교 주석] 로바노프 야마가타 의정서
10 [감교 주석] 무라비예프(M. Mouraviov)
11 [감교 주석] 오쿠마 시게노부(大隈重信)
12 [감교 주석] 니시 도쿠지로(西德二郎)

바로 곁에서 지켜볼 수 있는 기회를 가졌던 것도 헛된 일은 아니었다. 덕분에 일본에 가장 중요하면서도 위험한 적으로 통하는 나라의 계획들을 가까이에서 접할 수 있는 엄청난 행운을 가졌기 때문이다. 도쿄에서 외무대신이 교체된 것은 러시아와 일본의 관계가 그다지 우호적이지 않다는 확실한 신호로 볼 수 있다.

　동아시아에서 일본까지 밀접하게 관여되어 있는 영국과 러시아의 대립이 향후 어떤 식으로 전개될 것인지, 또 어떤 놀라운 일이 일어날지는 대충 예측이 가능하다. 가까운 시일 내에 세 나라 가운데 한 나라가 온갖 쟁점들에서 상호 이해관계가 부딪칠 거라는 생각에 무력으로 끝장을 내려고 할 가능성은 없어 보인다. 물론 세 나라 모두 무장에 힘쓸 것이다. 러시아는 계속 아시아에 군대를 파견할 것이고, 일본은 언제든 전쟁에 뛰어들 수 있도록 전함들의 장비를 갖추는 데 만전을 기할 것이다. 영국 또한 비록 노골적으로 어떤 움직임을 보여주지는 않겠지만 가만히 손 놓고 있지는 않을 것이다. 하지만 그런 조처들은 단지 미래에 발생할지도 모를 사태에 대한 예방책에 불과하다. 부분적으로는 그것이 필요한 모든 수단을 동원해 외교적인 요구를 관철하고자 할 때 약간 도움이 될 수도 있다. 하지만 세 나라 가운데 어느 한 나라도 당장 아시아에서 신속하고 궁극적인 해결을 보자면서 섣불리 덤비지는 않을 것이다. 그들은 계속 외교 분야와 경제 분야에서 열심히 경쟁해 나가면서 상대방을 쓰러뜨리려 애쓸 것이다. 그 과정에서 때로는 이 나라가, 때로는 저 나라가 우위를 점할 것이다. 현재는 러시아가 가장 성공적인 지위를 누리고 있다. 하지만 그 지위가 영원히 보장되지는 않는다. 어떤 이유로든 다음 주에 상황이 완전히 뒤집어져 사람들을 놀라게 만들 수 있다.

한국 내각의 교체

발신(생산)일	1897. 10. 3	수신(접수)일	1897. 11. 25
발신(생산)자	크리엔	수신(접수)자	호엔로에-실링스퓌르스트
발신지 정보	서울 주재 독일 총영사관	수신지 정보	베를린 정부
	No. 62		A. 13774
메모	연도번호 No. 414		

A. 13774 1897년 11월 25일 오후 수신

서울, 1897년 10월 3일

No. 62

독일제국 수상 호엔로에-실링스퓌르스트 전하 귀하

전하께 삼가 아래와 같이 보고 드리게 되어 영광입니다. 그저께 의정부 의정, 내부대신, 외부대신을 제외한 나머지 대신들이 전부 파면되고 그 자리에 새로운 대신들이 임명되었습니다.

현 내각의 구성은 다음과 같습니다.

의정부 의정 심순택[1]
내부대신 남정철[2]
외부대신 민종묵[3]
법부대신 조병식[4]
학부대신 조병직[5]

---

1   [감교 주석] 심순택(沈舜澤)
2   [감교 주석] 남정철(南廷哲)
3   [감교 주석] 민종묵(閔種默)
4   [감교 주석] 조병식(趙秉式)
5   [감교 주석] 조병직(趙秉稷)

군부대신 이종건[6]
농상공부 대신 정낙용[7]
궁내부 특진관 민영익[8]

이들은 모두 보수적이고 반동적인 사상이 뚜렷한 인물들로서, 청일전쟁이 발발하기 전 요직을 차지하고 있던 사람들입니다. 그들은 왕의 뜻에 절대적으로 복종할 것입니다.

이곳에서는 대신들의 교체에 러시아 대리공사가 영향력을 미쳤을 것으로 보고 있습니다. 하지만 그것은 다음과 같은 점에서만 사실입니다. 즉 러시아 대리공사는 군부대신의 역할을 대신하던 전임 재무대신이 새로운 러시아 군사교관을 채용하는 협정문에 서명을 거절하자 그의 해임을 요구하였습니다. 또한 그는 한국 가톨릭 신자들을 압박하고 프랑스 대표를 매우 미워한 궁내부대신과, 개화파 소속 전임 외부대신 이완용의 동생인 농림부대신의 해임도 추진하였습니다. 하지만 새로운 대신들의 선택은 전적으로 왕에게 일임하였습니다. 왕은 오래 전부터 반동적인 요소에 결정적인 영향을 받고 있었습니다.

그 문제에 관해 미국 변리공사[9]는 어제 본인과 영국 총영사[10]가 우연히 동석한 자리에서 은밀히 아래와 같이 전해주었습니다.

"믿을 만한 소식통으로부터 러시아 공사[11]가 왕에게 미국인 친구들에게 그 어떤 자리도 내주면 안 된다는 충고를 했다는 소리를 듣고 나는 슈뻬이예르를 찾아가 내가 들은 소문이 사실이냐고 물었소. 그리고 그 자리에서 미국은 한국에 적지 않은 이해관계를 갖고 있으며 미국 정부는 주어진 모든 방법을 동원해 자국의 이익을 지킬 것이라고 말했소. 그랬더니 슈뻬이예르가, 자신은 왕에게 단지 한국에는 미국파, 일본파, 영국파, 러시아파가 아니라 오로지 왕당파 하나만 있어야 한다고 말했다고 했소. 왕은 슈뻬이예르한테 정부 내각 문제에 대해 조언을 구하면서, 다른 쪽에서 들어오는 조언(상충되는 조언)은 원치 않는다고 말했다고 했소. 슈뻬이예르는, 만약 서울에 있는 미국 사절단이 워싱턴 국무부에서 내려온 지시를 어기고 한국 내정에 간섭하면 나(알렌)에게 즉시 주의를 환기시킬 것이라고 했소."

알렌은 슈뻬이예르의 노고에 감사를 표한 뒤, 다행스럽게도 자신은 미국인들이 국무

---

6   [감교 주석] 이종건(李鍾健)
7   [감교 주석] 정낙용(鄭洛鎔)
8   [감교 주석] 민영익(閔泳翊)
9   [감교 주석] 알렌(H. N. Allen)
10 [감교 주석] 조던(J. N. Jordan)
11 [감교 주석] 슈뻬이예르(A. Speyer)

부의 지시를 따르도록 하는 데 완전히 성공했다면서 슈뻬이예르에게 수고를 끼칠 필요는 없다고 덧붙였다고 합니다.

그런 다음 미국 변리공사는 다시 이렇게 말했습니다. 믿을 만한 소식통으로부터 들은 바에 의하면, 슈뻬이예르가 왕에게 일본과 영국, 미국은 절대 도움이 안 되니 단지 러시아와 프랑스한테서만 도움을 기대하시라고 말씀 드렸다는 것입니다. 미국 변리공사는, 슈뻬이예르가 독일은 완전히 젖혀 놓은 것 같다고 했습니다. 슈뻬이예르는 이곳에서 거의 "총독"의 역할을 수행하고 있다고 하면서, 안 그래도 청나라 대표 위안스카이[12]도 똑같은 요구를 하는 바람에 미국 대표들이 수년 동안 그에 맞서 싸우느라 고생했다고 한탄했습니다. 미국 대리공사는 자신은 러시아 대리공사에 맞서 싸울 만반의 준비가 되어 있다고 했습니다.

본인은 이제, 베베르[13]가 서울에서 미국인들이 갖고 있는 중요한 영향력을 항상 러시아 정치에 이용하는 방법을 잘 알고 있다는 것을 확실히 깨달았습니다.

본인은 오늘 가토[14]를 방문했는데, 그 자리에서 그는 일본 공사관 측에서는 새로 임명된 한국 대신들을 절대 만나볼 생각이 없다고 하였습니다.

본인은 본 보고서의 사본을 베이징과 도쿄 주재 독일제국 공사관에 보낼 것입니다.

크리엔

내용: 한국 내각의 교체

---

12 [감교 주석] 위안스카이(袁世凱)
13 [감교 주석] 베베르(K. I. Weber)
14 [감교 주석] 가토 마스오(加藤增雄)

한국 왕이 황제 칭호를 받아들이다

발신(생산)일	1897. 10. 4	수신(접수)일	1897. 11. 25
발신(생산)자	크리엔	수신(접수)자	호엔로에–실링스퓌르스트
발신지 정보	서울 주재 독일 총영사관	수신지 정보	베를린 정부
	No. 63		A. 13775
메모	연도번호 No. 415		

A. 13775 1897년 11월 25일 오후 수신

서울, 1987년 10월 4일

No. 63

독일제국 수상 호엔로에–실링스퓌르스트 전하 귀하

금년 5월 25일 본인의 보고서 No. 32에 이어, 전하께 삼가 아래와 같이 보고 드리게 되어 영광입니다. 한국 왕은 의정부 의정 및 다른 고위관리들의 요청을 형식상 아홉 차례 거절한 다음 그저께 황제 칭호의 사용을 수용했습니다. 관보는 오늘 왕의 결정을 공포하였습니다. 하지만 외국 대표들은 아직 그 소식을 통보 받지 못했습니다.

들리는 바에 의하면, 왕은 자신의 새 칭호가 조약국들 정부로부터 빨리 인정받을 거라는 희망을 거의 갖고 있지 않다고 합니다. 왕의 다음 발언에서 그것을 알 수 있습니다.:

"표트르 1세가 황제 칭호를 인정받기까지 그토록 오랜 세월을 기다렸다면 짐도 몇 년 간은 충분히 기다릴 수 있다."

본인은 본 보고서의 사본을 베이징과 도쿄 주재 독일제국 공사관에 보낼 것입니다.

크리엔

내용: 한국 왕이 황제 칭호를 받아들이다

[조러 관계 증진에 대한 일본의 불만]

발신(생산)일	1897. 11. 27	수신(접수)일	1897. 11. 28
발신(생산)자	트로이틀러	수신(접수)자	
발신지 정보	도쿄 주재 독일 공사관	수신지 정보	베를린 외무부
			A. 13898
메모	전보 No. 18에 대한 답신		

A. 13898   1897년 11월 28일

전보

도쿄, 1897년 11월 27일 오후 8시 40분
도착 11월 28일 오후 2시 14분

독일제국 대리공사가 외무부로 발송

암호해독

No. 28

니시[1]는 친 러시아파로 알려져 있으며, 이곳 러시아 공사는 그의 임명에 크게 만족감을 표했습니다. 그런데 니시는 취임 직후 병이 났고, 그 이후로 행방이 묘연합니다. 본인은 로젠[2]-니시 조합이 다툼이 많은 러-일 관계를 개선하는 데 유익한 조합이 될 것으로 생각합니다.

한국에 관한 최근의 협상에 대해서는 지금까지 아무 것도 알려진 게 없습니다. 외무차관[3]은 단지 군사 "교관" 문제에 대해서만 우호적인 의견이 오갔다고 했습니다. 물론

---

1   [감교 주석] 니시 도쿠지로(西德二郎)
2   [감교 주석] 로젠(R. R. Rosen)
3   [감교 주석] 고무라 주타로(小村壽太郎)

아직까지 합의를 이룬 것은 없다고 합니다.

일본 언론은 이달 19일 발표된 러시아—한국 간 협정[4]에 대해 처음에는 극도의 분노를 표출하였습니다. 그 협정에 따르면 한국의 재정은 완전히 러시아의 통제 하에 들어가게 됩니다. 하지만 재빨리 상황이 반전되어 지금은 언제 그러했느냐는 듯이 분노를 완전히 잊어버렸습니다. 오로지 자오저우[5] 사건[6]에 대해서만 신경을 곤두세운 채 독일에 대한 불쾌감을 토로하는 것에 여념이 없기 때문입니다. 일본 외무차관[7] 역시 본인에게, 언론의 이러한 행태를 언론의 자유에서 비롯된 자발적인 일이라며 애써 깎아내렸습니다.

트로이틀러[8]

원본 : 일본 10

---

4 [감교 주석] 외부 대신 조병식(趙秉式)과 러시아 공사 슈뻬이예르(A. Speyer)가 러시아인 알렉쎄예브(Alexeieff)을 탁지부 고문으로 고용하기로 합의한 협정.

5 [감교 주석] 자오저우(膠州). 독일은 Kiautschou라고 표기함.

6 [감교 주석] 1897년 11월 산둥성의 거야현에서 독일인 선교사 두 명이 살해당한 사건[거야사건(Juye incident)].

7 [감교 주석] 고무라 주타로(小村壽太郎)

8 [감교 주석] 트로이틀러(K. G. Treutler)

[트로이틀러 보고서 회람]

발신(생산)일	1897. 11. 28	수신(접수)일	
발신(생산)자	뤼로우	수신(접수)자	
발신지 정보	베를린 외무부	수신지 정보	베를린 정부
			A. 13898

사본

A. 13898

베를린, 1897년 11월 28일

황제 폐하 및 국왕 전하들께

전임 페테르부르크 주재 일본 공사가 퇴임한 오쿠마[1]의 뒤를 이어 일본 외무대신으로 임명되었다는 소식이 전해진 후, 본인은 자오저우[2] 사건[3]으로 인해 아직 러시아와의 분쟁이 해결되지 못한 점을 고려하여 도쿄 주재 독일제국 대리공사에게 전신으로 현재 러시아에 대한 일본 정부의 입장이 어떤지 보고해 달라고 요청하였습니다. 또한 한국과 관련해 최근 일본과 러시아가 합의한 것에 대해 일본 언론이 어떻게 보고 있는지 보고해 달라는 지시를 내렸습니다.

그 지시에 따라 대리공사 트로이틀러[4]가 도쿄에서 다음과 같은 보고를 올렸습니다.:

"니시는 친 러시아파로 알려져 있으며, 이곳 러시아 공사는 그의 임명에 크게 만족감을 표했습니다. 그런데 니시는 취임 직후 병이 났고, 그 이후로 행방이 묘연합니다. 본인은 로젠 - 니시 조합이 다툼이 많은 러-일 관계를 개선하는 데 유익한 조합이 될 것으로 생각합니다.

한국에 관한 최근의 협상에 대해서는 지금까지 아무 것도 알려진 게 없습니다. 외무

---

1 [감교 주석] 오쿠마 시게노부(大隈重信)
2 [감교 주석] 자오저우(膠州)
3 [감교 주석] 1897년 11월 산둥성의 거야현에서 독일인 선교사 두 명이 살해당한 사건[거야사건(Juye incident)].
4 [감교 주석] 트로이틀러(K. G. Treutler)

차관[5]은 단지 군사 "교관" 문제에 대해서만 우호적인 의견이 오갔다고 했습니다. 물론 아직까지 합의를 이룬 것은 없다고 합니다.

일본 언론은 이달 19일 발표된 러시아–한국 간 협정[6]에 대해 처음에는 극도의 분노를 표출하였습니다. 그 협정에 따르면 한국의 재정은 완전히 러시아의 통제 하에 들어가게 됩니다. 하지만 재빨리 상황이 반전되어 지금은 언제 그랬느냐는 듯이 분노를 완전히 잊어버렸습니다. 오로지 자오저우 사건에 대해서만 신경을 곤두세운 채 독일에 대한 불쾌감을 토로하는 것에 여념이 없기 때문입니다. 일본 외무차관[7] 역시 본인에게, 언론의 이러한 행태를 언론의 자유에서 비롯된 자발적인 일이라며 애써 깎아내렸습니다."

뤨로우[8]
원본 : 일본 10

---

5 [감교 주석] 고무라 주타로(小村壽太郎)
6 [감교 주석] 외부 대신 조병식(趙秉式)과 러시아 공사 슈뻬이예르(A. Speyer)가 러시아인 알렉쎄예브 (Alexeieff)을 탁지부 고문으로 고용하기로 합의한 협정.
7 [감교 주석] 고무라 주타로(小村壽太郎)
8 [감교 주석] 뤨로우(Lülow)

베를린, 1897년 12월 1일   A. 13774

주재 외교관 귀중   귀하에게 한국 내각의 교체에 관한 10월 3일 서
1. 워싱턴 No. A. 74   울 주재 독일제국 영사의 보고서 사본을 삼가
2. 런던 No. 1498   정보로 제공합니다.

연도번호 No. 10247

프랑스 정부가 한국 공사의 승인 요청을 거절함

발신(생산)일	1897. 10. 13	수신(접수)일	1897. 12. 1
발신(생산)자	크리엔	수신(접수)자	호엔로에-실링스퓌르스트
발신지 정보	서울 주재 독일 총영사관	수신지 정보	베를린 정부
	No. 66		A. 14007
메모	연도번호 No. 431		

A. 14007 1897년 12월 1일 오전 수신

서울, 1897년 10월 13일

No. 66

독일제국 수상 호엔로에-실링스퓌르스트 전하 귀하

지난달 23일 본인의 보고 No. 57에 이어, 전하께 삼가 아래와 같이 보고 드리게 되어 영광입니다. 오늘 프랑스 대리공사가 본인에게 전해준 바에 의하면, 어제 프랑스 정부로부터 한국 공사 민영익[1]이 파리에서 승인 받지 못할 것이라는 내용의 전보를 받았다고 합니다. 프랑스 대리공사는 그 전보의 내용을 한국 외부대신에게 공식적으로 통보하였다고 합니다.

본인은 본 보고서의 사본을 베이징과 도쿄 주재 독일제곡 공사관에 보낼 것입니다.

크리엔

내용: 프랑스 정부가 한국 공사의 승인 요청을 거절함

---

1 [감교 주석] 민영익(閔泳翊)

한국 왕의 황제 칭호 수용

발신(생산)일	1897. 10. 22	수신(접수)일	1897. 12. 1
발신(생산)자	트로이틀러	수신(접수)자	호엔로에-실링스퓌르스트
발신지 정보	도쿄 주재 독일 공사관	수신지 정보	베를린 정부
	A. 120		A. 14009

A. 14009 1897년 12월 1일 오전 수신

도쿄, 1897년 10월 22일

A. 120

독일제국 수상 호엔로에-실링스퓌르스트 전하 귀하

한국 왕이 황제 칭호를 받아들였다는, 이달 4일 서울 주재 독일제국 영사의 보고와 관련해, 전하께 삼가 아래와 같이 보고 드리게 되어 영광입니다. 오쿠마[1]의 진술에 의하면, 일본 정부는 아직 이 변화를 인정할 것인지 거부할 것인지 결정하지 못했다고 합니다. 하지만 외무대신은 개인적으로 일본이 그런 노력을 방해할 수는 없다고 생각한다고 했습니다. 왜냐하면 독립 국가의 통치자를 일본어로는 'Kotei'라고 표기하는데 이는 다른 언어로 번역할 때 '황제'로 옮기든 '왕'으로 옮기든 마찬가지라는 것입니다. 이런 식의 애매모호한 회피는 일본이 그 문제에 관해 방관자적 입장을 취할 것이라는 사실을 입증해줄 뿐입니다. 원래의 질문에 대한 답변을 회피한 것은 차치하고라도, 일본은 한국 왕을 지금까지 '대-군주'라는 칭호로 불렀다는 것을 외무성에서 확인했기 때문입니다. 반면 'Kotei'라는 단어는 오쿠마이 말한 것과 같은 의미로 사용되고 있습니다.

트로이틀러

내용: 한국 왕의 황제 칭호 수용, 첨부문서 1

---

1 [감교 주석] 오쿠마 시게노부(大隈重信)

A. 120의 첨부문서

서울, 1897년 10월 4일

독일제국 수상 호엔로에-실링스퓌르스트 전하 귀하

한국 왕은 의정부 의정 및 다른 고위관리들의 요청을 형식상 아홉 차례 거절한 다음 그저께 황제 칭호의 사용을 수용했습니다. 관보는 오늘 왕의 결정을 공포하였습니다. 하지만 외국 대표들은 아직 그 소식을 통보 받지 못했습니다. 들리는 바에 의하면, 왕은 자신의 새 칭호가 조약국들 정부로부터 빨리 인정받을 거라는 희망을 거의 갖고 있지 않다고 합니다. 왕의 다음 발언에서 그것을 알 수 있습니다.: "표트르 1세가 황제 칭호를 인정받기까지 그토록 오랜 세월을 기다렸다면 짐도 몇 년 간은 충분히 기다릴 수 있다."

크리엔

10

한국 왕이 황제 칭호를 받아들임

발신(생산)일	1897. 10. 14	수신(접수)일	1897. 12. 5
발신(생산)자	크리엔	수신(접수)자	호엔로에-실링스퓌르스트
발신지 정보	서울 주재 독일 총영사관	수신지 정보	베를린 정부
	No. 67		A. 14208

A. 14208 1897년 12월 5일 수신

서울, 1897년 10월 14일

No. 67

독일제국 수상 호엔로에-실링스퓌르스트 전하 귀하

이달 4일 본인의 보고서 No. 63에 이어, 전하께 삼가 아래와 같이 보고 드리게 되어 영광입니다. 한국 왕은 어제 외국 대표들을 한 사람씩 영접한 뒤 구두로, 관리들과 신하들의 요청에 따라 황제 칭호를 받아들이기로 하였다고 통지하였습니다. 동시에 왕은 대표들에게 개별적으로 이 사실을 자국 정부에 전해 줄 것을 요청하였습니다. 다른 대표들의 동의하에 본인은 왕에게, 그 사실을 독일 정부에 전달하겠다고 답변하였습니다. 또한 오늘 한국 외부대신[1]은 공식 서한을 통해서 각국 대표들에게 그 사실을 통지하였습니다. 그 서한에 대해서도 본인은 왕에게 했던 답변과 똑같은 내용으로 답신을 보냈습니다.

그러나 왕과 외부대신은 조약 체결국들 정부에 황제 칭호의 승인을 요청하지는 않았습니다.

슈뻬이예르[2]는 최근 다시, 자신은 왕에게 재차 황제 칭호를 받아들이지 말도록 조언하였으며 러시아 황제가 칭호 변경을 승인할 가능성은 없다고 단정적으로 말했다고 했습니다. 짐작컨대 일본 정부 또한 한국 왕의 황제 칭호를 인정하지 않을 듯합니다. 미국 대표[3]를 제외하고는 대부분 그 문제에 대해 자국 정부가 부정적인 반응을 보일 것으로

---

1 [감교 주석] 조병식(趙秉式)
2 [감교 주석] 슈뻬이예르(A. Speyer)
3 [감교 주석] 알렌(H. N. Allen)

예상하고 있습니다.

폐하의 고귀한 지시가 내려올 때까지 본인은 동료들과 합의하에 외무대신에게 보내는 서한에 조약을 맺을 당시의 한국 왕의 칭호를 그대로 사용하겠습니다.

황제 칭호를 수용해 달라는 의정부 의정의 청원서(발췌) 영어 번역본을 전하께 삼가 전달하게 되어 영광입니다. 청원서에서 의정부 의정 심씨는 다른 귀족들의 이름도 언급하면서, 왕은 그 초인적인 덕으로 인해 황제의 칭호를 받아들여야 한다고 강조하였습니다. 한국은 청 왕조의 관습과 예법을 유지해 왔는데, 왕은 30년 동안 통치하면서 항상 옛 황제들의 원칙들을 지켜왔다고 했습니다. 독립 국가는 어느 나라를 막론하고 통치자에게 그 어떤 칭호라도 수여할 수 있는 권리가 있다고 하면서 군주는 낯선 다른 나라가 아니라 바로 자신의 국민들에게 그 칭호를 인정해줄 것을 요구할 수 있다는 것입니다. 따라서 왕은 외국 정부의 인정을 기다리지 않고 황제의 칭호를 받아들일 수 있다고 했습니다.

왕은 그의 청원서에 대해 마침내 이렇게 답변하였습니다. 세상에서 가장 끔찍한 불행(왕비의 피살)이 자신에게 일어났으니 자신은 군주로서의 덕이 충분하지 않다는 것이 입증되었다고. 하지만 관리들, 군인들, 그리고 국민들이 이구동성으로 재차 황제 칭호를 받아들일 것을 요청하였습니다.

왕은 황제 칭호를 수용한다는 의사를 밝히기 위해서 이달 12일 새벽 3시에 예전 청나라 공사관 숙소였던 자리에 세워진 단[4]에서 명나라 황제의 방식에 따라서 예를 올렸습니다. 그는 명나라 황제의 옷을 모방해 노란 색 옷을 입었고, 황태자는 왕이 전에 입었던 것과 같은 붉은 색 옷을 입었습니다.

더 나아가 왕은 오늘 날짜로, 지금까지 사용하던 국호 "한국"은 한자어 "한" 혹은 "대한"('대'는 크다는 뜻임)이라는 이름으로 바꾼다는 칙령을 공포하였습니다.

본인은 본 보고서의 사본을 베이징과 도쿄 주재 독일제국 공사관에 보낼 것입니다.

크리엔

내용: 한국 왕이 황제 칭호를 받아들임, 첨부문서 2

4　[감교 주석] 환구단(圜丘壇)

No. 67의 첨부문서 1

첨부문서의 내용(원문)은 독일어본 415~416쪽에 수록.

No. 67의 첨부문서 2

첨부문서의 내용(원문)은 독일어본 416쪽에 수록.

조선 국호 변경

발신(생산)일	1897. 10. 21	수신(접수)일	1897. 12. 9
발신(생산)자	크리엔	수신(접수)자	호엔로에-실링스퓌르스트
발신지 정보	서울 주재 독일 총영사관	수신지 정보	베를린 정부
	No. 67		A. 14340
메모	연도번호 No. 448		

A. 14340 1897년 12월 9일 수신

서울, 1897년 10월 21일

독일제국 수상 호엔로에-실링스퓌르스트 전하 귀하

전하께 삼가 아래와 같이 보고 드리게 되어 영광입니다. 이곳 외부대신[1]이 이달 16일 공식 서한을 통해 본인에게 다음과 같이 알려왔습니다. "황제"의 칙령에 따라 이달 14일부터 이 나라의 국호는 "대 한국"에서 "대한"으로 변경되었다는 것입니다. 또한 외무대신은 본인에게 이 사실을 독일 정부에 통지해 줄 것을 요청하였습니다. 본인은 외무대신에게 서한 접수를 확인해 주면서 전하께 반드시 그 사실을 보고하겠다고 하였습니다.

국호를 변경한 이유는 짐작컨대, "한국"이라는 이름의 이 반도국이 예전에는 "고려"라는 이름으로, 그 이후에는 다시 "한국"이라는 이름으로 청에 조공을 바치는 나라였기 때문인 듯합니다. 이곳 사람들은 나라의 기원을, 한국 반도에서 마한, 진한, 변한이라는 세 개의 나라가 "삼한(세 개의 '한'이라는 뜻)"이라는 이름하에 하나의 나라로 통일된 기원전 2세기까지 거슬러 올라갑니다. 한국 남쪽 대동강까지(위도 39도) 포함하는 그 나라는 청으로부터 독립된 국가였습니다.

전하의 고귀한 지시가 내려올 때까지 본인은 지금까지와 마찬가지로 한국 관아에 보내는 서한을 번역할 때 독일-한국 조약에서 한국의 국호로 표기된 '대-한국'을 사용할 것입니다.

같은 날, 왕의 칙서를 통해 사망한 왕비는 '황후'라는 칭호를 하사받았고, 세자에게는

---

1 [감교 주석] 조병식(趙秉式)

'황태자 전하'라는 칭호가 하사되었습니다.

본인은 본 보고서의 사본을 베이징과 도쿄 주재 독일제국 공사관에 보낼 것입니다.

크리엔

내용: 조선 국호 변경

12

[러시아의 한국 정책에 대한 영국의 불만 고조]

발신(생산)일	1897. 12. 15	수신(접수)일	1897. 12. 16
발신(생산)자	하이킹	수신(접수)자	
발신지 정보	베이징 주재 독일 공사관	수신지 정보	베를린 외무부
	No. 97		A. S. 1257

A. S. 1257   1897년 12월 16일 수신

전보

베이징, 1897년 12월 15일 오후 12시 30분

도착   12월 16일 오전 2시 35분

독일제국 공사가 외무부에 발송

암호해독

No. 97

영국 공사[1]가 본인에게 전해준 바에 의하면, 런던에서는 러시아가 한국의 재정을 관리하게 되면서 한국인 관리들을 가차 없이 내쫓고 있는 것과 영국에 적대적인 인물로 유명한 슈뻬이예르[2]를 베이징으로 발령 낸 것에 대해 몹시 분개하고 있다고 합니다. 그리고 그것 때문에 한국 근처에서 영국 함대가 시위를 벌일 가능성이 높다고 했습니다.

즈푸 영사가 영국 함대는 다이렌만[3] 근처에 있다는 소문을 전해주었습니다.

하이킹[4]

---

1   [감교 주석] 맥도널드(C. M. MacDonald)

2   [감교 주석] 슈뻬이예르(A. Speyer)

3   [감교 주석] 다이렌만(大連灣)

4   [감교 주석] 하이킹(Heyking)

13

원문 p.420

한국의 황제 선언에 대한 "Novoye Vremya" 기사

발신(생산)일	1897. 12. 15	수신(접수)일	1897. 12. 18
발신(생산)자	라돌린	수신(접수)자	호엔로에-실링스퓌르스트
발신지 정보	페테르부르크 주재 독일 대사관	수신지 정보	베를린 정부
	No. 455		A. 14636

A. 14636 1897년 12월 18일 수신

페테르부르크, 1897년 12월 15일

No. 455

독일제국 수상 호엔로에-실링스퓌르스트 전하 귀하

전하께 한국의 황제 선언에 대한, 상트페테르부르크 신문에 실린 "Novoye Vremya"[1] 기사를 신문에서 오려 삼가 동봉하여 보고 드리게 되어 영광입니다.

라돌린[2]

내용: 한국의 황제 선언에 대한 "Novoye Vremya" 기사

---

1   [감교 주석] 노보예 브레먀(Novoye Vremya)
2   [감교 주석] 라돌린(H. F. von Radolin)

1897년 12월 15일 No. 455의 첨부문서

St. Petersburger Zeitung
1897년 8월 14/2일
- No. 336 -

-[한국의 황제-선언에 대하여] "Novoye Vremya" 통신원 S. K.가 작성한 기사

　한국의 예법에 따라 왕은 이 높은 칭호를 여러 번 거절하였다. 그러면서 자신은 이 칭호를 받을 자격이 없으며 그 칭호를 올바르게 유지하지도 못할 것이라고 말했다. 그런 다음 심지어 자신의 거듭된 거절에도 불구하고 대신들이 계속 그것을 관철시키려고 하는 것에 몹시 화를 냈다. 하지만 15번의 요청 끝에 비로소 왕은, 매우 어려운 일이 되겠지만 백성들과 대신들이 그토록 간절하게 요구하니 이제 황제 칭호를 받아들일 준비가 되었다고 선언하였다.

　물론 백성의 이름으로 대궐 성문 앞에 서서 청원하던 노인들과 정부의 이름으로 성 안에서 청원서를 제출한 관리들과 대신들은 당연히 백성의 목소리를 대변하는 것이 아니었다. 일부는 누군가에게 고용되어서, 일부는 사익을 위해 자신들의 요청을 마치 한국 전체의 요청인 것처럼 내세운 것이다. 이 청원의 동기는 아래와 같다.:

　1) 죽은 왕비[3]에게 마땅히 황후의 칭호가 수여되어야 한다.

　　(한국인들과 중국인들한테는 죽은 자의 직위를 올려주는 풍습이 존재한다.)

　2) 왕이 황제 칭호를 받게 되면 어느 정도 대원군[4]으로부터 독립할 수 있을 것이다.

　3) 한국은 황제국으로 존재감이 더 커질 것이고, 국가의 독립성도 더 확고해질 질 것이다.

　한국에 우호적인 일부 유럽인들은 왕에게 그 요청을 받아들이지 말라고 조언했다. 거론된 이유는 다음과 같다. 황제 칭호를 쓰게 되더라도 상황은 달라지지 않을 것이다. 인구 천만밖에 안 되는 작은 나라가 칭호가 달라진다고 해서 더 커질 리는 없다. 이 모든 청원은 국민의 목소리가 아니라 친일파 한국인들의 음모이다. 칭호 변경은 뭔가 더 위대한 것을 가져오는 것이 아니라 단지 무질서를 초래할 뿐이다.

3　[감교 주석] 명성황후(明成皇后)
4　[감교 주석] 흥선대원군(興宣大院君)

하지만 악의를 품은 세력의 힘이 확실히 더 강했다. 왜냐하면 오늘(9월 29일/10월 11일) 여러 가지 일이 한꺼번에 처리되었기 때문이다. 즉 한국은 이제 황제의 나라가 되었고, 왕은 황제가 되었다. 정각 오후 세 시에 왕이 노란 비단에 싸인 열병용 가마에 올라타고 화려한 의상을 입은 수행원들을 거느린 채 "하늘"이라는 절[5]로 향했다. 친위대인 보병부대가 앞장서서 행진했다. 절을 둘러본 후 행렬은 다시 궁으로 돌아왔다.

밤 12시 정각에 행렬은 다시 한 번 똑같은 순서로 "하늘"이라는 절로 갔다. 절 근처에 높은 바위가 하나 서 있는데, 왕이 머리에 왕관을 쓰고 그 바위 위로 올라갔다. 어느 고위관리가 황제 칭호를 받아들여 달라는 청원서를 낭독한 뒤 이어서 왕의 승낙서를 낭독하였다. 그러자 추밀원 의장이 왕에게 왕홀[6]을 건네주었다.

예법에 따라 왕은 바위에 일곱 번 올라가야 했다. 그런 다음 절 안으로 들어가 기도문을 올리고 제물을 바쳤다. 의식이 진행되는 동안 참석자들은 전부 머리에 아무 것도 쓰지 않고 무릎을 꿇은 채 앉아 있었다. 대관식이 끝난 후 대신들에게 아침에 제공되었다. 모든 관청은 이 행사로 인해 사흘 동안 문을 닫았다.

---

5 [감교 주석] 환구단(圜丘壇)
6 [감교 주석] 왕홀(王笏, Scepter)

14

[러시아의 한국 영향력 강화에 따른 일본의 대응]

발신(생산)일	1897. 12. 18	수신(접수)일	1897. 12. 20
발신(생산)자	하츠펠트	수신(접수)자	호엔로에-실링스퓌르스트
발신지 정보	런던 주재 독일 대사관	수신지 정보	베를린 정부
	No. 502		A. 14718

사본

A. 14718 1897년 12월 20일 오전 수신

런던, 1897년 12월 18일

No. 502

독일제국 수상 호엔로에-실링스퓌르스트 전하 귀하

　동봉해 보내는 "Saturday Review"지 최신호에 한국에 대해 러시아의 영향력이 증대하고 있다는 단신 기사가 실렸습니다. 지금까지 탁지부 고문으로 있던 브라운[1]이 해임되고 그 자리에 러시아 관리[2]가 임용된 것은 러시아가 한국에서 얼마나 노골적으로 자신들의 목적을 추구하고 있는지에 대한 확실한 증거입니다. 얼마 전 커즌[3]이 암시했던 것처럼, 영국이 정말로 한국의 독립성을 유지하기 위해 희생할 각오가 되어 있는지가 여실히 드러날 것입니다.

　일본 또한 한국에서 러시아가 약진하고 있는 것에 주목해야 할 이유가 아주 많습니다. 러시아 장교들이 한국 군대를 개혁하고 있고, 러시아 관리들이 한국의 병기고를 관리하고 있습니다. 또한 외부대신[4]은 러시아에 아주 우호적인 인물입니다. 러시아가 동양에 파견된 자국 대표들에게 아주 신중하고 철저한 행동지침을 내린다는 사실을 절대 간과해서는 안 될 것입니다. 슈뻬이예르[5]의 전임 베베르[6]도 후임자에게 한국의 상황을 알려

1　[감교 주석] 브라운(J. M. Brown)

2　[감교 주석] 알렉세예프(K. Alexeev)

3　[감교 주석] 커즌(G. Curzon)

4　[감교 주석] 조병식(趙秉式)

5　[감교 주석] 슈뻬이예르(A. Speyer)

주기 위해 오랫동안 슈뻬이예르와 함께 한국에 머물렀습니다. 게다가 슈뻬이예르는 잠시 도쿄에서 근무한 적도 있었기 때문에 일본 관계에 대해서도 일가견이 있습니다. 로젠[7] 역시 부임 직후부터 비상한 열정을 보여주고 있습니다.

일본은 계속 전투력 보강에 힘쓰고 있으나 러시아 역시 일본과 동일한 행보를 보여주고 있습니다. 신형 일본 전함 두 척이, 즉 "Fuji"호와 "Yashima"호가 도착하자 러시아도 그에 대응하여 즉시 흑해 함대 소속의 함선 3척을 파견하였습니다.

"Saturday Review"지는, 현 일본 외무대신 니시[8]는 러시아에 호감을 갖고 있다는 소문이 돌고 있다면서, 그가 러시아와의 원활한 의사소통을 위해 노력할 것이라고 언급했습니다. 하지만 그의 시도는 성공하지 못할 것이라면서, 그렇게 될 경우 오쿠마[9]가 곧바로 자신의 직위를 되찾을 것이라고 예측했습니다. 그때가 되면 일본이 북쪽에 있는 강력한 경쟁국에 굴복할지, 아니면 모든 것을 운에 맡기고 한판 전쟁을 벌일지 판가름이 날 것이라고 합니다.

하츠펠트[10]

원본 : 한국 4

---

6 [감교 주석] 베베르(K. I. Weber)
7 [감교 주석] 로젠(R. R. Rosen)
8 [감교 주석] 니시 도쿠지로(西德二郞)
9 [감교 주석] 오쿠마 시게노부(大隈重信)
10 [감교 주석] 하츠펠트(Hatzfeldt)

[오스트리아-헝가리 제국의 민영익의 공사 승인 여부 문의]

발신(생산)일	1897. 12. 16	수신(접수)일	1897. 12. 21
발신(생산)자		수신(접수)자	
발신지 정보		수신지 정보	독일 외무부
	No. 6289		A. 14763
메모	12월 23일 외교각서 오스트리아-헝가리 대사관		

A. 14763 1897년 12월 21일 오후 수신

베를린, 1897년 12월 16일

오스트리아-헝가리 대사관

No. 6289

비망록

기밀

오스트리아-헝가리 정부는 빈에 있는 독일 대사관이 빈 외무부로 전달해 준 서울 주재 독일 영사의 보고서를 통해서, 한국 공사 민영환[1]이 해임되고 귀족 민영익[2]이 유럽 조약국들을 관할할 한국 특별공사 겸 전권대신으로 임명되었다는 사실을 알게 되었습니다.

오스트리아-헝가리 대사관은 독일 정부가 새로 임명된 공사를 공식적으로 승인할 것인지 여부, 만약 인정한다면 어떤 형식을 통해 승인할 것인지 결정했는지에 대해 최대한 빠른 시일 내에 정보를 알려주시기를 요청드립니다.

---

1 [감교 주석] 민영환(閔泳煥)
2 [감교 주석] 민영익(閔泳翊)

베를린, 1897년 12월 23일   A. 14763

메모

이달 16일 오스트리아-헝가리 제국 대사관의 기밀 외교각서(No. 6289)에 관하여

독일 정부는 한국 왕에 의해 유럽 조약국들 관할 한국 특별공사 겸 전권대신으로 임명된 한국 귀족 민영익[3]에 대해 아직 입장을 결정하지 못했습니다. 주지하다시피 한국의 정세가 유동적이라는 점을 고려하여 독일 정부는 그 문제에 관한 한 새 공사가 임명장을 받고 공사 자격을 승인해달라고 요청한 뒤에야 비로소 입장 정리가 필요할 것으로 생각합니다. 그 문제에 대해 미리 결정을 내리는 것은 장래를 위해서 바람직하지 않다고 판단하고 있습니다. 왜냐하면 그 문제는 앞으로 결정해야 할 다른 여러 가지 문제와 연관이 있다고 생각하기 때문입니다. 예를 들어, 한국 왕이 스스로 황제 칭호를 받아들인 것이나 그 이후 진행된 한국의 공식 국호 변경 등에 대해 일단 한국 주재 영사의 보다 상세한 설명과 보고를 기다리는 것이 바람직해 보입니다.

독일 정부가 그 사안들에 대해 명확한 입장을 결정하는 대로 독일 외무부는 즉시 오스트리아-헝가리 대사관에 자세한 정보를 제공할 것입니다.

---

3   [감교 주석] 민영익(閔泳翊)

16

[한국 총세무사 브라운 해임 여부 확인 지시]

발신(생산)일	1897. 10. 22	수신(접수)일	1897. 12. 1
발신(생산)자	빌헬름 2세	수신(접수)자	
발신지 정보	독일 황궁	수신지 정보	베를린 외무부
			A. S. 1428

A. S. 1428　1897년 12월 28일 오전 수신

전보

새 궁전, 1897년 12월 28일 9시 12분

도착: 9시 50분

독일 황제이자 국왕 폐하가 외무부에 발송

암호해독

상하이에서 보고된 "Daily Mail"지에, 영국 함대가 한국 황제에게 러시아 해관총재를 해임하고 영국인 브라운[1]을 다시 그 자리에 앉히라고 압박하기 위해 한국의 제물포 앞바다에서 시위하고 있다는 기사가 실렸는데, 이것이 사실인가?

빌헬름[2]

1　[감교 주석] 브라운(J. M. Brown)
2　[감교 주석] 빌헬름(Wilhelm J. R.)

한국에 관한 러시아 신문의 보도

발신(생산)일	1897. 12. 28	수신(접수)일	1897. 12. 30
발신(생산)자	라돌린	수신(접수)자	호엔로에-실링스퓌르스트
발신지 정보	페테르부르크 주재 독일 대사관	수신지 정보	베를린 정부
	No. 481		A. 15086

A. 15086 1897년 12월 30일 오전 수신

상트페테르부르크, 1897년 12월 28일

No. 481

독일제국 수상 호엔로에-실링스퓌르스트 전하 귀하

러시아 신문들, 특히 "Novoye Vremya"[1]지가 최근 한국에 대하여 아래와 같은 기사를 실었습니다.:

"일본인들이 한국 왕을 체포해 구금[2]했을 당시, 그들은 헌법을 개정할 계획이었다. 하지만 그들의 계획은 왕의 탈출[3]로 수포로 돌아갔다. 1896년 12월 26일 왕은 칙령을 통해 원래 그를 지지했던 의정부를 다시 소집했다. 총리대신이 의정부 회의를 주관하는 수석대신인 의정대신을 맡고 그 밑에 모든 대신들이 소속되었으며, 산하에 5개의 위원회와 국무장관 1명으로 구성되었다. 또한 새로운 헌법에 따라 국토를 13개 도로 분할하여, 도지사가 관할하게 하였다. 13개의 도는 다시 339개의 행정구역으로 나누어졌다. 도지사 밑에는 관리 6명, 경찰간부 2명, 경찰관 30명, 법률담당 직원 4명, 그리고 23명의 전령이 있었다. 1896년도 행정관리 비용은 총 95만 달러에 달했다.

공식보도에 의하면 무장병력이 3,000명이었는데, 그들은 서울에 도착한 러시아 교관들에게 맡겨졌다. 하지만 당시에 실제로 이양된 병력의 규모는 800명을 넘지 않았던 것이 확실하다. 전임 러시아 전권대사 슈뻬이예르[4]가 러시아 장교들이 확인한 바를 왕에

---

1 [감교 주석] 노보예 브례먀(Novoye Vremya)
2 [감교 주석] 명성황후 시해사건 이후 사실상 고종이 감금된 상태였다는 점을 설명.
3 [감교 주석] 아관파천(俄館播遷)
4 [감교 주석] 슈뻬이예르(A. Speyer)

게 보고하자, 왕은 즉시 국방대신을 해임하라는 지시를 내렸다."

라돌린

내용: 한국에 관한 러시아 신문의 보도

러시아와 일본의 관계

발신(생산)일	1897. 11. 26	수신(접수)일	1898. 1. 3
발신(생산)자	트로이틀러	수신(접수)자	호엔로에–실링스퓌르스트
발신지 정보	도쿄 주재 독일 공사관	수신지 정보	베를린 정부
	A. 133		A. 74

A. 74 1898년 1월 3일 수신

도쿄, 1897년 11월 26일

A. 133

독일제국 수상 호엔로에–실링스퓌르스트 전하 귀하

한국에서 러시아의 영향력이 지속적으로 커지고 있다는 사실을 입증해주는 일련의
사건들로 인해 러시아와 일본 사이에 존재하는 잠재적 긴장감이 나날이 고조되고 있습
니다. 또한 러시아가 한국에 대한 일본의 기존 정책을 방해하고 있어 일본에서 강력한
이웃국가에 대한 불신이 팽배해지고 있습니다.

짐작컨대 러시아는 적어도 당분간은 일본과의 공개적인 충돌을 최대한 피할 생각인
듯합니다. 하지만 그것을 위해 한국을 손에 넣으려는 노력을 중단할 의사는 없는 것
같습니다.

그렇기 때문에 본인이 보기에는, 이곳에 있는 러시아 공사[1]의 임무는 최대한 일본과
좋은 관계를 유지하면서 다른 분야에서도 확실히 일본의 마음을 얻을 수 있도록 노력하
는 것이라고 생각합니다. 하지만 앞에서 언급한 것처럼 눈에 띄게 일본에 우호적인 로젠
의 태도를 제외하면 그런 쪽의 노력은 결여되어 있습니다. 로젠의 태도로 미루어 러시아
가 어디까지, 또 어떤 방향으로 일본에 맞설지 이미 결정되어 있다고 볼 수 있습니다.

로젠은 이곳의 정치지형에 대체로 만족하고 있는 것으로 보입니다. 그는 현재의 일본
내각이 거의 사쓰마[2] 사람들로 구성되어 있는 것을 큰 장점으로 보고 있습니다. 왜냐하면

---

1 [감교 주석] 로젠(R. R. Rosen)
2 [감교 주석] 사쓰마(薩摩)

예전부터 러시아는 일본의 여러 정치 파벌들 가운데 사쓰마 파벌과 더 좋은 관계를 유지했기 때문입니다.

니시[3]의 외무대신 임명 역시 특히 러시아에 유리합니다. 비록 그가 어느 인터뷰에서 러시아에 대한 자신의 편애를 부인했지만, 그의 우발적 발언이 오히려 더 의심을 샀기 때문입니다. 작년에 오쿠마[4]가 외무대신에 임명되기 전 니시가 후보로 거론된 적이 있었습니다. 그때 본인은 슈뻬이예르[5]가 자신은 니시가 선택되는 것이 훨씬 더 좋다고 말했던 것을 잘 기억하고 있습니다. 또한 슈뻬이예르는 만약 아오키[6]가 다시 니시로부터 외무대신의 직위를 빼앗는다 해도 그것 역시 기쁠 것이라고 말했습니다.

한국 문제에 관해 러시아와 일본이 새로운 합의를 도출했다는 신문보도에 대해 이곳에서는 전혀 알려진 것이 없습니다. 로젠의 부임 이후, 이곳 언론에서는 꽤 오랫동안 오로지 러시아 군사교관 문제를 다루고 있는 오쿠마와 러시아 공사의 협상에 대해서만 보도하였습니다. 니시가 여전히 병석에 있기 때문에 오늘 본인은 차관[7]에게 그 일이 어떻게 진행되고 있느냐고 물었습니다. 그러자 부대신은 유감스럽게도 로젠과의 협상은 아직 우호적인 인사 이상으로 진척되지 않았다고 답변하였습니다.

트로이틀러

내용: 러시아와 일본의 관계

---

3   [감교 주석] 니시 도쿠지로(西德二郞)
4   [감교 주석] 오쿠마 시게노부(大隈重信)
5   [감교 주석] 슈뻬이예르(A. Speyer)
6   [감교 주석] 아오키 슈조(靑木周藏)
7   [감교 주석] 고무라 주타로(小村壽太郞)

[러시아 황제가 한국 황제를 인정함]

발신(생산)일	1898. 1. 4	수신(접수)일	1898. 1. 5
발신(생산)자	크리엔	수신(접수)자	
발신지 정보	서울 주재 독일 총영사관	수신지 정보	베를린 외무부
	No. 1		A. 135
메모	연도번호 No. 431		

A. 135 1898년 1월 5일 오전 수신

전보

서울, 1898년 1월 4일 오후 12시 10분

도착 1월 5일 오전 8시 30분

독일제국 영사가 외무부에 발송

No. 1

러시아 황제가 한국 황제를 인정함

크리엔

베를린, 1898년 1월 8일 A. 74

주재 외교관 귀중
1. 상트페테르부르크 No. 32
2. 베이징 No. A1

연도번호 No. 280

귀하에게 러-일 관계에 관한 작년 11월 26일 도쿄 주재 독일제국 대리공사의 보고서 사본을 삼가 정보로 제공합니다.

[민영익의 공사 임명에 관한 건]

발신(생산)일	1898. 1. 5	수신(접수)일	1898. 1. 6
발신(생산)자	루쇼펜	수신(접수)자	
발신지 정보		수신지 정보	독일 외무부
			A. 174

A. 174 1898년 1월 6일 오전 수신

베를린, 1898년 1월 5일

　노아유[1]가 본인에게, 그가 받은 정보에 의하면 대사로 임명되었다고 하는, 유럽 조약국 관할 한국 대표로 파견될 인물[2]에 대해 독일 정부가 어떤 입장을 갖고 있는지 물었습니다.

　본인은 그에게, 당사자가 유럽에 직접 모습을 드러낼 때까지 우리는 어떤 입장을 취할지 결정할 이유가 없다고 답변하였습니다.

　그러자 후작은 자국 정부에서 내려온 지시라면서 은밀히 다음과 같이 전해주었습니다. 공사 내지 대사로 내정된 민영익은 불리하게도 12년 전 할인은행[3] 홍콩 지점에서 벌어진 사기행각에 가담한 적이 있으며 당시 지점에서 사취한 금액 가운데 단지 일부만 변제되었다고 합니다. 그런 연유로 프랑스 정부는 그런 인물을 승인해줄 수 없다는 입장이라고 합니다. 또한 한국 주재 프랑스 총영사에게 민영익의 내정에 대해 "항의하라"는 지시를 내렸다고 합니다.

　본인은 프랑스 대사에게, 짐작컨대 만약 민영익이 그런 이유로 어떤 나라에서 승인받지 못할 경우 우리 쪽에서도 동일한 조치를 취할 것으로 예상한다고 말해주었습니다.

　대화를 나누는 동안 후작은, 오스텐-자켄[4] 역시 한국이 황제국가를 선언했다는 사실을 공식적으로 통보 받지 못했다는 것을 알게 되었습니다.

루쇼펜[5]

1　[감교 주석] 노아유(Noailles). 베를린 주재 프랑스 대사.
2　[감교 주석] 민영익(閔泳翊)
3　[감교 주석] 할인은행(Comptoir d' Escompte)
4　[감교 주석] 오스텐-자켄(Osten-Sacken)
5　[감교 주석] 루쇼펜(Ruschofen)

베를린, 1898년 1월 11일

A. 135. II. / A. 13775, 14009, 14208, 14840.

주재 외교관 귀중
상트페테르부르크 No. 37

암호우편

연도번호 No. 380

(생략하옵고) 서울 주재 독일제국 영사가 이미 전보로 보고한 바와 같이, 러시아가 한국 통치자를 황제로 인정하였습니다.

러시아의 예전 발언을 보면 그것을 인정하지 않을 것처럼 보였습니다. 따라서 귀하는 기회가 닿는 대로 무라비예프[6]에게 이 사안을 거론하면서 우리 영사의 보고가 맞는지 확인해 주시기 바랍니다. 한국에 대한 우리의 입장은 러시아와 일치하는 방향으로 간다는 것이 우리의 공개된 정책방향이기 때문에, 만약의 경우 새로운 황제국의 탄생을 인정하는 것도 고려해 볼 수 있습니다. 유럽 조약국 관할 공사로 새로 임명된 민영익[7]이 독일에 들어오는 즉시 황제 문제에 대한 우리의 입장을 결정해야 합니다.

(생략하옵고) 또한 과거의 행적 때문에 인격을 의심받고 있는 그 공사를 러시아에서 승인해줄 것인지에 대해서도 확인해 주시기 바랍니다.

---

6 [감교 주석] 무라비예프(M. Mouravieff)
7 [감교 주석] 민영익(閔泳翊)

베를린, 1898년 1월 11일   A. 174 / A. 14007.

서울 주재 독일 영사   암호전보
No. 1   보고서 No. 66에 대한 답변

연도번호 No. 369   민영익이 러시아나 영국의 지지를 받고 있는지
                                여부를 비밀리에 확인해 주기 바람

                                전신으로 답변할 것.

소위 한국과 관련된 합의에 관하여

발신(생산)일	1898. 1. 11	수신(접수)일	1898. 1. 13
발신(생산)자	하츠펠트	수신(접수)자	호엔로에-실링스퓌르스트
발신지 정보	런던 주재 독일 대사관	수신지 정보	베를린 정부
	No. 28		A. 443

A. 443 1898년 1월 13일 오전 수신

런던, 1898년 1월 11일

No. 28

독일제국 수상 호엔로에-실링스퓌르스트 전하 귀하

오늘 자 "Daily News"에 상하이 달지엘[1]의 에이전시에서 보낸 기사가 실렸습니다. 그 기사에 따르면, 한국의 행정과 관련해 영국, 일본, 러시아 사이에 합의가 이루어졌으며, 그 합의에 따라 원래의 상태로 되돌아가게 되었다고 합니다. 즉 브라운[2]은 총세무사로 복직하고, 러시아와 일본의 위원들도 원산과 부산에서 원래의 직위를 되찾을 예정입니다.

차관 문제와 관련해 청과 교섭 중인 하트[3]는, 한편으로는 홍콩은행과 위원회가 속한 금융그룹을 대변하고, 다른 한편으로는 홀리-제임슨[4] 신디케이트를 위해 협상한다고 합니다.

내용: 소위 한국과 관련된 합의에 관하여

---

1 [감교 주석] 달지엘(Dalziel)
2 [감교 주석] 브라운(J. M. Brown)
3 [감교 주석] 하트(R. Hart)
4 [감교 주석] 홀리-제임슨(Hooley-Jameson)

22

[러시아와 영국의 민영인 인식 보고]

발신(생산)일	1898. 1. 15	수신(접수)일	1898. 1. 15
발신(생산)자	크리엔	수신(접수)자	
발신지 정보	서울 주재 독일 총영사관	수신지 정보	베를린 외무부
	No. 2		

전보

서울, 1898년 1월 15일 오후 2시 20분

도착 오후 4시 20분

독일제국 영사가 외무부에 발송

암호 해독

No. 2

전보 No. 1에 대한 답장

러시아는 민[1]에 우호적이고, 영국은 민을 무시함

크리엔

---

1 [감교 주석] 민영익(閔泳翊)

베를린, 1898년 1월 19일   A. 545

주재 외교관 귀중
페테르부르크 No. 21

암호전보 칙령 No. 37에 따라
전보로 통지

연도번호 No. 575

서울 주재 영사의 보고에 따르면 민영익은 러
시아의 지지를 받고 있다고 합니다. 따라서
귀하는 러시아가 그를 인정하는 즉시 우리도
그를 인정할 것이라는 사실을 그곳에 알려주
기 바랍니다.

한국 황후(왕비)의 장례식

발신(생산)일	1897. 11. 27	수신(접수)일	1898. 1. 19
발신(생산)자	크리엔	수신(접수)자	호엔로에-실링스퓌르스트
발신지 정보	서울 주재 독일 총영사관	수신지 정보	베를린 정부
			A. 673

A. 673　1898년 1월 19일 오후 수신, 첨부문서 1부

서울, 1897년 11월 27일

독일제국 수상 호엔로에-실링스퓌르스트 전하 귀하

1895년 10월 8일 암살당한 한국 왕비[1]의 장례식이 이달 21과 22일 이틀에 걸쳐 아주 성대하게 치러졌음을 전하게 삼가 보고 드리게 되어 영광입니다. 매장은 22일에 진행되었으며, 장지 자체는 서울에서 동쪽으로 약 5킬로미터 떨어진 곳이었습니다. 장례식 행사에는 외국대표들, 공사관과 영사관 직원들, 서울에 거주하는 외국인들이 초대되었습니다. 왕과 한국의 관리들, 외국인들은 장지에서 밤샘을 하였습니다. 장지에 그들을 위해 집과 설비가 설치되었습니다.

서울과 지방에서 많은 병력이 소집되어 장지에 이르는 길목마다 배치되었을 뿐만 아니라 장례행렬을 내려다볼 수 있는 고지를 점령해 그곳에서 경계를 서면서 왕을 수행하였습니다. 그럼에도 불구하고 총알이 장전된 장총에 총검까지 장착한 러시아 하사관이 2명이 각각 왕과 왕세자의 곁을 지켰습니다. 러시아 장교들도 근처에서 지키고 있었습니다.

자신의 군대를 믿을 수 없다고 생각하고 있는 왕을 철통같이 호위하는 데에는 외국이들도 동원되었습니다.

일본 변리공사[2]는 왕비 장례식에 특별사절단 공사 자격으로 참석하였습니다. 일본 황제와 황후는 그를 통해 은제 분향기를 선물하였는데, 장례식 때 그 분향기가 사용되는

1　[감교 주석] 명성황후(明成皇后)
2　[감교 주석] 가토 마스오(加藤增雄)

것을 보지는 못했습니다.

독립신문에 실린 장례식 기사를 첨부문서로 동봉하여 전하께 삼가 전해 드립니다.

왕비의 추도기간은 그녀의 죽음이 공포된 날로부터 27개월로 확정되어, 내년 1월 중순에 끝납니다.

본인은 본 보고서의 사본을 베이징과 도쿄 주재 독일제국 공사관에 보낼 것입니다.

크리엔

내용: 한국 황후(왕비)의 장례식, 첨부문서 1

No. 76의 첨부문서
첨부문서의 내용(원문)은 독일어본 439~444쪽에 수록.

[러시아의 한국 '황제' 칭호 인정 전말 보고]

발신(생산)일	1898. 1. 19	수신(접수)일	1898. 1. 20
발신(생산)자	라돌린	수신(접수)자	
발신지 정보	페테르부르크 주재 독일 대사관	수신지 정보	베를린 외무부
	No. 18		A. 712

A. 712   1898년 1월 20일 오전 수신

전보

페테르부르크, 1898년 1월 19일 오후 9시 45분
도착 오후 9시 55분

독일제국 대사가 외무부에 발송

암호해독

No. 18

무라비예프[1]는 러시아가 한국의 황제 칭호를 인정한 것은 단지 한국인들을 행복하게 해주기 위한 사소한 기사도 정신의 발현이라고 말했습니다. 일본 측에서도 이의를 제기하지 않았다고 합니다. 무라비예프가 말한 것처럼 러시아의 인정은 아무런 형식적 절차 없이 이루어졌습니다. 한국 왕이 러시아 황제 수호성인의 날을 맞아 자신을 "한국 황제"라고 서명하여 축하 전보를 보내왔기에, 답신을 보낼 때 동일한 칭호를 사용하여 보냈다는 것입니다.

민영익[2] 공사는 러시아의 승인을 받고 작년 봄 벌써 이곳에 부임하였습니다.

라돌린

---

1   [감교 주석] 무라비예프(M. Mouraviov)
2   [감교 주석] 민영익(閔泳翊)

25

[민영익 공사 승인 관련 건]

발신(생산)일	1898. 1. 22	수신(접수)일	1898. 1. 22
발신(생산)자		수신(접수)자	
발신지 정보		수신지 정보	베를린 외무부
			A. 842

A. 842   1898년 1월 22일 수신

베를린, 1898년 1월 22일

이탈리아 대사가 구두로, 한국 공사 민영익[1]을 이곳에서 공사로 인정할 것인지 여부를 알려달라고 요청하였습니다. 이탈리아 정부는 이 문제를 우리의 선례에 따라 처리할 방침이라고 합니다. 이탈리아 대사에게 내려온 지시에 따르면, 프랑스 정부는 민영익을 승인하지 않을 것이라는 소식이 로마에 알려졌다고 합니다.

---

1   [감교 주석] 민영익(閔泳翊)

한국의 "황제"에게 보내는 러시아 황제의 전보

발신(생산)일	18987 12. 24	수신(접수)일	1898. 2. 12
발신(생산)자	크리엔	수신(접수)자	호엔로에-실링스퓌르스트
발신지 정보	서울 주재 독일 총영사관	수신지 정보	베를린 정부
	No. 79		A. 1795
메모	텐진의 통신사에서 들어온 비공식 기사 연도번호 No. 528		

A. 1795 1898년 2월 12일 오후 수신

서울, 1897년 12월 24일

No. 79

독일제국 수상 호엔로에-실링스퓌르스트 전하 귀하

금년 10월 14일 본인의 보고 No. 67에 이어, 전하께 삼가 아래와 같이 보고 드리게 되어 영광입니다. 러시아 황제가, 한국 왕이 보내온 수호성인의 날 축하전보에 대해 답하면서 수신자명에 한국의 "황제"라는 칭호를 사용했다고 합니다.

전보문의 내용은 아래와 같습니다.:

"한국 황제 폐하께.

폐하께 깊은 사의를 표하며 앞으로 러시아와 한국의 관계가 더욱 친밀하고 우호적으로 발전하기를 진심으로 희망합니다. 니콜라스"

이에 따라 한국 왕은 자신이 러시아 황제로부터 사실상 황제로 인정받았다고 간주하고 있습니다.

일본 공사[1]는 한국 왕에게, 일본 황제와 일본 정부는 앞으로 그에게 '대군주'라는 칭호 대신 '대황제'라는 칭호를 사용할 것이라고 하였습니다. 그에 대해 가토는 본인에게, 그

---

1 [감교 주석] 가토 마스오(加藤增雄)

렇지만 그것으로 아직 왕에게 황제의 직위를 승인한 것은 아니라고 말했습니다. 과거에 일본 정부는 왕에게 "국왕"(한 나라의 제후)[2]라는 칭호를 사용하면서 "전하"(전하)[3]라는 직함을 붙여주었습니다. 그런데 1894년 "대군주"와 "폐하"(폐하)[4]로 바꾸었다고 합니다. 하지만 그 칭호는 유럽어로는 항상 'King'이나 'Roi'(불어로 '왕'이라는 뜻)를 뜻합니다.

본인은 본 보고서의 사본을 베이징과 도쿄 주재 독일제국 영사관으로 보낼 것입니다.

크리엔

내용: 한국의 "황제"에게 보내는 러시아 황제의 전보

---

2 [감교 주석] Landesfürst
3 [감교 주석] Hoheit
4 [감교 주석] Majestät

27

[흥선대원군 사망]

발신(생산)일	1898. 2. 23	수신(접수)일	1898. 2. 23
발신(생산)자	크리엔	수신(접수)자	
발신지 정보	서울 주재 독일 총영사관	수신지 정보	베를린 외무부
	No. 4		A. 2264

A. 2264 1898년 2월 23일 오후 수신

전보

서울, 1898년 2월 23일 오후 1시 55분

도착 오후 1시 55분

독일제국 영사가 외무부에 발송

No. 4

대원군[1] 사망.

크리엔

---

1 [감교 주석] 흥선대원군(興宣大院君)

대원군은 한국에서 왕의 부친을 가리키는 용어다. 그는 위험한 음모자이자 모반자로 알려져 있다. 그는 1895년 자신의 가장 중요한 적인 왕비 살해를 사주했다. 그래서 당시 그는 일본의 이익을 대변하는 것처럼 보였다. 하지만 그는 그 이전에는 친청파에 속했다.

2월 23일.

베를린, 1898년 2월 24일

독일제국 황제와 왕 폐하께

본인은 이달 23일 서울 주재 독일제국 영사가 보내온 짧은 보고를 첨부문서로 동봉하여 폐하께 삼가 제출하게 되어 영광입니다. 또한 아래의 내용을 정중히 보고드립니다.

대원군은 한국 왕의 부친입니다. 그는 위험한 음모자이자 모반자로 알려져 있으며, 개인적이고 정치적으로 한국 왕비의 적이었습니다. 1895년 벌어진 왕비 살해 사건도 그로 인해 벌어진 일이라 할 수 있습니다. 당시 그는 일본의 이익을 대변한 것처럼 보이지만 그는 때때로 친청파 쪽에 서는 경우도 있었습니다.

28

[흥선대원군 사망 건]

발신(생산)일	1898. 2. 24	수신(접수)일	
발신(생산)자		수신(접수)자	
발신지 정보	베를린 외무부	수신지 정보	독일 황제와 부왕

베를린, 1898년 2월 24일

독일제국 황제 폐하와 부왕 전하께

본인은 이달 23일 서울 주재 독일제국 영사가 보내온 짧은 보고를 첨부문서로 동봉하여 독일제국 황제 폐하와 국왕 전하들께 삼가 제출하게 되어 영광입니다. 또한 아래의 내용을 정중히 보고 드립니다.

대원군[1]은 한국 왕의 부친입니다. 그는 위험한 음모자이자 모반자로 알려져 있으며, 개인적이고 정치적으로 한국 왕비의 적이었습니다. 1895년 벌어진 왕비 살해 사건[2]도 그로 인해 벌어진 일이라 할 수 있습니다. 당시 그는 일본의 이익을 대변한 것처럼 보이지만 그는 때때로 친청파 쪽에 서는 경우도 있었습니다.

---

1 [감교 주석] 흥선대원군(興宣大院君)
2 [감교 주석] 명성황후(明成皇后) 시해사건

[한국 관련 빌헬름 2세 보고 건]

발신(생산)일	1898. 3. 2	수신(접수)일	1898. 3. 2
발신(생산)자	클레메트	수신(접수)자	
발신지 정보		수신지 정보	베를린 외무부
			A. 2583
메모	Ⅰ. 직접보고, 3월 4일 Ⅱ. 페테르부르크 194에 내려 보낸 칙령(A. 712에 관하여), 3월 7일 Ⅲ. 서울 A2에 내려 보낸 칙령, 3월 7일 지급[1] 이 칙령의 실행에 대해 한국에 직접 통지할 것. 그때 러시아의 불만도 함께 언급할 것.		

A. 2583 1898년 3월 2일 오후 수신

Ⅰ. 서울 주재 독일제국 영사가 그곳에서 러시아가 추진하는 일에 대해 대립적인 태도를 취할 아무런 이유가 없다. 그의 보고서에서도 그런 근거를 전혀 찾아볼 수 없다. 1895년 11월 이후 크리엔[2] 영사는, 철저하게 중립적인 태도를 유지하면서 어느 한쪽의 편을 드는 것 같은 인상을 주지 않도록 하라는 명백한 지침을 준수하고 있다. 당시 오히려 일본 정부가 도쿄 주재 독일제국 대표에게, 서울 주재 독일 영사가 일본에 불리한 조처를 취하려는 외국 대표들 측에 가담하려 한다는 억측을 제기한 바 있지만 그것은 명백한 착오였다.

Ⅱ. 크리엔 영사는 이미 작년 가을 한국 정부의 명확한 요청에 따라, 한국 왕이 황제 칭호 사용을 받아들였으며 당시의 국호인 '대 한국'은 청에 대한 조공관계를 연상시키기 때문에 '대한'으로 바꾸었다는 사실을 이곳에 보고하였다. '대한'이라는 국호는 역사적 전통을 지니고 있으며, 한국의 독립성을 나타내는 이름이다. 또한 그러한 조치들과 함께 죽은 한국의 왕비에게는 "황후"라는 칭호가, 왕세자에게는 '전하'라는 칭호가 하사되었다.

한국 정부는 의도적으로 이 새로운 칭호를 인정해 달라는 요청을 하지 않았다. 이는 한편으로는, 한국의 군주가 자신과 자신의 나라에 원하는 칭호와 국호를 수여할 수 있는 권리가 있다는 점을 강조하기 위한 것이고, 다른 한편으로는 강대국들로부터 이 새로운

---

1 [감교 주석] 지급(至急)
2 [감교 주석] 크리엔(F. Krien)

칭호에 대해 조속한 승인을 기대하기 어렵다는 것을 계산해 취해진 조처이다.

영사가 추가로 올린 전신 보고에 의하면, 그사이에 러시아 정부는 과거에 했던 발언과는 달리 한국의 황제 칭호를 인정하였다고 한다. 무라비예프[3]는 이에 대해 라돌린[4]에게, 그것은 아무런 형식적 절차 없이 단지 한국인들을 행복하게 해주기 위한 사소한 기사도 정신의 발현이라고 말했다. 한국 왕이 니콜라스 황제 폐하의 수호성인의 날을 맞아 자신을 "한국 황제"라고 서명하여 축하 전보를 보내왔기에, 답신을 보낼 때 동일한 칭호를 사용하여 답신을 보냈다는 것이다.

크리엔 영사는 이곳에서 다른 지시가 내려갈 때까지 예전에 사용하던 칭호를 그냥 사용하였고, 독일 황제 폐하께서는 그것이 적어도 한 나라를 지칭하는 용어와 관련된 문제라는 점을 고려하여 문서상으로 그것을 승인하였다.

한국은 시모노세키 평화조약을 통해 이미 독립국가로 인정을 받았다. 따라서 우리가 크리엔 영사에게 한국 정부와의 공식적인 문서교환 때 형식적인 승인 절차 없이 러시아 동료가 했던 것과 똑같은 방식으로 계속해서 한국의 군주가 자신과 자신의 나라에 붙인 새로운 한국의 칭호들을 사용하라는 지시를 내린다 해도 이의를 제기할 이유가 전혀 없다. 그렇게 할 경우 우리는 그 칭호들을 단지 독립적인 군주와 독립적인 국가를 지칭하는 이름으로만 사용하는 것이다. 따라서 유럽 다른 나라들과 교류할 때는 한국의 명칭을 지금까지 일반적으로 사용하던 유럽식 표현으로 번역해 사용하면 된다.

그로 인해 불미스러운 일이 발생할 가능성은 거의 없다. 또한 새로 임명된 한국 공사 민영익[5]이 아직까지 상하이에서 머물고 있다고 하는데, 설사 그가 독일에 들어온다 해도 나쁜 일은 일어나지 않을 것이다. 아무튼 그리 하면 한국에서 크리엔 영사의 입지는 좀 더 좋아질 것이다.

하지만 한편으로 우리는 그것을 통해 러시아에 다음과 같은 사실을 입증하게 된다. 즉 우리는 한국에 대해 정치적인 관심은 전혀 없이 단지 경제적인 관심만 갖고 있으며, 정치적으로는 한국이 러시아의 관심권에 속한다고 생각한다는 것이다.

폐하께 이런 내용으로 직접보고를 드리는 것을 허락해 주시겠습니까?

클레메트[6]

---

3 [감교 주석] 무라비예프(M. Mouraviov)
4 [감교 주석] 라돌린(H. F. von Radolin)
5 [감교 주석] 민영익(閔泳翊)
6 [감교 주석] 클레메트(Klehmet)

베를린, 1898년 3월 4일   A. 712/2582 I

황제 폐하와 왕 전하께

황제 폐하와 왕 전하께 삼가 아래와 같이 보고 드립니다.

홀슈타인[7] 귀하에게 즉시 전달[8]

　　이곳 주재 러시아 대사가 오늘 본인에게 구두로 알려준 바에 의하면, 페테르부르크에서는 서울 주재 독일 영사[9]에 관해 이의를 제기할 만한 충분한 사유가 있다고 생각한다고 합니다. 영사의 태도가 정치적으로 독일과 러시아가 그간 계속 지속해온 좋은 관계에 어울리지 않기 때문이라는 것입니다.

연도번호 No. 1838

　물론 오스텐-자켄[10]은 자신의 주장을 입증할 수 있는 증거를 제시한 적이 없습니다. 또한 자신은 정부의 지시를 받고 그런 발언을 한 것이 아니라, 단지 개인적으로 독-러 양국의 우호적인 관계가 계속 지속되기를 바라는 마음에서 그런 주장을 펼친 것이라고 강조하였습니다. 하지만 본인은, 그의 주장이 과연 무심코 나온 발언인지 아닌지 진지하게 주목해 볼 필요가 있다고 생각합니다.

　그리고 조심스레 조사해본 결과 한국 주재 독일 영사는(A. 2583 서두 부분 삽입) 그런 지적을 받을 만한 행동을 한 적이 전혀 없다는 사실이 밝혀졌습니다.

　폐하께서는 작년 12월 크리엔 영사의 보고를 받고, 한국 관청에 보내는 편지를 번역할 때 독-조 조약에서 한국에 사용된 지금까지의 국호 '대한국'을 그대로 사용해도 된다고 허락하셨습니다. 그 지시에 따라 영사는 지금까지 새로운 국호를 사용하지 않았던 것입니다.

　아마도 러시아의 불만은 기본적으로 크리엔 영사가 이 문제에 있어서 러시아 동료와 다른 행보를 보였기 때문이라고 생각됩니다.

　독일 측에서는 그 칭호들을 단지 독립적인 군주와 독립적인 국가를 지칭하는 이름으

7　[감교 주석] 홀슈타인(F. Holstein)
8　[원문 주석] 본인이 오늘 저녁에 다시 돌려받을 수 있도록, 본 보고서를 최대한 빨리 검토해 주시기 바랍니다.
9　[감교 주석] 크리엔(F. Krien)
10　[감교 주석] 오스텐-자켄(Osten-Sacken)

로만 사용하는 것입니다. 따라서 유럽 다른 나라들과 교류할 때는 한국의 명칭을 지금까지 일반적으로 사용하던 유럽식 표현으로 번역해 사용하면 됩니다.

이 새로운 명칭들은 기본적으로 한국 정부가 자신들이 획득한 독립성을 대외적 확실히 인식시키고자 하는 노력의 일환으로 보입니다. 만약 독일이 러시아의 선례를 따라 한국의 공명심에 따라준다면, 서울에 있는 독일 영사의 입장이 한층 좋아질 것입니다. 또한 다른 한편으로 그렇게 함으로써 독일은 한국에 정치적인 관심은 없고 단지 경제적인 관심만 있을 뿐이며, 정치적으로 한국은 러시아의 관심영역에 속한다는 사실을 러시아에 입증하는 셈입니다.

본인의 소견으로는, 그로 인해 불미스러운 발생할 가능성은 거의 없습니다. 한국 정부가 얼마 전에 크리엔 영사를 통해 이곳으로 보내온 전갈에 따르면, 독일 및 다른 조약 체결국들을 위한 신임 공사로 민영익[11]을 임명하였다고 합니다. 아직까지도 상하이에서 머물고 있는 그가 독일로 들어올지 여부는 좀 더 기다려봐야 할 것 같습니다. 어쨌든 설사 그가 독일에 들어온다 해도 명칭과 관련해 발생할 수 있는 어려움들은 쉽게 처리할 수 있을 것 같습니다.

이에 본인은 앞에서 언급된 사안과 관련해 서울 주재 독일 영사에게 지시를 내릴 수 있도록 폐하께서 가장 자비로우신 결정을 내려주시기를 간청 드립니다.

---

11 [감교 주석] 민영익(閔泳翊)

30

원문 p.457

[러시아 정부의 크리엔 영사 비판에 대한 반박]

발신(생산)일	1898. 3. 4	수신(접수)일	
발신(생산)자		수신(접수)자	
발신지 정보	베를린 외무부	수신지 정보	독일 황제와 부왕

외무부

베를린, 1898년 3월 4일

황제 폐하와 부왕 전하들께

황제 폐하와 국왕 전하들께 아래와 같은 내용을 삼가 보고 드립니다.

이곳 주재 러시아 대사가 오늘 본인에게 구두로 알려준 바에 의하면, 페테르부르크에서는 서울 주재 독일 영사[1]에 관해 이의를 제기할 만한 충분한 사유가 있다고 생각한다고 합니다. 영사의 태도가 정치적으로 독일과 러시아가 그간 계속 지속해온 좋은 관계에 어울리지 않기 때문이라는 것입니다.

물론 오스텐-자켄[2]은 자신의 주장을 입증할 수 있는 증거를 제시한 적이 없습니다. 또한 자신은 정부의 지시를 받고 그런 발언을 한 것이 아니라, 단지 개인적으로 독-러 양국의 우호적인 관계가 계속 지속되기를 바라는 마음에서 그런 주장을 펼친 것이라고 강조하였습니다. 하지만 본인은, 그의 주장이 과연 무심코 나온 발언인지 아닌지 진지하게 주목해 볼 필요가 있다고 생각합니다.

그리고 조심스레 조사해본 결과 한국 주재 독일 영사는 그런 지적을 받을 만한 행동을 한 적이 전혀 없다는 사실이 밝혀졌습니다. 그의 보고서에서도 전혀 그런 점을 발견하지 못했습니다.

1895년 11월 이후 크리엔 영사는, 철저하게 중립적인 태도를 유지하면서 어느 한쪽의 편을 드는 것 같은 인상을 주지 않도록 하라는 명백한 지침을 준수하고 있습니다. 당시

---

1 [감교 주석] 크리엔(F. Krien)
2 [감교 주석] 오스텐-자켄(Osten-Sacken)

오히려 일본 정부가 도쿄 주재 독일제국 대표에게, 서울 주재 독일 영사가 일본에 불리한 조처를 취하려는 외국 대표들 측에 가담하려 한다는 억측을 제기한 바 있지만 그것은 명백한 착오였습니다.

크리엔 영사는 이미 작년 가을 한국 정부의 명확한 요청에 따라, 한국 왕이 황제 칭호 사용을 받아들였으며 당시의 국호인 '대 한국'은 청에 대한 조공관계를 연상시키기 때문에 '대한'으로 바꾸었다는 사실을 이곳에 보고하였습니다. '대한'이라는 국호는 역사적 전통을 지니고 있으며, 한국의 독립성을 나타내는 이름입니다. 또한 그러한 조치들과 함께 죽은 한국의 왕비에게는 "황후"라는 칭호가, 왕세자에게는 '전하'라는 칭호가 하사되었습니다.

한국 정부는 의도적으로 이 새로운 칭호를 인정해 달라는 요청을 하지 않았습니다. 이는 한편으로는, 한국의 군주가 자신과 자신의 나라에 원하는 칭호와 국호를 수여할 수 있는 권리가 있다는 점을 강조하기 위한 것이고, 다른 한편으로는 강대국들로부터 이 새로운 칭호에 대해 조속한 승인을 기대하기 어렵다는 것을 계산해 취해진 조처입니다.

영사가 추가로 올린 전신 보고에 의하면, 그사이에 러시아 정부는 과거에 했던 발언과는 달리 한국의 황제 칭호를 인정하였다고 합니다. 무라비예프[3]는 이에 대해 라돌린[4]에게, 그것은 아무런 형식적 절차 없이 단지 한국인들을 행복하게 해주기 위한 사소한 기사도 정신의 발현이라고 말했습니다. 한국 왕이 니콜라스 황제 폐하의 수호성인의 날을 맞아 자신을 "한국 황제"라고 서명하여 축하 전보를 보내왔기에, 답신을 보낼 때 동일한 칭호를 사용하여 답신을 보냈다는 것입니다.

폐하께서는 작년 12월 크리엔 영사의 보고를 받고, 그가 한국 관청에 보내는 편지를 번역할 때 독–조 조약에서 한국에 사용된 지금까지의 국호 '대 한국'을 그대로 사용해도 된다고 허락하셨습니다. 그에 따라서 영사는 지금까지 새로운 국호를 사용하지 않았던 것입니다.

아마도 러시아의 불만은 기본적으로 크리엔 영사가 이 호칭 문제에 있어서 러시아 동료와 다른 행동을 취하는 것에서 기인한 것으로 보입니다.

한국은 시모노세키 평화조약을 통해 이미 독립국가로 인정을 받았습니다. 따라서 우리가 크리엔 영사에게 한국 정부와의 공식적인 문서교환 때 형식적인 승인 절차 없이

---

3 [감교 주석] 무라비예프(M. Mouraviov)
4 [감교 주석] 라돌린(H. F. von Radolin)

러시아 동료가 했던 것과 똑같은 방식으로 계속해서 한국의 군주가 자신과 자신의 나라에 붙인 새로운 한국의 칭호들을 사용하라는 지시를 내린다 해도 이의를 제기할 이유가 전혀 없습니다. 그렇게 할 경우 우리는 그 칭호들을 단지 독립적인 군주와 독립적인 국가를 지칭하는 이름으로만 사용하는 것입니다. 따라서 유럽 다른 나라들과 교류할 때는 한국의 명칭을 지금까지 일반적으로 사용하던 유럽식 표현으로 번역해 사용하면 됩니다.

이 새로운 명칭들은 기본적으로 한국 정부가 자국의 독립성을 대외적 확실히 인식시키고자 하는 노력의 일환으로 보입니다. 만약 독일이 러시아의 선례를 따라 한국의 공명심에 따라준다면, 서울에 있는 독일 영사의 입지가 한층 좋아질 것입니다. 또한 다른 한편으로 우리는 그것을 통해 러시아에 다음과 같은 사실을 입증하게 됩니다. 즉 우리는 한국에 대해 정치적인 관심은 전혀 없이 단지 경제적인 관심만 갖고 있으며, 정치적으로는 한국이 러시아의 관심권에 속한다고 생각한다는 것입니다.

본인의 소견으로는, 그로 인해 불미스러운 일이 발생할 가능성은 거의 없습니다. 한국 정부가 얼마 전 크리엔 영사를 통해 이곳으로 보내온 전갈에 따르면, 독일 및 다른 조약 체결국들을 위한 신임 공사로 민영익[5]을 임명하였다고 합니다. 아직까지도 상하이에서 머물고 있는 그가 독일로 들어올지 여부는 좀 더 기다려봐야 할 것 같습니다. 어쨌든 설사 그가 독일에 들어온다 해도 명칭과 관련해 발생할 수 있는 어려움들은 쉽게 처리할 수 있을 것 같습니다.

이에 본인은 앞에서 언급된 사안과 관련해 서울 주재 독일 영사에게 지시를 내릴 수 있도록 폐하께서 가장 자비로우신 결정을 내려주시기를 간청 드립니다.

[sic.]

---

5   [감교 주석] 민영익(閔泳翊)

31

제물포에 정박 중인 영국 함대

발신(생산)일	1898. 1(2). 11	수신(접수)일	1898. 3. 4
발신(생산)자	크리엔	수신(접수)자	호엔로에-실링스퓌르스트
발신지 정보	서울 주재 독일 총영사관	수신지 정보	베를린 정부
	No. 5		A. 2644
메모	연도번호 No. 21		

A. 2644 1898년 3월 4일 오전 수신

서울, 1898년 1월(2월) 11일

No. 5

독일제국 수상 호엔로에-실링스퓌르스트 전하 귀하

지난달 30일 아래와 같은 영국 선박들이 도착하였습니다.:

동아시아 함대사령관이자 부제독 블러[1]가 이끄는 철갑함 "Centurion"호를 비롯해 철갑순양함 "Undaunted"호와 "Narcissus"호, 포함 "Daphne"호와 "Algerine"호와 "Thoenix"호, 기타 수뢰정 3척이 제물포항에 도착하였습니다. 제물포 항에는 이미 두 척의 순양함 "Rainbow"호와 "Tique"호가 정박하고 있었습니다. 그리고 며칠 뒤 포함 "Redpole"호까지 도착하여, 함대는 총 8개의 대포, 72개의 중포, 116개의 소포를 갖추고 배수량이 3천 톤에 이르는 규모였습니다. 또한 2,600명의 승무원과 3척의 수뢰정이 선창에 닻을 내리고 있습니다. 게다가 이미 그곳에는 러시아 포함 2척과 미국 순양함 1척도 정박 중입니다.

함대의 출현에 한국 관리들과 특히 왕실에서 크게 당황하였습니다. 그들은 혹시 영국인들이 브라운[2] 해임에 반감을 품고 제물포에 수병들을 상륙시켜 포트 해밀턴[3]이나 한국의 다른 지역을 점령하겠다고 선언할까봐 두려워하고 있습니다. 더욱이 그 함대가 대원군[4]의 손자[5]를 왕좌에 앉히기 위해 일본에서 정치 망명객들과 대원군 손자를 데려왔다는

---

1 [감교 주석] 블러(A. Buller)
2 [감교 주석] 브라운(J. M. Brown)
3 [감교 주석] 거문도(Port Hamilton)
4 [감교 주석] 흥선대원군(興宣大院君)

소문까지 돌고 있습니다. 그것 때문에 왕은 현재 몹시 흥분한 상태입니다. 그래서 그는 (다른 소식통으로부터도 확인된, 미국 대표[6]의 믿을 만한 전언에 의하면) 미국 대표에게 자신을 미국 공사관에 머물게 해달라고 거듭 요청했다고 합니다. 하지만 알렌은 그 요구를 단호하게 거절했다고 합니다.

왕은 한편으로는 영국과 일본 간에, 다른 한편으로는 러시아와 프랑스 간에 상호 적대감이 폭발할까 두려워서, 또한 독일도 거기에 얽혀 있을 가능성이 있다고 생각해서, 미국 공사관을 유일하게 안전한 도피처로 여긴 듯합니다. 하지만 소동은 서서히 가라앉았습니다. 그런데 약 일주일 전 도쿄 주재 한국 공사[7]로부터 일본 전함 8척이 일본을 떠났다는 내용의 전보가 도착해 다시 불안에 빠졌습니다. 이제 궁에서는 일본 함대가 제물포 항에 나타나는 것을 걱정하고 있습니다. 또한 새 일본 국무성이 낭인들을 이곳으로 보낼까 우려하고 있습니다. 알렌은 거의 매일 왕을 알현하고 있으며, 러시아 공사관의 한국어 통역관도 마찬가지입니다. 그는 왕을 진정시키려 노력했으나 실패했습니다.

지난달 이곳에서는, 앞에 언급된 통역관이 왕에게 러시아의 보호를 받으라고 강력하게 조언했으나 거절당했다는 소문이 돌았습니다.

영국 총영사[8]는 이달 2일 해군제독을 만나기 위해 제물포로 갔다가 5일 이곳으로 다시 돌아왔습니다. 제독을 비롯해 영국의 다른 장교들은 아직 서울에 들어오지 않았습니다.

오늘 조던이 본인을 방문하여 함께 이야기를 나누었습니다. 대화를 나누던 중 본인은 현재 영국 함대가 제물포항에 정박하고 있는 것은 러시아 함대의 포트 아서[9] 체류에 대항하기 위한 조처인 것 같은 인상을 받았습니다.

대화중에 영국 공사는, 자신은 러시아 선박이 포트 아서에 머물고 있는 것이 그 항구를 점령하고 있다는 의미는 아니라고(does not mean an occupation) 확신한다고 거듭 강조하였습니다.

본인은 본 보고서의 사본을 베이징과 도쿄 주재 독일제국 공사관에 보낼 것입니다.

크리엔

내용: 제물포에 정박 중인 영국 함대

---

5 [감교 주석] 이준용(李埈鎔)
6 [감교 주석] 알렌(H. N. Allen)
7 [감교 주석] 이하영(李夏榮)
8 [감교 주석] 조던(J. N. Jordan)
9 [감교 주석] 뤼순(旅順; Port Arthur)

주재 외교관 귀중
상트페테르부르크 No. 194
기밀!

연도번호 No. 1910

오스텐-자켄의 발언은, 러시아는 한국 군주가 받아들인 황제 칭호를 형식적 절차 없이 인정한 반면 한국 주재 독일 영사는 한국 군주와 한국의 명칭을 지금까지 사용해 온 대로 계속 쓰고 있는 것 때문에 나왔을 가능성이 높습니다. 본인은 이 문제에 관해 러시아의 입장을 따르기 위해, 황제 폐하의 권한을 위임 받아 크리엔 영사에게, 앞으로 한국 정부와 한국어로 문서를 주고받을 때에는 러시아 대표와 똑같이 새로운 칭호를 사용하라는 지시를 내렸습니다. 동시에 영사에게 중립적 태도를 유지하는 것이 새로운 의무임을 분명히 하였습니다.

이 지시를 통해 본인은, 독일 정부가 정치적으로 한국에서 러시아의 이익을 관철시키는 데 있어 그 어떤 방해도 할 생각이 없다는 것과 독일 정부는 현재 한국에서 그 어느 때보다 더 정치적인 관심이 아니라 오로지 경제적인 관심만 갖고 있다는 사실을 실제로 입증하게 되기를 희망하고 있습니다.

따라서 귀하께서는 그곳에서 때때로 한국의 상황에 대해 앞에서 언급한 방향대로 일을 진행해 주기를 요청합니다. 물론 비밀리에 수행해주셔야 합니다. 또한 이 지시의 실행여부에 대해 보고해주기 바랍니다.

베를린, 1898년 3월 7일

주재 영사 크리엔 귀하
서울 A. No. 2

홀슈타인[10] 귀하에게

연도번호 No. 1912

* [난외 주석]
앞에서 지시한 변경사항에 대해 비밀
을 유지하고, 귀하 쪽에서 이 문제에
대해 해명하지 말 것이며 또한.....

각주:
계속 이대로 갈 것인지, 한국 안에서만
그렇게 할 것인지, 독일어 문서와 다른
외국 대표들에게 보내는 문서에서도
그렇게 할 것인지 등에 대한 추가 검토
는 유보된 상태입니다.

작년 10월 14일과 21일 보내주신 보고서(No.
67과 68)과 관련하여, 영사께 아래와 같이 요
청 드립니다. 앞으로 한국 관청과 문서를 주고
받을 때에는 귀하가 한국어를 사용할 경우, 즉
귀하의 공식적인 서류에 첨부되는 한국어 번
역본에는 러시아 동료와 마찬가지로 한국의
통치자가 자신과 그의 가족, 그리고 그의 나라
에 수여한 새로운 명칭들(황제, 대한 등등)을
사용해주기 바랍니다. 나머지 다른 나라 대표
들과 주고받는, 독일어로 작성된 문서에서는
지금까지 사용해오던 대로 계속 한국은 한국
왕국, 군주는 왕 등의 명칭을 그대로 사용하기
바랍니다.

동시에 1895년 11월에 내린 칙령, 즉 엄격
하게 중립적인 태도를 유지하고 어느 한 당파
를 지지하는 행동을 금하라는 명령을 새로운
지침으로 하달합니다.

---

10 [감교 주석] 홀슈타인(F. Holstein)

베를린, 1898년 3월 9일   A. 2644

주재 외교관 귀중   귀하에게 제물포항에 정박 중인 영국 함대에
1. 상트페테르부르크 No. 197   관한, 금년 1월 11일 서울 주재 독일제국 영사
                                       의 보고서 사본을 삼가 정보로 제공합니다.

32

[도쿄 주재 오스트리아-헝가리 제국 공사의 한국 관련 보고서 전달]

발신(생산)일	1898. 3. 5	수신(접수)일	1898. 3. 11
발신(생산)자	라돌린	수신(접수)자	호엔로에-실링스퀴르스트
발신지 정보	페테르부르크 주재 독일 대사관	수신지 정보	베를린 정부
			A. 757

발췌문

A. 757 1898년 3월 11일 오전 수신

상트페테르부르크, 1898년 3월 5일

독일제국 수상 호엔로에-실링스퀴르스트 전하 귀하

이곳 주재 오스트리아 대사 리히텐슈타인[1] 왕자가 친절하게도 본인에게, 도쿄 주재 오스트리아-헝가리 공사 비덴브루크[2]가 보내온 두 개의 보고서를 은밀히 보여주었습니다. 그에 따라 본인은 비덴브루크가 올린 보고서의 내용을 전하께 삼가 보고 드립니다. 비록 최근에 올라온 보고들은 아니지만, 현재 동아시아의 전반적인 정세를 파악하는 데에 도움이 될 것입니다. 특히 오스트리아 공사의 견해가 들어 있다는 점에서 적잖이 흥미롭습니다.

첫 번째 보고서는 금년 1월 13일에 작성되었습니다. 비덴브루크는 그 보고서에서 한국의 현 정세를 언급한 뒤, 한국에서 동아시아에 관심을 가진 열강들의 이권 다툼이 일어날 것이라고 예측하고 있습니다. 베이징 공사로 자리를 옮긴 전임 서울 주재 러시아 대리공사[3]는 한국 황제를 러시아와 일종의 종속 관계에 편입시킬 방도를 찾아냈다고 합니다. 알렉세예프[4]를 한국 정부 탁지부 고문관으로 임명한 것은 그가 거둔 특별한 성과라고 했습니다. 그것 말고도 러시아 공사관은 그들의 충복인 King Houngnin K[5].라

---

1 [감교 주석] 리히텐슈타인(Liechtenstein)

2 [감교 주석] 비덴브루크(Wydenbruck)

3 [감교 주석] 슈뻬이예르(A. Speyer)

4 [감교 주석] 알렉세예프(K. Alexeev)

5 [감교 주석] 김홍륙(金鴻陸)으로 추정.

는 이름의 남자를 정부 요직에 앉히는 데 성공했습니다. 비덴브루크는 보고서 끝부분에서, 서울에 있는 슈뻬이예르[6]의 후임으로 지금까지 국경위원회 위원으로 있는 마튜닌[7]이 부임할 것으로 예상하였습니다. 그자는 한국 북쪽지방의 상황을 정확히 알고 있다고 합니다.

라돌린

---

6 [감교 주석] 슈뻬이예르(A. Speyer)
7 [감교 주석] 마튜닌(N. Matunine)

33

한국 주재 독일 영사 크리엔

발신(생산)일	1898. 3. 9	수신(접수)일	1898. 3. 11
발신(생산)자	라돌린	수신(접수)자	호엔로에−실링스퓌르스트
발신지 정보	페테르부르크 주재 독일 대사관	수신지 정보	베를린 정부
			A. 2985

A. 2985 1898년 3월 11일 오전 수신

상트페테르부르크, 1898년 3월 9일

독일제국 수상 호엔로에−실링스퓌르스트 전하 귀하

오늘은 무라비예프[1]의 접견일이었습니다. 그에 따라 본인은 백작이 질병에서 회복한 뒤 처음 방문하였습니다. 그때 본인은 이달 7일 칙령 No. 194에 따라, 동아시아 및 한국에 대해 이야기를 나눴습니다. 본인은 오스텐[2]이 서울 주재 독일제국 영사[3]에 관해 러시아 정부가 불만을 갖고 있다는 이야기를 했다는 말은 일체 언급하지 않고, 그냥 지나가는 말로 크리엔 영사는 항상 중립적인 태도를 취하려 애쓰고 있을 뿐만 아니라, 독일 정부로부터 러시아의 정책을 절대 방해하지 말라는 지시를 받았다고 했습니다. 또한 독일은 한국에 정치적인 관심은 없으며 단지 경제적인 관심을 갖고 있을 뿐이라고 했습니다. 그러자 무라비예프는 그런 이야기를 들으니 매우 기쁘다고 했습니다. 또한 본인의 말이 사실이라고 확신하고 있으며, 독일 대표는 지시에 따라 러시아에 우호적이라는 태도를 보이고 있다는 것을 결코 의심하지 않았다고 했습니다.

라돌린

내용: 한국 주재 독일 영사 크리엔

---

1 [감교 주석] 무라비예프(M. Mouraviov)
2 [감교 주석] 오스텐 자켄(Osten−Sacken)
3 [감교 주석] 크리엔(F. Krien)

34

[한국 국왕의 생모 사망]

발신(생산)일	1898. 1. 13	수신(접수)일	1898. 3. 11
발신(생산)자	크리엔	수신(접수)자	호엔로에–실링스퓌르스트
발신지 정보	서울 주재 독일 총영사관	수신지 정보	베를린 정부
	No. 7		A. 2999
메모	연도번호 No. 23		

A. 2999 1898년 3월 11일 오전 수신

서울, 1898년 1월 13일

No. 7

독일제국 수상 호엔로에–실링스퓌르스트 전하 귀하

이달 8일 한국 왕의 생모이자 대원군[1]의 아내[2]가 사망하였습니다. 왕은 생모의 장례식을 국가장이 아니라 가족장으로 치르기로 결정했으며 애도기간은 1년으로 정했습니다. 한국의 예법에 따르면 그를 양자로 받아들여 왕위에 앉게 해준, 이미 1890년에 돌아가신 양모[3]가 그의 친어머니로 간주되기 때문입니다.

본인은 본 보고서의 사본을 베이징과 도쿄 주재 독일제국 공사관으로 보낼 것입니다.

크리엔

---

1 [감교 주석] 흥선대원군(興宣大院君)
2 [감교 주석] 여흥부대부인 민씨(驪興府大夫人 閔氏)
3 [감교 주석] 신정왕후(神貞王后) 조씨, 대왕대비 조씨

한국 공사 민영익에 관하여

발신(생산)일	1898. 1. 15	수신(접수)일	1898. 3. 11
발신(생산)자	크리엔	수신(접수)자	호엔로에-실링스퓌르스트
발신지 정보	서울 주재 독일 총영사관	수신지 정보	베를린 정부
			A. 3000
메모	연도번호 No. 25		

A. 3000　1898년 3월 11일 오전 수신

서울, 1898년 1월 15일

독일제국 수상 호엔로에-실링스퓌르스트 전하 귀하

작년 10월 13일 본인의 보고서 No. 66에 이어, 전하께 삼가 아래와 같이 보고 드리게 되어 영광입니다. 외부대신[1]이 어제 대화중에 본인에게 전해준 바에 의하면, 러시아 대리공사[2]가 최근 그에게 재차 구두로 공사 민영익[3]은 상트페테르부르크에서 승인을 받을 것이라고 말했다고 합니다. 대리공사는 또한 양국의 친선 관계를 고려하여 민영익을 즉시 러시아로 파견해주기를 몹시 고대한다고 말했다고 합니다.

영국 총영사[4]는 본인에게 어디까지나 자신의 사견이라면서, 영국 정부는 민영익이 유럽으로 파견되든 말든 개의치 않을 것이라고 말했습니다. 한국 공사 민영환[5]도 작년에 런던에 체류했었기 때문이라고 했습니다. 그의 생각에, 영국 정부는 민영익 개인에 대해서는 아무런 반대도 하지 않을 것이라고 했습니다.

최근 들어온 소식에 의하면, 민영익 공사는 아직도 상하이에 머물고 있다고 합니다.

본인은 본 보고서의 사본을 베이징과 도쿄 주재 독일제국 공사관으로 보낼 것입니다.

내용: 한국 공사 민영익에 관하여

1　[감교 주석] 조병식(趙秉式)
2　[감교 주석] 슈뻬이예르(A. Speyer)
3　[감교 주석] 민영익(閔泳翊)
4　[감교 주석] 조던(J. N. Jordan)
5　[감교 주석] 민영환(閔泳煥)

36

왕의 생모의 죽음[1]

발신(생산)일	1898. 1. 15	수신(접수)일	1898. 3. 11
발신(생산)자	크리엔	수신(접수)자	호엔로에–실링스퓌르스트
발신지 정보	서울 주재 독일 총영사관	수신지 정보	베를린 정부
	No. 11		A. 3001
메모	연도번호 No. 28		

A. 3001 1898년 3월 11일 오전 수신

서울, 1898년 1월 18일

No. 11

독일제국 수상 호엔로에–실링스퓌르스트 전하 귀하

이달 11일 본인의 보고서 No. 5에 이어, 전하께 삼가 아래와 같이 보고 드리게 되어 영광입니다. 영국 해군제독 블러[2]가 이달 13일 철갑함 "Centurion"호를 이끌고 제물포 항구를 떠났습니다. 나가사키로 가기 위해서라고 합니다.

순양함 "Pique"호 및 포함 "Daphne"호와 "Algerine"호도 마찬가지로 제물포를 떠났습니다.

반면 오늘 피츠제럴드[3] 부제독이 순양함 "Grafton"을 이끌고 제물포에 도착하였습니다. 따라서 현재 제물포에 정박하고 있는 영국 전함들로는, 순양함 "Grafton"호, "Narcissus"호, "Undaunted"호, "Rainbow"호와 포함 "Phoenix"호와 "Redpole"호가 있습니다. 그 외에 세 척의 수뢰정이 제물포에 정박하고 있습니다.

궁궐과 한국 관리들의 동요했던 분위기는 많이 가라앉았습니다. 그것은 특히, 최근 일본 함대가 여전히 일본에 머물고 있다는 소식이 들어왔기 때문입니다.

본인은 본 보고서의 사본을 베이징과 도쿄 주재 독일제국 공사관으로 보낼 것입니다.

크리엔

내용: 왕의 생모의 죽음

---

1 [감교 주석] 제목과 내용의 불일치. [제물포에서 영국 군함 동향]이 적절함.
2 [감교 주석] 블러(A. Buller)
3 [감교 주석] 피츠제럴드(Fitzgerold)

37

러시아의 철도 건설 추진

발신(생산)일	1898. 1. 19	수신(접수)일	1898. 3. 11
발신(생산)자	크리엔	수신(접수)자	호엔로에-실링스퓌르스트
발신지 정보	서울 주재 독일 총영사관	수신지 정보	베를린 정부
	No. 13		A. S. 760
메모	3월 17일, 페테르부르크 227에 전달 연도번호 No. 32		

A. S. 760   1898년 3월 11일 오전 수신

서울, 1898년 1월 19일

No. 13

독일제국 수상 호엔로에-실링스퓌르스트 전하 귀하

영사관의 한국어통역관이 궁과 외부로부터 입수한 믿을 만한 소식에 의하면, 슈뻬이예르[1]가 러시아의 자금과 기술자들을 동원해 서울에서 조-러 국경까지 철도를 건설하자고 한국 정부를 부추기고 있다고 합니다. 그 철도는 조-러 국경에서 다시 블라디보스토크까지 연결될 것이라고 합니다. 일본 변리공사[2]는 심지어 한국 외부대신[3]과 러시아 대리공사가 벌써 그런 내용을 담은 비밀 협정을 체결했다고 주장하고 있습니다. 하지만 앞에서 언급된 통역관은 그런 주장을 단호하게 부인하였습니다. 그는 몇 달 동안 종종 왕의 부름을 받아 궁에 들어갔으며 얼마 전에는 내무부 고문 직위까지 받은 인물입니다.

오늘 자 관보에 농공상부대신 명의로, 추밀원에서 결의하고 왕으로부터 재가를 받은 규정이 하나 공포되었습니다. 앞으로는 철도 부설권과 광산 채굴권을 외국인에게 허가해주지 않겠다는 내용입니다. 짐작컨대, 서울-부산 간 철도 부설권을 요구하고 있는 일본에 대항하기 위한 조처로 보입니다.

---

1 [감교 주석] 슈뻬이예르(A. Speyer)
2 [감교 주석] 가토 마스오(加藤增雄)
3 [감교 주석] 조병식(趙秉式)

본인은 본 보고서의 사본을 베이징과 도쿄 주재 독일제국 공사관으로 보낼 것입니다.

크리엔

내용: 러시아의 철도 건설 추진

38

[한국 내 반러 움직임으로 러시아 군사교관, 재정 고문 철수 결정]

발신(생산)일	1898. 3. 13	수신(접수)일	1898. 3. 13
발신(생산)자	크리엔	수신(접수)자	
발신지 정보	서울 주재 독일 총영사관	수신지 정보	베를린 외무부
			A. 3119
메모	3월 17일, 페테르부르크 227에 전달 연도번호 No. 32		

A. 3119 1898년 3월 13일 오후 수신

전보

서울, 1898년 3월 13일 오후 3시 20분

도착 오후 5시 39분

독일제국 영사가 외무부에 발송

암호해독

No. 5

러시아에 적대적인 민인운동[1] 때문에 러시아는 군 사절단과 재정고문을 철수시키겠다고 제안했고, 한국은 이를 수용했습니다.

크리엔

---

1 [감교 주석] 만민공동회(萬民共同會)

베를린, 1898년 3월 15일   A. 3119

주재 외교관 귀중   (암호우편)
상트페테르부르크 No. 220
                                        귀하에게 이달 13일 서울 주재 독일제국 영사의
                                        보고서를 삼가 정보로 제공합니다.:
홀슈타인[2] 귀하에게   "(보고서 도입부 삽입)"

연도번호 No. 2183
                                        만약 보고 내용이 사실이라면, 러시아는 현재
                                        동아시아에서 무력 충돌을 원치 않는다는 뜻입
                                        니다.

---

2 [감교 주석] 홀슈타인(F. Holstein)

외무부
A편

외무부 정치 문서고
조선 관계 문서

1898년 3월 16일부터
1898년 9월 30일까지

제26권
제27권에 계속

한국 No. 1

1898년	목록	수신정보
3월 16일 페테르부르크 전보 No. 62 무라비예프 백작은 영국과 일본의 접근에 대하여 한국에 기초한 러시아와 일본 간의 상호양해를 통하여 대처하고자 함. 그러한 상호양해에서 러시아는 한국의 완전한 독립과 불가침성을 보증하고자 함. 러시아는 블라디보스토크와 포트 아서 간의 철도가 완성되면 더 이상 한국이 필요하지 않음.	824, 3월 17일
3월 18일 서울 전보 No. 6 러시아는 재정 및 군사 사절단을 철수함.	846, 3월 19일
3월 18일 페테르부르크 전보 No. 65 러시아 군 교관들과 재정 고문을 한국으로부터 소환함.	836, 3월 18일
3월 19일 페테르부르크 보고 No. 125 러시아의 재정 고문 및 교관들을 한국 근무에서 소환하는 문제에 대한 정부의 공식 발표.	895, 3월 23일
3월 23일 페테르부르크 보고 No. 127"Moskowskija Wedomosti"에 실린, 한국에서 러시아의 태도에 대한 변명. 오스트리아식 동양정책에 대한 비방.	A 3617, 3월 25일
3월 28일 서울 전보 No. 7 러시아가 한국의 완전한 독립과 불간섭에 기초한 협약을 일본에 제안함.	945, 3월 28일
1월 30일 서울 보고 No. 18 알렉세이에프에 대한 세관원장 브라운의 지위. 알렉세이에프의 취임 및 러시아의 교관들이 한국에 관직에 근무하는 것이 한국에 관한 러일협약에 어긋난다고 하는 일본의 항의.	3285, 3월 17일
페테르부르크 암호 보고 일본 해군 주재관의 발언에 따르면 일본은 전쟁 배상금이 지불되면 웨이하이웨이에서 철수할 것이라고 함. 왜냐하면 일본은 단 하나의 목표만을 갖고 있기 때문인데, 그것은 한국이라고 함.	887, 3월 22일
3월 24일 페테르부르크 보고 No. 131 일본 공사가 한국과 관련한 러시아의 자제력을 칭찬하며, 일본은 한국을 보호할 임무를 가지고 있다고 함.	921, 3월 26일
1월 18일 서울 보고 No. 11 제물포 앞바다에 정박 중인 영국 함대.	
2월 14일 도쿄 보고 A 21 러시아에 대한 일본의 주저하는 태도에 대하여 영국이 실망함. 알렉세이에프와 러시아 군 교관들이 고용된 데 대한 일본의 항의.	825, 3월 17일

2월 14일 서울 보고 No. 22 일본인들에게 서울 부산 간 철도선을 승인해주려고 했던 한국 외부대신 조의 해임, 러시아 재촉에 의함. 그의 후임은 Hl. 이도재가 됨.	1071, 4월 8일
2월 26일 서울 보고 No. 24 한국 왕의 부친 사망. 대원군의 일대기.	4515, 4월 14일
3월 5일 상동 No. 31 프랑스 공화국에 의하여 한국의 황제 칭호가 인정됨.	5248, 5월 1일
5월 7일 "Wiener Politische Correspondenz" 한국 관련 러일협약; 일본의 지출예산.	5522, 5월 7일
5월 12일 페테르부르크 보고 No. 203 한국 관련 러일 협정서 원문.	5822, 5월 14일
2월 12일 서울 보고 No. 20 영국 함대가 제물포에서 출발함. 순양함 Iphigenia호는 잔류함. 포트 아서 문제에 대하여 영국과 러시아 사이에 합의가 이루어졌다고 함.	4267, 4월 8일
2월 22일 상동 No. 23 북아메리카의 미국 정부와 영국 측에서 한국의 황제 칭호를 인정함. 서울 A5로 보내는 6월 18일 훈령을 보라. 이곳에 도착하지 않은 1월 4일 보고서 4에 대해서는 복사본을 제출할 것.	4514, 4월 14일, 6월 18일
4월 6일 도쿄 보고 A 42 슈뻬이예르가 베이징 공사로 파견되기에 앞서 페테르부르크로 소환되는 이유에 대한 추측. 슈뻬이예르의 무뚝뚝함.	5716, 5월 12일
5월 13일 페테르부르크 보고 No. 207 한국 관련 새로운 러일협약에 대한 러시아 언론의 발표.	5871, 5월 15일
3월 29일 서울 보고 No. 36 한국 문제에 대한 러시아와 일본 간의 협상 진행. 슈뻬이예르의 행동. 군 교관들과 알렉세이에프의 철수. 슈뻬이예르가 페테르부르크에 주재할 한국의 특별대사 임명 문제로 중개하기를 거절함. Hl. 슈뻬이예르가 페테르부르크로 귀환.	5927, 5월 16일
3월 29일 서울 보고 No. 37 영국의 해군소장 피츠제랄드가 배 3척을 이끌고 제물포에 도착함. 갑자기 다시 떠남. 즈푸로 떠났으리라 추측됨.	5928, 5월 16일

5월 4일 도쿄 보고 No. A 54 한국에 대한 새로운 러일협약에 관한 일본 언론의 발표. 러시아 공사 로젠 남작.	6685, 6월 4일
"상트페테르부르크신문" 한국의 독립. 한국에서 일본과 미국의 영향력에 대한 러시아의 불만.	6877, 6월 9일
6월 9일 페테르부르크 보고 No. 248 한국의 독립, 한국에서 일본과 미국의 영향력에 대한 "Novoye Vremya"지 기사.	6966, 6월 12일
5월 10일 도쿄 보고 No. A 61 한국 관련 러일 의정서의 독일어 번역본.	1689, 6월 13일
"Hamburgischer Correspondent", 상동	7128, 6월 16일
7월 10일 "The New York Herald" 한국 정부에 대한 반정부 음모가 발각됨.	8103, 7월 10일
암호 전보, 폐하 수행원의 권고 7월 13일 No. 30 하인리히 왕자의 한국 방문이 이루어지지 않기를 폐하께서는 바라심. (원본. : 중국 20 No. 1)	1964, 7월 14일
5월 9일 서울 보고 No. 46 제물포와 서울 간 철도 부설이 시부사와의 주재 하에 일본의 손으로 넘어감. 이 철도 부설의 내력. 파리 주재 피브릴사와 서울 의주 간 노선 관련 허가.	1915, 7월 8일
3월 30일 상동 No. 38 한국 왕의 황제 즉위 선포 및 국가명, 연호의 변경에 관하여 오스트리아-헝가리 정부에 통지해달라는 부탁. 지금까지의 외부대신 민종묵이 해임되고, 그 대신에 조병직이 맡음. 그 이유는 민종묵이 위에 언급한 통고를 이탈리아 정부에 하지 않았으며, 또 러시아 대표에게 절영도에 석탄창고를 확약했기 때문임.	5929, 5월 16일
5월 10일 서울 보고 No. 47 현재의 내각 구성 : 친 러시아 대신들 모두가 제거됨. 러시아 공사관 경비대가 제물포로 되돌려보내졌고, 그곳의 러시아 군 교관이 아무르 지방으로 되돌려보내짐.	8018, 7월 8일

5월 23일 상동 No. 53 러시아 군 교관들과 러시아 공사관 경비대 및 미국인 재정관인 니인스테드가 출국하여 현재 한국 군대에는 미국인이 더 이상 근무하지 않음.	8733, 7월 11일
5월 30일 상동 No. 56 성진, 군산, 마산포의 한국 항구들이 조약항으로서, 그리고 평양부가 외국 무역을 위한 시장으로서 개방됨. 아마 그렇게 함으로써 이 장소들이 러시아 내지 영국의 소유가 되지 않도록 하기 위함임.	8531, 7월 22일
7월 27일 "National-Zeitung" 베이징으로 공사를 파견하려는 한국 정부의 의도.	7월 27일
6월 6일 서울 보고 No. 60 영국의 공사관 경비대가 서울을 떠남. 러시아 공사관에 올 새 경비대가 예상됨.	8963, 8월 1일
6월 3일 상동 No. 59 한국 왕에게 가능한 한 많은 독일 전투함대의 장교들을 소개할 필요가 있다는 데 대한 논거.	8983, 8월 1일 (원본 I B에)
7월 23일 상동 No. 64 명망 있는 한국인 다수가 체포됨. 이들의 죄목은 왕을 제거하려고 계획했다는 것. '독립협회'의 활동.	10954, 9월 23일
1월 4일 상동 No. 4 한국 왕이 받은 황제 칭호를 러시아가 인정함.	11069, 9월 26일
폐하의 수행원 오일렌부르크 백작에 대한 훈령 Hl 성기운을 독일로 파견하는 한국 공사로 임명. 한국의 황제 칭호가 독일에 의하여 인정받는 문제(주석 : 폐하께서는 황제를 인정하는 데 대해 이의 제기할 것이 없음)	7월 20일
품의 기록 황제 칭호의 인정은 지금으로서는 아직 마땅치 않음. 어쩌면 나중에 이에 대한 정치적인 이유가 밝혀질 것임.	8134, 7월 29일
메모 하인리히 폰 프로이센 왕자가 한국에서의 독일 관심사를 위해 서울에 가는 것이 유익한지에 관련된 문서는 : 중국 20 No. 1에 들어 있음.	11056, 9월 25일

베를린, 1898년 3월 17일   A. S. 760

주재 외교관 귀중
1. 페테르부르크 No. 227

연도번호 No. 2250

러시아의 철도부설을 위한 노력과 관련된 서
울 주재 제국 영사의 올해 1월 19일 보고서의
사본을 첨부하여 귀하의 정보용으로 전달해드
립니다.

[러시아의 동아시아 정책 보고]

발신(생산)일	1898. 3. 16	수신(접수)일	1898. 3. 17
발신(생산)자	라돌린	수신(접수)자	
발신지 정보	페테르부르크 주재 독일 대사관	수신지 정보	베를린 외무부
	No. 62		A. S. 824

A. S. 824   1898년 3월 17일 오전 수신

전보

페테르부르크, 1898년 3월 16일   오후 11시 46분
도착 : 3월 17일   오전   3시 35분

독일제국 영사가 외무부에 발송

No. 62

전문해독

본인은 이번 달 15일 지시 No. 51에 따라 오늘 무라비예프[1]와 상세하게 이야기를 나눴습니다.

장관은 우리의 폐하가 니콜라우스 황제에게 우호적인 마음을 가지고 있음을 알려주는 새로운 증거를 접하고 기분이 좋아졌습니다.

그는 본인에게 재차 반복하여 말하기를, 러시아 정부와 그 기관들은 - 그는 특히 로즈[2]를 언급했습니다 - 청국 내에서 일본인들에 대한 독일의 정책을 말 단 한 마디로라도 건드리거나 한술 더 떠 비판하는 일을 조심스럽게 피했다고 합니다.

---

1   [감교 주석] 무라비예프(M. Mouraviov)
2   [감교 주석] 로즈(Rose)

베를린에 입수된 소문들은 독일과 러시아 사이의 불신을 조성하기 위하여 이해관계를 가진 측이 퍼뜨린 것이었음에 틀림없다고 합니다.

무라비예프는 더 나아가 다음과 같은 의견을 밝혔습니다. 즉 러시아는 본인이 전보 No. 60에서 언급한 바 있는 요구사항들을 청국에서 관철시키고 또 꼭 필요한 경우에는 포트 아서[3]의 계속 점령을 심지어 단독으로 강행하리라 굳게 결심했다는 것입니다.

여기에 덧붙여 장관은 황제가 이미 1월 27일에 본인에게 암시했던 것을 언급하였습니다. 즉 일본, 영국의 접근을 한국에 기초한 러시아와 일본의 상호소통을 통해 막는 것이 무엇보다도 중요하다는 것입니다. 게다가 러시아가 어떤 경우든 스스로 원하는 바대로 만약 한국의 절대적인 독립성과 불가침성이 러시아에 의해 보증된다면, 일본이 이득을 얻을 수 있으리라는 것입니다.

러시아는 어쨌든 한국을 필요로 하지는 않는다고 하는데, 적어도 블라디보스토크가 만주 철도를 통하여 포트 아서와 연결된다면 말입니다.

심지어 한국 황제가 러시아 교관들의 해임을 바람직하다고 여길지라도 러시아는 그에 동의할 것이라고 합니다.

무라비예프의 의견에 따르면, 만약 일본인들에게 돌아갈 전쟁 보상금이 그들에게 지불되는 것이 아니라 영국의 선박 제조업자들에게 지불되어 일본인들이 부득이하게 웨이하이웨이[4]에서 철수할 수밖에 없게 된다면, 이제 이 지역에서의 철수를 실행에 옮기기 위해 어떤 강제조치를 취해야만 한다고 생각하는가라는 문제가 강대국들에게 대두되고 있다고 합니다.

다른 강대국들도 마찬가지로 청국에 눌러앉았으므로 일본인들은 시모노세키 평화조약에도 불구하고 당분간 그곳에 머물러 있겠다고 굳게 결심했다고 합니다. 일본인들에게 그럴만한 권리가 어느 정도 있음을 인정하지 않을 수는 아마 없을 것입니다.

그런데 웨이하이웨이로부터 철수하는 경우에는 일이 어떻게 될 것인가라고 무라비예프는 계속해서 말했습니다. 장관은 영국인들이 스스로 웨이하이웨이를 점하여 결국 독일과 러시아 사이에서 쐐기 역할을 한다고 하는 있을법하지 않은 속마음을 가지고 일본이 이 항구에서 철수하도록 촉구하려 한다는 우려를 표명하였습니다. 무라비예프는 이것이 웨이하이웨이를 계속해서 일본이 유지하는 것보다 더 우려스럽지 않느냐고 저에게 물었습니다. 이것(일본이 웨이하이웨이를 계속해서 유지하는 것; 역자)을 직접적으로

---

3 [감교 주석] 뤼순(旅順; Port Arthur)항
4 [감교 주석] 웨이하이웨이(威海衛)

장려하지는 않는다 하더라도 그렇게 되도록 내버려두거나 아니면 적어도 눈감아줄 수는 있을 것입니다.

라돌린[5]

원문 : 중국 20 No. 1

---

5   [감교 주석] 라돌린(H. F. von Radolin)

02

[일본의 동아시아 정책 관련 보고]

발신(생산)일	1898. 2. 14	수신(접수)일	1898. 3. 17
발신(생산)자	트로이틀러	수신(접수)자	호엔로에−실링스퓌르스트
발신지 정보	도쿄 주재 독일 공사관	수신지 정보	베를린 정부
	A. 21		A. S. 825
메모	3월 25일 런던 265, 페테르부르크 249 전달		

사본

A. S. 825   1898년 3월 17일 오전 수신

도쿄, 1898년 2월 14일

A. 21

독일제국 수상 호엔로에−실링스퓌르스트 전하 귀하

일본 내의 여론이 지난 몇 달간 일어난 사건들로 인하여 어두침침한 경험을 했다는 것에는 아무런 의심의 여지가 없습니다. 영국의 태도에 의해 뼈아프게 실망했던 것입니다. 이미 애초부터 경미했던 기대감이 이 경우에 완화작용을 했었을 지라도, 이 실망의 감정은 어느 정도까지는 내막을 잘 알고 결정적 영향력을 행사하는 사람들에게까지도 퍼질 가능성이 있습니다.

그러나 일본만 실망한 것은 아닙니다. 보통 때는 일본에 대해 그렇게도 우호적이던 이곳의 영국 공사[1]가 했던 몇 마디 말로 미루어 보건대, 영국도 어떤 희망에 대해 기만당했다고 보고 있습니다. 사토우는, 일본이 그 모든 거대한 준비와 말을 한 연후에 행동으로 옮기지 않고 마치 어린아이처럼 주머니 속에서 주먹을 쥐며 "1902년까지만 기다려라. 그땐 내가 충분히 크고 강해져서 힘을 보여줄 것이다"라고 외치는 것은 우스꽝스럽지 않느냐고 했습니다. 이 농담에는 분명히 좋지 않게 숨겨진 분노가 깔려 있었습니다. 그리고 영국 또는 적어도 사토우는 일본이 모험가나 들어서는 위험스러운 길을 가면서 이 북새통에 사욕을 채우는 것을 탐탁하게 보지 않았다는 것을 알아차릴 수 있었습니다.

---

1   [감교 주석] 사토우(E. M. Satow)

실제로 동아시아의 위기 속에서 지금까지 일본의 정책은 마음 불편한 구경꾼에게 'Parturiunt montes, nascetur ridiculus mus'(산들이 산고 끝에 우스꽝스런 쥐를 낳는다; 역자)라는 생각을 불러일으킵니다만, 현 상태에서 일본 정부의 신중함과 자제력을 대단히 현명하다고 간주한다면 아마도 중립자로서 잘못 생각하는 것은 아닐 것입니다.

주둔해 있던 함대는 이제 실제로 요코스카[2]를 출항하였으며, 시미즈[3] 근처의 스루가[4] 만에서 발포연습 중에 있습니다. 나중에 이 배들은 서쪽으로 가지만 일본해역 내에 머물러 있을 것이라고 합니다. 중국이나 한국을 향하여 계속 항해하기를 일단 포기했다는 것은 그에 필요한 금전적 수단의 결핍과 관련이 있다고 합니다. 현재 보이기로는, 4월에 새 회계연도가 시작한 연후에야 비로소 광범위한 전투작전과 함께 다시 대대적인 훈련이 있으리라는 전망입니다.

서울 주재 제국영사도 보고한 바 있는 한국발 소문은 이곳에서 신빙성 없는 것으로 여겨지고 있습니다. 그 소문에 따르면, 일본이 페테르부르크에서 알렉세예프[5]의 임명과 러시아 군 교관들의 고용에 대하여, 그것이 이미 알려져 있는 협정과 일치하지 않는다는 이유로 반대한다고 하는 서면 항의서를 제출했다는 것입니다. 서울 주재 일본 변리공사[6]는 당시에 물론 항의를 하긴 했었습니다만 아마 러시아와 일본 간의 관계가 현재 잘 관리되어 있음을 고려하여 러시아 황제 정부에 형식적인 항의서를 제출하면서 가토의 진솔한 소원에 머물렀을 것입니다. 동석했던 사람들이 건네준 말에 따르면, 한국의 분쟁 문제에 관하여 이곳 도쿄에서는 로젠[7]과 외무대신[8] 사이에서 '우호적인 대화'가 이루어지고 있다고 합니다.

그런데 만약 일본 정부가 정말로 페테르부르크에서 민원을 제기했다면, '항의'(Protest)라는 말은 꽤나 온건하게 들렸을 수도 있습니다!

5월에 예정된 청국의 전쟁 배상금 분할액 지급 연기 신청을 일본이 며칠 전에 거부한 사실도, 우리가 자오저우[9]를 점령한 직후에 말하자면 러시아 돈으로 곧바로 임박해 있던 잔여채무를 상환한 것이 이곳에서 다름 아니라 웨이하이웨이[10]를 유지할 수 있는 기회를

---

2 [감교 주석] 요코스카(橫須賀)
3 [감교 주석] 시미즈(清水)
4 [감교 주석] 스루가(駿河)
5 [감교 주석] 알렉세예프(K. Alexeev)
6 [감교 주석] 가토 마스오(加藤增雄)
7 [감교 주석] 로젠(R. R. Rosen)
8 [감교 주석] 니시 도쿠지로(西德二郎)
9 [감교 주석] 자오저우(膠州)
10 [감교 주석] 웨이하이웨이(威海衛)

심상치 않게 줄일 하나의 민감한 타격으로 간주되었음을 고려한다면, 이곳 정부가 멀리 내다보는 계획에 대하여 현재 가지고 있는 반감을 역추론하게 해주는 것입니다.

요컨대 지금 외교정책의 걱정거리들은 내정에 관한 걱정거리에 잠시 자리를 양보해야만 했습니다.

일단 3월에 열릴 선거가 미래에 일어날 사건의 조짐을 벌써 보인다면, 재정 문제가 주요 관심사로 대두될 것입니다.

신임 대장대신 이노우에[11]는 이곳에서는 완전히 낯선 철두철미함으로 일하고 있는 것으로 보입니다. 그리고 그는 중요한 문제에 대해 입장을 취하기에 앞서 매우 넓게 통계조사를 실시하기 때문에, 야당의 견해에 의하면 그러한 통계조사의 결과는 다른 대신들이 자리에 앉게 되었을 때에야 비로소 얻어질 수 있을 것이라고 합니다.

일단 알려진 바는, 그가 최대한 절약하면서 국가의 담세능력을 가능한 한 적게 요구하려 한다는 것 정도입니다. 그밖에 그는 외국의 자본을 일본으로 유치하려는 예전부터의 관행적 노력에 대하여 매우 회의적인 입장을 취하고 있는 것 같습니다.

트로이틀러[12]

원본 : 중국 20 No. 1

---

11 [감교 주석] 이노우에 가오루(井上馨)
12 [감교 주석] 트로이틀러(K. G. Treutler)

03

原문 p.486

[한국의 총세무사 브라운의 교체에 관한 건]

발신(생산)일	1898. 1. 30	수신(접수)일	1898. 3. 17
발신(생산)자	크리엔	수신(접수)자	호엔로에-실링스퓌르스트
발신지 정보	서울 주재 독일 총영사관	수신지 정보	베를린 정부
	No. 18		A. 3285
메모	3월 22일 런던 252, 페테르부르크 294 전달		

사본

A. 3285   1898년 3월 17일 오후 수신

서울, 1898년 1월 30일

No. 18

독일제국 수상 호엔로에-실링스퓌르스트 각하 귀하

총세무사 브라운[1]은 한국의 세관업무가 청국의 세관업무와 완전히 분리되어 있다고 하는(an entirely separate service) 보고서를 지난달 한국 정부에 서면으로 제출했습니다. 그는 더 나아가 매달 탁지부에 제출하는 통관세 계산서와 함께 그 계산서에 대한 비망록을 영어로 적어서 보내주겠다고 알렉세예프[2]에게 서면으로 약속하였습니다. 이로써 브라운은 조던[3]의 정반대의 주장에도 불구하고 자신이 알렉세예프의 하위에 있다는 것을 명백히 시인하였습니다.

이러한 상황에서 그는 자신의 계약기간이 만료될 때까지 한국 해상세관의 관장으로 머물러 있을 것입니다. 청국의 세관부서에서 온 다른 세관원들도 그대로 머물러 있을 것입니다. 다만 그들의 급여는 브라운의 급여와 마찬가지로 청국 정부로부터 받았던 예전의 보조금을 포함하여 금년 초부터는 전적으로 한국 정부에 의하여 지불될 것입니다.

알렉세예프는 한국 정부로부터 받은 지난달 봉급 250달러를 이곳의 탁지부 관리들에게 분배해주었습니다. 그의 비서인 가필드[4]가 최근에 본인에게 알려준 바에 의하면, 알렉

---

1   [감교 주석] 브라운(J. M. Brown)
2   [감교 주석] 알렉세예프(K. Alexeev)
3   [감교 주석] 조던(J. N. Jordan)

세예프는 러시아 정부로부터 연간 2만 7천 루블을 받는 데 반해 자신은 연간 6천 루블을 받는다고 합니다. 그의 상사는 한국 정부한테서 받는 급여를 앞으로도 한국을 위한 목적에 사용할 것이라고 합니다. 다만 이곳 정부의 특별한 요구에 응하여 탁지부 고문관의 명목 급여는 지난해 11월 5일에 맺은 협정 내에서 확정되었다고 합니다.

　　일본 변리공사의 기밀 정보에 의하면, 일본 정부는 한국의 재무관리에 대하여 러시아 상무 담당관과 이곳의 외부대신 사이에 체결된 합의뿐만 아니라 러시아 군 교관들의 파견이 야마가타[5]와 로바노프[6]가 서명한 협약[7]과 상치된다(pas compatible)는 이유로 반대하여 페테르부르크에서 서면 항의서를 제출하였다고 합니다.

크리엔

원본 : 한국 4

4　[감교 주석] 가필드(Garfield)

5　[감교 주석] 야마가타 아리토모(山縣有朋)

6　[감교 주석] 로바노프(A. Lobanow)

7　[감교 주석] 로바노프 야마가타 의정서

04

[러시아의 한국 파견 군사교관과 재정고문 소환에 관한 건]

발신(생산)일	1898. 3. 18	수신(접수)일	1898. 3. 18
발신(생산)자	라돌린	수신(접수)자	
발신지 정보	페테르부르크 주재 독일 대사관	수신지 정보	베를린 외무부
	No. 65		A. S. 836

A. S. 836 1898년 3월 18일 오후 수신

전보

페테르부르크, 1898년 3월 18일 3시 40분

도착 : 오후 4시 15분

독일제국 대사가 외무부에 발송

No. 65

전문해독

정부 기관지는 오늘 공식 성명을 발표하는데, 이에 따르면 러시아는 교관들과 재정 고문을 한국으로부터 소환한다고 합니다. 이 조치는 No. 62에서 보고드린 바 있듯이 한국에서 러시아의 향후 태도에 관한 무라비예프[1] 백작의 설명과 일치합니다.

라돌린[2]

원문 : 중국 20 No. 1

---

1 [감교 주석] 무라비예프(M. Mouravieff)
2 [감교 주석] 라돌린(H. F. von Radolin)

05

[러시아 군사교관과 재정고문 철수에 관한 건]

발신(생산)일	1898. 3. 18	수신(접수)일	1898. 3. 19
발신(생산)자	크리엔	수신(접수)자	
발신지 정보	서울 주재 독일 총영사관	수신지 정보	베를린 외무부
	No. 6		A. S. 846
메모	연도번호 No. 2335 런던 대사 우편암호 No. 248 서울 주재 영사의 확인에 의하면, 러시아는 재정 및 군사 사절단을 철수한다고 한다.		

A. S. 846   1898년 3월 19일 오전 수신

전보

서울, 1898년 3월 18일 오후 9시 25분

도착 : 3월 19일 오전 3시 3분

독일제국 영사가 외무부에 발송

No. 6

전문해독

러시아는 재정 및 군사 사절단을 철수한다.

크리엔

[일본의 웨이하이웨이 철수 관련 각국 동향]

발신(생산)일		수신(접수)일	1898. 3. 22
발신(생산)자	라돌린	수신(접수)자	호엔로에–실링스퓌르스트
발신지 정보	페테르부르크 주재 독일 대사관	수신지 정보	베를린 정부
			A. S. 887
메모	I 변경. 3월 25일 R. 해군성, 파리 167, 런던 266번 훈령과 함께 II 훈령 암호로, 3월 25일 페테르부르크 251		

사본

A. S. 887   1898년 3월 22일 오후 수신

상트페테르부르크

독일제국 수상 호엔로에–실링스퓌르스트 각하 귀하

이곳의 일본 해군무관은 호페[1] 선장에게 다음과 같이 의견을 표명하였습니다.

"우리는 청국으로부터 전쟁 배상금을 지불받는 즉시 웨이하이웨이[2]에서 철수할 것이다. 왜냐하면 그곳을 계속해서 점령하는 것은 무의미하기 때문이다. 이 웨이하이웨이로부터 청국 내부로 전진해 들어가거나 독일의 이해관계를 교란하려는 의도는 현재 없으며, 또한 일본 정부가 그것을 진지하게 계획한 일도 없다. 그렇지 않았다면 일본 정부는 다른 강대국들이 남의 불행을 기뻐하는 것과 달리 구경만 하지 않고 힘으로 독일의 자오저우[3] 점령을 막았을 것이다. 일본의 시선은 하나의 목표, 즉 한국에 집중되어 있다. 따라서 일본은 이에 관하여 러시아와 상호 소통을 해야 할 것이다.

영국은 아마도 나중에 웨이하이웨이나 즈푸 또는 톈진에 눌러앉거나 한국의 남서지역에 기반을 확보하려는 의도를 가지고 있을 것이다. 영국은 독일과 러시아의 영향력을 약화시키기 위하여 베이징 근처의 적당한 장소를 찾고 있다. 러시아를 공격하기 위해 영국과 동맹을 맺는다는 것은 믿을 것이 못된다. 영국이 전쟁 중일 때 비로소 일본은

---

1   [감교 주석] 호페(K. Hofe)
2   [감교 주석] 웨이하이웨이(威海衛)
3   [감교 주석] 자오저우(膠州)

훌륭한 맹방이 될 수 있다. 그러나 그 반대로 된다는 것은 잘못된 계산일 것이다. 더욱이 일본은 평화적인 방법으로 목표에 도달하고 싶어 한다."

라돌린

원본 : 중국 20 No. 1

한국으로부터 러시아 재정 고문의 소환과 한국 군대에서
러시아 교관들의 퇴거와 관련된 정부의 공식 발표

발신(생산)일	1898. 3. 19	수신(접수)일	1898. 3. 23
발신(생산)자	라돌린	수신(접수)자	호엔로에−실링스퓌르스트
발신지 정보	페테르부르크 주재 독일 대사관	수신지 정보	베를린 외무부
	No. 125		A. S. 895

A. S. 895 1898년 3월 23일 오전 수신, 첨부문서 1부

상트페테르부르크, 1898년 3월 19일

No. 125

독일제국 수상 호엔로에−실링스퓌르스트 각하 귀하

오늘자 모든 신문은 어제 이곳 정부 기관지에 공개된 공식 발표문을 머리면에 보도하고 있습니다. 관련 건은 한국 내각에 고용된 러시아의 재정 고문[1]을 해임하는 것과 러시아의 교관들이 한국 군대에서 퇴거하는 것입니다. 페테르부르크 신문의 해당 스크랩(No. 66)을 각하께 제출합니다.

라돌린

내용: 한국으로부터 러시아 재정 고문의 소환과 한국 군대에서 러시아 교관들의 퇴거와 관련된 정부의 공식 발표

---

1 [감교 주석] 알렉세예프(K. Alexeev)

No. 125의 첨부문서

"St. Petersburger Zeitung" No. 66
1898년 3월 7일/19일

정부의 발표

최근 서울에서 들어온 소식은 이 나라에서 통치영역뿐만 아니라 백성들 사이에서도 어떤 정치적 소란이 일어나기 시작하고 있음을 가리키고 있다.

국가관리들 사이에서는 당파들이 형성되었다. 이 당파들은 외국인에 대하여 일반적으로 적대감을 가지고 있고, 한국은 이미 자립의 길에 들어섰으며 그 때문에 한국 정부는 국내 행정의 문제에서 외국의 도움을 필요로 하지 않음을 공공연하게 천명하고 있다.

이러한 상황은 리[2] 황제와 그 정부의 다급한 개인적 부탁에 응하여 서울로 파견된 러시아 교관들과 재정 고문의 활동을 지극히 어렵게 만들었다. 이들은 자신에게 주어진 임무를 제대로, 그리고 양심적으로 실행하는 데 있어 온갖 장애물에 부딪혔다.

이와 같은 종류의 상황은 선의를 가진 러시아의 의도에 부합할 수 없었다.

이러한 상황에 직면하여, 한국 황제 개인뿐만 아니라 그의 정부에게도 궁궐 경비, 군 교관, 재무행정을 위한 고문의 형태로 우리가 앞으로도 계속 도움을 주는 것이 필요하다고 생각하느냐는 질의를 하라는 황제 폐하의 명령이 서울에 주재하는 우리의 대표부에 내려졌다.

이 질의에 대하여 러시아 공사[3]가 받은 답변에 따르면, 한국 정부는 적시에 한국에게 베풀어준 도움에 대하여 우리의 군주에게 심심한 사의를 표하며, 한국은 현재 이미 군사나 정치 관계에서의 원조 없이도 잘 해나갈 수 있는 형편에 있고 또 황제 폐하께 특별한 감사를 표하고자 한국 황제가 페테르부르크로 특별 공사를 파견하는 데 대한 허가를 청원한다는 것이다.

이 소식을 접하고서 제국 정부는 서울에 주재하는 대표부에게 위임하여 한국의 황제와 그의 대신들에게 다음과 같이 설명하라고 지시했다. 즉 만약 한국이 그들의 생각에 따라 현재 외부의 도움이 더 이상 필요치 않고 자력으로 국내 행정의 독립성을 보호할

---

2 [감교 주석] 고종
3 [감교 주석] 슈뻬이예르(A. Speyer)

수 있는 형편이라면, 우리는 우리의 재정 고문을 소환하리라는 것이다. 이들은 한국 군대에서 나온 후 당분간 여전히 불분명한 한국 내부의 상황을 고려하여 우리 공사관의 처분에 맡겨진 채 대기상태로 잔류할 것이다.

러시아 교관들과 재정 고문이 이 나라에 존재함으로 인해 부과되는 책임에서 벗어나, 러시아는 원조의 덕택으로 힘이 강해진 이 신진국가가 자력으로 국내 질서뿐만 아니라 온전한 독립성을 유지할 능력을 갖게 되기를 희망하면서, 앞으로 한국의 사안에 대한 그 어떤 적극적 참여도 자제할 것이다.

이와 반대되는 경우에 제국 정부는 한국과 이웃하고 있는 강대국인 러시아의 이해관계와 권리를 보호하기 위한 조치를 취할 것이다.

한국에서 러시아의 태도

발신(생산)일	1898. 3. 23	수신(접수)일	1898. 3. 25
발신(생산)자	라돌린	수신(접수)자	호엔로에-실링스퓌르스트
발신지 정보	페테르부르크 주재 독일 대사관	수신지 정보	베를린 정부
	No. 127		A. 3617

A. 3617 1898년 3월 25일 오전 수신, 첨부문서 1부

상트페테르부르크, 1898년 3월 23일

No. 127

독일제국 수상 호엔로에-실링스퓌르스트 각하 귀하

"Moskowskija Wedomosti"가 이달 7일(구력)자에 실은 기사는, 이곳의 정부가 한국 내에서 관찰한 태도를 정당화하고 있고 또 한국에서 재정 고문을 소환하는 것과 군 교관들을 대기상태에 두는 것은 러시아 정책의 실패가 아니라 러시아가 항상 준수하는 불간섭 원칙의 단순한 귀결이라는 데 대한 증거를 제시하고 있습니다.

"Journal de St. Petersburg"는 오늘자 1면에서 이 기사 전체를 인용하고 있는데, 본인은 그 설명이 반공식적인 소스에서 나온 것이라고 가정하는 데 잘못이 없다고 생각합니다. 이러한 상황에서 특별히 주목할 만한 것은 불가리아와 세르비아에서 오스트리아-헝가리의 정책에 대해 반대 입장을 취하는 공격적 언사입니다.

"Journal de St. Petersburg"의 관련 기사를 첨부하여 각하께 제출합니다.

라돌린

내용: 한국에서 러시아의 태도

첨부문서의 내용(원문)은 독일어본 495~497쪽에 수록.

한국에서 러시아의 태도

발신(생산)일	1898. 3. 23	수신(접수)일	1898. 3. 25
발신(생산)자	라돌린	수신(접수)자	호엔로에−실링스퓌르스트
발신지 정보	페테르부르크 주재 독일 대사관	수신지 정보	베를린 외무부
	No. 131		A. S. 921
메모	I. 3월 20일 전보, 런던 91, 도쿄 5.		
	II. 3월 30일 런던 29, 파리 187, 도쿄 A 4, 베이징 A 20전달		

사본

A. S. 921   1898년 3월 26일 오전 수신

상트페테르부르크, 1898년 3월 24일

No. 131

독일제국 수상 호엔로에−실링스퓌르스트 각하 귀하

어제 일본 공사와 가졌던 담화에서 본인은 일본인들이 실제로 웨이하이웨이[1]를 떠나려 한다는 것을 알아차렸습니다.

공사는, 일본인들이 대만에서 할 일이 매우 많아 그들의 힘을 분산시킬 수 없다고 본인에게 말하였습니다. 그의 의견에 따르면, 웨이하이웨이를 유지하는 것이 일본에게는 비용이 너무 많이 들 것입니다. 그러나 웨이하이웨이는 그곳의 모든 항구 가운데 가장 훌륭하고 가장 안쪽에 위치한 항구이며, 러시아는 아마도 그 항구를 갖기 원할 것이라고 했습니다. 물론 다른 강대국들이 이를 용인할지가 문제될 것이라고 합니다. 그러나 공사는 아마 우리가 러시아와 우호적인 관계를 맺고 있음을 감안하여, 어쩌면 영국인들이 웨이하이웨이에 눈독을 들일 수도 있다는 것을 저에게 알려주지는 않았습니다. 그 사이에 공사는 본인의 동료들 중 한 사람에게, 일본은 웨이하이웨이를 유지하려 하지 않는다, "그것은 영국인들을 위한 것이다"라고 말했습니다. 이로부터 영국과 일본 사이에 이와 관련된 협정이 존재하거나 아니면 영국의 자금이 그밖의 일을 하게 되리라는 추론을

---

1   [감교 주석] 웨이하이웨이(威海衛)

할 수 있을 것 같습니다.

러시아의 외무부 장관[2]은 일본인들에게 매우 친절하게 대해주려 애쓰고 있으며 어쨌든 일본이 지금 한국 때문에 안심하고 있는 것처럼 보이는 데 성공했습니다. 일본이나 러시아는 현재 서로를 공격하기 위한 준비가 되어 있지 않습니다. 그리고 양국간의 필연적인 경쟁도 최소한 지금 당장은 잠잠해진 것으로 간주될 수 있습니다.

일본 공사[3]는 무라비예프에 대해서, 그리고 그가 한국 문제에서 현명하게 자제한 것을 칭찬했습니다. 그리고 나서 그는 덧붙여 말하기를, 한국 사람들은 독립심이 없고 믿을 만하지 못한 사람들이라고 했습니다. 한국 내의 일본 국민의 숫자는 지난 전쟁 이후 세 배로 늘어났다고 합니다. 일본은 이 사람들을 보호할 의무가 있으며, 여기에 필요한 군대를 한국에 유지해야 한다고 합니다.

본인이 일본인들, 청국인들과 종종 가졌던 담화를 통해 받은 인상은, 이 두 나라 사람들이 러시아인이든 영국인이든 유럽인들을 똑같이 증오하며, 서양에 대항하기 위하여 기꺼이 연합하리라는 것입니다. 본인은 일본인들이 웨이하이웨이에서 철수하려고 하는 의도에는, 이러한 자발적 포기와 그들의 비이기적인 모습을 통해 우선 청국의 마음을 사로잡고 우호적 관계를 맺어 그럼으로써 결국 대륙에 대하여 그만큼 더 큰 영향력을 얻으려는 생각이 우세하다고 믿고 싶습니다.

라돌린
원본. : 중국 20 No. 1

---

2 [감교 주석] 무라비예프(M. Mouravieff)
3 [감교 주석] 하야시 다다스(林董)

[러시아, 한국 독립 보장 관련 협약 일본에 제안]

발신(생산)일	1898. 3. 28	수신(접수)일	1898. 3. 28
발신(생산)자	크리엔	수신(접수)자	
발신지 정보	서울 주재 독일 총영사관	수신지 정보	베를린 외무부
	No. 7		A. S. 945

A. S. 945 1898년 3월 28일 오후 수신

전보

서울, 1898년 3월 28일 오후 수신 12시 50분

도착 : 오전 11시 36분

독일제국 영사가 외무부에 발송

No. 7

전문해독

일본 공사[1]의 기밀 정보. 러시아 정부가 일본에게 한국의 완전한 독립과 불간섭에 기초한 협약을 제안했다.

제물포에 있는 다섯 척의 영국 전함.

크리엔

원문 : 중국 20 No. 1

---

1 [감교 주석] 가토 마스오(加藤增雄)

11

[한국 관련 문건의 반송]

발신(생산)일	1898. 3. 30	수신(접수)일	1898. 4. 1
발신(생산)자		수신(접수)자	외무차관
발신지 정보		수신지 정보	베를린 외무부
	A. 2457		A. 3285

A. 3980   1898년 4월 1일 오후 수신 첨부문서 1부

베를린, 1898년 3월 30일

A. 2457

이곳의 외무부 차관 귀하

1898년 3월 18일 서한 A 3001과 함께 수신한 서울 주재 제국영사의 1898년 1월 18일 보고서를 첨부하여 참고용으로 반송해드립니다. 관련 건은 제물포에 있는 영국 함대입니다.

대리

12
서울과 부산 간 철도 부설에 대한 허가

발신(생산)일	1898. 2. 14	수신(접수)일	1898. 4. 8
발신(생산)자	크리엔	수신(접수)자	호엔로에-실링스퓌르스트
발신지 정보	서울 주재 독일 총영사관	수신지 정보	베를린 정부
	No. 18		A. S. 1071

A. S. 1071 1898년 4월 8일 오전 수신

서울, 1898년 2월 14일

No. 22

독일제국 수상 호엔로에-실링스퓌르스트 각하 귀하

지난달 19일 본인의 보고서 No. 13[1]과 관련하여 알려드립니다. 일본 대표[2]가 본인에게 전해준 내용에 따르면, 그는 한국의 외부대신[3]에게 구상서를 제출했는데, 여기서 그는 서울과 부산 간의 철도에 대한 허가는 향후 철도 허가서의 발급을 금지한다는 왕의 훈령에 의해 영향받지 않을 것임을 강조했다고 합니다. 왜냐하면 이 철도 부설에 대한 권리는 1894년 8월의 조약을 통해 일본 정부가 확약받았기 때문이라는 것입니다. 동시에 그는 이곳의 정부가 금후 허가서 발급에 대한 계약서에 즉시 서명할 것을 요구했다고 합니다.

믿을만한 측으로부터 본인이 들은 바로는, 외부대신 조가 이 일본의 청원을 들어줄 용의가 있었습니다. 그러는 사이에 러시아 대표[4]가 이 사실을 알게 된 후, 그는 왕에게 외부대신의 해임을 촉구했습니다. 그로 인해 조는 스스로 사임하였고, 1895~96년 겨울에 잠시 학부대신을 지냈지만 스스로 두발을 깎으려 하지 않았기 때문에 이 직위를 사양했던 이도재[5]가 외부대신으로 임명되었습니다.

이 보고서의 사본을 베이징 및 도쿄 주재 제국 공사관에 발송합니다.

크리엔

내용: 서울과 부산 간 철도 부설에 대한 허가.

---

1 [원문 주석] A. S. 760 첨부.
2 [감교 주석] 가토 마스오(加藤增雄)
3 [감교 주석] 조병식(趙秉式)
4 [감교 주석] 슈뻬이예르(A. Speyer)
5 [감교 주석] 이도재(李道宰)

영국 함대의 출발

발신(생산)일	1898. 2. 12	수신(접수)일	1898. 4. 8
발신(생산)자	크리엔	수신(접수)자	호엔로에-실링스퓌르스트
발신지 정보	서울 주재 독일 총영사관	수신지 정보	베를린 정부
	No. 20		A. 4267
메모	연도번호 No. 77		

A. 4267 1898년 4월 8일 오전 수신

서울, 1898년 2월 12일

No. 20

독일제국 수상 호엔로에-실링스퓌르스트 각하 귀하

지난달 18일 본인의 보고서 No. 11에 이어서, 피츠제럴드[1] 해군소장이 지휘하고 순양함 "Grafton"호, "Narcissus"호, "Undaunted"호, 포함 "Daphne"호 및 "Phoenix"호로 구성된 영국의 함대가 그저께와 어제 제물포의 정박소를 떠나 나가사키로 출발했음을 보고드립니다.

순양함 "Iphigenia"호는 정박소에 남았습니다.

제물포에 있는 영국 해군장교의 말에 의하면, 함대가 떠난 이유는 영국과 러시아 사이에 포트 아서[2]의 문제에 관하여 합의가 이루어졌기 때문이라고 합니다.[3]

이 보고서의 사본을 베이징 및 도쿄 주재 제국 공사관에 발송합니다.

크리엔

내용: 영국 함대의 출발

---

1 [감교 주석] 피츠제럴드(Fitzgerold)
2 [감교 주석] 뤼순(旅順; Port Arthur)항
3 [원문 주석] 2월 12일

미국과 영국의 정부가 한국의 황제 칭호를 인정한다

발신(생산)일	1898. 2. 22	수신(접수)일	1898. 4. 14
발신(생산)자	크리엔	수신(접수)자	호엔로에–실링스퓌르스트
발신지 정보	서울 주재 독일 총영사관	수신지 정보	베를린 정부
	No. 23		A. 4514
메모	참조 A. 5248 올해 1월 4일 보고서의 도착 후 복사, 도착 2개월 후까지도 복사되지 않음. 다시 제출. 문제의 서울발 보고서 No. 4는 도착하지 않았음		

A. 4514　1898년 4월 14일 오후 수신

서울, 1898년 2월 22일

No. 23

독일제국 수상 호엔로에–실링스퓌르스트 각하 귀하

지난달 4일 본인의 보고서[1]에 이어서 소식을 전해드립니다. 본인이 구두로 전달받은 소식에 따르면 미국 대표[2]는 워싱턴의 국무장관으로부터, 미국 정부는 한국 왕이 받은 황제 칭호를 인정한다는 것을 이곳(한국; 역자)의 정부에게 설명하라는 지시를 받았다고 합니다. 그 이유는, 이 변경이 전쟁 또는 혁명의 결과로서가 아니라 평화적인 과정에서 이루어진 것이기 때문이라고 합니다.

오늘 본인이 영국 총영사[3]한테서 전달받은 바에 따르면, 그는 솔즈베리[4]로부터, 만약 그의 동료 몇 명이 한국의 왕을 황제라고 부른다면 그도 똑같이 하라는 서면 위임장을 받았다고 합니다. (I might call him Emperor, if some of my colleagues did the same) 그 때문에 그는 앞으로 한국 관청에 보내는 공식 서한에서 한국의 통치자를 '황제'로, 그리고 그의 정부를 '제국의' 정부로 표시할 것이라고 합니다.

1　[원문 주석] 아직 입수되지 않음.
2　[감교 주석] 알렌(H. N. Allen)
3　[감교 주석] 조던(J. N. Jordan)
4　[감교 주석] 솔즈베리(The third Marquess of Salisbury)

이 보고서의 사본을 베이징 및 도쿄 주재 제국 공사관에 발송합니다.

크리엔

내용: 미국과 영국의 정부가 한국의 황제 칭호를 인정한다.

대원군의 죽음

발신(생산)일	1898. 2. 26	수신(접수)일	1898. 4. 14
발신(생산)자	크리엔	수신(접수)자	호엔로에-실링스퓌르스트
발신지 정보	서울 주재 독일 총영사관	수신지 정보	베를린 정부
	No. 24		A. 4515

A. 4515 1898년 4월 14일 오후 수신, 첨부문서 1부

서울, 1898년 2월 26일

No. 24

독일제국 수상 호엔로에-실링스퓌르스트 각하 귀하

'대원군'[1]이라는 이름으로 알려져 있는 왕의 아버지 이하응 공이 이번 달 22일에 78세를 일기로 작고하였습니다. 고인은 1864년부터 1872년까지 현재의 왕인 미성년자 아들을 대신하여 섭정을 하였습니다.

지난 2년간 그는 완전히 은둔하며 살아왔습니다.

장례는 국장으로 지정되지는 않았습니다. 왜냐하면 이전의 왕인 익종[2]이 승하한 후, 그의 부인[3]이 현재 한국의 통치자를 양자로 들여와, 법적으로는 그(익종; 역자)가 부친으로 간주되기 때문입니다.

서거한 공의 일대기를 실은 The Independent의 오늘자 신문을 첨부하여 전달해드립니다.

이 보고서의 사본을 베이징 및 도쿄 주재 제국 공사관에 발송합니다.

크리엔

내용: 대원군의 죽음. 첨부문서 1부

---

1 [감교 주석] 흥선대원군(興宣大院君)
2 [감교 주석] 효명세자(孝明世子). 현종 즉위 후 익종(翼宗)으로 추존됨.
3 [감교 주석] 신정왕후(神貞王后) 조씨, 대왕대비 조씨

No. 24의 첨부문서

첨부문서의 내용(원문)은 독일어본 506~508쪽에 수록.

16

프랑스 정부가 한국의 황제 칭호를 인정

발신(생산)일	1898. 3. 5	수신(접수)일	1898. 5. 1
발신(생산)자	크리엔	수신(접수)자	호엔로에−실링스퓌르스트
발신지 정보	서울 주재 독일 총영사관	수신지 정보	베를린 정부
	No. 31		A. 5248
메모	연도번호 No. 121		

A. 5248 1898년 5월 1일 오후 수신

서울, 1898년 3월 5일

No. 31

독일제국 수상 호엔로에−실링스퓌르스트 각하 귀하

지난달 22일 본인의 보고서 No. 23[1]에 이어서 소식을 전해드립니다. 프랑스 상무 담당관[2]이 본인에게 전달해준 바에 의하면, 그는 파리로부터 프랑스 공화국 정부가 한국의 황제 칭호를 인정했음을 한국 정부에게 통지하라는 전보 지시를 받았다고 합니다.

이 보고서의 사본을 베이징 및 도쿄 주재 제국 공사관에 발송합니다.

크리엔

내용: 프랑스 정부가 한국의 황제 칭호를 인정

---

1 [원문 주석] A 4514 첨부함.
2 [감교 주석] 플랑시(V. C. Plancy)

17

[로젠-니시 협정 체결에 관한 건]

발신(생산)일		수신(접수)일	1898. 5. 7
발신(생산)자		수신(접수)자	
발신지 정보		수신지 정보	베를린 외무부
			A. 5522

A. 5522 1898년 5월 7일 오후 수신

비너 폴리티셔 코레스폰덴츠[1]

1898년 5월 7일

공식 발표. 런던으로부터 본지가 입수한 소식에 의하면, 한국과 관련된 러시아와 일본 간의 조약[2]이 이제 비준되었다. 이 조약에 따르면, 위에 언급한 두 나라는 모두가 인정하는 한국의 독립에 영향을 끼칠 수 있는 그 어떤 것도 행하지 않기로 약속했다. 이 나라들이 한국에서 각각의 자국 국민들을 위하여 산업과 무역 분야에서 취하는 모종의 조치는 앞으로 언제나 러시아 정부와 일본 정부 사이의 상호 양해 이후에야 비로소 이루어지도록 한다.

더 나아가 그곳(런던; 역자)으로부터 우리가 받은 소식에 의하면, 본디 2억 3300만 3/4엔으로 책정되었던 1898년도 일본의 지출 예산액 중 4400만 엔의 결손이 발생하여 1억 8700만 3/4엔으로 감축되었다고 한다. 국방 및 해군 예산만 해도 46,042.283엔으로 경감되었다. 우리에게 들어온 보고에 덧붙여져 있듯이, 여기서는 일본 정부가 동아시아의 정세를 안심할만한 것으로 보고 있다는 데 대한 징후를 엿볼 수 있다고 한다.

공식 발표. 페테르부르크에서 들어온 소식에 따르면, 슈타크[3] 해군소장이 포트 아서[4]의 사령관으로 임명되었다. 지금까지의 크론슈타트[5] 요새 포병부대 사령관인 콜로도브스키[6] 육군대령은 포트 아서의 전체 육군 포병부대를 지휘하게 된다.

---

1 [감교 주석] 비너 폴리티셔 코레스폰덴츠(Wiener Politische Correspondenz)
2 [감교 주석] 로젠 니시 협정
3 [감교 주석] 슈타크(Stark)
4 [감교 주석] 뤼순(旅順; Port Arthur)항
5 [감교 주석] 크론슈타트(Kronstadt)
6 [감교 주석] 콜로도브스키(Cholodowski)

슈뻬이예르

발신(생산)일	1898. 4. 6	수신(접수)일	1898. 5. 12
발신(생산)자	라이덴	수신(접수)자	호엔로에-실링스퓌르스트
발신지 정보	도쿄 주재 독일 공사관	수신지 정보	베를린 정부
	A. 42		A. 5716
메모	3월 25일 런던 265, 페테르부르크 249전달		

A. 5716   1898년 5월 12일 오전 수신

도쿄, 1898년 4월 6일

A. 42

독일제국 수상 호엔로에-실링스퓌르스트 각하 귀하

슈뻬이예르[1]의 후임자는 요 며칠 사이 서울에 도착했을 수도 있는데, 그가 베이징에서 직무를 시작하기에 앞서 페테르부르크로 호출되었다는 소식에 대해 이곳에서는 이상하다고 여기고 있습니다. 만약 최근 한국에서 일어난 사건들이 정말로 러시아의 의도였고 또 예견되었던 것이라면, 청국에 내정된 짜르의 대표가 그곳에서 그의 중요한 업무를 가능한 한 속히 인수받지 않는다는 것은 눈에 띨 수밖에 없습니다. 따라서 슈뻬이예르와 또 그를 통해 한국에서 러시아의 정책이 '패배'를 당했다고 또 다시 믿는 경우가 많아졌습니다. 그런데 이 패배는 본디 여론과 본인의 동료 대부분이 알렉세예프와 러시아 군 교관들이 소환되었던 것을 두고 이미 인식했던 바입니다.

그에 반해 본인의 소견으로는 러시아 공사관에서 나온 설명이 믿을 만합니다. 러시아 공사관은 한국에서 러시아의 정책이 사전에 의도했던 대로 진행되었다는 것을 덜 개연성 있게 만들지 않으면서 위에 언급드린 소환을 설명하고 있습니다. 말하자면 슈뻬이예르는 이미 오랫동안 앓고 있는 질환이 악화됨으로써 극도로 예민해졌고, 이렇게 예민해진 것이 바람직한 정도를 훨씬 뛰어넘는 무뚝뚝한 태도로 서울에서 자신의 지도활동을 수행했던 데서 표현되었으며 '온건하면서도 단호함'(suaviter in modo)이 완전히 사라져

---

1   [감교 주석] 슈뻬이예르(A. Speyer)

버렸다는 설명입니다. 그 때문에 그는 먼저 집으로 간다고 하며, 그의 베이징 파견은 그의 건강상태에 달려 있다고 합니다.

무라비예프[2]가 만족스럽지 않은 것도 이에 따라 설명할 수 있습니다. 왜냐하면 슈뻬이예르식의 구상서의 어조가, 러시아의 입장 포기로부터 기대할 수 있을 좋은 인상을 해쳤음에 틀림없다는 데는 의심의 여지가 없기 때문입니다.

라이덴[3]

내용: 슈뻬이예르

---

2   [출판 주석] 무라비예프
3   [감교 주석] 라이덴(G. Leyden)

[러시아의 대한정책에 관한 건]

발신(생산)일	1898. 5. 12	수신(접수)일	1898. 5. 14
발신(생산)자	라돌린	수신(접수)자	호엔로에-실링스퓌르스트
발신지 정보	페테르부르크 주재 독일 대사관	수신지 정보	베를린 정부
	No. 203		A. 5822

A. 5822 5월 14일 1898년 오전 수신, 첨부문서 2부

상트페테르부르크, 1898년 5월 12일

No. 203

독일제국 수상 호엔로에-실링스퓌르스트 각하 귀하

정부 기관지는 지난달 13일, 25일 도쿄에서 러시아와 일본 사이에 체결된 한국 관련 조약[1]을 어제 공개하였습니다. 공보지 "Journal de St. Pétersbourg"지에 프랑스어로 실린 조약의 본문과 페테르부르크지에 독일어로 실린 본문을 제출해드립니다.

이미 지난 겨울에 니콜라우스 황제는 러시아 정책의 다음 목표가 한국에 관하여 일본과 최종적인 양해에 도달하는 것이라고 본인에게 밝힌 바 있습니다. 그것은 러시아가 재량권을 얻어서 적어도 얼마동안은 새로운 동아시아 소유 관계를 계속해서 기획하기 위한 안정을 얻기 위함이라는 것입니다. 최근의 조약은 이와 같은 러시아의 노력의 결과입니다.

라돌린

No. 203의 첨부문서 1
첨부문서의 내용(원문)은 독일어본 514~515쪽에 수록.

---

1 [감교 주석] 로젠 니시 협정

St. Petersburger Zeitung

1898년 5월 12일/4월 30일 No. 120

정부의 발표

청일전쟁이 끝난 이래, 제국 정부의 모든 노력은 한국의 불가침성과 완전한 독립을 보호한다는 목표에 맞춰져 있었다.

초창기에 이 신진국은 군사정책뿐만 아니라 재정정책의 분야에서 확고한 질서를 도입하기 위해 물론 외국의 원조가 없어선 안 되었다. 그 결과, 1896년에 한국 왕은 황제 폐하께 러시아 교관들과 재정 고문 한 명을 서울로 파견해달라고 다급하게 부탁하였다. 러시아의 시의적절한 도움 덕분에 한국은 현재 완전히 자립적인 정부정책의 길로 들어섰다.

이러한 상황은 한국 반도에서 새로 만들어진 질서에 대하여 러시아와 일본 양측이 갖는 관계를 분명하고 정확하게 규정할 목적의 우호적인 의견교환에 들어설 수 있는 길을 두 나라에 열어주었다.

이 협의의 결과가 바로 폐하의 명령에 의하여 도쿄에 주재하는 우리의 공사가 서명한 아래의 조약이었던바, 이 조약은 1896년의 모스크바 의정서[2]를 속행시킨 것이었다.

이 조약의 기초가 되어 있는 것은 양국이 한국의 주권과 온전한 독립을 최종적으로 인정하고 이와 더불어 이 나라(한국; 역자)의 국내 문제에 그 어떤 개입도 하지 않는다는 약속을 쌍방간에 한다는 것이다. 한국이 계약을 맺고 있는 국가들 중 한 국가의 원조를 받는 것이 부득이하다고 간주하는 경우에 대해, 러시아와 일본은 상호간의 사전 양해 없이는 한국에서 그 어떤 조치도 취하지 않기로 약속했다.

의정서

추밀고문이자 시종관이며 러시아인 모두의 황제 폐하의 특별공사이자 전권위임 장관인 로젠[3]과 일본 황제 폐하의 외무대신인 니시는[4] 5월 28일 (6월 9일) 모스크바에서 외무

---

2 [감교 주석] 로바노프 야마가타 의정서

장관 로바노프[5]와 육군원수 야마가타[6]가 서명한 의정서의 제4조에 의거하여, 그리고 이들(로젠 남작과 니시 남작; 역자)이 이에 대하여 적절한 방법으로 권한을 위임받은 후에, 아래 조항들에 관하여 합의하였다.

제1조 러시아 제국정부와 일본 제국정부는 한국의 주권과 완전한 독립을 궁극적으로 인정하며, 이 나라의 국내 문제에 대하여 어떠한 직접적인 개입도 하지 않을 것을 약속한다.

제2조 앞으로 오해를 살만한 그 어떤 원인도 피하고자 하는 희망에서, 러시아 제국정부와 일본 제국정부는 한국이 조언이나 원조 때문에 러시아 또는 일본에 의뢰할 경우에 대하여, 이에 관한 상호간의 사전 양해 없이 군사 교관들이나 재정 고문을 임명하는 조치를 취하지 않기로 약속한다.

제3조 한국에서 일본의 상업 및 공업의 기업이 널리 발전했고 또 이 나라(한국; 역자)에 체류하는 일본 국민들의 수가 막대함을 고려하여, 러시아 제국정부는 일본과 한국 사이의 상업 및 공업 관계의 발전에 방해가 되지 않을 것이다.

1898년 4월 13일/4월 25일 도쿄에서 2부에 서명함.
로젠, 니시

이로써 위에 상술된 외교 문서는 극동 아시아에서 광범위하지만 동시에 또한 완전히 조정 가능한 이해관계를 갖고 있는 두 우호국가가 신진 한국국의 정치적 독립과 내부 질서를 보호함으로써 이웃에 위치하고 있는 한국 반도에서의 평온을 확보해야 할 필요성에 대해 자연스럽게 인식하게 되었음을 입증하고 있다.

이 우호조약을 맺음으로써 러시아는 모든 걱정과 노력을 태평양 연안에서의 평화적인 수행임무를 성공적으로 실현하는 데 기울일 수 있게 되었다.

---

3 [감교 주석] 로젠(R. R. Rosen)
4 [감교 주석] 니시 도쿠지로(西德二郎)
5 [감교 주석] 로바노프(A. Lobanow)
6 [감교 주석] 야마가타 아리토모(山縣有朋)

20

러시아와 일본의 조약에 관한 러시아 언론의 평

발신(생산)일	1898. 5. 13	수신(접수)일	1898. 5. 15
발신(생산)자	라돌린	수신(접수)자	호엔로에-실링스퓌르스트
발신지 정보	페테르부르크 주재 독일 대사관	수신지 정보	베를린 정부
	No. 207		A. 5871

A. 5871 1898년 5월 15일 오전 수신, 첨부문서 1부

상트페테르부르크, 1898년 5월 13일

No. 207

독일제국 수상 호엔로에-실링스퓌르스트 각하 귀하

러시아와 일본 간의 조약[1]에 대하여 러시아의 모든 언론은 큰 만족감을 표시했습니다. "Novoye Vremya"[2]는 이 조약이 러시아와 일본의 앞으로의 관계를 고려하여 중요한 정치적 파급력이 있는 사실이라고 보고 있습니다. 러시아는 한국 내에서 이론의 여지가 없는 일본 상업의 우세를 인정한다고 합니다. 이러한 일본의 우세는 만일의 경우에 있을지도 모르는 그 어느 다른 외국의 우세보다 러시아에게는 훨씬 덜 불편하게 여겨진다고 합니다.

일본인들은 현명한 사람들이라고 합니다. 이 협약으로부터 양국의 이해관계 내에서 매우 바람직한 우호적인 관계가 지속적으로 생겨날 수 있다고 합니다.

만주가 철도 개통을 통해 세계무역에 문을 열었기 때문에, 두 나라 정부 사이에 어떤 관계가 존재하는가는 일본에게 아무 상관도 없을 수는 없다고 합니다.

끝으로 이 신문은 러시아와 일본 간의 새로운 협정이 러시아의 포트 아서[3]와 다롄[4]만 점령의 의미를 폄훼하려고 노력하는 저 외교 강대국들의 성공을 어느 정도까지는 예방한다고 보고 있습니다. 한국 전체의 소유에 대한 전망을 통해 이 강대국들이 일본을

---

1 [감교 주석] 로젠 니시 협정
2 [감교 주석] 노보예 브레먀(Novoye Vremya)
3 [감교 주석] 뤼순(旅順; Port Arthur)항
4 [감교 주석] 다롄(大連)

반 러시아 동맹에 끌어들이고 싶어한다는 것은 알려져 있습니다. 영국에서는 러시아와 일본 간 조약이라는 '기정사실'(fait accompli) 후에 그와 같은 희망을 이제 더 이상 그렇게 공공연하게 발설할 수는 없을 것이라고 합니다.

그밖에 러시아와 일본 간의 협약에 대하여 "Nowosti"와 "Birshewyja"에 게재된 논평에 관한 페테르부르크지의 기사 하나를 참고용으로 첨부하여 제출합니다.

라돌린

내용: 러시아와 일본의 조약에 관한 러시아 언론의 평.

No. 207의 첨부문서

1898년 5월 13일 "St. Petersburger Zeitung"의 발췌면 − No. 122

− 어제 공개된 정부의 발표가 다루고 있는 [러시아와 일본의 조약에 대해][5] "Nowosti"와 "Birsh. Wed."는 큰 만족감을 표시하고 있다. "Nowosti"지는 그(러시아 정부; 역자)의 열망인 러시아−일본 동맹이 거의 실현된 것으로 보고 있고, "Birsh. Wed."는 다음과 같이 쓰고 있다 : "러시아가 지난번 러청 조약을 통하여 랴오뚱 반도에서 현재의 지위를 획득한 이래, 그리고 남 우수리스크 지역이 편입된 이래, 우리가 한국에 대해 관심을 가질 수 있는 것은 국경을 마주하는 이 나라의 국민들이 평화적인 이웃에 어울리게 행동하고 또 거의 원시상태에 있는 이 국가에서 그 어떤 주요 국가도 제멋대로 행동하지 않기를 바라는 한에서이다. 한국과의 국경을 따라 그어져 있는 코사크 경계요새[6], 한국인들의 부드러운 기질, 그리고 그들이 러시아 황제의 권력에 대해 가지고 있는 생각은 앞에 언급한 것, 즉 평온하고 좋은 이웃관계를 우리에게 보장해주고, 4월 13일(25일)에 있었던 러시아와 일본 간의 조약은 뒤에 언급한 목적을 달성하게 해준다."

"이 모든 것 중에서 가장 중요한 것은, 이 문제가 단순히 평화적으로만이 아니라 더

---

5 [감교 주석] 로젠 니시 협정
6 [감교 주석] 코자크 경계요새(Kosaken−Kordon)

나아가 우호적으로 해결되었다는 점이다. 러시아를 시기하는 어떤 유럽국가들은, 오늘자 정부의 발표가 아주 적시에 상기시켰던 동양에서의 역사적 수행임무에 의해 제약받고 있는 저 러시아의 계획을 저지하기 위해 이 문제를 이용할 수 있었다. 이 수행임무의 명백한 존재, 정부가 이를 의식하고 있고 또 그것이 러시아 사회 내에서 인기를 누리고 있다는 사실은 러시아가 조만간 모든 동쪽 국가에서 러시아에 합당한 지위를 반드시 얻게 되고 그것을 오랫동안 그대로 유지하리라는 것을 보증한다."

21

한국에 관한 러시아와 일본 간의 협의

발신(생산)일	1898. 3. 29	수신(접수)일	1898. 5. 16
발신(생산)자	크리엔	수신(접수)자	호엔로에–실링스퓌르스트
발신지 정보	서울 주재 독일 총영사관	수신지 정보	베를린 정부
	No. 36		A. 5927
메모	연도번호 No. 159		

A. 5927   1898년 5월 16일 오전 수신, 첨부문서 1부

서울, 1898년 3월 29일

No. 36

독일제국 수상 호엔로에–실링스퓌르스트 각하 귀하

일본 변리공사[1]가 전하는 기밀정보에 의하면, 러시아 정부는 한국의 완전한 독립과 러시아 및 일본의 이 나라 내정 불간섭에 기초를 둔 협정 체결을 일본 정부에 제안하였습니다. 러시아 정부는 한국 왕의 모종의 청(이것은 군사 교관들과 한 명의 재정 고문에 대한 요청이라고 합니다)을 고려하여 일본을 상대로 지금까지 완전히 마음을 털어놓을(franc) 수는 없었으나 완전히 자유로워진 지금에 와서는 일본 정부에 이러한 제안을 솔직하게(franchement) 하는 것임을 덧붙였다고 합니다.

일본 정부는 이에 대해 원칙적으로는 협상에 응할 용의가 있다고 선언했으나 그러면서도 대단히 신중한 모습을 보였다고 합니다. 일본은 그동안 조용히 기다려왔으며 지금도 서두르지 않는다고 합니다.

가토는 계속해서 마찬가지로 비밀리에 본인에게 설명하기를, 군 교관과 재정 고문에 관한 러시아 대표의 문의에 어떠한 방법으로 답변하면 좋을지 조언해달라고 몇 번이나 다급하게 요청한 한국 관리들에게 니시[2]의 지시에 따라, 오직 한국과 러시아에게만 해당하는 이 문제에 자신은 개입할 수 없노라고 응답했다고 설명했습니다. 무엇을 해야 할지

---

1   [감교 주석] 가토 마스오(加藤增雄)
2   [감교 주석] 니시 도쿠지로(西德二郎)

는 그들 스스로 알아야 한다는 것입니다. 그런데 그는 자기 자신의 결정으로 덧붙여서, 그가 만약 그들의 입장에 있다면 교관들과 알렉세예프[3]를 소환하자는 러시아의 제안을 받아들일 것이라고 말했다고 합니다,

가토는 끝으로 슈뻬이예르[4]가 한국 정부로부터 그러한 답변이 나올 줄 예상하지 못했으리라 생각한다고 말했습니다.

서한은 아침 6시에 러시아 공사관에 도착했다고 합니다. 8시에 공관의 제2통역사가 왕궁으로 와서 즉시 왕과 면담하게 해달라고 요구했다고 합니다. 그렇지만 담당 환관은 왕이 주무시고 계시며 어떤 일이 있어도 깨워선 안 된다고 답했다고 합니다. 그러자 통역사는, 슈뻬이예르가 그때 막 도착한 외부대신[5]의 서한을 아직 읽지 않았지만 만약 그 서한이 그의 눈앞에 나타난다면 그는 틀림없이 매우 화를 낼 것이라고 말했다고 합니다. 만약 한국이 러시아와의 우호관계를 유지하기 원한다면 이 서한은 어쨌든 철회되어야만 한다고 말했다고 합니다.

이와 완전히 똑같은 소식을 이곳 영사관의 통역관도 본인에게 전해주었습니다. 조던[6]은 심지어 이곳 정부가 발송한, 완전히 반대되는 서한이 러시아 공사관에서 작성되어 사본으로 대신에게 넘겨진 것으로 알고 있다고 합니다.

슈뻬이예르의 거부 답변에도 불구하고 왕은 페테르부르크로 보낼 변리공사를 임명하였습니다. 대신이 이에 관하여, 이를 러시아의 통치자에게 보고해달라는 청과 함께 러시아 공사에게 통지를 보내자, 슈뻬이예르는 러시아 황제가 한국의 공사를 영접하기를 완강히 거부하며 그 자신은 이 사안에 관련하여 후속 조치를 취할 수 없노라고 응대했습니다. (부록) 왕은 이에 대해 매우 걱정하고 있다고 합니다.

알렉세예프는 러시아 공사관의 재정 및 무역 담당 주재관으로서 도쿄로 가게 될 것입니다. 슈뻬이예르는 지금까지 재정 고문으로 있었던 것에 대해 한국 정부로부터 제공받은 상여금 5천달러에 대하여, 선물을 받는 것이 러시아 관리에게는 허용되지 않는다는 언급과 함께 거절하였습니다.

군 교관들은 현재 러시아 공사관에 거주하고 있습니다.

슈뻬이예르는 다음달 4일 제물포에 도착할 것으로 기대되는 신임 공사 마튜닌[7]이

---

3 [감교 주석] 알렉세예프(K. Alexeev)
4 [감교 주석] 슈뻬이예르(A. Speyer)
5 [감교 주석] 이도재(李道宰)
6 [감교 주석] 조던(J. N. Jordan)
7 [감교 주석] 마튜닌(N. Matyunin)

도착한 후 베이징이 아니라 우선 페테르부르크로 갈 것입니다.

이 보고서의 사본을 베이징 및 도쿄 주재 제국 공사관에 발송합니다.

크리엔

내용: 한국에 관한 러시아와 일본 간의 협의

No. 36의 첨부문서
첨부문서의 내용(원문)은 독일어본 522~523쪽에 수록.

22
제물포의 영국 군함들

발신(생산)일	1898. 3. 29	수신(접수)일	1898. 5. 16
발신(생산)자	크리엔	수신(접수)자	호엔로에-실링스퓌르스트
발신지 정보	서울 주재 독일 총영사관	수신지 정보	베를린 정부
	No. 37		A. 5928
메모	연도번호 No. 166		

A. 5928   1898년 5월 16일 오전 수신

서울, 1898년 3월 29일

No. 37

독일제국 수상 호엔로에-실링스퓌르스트 각하 귀하

이번 달 26일에 영국의 피츠제랄드 해군소장은 순양함 "Powerful호"와 "Grafton"호, 그리고 포함 "Daphne"호를 이끌고 제물포 정박소에 도착했습니다. 그곳 제물포에는 이미 장갑 순양함 "Undaunted"호와 포함 "Phoenix"호가 정박해 있었습니다.

그런데 어제 점심 때, 위에 순서대로 언급드린 배 4척이 예기치 않게 갑자기 다시 떠나는 바람에 소장을 만나기 위해 어제 아침 일찍 이곳을 출발했던 영국 상무 담당관은 가는 길에 배들이 곧바로 떠날 것임을 알려주는 전보를 받고는 다시 되돌아왔습니다.

"Phoenix"호도 마찬가지로 오늘 제물포를 떠났습니다. 추측컨대 이 배들은 즈푸로 간 것 같습니다.

이 보고서의 사본을 베이징 및 도쿄 주재 제국 공사관에 발송합니다.

크리엔

내용: 제물포의 영국 군함들

23

한국 왕이 황제 즉위를 선포했다는 소식을
오스트리아-헝가리 정부에 통지해달라는 부탁

발신(생산)일	1898. 3. 30	수신(접수)일	1898. 5. 16
발신(생산)자	크리엔	수신(접수)자	호엔로에-실링스퓌르스트
발신지 정보	서울 주재 독일 총영사관 No. 38	수신지 정보	베를린 정부 A. 5929

A. 5929   1898년 5월 16일 오전 수신

서울, 1898년 3월 30일

No. 38

독일제국 수상 호엔로에-실링스퓌르스트 각하 귀하

이곳의 외부대신 대리[1]는 오늘 접수된 공식 서한으로 오스트리아-헝가리 제국 및 왕국 정부에 아래 내용을 통보해달라고 본인에게 간청하였습니다.

1) 한국 왕은 작년 10월 12일, 그의 관리들과 국민들의 반복된 간청에 응하여 황제 칭호를 마지못해 받아들였다.

2) 나라의 명칭은 같은 달 14일에 '대한국'에서 '대한'으로 변경되었다. 그리고

3) (현 군주의 통치에 대한) 연호는 작년 8월 14일 '건양'('빛을 세움')에서 '광무'('광채 와 굳셈')로 변경되었다. 따라서 1897년 이 날로부터 '광무 1년'으로 부른다.

대신은 이 공표가 늦어진 데 대한 이유로, 외교관계를 맺은 유럽 6개국에 파견된 공사 민영익[2]이 이 소식을 오스트리아-헝가리 제국 및 왕국 정부에 직접 전하도록 명령 을 받았는데, 도중에 병이 나서 지금까지 그의 임무를 수행할 수 없었다고 밝혔습니다.

실제로, 이 변경에 대하여 마찬가지로 통고를 받지 못했던 이탈리아 왕국 정부는 한 국 왕이 황제 즉위를 선포했다는 것에 대하여 왜 통보가 없는지 베이징을 통해 문의하였 습니다. 그로 인해 이탈리아의 이해관계를 대변해줄 역할을 위탁받은 영국 총영사[3]는

---

1   [감교 주석] 조병직(趙秉稷)
2   [감교 주석] 민영익(閔泳翊)

이에 상응하는 구상서를 이곳의 외부에 제출하였습니다. 그러고 나서 지금까지의 대신인 민종묵[4]은 이달 24일에 관직에서 파면당하여 지금 감옥에서 추가 처벌을 기다리고 있습니다. 외부 업무의 임시 지휘는 학부대신인 조병식이 맡았습니다.

이에 더하여, 민종묵 대신은 지난달 말에 그의 동료 모두가 바라는 바에 상반되게 러시아 장교들이 석탄창고용으로 찾고 있던 절영도를 러시아 대표[5]에게 확약하였고, 그래서 이제 그의 적들에게 그에 대해 보복할 반가운 기회를 제공하였습니다.

프랑스 정부가 받아들이기를 원하지 않는 민영익 공사는 아직도 상하이에 있습니다.

크리엔

내용: 한국 왕이 황제 즉위를 선포했다는 소식을 오스트리아-헝가리 정부에 통지해
　　　달라는 부탁

3　[감교 주석] 조던(J. N. Jordan)
4　[감교 주석] 민종묵(閔種默)
5　[감교 주석] 슈뻬이예르(A. Speyer)

베를린, 1898년 5월 19일   A. 5716

주재 외교관 귀중   슈뻬이예르 관련 도쿄 주재 제국공사의 지난달
1. 페테르부르크 No. 385   6일 보고서의 사본을 첨부하여 전달해드립니다.

연도번호 No. 4310

베를린, 1898년 5월 19일   A. 5929

주재 외교관 귀중   한국 왕의 황제 즉위 선포와 관련한 서울 주재
비엔나 No. 365   제국영사의 올해 3월 30일 보고서에서 발췌한
                                        부분을 전달해드립니다.

연도번호 No. 4324

한국에 관한 러일조약

발신(생산)일	1898. 5. 4	수신(접수)일	1898. 6. 4
발신(생산)자	트로이틀러	수신(접수)자	호엔로에–실링스퓌르스트
발신지 정보	도쿄 주재 독일 공사관	수신지 정보	베를린 정부
	A. 54		A. 6685

A. 6685　1898년 6월 4일 오후 수신

도쿄, 1898년 5월 4일

A. 54

독일제국 수상 호엔로에–실링스퓌르스트 각하 귀하

지난달 말 이후 이곳의 언론은 한국에 관한 새로운 러일조약[1], 그리고 양국이 이 조약을 공개하는 데 찬성할 때까지는 이 조약의 세부사항들을 비밀에 붙이기로 했다는 사실을 그에 대한 평과 함께 보도하고 있습니다.

본인이 이에 대해 수집할 수 있었던 정보에 따르면, 바로 위에서 언급드린 내용들의 정확성이 확인되는 것 같습니다. 뿐만 아니라, 현재의 협상 과정에서 기존의 로바노프-야마가타 의정서[2]에 중대한 수정을 가하지는 않으리라는 것이 확인됩니다. 양국 중 어느 한쪽이 군 교관이나 그 밖의 다른 고문을 한국으로 파견하는 문제, 그리고 그 곳(한국; 역자)에 있는 수많은 일본인 거주지와 영리 추구 기업체들의 이해관계가 이 협상에서 결정적인 역할을 함에 틀림없고 또 한국의 독립이라는 가설이 유지된다는 것은 쉽게 이해가 됩니다.

협약에 속한 개개 약정들의 의미는 어쨌든 러시아가 동아시아에서 자신의 정책이 크게 약진할 채비를 했던 바로 그 순간에 일본을 상대로 선언하고 있는 '온건하면서도 단호함'보다는 더 경미할 수도 있습니다. 이곳의 기대요구가 지난 몇 달간 좀 더 초라한 수준으로 낮춰짐에 따라 그에 대해 일본은 북방의 이웃국가에게 어느 정도의 사의를

1　[감교 주석] 로젠 니시 협정
2　[감교 주석] 로바노프 야마가타 의정서

베풀지 않을 수는 없을 것입니다.

만약 본인이 러시아인 동료 로젠[3]을 올바로 평가한다면, 그는 한국의 현안들로 인해 지금 나서게 되어 있는 의견교환도 마다하지 않아 결국 러시아의 친절함을 빛나 보이게 하고 또 – 독일도 그 예외는 아닙니다만 – 다른 강대국들에 대한 불신을 부추기게 될 것입니다.

라이덴

내용: 한국에 관한 러일조약

---

3 [감교 주석] 로젠(R. R. Rosen)

25

[러시아 언론에 보도된 한국 관련 기사]

발신(생산)일		수신(접수)일	1898. 6. 9
발신(생산)자		수신(접수)자	
발신지 정보		수신지 정보	베를린 외무부
			A. 6877

A. 6877 1898년 6월 9일 오후 수신

St. Petersburger Zeitung

1898년 6월 9일

러시아 언론

－ [한국의 독립]이란 "Now. Wr."[1]의 S. K. 통신원에 의하면 빈말이다. 이 말을 사용하는 사람들은 이 말이 자신이 하고 있는 일에 도움이 되는 그런 사람들이다.

"우선 무엇보다도 한국은 일본에 종속되어 있다. 왕비의 피살[2]과 이 사건 이후에 일어난 몇몇 실패 후에도 일본인들은 용기를 잃지 않고 오히려 한층 더 활기차게 그들의 목표를 향해 나아갔다. 여러 항구의 개방은 그들에게 더 많은 수의 일본인이 한국에 넘쳐나게 해주었다. 한국은 무력하게도 이 평화적인 침입에 저항할 수 없으며, 따라서 한국의 일본 식민지화는 점차 확대되고 있다.

얼마나 많은 일본인이 한국에 정착해도 되는가는 매우 가까운 미래의 문제이다. 다른 모든 물음에 대해서처럼 일본인들은 개방된 항구에서 자리를 얻고 또 그 결과로 그 자리에서 또한 정주할 권리도 있다고 설명함으로써 이 물음에 매우 간단하게 답하고 있다. 무역에 적합하나 개방되지 않은 항구에서 그들은 자신의 배를 타고 다니며 한국 국기를 꽂은 채 장사를 하고, 토착민들을 아첨과 친절로써 대하며 그들의 행동방식이 불법적이라는 것을 알고 있음에도 불구하고 온갖 선물을 이 나라의 내부에까지 가져다준다.

---

1 [감교 주석] 노보예 브레먀(Novoye Vremya)

2 [감교 주석] 명성황후(明成皇后) 시해사건

무역을 할 권리는 식민화할 권리가 아직 아니다. 만약 이 문제들이 매한가지라면, 왜 일본인의 절반이 한국으로 이주하지 않겠는가? 한국 내에 일본인들과 한국인들 사이의 백분율 관계와 후자의 점진적 증가가 나의 말을 입증하고 있다. 말하자면 무역과 식민화와 관련하여 한국은 일본에 완전히 종속되어 있다.

한국의 행정은 주변상황, 시간과 장소에 따라 달라진다. 일본인들이 많이 살고 있고 확고한 기반을 잡고 있는 도시와 지역에서 그 행정의 책임자들은 명목상으로는 중앙행정에 속해 있을지라도 그들은 일본인의 손 안에 들어 있는 것이다.

중앙행정은 다시금 그때그때의 집권자의 이런 저런 집단에 의해 좌우된다. 집권자는 주어진 시점에서 어느 정도의 인기를 누리긴 하지만 주로 유럽인들(주로 미국의 선교사들과 고문위원들)의 지원과 조언을 누리고 있다. 얼마 전부터 한국 정부는 적지않이 '독립'협회에 의해서도 좌우되고 있다. 이 독립협회의 목적은 한국 내에 미국의 행정과 비슷한 행정을 이룩하는 데 있다. 군주국가인 한국에 공화적 행정을 설치하려는 것이며, 황제를 설득하여 이 협회의 명예회원이 되게 하였다. 이 협회의 사람들은 '대한'의 독립을 지키는 사람들임이 보증되었다. 이 협회는 미국인들과 미국식의 교육을 받은 몇몇 한국인에 의해 주도되고 있다. 이로부터 행정뿐만 아니라 정치도 한국 황제나 그의 국민들에 의해서는 거의 좌우되지 않는다는 것을 알 수 있다.

화폐제도는 일본에 종속되어 있다. 일본은 이 분야에서도 현금으로서가 아니라 물품으로서 통용되었다고 하는 백동화를 한국 내에 유통시킴으로써 돈벌이를 하려 했다. 그러나 이 계획은 때마침 우리의 고문인 알렉세예프[3]와 한러은행[4]의 대표인 가브리엘[5]에 의해 수포로 돌아가고 말았다.

한국 황제 자신은 양반들에게 종속되어 있다. 이들은 황제의 의사와 반대로 행동하는 경우가 잦다. 왜냐하면 이들은 다시금 미국의 고문이나 다른 사람들을 등에 업고서 이들의 조력 없이는 불복종할 엄두를 내지 못하기 때문이다. 가장 나쁜 것은, 이 섭정가들이 한결같이 국민이 필요로 하는 것에는 거의 신경쓰지 않으면서도 국민을 방패로 삼고 있다는 것이다.

위에 언급한 것을 가장 웅변적으로 뒷받침해줄 수 있는 사례는 많다. 예를 들어 1897년 봄에 황제는 러시아인 S에게 석탄과 금속을 채굴할 수 있는 작은 허가를 내주었으면 한다는 바람을 밝혔고, 대신에게 명을 내려 이에 필요한 절차를 속히 처리하라고 하였다.

---

3 [감교 주석] 알렉세예프(K. Alexeev)
4 [감교 주석] 한러은행(韓露銀行)
5 [감교 주석] 가브리엘(Gabriel)

그 결과는, 이 러시아인이 지금까지 아직도 그 허가를 받지 못했다는 것이다.

약 1년 전에 철도 및 금속광산의 허가 발급을 중단시키는 왕실 훈령이 내려졌다. 기실 이 훈령은 러시아인들에게만 적용되었는데, 왜냐하면 마이어[6]가 이 시기에 간청 끝에 그 허가를 받아냈기 때문이다. 이 시기에 발급된 허가들은 물론 그러한 조항들을 갖추고 있지만, 오직 극동에서만 가능한 바대로 그러한 식으로 법률을 우회하여 이루어졌다.

미국인 (전 한국인) 한 명이 이 나라(한국; 역자)의 평온을 깨뜨린다는 이유로 그를 한국의 관직에서 해임했으면 한다는 황제의 청은 아직까지도 실현되지 않았다.

독립이란 한국에서 서울의 성벽 뒤에 외로이 서서 '독립의 개선문'이라고 하는 타당치도 않은 이름을 얻은 데 대해 의아하게 여기고 있는 개선문일 뿐이다.

---

6 [감교 주석] 마이어(Meyer). 마이어 회사(E. Meyer & Co.; 세창양행)로 추정.

한국에 관한 "Novoye Vremya" 기사

발신(생산)일	1898. 6. 9	수신(접수)일	1898. 6. 12
발신(생산)자	치르시키	수신(접수)자	호엔로에-실링스퓌르스트
발신지 정보	페테르부르크 주재 독일 대사관 No. 248	수신지 정보	베를린 정부 A. 6966

A. 6966 1898년 6월 12일 오전 수신, 첨부문서 1부

상트페테르부르크, 1898년 6월 9일

No. 248

독일제국 수상 호엔로에-실링스퓌르스트 각하 귀하

"Novoye Vremya"[1]는 한국 주재 자사 통신원의 기사글 하나를 공개하고 있습니다. 이 기사는 최근 사용되고 있는, 그렇지만 사실에 직접적으로 어긋난다고 하는 '한국의 독립'이라는 슬로건에 대해 반대 입장을 표하고 있습니다. 이곳에서 일본의 영향력과 일본 무역의 확대, 그리고 일본의 식민은 빠르게 확대되고 있는 참이며, 다른 외국의 영향력, 특히 미국 측으로부터의 영향력도 두드러진다고 합니다.

외국의 영향력이 확대되는 것을 규제하기 위해 취해지는 정부의 조처는 오로지 러시아인들에게만 적용된다고 합니다.

이 기사는 한국에 관한 러시아의 최신 정책에 대해서 그곳(한국; 역자)의 러시아인 집단 내에 존재하고 있는 불만족스러운 분위기를 표현한 것으로, 이 기사를 오늘자 상트페테르부르크지에서 번역하여 전달해드립니다.

취르쉬키[2]

내용: 한국에 관한 "Novoye Vremya" 기사

---

1 [감교 주석] 노보예 브레먀(Novoye Vremya)
2 [감교 주석] 취르쉬키(Tschirschky)

1898년 6월 9일 보고서 No. 248에 대한 부록.

St. Petersburger Zeitung No. 148
1898년 6월 9일 / 5월 28일

– [한국의 독립]이란 "Now. Wr."지의 S. K. 통신원에 의하면 빈말이다. 이 말을 사용하는 사람들은 이 말이 자신이 하고 있는 일에 도움이 되는 그런 사람들이다.

"우선 무엇보다도 한국은 일본에 종속되어 있다. 왕비의 피살과 이 사건 이후에 일어난 몇몇 실패 후에도 일본인들은 용기를 잃지 않고 오히려 한층 더 활기차게 그들의 목표를 향해 나아갔다. 여러 항구의 개방은 그들에게 더 많은 수의 일본인이 한국에 넘쳐나게 해주었다. 한국은 무력하게도 이 평화적인 침입에 저항할 수 없으며, 따라서 한국의 일본 식민지화는 점차 확대되고 있다.

얼마나 많은 일본인이 한국에 정착해도 되는가는 매우 가까운 미래의 문제이다. 다른 모든 물음에 대해서처럼 일본인들은 개방된 항구에서 자리를 얻고 또 그 결과로 그 자리에서 또한 정주할 권리도 있다고 설명함으로써 이 물음에 매우 간단하게 답하고 있다. 무역에 적합하나 개방되지 않은 항구에서 그들은 자신의 배를 타고 다니며 한국 국기를 꽂은 채 장사를 하고, 토착민들을 아첨과 친절로써 대하며 그들의 행동방식이 불법적이라는 것을 알고 있음에도 불구하고 온갖 선물을 이 나라의 내부에까지 가져다준다.

무역을 할 권리는 식민화할 권리가 아직 아니다. 만약 이 문제들이 매한가지라면, 왜 일본인의 절반이 한국으로 이주하지 않겠는가? 한국 내에 일본인들과 한국인들 사이의 백분율 관계와 후자의 점진적 증가가 나의 말을 입증하고 있다. 말하자면 무역과 식민화와 관련하여 한국은 일본에 완전히 종속되어 있다.

한국의 행정은 주변상황, 시간과 장소에 따라 달라진다. 일본인들이 많이 살고 있고 확고한 기반을 잡고 있는 도시와 지역에서 그 행정의 책임자들은 명목상으로는 중앙행정에 속해 있을지라도 그들은 일본인의 손 안에 들어 있는 것이다.

중앙행정은 다시금 그때그때의 집권자의 이런 저런 집단에 의해 좌우된다. 집권자는 주어진 시점에서 어느 정도의 인기를 누리긴 하지만 주로 유럽인들(주로 미국의 선교사들과 고문위원들)의 지원과 조언을 누리고 있다. 얼마 전부터 한국 정부는 적지 않이 '독립'협회에 의해서도 좌우되고 있다. 이 독립협회의 목적은 한국 내에 미국의 행정과 비슷한 행정을 이룩하는 데 있다. 군주국가인 한국에 공화적 행정을 설치하려는 것이며, 황제를 설득하여 이 협회의 명예회원이 되게 하였다. 이 협회의 사람들은 '대한'의 독립

168 독일외교문서 한국편(1874~1910) 제8권

을 지키는 사람들임이 보증되었다. 이 협회는 미국인들과 미국식의 교육을 받은 몇몇 한국인에 의해 주도되고 있다. 이로부터 행정뿐만 아니라 정치도 한국 황제나 그의 국민들에 의해서는 거의 좌우되지 않는다는 것을 알 수 있다.

화폐제도는 일본에 종속되어 있다. 일본은 이 분야에서도 현금으로서가 아니라 물품으로서 통용되었다고 하는 백동화를 한국 내에 유통시킴으로써 돈벌이를 하려 했다. 그러나 이 계획은 때마침 우리의 고문인 알렉세예프[3]와 한러은행[4]의 대표인 가브리엘[5]에 의해 수포로 돌아가고 말았다.

한국 황제 자신은 양반들에게 종속되어 있다. 이들은 황제의 의사와 반대로 행동하는 경우가 잦다. 왜냐하면 이들은 다시금 미국의 고문이나 다른 사람들을 등에 업고서 이들의 조력 없이는 불복종할 엄두를 내지 못하기 때문이다. 가장 나쁜 것은, 이 섭정가들이 한결같이 국민이 필요로 하는 것에는 거의 신경쓰지 않으면서도 국민을 방패로 삼고 있다는 것이다.

위에 언급한 것을 가장 웅변적으로 뒷받침해줄 수 있는 사례는 많다. 예를 들어 1897년 봄에 황제는 러시아인 S에게 석탄과 금속을 채굴할 수 있는 작은 허가를 내주었으면 한다는 바람을 밝혔고, 대신에게 명을 내려 이에 필요한 절차를 속히 처리하라고 하였다. 그 결과는, 이 러시아인이 지금까지 아직도 그 허가를 받지 못했다는 것이다.

약 1년 전에 철도 및 금속광산의 허가 발급을 중단시키는 왕실 훈령이 내려졌다. 기실 이 훈령은 러시아인들에게만 적용되었는데, 왜냐하면 마이어[6]가 이 시기에 간청 끝에 그 허가를 받아냈기 때문이다. 이 시기에 발급된 허가들은 물론 그러한 조항들을 갖추고 있지만, 오직 극동에서만 가능한 바대로 그러한 식으로 법률을 우회하여 이루어졌다.

미국인 (전 한국인) 한 명이 이 나라(한국; 역자)의 평온을 깨뜨린다는 이유로 그를 한국의 관직에서 해임했으면 한다는 황제의 청은 아직까지도 실현되지 않았다.

독립이란 한국에서 서울의 성벽 뒤에 외로이 서서 '독립의 개선문'이라고 하는 타당치도 않은 이름을 얻은 데 대해 의아하게 여기고 있는 개선문일 뿐이다.

---

3 [감교 주석] 알렉세예프(K. Alexeev)
4 [감교 주석] 한러은행(韓露銀行)
5 [감교 주석] 가브리엘(Gabriel)
6 [감교 주석] 마이어(Meyer). 마이어 회사(E. Meyer & Co.; 세창양행)로 추정.

한국 관련 러일협약

발신(생산)일	1898. 5. 10	수신(접수)일	1898. 6. 13
발신(생산)자	트로이틀러	수신(접수)자	호엔로에–실링스퓌르스트
발신지 정보	도쿄 주재 독일 공사관	수신지 정보	베를린 정부
	A. 61		A. S. 1689

A. S. 1689   1898년 6월 13일 오전 수신, 첨부문서 1부

도쿄, 1898년 5월 10일

A. 61

독일제국 수상 호엔로에–실링스퓌르스트 각하 귀하

오늘자 일본 정부 기관지에 공개된바, 한국과의 관계에 대한 올해 4월 25일 러일 의정서[1]를 독일어로 번역, 첨부하여 전달해드립니다.

라이덴

내용: 한국 관련 러일협약

---

1 [감교 주석] 로젠 니시 협정

A. 61의 첨부문서

1898년 5월 10일 일본 정부 기관지(관보)의 번역본

러일 의정서

일본 황제 폐하의 외무성 장관인 니시 남작과 추밀고문이자 시종관이며 러시아 황제 폐하의 특별공사이자 전권위임 장관인 로젠 남작은 이에 상응하는 전권을 위임받아 1896년 5월 28일/6월 9일 모스크바에서 육군원수 야마가타[2]와 외무장관 로바노프[3]가 서명한 의정서[4]의 제4조에 의거하여 아래 조항들에 관하여 합의하였다.

제1조 일본 정부와 러시아 정부는 모두 한국의 주권과 완전한 독립을 인정하고, 이 나라의 내정에 어떠한 직접적인 개입도 하지 않을 것을 상호간에 약속한다.

제2조 앞으로 오해를 살만한 그 어떤 원인도 제거하기 위해 일본과 러시아의 정부는, 만약 한국이 군 교관이나 재정 고문의 임명과 관련하여 일본 또는 러시아한테서 조언이나 원조를 요구하는 경우에 상호간의 사전 양해 없이는 아무것도 하지 않기로 약속한다.

제3조 러시아 제국 정부는 한국에서 일본의 상업 및 공업의 기업이 크게 발전하고 있고 또 언급된 나라(한국; 역자)의 거주지에 체류하는 일본 국민들의 수가 막대함을 인정하므로 일본과 한국의 상업 및 공업 관계의 발전을 방해하지 않을 것이다.

1898년 4월 25일 도쿄에서 2부에 서명함.

니시
로젠

---

2 [감교 주석] 야마가타 아리토모(山縣有朋)
3 [감교 주석] 로바노프(A. Lobanow)
4 [감교 주석] 로바노프 야마가타 의정서

[독일 언론에 보도된 한국 관련 기사]

발신(생산)일		수신(접수)일	1898. 6. 16
발신(생산)자		수신(접수)자	
발신지 정보		수신지 정보	베를린 외무부
			A. 7128

A. 7128   1898년 6월 16일 오후 수신

함부르기셔 코레스폰덴트[1]

1898년 6월 16일

일본과 러시아 간의 한국 관련 의정서

내용상으로 이미 알려진 바 있는, 한국에 관한 일본과 러시아 사이의 4월 25일 의정서[2]가 5월 10일 일본 정부 기관지(관보)에 공개되었으며, 다음과 같이 일본어에서 독일어로 번역된다 :

러일 의정서

한국 문제에 관하여 지난달 25일 일본 정부와 러시아 정부 사이에서 아래와 같은 의정서에 대해 합의가 이루어졌다 :

일본 황제 폐하의 외무성 장관인 니시[3]와 추밀고문이자 시종관이며 러시아 황제 폐하의 특별공사이자 전권위임 장관인 로젠[4]은 이에 상응하는 전권을 위임받아 1896년 5월 28일/6월 9일 모스크바에서 육군원수 마르키스 야마가타[5]와 외무장관 로바노프[6]가 서명

---

1 [감교 주석] 함부르기셔 코레스폰덴트(Hamburgischer Korrespondent)
2 [감교 주석] 로젠 니시 협정
3 [감교 주석] 니시 도쿠지로(西德二郎)
4 [감교 주석] 로젠(R. R. Rosen)
5 [감교 주석] 야마가타 아리토모(山縣有朋)

한 의정서의 제4조에 의거하여 아래 조항들에 관하여 합의하였다.

제1조 일본 정부와 러시아 정부는 모두 한국의 주권과 완전한 독립을 인정하고, 이 나라의 내정에 어떠한 직접적인 개입도 하지 않을 것을 상호간에 약속한다.

제2조 앞으로 오해를 살만한 그 어떤 원인도 제거하기 위해 일본과 러시아의 정부는, 만약 한국이 군 교관이나 재정 고문의 임명과 관련하여 일본 또는 러시아한테서 조언이나 원조를 요구하는 경우에 상호간의 사전 양해 없이는 아무것도 하지 않기로 약속한다.

제3조 러시아 제국 정부는 한국에서 일본의 상업 및 공업의 기업이 크게 발전하고 있고 또 언급된 나라(한국; 역자)의 거주지에 체류하는 일본 국민들의 수가 막대함을 인정하므로 일본과 한국의 상업 및 공업 관계의 발전을 방해하지 않을 것이다.

1898년 4월 25일 도쿄에서 2부에 서명함.

니시
로젠

---

6 [감교 주석] 로바노프(A. Lobanow)

베를린, 1898년 6월 18일 No. 5237

A. 4514

주서울 주재 영사 귀하

A. No. 5. 우편 암호
암호 11069

연도번호 No. 5237

올해 2월 22일의 보고서 No. 23에서 언급하셨던 영사님의 올해 1월 4일 보고서 No. 4가 아직까지 이곳에 도착하지 않았습니다. 이에 그 사본 한 부를 보내주시기를 부탁드립니다.

29
한국의 철도

발신(생산)일	1898. 5. 9	수신(접수)일	1898. 7. 8
발신(생산)자	크리엔	수신(접수)자	호엔로에-실링스퓌르스트
발신지 정보	서울 주재 독일 총영사관	수신지 정보	베를린 정부
	No. 46		A. S. 1915
메모	7월 13일 워싱턴 A 80전달 연도번호 No. 231		

A. S. 1915 1898년 7월 8일 오전 수신

서울, 1898년 5월 9일

No. 46

독일제국 수상 호엔로에-실링스퓌르스트 각하 귀하

제물포에서 서울까지의 철도 부설에 대하여 미국 상인 모스[1]가 한국 정부로부터 허가를 받은 바 있는데, 이 노선이 바로 얼마 전 일본인의 손에 넘어갔습니다. 이곳에 거주하는 미국 변리공사[2]가 전하는 바에 따르면, 이 목적으로 일본의 신디케이트[3]가 구성되었고, 이 신디케이트의 최고위원은 일본 은행인 제일은행[4](전 일본 제일국립은행[5]) 총감역[6]인 시부자와[7]입니다. 모스는 이 신디케이트의 위원입니다. 1897년 3월 22일에 시공된 철도선의 부설은 미국인들에 의해서 미국 물자로 이 신디케이트의 감독 하에 시행될 것입니다. 이 철도는 미국인들이 계획했었을 때에 비해 더 튼튼하게 건설된다고 합니다. 지금 부분적으로 2 퍼센트까지 달하는 경사도는 높아봤자 1 퍼센트로 줄어든다고 합니다. 이에 상응하여 여러 가지 노선 변경이 행하여진다고 합니다. 이 소식들에 대해서는

---

1 [감교 주석] 모스(J. R. Morse)
2 [감교 주석] 알렌(H. N. Allen)
3 [감교 주석] 경인철도인수조합(京仁鐵道引受組合)
4 [감교 주석] 제일은행(第一銀行)
5 [감교 주석] 제일국립은행(第一國立銀行)
6 [감교 주석] 총감역(總監役)
7 [감교 주석] 시부자와 에이치(澁澤榮一)

현재 이곳에 체류 중인 시부자와도 본인에게 확인해주었습니다.

　현재의 미국 대표 알렌 박사가 이 철도를 위한 자본이 1897년 1월에 14일 이내에 미국에서 완전히 기부받았다고 전에 본인에게 수차례 보증해주기는 했지만, 사실 모스는 그곳의 재정 관계자들이 거기에 대해 관심을 갖도록 하는 데 성공하지 못했습니다. 그래서 그는 위에 언급드린 일본 은행에서 차관을 얻었으며, 이 허가를 일본인이나 러시아인 또는 프랑스인에게 팔려고 애썼던 것입니다. 프랑스 대표[8]와 러시아 대표[9]의 발언에 따르면, 그들의 자국민들과의 협상은 모스가 약 1백만 엔에 달하는 업체이윤을 요구하였기 때문에 실패했다고 합니다. 일본인들이 이 철도를 위해 얼마만큼을 지불하는지 저는 알아낼 길이 없었습니다. 일본 변리공사[10]가 본인에게 말하기로는, 이 철도를 완성하는 데 모스에게 250만 내지 300만 엔이 지불될 것이라고 합니다. 열차는 내년 봄에 개통된다고 합니다. 철도선은 길이 40km에 달할 것이고, 궤간은 보통입니다.

　이 철도선에 대한 허가는 러시아 공사 베베르[11]의 도움으로 1896년 봄에 그 미국인 상인(모스; 역자 주)에게 발급되었는데, 이는 이 철도선이 일본인의 손 안에 들어가지 않게 하기 위함이었습니다. 일본인들은 1894년 8월에 일본 정부와 한국 정부 사이에서 체결된 비밀협약[12]을 근거로 그것에 대한 요구를 했었던 것입니다.

　그밖에 믿을만한 소식통으로부터 본인이 들은 바에 따르면, 러시아 정부는 파리의 피브릴사[13]에 1896년 여름 이 프랑스 회사가 이곳의 정부로부터 허가를 받은 바 있는 서울과 의주 간 철도에 더 이상 관심이 없다는 것을 통고했다고 합니다. 그래서 이 프랑스 회사는 지금까지 자기네한테서 발생하여 변상받게 될 비용을 계산하여 제출하려 한다고 합니다. 동일한 보증인에 따르면, 러시아 정부는 철도에 대한 일정한 이율을 이 프랑스 회사에 확약했었습니다.

　이 보고서의 사본을 베이징과 도쿄 주재 제국 공사관에 발송합니다.

크리엔

　내용: 한국의 철도.

8　[감교 주석] 플랑시(V. C. Plancy)
9　[감교 주석] 마튜닌(N. Matyunin)
10　[감교 주석] 가토 마스오(加藤增雄)
11　[감교 주석] 베베르(K. I. Weber)
12　[감교 주석] 조일잠정합동조관(朝日暫定合同條款)
13　[감교 주석] 피브릴사(Fives-Lille-Compagnie)

최근 서울에서 일어난 정치적 사건들

발신(생산)일	1898. 5. 10	수신(접수)일	1898. 7. 8
발신(생산)자	크리엔	수신(접수)자	호엔로에–실링스퓌르스트
발신지 정보	서울 주재 독일 총영사관	수신지 정보	베를린 정부
	No. 47		A. S. 1915
메모	7월 10일, 페테르부르크 507, 런던 620, 워싱턴 A 77전달 연도번호 No. 233		

A. 8018 1898년 7월 8일 오전 수신

서울, 1898년 5월 10일

No. 47

독일제국 수상 호엔로에–실링스퓌르스트 각하 귀하

슈뻬이예르가 서울을 떠난 이래, 친 러시아 관리들이 한국의 내각 전체에서 점차 배제되었습니다.

현재의 내각은 다음과 같이 구성되어 있습니다 :

박정양[1], 내부대신

조병직[2], 외부대신

심상훈[3], 탁지부대신

이유인[4], 법부대신

민영기[5], 군부대신

조병호[6], 학부대신

---

1 [감교 주석] 박정양(朴定陽)

2 [감교 주석] 조병직(趙秉稷)

3 [감교 주석] 심상훈(沈相薰)

4 [감교 주석] 이유인(李裕寅)

5 [감교 주석] 민영기(閔泳綺)

6 [감교 주석] 조병호(趙秉鎬)

이도재[7], 농상공부대신

이들 중 박정양은 알렉세예프[8]의 고용을 반대했기 때문에 예전에 그의 탁지부 대신 자리를 사직했었습니다. 군부대신 및 부 군부대신이었던 심상훈과 민영기는 러시아 군 교관들의 계약서에 서명하기를 거부하였기 때문에, 그리고 이도재는 절영도의 석탄창고를 러시아인들에게 허가해주는 데 반대하였기 때문에 사직했던 적이 있습니다.

총리대신과 궁내부대신의 자리는 아직까지 채워지지 않았습니다.

신임 러시아 공사 도착 즉시 해임시켰던 러시아 공사관의 통역사 김[9]에 대한 공격 때문에 한 한국인이 곧장 100대와 종신 징역형을 선고받았습니다.

마튜닌[10]이 오늘 대화를 나누면서 본인에게 귀띔한 바에 의하면, 그는 페테르부르크로부터 전보지시를 받았는데, 그 내용은 두 명의 장교와 100명의 해군으로 구성된 공사관 경비대를 제물포로 되돌려 보내라는 것이었습니다. 아직 이곳에 지체하고 있는 군 교관들도 똑같이 빠른 시일 내에 서울을 떠나 아무르 지방으로 되돌아가라는 것입니다.

이 보고서의 사본을 베이징과 도쿄 주재 제국 공사관에 발송합니다.

크리엔

내용: 최근 서울에서 일어난 정치적 사건들

---

7 [감교 주석] 이도재(李道宰)
8 [감교 주석] 알렉세예프(K. Alexeev)
9 [감교 주석] 김홍륙(金鴻陸)
10 [감교 주석] 마튜닌(N. Matyunin)

베를린, 1898년 7월 10일   A. 8018

주재 외교관 귀중   새 내각에 관한 서울 주재 제국 영사의 올해 5
1. 런던 No. 620   월 10일 보고서의 사본을 첨부하여 전달해드립
2. 상트페테르부르크 No. 507   니다.
3. 워싱턴 No. A 77

연도번호 No. 5927

[미국 언론에 보도된 한국 관련 기사]

발신(생산)일		수신(접수)일	1898. 7. 10
발신(생산)자		수신(접수)자	
발신지 정보		수신지 정보	베를린 외무부
			A. 8103

A. 8103   1898년 7월 10일 오후 수신

The New York Herald.

10. 7. 98.

SERIOUS PLOT IN COREA.

———— * ————

Many High Officials Imprisoned-Guard at the Palace of Seoul Increased.

————————

[SPECIAL TO THE HEARLD.]

CHEMULPO, Sunday, via HONG KONG, Monday. —A plot to overthrow the Government has been discovered and a number of high officials have been imprisoned.

General Ahn has fled, taking with him all the notes and cash he could lay hands on.

The number of soldiers in the Palace at Seoul has been increased and there is great excitement in the city.

32
러시아 군 교관들과 해병의 출발

발신(생산)일	1898. 5. 23	수신(접수)일	1898. 7. 11
발신(생산)자	크리엔	수신(접수)자	호엔로에-실링스퓌르스트
발신지 정보	서울 주재 독일 총영사관	수신지 정보	베를린 정부
	No. 36		A. 8133
메모	7월 13일 런던 628, 페테르부르크 515, 해군부 해군 소장 전달 연도번호 No. 250		

A. 8133 1898년 7월 11일 오후 수신

서울, 1898년 5월 23일

No. 53

독일제국 수상 호엔로에-실링스퓌르스트 각하 귀하

중병에 걸린 러시아 수병 한 명 때문에 잠정적으로 아직 이곳에 머무르고 있는 의사를 제외하고 러시아 군 교관들(6명의 장교와 20명의 하사관)이 며칠 전 서울을 떠나 동 시베리아로 되돌아갔습니다.

병기고에 고용되어 있던 러시아 포병대장은 한국 정부의 요청에 의하여 유임되었습니다.

어제 두 명의 해군 장교와 약 100명의 수병으로 구성된 러시아 공사관 경비대가 이곳으로부터 제물포로 이동했는데, 그곳에서 그들은 포함 "Mandjur"호를 타고 포트 아서[1]로 이송될 것이라고 합니다.

한 명의 장교와 12명의 수병으로 구성된 영국 공사관 경비대 및 일본의 2개 보병중대는 서울에 남습니다.

올해 3월 중순까지 이곳 군부에서 재정관으로 일했던 미국인 닌스테드[2]는 계약이 아직 2년이나 더 남아 있었는데도 봉급을 완전히 지불받았고, 한국을 떠날 것입니다.

그래서 한국 군대에는 이제 외국인이 더 이상 단 한 명도 근무하고 있지 않습니다.

---

1 [감교 주석] 뤼순(旅順; Port Arthur)항
2 [감교 주석] 닌스테드(F. J. H. Nienstead)

이 보고서의 사본을 베이징과 도쿄 주재 제국 공사관에 발송합니다.

크리엔

내용: 러시아 군 교관들과 해병의 출발

베를린, 1898년 7월 13일

주재 외교관 귀중

1. 런던 No. 628

2. 상트페테르부르크 No. 515

3. 제국 해군부의 부차관

4, 사령관 제독

귀하

(1-2에 대해서와 같이)

연도번호 No. 5894

한국 군대에 있는 외국인에 관한 서울 주재 제국영사의 올해 5월 23일 보고서의 사본을 첨부하여 전달해드립니다.

1-2에 대해 : 귀하의 정보용으로

한국 군대에 있는 외국인에 관한 서울 주재 제국영사의 올해 5월 23일 보고서의 사본을 첨부하여 참고용으로 전달해드립니다.

베를린, 1898년 7월 13일   A. S. 1915

주재 외교관 귀중   한국의 철도건설에 관한 서울 주재 제국 영사의
1. 워싱턴 No. A 80   올해 5월 9일 보고서의 사본을 첨부하여 귀하의
                                         정보용으로 전달해드립니다.

연도번호 No. 5896

33

[하인리히의 한국 방문에 관한 건]

발신(생산)일	1898. 7. 13	수신(접수)일	1898. 7. 14
발신(생산)자	오일렌부르크	수신(접수)자	
발신지 정보	호엔촐러른	수신지 정보	베를린 외무부
	No. 30		A. S. 1964

A. S. 1964   1898년 7월 14일 오전 수신

전보

호엔촐러른, 1898년 7월 13일 오후 수신 10시 25분
도착 : 7월 14일 오전 수신 1시 20분

독일제국 영사가 외무부에 발송

전문해독

No. 30

외무부 장관을 대신하여.

폐하께서는 하인리히[1] 대공의 한국 방문이 이루어지지 않기를 희망하고 있습니다.

오일렌부르크[2]

원본 : 중국 20 No. 1

---

1   [감교 주석] 하인리히(A. W. Heinrich)
2   [감교 주석] 오일렌부르크(Eulenburg)

34

[한국 관련 외무부 견해]

발신(생산)일	1898. 7. 20	수신(접수)일	
발신(생산)자	리히트호펜	수신(접수)자	오일렌부르크
발신지 정보	베를린 외무부	수신지 정보	제국 궁중
	No. 20		A. 8134
메모	왕실의 연락장교를 통하여 폐하는 황제를 인정하는 데 대해서도 이의가 없으심. 7월 25일 오일렌부르크		

사본

A. 8134, 첨부문서 1부.

베를린, 1898년 7월 20일

No. 20

제국 궁중 제국대사 오일렌부르크 백작 귀하

두 명의 한국 공사 임명에 관한 서울 주재 제국 영사의 올해 5월 25일 보고서의 사본을 첨부하여 전달해드립니다. 더불어 이 보고서의 내용을 황제 폐하께 아뢰어주시기를 부탁드립니다.

지금까지 한국 궁내부 회계원경[1]이었던 성기운[2]의 신상에 대해 본인은 요즘 더 자세한 정보를 수집하게 하고 있습니다. 그것은 한국 정부가 성씨에 대한 아그레망을 이곳에 요청할 경우 최고위의 폐하께 그 인물에 대해 보다 더 자세한 사항들을 제시할 수 있기 위함입니다.

저번에 유럽의 6개 조약국 공사로 선임된 민영익[3]은 알려진 바로는 이 자격으로는 단 한 번도 유럽으로 온 적이 없습니다. 현재 그의 후임자로 독일, 영국, 그리고 이탈리아의 황실에 내정된 성기운이 이곳에 도착하는 한, 지금까지 아직 해결되지 않은 그에

---

1 [감교 주석] 회계원 경(會計院卿)
2 [감교 주석] 성기운(成岐運)
3 [감교 주석] 민영익(閔泳翊)

대한 아그레망 문제와 더불어, 예상컨대 그로 인해 한국 통치자의 황제 권위에 대한 인정 문제도 우리에게 다시 대두될 것입니다. 저희가 알고 있는 한, 지금까지 러시아, 일본, 미국, 그리고 영국의 정부는 이 황제 칭호를 일부는 명시적으로, 그리고 또 일부는 한국 관청과의 통신에서 사용함으로써 이 칭호를 인정했습니다.

서울 주재 제국 영사는 황제 및 왕 폐하의 허락과 더불어, 한국 관청과의 통신이 한국말로 행하여지는 한 그의 러시아인 동료의 본보기에 따르고 또 한국의 통치자와 그의 가족과 제국을 가리키는 새로운 명칭들을 사용하라는 지시를 받았습니다. 이는 주로, 독일제국은 한국에서 정치적인 이해관계를 추구하는 것이 아니라 그보다는 오히려 한국에서 러시아의 정책에 일임할 생각임을 러시아 정부에 입증하기 위해서입니다.

우리는 여기서 이 '황제' 내지 '대한'이라는 칭호가 주권을 가진 통치자 및 독립국가를 가리키는 명칭 이상의 것을 나타내지 않는다는 입장에서 출발하였습니다. 이 조치와 일치하게, 한국의 공사가 이곳으로 오는 경우에도 마찬가지로 일본의 텐노에게처럼 한국의 통치자에게 그에 어울리는 통치권자로서의 호칭을 그대로 써주고 이 호칭에 상응하지 않는 번역어에 의해서 유럽인들에게 잘못된 관념을 불러일으키지 않을 방도를 아마도 쉽게 찾을 수 있을 것입니다.

리히트호펜[4]

원본 : 한국 8

---

4 [감교 주석] 리히트호펜(Lichthofen)

사본

A. 8134

오일렌부르크 백작에 대한 훈령 No. 20에 붙여

1. ⅠB에 참고용으로

본인의 소견으로는 전혀 필요치 않은 황제 칭호의 인정은 온당하지 않다. 그리고 본인의 견해는, 현재 존재하지는 않는다고 보지만 나중에라도 나타날 정치적인 이유에서 인정하는 것이 바람직하다고 여겨지는 경우에 한하여 최고의 위임권력을 사용하자는 것이다.

2. 클레메트[5]에게 우편으로

뭄[6] 7월 29일

원본 : 한국 8

---

5   [감교 주석] 클레메트(Klehmet)
6   [감교 주석] 뭄(Mumm)

35
새 항구들의 개항

발신(생산)일	1898. 5. 30	수신(접수)일	1898. 7. 22
발신(생산)자	크리엔	수신(접수)자	호엔로에–실링스퓌르스트
발신지 정보	서울 주재 독일 총영사관	수신지 정보	베를린 정부
	No. 56		A. 8531
메모	참조. A 6561 99 연도번호 No. 279		

A. 8531 1898년 7월 22일 오후 수신

서울, 1898년 5월 30일

No. 56

독일제국 수상 호엔로에–실링스퓌르스트 각하 귀하

이곳의 외부대신[1]은 어제 날짜의 서신을 통해 조약국들의 대표에게 왕의 재가를 받은 의정부의 결정에 따라 함경북도에 있는 성진 항구, 전라북도에 있는 군산 항구, 경상남도에 있는 마산포 항구가 예전의 조약항들에 적용되는 규정 하에 조약항으로서 개항되고 평안남도에 있는 평양부가 '시장'으로서 대외무역에 개방된다는 것을 통고했습니다. 이 장소들이 개방되는 시점은 추후에 결정될 것이라고 합니다.

대신은 동시에 오스트리아–헝가리 제국 및 왕국의 정부에 한국 정부의 이 결정사항을 통고해줄 것을 본인에게 요청하였습니다.

이 항구들을 개항하는 이유로서 의정부의 결정에서는 무역의 증진, 그리고 그럼으로써 한국 국민의 복지 증진이 제시되었습니다. (지난 6개월간 청국에서 일어난 사건들을 고려해볼 때, 이 장소들을 개항함으로써 외국에 의해 점령당하는 것으로부터 이 장소들을 보호하려는 의도가 아마도 가장 결정적이었을 것입니다. 영사관의 한국어 통역사가 본인에게 보고하는 바에 의하면, 왕의 측근들은 러시아가 마산포(부산 근방) 또는 성진을 노리고 있고 영국은 군산을 노리고 있다는 걱정을 하고 있다고 합니다.)

---

1 [감교 주석] 조병직(趙秉稷)

평양부의 개방은 진남포 항구의 발전을 위해 매우 바람직합니다.

이 보고서의 사본을 베이징과 도쿄 주재 제국 공사관에 발송합니다.

크리엔

내용: 새 항구들의 개항

A. 8531의 첨부

함부르크기셔 코레스폰덴트[2]

1898년 7월 29일

한국 항구들의 개항

  – 베를린, 7월 29일. (R. T.) N. A. Z.의 보도 : 한국 정부는 5월 29일로 서울 주재 조약국들의 대표에게, 왕의 재가를 받은 의정부의 결정에 따라 함경북도에 있는 성진 항구, 전라북도에 있는 군산 항구, 경상남도에 있는 마산포 항구가 예전의 조약항들에 적용되는 규정 하에 조약항으로서 개항되고 평안남도에 있는 평양부가 시장으로서 대외 무역에 개방될 것임을 통고했다. 개방의 시점에 대해서는 후속 발표를 남겨두고 있다.

  이에 덧붙여 베를린 발 보도에 의하면 :
  "소식통에 의하면, 이 장소들의 개방 이유로 한국 측에서 무역을 촉진하고 한국 국민의 복지를 향상시키려는 의도를 들고 있다. 평양부의 개방은, 유럽 측의 소식통에 의하면 진남포 항구의 발전을 위해 매우 환영받는 것으로 표현되고 있다."

2　[감교 주석] 함부르크기셔 코레스폰덴트(Hamburgischer Korrespondent)

A. 8531의 첨부

라덴베르크[3]에게

뭄의 위임으로, E. H.가 다른 부서에도 이 소식을 전달하기를 원하는지, 그리고 정부 기관지에 그에 상응하는 공개를 원하는지의 여부에 대해 전갈을 보내주었으면 한다는 청과 함께 제출합니다.

베르겐[4]

1898년 7월 26일

뭄[5]

다시 제출함

보고서를 다른 부서에 전달하는 것은 아마 필요치 않을 것입니다. 그에 반해 본인의 소견으로는, 언론에서 이것을 활용하는 것은 온당합니다.

7월 28일

---

3 [감교 주석] 라덴베르크(Ladenberg)
4 [감교 주석] 베르겐(Bergen)
5 [감교 주석] 뭄(Mumm)

A. 8531의 첨부

메모

목포와 진남포 항구의 개항 관련 서울 주재 제국 영사의 지난해 7월 5일 보고서(Ⅱ 20637 : Hell. Gle As. 27 18권)는 당시에 처리되었다.

항저우, 쑤저우, 사스, 충칭 항구의 개항에 관한 베이징 주재 제국 공사의 1896년 9월 12일과 24일 보고서(Ⅱ 27161과 27861 : Hell. Gle. As. 1 73권)는 함부르크 증권거래소에서 활용되었다.

A. 8531의 첨부

1 에스테만[6] (언론에서의 활용) g. z. 1.
2. 처리됨

베를린, 1898년 7월 28일

7월 30일 "놀드도이처 알게마이네"[7]에서 발췌한 스크랩을 II에 전달. 7월 30일.

처리
2개의 스크랩 첨부
하나의 스크랩은 II국에, 또 하나는 M 30으로 처리

마이어[8]

---

6   [감교 주석] 에스테만(Estemann)
7   [감교 주석] 놀드도이처 알게마이네(Norddeutscher Allgemeine)
8   [감교 주석] 마이어(Meyer)

A. 8850의 첨부

"National Zeitung"

일본에 출처를 두고 톈진에서 중국어로 발행되는 신문 구오웬바오[9]는 베이징에 공사 한 명을 파견하려는 한국 정부의 의도에 대해 다음과 같은 기사를 실었다 :

지금 막 들어온 소식에 따르면 한국의 외부가 총리아문에 공식 구상서를 제출하였는데, 이에 따르면 한국은 베이징에 주재할 공사 한 명을 청국으로 보내려 하고 있다. 총리아문으로부터는 지금까지 아직 답변이 도착하지 않았다. 왜냐하면 그 결정은 얻어내야 할 황제의 칙명에 달려 있게 될 것이기 때문이다.

이에 대해 짧게 언급해보자 : 1895년의 시모노세키 평화조약에는, 청국과 일본 양측이 앞으로 한국을 독립국으로 인정해야만 하고 또 그에 따라 한국이 더 이상 청국의 조공국이 아니라는 조항이 있다.

지난해 청국이 지사 후보자인 탕샤오이[10]를 총영사로 한국에 파견했을 때, 그는 동등한 국가 사이의 외교에 적용되는 기본원칙에 따라 공식 신임장을 받았어야만 했다. 그렇게 하는 것이 올바른 것이었다. 그런데 당시 이홍장은 한국의 외부 측에 총리아문을 통하여 탕샤오이의 여행 목적을 알리려고 했다. 그렇지만 그렇게 하는 것이 국가의전에 위반된다는 이유를 들어 다른 사람들이 그렇게 되지 못하도록 그를 방해했기 때문에 탕샤오이는 그 어떤 공식 서한이나 신분증도 없이 한국으로 오게 되었다. 서울의 조정이 그를 받아들이는 데 있어서 매우 성의가 있었는지는 의심스러울 수밖에 없다.

이번의 신청으로 한국의 조정은 중요한 의전 문제에 관해 청국 측에 설명하려 하고 있다. 이는 청국이 더 이상 텅 빈 자부심에 머물러 있거나 한국에서 이미 오래 전에 잃어버린 자신의 작디작은 권위까지도 여전히 가진 척하여 결국 그저 사람들이 입에 오르내리지 못하게 하기 위함이다.

---

9 [감교 주석] 구오웬바오(國聞报)
10 [감교 주석] 탕샤오이(唐紹儀)

36

영국과 러시아의 공사관 경비대

발신(생산)일	1898. 6. 6	수신(접수)일	1898. 8. 1
발신(생산)자	크리엔	수신(접수)자	호엔로에–실링스퓌르스트
발신지 정보	서울 주재 독일 총영사관	수신지 정보	베를린 정부
	No. 60		A. 8963
메모	연도번호 No. 307		

A. 8963 1898년 8월 1일 오후 수신

서울, 1898년 6월 6일

No. 60

독일제국 수상 호엔로에–실링스퓌르스트 각하 귀하

영국 총영사 조던[1]이 본인에게 전하는 바로는, 장교 한 명, 하사관 한 명, 그리고 10명의 해병대원으로 이루어진 영국의 공사관 경비대가 오늘 서울을 떠났습니다. 이 사람들이 웨이하이웨이[2]에서 꼭 필요하기 때문이라고 합니다.

러시아 공사[3]는 지난달 이곳을 떠난 수병들의 자리에 곧 한 명의 장교와 20명의 코사크 기마대가 공사관의 보호를 위하여 올 것을 기다리고 있습니다.

이 보고서의 사본을 베이징과 도쿄 주재 제국 공사관에 발송합니다.

크리엔

내용: 영국과 러시아의 공사관 경비대

---

1 [감교 주석] 조던(J. N. Jordan)
2 [감교 주석] 웨이하이웨이(威海衛)
3 [감교 주석] 마튜닌(N. Matyunin)

37

[독일 선박의 한국 항구 입항에 관한 건]

발신(생산)일	1898. 6. 3	수신(접수)일	1898. 8. 1
발신(생산)자	크리엔	수신(접수)자	호엔로에-실링스퓌르스트
발신지 정보	서울 주재 독일 총영사관	수신지 정보	베를린 정부
	No. 59		A. 8983
메모	사본 Ⅰ. 15741 보고서는 왜 제독 외에 9명의 장교까지도 외무부가 지급하는, 왕과의 면담을 위한 서울 여행을 했는가 하는 이곳에서의 문의에 대한 답변이다.		

A. 8983 1898년 8월 1일 오후 수신   서울, 1898년 6월 3일

No. 59

독일제국 수상 호엔로에-실링스퓌르스트 각하 귀하

본인이 아모이[1]의 제국 영사관으로부터 사본으로 입수한 올해 3월 5일 훈령 No. I.2754/12672, No. 5에 대하여 답을 올리자면, 이곳에 존재하는 관례에 따라 제물포에 정박하고 있는 외국 함대에서 가능한 한 많은 수의 장교가 왕에게 소개됩니다. 미국인들이 왕과 왕의 관리들한테서 누리고 있는 명망은 대부분 제물포에 도착하는 전함의 거의 모든 장교가 군주에게 소개되는 관례에서 나온 것입니다.

독일의 전함이 한국의 항구를 찾아오는 일은 비교적 드물며 독일의 전투함대는 전에 한번도 제물포에 도착한 적이 없었기 때문에 본인은 디데릭스[2] 제독과 많은 수의 독일 해군장교가 왕을 알현하는 것이 독일의 이해관계에서 바람직하고 또 필요하다고 생각했습니다.

왕은 독일 선박이 제물포에 도착했다는 소식을 듣자마자 본인에게, 그리고 그의 궁궐 관리들을 통하여 여러 차례에 걸쳐 제독과 가능한 한 많은 장교를 보고 싶다는 희망을 전달하게 했던 것입니다. 관리들은 장교가 적어도 20명은 될 것이라고 말했습니다. 그러는 동안 본인은 제독과 9명의 장교에게 서울로 와달라고 부탁하는 데 그쳤습니다.

크리엔

---

1 [감교 주석] 샤먼(廈門)
2 [감교 주석] 디데릭스(Diederichs)

한국 관리와 장교들의 음모 사건 – '독립협회'

발신(생산)일	1898. 7. 23	수신(접수)일	1898. 9. 23
발신(생산)자	크리엔	수신(접수)자	호엔로에–실링스퓌르스트
발신지 정보	서울 주재 독일 총영사관	수신지 정보	베를린 정부
	No. 64		A. 10954
메모	연도번호 No. 375		

A. 10954 1898년 9월 23일 오전 수신

서울, 1898년 7월 23일

No. 64

독일제국 수상 호엔로에–실링스퓌르스트 각하 귀하

이번 달 8일과 9일에 내부대신 박정양[1], 청일전쟁 전에 영향력이 가장 컸던 대신인 민영준[2], 전 경무사 한 명, 연대장 한 명, 그리고 또 다른 여러 명의 관리와 장교가 체포되었습니다. 그들의 죄목은 왕을 폐위하고 그 자리에 왕세자를 대신 앉히려고 계획했다는 것입니다. 이 음모의 주모자는 안경수[3]로, 그는 이곳의 일본인 거주지로 피신을 했는데, 여기서 그는 처음에 병원에 있다가 나중에는 개인집에서 거처했습니다. 일본 영사가 그저께 본인에게 전한 바로는, 한국 관청은 일본인 집에 들어가 그 장군을 체포할 경찰의 권한을 그때까지 아직 일본 영사에게 신청하지 않았습니다.

이번 달 3일에는 1895[4]년에 발족한 한국의 '독립협회'가 600명의 회원의 서명을 받은 건의서를 제출하였습니다. 이 건의서에서 그들은 정부의 악습을 타파할 것, 부패하고 무능한 관리들을 해임시킬 것, 그 대신 정직하고 유능한 관리들을 등용할 것을 왕에게 간청하였습니다. 왕이 이에 대해 피하는 답변을 주었기 때문에 이 협회는 줄잡아 1,300명의 한국인이 서명한 건의서를 왕에게 제출했다고 하는바, 이 건의서에서 그들은 왕에

---

1 [감교 주석] 박정양(朴定陽)
2 [감교 주석] 민영준(閔泳駿)
3 [감교 주석] 안경수(安駉壽)
4 [감교 주석] 1896년의 오기로 보임.

겐 훌륭한 정부를 만들어야 할 의무가 있고 왕은 오로지 '안락'만을 생각해선 안 된다고 설명하였습니다. 이에 대해 왕은 이번 달 19일에 이 협회의 회장이며 몇 달 전부터 '독립신문'의 편집을 맡아보는 윤치호[5]를 만나 이 협회의 청을 들어주겠노라고 약속하였고, 그러면서 동시에 윤치호에게 협회의 회원들을 움직여 조용히 행동할 것과 '외국이 간섭해 들어올 기회를 주지 말 것'을 부탁하였습니다.

음모자들이 체포된 직후 왕은 지독함과 활력으로 이름난 전 법부 및 외부대신 조병식[6]을 의정부 참정으로 임명했습니다. 그 결과 '독립협회'는 전에 행했던 악행들로 관직을 맡을 자격이 없기 때문에 사표를 제출할 것을 조병식에게 서면으로 요구하였습니다. 조씨는 협회가 그에 대해 신뢰를 가져주었으면 좋겠으며 지난 일은 들추지 말고 자신을 믿어달라고 답하였습니다. 그리고 나서 협회의 한 위원회가 그를 방문하였던 차에 조병식는 이들에게 사흘 안에 사표를 제출하겠다고 약속하였습니다.

그가 그 동안 이 약속을 이행하기도 전에 그는 왕으로부터 해고당하였습니다. 여하튼 이 협회는 도처에서 뜻을 관철시켰습니다.

왕에 대해서는 꽤 오래 전부터 관리들과 국민들 사이에서 큰 불쾌감이 퍼져 있습니다. 그 이유는 왕이 첫째 첩인 엄비, 그리고 엄비의 친구인 이용익[7]에 의하여 완전히 끌려다니고 있기 때문입니다. 이용익은 평안북도 관찰사로서 2년 전에 협박과 중상모략죄로 10년 징역형을 선고받았으나, 그 후 곧 4만 달러의 돈을 지불한 후 왕에 의해 사면을 받았습니다. 그리고 그 이래로 그는 왕의 곁에서 대단한 총애를 받고 있습니다. 왜냐하면 그가 대리인을 통하여 국민으로부터 탈취한 돈을 낭비벽이 있는 왕에게 항상 조달해 주기 때문입니다.

음모에는 일본에 있는 정치적 난민들도 연루되어 있는 것 같아 보입니다. 뭔고 하니, 박영효와 또다른 난민들이 서울로 돌아오려고 기도하였으나 음모자들이 체포되었다는 것을 알게 되자 도로 돌아갔던 것입니다. 안경수는 친일파이며 또 동시에 독립협회의 유력한 회원이기도 합니다.

음모에 대한 법적 조사가 시작되었습니다.

이 보고서의 사본을 베이징과 도쿄 주재 제국 공사관에 발송합니다.

크리엔

내용: 한국 관리와 장교들의 음모 사건 – '독립협회'

---

5 [감교 주석] 윤치호(尹致昊)
6 [감교 주석] 조병식(趙秉式)
7 [감교 주석] 이용익(李容翊)

39

[하인리히 왕자의 서울 방문 검토]

발신(생산)일		수신(접수)일	1898. 9. 25
발신(생산)자		수신(접수)자	
발신지 정보		수신지 정보	베를린 외무부
			A. 11056

A. 11056   1898년 9월 25일 오후 수신

메모

프로이센의 하인리히 폰 프로이센[1] 왕자가 한국에서의 독일 관심사를 위해 한국의 수도 서울을 방문하는 것이 유익한가.

관련 문서들은 a. 중국 20 No. 1에 있음

---

1   [감교 주석] 하인리히(A. W. Heinrich)

40

러시아 황제가 한국의 황제 칭호를 인정

발신(생산)일	1898. 1. 4	수신(접수)일	1898. 9. 26
발신(생산)자	크리엔	수신(접수)자	호엔로에-실링스퓌르스트
발신지 정보	서울 주재 독일 총영사관	수신지 정보	베를린 정부
	No. 4		A. 11069
메모	사본 연도번호 No. 7		

A. 11069   1898년 9월 26일 오전 수신

서울, 1898년 1월 4일

No. 4.

독일제국 수상 호엔로에-실링스퓌르스트 각하 귀하

지난달 24일 본인의 보고서 No. 79[1]에 이어서 보고를 올립니다. 이곳의 러시아 대표는 지난달 31일 외부대신[2]에게 공식적으로 통고하기를, 자신은 러시아 정부로부터 러시아 황제 폐하가 "양국 간의 우호관계를 더욱 강화하기 위하여" 한국 왕이 받은 황제 칭호를 인정했다는 사실을 한국 정부에 통지하라는 지시를 받았다고 하였습니다.

이 보고서의 사본을 베이징과 도쿄 주재 제국 공사관에 발송합니다.

크리엔

내용: 러시아 황제가 한국의 황제 칭호를 인정하다.

---

1   [원문 주석] A 1759와 A 4514 i, a, 한국 I을 첨부함.
2   [감교 주석] 조병식(趙秉式)

외무부
A편

외무부 정치 문서고
조선 관계 문서

1898년 10월 1일부터
1899년 12월 31일까지

제27권
제28권에 계속

한국 No. 1

1898년	목록	수신정보
보고. 서울 9월 10일 No. 77 서울부터 부산까지의 철도 건설에 대한 한국-일본 간의 조약이 비준되다. 서울과 제물포 사이의 철도 건설인가도 역시 일본이 매입함으로써, 일본의 손에 넘겨지다.		12740 11월 5일
상동. 9월 29일 No. 82 미국인 그레이트하우스가 한국 왕을 위한 외국인 경비대를 설치하려고 시도한 것이 실패로 돌아가다.		13632 11월 25일
상동. 10월 12일 No. 86 왕을 암살하려고 시도하였다는 죄목으로 기소된 한국인들이 사형에 처해지다. 그들 중에 가장 큰 죄인은, 전 러시아 영사관의 통역사였던 김홍륙이었다고 한다.		13633 11월 25일
상동. 8월 22일 No. 70 왕에 대한 음모를 꾸몄던 안경수가 한 일본인 집으로 피신하다. 그곳에서 그는 한국 정부로부터 방해를 받지 않고 체류하다.		
보고. 서울 10월 13일 No. 87 "독립협회"가 왕의 궁전 앞에서 시위를 벌인 결과, 장관들이 해임되다. 신임 내각은: 의정부 찬성: 박정양 궁내부 대신: 윤용구 외부대신: 박제순 내부대신: 이근명 탁지부 대신: 조병호 군부 대신: 민영환 법부대신: 서정순 학부대신: 이도재 농상공부대신: 민병석		
보고. 서울 9월 17일 No. 79 왕과 왕세자의 독살 미수. 이것은 전 러시아 공사관의 통역사였던 김홍륙에 의하여 저질러졌다고 한다.		12729 11월 5일

보고. 서울 9월 20일 No. 80 일본과 한국 사이의 철도건설조약 원문. 여기에 의하면, 서울–부산 간의 철도에서 가지로 뻗어 나가는 철도 건설에 대한 허가와, 철도회사의 주식을 외국인들은 받을 수 없고, 다만 일본인이나 한국인에게만 주어진다는 것임.	12885 11월 8일
1899년	
보고. 서울 12월 2일 No. 93 서울에서 동요가 일어나다. "독립협회"과 "관민공동회"가 왕에게 반대하여 데모를 일으키다. 마차꾼과 거지들의 일단 이 왕을 위하여 참가하다.	1083 1월 28일
보고. 도쿄 1월 14일 No. A. 6 한국에 대한 러시아와 일본 사이의 관계; 러시아는, 일본과 맺은 한국의 조약 내용의 변경을 원함. 일본은 한국에 미치는 영향에 대한 그의 전통적 권리주장을 포기하지 않을 것임.	2313 2월 26일
상동. 1월 23일 No. A. 13 제물포–서울 간의 철도를 위한 일본의 국가 보조금	2317 2월 26일
보고. 서울 1월 25일 No. 8 일본 공사 가토가 한국에 대한 일본의 정책을 발표함.	2866 3월 10일
보고. 도쿄 2월 20일 No. A. 22 서울과 부산 간의 철도 건설을 위하여 필요한 자금을 조달하는데 어려움이 있음.	3468 3월 24일
보고. 도쿄 4월 2일 A. 47 일본에 대한 러시아의 위치, 한국 문제와 결부하여. 니시와 로젠의 협정. 서울에 다시 발판을 굳히려는 일본의 의도. 러시아 외교관 파블로프가 베이징으로부터 서울로 전근되다. 러시아가 고래잡이 지대에 관해서 조선에게 요구한 것에 대하여 아오키가 말하다. 일본 이해관계의 위협. 왕의 소실에게서 왕자가 탄생하다. 일본 공사 가토가 갑자기 서울로 되돌아오다. 일본은 러시아와의 협약을 준수하다.	
기록. 3월 14일 하인리히 왕자를 위하여 한국 내에 러시아와 일본 사이의 경쟁. 그리고 우리의 경제적인 이해관계.	2659 3월 14일
타임스, 6월 12일 한국에 있어서의 러시아의 특허권. 3개의 부동 항구들을 양도하다.	

보고. 서울 5월 20일 No. 40 영국의 해군 파견대가 서울을 떠남. 한편 러시아 해군 파견대는 아직도 그 곳에 있음.	8275 7월 10일
각서, 한국 영사에 의하여 전달됨. 마이어가 한국의 정치적 입장, 그의 경제적 위치, 그리고 미래에 대한 무역 전망에 대해 이야기하다.	8398 7월 12일
보고. 도쿄 6월 20일 No. A. 83 최근 서울에서 다이너마이트 불법 행위가 일어난 결과로, 일본인들이 신분 증명서를 갖다.	9279 8월 4일
상동, 7월 10일 No. A. 95 니혼신문이, 프로이센의 하인리히 왕자가 한국에 온 것에 대해 풍자하는 기 사를 싣다. 일본과 러시아는 한국을 나누어야할 것이다.	9671 8월 14일
보고. 도쿄 6월 10일 No. A. 72 일본 군부의 가와카미는 한국 문제에 관하여, 러시아와 적대면하여 행동주 의로 나가기 원함.	8466 7월 14일
"Weser" 신문 8월 5일 프로이센의 하인리히 왕자가 제물포에 가 있는 것은, 서울부터 원산까지의 철도를 위한 허가가 독일 신디키트에게 나누어지는 한, 독일의 이해관계에 있어 유익한 것이었다.	9362 8월 5일
프로이센의 하인리히 왕자의 보고 요코하마 6월 29일. 한국에 체류한 것에 관하여	9981 8월 23일
보고. 서울 6월 29일 No. 49 서울에서 범죄자들이 폭파를 일으킨 사건.	10600 9월 8일
상동. 6월 29일 No. 50 한국의 남쪽에서 외국인들을 적대시하는 폭동이 반발하다; 영학당	10601 9월 8일
하인리히 왕자의 보고 요꼬하마 6월 29일 한국의 군대, 교통도로, 농생산품, 계획되고 있는 철도선들, 그리고 한국 내 에 있는 외국인 부대. 및 경찰.	10473 9월 4일

전보. 상해 9월 8일 한국 황제는 전 묄렌도르프 통역사에게 한국에 근무할 것을 제안했다.	
글: 묄렌도르프의 개인 신상. 그가 어쩌면 한국 근무로 옮겨올지도 모르는 것은 개인적인 일에서 나온 것일 수 있음.	11038 9월 18일
보고. 상해 9월 9일 No. 107 어쩌면 전 묄렌도르프 통역사가 한국에 근무할지도 모른다.	12169 10월 15일
순양함대 지휘관의 글. 8월 24일 한국항구 원산이 갖고 있는 의미.	12218 10월 16일
보고. 도쿄 8월 28일 A. 111	11776 10월 6일
보고. 도쿄 8월 28일 A. 112 러시아와 독일이 한국에서 추구하고 있는 일에 반대하여 일본 신문들이 공격하다. 서울과 원산 간 철도 건설 때문에 독일에 반대하다.	11777 10월 6일
전보. 도쿄 10월 20일 No. 41 일본은 마산포 문제 때문에, 러시아와의 결렬을 초래하게 만들지는 않을 것이다.	12375 10월 20일
보고. 베이징 9월 9일 A. 144 묄렌도르프에게 건의 된, 한국 왕의 고문직을 그는 포기할 것 같이 예상됨.	
보고. 도쿄 10월 5일 A. 126 일본의 신문들은, 소위 독일이 한국에 대하여 이해관계 영역 내에 참여하려고 노력한다는데 대하여 말하다.	12938 11월 3일
전보. 런던 11월 9일 (사적으로) 한국 문제에 있어서 러시아와 일본 사이에 분열이 닥쳐올 것이라고 함. 일본은 이미 영국의 원조를 받아 전투태세를 갖추고 있음.	13265 11월 10일
전보. 서울로 향하여 11월 11일 No. 1: 문의, 이것이 사실인지에 대하여	
전보. 서울 11월 13일 한국 내에서 러시아와 일본 사이의 불화를 느낄 수 없음. 영국 대표는 중립적인 입장을 취하다.	13432 11월 14일

보고. 서울 날짜 미상. No. 63 한국의 궁궐 내에서 개혁에 반대하는 조치가 새로이 취해지다. "정보국"과 "추밀원", 두 단체의 조직. 재정 고문 브라운과 알렉세예프의 활동. 관직을 갖고 부정한 장사를 하다. 장관들 전체가 왕에 의하여 좌우되다. 한국을 마치 자기들의 소유지로 생각하는 일본인들이 한국에서 발전을 보다.	12605 10월 26일
전보. 런던 11월 12일 No. 897 "Times"는, 한국 문제 때문에 생길 가능성이 있는 러시아와 일본 간의 불화에 대하여 쓰다. 러시아가 그의 아시아 철도를 완성할 때까지, 일본을 일깨운다는 것은 기대할 수 없음	13434 11월 14일
전보. 암호로. 11월 17일 도쿄로 향하여 39	
보고. 런던 11월 16일 No. 895 "Globe"지가 한국 문제 때문에 위협 받고 있는 러시아와 일본 간의 불화에 대하여 쓰다.	13593 11월 18일
보고. 런던 12월 5일 No. 918 베이징에 주재하는 타임지 통신의 의견은, 일본이 가능한 한 속히 한국을 점령 할 것이라고 봄. 왜냐하면 일본이 러시아보다 더 강하다고 생각하기 때문임.	14422 12월 17일
해군 본부의 편지 12월 6일 마산포 해안과 그 항구가 갖고 있는 의의는 러시아에게 있어서 해운상의 방어 거점임.	14511 12월 9일
전보. 도쿄 12월 12일 No. 49 일본 포병대와 기병대의 새로운 부대 편성. 그리고 영국에 포탄을 주문. 신문들은 일본의 러시아에 대한 관계를 보도하다. 4946-3; 4947-1	14627 12월 9일
보고. 도쿄 11월 1일 A. 139 한국에 있어서 일본의 영향력이 팽창하였다는데 대하여 가토 공사가 의견을 말하다.	14112 12월 1일
보고. 서울 10월 3일 No. 78 러시아 대표를 통하여 마산포 해안에 있는 토지를 입수하다. 이 지역은 러시아를 위하여 석탄 적재항의 계획에 사용될 것임.	13982 11월 23일

보고. 도쿄 10월 13일 A. 130 러시아와 일본의 국적을 가진 사람들 측이 마산포에서 땅을 취득. 각자의 정부를 위하여 하는 것으로 보임.	13508 11월 16일
Derenthall의 글 10월 28일 소위 러시아가 부산항과 그 주위에 있는 섬들을 목적에 두고 있다는 것 때문에 일본이 염려함.	12728 10월 29일
전보. 도쿄 12월 15일 No. 50 마산포를 조차하려는 러시아의 의도. 일본이 이해하기로는, 마산포를 그들이 독일의 중개를 통하여 얻으려 한다고 함.	14755 12월 15일
보고. 런던 12월 14일 No. 928 "Daily Chronicle"지는, 러시아에 대항하여 일본이 전쟁준비를 하고 있다는 소문이 근거 없는 것이라고 설명하다.	14776 12월 16일
보고. 도쿄 10월 2일 A. 124 울릉도를 러시아 상인에게 임대 놓다. 그리고 일본인들은 여기에 대해 화가 나있다.	12936 11월 3일
"Novoye Vremya" 12월 24일 한국 내에서 러시아가 상업상의 발전을 본 것에 관련하여, 일본은 그곳에서 경제적인 목적만을 추구할 것이지 정치적인 목적은 추구하지 말 것을 충고하다.	15181 12월 24일
보고. 페테르부르크에서 12월 25일 No. 626 위에 적은 문서 번호에서 언급한 "Nowoje Wremja"기사를 제출하다.	15273 12월 27일
보고. 도쿄 11월 21일 A. 143 뮌헨으로 전근되다. 마산포-사건은 아직 결정을 못 보다	15246 12월 26일
상동. 11월 24일 A. 145 영국에 주문한 일본 배들의 완공을 서두름. 일본 신문 "Nippon"은, 한국 때문에 러시아와 일본 사이에 충돌을 면할 수 없다고 설명하다.	15248 12월 26일

01

한국인 모반자들에 대한 판결

발신(생산)일	1898. 8. 22	수신(접수)일	1898. 11. 1
발신(생산)자	크리엔	수신(접수)자	호엔로에-실링스퓌르스트
발신지 정보	서울 주재 독일 총영사관	수신지 정보	베를린 정부
	No. 70		A. 12551
메모	연도번호 No. 468		

A. 12551 1898년 11월 1일 오전 수신

서울, 1898년 8월 22일

No. 70

독일제국 수상 호엔로에-실링스퓌르스트 각하 귀하

지난달 초에 두 명의 대신, 두 명의 전직 경무사[1], 전 시위대 대대장[2] 및 다른 여러 명의 장교와 관리가 체포되었습니다. 이들의 죄목은 안경수[3] 경무관과 함께 왕을 퇴위시키고 그 자리에 왕세자를 앉히려는 계획을 세웠다는 것입니다.

정치범에 대하여 최종판결을 내리는 고등재판소는 며칠 전에 드디어 두 명의 전직 경무사와 전 시위대 연대장, 그리고 대대장 한 명에게 그들의 혐의에 대하여 종신유배라는 판결을 내렸습니다. 그러나 그 외의 피고자들에게는 증거 불충분으로 무죄 판결을 내렸습니다.

고등재판소의 판결에서 단연 이 음모의 주모자로 지목된 안 경무관은 이곳의 일본인 거주지역 안에 살고 있는 한 일본인의 집으로 도주했었는데, 그는 아직도 그 집에 머무르고 있습니다. 본인이 확인할 수 있는 바로, 한국 관청은 그 일본인 집에서 안 장군을 체포할 수 있는 권한을 이곳의 일본 영사에게 신청하려는 시도조차 하지 않았습니다.

---

1 [감교 주석] 김재풍(金在豊), 이충구(李忠求)
2 [감교 주석] 이종림(李鍾林)
3 [감교 주석] 안경수(安駉壽)

이 보고서의 사본을 베이징과 도쿄 주재 제국 공사관에 발송합니다.

크리엔[4]

내용: 한국인 모반자들에 대한 판결

---

4 [감교 주석] 크리엔(F. Krien)

02

왕과 왕세자에 대한 독살미수 사건

발신(생산)일	1898. 9. 17	수신(접수)일	1898. 11. 5
발신(생산)자	크리엔	수신(접수)자	호엔로에-실링스퓌르스트
발신지 정보	서울 주재 독일 총영사관	수신지 정보	베를린 정부
	No. 79		A. 12729
메모	연도번호 No. 518		

A. 12729   1898년 11월 5일 오전 수신

서울, 1898년 9월 17일

No. 79

독일제국 수상 호엔로에-실링스퓌르스트 각하 귀하

이번 달 11일에 왕과 왕세자에 대한 독살 시도[1]가 있었습니다. 왕은 그날 예외적으로 유럽식 저녁식사를 차리도록 하였습니다. 커피를 마신 후 그는 속이 나빠졌습니다. 커피 맛이 안 좋아 아주 조금밖에 안 마셨는데도 말입니다. 그는 며칠간 앓아 누워 있었으나 지금은 건강을 완전히 회복하였습니다. 그에 반해 커피를 더 많이 마셨던 왕세자와 그 커피를 시음해야만 했던 내시 한 명과 궁녀 한 명은 더 심하게 앓았으며 아직도 완전히 낫지 않았습니다.

그 결과 여러 명의 요리사와 수라간 급사가 체포되어 혹독한 심문을 받았습니다. 이때 수라간 급사들 가운데 한 명이 밝힌 바에 따르면, 예전에 러시아 대표 베베르의 가복이었던 공홍식[2]이라는 이름의 어선주사[3]가 노르스름한 가루를 커피포트 안에 털어넣었다는 것입니다. 공홍식은 지금의 그 자리를 전 러시아어 통역관 김홍륙[4] 덕분에 얻을 수 있었습니다. 고문(법적으로는 폐지되었지만 특히 근래에는 1894년의 개혁시기 전과 거의 똑같이 자주 사용되고 있습니다) 끝에 공씨는 드디어 김홍륙의 사주로 독살미수

---

1   [감교 주석] 김홍륙(金鴻陸) 독차사건
2   [감교 주석] 공홍식(孔洪植)
3   [감교 주석] 어선주사(御膳主事)
4   [감교 주석] 김홍륙(金鴻陸)

사건을 저질렀노라고 자백하였습니다. 마찬가지로 체포되어 고문을 당한 전 러시아 공사관 통역관의 처(김소사; 역자)는 남편이 일을 맡겨 공씨에게 독약을 넘겨주었다고 자백하였다고 합니다.

현재의 러시아 공사 마튜닌[5]이 업무를 인수받은 후에 즉시 해고한 바 있는 김홍륙은 지난달 23일에 공표된 왕의 지령을 통하여 어떤 법적 조사도 없이 종신 귀양형을 선고받아 벽지의 섬으로 보내졌습니다. 그 이유는 러시아 공사가 왕을 알현했을 때 그가 고의적으로 잘못 통역을 하였으며 그럼으로써 두 나라의 관계가 나빠졌기 때문이라고 합니다.

마튜닌이 본인에게 짧게 전해준 바에 의하면, 그는 왕의 이 지령 때문에 한국 정부의 해명을 요구하였습니다. 왜냐하면 그는 러시아와 한국 사이의 이 긴장된 관계에 대하여 아무것도 알지 못하였기 때문이라고 합니다. 그 결과 드디어 왕의 지령이 수정되고 이 통역관의 처벌에 대해 또 다른 이유가 제시될 것이라 합니다.

이 통역관을 서울로 압송하기 위하여 경관들이 파견되었습니다.

이 보고서의 사본을 베이징 및 도쿄 주재 제국 공사관에 발송합니다.

크리엔

내용: 왕과 왕세자에 대한 독살미수 사건

---

5 [감교 주석] 마튜닌(N. Matyunin)

서울 부산 간 철도에 대한 한국과 일본 간의 계약 조인

발신(생산)일	1898. 9. 17	수신(접수)일	1898. 11. 5
발신(생산)자	크리엔	수신(접수)자	호엔로에-실링스퓌르스트
발신지 정보	서울 주재 독일 총영사관	수신지 정보	베를린 정부
	No. 77		A. 12740
메모	(참조 A. 12885) (참조 A. 324999 (Ⅱ부에) 연도번호 No. 503		

A. 12740   1898년 11월 5일 오전 수신

서울, 1898년 9월 10일

No. 77

독일제국 수상 호엔로에-실링스퓌르스트 각하 귀하

일본의 신디케이트가 경부철도 부설을 허가받는다고 하는 내용의 계약서에는 그저께 아침 일찍 이토[1]가 한국에서 출발하기 직전 이곳의 외부에서 일본 측과 한국 측이 서명하였습니다. 이토에게는 이 계약이 성사되었다는 데 대해 즉시 전보 통지가 제물포로 발송되었습니다.

일본 변리공사[2]가 오늘 본인에게 구두로 전해준 바에 의하면, 계약 조건들은 서울 제물포 간, 서울 의주 간 철도부설 허가에 대한 미국 및 프랑스와의 계약과 대체적으로 일치한다고 합니다.

다른 소식에 의하면, 이 철도의 부설은 3년 이내에 시작해서 그 후 10년 안에 완성되어야만 하고, 그리고 나서 허가는 15년간 효력을 갖습니다. 1896년 11월에 내려진 왕의 칙령에 의해 그 후 한국에서 건설되는 철도는 러시아식의 궤간을 갖도록 규정되었음에도 불구하고, 궤간은 표준궤라고 합니다.

약 500km의 구간에 드는 비용을 일본인들은 최고 2천만 엔, 즉 킬로미터 당 4만

---

1   [감교 주석] 이토 히로부미(伊藤博文)
2   [감교 주석] 가토 마스오(加藤增雄)

엔, 즉 8만 2천 마르크로 견적내고 있습니다.

일본의 한 회사가 서울 제물포 간 철도를 위한 허가를 미국인 모스[3]한테서 사들였기 때문에 제물포항과 부산항 사이의 철도 연결은 일본인들의 손에 들어갈 것입니다.

이 보고서의 사본을 베이징과 도쿄 주재 제국 공사관에 발송합니다.

크리엔

내용: 서울 부산 간 철도에 대한 한국과 일본 간의 계약 조인

---

3 [감교 주석] 모스(J. R. Morse)

04

경부철도에 대한 한국-일본의 허가계약

발신(생산)일	1898. 9. 20	수신(접수)일	1898. 11. 8
발신(생산)자	크리엔	수신(접수)자	호엔로에-실링스퓌르스트
발신지 정보	서울 주재 독일 총영사관	수신지 정보	베를린 정부
	No. 80		A. 12885
메모	연도번호 No. 529		

A. 12885   1898년 11월 8일 오전 수신, 첨부문서 1부

서울, 1898년 9월 20일

No. 80

독일제국 수상 호엔로에-실링스퓌르스트 각하 귀하

이번 달 10일 자 본인의 No. 77[1]에 이어서 한국과 일본 간의 철도계약 번역문 사본을 첨부하여 전달해드립니다.

계약서에서 주목할만하고 또 프랑스, 미국과의 철도계약의 관련 규정들에서 벗어나는 점은, 경부철도의 분지선은 오직 한국 정부나 아니면 한국인 개인에 의해서만 부설될 수 있고 그에 반해 외국인에게는 어떠한 허가도 내주어선 안 된다고 규정하고 있는 제9조와, 철도회사의 주식은 일본 정부와 한국 정부에 의해서만, 그리고 이 두 나라 국민들에게만 발행될 수 있다고 하는 제15조입니다.

이 보고서의 사본을 베이징과 도쿄 주재 제국 공사관에 발송합니다.

크리엔

내용: 경부철도에 대한 한국-일본의 허가계약. 첨부문서 1부

---

1   [원문 주석] A. 12740을 첨부함.

외무부 정치 문서고 조선 관계 문서(1898.10.1~1899.12.31) **217**

No. 80의 첨부문서

(A. 12885)

사본

번역문

서울 부산 간 철도 계약서

§1. 한국 정부는 서울 부산 간 철도의 부설과 관리 및 도강에 대한 허가를 일본의 경부철도 신디케이트 대리인 사사키 기요마로[2]와 호시나가 지로[3]에게 아래와 같은 조건 하에 내어준다:

§2. 철도의 구간과 교량 시설은 이 신디케이트 또는 그들이 고용할 기술자들이 측량과 토건을 맡으면서 결정한다. 교량은 그 아래로 배가 자유로이 드나들 수 있을 만큼 높이 설치해야 한다. 만약 그러한 시설이 가능하지 않다면, 교량을 이동식으로 설치하여 매일 수차례 일정한 시간에 개방되어 있도록 한다. 선로의 양쪽에는 보행자를 위한 인도를 설치하지만 선로로부터는 차단되어 있도록 한다.

§3. 궤간에 대해서는 한국 내의 철도에 대하여 1896년 왕의 훈령 No. 31로 내려진 법령 제2조가 기준 역할을 한다. 이에 따르면 궤간은 온 나라에서 동일하여 원활한 교통을 가능하게 해야 한다. 따라서 서울 부산 간 철도의 궤간은 서울 제물포 간 철도의 궤간과 동일하여야 한다. 한국 정부는 철도의 부설을 용이하게 하기 위하여 철도에 필요한 토지를 내어주고, 마찬가지로 정거장, 화물창고, 공작장, 전차대, 대피소 등의 건립을 위한 부지를 제공한다.

이 토지는 철도가 이 일본회사의 관리감독 하에 있는 동안, 그리고 한국 정부가 그것을 매입할 때까지 이 일본회사에 속한다. 그 댓가로 한국 정부는 군용품, 군대, 우편물, 우편국 직원들을 무료로 운송한다. 한국 정부가 이 철도를 매입할 때 이 토지는 한국 정부에 반환된다. 구간은 묘를 건드리지 않도록 설정되어야 한다. 행인, 말, 마차의 통행을 위하여, 선로와 마주치는 도로나 길이 있는 장소에 건널목을 만든다.

§4. 정거장은 서울과 부산에 건립한다. 다른 곳에는 필요에 따라 건립한다.

§5. 외국에서 들어오는 기계나 다른 철도자재는 면세로 반입된다. 마찬가지로 철도

---

2 [감교 주석] 사사키 기요마로(佐佐木淸麿)
3 [감교 주석] 호시나가 지로(乾長次郎). 한편 독일어 원문에는 "Inui Chotoro"로 표기됨.

의 관할 하에 있는 토지나 다른 시설에 대해서는 철도의 이익을 위해 세금이 징수되지 않는다.

§6. 감독관청은 인부로서 한국인이나 외국인을 받아들일 수 있으나 우선적으로 한국인을 고려하도록 한다. 토목공사 인부는 90퍼센트가 한국인이어야만 한다. 만약 작업이 밀리는 시기에 한국인 인부를 고용하는 것이 너무 큰 지출이 되어 이 회사가 외국에서 외국인들을 오도록 할 때, 외국인들은 철도 부설이 완료된 후 반송되어야만 한다. 이 외국인들의 입출국 시 세관은 이들을 정확히 통제해야 한다. 그리고 단 한 명도 이 나라에 남아 있어선 안 된다.

목재로는 한국의 목재를 사용한다. 만약 한국의 목재가 적합지 않을 경우엔 일본의 목재를 사용한다.

§7. 신디케이트 또는 그 대표는 회사를 설립하여 필요한 자본을 조달하고 (회사) 계약서를 작성하여야 한다. 철도 부설에 필요한 자재와 그밖의 모든 철도자재는 이 회사의 재산이 된다. 이 철도의 수익금은 이 회사에 속하며, 이 회사가 단독으로 수익금을 소유한다. 이 회사는 어느 점에서 보더라도 회사로서의 권한을 갖는다.

§8. 신디케이트 또는 그 대표는 자본 조달을 위해 결정적인 비용견적을 가능한 한 정확하게 한다. 한국 정부가 부담하는 몫은 오직 위에 언급한 목적에서의 토지뿐이다.

§9. 해당 철도와 연결되는 분지선은 한국 정부 또는 한국 국민들에 의해서만 부설될 수 있다. 외국 정부나 외국 국민들에게는 그것과 관련된 허가가 발급되어선 안 된다.

§10. 이 계약의 날짜로부터 3년 이내에 회사가 설립되어야 하며, 철도 공사가 착공되어야 한다. 만약 이 기간에 작업이 시작되지 않을 경우, 다른 협정이 체결되지 않는 한 이 계약은 무효가 된다. 만약 불가항력이나 전쟁의 발발 또는 그밖에 예상치 못한 사건이 일어나 작업의 착수를 지연시킬 경우, 3년간의 기한은 연장될 수 있다. 작업이 시작된 후 10년간 철도가 완공되지 못하면 이 계약은 무효이다.

이 10년 동안 전쟁이 발발하거나 그밖에 예상치 못했던 사건이 발생할 경우, 이 사건이 지속된 기간은 10년간의 기한을 산출할 때 함께 계산에 넣지 않는 범위 내에서 참작한다.

§11. 만약 이 철도 때문에 어려운 일이 발생하는 경우, 한국 정부와 이 회사는 그것에 관하여 결정을 내릴 전권 위임자를 각각 한 명씩 임명한다. 이 두 명의 전권 위임자가 합의에 도달할 수 없을 때는 그들이 함께 제3자를 임명하여 결정을 좌우하게 한다. 만약 이 제3자 자신도 결정을 내리려고 하지 않는다면, 그와 더불어 처음에 전권 위임을 받은 두 사람이 또 다른 두 명을 결정하여 이들과 함께 사안에 대하여 결정한다.

§12. 15년째 되는 해의 연말에 이 철도가 완공된 후 한국 정부가 이 철도를 이양받기 원할 경우, 한국 정부가 이 철도를 이양받을 적절한 금액에 대해 위의 조항에서처럼 세 명의 인사가 합의를 본다. 정부가 이 철도를 이양받을 수 없는 경우, 이 회사에 대한 허가는 추가 10년간 유효하다. 그리고 이후의 매 10년 주기의 말에 똑같이 계속된다.

§13. 만약 어느 시점에서 한국 정부가 이 철도 부설에 참여할 자금을 조달할 수 있고 그 자금을 공동의 한일 기업으로 변모시킬 준비가 되어 있는 경우, 정부는 이 목적으로 철도회사와 협상에 들어갈 것이며 그에 상응하는 계약을 체결할 것이다.

§14. 만약 어느 시점에서 한국 회사 또는 한국 관리 또는 한국인 개인이 이 회사의 주주가 되고자 한다면, 그들은 그 어느 다른 사람과도 똑같은 권한과 우선권을 갖도록 한다.

§15. 여하한 경우에도 이 철도회사의 주식이 일본이나 한국 정부 또는 일본 국민이나 한국 국민 이외의 다른 나라 정부나 국민에게 주어져서는 안 된다.

한국 일자:　　　-광무 2년
　　　　　　　9월 8일
일본 일자:　-메이지 31년
　　　　　　　9월 8일
　　　（1898년 9월 8일）

왕의 유럽인 경호부대

발신(생산)일	1898. 9. 29	수신(접수)일	1898. 11. 25
발신(생산)자	크리엔	수신(접수)자	호엔로에-실링스퓌르스트
발신지 정보	서울 주재 독일 총영사관	수신지 정보	베를린 정부
	No. 82		A. 13632
메모	연도번호 No. 548		

A. 13632 1898년 11월 25일 오전 수신, 첨부문서 1부

서울, 1898년 9월 29일

No. 82

독일제국 수상 호엔로에-실링스퓌르스트 각하 귀하

이번 달 15일에 30명의 유럽인과 미국인이 이곳에 도착하였습니다. 이들은 왕을 보호하기 위하여 법부와 외부의 미국인 고문 그레이트하우스[1]가 상하이에서 모집한 사람들입니다. 이 부대는 9명의 미국인, 9명의 영국인, 5명의 독일인, 5명의 프랑스인, 2명의 러시아인으로 구성되어 있었습니다. 그레이트하우스는 한국 정부의 전권 위임자(Agent of the Korean Government)로서 이들 한 사람 한 사람과 1년짜리 계약을 체결하였습니다. 이들은 무료의 주거, 난방, 제복, 무장, 병원치료와 더불어 서울로의 무료여행과 월 70달러의 봉급을 받게 되었다고 합니다. 이들의 임무는 계약의 제4조에 아래와 같이 명기되어 있습니다:

"The duties for which said … is employed is to do general police duty in and around the Palace or in any other place, whereever His Majesty may be, and especially to guard, protect, and defend His Majesty and the Imperial Family from all danger or harm at all times, also to accompany His Majesty and other members of the Imperial Family when they go out from the Palace, also to do such other

---

1 [감교 주석] 그레이트하우스(C. R. Greathouse)

police duties as may be found necessary."

예상할 수 있었던 것처럼, 이 경비대에 반대하여 여러 측에서 항의가 일어났습니다. 특히 '독립협회'의 회원들은 이 사람들을 제거하고 그레이트하우스를 해고하라고 격렬하게 요구하였습니다. 그러면서 그들은 외국 용병들더러 왕의 신민으로부터 왕을 보호하게 하는 것은 지울 수 없는 수치라고 선언하였습니다. 이 협회의 위원들로부터 압박을 받은 대신은 정부가 이 사안과 아무 관련이 없음을 확인해주었으며, 이 사람들을 속히 돌려보내겠노라고 약속하였습니다. 러시아 공사는 구상서를 통해 외부대신[2]에게 이 조처에 대한 이유를 설명해달라고 요구하였습니다. 그러면서 그는 자신의 전임자에게 전달된 한국 정부의 설명을 근거로 삼았습니다. 이 설명에 따르면, 자국 군대가 러시아군 교관들한테서 양성되어 궁궐 내부경비를 독립적으로 떠맡을 수 있으리라는 것입니다.

사람들이 도착한 후 얼마 지나지 않아 본인을 방문하였던 그레이트하우스는, 그가 이 사람들을 모집하라는 위임을 왕한테서 직접 받았다고 본인에게 알려주었습니다. 그리고는 덧붙이길: "약 27개월 전부터 왕은 13번의 크고 작은 음모에 대한 법적 조사를 이끌었다고 합니다. 이 모든 음모의 목적은 왕을 유괴하거나 퇴위하도록 강요하고 또 정부를 전복시키는 것이었다고 합니다. 한국인들은 믿기 어려울 정도로 겁이 많기 때문에 몇 명 안 되는, 심지어 겨우 두 명이라도 백인이 궁궐 안에 있는 것으로도 그와 같은 음모가 앞으로 불가능하도록 만들기에 충분하다고 합니다. 그래서 그는 단 15명의 유럽인과 미국인을 고용할 생각도 했었다고 합니다. 그리고 사실은 서울에 대표부를 둔 각각의 서양 조약국으로부터 똑같이 세 명씩을 고용할 생각이었다고 합니다. 그런데 그는 모두 합해 30명을 데려오라는 전보 명령을 상하이에서 이곳의 궁궐로부터 받았다고 하였습니다." (이 주장이 완전히 옳은 것은 아닙니다. 왜냐하면 그가 상하이로 떠나기 전에 제물포에서 취중에 전 독일 장교에게 상하이, 홍콩 또는 마닐라에서 왕을 위해 30명의 백인을 모집하라는 명령을 받았었노라고 누설했기 때문입니다) "바로 지금 또 다시 음모가 진행 중이라고 합니다. 왕은 자신의 병사들을 믿지 못한다고 합니다. 만약 그가 선발한 경비대가 되돌려 보내진다면, 한국 정부는 6개월 이내에 파탄이 날지도 모른다고 하였습니다"(Within six months they will be in the pot).

왕과 대신들은 이 사람들에게 급료를 주고 해고해야 한다는 것을 파악하였지만 모든 책임을 그레이트하우스에게 전가하려고 하였으며, 모든 지불의무를 부인하였습니다. 미

2　[감교 주석] 박제순(朴齊純)

국 변리공사가 일주일 전에 그의 동료들에게 대화 중에 전달해준 바에 따르면(외국 대표들은 의견과 소식을 교환하기 위해 얼마 전부터 목요일마다 모입니다), 왕의 사신들은 그레이트하우스가 증빙문서가 될 만한 것은 수중에 아무것도 없었기 때문에 이 사람들에게 배상해주어야 할 것이라고 그에게 설명하였습니다. 그는 이에 대하여 그들에게 응대하기를, 이 경우에 그의 동국인은 왕으로부터 구두로 이와 같은 위임을 받았음을 그의 앞에서 맹세할 것이며 미국의 법은 정반대되는 왕의 주장보다 이 선서에 의한 확인을 더 신뢰할 것이라고 하였다 합니다.

그리고 나서 얼마간의 저항 후에 한국 정부는 이 사람들에게 각각 840달러, 모두 합하여 25200달러의 1년치 급료 전액을 일부는 현금으로 일부는 상하이에서 교환할 어음으로 지불하겠다고 밝혔습니다. 이에 따라 이들 대부분이 이번 달 27일에 서울을 떠나 오늘 독일 증기선 "Chow Chow Foo"호를 타고 상하이로 되돌아갔습니다.

그레이트하우스는 왕의 이 신의 없는 행동방식에 매우 분개하였습니다. 그는 지체 없이 자신의 해고를 받아들일 것이며 그 후에는 일개인으로서 이곳의 대표단에 보내는 서한을 통해 전체 계획을 폭로할 것이라고(expose the whole scheme) 본인에게 말하였습니다. 그렇지만 그는 지금까지 이 협박을 실행하지 않았습니다.

이 보고서의 사본을 베이징과 도쿄 주재 제국 공사관에 발송합니다.

크리엔

내용: 왕의 유럽인 경호부대, 첨부문서 1부

No. 82의 첨부문서
사본

러시아 공사[3]가 외부에 보내는 급보

1898년 2월 28일 이곳(서울; 역자)의 러시아 제국 공사관에 급보 한 통이 도착하였습니다. 그 내용인즉, 군대가 러시아 군 교관들한테서 양성되어 궁궐 내부경비를 독립적으

---

3 [감교 주석] 마튜닌(N. Matyunin)

로 떠맡을 수 있게 된 후에 모든 관리의 견해에 따르면 외국인 군 교관들과 고문을 계속해서 고용하는 것은 더 이상 필요가 없고, 이 생각은 온 나라가 공유하고 있다는 것입니다. 그렇지만 이 설명은 최근에 일어난 사건들과는 분명 일치하지 않습니다. 이에 따르면, 황제가 자신의 보호를 위하여 여러 나라 출신의 병력 30명으로 구성된 군대를 고용하여 이곳으로 불러왔던 것으로 여겨집니다.

그러므로 이 조치를 취하게 된 이유에 대하여 본인에게 설명을 해주십사 정중히 부탁드리지 않을 수 없습니다.

왕의 살해 시도로 고소당한 한국인의 재판과 처형

발신(생산)일	1898. 10. 12	수신(접수)일	1898. 11. 25
발신(생산)자	크리엔	수신(접수)자	호엔로에-실링스퓌르스트
발신지 정보	서울 주재 독일 총영사관	수신지 정보	베를린 정부
	No. 86		A. 13632
메모	연도번호 No. 562		

A. 13633 1898년 11월 25일 오전 수신

서울, 1898년 10월 12일

No. 86

독일제국 수상 호엔로에-실링스퓌르스트 각하 귀하

한국 왕에 대한 살인미수죄로 기소된 전 러시아 공사관 통역관 김홍륙[1]이 이번 달 7일 귀양지로부터 이곳으로 압송되어 왔습니다. 그의 도착 후 한국 정부는 즉시 그가 왕을 아편으로 독살하려 했다고 자백하였다는 소문을 퍼뜨리게 하였습니다. 자백하였다고 하는 이 소문은 그동안 그다지 신뢰를 받지 못하고 있는데, 그 이유는, 만약 아편이었다면 이 커피를 마셨던 왕과 왕세자, 그리고 다른 사람들에게서 관찰된 심한 구토증세와 후에 얼굴에 생긴 발진증세 같은 부대현상이 나타나지 않았을 것이기 때문입니다. 그리고 나서 김홍륙은 어선주사 공홍식[2], 그리고 그의 지시로 커피 포트에 독을 털어넣었다고 하는 수라간 급사와 함께 그저께 저녁에 급히 교수형에 처해졌습니다. 그들의 시체는 천민들에게 내맡겨졌고, 이들은 시체를 꼬챙이에 꿰어 큰 종 있는 곳 까지 끌고 가서 그곳에서 난도질했습니다.

마지막 순간까지 통역관 김홍륙은 러시아 공사[3]의 개입을 기대하였다고 합니다.

고문에도 불구하고 이 범죄를 알고 있었다고 자백하지 않은 김홍륙의 처는 3년간의

---

1 [감교 주석] 김홍륙(金鴻陸)
2 [감교 주석] 공홍식(孔洪植)
3 [감교 주석] 마튜닌(N. Matyunin)

추방형을 선고받았습니다.

외국 대표들 중에는 일본 공사[4]만이 선고받은 사람들의 유죄를 믿습니다. 일본인들과 그들의 당파가 왕비를 살해한 이후, 러시아 공사관에서 세력이 막강했던 전 통역관이 왕과 왕세자의 살해를 시도하였다는 것은 정말로 일본에 득이 되는 것입니다.

마튜닌[5]은, 한 한국인 관리가 김홍륙에게 가서 만약 그가 독살음모를 자백하면 사형을 당하지는 않을 것이라고 그에게 보증하였다는 것을 알아내었노라고 주장하고 있습니다. 그러고 나서, 그리고 고문을 피하기 위하여 김홍륙은 자신이 결코 저지르지도 않은 범죄를 자백하였다고 합니다.

피고가 법에 어긋나는 방식으로 고문을 당하지는 않았는지에 대한 외국 대표들의 질의에 대해 한국 정부는 법적으로 허용된 태형만을 사용했을 뿐이라고 대답하였음에도 불구하고, 그 고문당한 사람들을 보았던 캐나다 의사 에이비슨[6] 박사와 또 다른 믿을만한 증인들을 통하여 주사인 공홍식과 김홍륙의 처, 그리고 수라간 급사가 지극히 잔혹한 방식으로 고문을 당하였다는 사실이 의심의 여지 없이 확인되었습니다.

이 보고서의 사본을 베이징과 도쿄 주재 제국 공사관에 발송합니다.

크리엔

내용: 왕의 살해 시도로 고소당한 한국인의 재판과 처형

---

4 [감교 주석] 가토 마스오(加藤增雄)
5 [감교 주석] 마튜닌(N. Matyunin)
6 [감교 주석] 에이비슨(O. R. Avison)

7명의 고위관리를 해임해달라는 '독립협회'의 요구를 왕이 윤허함

발신(생산)일	1898. 10. 13	수신(접수)일	1898. 11. 28
발신(생산)자	크리엔	수신(접수)자	호엔로에-실링스퓌르스트
발신지 정보	서울 주재 독일 총영사관	수신지 정보	베를린 정부
	No. 87		A. 13765
메모	연도번호 No. 566		

A. 13765 1898년 11월 28일 오전 수신

서울, 1898년 10월 13일

No. 87

연도번호 No. 566

독일제국 수상 호엔로에-실링스퓌르스트 각하 귀하

이번 달 7일부터 12일까지 '독립협회'의 회원들은 밤과 낮을 가리지 않고 궁궐 대문 앞에 앉아 정부에 반대하는 발언을 하였습니다. 먼저 그들은 왕에게 보내는 청원서를 통하여 법부대신[1]과 법부협판[2]을 해임해달라고 요구하였습니다. 그 이유인즉, 이들이 왕과 왕세자를 향한 살해미수로 기소된 궁내부 비서관이 감옥 안에서 자살시도 하는 것을 사전에 막지 못하였고 게다가 법부대신이 범죄자의 가족도 연대책임을 지도록 하는 옛 법의 재도입을 신청하였다는 것입니다. 이러한 요구가 왕으로부터 거절당하자 그들은 그밖에도 총리대신의 해임을 요구하였습니다. 왜냐하면 의정부 의정[3]이 그들의 청원서 제출을 금지하려고 했기 때문입니다. 독립협회 회원들은 또 참정[4]의 해임도 요구했는데, 그것은 그가 왕의 칙서를 약간의 수정으로 위조하였기 때문이라는 것입니다. 궁내부 대신[5]의 경우는 그가 거친 공갈협박을 자행하였다는 이유로, 그리고 군부대신[6]은 무당의

---

1 [감교 주석] 신기선(申箕善)

2 [감교 주석] 이인우(李寅祐)

3 [감교 주석] 의정(議政), 심순택(沈舜澤)

4 [감교 주석] 참정(參政), 윤용선(尹容善)

5 [감교 주석] 이재순(李載純)

남편을 장교직에 임용했다는 이유로, 그리고 탁지부 대신[7]은 미국인 고문 그레이트하우스가 왕의 보호를 위해 상하이에서 모집해 온 유럽과 미국의 병사들에 대한 노임을 국고에서 지불했다는 이유로 해임을 요구하였습니다.

지난 며칠간 독립협회 회원들은 조합원들의 가게 문을 닫게 한 이곳의 상인 길드와 또 본디 독립협회에 대항하기 위해 창립된 '황국협회'(짐꾼들과 행상인들)를 통하여 힘이 강해졌습니다. 이곳에 있는 언어학교들의 학생들 또한 정부에 의해 유지되고 있음에도 불구하고 독립협회의 노력에 공감을 표명하기 위하여 대표자들을 파견하였습니다.

그저께 왕은 독립협회 회원들에게 즉시 물러나 해산할 것을 요청하였습니다. 왜냐하면 그들이 계속해서 내는 소음이 (지난 몇달 전부터 이질을 앓고 있었던) 왕세자의 병세를 악화시켰기 때문이라고 하였습니다. 그들이 불합리한 요구로 왕세자에게 부담을 주는 것은 대단히 무분별한 일이라고 하였습니다.

그리고 나서 곧바로 왕은 그들의 생각을 면밀히 조사할 터이니 조용히 물러나라고 한성판윤[8]을 통하여 그들에게 말을 전하였습니다. 이에 대해 독립협회 회원들은 답변하기를, 가능한 한 조용히 할 것이지만 이의를 제기한 대신들이 모두 해임될 때까지는 자리를 떠나지 않을 것이라고 하였습니다.

그리고 나서 어제 왕은 그들의 모든 요구사항을 들어주겠다고 그들에게 통보하였습니다. 이에 따라 대신들이 해임되었고, 그들의 자리에 신임 대신들이 임명되었습니다.

현직 대신들 중에서는 며칠 전에야 임명된 외부대신[9], 내부대신[10], 학부대신[11]만이 유임되었습니다. 농상공부는 최근 협판에 의하여 관리되고 있었습니다.

현재의 내각은 아래와 같이 구성되어 있습니다.

의정부 참정대신 겸 의정사무 대리 박정양[12]
궁내부대신 윤용구[13]
외부대신 박제순

6　[감교 주석] 심상훈(沈相薰)
7　[감교 주석] 민영기(閔泳綺)
8　[감교 주석] 이채연(李采淵)
9　[감교 주석] 박제순(朴齊純)
10　[감교 주석] 이근명(李根命)
11　[감교 주석] 이도재(李道宰)
12　[감교 주석] 박정양(朴定陽)
13　[감교 주석] 윤용구(尹用求)

내부대신 이근명

탁지부대신 조병호[14]

군부대신 민영환[15]

법부대신 서정순[16]

학부대신 이도재

농상공부대신 민병석

대성공으로 고무된 협회 회원들은 이제 정부의 모든 중요 업무에서 자신들의 충언을 받을 것을 요구하고 있습니다.

이 보고서의 사본을 베이징과 도쿄 주재 제국 공사관에 발송합니다.

크리엔

내용: 7명의 고위관리를 해임해달라는 '독립협회'의 요구를 왕이 들어주다.

---

14 [감교 주석] 조병호(趙秉鎬)

15 [감교 주석] 민영환(閔泳煥)

16 [감교 주석] 서정순(徐正淳)

서울에서의 소요사태

발신(생산)일	1898. 12. 2	수신(접수)일	1899. 1. 28
발신(생산)자	크리엔	수신(접수)자	호엔로에–실링스퓌르스트
발신지 정보	서울 주재 독일 총영사관	수신지 정보	베를린 정부
	No. 93		A. 1083
메모	(A. 3249[99] 참조) 연도번호 No. 650.		

A. 1083   1899년 1월 28일 오후 수신

서울, 1898년 12월 2일

No. 93

독일제국 수상 호엔로에–실링스퓌르스트 각하 귀하

'독립협회'가 고위관리 7명의 해임을 관철시킨 후, 10월 21일에는 정치적인 집회들을 해산시킨다는 왕의 칙령이 내려졌습니다. 이 때문에 독립협회는 같은 달 22일에 큰 종이 있는 거리(종로; 역자)에 다시 모이기 시작했으며, 이후 곧 '관민공동회'[1]으로 구성되어 칙령의 폐지와 또한 이 협회가 제안한 이른바 '중추원'의 설치를 요구하였습니다. 이 중추원은 25명의 관리와 25명의 일반인으로 구성되는데, 기존의 법을 양심적으로 관찰하고 새로운 법의 도입 시에는 소견을 내도록 되어 있으며, 독립협회는 더 나아가 다음과 같은 여섯 개 조항을 수행할 것을 요구하였습니다:

1) 관리도 일반인도 외국인의 도움에 의탁하지 않는다.

2) 외국인과의 정부조약은 모든 대신의 서명을 받아야 한다.

3) 어떤 피고인도 먼저 공식적인 법적 조사를 받지 않고서는 처벌받아선 안 된다.

4) 왕은 대신을 임명할 권리를 갖는다. 그럼에도 내각의 과반수가 동의하지 않는 대신은 임명하지 않는다.

5) 모든 세금은 탁지부에 의해서만이 징수되도록 한다. 연간 예산은 공개한다.

---

1   [감교 주석] 관민공동회(官民共同會)

6) 현존하는 모든 법률은 양심적으로 적용되도록 한다.

이 조항들은 왕과 대신들에 의하여 접수되었습니다. 31일에 왕은 5개의 조항을 추가하였습니다. 즉:

1) 중추원은 가능한 한 빠른 시일 내에 설치될 것.
2) 출판법이 반포될 것.
3) 금품을 강요한 관리는 엄벌에 처해질 것.
4) 신민을 억압하는 관찰사나 지방관리들은 국민의 불만에 대해 책임을 질 것.
5) 상공학교가 설립될 것.

그러는 사이에 다음 날 아침에는 독립협회 회원 17명이 체포되었습니다. 왜냐하면 이들이 공화국을 건설할 목적으로 선언문을 선포하였기 때문이라는 것입니다. 경고를 받았던 독립협회의 회장[2]은 한 미국인 선교사의 집에 숨었습니다. 협회의 다른 회원들은 이 선포문이 조작된 것이라고 간주하며 그들의 집회를 형무소 앞 도로로 옮기면서 똑같이 체포해달라고 요구하였습니다. 또한 이 위조를 범했다고 지목된 관리 다섯 명의 이름을 대며 처벌을 요구하였습니다. 정부가 사람들을 무력으로 해산시키려고 하였기 때문에 미국공사[3]와 영국공사[4]는 '유혈사건'이 일어날 것임을 예상하여 외부에 연락하였습니다. 그 후 얼마 안 가서 체포된 사람들 전원이 석방되었으며, 협회의 회장은 사면을 받았습니다. 그만큼 더 격렬하게 '관민공동회'는 이제 다섯 명의 비위자에 대한 처벌을 요구하였습니다. 이들 중 몇 명은 아직도 궁정에 머물러 있었습니다. '관민공동회'는 제국영사관 옆에 있는 궁궐 성문 앞으로 다시 모여들어, 왕이 물러나라고 되풀이하여 명령했음에도 불구하고 그 자리에 머물며 쉬지 않고 연설하였습니다.

왕의 친지들에게 속해 있는 수많은 토역꾼들을 포함해서, 자발적으로 물러나지 않으면 쫓아내겠다고 관민공동회의 회원들을 되풀이하여 협박했던 짐꾼과 행상인들의 조합[5]에게는 그 사이에 곤봉과 대나무 모자가 지급되었습니다. 그들은 25에서 40센트까지의 일당을 받았는데, 믿을만한 소식통에 의하면 이 돈은 궁중으로부터 지불되었다고 합니

---

2 [감교 주석] 윤치호(尹致昊)
3 [감교 주석] 알렌(H. N. Allen)
4 [감교 주석] 조던(J. N. Jordan)
5 [감교 주석] 황국협회(皇國協會)

다. 지난달 21일에는 약 300여 명이 '관민공동회'의 집회장소로 행진하였습니다. 투입된 경찰들은 이들에게 대항하는 척만 했을 뿐입니다. 그들은 그곳에 있던 사람들을 막대기로 마구 때려서 내쫓았습니다. 그러는 동안에 재빨리 도망치지 못한 관민공동회 회원 중 두세 명이 부상을 입었습니다. 이에 관한 소식을 듣고 대규모의 군중이 짐꾼들을 공격하기 위해 궁으로 몰려갔지만 병사들에 의해 저지당하였습니다. 왕은 짐꾼들에게 도시를 떠나라고 명령하였습니다. 이 명령을 수행하는 동안에 그들은 시민들로부터 돌 세례를 받았습니다. 그렇지만 그들은 시민들을 물리치고 무사히 마포 나루터로 이동할 수 있었습니다. 양측에서 약간명의 부상자가 발생했습니다.

그 다음날 관민공동회 회원들과 다른 시민들은 마포 근처에서 이 짐꾼들을 막대기와 돌로 공격하였습니다. 그리하여 그들은 잠깐 사이의 충돌 끝에 한 명의 사망자와 다섯 명의 부상자를 내고 물러났습니다. 병사들은 짐꾼들이 시 안으로 침입하지 못하도록 막았습니다.

그 다음 며칠간 '관민공동회' 회원들은 그들이 미워하는 약 15명의 관리의 집에 들어가 가구, 창문, 문을 부수어 집의 일부를 파괴했습니다.

11월 초 이후로 거의 매일같이 대신이 교체되었으며 때로는 내각이 전혀 없을 때도 있었습니다.

이번 달 24일에 일본 공사[6]는 한 회의석상에서 그의 동료들에게, 도쿄로부터의 전보 지시에 응하여 평온과 질서를 가능한 한 빨리 회복해야 함을 왕에게 알렸다고 설명하였습니다. 그 결과 왕은 26일 오후 수신의 접견자리에 외국 대표들을 초대하였습니다. 왜냐하면 외국 사절들이 있는 그 자리에서 왕은 관민공동회의 회원들과 짐꾼 조합원들을 서로 화해시키고 평화를 다시 복구하기 위해 그들 앞에서 몸소 인사말을 하려고 했기 때문입니다. 러시아 공사[7]는 본인이 그 자리에 있음으로 해서 왕의 권위가 약화될 것이며 왕이 자신의 약속을 지킬지에 대해서 그로서는 그 어떤 책임도 질 수 없다는 이유로 이 초대를 거절하였습니다. 다른 대표들은 이 협상에 참석하겠다는 의향을 밝혔습니다. 왜냐하면 왕이 몸소 관여한다는 것은 어쨌든 그로부터 기대되는 성과를 거둘 수도 있다는 것이 가능했기 때문입니다. 그 사이에 그들은 마찬가지로 그 어떤 책임도 거부하였습니다.

왕의 접견은 야외에서 열렸습니다. 이 자리에서 왕은 관민공동회의 대표자에게 그들

---

6   [감교 주석] 가토 마스오(加藤增雄)
7   [감교 주석] 마튜닌(N. Matyunin)

의 모든 바람을 들어줄 것을 약속했고 동시에 짐꾼 조합을 해산하라는 훈령을 내렸습니다. 짐꾼 조합의 대표자는 약간의 저항 끝에 그에 따랐습니다. 그러나 사람들은 여전히 궁으로부터 돈을 지원받고 있고 서울 근교의 숙소에서 머물고 있습니다.

수도의 주민들 사이에서 분위기가 격앙된 것으로 보아 새로운 소요사태가 일어날 것 같습니다. 언제나 자신의 말을 지키지 못하는 왕이 '관민공동회'에게 자신 있게 했던 약속을 이행할 의도가 전혀 없기 때문에 더욱 그러합니다.

이 보고서의 사본을 베이징과 도쿄에 주재하는 제국 공사관에 발송합니다.

크리엔

내용: 서울에서의 소요사태

09

원문 p.596

제물포-서울 간의 철도를 위한 일본의 국가보조

발신(생산)일	1899. 1. 23	수신(접수)일	1899. 2. 26
발신(생산)자	라이덴	수신(접수)자	호엔로에-실링스퓌르스트
발신지 정보	도쿄 주재 독일 공사관	수신지 정보	베를린 정부
	A. 13		A. 2317
메모	3월 2일 런던 129, 페테르부르크 127 전달		

A. 2317 1899년 2월 26일 오후 수신

도쿄, 1899년 1월 23일

A. 13

독일제국 수상 호엔로에-실링스퓌르스트 각하 귀하

이번 달 19일에 있었던 일본 의회의 회의에서 금년도 예산에 대한 추가예산이 심의에 붙여져, 서울-제물포 간의 철도회사에 허락해줄 대출금으로 180만 엔이 청구되었습니다. 정부위원은 이 철도에 대한 허가는 본디 미국인 모스[1]에게 내주었는데, 그가 그동안 필요한 자금을 조달할 처지에 있지 못해서 이 허가를 일본의 한 신디케이트에 팔려고 내놓았다고 설명하였습니다. 이 철도는 공사가 완료되면 신디케이트로부터 1백만 미국 달러에 인수받기로 이미 1897년 5월에 합의를 보았다고 합니다. 특히 한강의 도강 문제로 발생한 공사의 지연은 후속협상으로 이어졌고 마침내 이 철도는 미완성된 상태에서 180만 엔을 지불하고 넘겨주기로 합의를 보았다고 합니다. 그런데 이 신디케이트가 현재의 금융시장의 상황에서는 이 금액을 마련할 수 없었으므로, 이에 일본 정부는 국가의 이익을 위하여 이 철도선을 담보로 하여 위와 같은 금액을 대출하여 달라는 청을 수락했다고 합니다.

모스는 1백만 엔을 이미 선불로 받았다고 합니다. 지금까지 72마일의 철도선이 완공되었고 나머지에는 약 75만 엔이 추가로 들 것이라고 합니다.

이것은 오쿠마[2]가 취한 조치였기 때문에, 의회의 자유당[3] 측에서는 그것의 합법성에

---

1 [감교 주석] 모스(J. R. Morse)

관하여 날카로운 비판을 가하기 시작하였습니다. 정부의 요청에 의해 방청은 금지되었습니다. 비밀회의의 결과는 명세금액에 대한 승인이었습니다. 어떤 이유를 들어 야당을 진정시켰는지는 지금까지 알려지지 않았습니다. 그렇지만 일본이 돈을 희생시키면서까지도 한국에서 또 다른 이해관계 거점을 마련해야 할 정치적 필요성을 이유로 제시했으리라는 가정에는 무리가 없을 것입니다.

라이덴[4]

내용: 제물포-서울 간의 철도를 위한 일본의 국가보조

---

2 [감교 주석] 오쿠마 시게노부(大隈重信)
3 [감교 주석] 자유당(自由黨)
4 [감교 주석] 라이덴(G. Leyden)

한국에서의 일본과 러시아

발신(생산)일	1899. 1. 14	수신(접수)일	1899. 2. 26
발신(생산)자	라이덴	수신(접수)자	호엔로에–실링스퓌르스트
발신지 정보	도쿄 주재 독일 공사관	수신지 정보	베를린 정부
	A. 6		A. 2313
메모	3월 2일 페테르부르크 128, 런던 130, 베이징 A. 21 전달		

A. 2313 1899년 2월 26일 오후 수신

도쿄, 1899년 1월 14일

A. 6

독일제국 수상 호엔로에–실링스퓌르스트 각하 귀하

본인이 비밀리에 알게 된 바로는, 한국에 주재하는 러시아 공사 마튜닌[1]이 최근 그의 그곳 영국 동료[2]에게 작년 이곳 일본에서 니시와 로젠 사이에 체결된 한국에 관한 협정[3]이 러시아에 완전히 불리하게 작용하였으며 수정을 해야만 한다는 발언을 하였다고 합니다.

본인이 이 소식을 크리엔[4] 영사가 사적으로 이곳에 보내온 보고서와 비교해볼 때, 마튜닌은 서울에 주재하는 일본 공사관 서기관 히오키[5]가 조약과 어긋나게 한국 정부에 영향력을 행사한 데 대하여 나무라지 않을 수 없다고 생각하였습니다. 히오키는 심지어 일본 군대를 투입하겠다고 위협을 가하기까지 하였던 터였습니다.

마지막에 언급 드린 이 비난이 비록 영어에 능통치 못한 마튜닌의 오해 탓으로 소급된다 할지라도 이 문제에 대해 분명 로젠은 이곳에서 일본 정부가 한국에 대한 정책을 바꾸었는지, 그리고 그곳의 내정에 간섭하려고 하는지에 대해 질문을 하고 나섰습니다.

---

1 [감교 주석] 마튜닌(N. Matyunin)
2 [감교 주석] 조던(J. N. Jordan)
3 [감교 주석] 로젠 니시 협정
4 [감교 주석] 크리엔(F. Krien)
5 [감교 주석] 히오키 마스(日置益)

아오키[6]의 답변은 완전히 부인하는 것이었습니다. 그는 작년에 러시아와 체결한 협정을 철저히 고수한다는 것을 힘주어 강조하였습니다. 그밖에 또 다른 오해를 예방하기 위하여 서울 주재 일본 공사 가토[7]는 휴가를 끝내고 즉시 그의 자리로 복귀하라는 명령을 받았습니다.

이와 같은 정보를 근거로 본인은 어제 아오키에게 최근 그가 한국으로부터 어떤 소식을 들었는지, 그리고 그의 의견으로는 국내 사정이 좀 더 안정되었는지 물어보았습니다. 대신은 저에게, 바로 얼마 전까지는 그곳(한국, 역자)의 사정이 매우 나쁜 것 같아 보였지만 이제는 다시 좀 더 질서가 잡힌 것 같다고 대답하였습니다. 아오키는 가토가 한국사람들을 매우 잘 다루고 또 어떤 것들에 대해서는 감각을 가지고 있기 때문에 그를 그리로 배치하였다고 합니다.

잠깐의 휴식 후 대신은 이어서 말하기를, 일본은 한국에서 영향력을 행사하고자 하는 오랜 전통적인 요구를 결코 포기할 수 없고 또 앞으로도 포기하지 않으리라는 것을 본인에게 숨기고 싶지는 않다고 하였습니다. 이 위치에서 완전히 뒤로 물러나야 한다고 주장하는 대신이 있다면 그는 결코 일본에서 관직을 유지할 수 없을 것이라고 하였습니다.

자작은 여기에 덧붙여 러시아의 정책은 어떤 문제들을 결코 진정시키는 일이 없다고 비난하였고, 또 러시아가 만주에서 만들어냈던 막대한 이득과 대조해볼 때 이 북방의 제국에 대하여 한국이 갖는 의미는 보다 더 경미하게 되었음을 암시하였습니다. 로젠의 문의에 대해 아오키는 본인에게 언급하지 않았습니다.

라이덴

내용: 한국에서의 일본과 러시아

---

6   [감교 주석] 아오키 슈조(靑木周藏)
7   [감교 주석] 가토 마스오(加藤增雄)

베를린, 1899년 3월 2일   A. 2313

주재 외교관 귀중   한국에서의 일본과 러시아에 관련된 도쿄 주재
                                  제국 공사의 올해 1월 14일 자 보고서의 사본을
1. 페테르부르크 No. 128   첨부하여 정보제공용으로 전달해드립니다.

2. 런던 No. 130

3. 베이징 A. 21

기밀

연도번호 No. 1677

베를린, 1899년 3월 2일   A. 2317

주재 외교관 귀중   제물포와 서울 간 철도에 대한 일본의 국가 보
                                  조금 관련 도쿄 주재 제국 공사의 올해 1월 23
1. 런던 No. 129   일 자 보고서의 사본을 첨부하여 정보제공용으
                                  로 전달해드립니다.
2. 페테르부르크 No. 127

연도번호 No. 1660

11

원문 p.602

[고종 보호구실로 일본 군대 투입 가능성에 관한 건]

발신(생산)일	1898. 12. 31	수신(접수)일	1899. 3. 10
발신(생산)자	라인스도르프	수신(접수)자	호엔로에–실링스퓌르스트
발신지 정보	서울 주재 독일 총영사관	수신지 정보	베를린 정부
	No. 101		A. 2844
메모	3월 15일 페테르부르크 196 전달		

발췌문

A. 2844 1899년 3월 10일 오전 수신

서울, 1898년 12월 31일

No. 101

독일제국 수상 호엔로에–실링스퓌르스트 각하 귀하

크리엔[1] 영사는 이번 달 23일에 떠날 예정인데, 그에 앞서 일본 공사 가토[2]는 크리엔 영사를 방문한 기회에 그에게 비밀리에 자신이 아오키[3]의 지시에 따라 휴가를 단축해야만 했다는 이야기를 하였습니다. 도쿄 주재 러시아 공사 로젠[4]은 말하자면 이곳의 러시아 공사 마튜닌[5]의 전보에 대하여 일본 정부가 한국의 내정에 간섭할 의도를 가지고 한국에 대한 정책을 바꾸었는지를 아오키에게 물었다고 합니다. 아오키의 태도가 그것을 가리키는 것처럼 보인다는 것이었습니다. 아오키는, 일본은 러시아와 체결한 협정을 언제나 양심적으로 준수하였으며 지금도, 그리고 미래에도 준수할 것이라고 대답하였다고 합니다. 그는 또 동시에 가토에게 즉시 서울로 되돌아가라는 지시를 내렸다고 합니다. 그의 부인이 중병에 걸렸는데도 말입니다. 그리고 나서 크리엔 영사는 가토에게 이야기하기를, 마튜닌과 아오키가 외국 대표들이 만난 어느 자리에서 모종의 핵심적인 대화를 가졌

---

1 [감교 주석] 크리엔(F. Krien)
2 [감교 주석] 가토 마스오(加藤增雄)
3 [감교 주석] 아오키 슈조(青木周藏)
4 [감교 주석] 로젠(R. R. Rosen)
5 [감교 주석] 마튜닌(N. Matyunin)

다고 합니다. 이 대화에서 아오키는 충고라고 해서 곧 간섭을 의미하지는 않는데 그 이유는 그것이 전적으로 충고의 종류에 달려 있기 때문이라고 주장하였다고 합니다. 그에 반해 마튜닌은 어떠한 충고든 간섭과 똑같다는 것을 강조하였다고 합니다. 다른 기회에 마튜닌은 아오키가 없는 자리에서 그의 동료들에게 말하기를, 지난번 회의 때 일본 군대가 어쩌면 왕을 보호하기 위하여 투입될지도 모른다고 하는 아오키의 설명을 듣고 얼마나 놀랐는지 모른다 하였다고 합니다. 그러나 그것은 마튜닌 측의 오해라고 모든 사람이 일러주었다고 합니다. 아오키는 그와 반대로, 한국 왕이 일본 군대를 이 목적으로 아마도 아주 기꺼이 갖기를 원하지만 일본의 군대는 오직 일본 국민을 보호하기 위해서만 이용될 수 있다는 말을 하였다고 합니다. 마튜닌은 부족한 영어 실력으로 인해 아마 아오키의 설명을 오해하게 되었던 것 같다고 합니다.

그리고 나서 가토는, 위에 언급드린 협약이 존속하는 한 일본 정부는 그것을 엄격히 준수하리라는 것을 다시 한번 강조하였습니다.

며칠 후에 이곳의 일본 영사 아키즈키[6]도 크리엔 영사에게 이 사안에 대하여 문의하였습니다.

라인스도르프[7]

---

6 [감교 주석] 아키즈키 사토오(秋月左都夫)
7 [감교 주석] 라인스도르프(Reinsdorf)

12

1893년 한국에 대출해준 일본의 차관 300만 엔의 상환 연기. 한국에 대한 일본의 정책

발신(생산)일	1899. 1. 25	수신(접수)일	1899. 3. 10
발신(생산)자	라인스도르프	수신(접수)자	호엔로에-실링스퓌르스트
발신지 정보	서울 주재 독일 총영사관	수신지 정보	베를린 정부
	No. 8		A. 2866
메모	(참조 A. 4770[00]) 3월 15일 런던 154, 페테르부르크 148 전달		

A. 2866 1899년 3월 10일 오후 수신

서울, 1899년 1월 25일

No. 8

독일제국 수상 호엔로에-실링스퓌르스트 각하 귀하

일본 공사 가토[1]는 얼마 전 본인을 방문한 기회에, 한국 정부가 1893년 일본국립은행[2]으로부터 차관으로 받은 금액 중 잔금의 상환 연기를 얻어내려는 시도를 일본에서 했다고 하는 이야기를 전해주었습니다. 이 잔금은 1백만 엔에 달하고 계약상 올해 12월에 만기가 됩니다. 가토는 휴가를 마치고 돌아오는 길에 한국 정부에 통고를 하여, 도쿄(일본 정부; 역자)는 이 요구를 들어줄 용의가 있고 게다가 한국 왕이 이미 오래 전부터 원해왔던 것처럼 한국 정부가 그렇게 일단 절약한 큰 돈으로 서울-제물포 간의 철도 건설을 위한 일본의 신디케이트[3]에 참여할 의도를 갖고 있는 만큼 한층 더 그럴 용의가 있다는 것을 말해주었다고 합니다.

가토는 이 기회에 강조하여 말하기를, 그의 정부가 한국에서의 무역관계를 발전시키고 점점 더 많은 일본인과 일본의 자본을 이 나라에 들여오는 데 얼마나 관심이 있는지 모른다고 하였습니다. 상업적, 정치적, 역사적 이해관계는 이 두 나라를 서로 묶어주고

---

1 [감교 주석] 가토 마스오(加藤增雄)

2 [감교 주석] 일본제일은행(日本第一銀行)

3 [감교 주석] 경인철도합자회사(京仁鐵道合資會社)

있고, 일본은 한국을 포기한다는 생각은 전혀 할 수 없다고 합니다. 일본은 러시아와 마찬가지로 개혁의 도입을 통하여 국가제도와 경제상황의 발전에 유리한 조건들을 만드려 시도했으나 두 나라는 이와 같은 실험에 실패하였다고 합니다. 이제 일본은 한국의 내정에 대한 그 어떤 간섭도 자제한다고 합니다. 그러나 그렇다고 해서 한국 왕이나 한국 관리들 중에 그가 아는 수많은 지인이 그에게 물어본다면 이곳에서 취해진 조치와 사건의 경과에 대한 자신의 견해를 사적으로 피력하고 그가 옳다고 여기는 조치들에 대해 진술하거나 일본의 제도에 대한 질문에 상세하게 답변해주는 일을 하는 것은 어쩔 수 없다고 합니다. 그렇다고 해서 공식적인 조언을 해주거나 이곳의 사람들에게 자신의 견해를 받아들이도록 교화하기 위해 압력을 행사하지는 않는다고 합니다. 그 어떠한 개입도 자제하고 한국 정부로 하여금 혼자서 처리하도록 내버려두어야 한다는 점에서 그는 와 의견이 일치한다고 합니다. 그는 작년에 맺어진 로젠-니시 협약이 존속할지를 우려하였습니다. 그러나 이 협약은 야마가타[4]와 로바노프[5] 사이의 모스크바 의정서[6]에 기반하여, 야마가타가 정부의 최고위층에 있는 한 수정되지 않는다고 합니다. 개혁안을 공동으로 실현하기 위하여 일본과 러시아가 한국에서 제휴한다는 것은 불가능하다고 합니다. 그러기에는 두 나라의 관심사가 너무나도 상이한 방향으로 움직이기 때문이라고 합니다. 그가 일본에서 돌아오기를 왕도 대신들도 매우 고대하였으며, 또 관민공동회뿐 아니라 그 적대파인 짐꾼과 행상인 조합[7]도 마찬가지로 그러했다고 합니다.

그는 왕과 대신들에게 무엇보다 평온을 유지해야만 할 것이라는 말을 하였다고 합니다. 똑같은 설명을 그는 관민공동회의 지도자들과 짐꾼 조합의 대표자들에게도 되풀이해서 하였다 합니다. 그는 추가 조치를 자제함으로써 많은 실망을 불러일으켰다고 하고, 관리들 가운데 그를 잘 따르는 추종자 몇몇은 그의 무관심 때문에 상처받았다고 합니다.

이 보고서의 사본을 베이징과 도쿄 주재 제국 공사관에 발송합니다.

라인스도르프

내용: 1893년 한국에 대출해준 일본의 차관 300만 엔의 상환 연기. 한국에 대한 일본의 정책

---

4 [감교 주석] 야마가타 아리토모(山縣有朋)
5 [감교 주석] 로바노프(A. Lobanow)
6 [감교 주석] 로바노프 야마가타 의정서
7 [감교 주석] 황국협회(皇國協會)

13

[한국을 둘러싼 러일의 경쟁]

발신(생산)일		수신(접수)일	
발신(생산)자	뷜로	수신(접수)자	
발신지 정보	1899. 3. 14	수신지 정보	베를린 외무부
			A. 2659 I
메모	하인리히 왕자에게 보내는 3월 21일 자 보고서		

사본

베를린, 1899년 3월 14일

A. 2659 I

극비!

알려져 있는 것처럼 지금까지 단 하나의 유일한 독일 무역회사[1]만이 활동했던 한국에서 우리는 경제적인 관심만을 갖고 있습니다. 러시아는 영향력을 끼칠 수 있는 지역으로서 한국을 특히 의심의 눈초리로 지켜보고 있습니다. 다른 한편으로는 최근에도 일본 외무 대신[2]이 제국 공사 라이덴[3]에게, 일본은 한국에 대한 영향력을 포기할 수 없음을 극비리에 시사하였습니다.

뷜로[4]

---

1 [감교 주석] 마이어 회사(E. Meyer & Co.; 세창양행(世昌洋行))
2 [감교 주석] 아오키 슈조(靑木周藏)
3 [감교 주석] 라이덴(G. Leyden)
4 [감교 주석] 뷜로(Bülow)

베를린, 1899년 3월 15일 A. 2866

주재 외교관 귀중

한국에서 일본의 정책을 다룬 서울 주재 제국 영사의 올해 1월 25일 자 보고서의 사본을 첨부하여 정보제공용으로 전달해드립니다.

1. 런던 No. 154
2. 페테르부르크 No. 148

연도번호 No. 1963

사본

베를린, 1899년 3월 21일 A. 2659 IIII

하인리히 폰 프로이센 왕자 폐하

극비!

A. 2659에 대한 첨부문서

연도번호 No. 2168

대공 전하, 자애로우신 왕자님!

황제 폐하, 그리고 왕 폐하께서는 본인에게 명령하시기를, 대공 전하를 위하여 일반적인 정치상황 보고서를 작성하라고 하시었습니다. 전하께서 본인이 올린 초안에 찬성하신 연후에 본인은 전하의 다음 명령에 따라 이 상황 보고서의 원본을 삼가 올립니다. 보고서의 주석은 붉은 잉크로 표시하였습니다.

전하께 공손히 머리 숙이며

빌로

14

경부철도

발신(생산)일	1899. 2. 20	수신(접수)일	1899. 3. 24
발신(생산)자	라이덴	수신(접수)자	호엔로에-실링스퀴르스트
발신지 정보	도쿄 주재 독일 공사관	수신지 정보	베를린 정부
	A. 22		A. 3468

A. 3468 1899년 3월 24일 오전 수신

도쿄, 1899년 2월 20일

A. 22

독일제국 수상 호엔로에-실링스퀴르스트 각하 귀하

경부철도 건설 허가를 취득했던 일본의 신디케이트[1]는 공사를 착수할 자금 1500만 내지 2000만 엔을 조달할 수 있는 형편에 있지 못합니다. 한국에서 일본의 이익을 원칙적으로 증진시키려고 노력하는 일본의 외무성 대신은 보증을 받을 수 없는 기업의 어려움을 인식하고 있습니다. 일본이 그러한 보증을 떠안을 수는 물론 없다고 합니다. 그리고 설령 한국 정부로 하여금 보증을 서도록 유도할 수는 있을지언정 그 보증은 완전히 무가치한 것으로 밝혀질 것입니다. 일본-한국 은행을 설립하여 나중에 이 철도 선로를 되사고 이자보증을 이행할 자금을 한국 정부에 선불해주도록 한다는 말이 있긴 합니다만, 이와 같은 기획들은 현재 도쿄에서 다반사이고, 전체적으로 보아 조금 더 지나면 실현 가능하지 않은 것으로 제쳐놓게 될 것입니다.

라이덴

내용: 경부철도

---

1 [감교 주석] 경부철도주식회사(京釜鐵道株式會社)

15

한국 문제

발신(생산)일	1899. 4. 2	수신(접수)일	1899. 5. 12
발신(생산)자	라이덴	수신(접수)자	호엔로에-실링스퓌르스트
발신지 정보	도쿄 주재 독일 공사관	수신지 정보	베를린 정부
	A. 47		A. 5654
메모	5월 17일 페테르부르크 258, 런던 305, 베이징 A. 53 전달		

A. 5654　1899년 5월 12일 오후 수신, 첨부문서 4부

도쿄, 1899년 4월 2일

A. 47

독일제국 수상 호엔로에-실링스퓌르스트 각하 귀하

러시아와 일본 사이에서는 늘 새로이 한국의 망령이 움직입니다. 도쿄의 위정자들이 정확히 1년 전 러시아가 중국 북부로 전진해 들어와 심한 불안감에 빠져들었을 때, 일본과 '니시-로젠 협약'이라는 이름으로 유명해진 그 협정을 체결했던 것은 무라비예프[1]의 능수능란한 묘수였습니다. 이 협정은 한국의 중립을 어느 정도는 보증하고 있습니다.

당시 도쿄에서는 북쪽에 있는 경쟁국 러시아가 일본에 그렇게나 인접해 있는 이 사냥터에서 적어도 금렵기간을 두고자 했던 것에 대해 기뻐하였습니다. 비록 우리가 한국으로 철수한 것은 명백히 보다 유리한 상태에서 청국에 뛰어들기 위한 것이긴 했지만 말입니다.

그런데 시간이 지남에 따라, 중국에서의 성공으로 배가 불러진 러시아가 니시-로젠 협약에 따라 허용된 한국에서의 영향력을 소홀히 할지도 모른다는 견해가 일본사람들한테서 형성되었습니다. 그리고 대략 1898년 가을을 기점으로 하는 이 시기에 일본이 서울에서 다시 확고한 발판을 마련하고 늪에 빠진 한국의 국가체제에 영향력을 행사하려 시도한다는 것은 있을 법도 한 일입니다.

이것으로써 본인이 판단할 수 없는 점은, 예전의 청국 주재 상무 담당관[2]을 서울로

1　[감교 주석] 무라비예프(M. Mouraviov)

주재시키도록 만든 것이 속도를 좀 더 늦추고자 하는 베이징의 바람이었는지, 아니면 일본의 이 책동에 대한 한국의 의심이었는지 하는 것입니다. 그러나 영리한 동시에 음모가이자 또 정력적이라고 평가받는 이 젊은 외교관을 등용한 사실만으로도 도쿄에서 파문이 일어난다 할지라도, 그의 등장 이후 일어난 권력관계의 추이는 그만큼 더 그에게 부담이 됩니다.

아오키[3]는, 여기서 감히 언급 드리자면 한국에서 일본의 행동정책을 강력히 옹호하는데, 그는 고래잡이 지역에 대해 러시아가 한국에 제시했다는 요구사항들에 관하여 지난 며칠간 이곳에 도착한 소식을 억제하는 것이 부득이하다고 생각했다고 합니다. 이제 그러한 소식이 비교적 무의미한 것으로 판명된 지금, 그는 이 사건에 대한 토의가 신문지상에서 그에 맞게 좀 더 조용한 형식을 취하게 되리라 기대한다고 합니다.

그런데 이것으로써 끝난 것은 결코 아니다 라고 대신은 말하였습니다. 그는 오히려, 러시아가 서울에서 요구했던 사항들에 힘을 실어준 것은 오직 비밀정책을 통해서만 가능해졌다는 데 대한 명백한 증거를 가지고 있다고 합니다. 이미 말씀드린 바와 같이 어업활동용의 좁은 지역을 인가받은 것 그 자체가 그를 안심시켰다고 합니다. 이와 비슷한 특권은 이미 일본인들도 획득하였다고 합니다. 그런데 만약 한국 왕의 소실이 실질적인 영향력을 끼칠 수 있는 것으로 드러났다면, 그 소실이 최근 왕에게 아들을 낳아주었고 사람들이 이 아들을 후계자로 지명할 생각을 하고 있음에 틀림없다는 점을 고려해봄직하다고 합니다. 이것은 한국에서의 러시아 정책이 최근 그 밖의 일로 적극성을 띠는 것과 더불어 미래에 일본의 이해관계에 위협이 된다는 것을 의미한다고 하고, 사람들은 이것을 내버려둘 수 없을 것이며 따라서 주의 깊게 추적할 것이라 합니다.

대신의 이와 같은 발언은 그가 다른 기회에 본인에게 다시 한 번 했던 바, 한국에 관한 러시아와 일본의 상호 양해라는 구조가 얼마나 쉽게 흔들릴 수 있는가를 입증합니다. 순전히 개인적인 생각으로서 본인이 이에 덧붙이자면, 아오키는 페테르부르크에서 오래 전부터 환영받는 외교관이 아닙니다. 그래서 러시아가 한국에 등장한 것에 이곳 외무성의 대신이 누구냐에 따라 바뀔 수도 있을 그런 미묘한 뉘앙스를 집어넣고 있다는 것도 아마 생각해볼 수 있을 것입니다.

본인이 여기 올리는 이 보고서에서 다루어진 문제에 관한 일본 신문의 몇몇 발언을 영어로 첨부하여 제출합니다.

---

2   [감교 주석] 탕샤오이(唐紹儀)

3   [감교 주석] 아오키 슈조(靑木周藏)

내용: 한국 문제

A. 47 첨부문서 1

첨부문서의 내용(원문)은 독일어본 612쪽에 수록.

A. 47 첨부문서 2

첨부문서의 내용(원문)은 독일어본 613쪽에 수록.

A. 47의 첨부문서 3

첨부문서의 내용(원문)은 독일어본 614쪽에 수록.

A. 47의 첨부문서 4

첨부문서의 내용(원문)은 독일어본 615~616쪽에 수록.

베를린, 1899년 5월 17일

A. 5654

주재 외교관 귀중

1. 페테르부르크 No. 258

2. 런던 No. 305

3. 베이징 No. A. 53

연도번호 No. 3928

한국 문제에 관한 도쿄 주재 제국 공사의 지난 달 2일 자 보고서의 사본을 첨부하여 귀하의 정보제공용으로 전달해드립니다.

16

[독일 언론의 한국 관련 기사 보고]

발신(생산)일		수신(접수)일	1899. 5. 29
발신(생산)자		수신(접수)자	
발신지 정보		수신지 정보	베를린 외무부
			A. 6398

A. 6398 1899년 5월 29일 오후 수신

퀼니셰 폴크스차이퉁[1]

1899년 5월 29일

페테르부르크, 1899년 5월 24일. 헤이그에서 평화회담이 희망에 차 열리는 동안, 한국에서 재앙의 발생은 피할 수 없다고 하는 소식이 동아시아로부터 들려오고 있다. 서울에는 러시아 공사로 파블로프[2]가 주재하고 있는데, 그는 잠시 상무 담당관으로 베이징에 주재하는 동안에 이미 영국의 외교에 대단히 애를 먹였던 적이 있다. 아직 젊은 이 러시아 외교관은 동아시아에서 러시아의 확장정책을 가장 열렬히 대변하는 사람들 중 하나이고, 한반도에서 러시아 군대가 철수한 사실과 러시아인 재정고문으로 있던 알렉세예프[3]가 해임된 사실을 중대한 실수로 보고 이를 어떻게든 다시 원상회복시키고자 하는 자신의 의도를 결코 숨기려 하지 않았다. 러시아 정보원에 의하면 이제 "대부분의 한국 관리들한테서조차도" 알렉세예프가 돌아왔으면 하는 "뜨거운 열망"이 더 커졌다. 알렉세예프의 지도 하에 있을 때 관리들은 제때에 봉급을 받았다고 하며, 일본인들에게는 차관 중 일부를 상환하였다고 한다. 그럼에도 알렉세예프는 퇴임할 때 탁지부에 150만 달러 상당의 모아놓은 보물을 줄 수 있었다고 한다. 그런데 러시아가 한국에서 손을 뗀 이후로 상황은 점점 더 나빠졌고 정부는 최고위 관리직을 가지고 파렴치하게도 대놓고 폭리를 취하고 있으며 최근에는 이 '돌아가면서 장을 맡는' 수백여 개의 자리를 4천 달러 이상으

---

1 [감교 주석] 퀼니셰 폴크스차이퉁(Kölnische Volks-Zeitung)
2 [감교 주석] 파블로프(A. Pavlow)
3 [감교 주석] 알렉세예프(K. Alexeev)

로 팔았다고 한다. 이렇게 관리가 된 사람들은 백성들을 착취함으로써 손해 보지 않으려
하고 그럼으로써 군중의 절망감 폭발을 초래하고 있다. 지금까지 가장 번영했던 지방들
가운데 하나로 송도를 치는데, 이 지방의 주민들은 중국의 효능뿌리인 인삼을 재배하며
생계를 유지하고 있다. 이 지방은 지금까지 국가에 연간 14만 5천 달러를 바쳤고, 관리들
에게는 '잡비'로 약 30만 달러를 바쳤다. 이제 이 '잡비'를 점점 더 올릴 것이라고 했을
때 농부들은 절망상태에 빠졌다. 그들은 파종한 씨를 모두 모아 그들이 사는 마을의
성문 앞에서 불태워버렸다. 이렇게 국가와 그 관리들은 자기네의 소득을 얻었지만 오랜
기간 동안 지방도 폐허가 되었다. 한국의 관리들 외에도 일본인들이 백성의 착취자로
등장하고 있다. 국내 상거래 전체가 이미 그들의 손에 들어가 있으며, 서울에서만도 일본
인들은 200여 채가 넘는 집을 소유하고 있다. 시골에서 그들은 다가오고 있는 전반적인
파국이 닥쳤을 때 자기네가 농부들을 보호해주겠다고 약속하면서 농부들한테서 대접받
고 있다. 일본이 이와 같이 한국을 범람한 것은 또한 파블로프를 움직여 러시아에 너무
늦어지기 전에 사건들을 진행시켜 러시아가 개입하도록 유도한 것 같다. 러시아의 정보
원들은 일반적인 상황에 대한 묘사를 다음과 같이 요약하고 있다: "완전한 무정부 상태
가 한국에 들이닥치고 있다. 진정한 정부란 이미 더 이상 존재하지 않는다. 만약 어떤
나라가 서울에 아직 대표부를 유지하고 있고 또 신화가 되어버린 이 정부를 어떤 현실적
인 것을 위해 맹목적으로 받아들이고 있다면, 이는 자연적으로 올 종말을 조금 늦추려는
희망에서 그럴 뿐이다. 그러나 이렇게 조금 기간을 늦추는 것도 오래 지속되기 힘들다."
파블로프는 현재의 시점이 동아시아에서 바람을 일으키기에는 매우 부적절하고 또 러시
아 황제도 그것에 대해 그에게 그다지 고마워하지 않으리라는 것을 정확히 알고 있다.
그런데 지금 여론이 이런 식으로 '파멸'을 준비한다면, 우리는 이것을 그만큼 더 진지하
게 받아들여야 할 것이며, 파블로프 자신이 적어도 대부분 스스로 전개시켰던 이 일을
앞으로도 오랫동안 막을 수 있다는 것을 파블로프 자신이 믿지 않는다는 결론을 내리지
않을 수 없다.

베를린, 1899년 6월 1일   A. 6398

주재 외교관 귀중   한국의 상황과 관련된 지난달 29일 자 쾰니셰
서울 No. A. 4   폴크스차이퉁의 단신 기사를 첨부하여 전달해
                                        드립니다. 아울러 이 묘사가 얼마나 사실과 일치
연도번호 No. 4365   하는지에 관한 보고를 해주십사 부탁드립니다.

17

[영국 언론의 한국 관련 기사 보고]

발신(생산)일		수신(접수)일	1899. 6. 12
발신(생산)자		수신(접수)자	
발신지 정보		수신지 정보	베를린 외무부
			A. 7081

A. 7081 1899년 6월 12일 오후 수신

The Times.

12. 6. 1899.

RUSSIA AND KOREA.
(FROM OUR CORRESPONDENT.)

Odessa, June 7.

From Russian sources a clearer explanation of the concession which Russia has obtained in Korea is published. We are informed that three ports, two in the province of Kang-wen and one in the province of Ham-gyeng, situated on the east coast, are granted for 12 years at a yearly rental of 450 yen. The concession was obtained by a Russian[1] who was supposed to be acting in a private capacity, but was really a Government agent. It is stated that these ports are to be returned, together with all improvements made therein, without any compensation at the end of 12 years, but it is significantly added that these ports are free from ice during the severest winters when the Russian Siberian ports are icebound, and can give splendid anchorage for the Russian fleet.

---

1   [원문 주석] Reyserlingk?

영국 공사관 경비대의 철수

발신(생산)일	1899. 5. 20	수신(접수)일	1899. 7. 10
발신(생산)자	라인스도르프	수신(접수)자	호엔로에–실링스퓌르스트
발신지 정보	서울 주재 독일 총영사관	수신지 정보	베를린 정부
	No. 40		A. 8275
메모	해군 참모 총장(Adm. Sta. d. Mar) 1899년 7월 24일 도착 연도번호 No. 387 A. 3242		

A. 8275 1899년 7월 10일 오전 수신

서울, 1899년 5월 20일

No. 40

독일제국 수상 호엔로에–실링스퓌르스트 각하 귀하

지난해 11월 이후 서울에 주둔하고 있는 영국 공사관 경비병들은 본디 16명의 해병대원과 1명의 장교로 구성되어 있었는데, 올해 1월 중순까지 6명이 줄었고, 어제 서울을 떠나 순양함 "Brist"호를 타고 웨이하이웨이[1]로 되돌아갔습니다. 두 명의 코사크인과 1명의 장교로 구성된 러시아 파견대는 서울에 그대로 머물러 있습니다.

이 보고서의 사본을 베이징과 도쿄에 주재하는 제국 공사관으로 발송합니다.

라인스도르프

---

1 [감교 주석] 웨이하이웨이(威海衛)

해군 참모총장

베를린, 1899년 7월 27일

A. 3242 I.

외무성의 차관님께. 여기.
참고 후 반송해드립니다.
휴가 중인 해군 참모총장을 대신하여.

브렌징[2]

내용: 영국 공사관 경비대의 철수

A. 8398

한국에 관한 건의서에는 그 제1부에 이미 알려진 사실을 포함하고 있었습니다. 상거래 현황에 관한 단락(6쪽)에도 새로운 내용은 별로 없는 것 같습니다. [*sic.*]

19

한국

발신(생산)일	1898. 8	수신(접수)일	1899. 7. 12
발신(생산)자		수신(접수)자	
발신지 정보		수신지 정보	베를린 외무부
			A. 8398

A. 8398 1899년 7월 12일 오후 수신

1898년 8월

한국

청국의 정치적 무기력과 그만큼 더 잘 짜여진 황제국가 일본의 구조를 놀랄 만치 분명하게 보여준 동아시아의 현 상황의 의미가 점점 더 커지고 있는 마당에, 일본이 점유하기 위하여 지난 수백 년 동안 그렇게 자주 분투하였으며 또 그에 대한 영향력 행사가 1894년에도 청일전쟁의 원인이 되었던 나라인 한국에 대해 유럽, 특히 독일에 의해서는 오래된 문화와 흥미로운 정치적 처지를 제외하고라도 상업적인 관점에서도 이 나라에 마땅히 부여되어야 할 중요성이 실제로 부여되지 않았다는 것은 주목을 끌 수밖에 없다. 한국에서 상거래의 현재 상황과 무역이 앞으로 보여줄 전망을 기술하기에 앞서, 본인은 먼저 이 나라의 정치적 상황을 짧게 설명하고자 한다.

부지런하고 영리하며 검소한 약 1200만 명의 인구를 가진 한국은 곧 모든 나라에 큰 의미를 갖게 될 것임에 틀림 없다. 왜냐하면 이 나라는 아직 개발의 여지가 매우 많은 이 나라 고유의 지하자원으로 인해 다른 나라들의 산업을 위한 커다란 판로가 될 것을 약속하기 때문이다.

유럽 사람들은 한국이 조만간에 러시아나 일본의 영향력 하에 놓일 것임이 틀림없고 그래서 독립적인 발전 쪽으로 나아갈 수 없다고 하는 생각으로 이 나라를 멸시하는 데 너무나도 익숙해 있다. 일본은 물론 언제나 한국에서의 지배적 영향력을 얻기 위해 노력 해왔으나 이 나라를 정복하려는 모든 시도는 언제나 필사적인 투쟁 후에 수포로 돌아간 적이 많았다. 일본은 이제 최근 수십 년 동안 한국에서 정복자의 역할을 계속한다는 데서 약삭빠르게 눈을 돌렸다. 그리고 또 한국이 비록 오랫동안 완전히 폐쇄되었던 탓이라 하더라도 아직은 굼뜬 이 나라의 구매력이 일본의 산업에 얼마나 큰 의미를 갖는가를 일본은 일찌감치 알아차렸다.

한국에서 주요 무역정책상의 영향력을 확보하려는 욕망은 또한 1894년 청국을 상대로 한 일본의 지난번 전쟁의 원인이기도 했다. 그리고 청일전쟁이 끝난 후, 일본의 힘을 그렇게 높고 경이로울 정도로 전개시켰던 것과 똑같은 개혁을 도입하도록 일본의 정치가들이 한국을 종용했다는 것은 그들의 넓은 시야를 증명해주고 있다. 그리고 예전에 일본이 경고를 했음에도 불구하고 청국은 그러한 개혁에 주의를 기울이지 않음으로 인해 이제 파멸의 위기에 처해 있다.

일본과 한국 사이의 관계를 올바르게 판단하기 위해서는 과거에 한국이 풍습과 사고방식에서 일본에 얼마나 큰 영향을 끼쳤는가를 고려하지 않으면 안 된다. 한국으로부터 불교가 일본으로 도입되었으며, 일본 최초의 왕족과 그 다음으로 높은 왕족은 한국인들이었다. 의학, 중국문자, 문학, 최초의 동전도 마찬가지로 한국으로부터 일본에 도입되었다. 16세기 말 일본인들의 한국 침략과 퇴각으로 인해 한국의 예술가들과 기능공들이 일본으로 건너갔으며, 일본의 도자기에 끼친 한국의 영향이 얼마나 컸는가를 밝혀내는 일은 확실히 연구해볼만한 가치가 있다.

시모노세키 평화협정[1]으로 한국에 대한 청국의 영향력이 정치적 관점에서 중단된 후, 일본은 더 강력한 또 다른 요인인 러시아와 타협해야 한다는 것을 알았다. 일본은 승전의 대가로 얻은 랴오둥[2] 반도를 다시 청국에 돌려주어야만 했고 타이완의 할양과 꽤 많은 금전배상에 만족해야 했으며 나중에는 러시아가 이 반도에서 포트 아서[3]와 다롄[4]만을 청국한테서 양도받는 것도 감내해야 했다.

러시아가 만주와 청국에서 추진했고 또 앞에 언급한 두 장소를 조차한 데서 절정에 이른 정치적 계획들은 두말할 여지도 없이 한국에서 일본에 간섭하지 않는다고 하는 결심으로 이어졌을 터인데, 이는 여러 가지의 사건 후에 러시아와 일본 사이의 이러저러한 한국 관련 협약으로 귀결되었다. 그 여러 사건들 가운데 가장 중요한 사건으로 볼 수 있는 것이 바로 한국 왕이 러시아 공사관에 잠시 체류했던 것이다.

이와 같은 협약들 가운데 첫 번째 것은 베베르 고무라 각서로, 이것은 1896년 5월 14일 서울에서 체결되었다. 이 각서에서는

---

1 [감교 주석] 시모노세키 조약(일본어: 下關條約; 중국어 : 馬關條約)
2 [감교 주석] 랴오둥(遼東)
3 [감교 주석] 뤼순(旅順; Port Arthur)항
4 [감교 주석] 다롄(大連)

1. 한국 왕이 러시아 공사관에 체류한 것을 다루었고, 양국은 환궁이 왕 자신의 신변 보호와 합치될 수 있을 것 같은 즉시 그의 궁으로 돌아가도록 왕에게 권유할 의무를 갖는다.

2. 일본 무사의 통제, 한국의 내각에 자유주의적이고 온건한 사람들의 임명, 사면법, 200명의 헌병을 통한 서울 부산 간 일본의 전신선 보호, 더 나아가 400명의 일본 군대를 통한 서울 소재 일본인 거주지의 보호, 부산과 원산에 각각 200명씩으로 일본인 거주지 보호, 똑같은 수의 러시아 군대를 통한 이들 지역 러시아 공사관이나 영사관의 보호를 다루었다. 끝으로 한국 국내에 완전한 평온이 이루어지면 이 모든 군대를 철수하기로 약정하였다.

다음으로는 4개 조항으로 된 로바노프 야마가타 의정서가 뒤따랐다.

첫 번째 조항은 재정에 관한 것으로, 양국 정부는 한국이 외국의 차관을 받는 데 대해 한국을 지원할 의무가 있다.

두 번째 조항은 한국이 나라의 재정 및 수입과 합치될 수 있는 한 군대와 경찰의 조직과 유지를 맡도록 하여 외국의 도움 없이 스스로 통치할 수 있게 함을 확인하고 있다.

세 번째 조항은 일본에게 일본의 전신선을 관리할 권한을 주었고 러시아의 국경에까지 전신선을 설치하도록 허가하였으며 – permits the erection of A. Russian frontierline – 한국이 이 선을 구매할 수 있다는 유보조건을 달고 있다.

네 번째 조항은 후속 협상이 우호적인 분위기에서 이루어져야 함을 확인하고 있다.

오쿠마[5]가 이 의정서를 일본 국회에 제출했을 때, 그는 양국 간의 우호적 감정을 파괴시킬 위험성이 있는 한반도 내의 파벌들 때문에 이 의정서가 불가피하다는 것을 지적하였다.

올해 5월 15일에는 니시-로젠 협정이 체결되었다. 그 주요 조항은 다음과 같다:

1. 러시아는 일본이 한국 국내에서 상공업을 행하는 데 방해가 되지 않을 것을 약속한다.

2. 러시아가 한국 정부의 요청을 고려하여 – 요청에 응하여(in compliance) – 여러 사안에 맞는 군 교관들과 고문들을 한국에 보내려 의도하는 경우, 이에 대해 일본 측에 통지하고 일본의 동의를 구해야 한다.

5　[감교 주석] 오쿠마 시게노부(大隈重信)

일본은 이와 비슷한 상황에서 비슷한 정책에 따를 것이다.

페테르부르크의 국제은행에 의해 50만 루블의 자본금으로 설립된 러시아-한국은행은 서울에서 영업을 다시 중지하였다. 이 은행이 한국 정부로부터 받은 특권은 첨부문서에서 알 수 있듯이 매우 이례적인 것이었다.[6]

그때까지 한국의 재정을 관리하던 영국인 브라운[7]은 영국의 함대가 그에게 유리하도록 시위를 벌이고 난 후 영향력 큰 총세무사 자리를 유지하긴 했어도, 러시아인 재정고문 알렉세예프[8]에게 길을 비켜주어야 했다.

러시아-한국은행과의 협정 발표는 영국인들만 깜짝 놀라게 하거나 일본인들에게 점점 커져가는 러시아의 세력으로부터 그들(일본인들; 역자)의 이해관계와 관련하여 예상할 수 있는 것이 무엇인지를 보여주었을 뿐만 아니라 체결된 협정의 조건들은 애국적으로 사고하는 모든 한국인을 분개하게 만들기도 했다.

줄곧 세력을 확장해온 독립협회를 통해 서울에서 집회가 소집되었는데, 이 집회는 아주 조용한 가운데 진행되었으나 러시아와 맺은 협약을 다시 폐기하도록 정부에 요청하자는 결정을 이구동성으로 결의하였다. 더욱 주목할 만한 것은, 한국 정부가 러시아-한국은행과 맺은 협정을 즉시 무효로 하였다는 것이며, 러시아는 극히 짧은 기간 동안 알렉세예프가 관리했던 재정을 다시 한국 정부에 완전히 넘겨주었고 군 교관들도 철수시켰다는 사실이다.

간과해선 안 되는 것은, 일본이 예전에 되풀이하여 중국을 상대로 표현하였던 것처럼 동양의 민족들은 유럽의 침공에 맞서 결집해야 한다는 생각과 함께, 그러한 투쟁을 위해서는 현대적인 개혁의 도입을 통해 더 잘 무장하라는 경고가 이미 오래 전부터 일본 정책의 밑바탕에 깔려 있다는 점이다.

특히 흥미로운 것은 한국 정부가 러시아 정부에 보낸 구상서 중에 있는 다음과 같은 대목이다:

"Our government has decided that we will continue to manage our affairs according to the methods which your officials have so kindly introduced, though we must place the controlling power of these departments in the hands of our own countrymen. We will not employ any foreign military instructors or advisors. This decision was arrived at by the unanimous wishes of the old statesmen, the

---

6 [원문 주석] 첨부문서 No. 1
7 [감교 주석] 브라운(J. M. Brown)
8 [감교 주석] 알렉세예프(K. Alexeev)

present government and the people at large, also thorough the enlightenment and independent spirit which your government has so diligently inculcated among us. I am sure that your Imperial Sovereign and your government will be glad to know that our people have become so progressive and enlightened as to desire to maintain their own sovereignty."[9]

이제 한국의 무역 현황을 살펴보면, 다음에 첨부된 도표와 통계를 통해서도 이 나라의 무역업과 해안교통업이 1886년에서 1896년까지 얼마나 크게 발전하였는지를 알 수 있다.

1897년에 무역은 다시 한번 매우 이례적으로 성장하였다. 이 해의 수입과 수출은 최고조에 달하여:

1896년, 12,842,509달러 또는 á 2/2 = 1,391,271루블

1897년, 23,511,350달러 또는 á 2/0 1/4 = 2,375,625루블

즉 한 해에 약 2천만 마르크가 증가했다. 지금까지 제출된 보고에 따르면, 1898년에 또 한 번의 상승을 예상할 수 있다.

외국과의 무역을 위해 개항된 한국의 항구들 중에는 제물포가 가장 중요한데, Tschimulpo라고도 쓰며 중국어로는 Jenchuan이라고 불린다. 총 외국무역의 거의 절반가량이 이곳을 거쳐 이루어진다. 1897년 한 해만도 위에 언급된 숫자 중 9,608,490달러, 그 중 3,739,890달러가 이 항구를 통한 한국으로부터의 수출이었고 5,868,605달러가 한국으로의 수입이었다. – 해외 전신이 이곳을 청국 및 수도 서울과 이어주고 있다. 제물포는 원산항과 부산항의 두 항구와 함께 1883년 이래 무역항구로서 개항되었다. 부산항은 한국의 동남쪽 경상도 지방에 있으며, 원산(Wönsan)은 Gensan 또는 Yuensan이라고도 불리는데, 한국의 북동 해안에 놓여 있다.

1897년 10월 1일에는 추가로 두 개의 항구가 외국과의 무역을 위해 문을 열었는데, 대동강변의 진남포(평양도)와 전라도 몽탄포구의 목포가 그것이다.

더욱이 세 개의 항구가 곧 해상교통을 위해 개항될 예정이다: 마산포, 군산, 유신호가 그것이다.

한국 항구들 사이의 교통 또한 특별히 반가운 일이다. 본디 독일의 증기선인 세 척의 선박, 즉 한령호, 창룡호, 현익호가 이 항구들 사이의 왕래를 맡고 있다. 이 선박들은

---

9 [원문 주석] 첨부문서 2, 3, 4, & 5.

제물포에 있는 독일계 마이어 회사[10] 관리하는데, 이 선박들로 꽤 좋은 성과를 거두었다. 한국의 해안교통을 위해, 청국 항만들과의 항로를 더 잘 연결하기 위해, 특히 독일의 증기선들에게도 좋은 기회가 더 생겨난다. 그리고 위에 언급한 독일계 마이어 회사의 염원은 독일-한국 증기선 회사를 설립하는 데까지 이르는 것인데, 이는 한국 정부 측에 유리한 이점을 가져다 줄 것이다.

더욱이 한국 정부의 부담으로 해안지역들 사이를 다니는 선박으로는 증기선 "Chow Chow Foo"도 있는데, 이 선박도 마찬가지로 E. Meyer & Co의 운영 하에 운행되고 있다.

이 네 척의 증기선이 다니는 한국의 해안지역은 다음과 같다;

군산, 목포, 제주, 좌수영, 삼천포, 통영, 마산포, 부산, 염포, 포항, 원산, 서호, 신포, 신창, 좌초, 성진, 명주, 경산.

제물포의 해운에 관해서는, 요즘 대부분 일본인들이 관여하고 있다. 두 개의 회사, 즉 일본우선회사[11]와 오사카 상선회사[12]는 수많은 증기선을 보유하고 있다. 오사카 상선회사는 일본과 한국 사이만 다니는 데 반해 일본우선회사는 한국을 경유하여 중국, 시베리아로도 다니며, 보조금을 지급받으면서 다음과 같은 정기 노선을 보유하고 있다:

1. 고베, 나가사키, 부산, 제물포, 톈진,
2. 고베, 나가사키, 부산, 제물포, 뉴좡,
3. 고베, 나가사키, 부산, 제물포, 블라디보스토크,
4. 상하이, 체푸, 제물포, 나가사키, 부산, 원산, 블라디보스토크.

이밖에도 매우 많은 화물 증기선이 특히 제물포와 고베 사이에서 운행되고 있고, 곧 시베리아 항로의 운행이 늘어난다고 한다.

일본의 선박회사들은 자국민에 대해서는 각별히 우대하는 데 반해 다른 화물 위탁자에 대해서는 대우를 잘 안 해준다. 예를 들어 상하이에서 출발하는 장거리 증기선들이 너무 많은 짐을 적재하는 경우, 가장 먼저 일본인이 아닌 사람의 화물이 실리지 않고 뒤로 남겨진다. 이에 대해 특히 한국과 중요한 무역을 하는 청국인들이 불평하고 있다. 그것으로 인해 그들의 사업이 때에 따라 현저히 손해를 보게 되는 만큼 그들은 냉대를 더 많이 느끼고 있다.

---

10 [감교 주석] 마이어 회사(E. Meyer & Co.; 세창양행(世昌洋行))
11 [감교 주석] 일본우선회사(日本郵船会社)
12 [감교 주석] 오사카상선회사(大阪商船会社)

더 나아가 러시아 회사인 M. G. Sheveleff[13] & Co사의 증기선들은 다음과 같은 항로를 택한다:

상하이, 제물포, 체푸, 나가사키, 원산, 블라디보스토크, 제물포.

이 증기선들은 15일에서 20일의 간격을 두고 운행된다. 운항이 계획서에 따라 조정됨에도 불구하고 운항은 실제로 매우 불규칙한데, 이는 증기선들이 다니는 시간 간격이 길어서 상인들에게는 매우 불편하다.

제물포와의 연결을 놓고 볼 때, 규칙적이면서 비용이 많이 들지 않는 항로가 될 여지가 있는 것으로 보인다. 왜냐하면 철도와 광산에 의해 교통이 현저히 활발해져야 해서 다름 아닌 바로 제물포의 무역이 예상컨대 차후 수년간 매우 크게 성장할 것이기 때문이다. 이 곳과 서울 사이의 철도는 1899년 가을에는 한강에 이르기까지 완공될 것이다. 북서쪽 국경까지 건설하여 여기서 만주철도와 연결시킨다고 하는 프랑스 철도는 금리보증을 약속했던 러시아인들이 한국으로부터 완전히 철수한 후인 지금에 와서는 불확실해졌다. – 다른 한편으로 한국 정부 측에서 두 건의 광산 채굴을 허가해주었는데, 하나는 미국회사이고 다른 하나는 독일회사인 마이어 회사이다. 영국인들도 광산 채굴권을 얻으려고 노력 중이다.

다른 철도들도 여하튼 다음 시기에는 건설될 것이며, 다른 광산들도 문을 열 것이고, 제물포의 무역도 이것들(철도와 광산; 역자)을 통하여 늘 새로운 지원수단을 받게 될 것이다. 증기선 회사들, 특히 일본의 증기선 회사들은 이 사실들을 제대로 알기 때문에 운항을 점점 더 많이 늘릴 것이며, 매우 큰 관심을 갖고 있는 독일사람들이 여기에 참여하지 못한다면 이는 매우 아쉬운 일일 것이다.

알려져 있다시피 이미 첫 보조금을 승인해줄 때 독일 정부는 북독 해상보험사(Norddeutscher Lloyd)에 한국의 항구 중 하나에 기항할 것을 조건으로 내걸었었다. 그럼에도 이 회사는 나중에 이 의무로부터 해방되었다.

다른 열강들이 한국에서 가능한 한 큰 영향력을 확보하는 데 얼마만큼 가치를 두는가는 그 열강들의 대표가 최근 꽤 높은 직위를 받았다는 점에서 이미 드러난다. 서울 주재 외국 대표들은 현재 다음과 같다:

독일: F. Krien 영사[14]

---

13 [감교 주석] 셰벨레프(Sheveleff)
14 [감교 주석] 크리엔(F. Krien)

대영제국: J. N. Jordan[15] 임시대리공사

프랑스: V. Collin de Plancy[16] 임시대리공사 겸 총영사

러시아: A. de Speyer[17] 임시대리공사 경 총영사

미합중국: H. N. Allen[18] 박사, 변리공사 겸 총영사

일본: T. Hara[19] 특명전권공사, 1897년 중반 이후

일본: M. Kato[20]

이로부터 알 수 있듯이 지금까지 한국에는 하나의 영국회사, 하나의 미국회사, 하나의 독일회사, 즉 마이어 회사가 있을 뿐이고 특히 이 독일회사가 서울 주재 독일 대표부의 적극적인 도움 덕분에 한국 정부로부터 광산 채굴권을 얻을 수 있었으며 이를 위해 뒤셀도르프 소재 광산산업은행의 지휘 하에 탁월한 회사들이 참여하는 신디케이트가 구성된 이후로 이 독일회사, 그리고 이 회사와 더불어 독일 산업이 한국에서 갖고 있는 이해관계가 매우 중대해지리라는 전망임에도 영사 직위를 갖고 있는 것은 독일의 대표 뿐이다. 신디케이트가 파견한 광산 기술자 크노헨하우어[21]는 채광할 가치가 있는 지형을 이미 발견했다.

한국에 금광이 풍부하다는 것은 인정받았다. 한국 정부로부터 특별허가를 받은 여러 기업은 그에 대한 댓가로 일정 사용료를 납부해야 하는데, 그러한 기업을 위해 일하는 수많은 한국인은 나라에서 원시적인 방법으로 금을 채취하고 있다. 위에 언급한 신디케이트가 염두에 두고 있는 광산의 경영은 독일 산업을 위해서도 커다란 의미를 가질 것이다. 왜냐하면 여기에 필요한 많은 기계를 독일에서 가져와야 하고 또 광석은 독일에서 제련될 것이기 때문이다.

미국의 한 회사는 수익성이 매우 좋다고 하는 광산 채굴권을 이미 작년에 발급받았다.

이제 한국의 금 생산에 대하여 이야기하자면, 공식적으로는 1896년에 1,390,412달러, 1897년에 2,034,097달러라고 언급되어 있는데 실제로는 이보다 훨씬 더 많이 추계할 수 있다. 왜냐하면 당연히 많은 양의 금이 비밀리에 유출되기 때문이다. 금 수출을 제대로

---

15 [감교 주석] 조던(J. N. Jordan)
16 [감교 주석] 플랑시(V. C. Plancy)
17 [감교 주석] 슈뻬이예르(A. Speyer)
18 [감교 주석] 알렌(H. N. Allen)
19 [감교 주석] 하라 다카시(原敬)
20 [감교 주석] 가토 마스오(加藤增雄)
21 [감교 주석] 크노헨하우어(B. Knochenhauer)

관찰한 한 미국인은 약 3백만 내지 5백만 달러, 즉 약 6백만 마르크 내지 1천만 마르크로 어림잡았다. 위에서 1897년에 늘어난 액수는 주로 제물포항에 유익했다. 온갖 새로운 기술 장비들을 갖춘 채광장을 통한 본격적인 가공 하에 금 채취는 당연히 현저하게 확대될 것이며, 한국은 곧 지구상에서 금이 가장 풍부한 나라 가운데 하나로 이름이 날 것이다.

광산보다는 곧 한국에 건설될 철도가 독일의 사업의욕에는 더 전도양양하다. 지금까지는 제물포와 서울 간의 철도가 건설 중이지만, 서울에서 평양을 거쳐 의주로 가는 철도선을 세우고 여기서 러시아의 만주철도와 연결시킬 것을 고려한 바 있다. 이 철도 건설에 대해서는 위에서 언급하였듯이 프랑스인들이 관심을 갖고 있었다. 프랑스 회사인 피브릴르[22]는 이미 한 명의 기술자를 파견하였으며, 이 철도선 허가를 얻을 좋은 기회를 갖고 있기도 했다. 그러나 협상은 실패하였다. 왜냐하면 프랑스 회사는 러시아의 금리 보증을 요구해야 한다고 생각했던 반면, 이미 보고한 바와 같이 러시아 정부는 이에 관여하지 않으려 하였기 때문이다.

그밖에 중장거리 구간 중에서 서울-원산-블라디보스토크 노선과 서울-부산 노선이 계획되어 있다. 서울-부산 노선은 최종적으로 일본인들한테 넘어갔다고 한다.

이 나라의 많은 인구와 일반적인 경기 상승을 놓고볼 때, 이 노선들과 여러 지선들이 돈벌이가 될 것임은 확실하다. 땅속에 숨겨진 보화뿐만 아니라 대폭적으로 늘어나고 있는 곡물의 재배, 특히 쌀, 콩, 밀의 재배는 철도를 통해 운송이 더 나아지기만 하면 중요한 수출품이 된다. 1896년에 쌀 수출은 이미 950,145 피컬 = 약 57,500,000 kg에 달하였고, 1897년에는 유감스럽게도 흉작이었다.

본인은 독일 정부가 독일과 한국의 무역을 촉진하기 위한 모든 노력을 강력히 후원하리라고 생각한다. 독일 정부는 자오저우의 점유를 통해 동아시아에서 큰 역할을 하고자 한다는 것을 보여준 후, 그곳에 인접해 있고 독일의 무역에 대단히 중요한 한국에서의 모든 상업적 계획에 대해 지원을 거부하지는 않을 것이다.

우리 독일인들은 주저해서는 안 된다. 왜냐하면 다른 나라들도 한국에서 전망이 보이는 큰 규모의 사업에 참여하고자 당연히 매우 노력할 것이기 때문이다. 특히 영국은 지금 한국에 대해 전보다 훨씬 더 큰 주의를 기울이고 있다.

홍콩 상하이 은행[23]과 차타드 인도 오스트레일리아 중국 은행[24]은 이미 오래 전부터

---

22 [감교 주석] 피브릴르(Fives-Lille)
23 [감교 주석] 홍콩 상하이 은행(Hongkong and Shanghai Banking Corporation)
24 [감교 주석] 차타드 인도 오스트레일리아 중국 은행(Chartered Bank of India, AustraliA. and China)

제물포에 지점을 설치하였다. 일본의 은행들 가운데서는 다이이치 은행[25]과 고주하치 은행[26]이 제물포와 서울에 대리점을 두고 있다.

여러 가지의 광범위한 개혁과 개선의 조치들이 한국에서 취해졌다. 학교가 세워지고, 도로가 수선되고, 수도는 위생의 관점에서 크게 향상되었다. 이 도시는 석유로 조명하고, 동대문과 서대문을 연결하고 나중에 마포나루까지 이어진다고 하는 전차가 공사 중에 있다.

최근에는 영국뿐만 아니라 미국에서도 한국에서 여러 가지의 사업을 계획하고 있다. 200,000 파운드의 자본금으로 설립된 영중 무역금융회사[27]는 회사 안내서에서 다음과 같이 언급하고 있다:

Object to construct and maintain in China, Japan, Korea, Hongkong and the Phillipines and elsewhere railways, tramways, docks, harbours, piers, wharves, canals, reservoirs, embarkments, irrigations, drainage, sanitary, water, gas, electric light, telephonie, telegraphic and power, supply works and Hotels, to build war and Merchant ships and other vessels, to undertake the building and armament of forts and the provision of arms, guns, armament and ammunition for the same, to undertake the dredging and repair of rivers and navigable and other waterways, to require and turn to account any contracts, decrees and concessions, to carry on the business of cotton, wool, and silk spinners and manufacturers, coal, metal, mines, metallurgists, electricians, machinists, oil, flour, rice, cotton and paper millwrights, gas makers, builders and contractors, engineers, farmers and graziers, brewers, printers, bleachers, dyers, shipowners, shipbuilders, merchants, storekeepers, carriers, agents, importers and exporters, as bankers, financiers, company promoters and capitalists, army and navy agents, etc.

본인은 한국 정부의 지난해 예산을 첨부한다. 이 예산에서 한국의 정돈된 행정을 엿볼 수 있다. 일본과 체결한 3백만 달러의 차관 중 2백만 달러는 상환되었고, 국고에는 나머지의 차관도 마저 상환할 수 있는 충분한 돈이 있다. 이로써 한국은 거의 채무가

---

25 [감교 주석] 다이이치 은행(第一銀行)
26 [감교 주석] 고주하치 은행(第五八銀行)
27 [감교 주석] 영중 무역금융회사(Anglo-Chinese Trading and Financial Corporation)

없는 셈이고, 청국의 시스템에 따라 운영 중인 세관수입은 차관을 위한 최고 수준의 안전성을 제공한다.[28]

한국의 군대 문제에 관해 언급하자면, 병사들 중 일부는 러시아 장교들에 의해, 일부는 일본 장교들에 의해 훈련받았다. 이 사람들이 이제 이 나라를 떠난 후, 훈련은 한국의 장교들에 의해 속행되고 있다. 그리고 지금까지 러시아어와 일본어로 내려졌던 호령들을 한국어로 번역하려고 애쓰고 있다. 이러한 방식으로 훈련받은 군대의 수는 약 1만명에 달한다.

한국의 새로운 개혁조치들은 우편제도에까지 이를 것이다. 한국은 곧 만국우편연합에 가입할 의향을 갖고 있다. 우편제도에 대한 감독은 체신참사관으로 임명된 프랑스인에게 맡겨진다고 한다.

여기서 또 하나의 사건에 대해 언급할 수 있는 것은 본인에게 큰 기쁨이다. 이 사건은 한국에서 독일이라는 국가의 명망을 높이는 데 그 어떤 다른 사건보다 더 적합하게 여겨지는 사건이다. 그것은 지난해 7월에 디더리히스[29] 제독의 지휘 하에 독일 함대가 제물포를 방문했던 일이다. 서울에서 방문을 받은 한국 황제는 우리측 장교들과 승무원들의 당당한 태도에 경탄할 기회를 가졌다. 그들의 짧은 체류기간 동안 제독과 모든 장교는 모든 독일인과 비독일인의 마음을 사로잡는 데 성공했다. 만약 함대가 방문을 반복하게 된다면 누구든지 기뻐할 텐데, 바로 위에 이미 언급하였듯이 본인은 이것이 한국에서 우리나라의 명망을 공고히 하고 고양하기 위한 가장 적합한 수단들 가운데 하나로 여겨진다.

하인리히[30] 왕자께서는 올해 블라디보스토크로 가는 여행길에 아쉽게도 부산에만 잠깐 들르셨다. 그러나 폐하께서 내년에 제물포도 방문하시고 그리고 나서 서울에도 오시게 된다는 희망이 있는 것 같다. 이와 같은 방문은 한국에 있는 독일인들과 독일의 이해관계 전체를 위해서도 지극히 중요한 일이다. 왜냐하면 이와 같은 방문으로 막강한 독일제국이 한국에서의 상황에 대해 마땅한 관심을 기울이고자 한다는 것이 드러나기 때문이다. 만약 이 방문이 성사된다면, 우리가 이 점에서도 다른 나라들보다 뒤처지지 않도록 우리 대표의 등급 승격을 더 이상 주저하지 않았으면 한다.

한국의 재정관계에 관하여 말하자면, 지난해 10월 1일까지 일본의 주화는 한국에서 유통되는 유일한 은화였다. 그러나 일본에서 금 본위 통화제도가 도입됨에 따라 이것이

---

28 [원문 주석] 첨부문서 6 & 7.
29 [감교 주석] 디더리히스(Diederichs)
30 [감교 주석] 하인리히(A. W. Heinrich)

한국의 유통자금에 위협적인 영향을 끼치지나 않을지 걱정하게 되었다. 이때부터 일본의 주화는 금화로 되었기 때문에 이것이 한국으로부터 회수되어 일본으로 보내지지 않을까 우려되었다. 그리하여 한국에 새 주화를 도입한다는 결정이 내려졌다. 이러한 목적으로 일본 정부의 동의를 얻어 거래했던 일본은행[31]과 협정을 체결하였다. 이 협정에 의하면 일본은행은 한국 내에서의 수요에 대하여 그에 상응하는 만큼의 엔화를 조달하기로 하였다. 이 엔화는 유통으로부터 회수되어 금으로 교체되었고 그때부터는 더 이상 금으로 바꿀 수 없다는 것을 표시하기 위해 이 동전에 silber라는 표시를 하도록 했다. 1897년의 마지막 3개월 동안, 이 표시가 찍힌 30만개의 주화가 조달되었으며, 그 중 절반이 유통되었고, 때로는 경미한 손해가 발생하였다. 할인 –

한국 정부는 다음과 같은 주화를 주조하였다:

5냥, 은, – $ 1 = 2500캐쉬
1냥, 은, – $ –.20 = 500캐쉬
1/4냥, 니켈, – $ –0.5 = 125캐쉬
5푼, 동, – 구리, – $ –0.1 = 25캐쉬
1푼, 놋쇠, – $ –0.002 = 5캐쉬

유통되고 있는 것은 지금까지 니켈, 구리, 놋쇠 주화뿐이다. 그에 반해 예를 들어 일본의 은행들은 5냥짜리 동전이 일본의 은 엔화와 완전히 똑같은 가치가 있음에도 받지 않으려고 한다.

요코하마에서 온 로이터 전보는 서울 발 소식을 전하고 있는데, 이에 따르면 한국은 이 금 본위 통화제도를 최종적으로 수락했다고 한다.

미국이 스페인과의 전쟁에서 승리함으로써 미국의 권력의식은 눈에 띄게 강해졌다. 그리고 미 공화국은 지금까지보다 더 예리한 수단으로 현재 무역에서 성공을 거두려고 매우 노력하고 있는 동아시아 시장에서의 경쟁무대에 등장하게 될 것이다. 북아메리카는 드릴[32]과 셔팅[33]에서 이미 동아시아 시장을 석권하고 있고 물량을 계속 늘려가며 이 물품들을 공급하고 있다.

한국에 대하여 미합중국은 언제나 특별히 주의를 기울였다. 미국의 선교사들과 장로

---

31 [감교 주석] 일본은행(日本銀行)
32 [감교 주석] 드릴(Drills)
33 [감교 주석] 셔팅(Shirtings

교 선교사들이 이 나라에 대거 파견되어 서울에서 정치적 영향력을 행사하는 일이 잦았다. 한국의 국가적 관심을 대표하는 신문인 "독립신문"은 미국인들이 편집하고, 월간지인 *Korea Repository*도 마찬가지이다.

영국의 선교단, 그리고 특히 프랑스의 선교단도 한국에서 괄목할만한 영향력을 끼치고 있다. 그리고 이제 독일의 선교단도 최근 기독교가 매우 큰 발전을 이루었다고 하는 한국에 대하여 주의를 기울일 시기인 것 같다. 산둥에서 독일의 선교단이 그들의 활동을 이미 펼쳤기 때문에 한국에서 시도해보는 것도 분명 가치있는 일이라 하겠다.

교육 분야에서 한국에서는 최근 많은 일이 일어났다. 젊은 한국인들은 놀랄 만큼 쉽게 외국어를 배운다. 추상적 학문을 이해하는 그들의 재능은 다른 어느 나라에도 뒤지지 않는다.

볼얀[34]이 교장을 맡은 덕어학교[35]가 바로 얼마 전 독일 영사 크리엔이 참석한 가운데 문을 열었다.

첨부문서 No. 1

첨부문서의 내용(원문)은 독일어본 635쪽에 수록.

---

34 [감교 주석] 볼얀(J. Bolljahn)
35 [감교 주석] 한성덕어학교(漢城德語學校)

첨부문서 No. 2

제물포의 무역
1886-1897년

년도	수출입 총액	해운		승객	순 세관 수입액
		선박	톤		
1886	$ 1,820,307	145	44,712	4,635	$ 78,944
1887	1,983,237	161	52,351	2,915	120,004
1888	2,393,738	225	59,650	4,038	138,943
1889	2,531,850	215	77,739	5,223	129,368
1890	4,950,574	337	103,339	7,140	248,308
1891	5,441,245	446	116,673	7,151	295,447
1892	5,405,227	535	134,579	7,418	253,224
1893	4,408,407	511	129,315	8,583	196,327
1894	4,935,112	537	120,898	15,067	280,487
1895	6,023,901	773	122,470	21,416	435,509
1896	5,511,361	689	150,558	14,051	335,510
1897	9,196,049	985	200,667	18,570	541,457

첨부문서 No. 3

부산의 무역
1886-1897년

년도	수출입 총액	해운		승객	순 세관 수입액
		선박	톤		
1886	$ 748,270	385	79,285	3,147	$ 35,666
1887	1,344,630	488	85,410	3,161	69,741
1888	1,486,660	721	94,804	4,267	66,911
1889	1,908,643	904	112,006	4,993	85,525
1890	4,006,279	1174	156,755	8,584	202,227
1891	$ 3,743,954	962	180,544	10,901	$ 198,928
1892	3,205,486	754	185,910	9,239	138,824
1893	2,397,970	677	137,621	8,159	104,701
1894	1,756,670	610	173,288	8,310	?
1895	2,496,639	769	195,084	11,403	164,535
1896	3,897,292	877	254,826	11,215	269,549
1897	7,736,117	1064	267,757	?	438,461

첨부문서 No. 4

원산의 무역
1886~1897년

년도	수출입 총액	해운		승객	순 세관 수입액
		선박	톤		
1886	$ 978,153	30	38,337	1,309	$ 45,668
1887	1,117,115	64	42,433	1,102	56,956
1888	1,342,298	44	41,808	1,423	61,361
1889	1,510,948	91	53,662	1,507	65,107
1890	1,663,071	62	51,953	1,710	64,065
1891	1,356,919	91	60,478	1,702	54,683
1892	1,593,878	129	71.227	1,662	46,364
1893	1,481,260	143	69,835	2,311	53,089
1894	1,450,996	166	71,115	5,079	?
1895	2,047,490	154	88,576	4,627	141,253
1896	1,365,775	154	93,774	6,388	86,726
1897	2,814,089	214	115,007	?	138,991

첨부문서 No. 5

해운업의 발전
제물포, 부산, 원산
1886~1897년

제물포	년도	선박	화물(톤)	승객
	1886	145	44712 Ton	4635
	1887	161	52362 〃	2915
	1888	225	59650 〃	4038
	1889	215	77739 〃	5223
	1890	337	10339 〃	7140
	1891	446	116673 〃	7151
	1892	535	134579 〃	7418
	1893	511	129315 〃	8583
	1894	537	120898 〃	15067
	1895	773	122470 〃	21426
	1896	589	150558 〃	14051
	1897	985	200676 〃	18570

부산	년도	선박	화물(톤)	승객
	1886	385	79285 Ton	3147
	1887	488	85410 〃	3161
	1888	721	94804 〃	4267
	1889	904	112006 〃	4993
	1890	1174	156755 〃	8584
	1891	962	180544 〃	10901
	1892	754	185910 〃	9239
	1893	677	187621 〃	8159
	1894	610	173288 〃	8310
	1895	769	195084 〃	11403
	1896	877	254828 〃	11215
	1897	1064	267757 〃	?

원산	년도	선박	화물(톤)	승객
	1886	30	38337 Ton	1309
	1887	64	42433 〃	1102
	1888	44	41808 〃	1424
	1889	91	53662 〃	1507
	1890	62	51953 〃	1710
	1891	91	60478 〃	1752
	1892	129	71227 〃	1682
	1893	143	69835	2311
	1894	166	71115 〃	3079
	1895	154	88576 〃	4627
	1896	154	93774 〃	3388
	1897	214	115497 〃	?

첨부문서 No. 6

1897년도 한국의 총 예산

단위: 달러, 1달러 당 약 2.04마르크

수입	지출
기본세액 - 1,715,000	궁내부 - 650,000
건물세 - 196,000	외부 - 79,196
해상세 - 495,000	내부 - 1,130,468
주화 - 200,000	탁지부 - 880,495
1896년도 잔액 - 1,147,192	군부 - 979,597
기타 - 438,000	학부 - 76,778
	농상공부 - 150,440
	기타 - 63,451
총 수입액 4,191,192	총 지출액 4,190,427

첨부문서 No. 7

1898년도 한국의 총 예산

단위: 달러, 1달러 당 약 2.04마르크

수입	지출
기본세액 - 2,585,758	궁내부 - 560,000
건물세 - 229,558	외부 - 132,396
인삼전매액 - 150,000	내부 - 1,225,655
관세수입 - 750,000	탁지부 - 892,197
기타 - 64,000	군부 - 1,251,745
주화 - 200,000	학부 - 89,340
1897년도 잔액 - 508,160	기타 - 267,999
금광수입 - 40,000	예상외 지출 - 106,193
총 수입액 - 4,527,476	총 지출액 - 4,525,530

20
원문 p.641

일본의 군부

발신(생산)일	1899. 6. 10	수신(접수)일	1899. 7. 14
발신(생산)자	라이덴	수신(접수)자	호엔로에-실링스퓌르스트
발신지 정보	도쿄 주재 독일 공사관	수신지 정보	베를린 정부
	A. 72		A. 8466
메모	7월 18일 런던 148, 페테르부르크 361 전달		

A. 8466 1899년 7월 14일 오후 수신

도쿄, 1899년 6월 10일

A. 72

기밀

독일제국 수상 호엔로에-실링스퓌르스트 각하 귀하

행동을 촉구하고 있다고 하는 일본 군부의 불만에 대하여 아오키가 2-3주 전에 본인에게 말했다는 사실을 각하께 보고드린 바 있습니다. 그것은 싼먼[1]만과 저장[2]성에 대해 이탈리아가 요구를 했던 때였고, 본인은 그에 따라 대신의 그 발언을 이곳에서 나타난 경향, 즉 푸젠[3]성에서 기반을 확보하고 청국으로부터 물질적인 양보를 강력히 요청하는 경향과 자연스럽게 관련지었습니다.

본인이 꽤 믿을만한 측근으로부터 요즘 들은 바에 의하면, 당시에 아오키[4]와 군부의 고위층 사이에 열렸던 세부적인 후속논의의 대상은 청국의 상황보다는 한국의 상황이었습니다. 그들의 중심인물은 그 이후에 작고한 참모차장 가와카미[5]이었는데, 그는 아주 기꺼이 러시아와의 정면충돌을 촉구했을 것입니다.

라이덴

내용: 일본의 군부

1 [감교 주석] 싼먼(三門)
2 [감교 주석] 저장(浙江)
3 [감교 주석] 푸젠(福建)
4 [감교 주석] 아오키 슈조(青木周藏)
5 [감교 주석] 가와카미 소로쿠(川上操六)

베를린, 1899년 7월 18일   A. 8466

1. 런던 No. 418
2. 페테르부르크 No. 361

연도번호 No. 5807

일본 군부의 불만과 관련한 도쿄 주재 제국 공
사의 지난달 10일 자 보고서의 사본을 귀하의
정보용으로 전달해드립니다.

21

한국에서 일어난 다이너마이트 폭파 사건

발신(생산)일	1899. 6. 20	수신(접수)일	1899. 8. 4
발신(생산)자	라이덴	수신(접수)자	호엔로에–실링스퓌르스트
발신지 정보	도쿄 주재 독일 공사관	수신지 정보	베를린 정부
	A. 83		A. 9279
메모	8월 7일 페테르부르크 391 전달		

A. 9279   1899년 8월 4일 오전 수신

도쿄, 1899년 6월 20일

A. 83

독일제국 수상 호엔로에–실링스퓌르스트 각하 귀하

최근 서울에서 일어난 다이너마이트 폭파 사건에 일본인들이 관여하였다고 의심받은 후, 일본 정부는 한국과의 왕래에 일정한 제한을 두기로 결정하여 공고했습니다. 임시 내각회의에서는 그곳에 주재하는 일본 영사관이 직접 이 범행에 가담하였거나 범행을 저질렀다고 의심받는 한국인들을 숨겨준 일본국민들을 즉시 추방할 권리를 갖도록 한다고 의결하였습니다. 더 나아가 한국을 방문하려면 특별한 허가증을 받아야만 한다는 지침이 다시 효력을 얻었습니다.

야당 측의 목소리는, 서울에서 발생한 그 사건의 원인이 완전히 장막에 가려져 있는 한, 그러한 조치는 너무 조급한 것이라며 반박하고 있습니다. 다른 한편으로 기질이 약한 한국 왕이 공포에 질려, 물론 일본은 아니겠습니다만 아주 강한 외국의 군대에 의존하도록 내몰릴 수도 있다는 우려가 커지고 있습니다.

라이덴

내용: 한국에서 일어난 다이너마이트 폭파 사건

22

[독일 언론의 한국 관련 기사 보고]

원문 p.644

발신(생산)일		수신(접수)일	1899. 8. 5
발신(생산)자		수신(접수)자	
발신지 정보		수신지 정보	베를린 외무부
			A. 9362

A. 9362 1899년 8월 5일 오후 수신

베저 차이퉁[1]
1899년 8월 5일

　베를린, 8월 4일 (전보) (복제를 금함). 하인리히[2] 왕자의 제물포 방문은 어느 모로 보나 그곳에서 독일의 이익을 매우 근본적으로 증진시켰다. 이를 통해 일반적인 영향력이 대폭 강화되었을 뿐만 아니라 왕자의 방문은 직접적으로 좋은 결실이 맺어지게 하는 것 같다. 다시 말해 한국 정부는 이제 서울에서 원산까지의 철도 건설을 위한 허가를 독일 신디케이트에 내줄 의향이 있다는 것이다.

1　[감교 주석] 베저 차이퉁(Weser-Zeitung)
2　[감교 주석] 하인리히(A. W. Heinrich)

외무부 정치 문서고 조선 관계 문서(1898.10.1~1899.12.31)　**277**

베를린, 1899년 8월 7일   A. 9279

주재 외교관 귀중   한국의 다이너마이트 폭파 사건과 관련한 도쿄
1. 페테르부르크 No. 391   주재 제국 공사의 올해 6월 20일 자 보고서 사
                                          본을 귀하의 정보용으로 전달해드립니다.

연도번호 No. 6349

발신(생산)일	1899. 7. 10	수신(접수)일	1899. 8. 14
발신(생산)자	라이덴	수신(접수)자	호엔로에-실링스퓌르스트
발신지 정보	도쿄 주재 독일 공사관	수신지 정보	베를린 정부
	A. 95		A. 9671

A. 9671 1899년 8월 14일 오전 수신, 첨부문서 1부

도쿄, 1899년 7월 10일

A. 95

독일제국 수상 호엔로에-실링스퓌르스트 각하 귀하

이곳 신문인 "Nippon"의 지난달 24일 자 호에서 기사 하나를 발췌하여 제출해드립니다. 이 기사는 하인리히 폰 프로이센[1] 왕자 폐하의 한국방문을 다룬 것입니다.

이 기사는 비꼬는 태도를 보이면서, 일본이 한국에서 결정적인 영향력을 끼칠 기회를 놓쳤다는 사실을 독자에게 여실히 보여주려 하고 있습니다. 이 기사 가운데는 러시아와 일본이 한국에서 제3자의 영향력이 생겨나도록 내버려두기보다는 차라리 이웃국가를 북쪽과 남쪽으로 서로 나누는 편이 아마 더 나으리라고 하는 암시가 들어 있습니다.

한국의 상황을 자기네 뜻대로 주무르지 못하는 일본의 무기력함이 더 많이 드러나면 드러날수록, 미래에 이 지역의 발전능력이 일본의 관여 없이 전개되는 것을 지켜볼 수밖에 없게 된다면 불만은 더욱 더 커질 것입니다.

라이덴

내용: 한국

---

1 [감교 주석] 하인리히(A. W. Heinrich)

A. 95의 첨부문서

1899년 6월 24일 자 "Nippon" 신문의 기사에서 발췌하여 번역함

왕족의 인사를 성대하게 영접한다는 것은 국제적인 관습에 부합하지만, 한국 정부가 하인리히 왕자를 영접할 때 유달리 호화롭게 접대하였다는 것은 눈에 띨 수밖에 없다. 한국이 국제교류에서 그 정도로 자립성을 보여주었다는 것은 반갑게 환영할만한 일이지만, 다른 한편으로는 이 일이 더 깊은 다른 의미를 갖는 것으로 추측할 수도 있다. 독일이 자오저우만[2]을 얻음으로써 청국에서 튼튼한 기반을 마련한 후, 베를린에서는 아마도 한국에서 또 다른 사업에 아직 여지가 있다고 생각할 것이다. 그 때문에 왕자의 여행은 단순한 유람여행으로 볼 수 없다. 왕자가 방문했던 금광의 운영에 대한 관심도 이 여행의 동기가 아니고, 유일하게 결정적이었던 것은 이 여행이 어느 독일인한테서 20만 엔에 해당하는 경비를 얻었다는 점이다. 이 방문은 독일의 사업의욕의 시작을 위한 것이다.

지금까지는 한국이 두 강대국, 즉 북쪽으로는 러시아와 남쪽으로는 일본의 영향력 하에 놓여 있었던 반면, 이제는 제3의 강대국인 독일의 영향력이 준비를 하고 있다. 독일은 한국의 가운데 부분을 겨냥하고 있다.

추측컨대 서울에 주재하는 독일 영사가 이 일을 도모한 것 같다. 한국이 자발적으로 이와 같은 일을 벌였든, 아니면 비록 그럴법하지는 않지만 어느 다른 강대국에 의해 현혹되었든, 어쨌든지간에 이와 같은 책략은 바로 지금 한국의 필요에 완전히 부합하는 것이다. 한국은 아마도 새로운 제3자의 도움을 받아 다른 두 나라의 손아귀에서 빠져나올 궁리를 하고 있을 것이다.

독일은 동아시아에서 훌륭히 작전을 수행하였다. 독일은 오래 신중히 생각한 끝에 군 교관의 승인을 통해 중국뿐만 아니라 일본에서도 호감을 샀고 정신적인 영향력을 확보하였다. 이제 한국에서도 독일의 영향력이 발휘되도록 하는 일은 쉬운 일로 보인다.

하인리히 왕자의 방문은 한국에서 선례가 없는데, 한국이 왕자를 호화스럽게 영접한 것은 위에 언급한 상황에서 본다면 이해할만하다. 이 사건이 한국과 러시아의 관계도 일본과의 관계도 흐려놓지 않는 만큼, 한국은 더욱 더 축하인사를 받아야 할 것이다. 그렇지만 동시에 유감스러운 것은, 일본이 한국과 관련해서 품고 있는 계획들이 청일전쟁에서 얻은 명예로운 칭호들과 함께 동시에 점점 더 무너져 내려앉는 것 같다는 점이다.

---

2   [감교 주석] 자오저우만(胶州湾)

24
한국에서의 체류

발신(생산)일	1899. 6. 29	수신(접수)일	1899. 8. 23
발신(생산)자	하인리히	수신(접수)자	빌헬름 2세
발신지 정보	요코하마 독일 순양함대 지휘본부	수신지 정보	독일 궁정
	A. 95		A. 9981
메모	A. 3523 I 의 사본. No. 3832 I.		

A. 9981   1899년 8월 23일 오전 수신

요코하마, 1899년 6월 29일

순양함대 지휘본부

내용: 한국에서의 체류

황제와 왕 폐하께

올해 5월 29일 자 폐하의 전보 허가에 따라 본인은 제국군함 "도이칠란트"[1]호를 타고 6월 8일 제물포에 도착해서 먼저 독일 대표인 라인스도르프[2] 부영사와 사전 면담을 가진 후 6월 9일 말을 타고 한국의 수도인 서울로 출발했습니다. 라인스도르프 부영사는 한국 궁정을 방문하는 데 좀 더 역점을 두기 위해 많은 수행원과 해군 파견대를 거느리고 서울에 도착하는 것이 좋겠다고 강조하였습니다. 이러한 목적으로 장교 6명, 의사 1명, 군악대 지휘자 1명, 군악대원 10명, 하사관 1명, 해군 28명이 파견되었습니다.

제물포에 도착했을 때뿐만 아니라 서울에 도착했을 때도 한국 내각의 구성원들로부터 환영인사를 받았고 숙소, 접대, 식사는 왕측에서 극진하게 챙겨주었습니다.

왕의 영접

---

1   [감교 주석] 도이칠란트(Deutschland)
2   [감교 주석] 라인스도르프(Reinsdorf)

말을 타고 약 여섯 시간쯤 달려 9일 오후 수신 서울에 도착한 후, 같은 날 저녁에 왕의 공식 환영식이 거행되었습니다. 도이칠란트호의 해군 파견대가 선두에서 행군하여 들어가는 가운데 본인은 장교들을 동반하여 궁에 들어섰습니다. 그곳의 개방된 접견실에서 왕과 왕세자는 소수의 궁정관리들과 내시에 둘러싸여 우리를 기다리고 있었습니다. 궁으로 가는 길 양쪽에는 한국 군인들이 늘어서 있었습니다.

왕

한국 왕은 약 48세의 키가 작은 분으로, 매우 친절하고 호의적이며 재능이 있어 보였습니다. 그러나 가까운 사람들한테서는 존중을 받기보다는 동정심을 불러일으키는 분이었습니다.

내부의 불화와 궁정에서 당파 간의 반목, 폭동, 급기야는 불안정한 정치상황이 이 가엾은 군주 위에 기댈 곳이 없다고 하는 스탬프를 찍어 누르고 있습니다.

암살

상황의 특성에 대해 언급해드리고자 하는 것은, 본인이 한국에 잠시 머무르는 동안에도 세 건의 폭탄투척 사건이 일어났다는 사실입니다. 첫 번째 사건은 본인이 서울에 도착하기 하루 전날 저녁에 일어났는데, 법부대신[3]에 반대하여, 다시 말씀드려, 친척 연대책임의 재도입 때문에 일어난 일이었습니다. 이는 왕에게 직접적인 영향을 끼쳤는데, 왕이 미국 공사관으로 피신하려고 했던 사실이 이를 증명합니다. 사람들이 이야기하기로는, 오로지 방문이 임박해 있던 상황 때문에 결국 의도했던 피신을 하지 못했다고 합니다. 다른 두 건의 암살은 대신들에 반대해서 일어난 것이었습니다. 이 세 건의 암살로 죄 없는 사람들 아니면 범행자들만이 희생되었습니다.

왕은 독일의 군제, 특히 유니폼, 훈장, 군모에 대해 활발히 관심을 표명하였습니다. 한국의 군대를 사열할 때 왕뿐만 아니라 왕세자도 반은 일본식, 반은 프랑스식으로 새로 만든 제복을 입고 나타났는데, 이 옷은 오로지 이 목적으로만 만들어 처음으로 착용한 것이었지만 이 두 높은 분들을 위한 장식에까지 이르지는 못하였습니다. 훈장을 매다는 것도 마찬가지로 기대되고, 이 목적으로 유럽에서 견본이 오기를 기다리고 있습니다.

---

3 [감교 주석] 유기환(俞箕煥)

왕세자

　왕세자는 몸집이 작은 남자로, 약 30세 가량이며 추하고 얼빠진 듯한 표정을 하고 있고, 말이나 논리적인 사고를 거의 할 수 없습니다.

　7살 때부터 내시와 궁녀들에게 둘러싸여 지금은 완전히 바보가 되었습니다. 바로 얼마 전에 그를 독살하려는 시도[4]가 있었는데, 이 일로 그는 체력을 완전히 상실하였습니다. 오랫동안 서 있는 일이 그에게는 매우 힘든 일이며, 옆에서 시종들이 부축해주어야 가능합니다. 이러한 열등한 자질에도 불구하고 왕세자는 명목상 군대의 최고 지휘관입니다.

대화

　환영식 후, 측근들끼리의 만찬이 있었습니다. 수행원들이 옆방에서 식사를 하는 동안 본인은 왕, 왕세자와 단 셋이서 식사자리를 같이하였습니다. 대화는 통역관을 통해야만 했기 때문에 정말로 어려웠습니다. 게다가 본인은 줄곧 아주 작은 소리로 말하는 왕이 옆방에 있던 제3자에 의해 감시받고 있다고 느낀다는 인상을 받았습니다. 정치는 언급하지 않았고 소심하게 피했습니다. 왕은 여러 차례 황제 폐하의 안부를 물었고 황제 폐하의 자손이 몇 명인지 물었습니다. 왕은 수차에 걸쳐서 독일 군대의 명성이 널리 알려졌다는 것과 모범적인 것으로 세계에서 유명하다고 강조하였습니다. 그는 더 나아가 평화시기와 전쟁시기에 군단과 연대 본부의 힘 관계에 대해 물었습니다. 앞서 언급드렸던 바와 같이 왕은 제복에 대해 관심을 보여 본인은 여러 차례 우리의 군복을 대화주제로 삼아 설명할 기회를 가졌습니다.

　왕세자는 무관심하게 식탁에 앉아 있었으며, 가끔 아버지의 재촉을 받아 몇마디 두서없는 말을 했을 뿐입니다. 그 말은 통역관이 본인에게 영어로 옮겨주었고, 일반적인 상투어를 넘어서지 않았습니다.

한국의 군사력

　첨부문서로.

4　[감교 주석] 김홍륙독차사건(金鴻陸毒茶事件)

정치 상황과 외국의 영향력

요점은 러시아와 일본의 경쟁인 것 같습니다.

본인이 잘못 판단하지 않은 한, 내각 안에는 당파체제가 상당히 굳게 형성되어 있고, 러시아파와 일본파가 있으며, 아마 미국파도 있을 것입니다.

일본은 요즘 서울에 있는 공사관을 경비한다는 명목으로 2개 보병중대를 주둔시켰습니다. 또한 서울에는 작은 일본인 거주단지가 있습니다. 확실히 일본인들은 한국인들에게 귀찮은 존재일 뿐만 아니라 정말로 증오의 대상입니다. 특히 1895년에 있었던 왕비암살 사건[5]에서 거의 유일하게 일본인들이 그 죄를 범했음이 이젠 아주 명백하게 입증되었을 것이기 때문입니다.

얼마 전까지 베이징, 지금은 서울에 파견된 러시아 대표 파블로프[6]는 본인이 서울에 머무는 동안 페테르부르크에서 휴가를 보냈는데, 그는 한국 왕과 한국 정부에 막강한 영향력을 행사하고 있다고 합니다.

제물포와 서울 사이에는 일본 측에 의해 철도가 건설되는데, 이것이 완공되려면 수년이 더 걸려야 될 것 같습니다. 본인이 이렇게 생각하게 된 정황은, 전 구간에 걸쳐 일을 전혀 안 했고 철뚝은 부분적으로 한국인들에 의해 채소재배에 사용되었다는 것입니다.

영국의 홈링거 상사[7]와 더불어 한국에 있는 주요 유럽회사들 가운데 하나인 독일의 마이어 회사[8]는 서울에서 원산(동해안의 Wonsan)까지의 철도노선에 대한 건설 허가를 한국 정부로부터 얻고자 열렬히 희망하고 있습니다. 작별인사차 왕을 알현하는 기회에 본인이 이와 관련된 발언을 하자, 왕은 러시아인과 일본인들에게 구속받고 있다는 느낌을 갖고 있으며 이제는 외국인들에게 전혀 허가를 내주지 않을 생각이고 철도는 한국의 자본으로 건설할 생각이라고 말하였습니다.

그렇지만 라인스도르프 영사와 마이어 회사의 대표인 월터[9]의 진술에 따르면 실제로 처한 상황은, 독일 자본으로 철도를 건설하는 것에 대하여 러시아인들은 자신들의 이해 관계에 도움이 되는 것이라며 호의적인 태도를 갖고 있다는 것입니다. 그렇지만 다른 한편으로는 가 출발하기에 앞서 왕에게 자신이 페테르부르크에서 핵심인물들과 대화를

5　[감교 주석] 명성황후(明成皇后) 시해사건
6　[감교 주석] 파블로프(A. Pavlow)
7　[감교 주석] 홈링거상사(Holme & Ringer)
8　[감교 주석] 마이어 회사(E. Meyer & Co.; 세창양행(世昌洋行))
9　[감교 주석] 월터(Wolter)

나누고 그 결과를 서울에 전달하기 전까지는 철도건설에 관한 문제를 결정내리지 말아 달라고 간청했다고 합니다.

이 사실은 한국 정부의 무기력함과 비독립성에 대한 증거일 것입니다.

독일제국의 대표단

한국은 일반적으로 별로 주목을 받지 못하는 나라이거나 비교적 잘 알려져 있지 않은 나라입니다. 다른 이유들과 더불어, 독일제국이 한국에 영사관만을 파견한 것은 바로 이러한 부대상황 탓일 것입니다. 지금까지 본인이 받은 인상으로는, 한국의 상황과 독일제국의 체면에 상응하여 변리공사를 설치하는 것이 바람직하다고 여겨집니다. 한국 왕은 반복하여 이런 방향의 희망을 표했다고 합니다. 또 하나 언급드리고자 하는 것은, 독일 영사관의 건물도 그렇거니와 부영사가 오랫동안 영사를 대신하고 있다는 것이 독일제국의 위신에 이롭지 못하다는 것입니다.

비록 회사가 하나밖에 없다 하더라도 독일의 자본은 한국에서 꽤 많이 움직이고 있습니다. 이 회사는 어쨌든 중요한 역할을 하고 있고 이 나라의 발전에 아무런 영향도 끼치지 못한다고 할 수는 없을 것입니다.

수도 서울

수도 서울은 산봉우리들로 이루어진 계곡분지에 그림같이 위치해 있으며, 청국의 도시들과 똑같이 매우 규모가 큰 성곽으로 둘러싸여 있습니다. 성 안으로는 성문을 통해서만 들어갈 수 있습니다. 포장이 되어 있지 않은 도로들은 넓고 비교적 깨끗한 편입니다. 집들은 나지막한 점토움막 위에 볏짚이나 기와로 지붕이 씌워져 있었습니다. 중국의 건축을 상기시키는 아름다운 접객실이 있고 호화롭고 세련된 정원들로 둘러싸여 있는 옛 궁궐들이 구경할만한데, 이 궁궐들은 유감스럽게도 지난날의 화려함을 느끼게 할 뿐입니다.

서울의 인구는 약 20만 명에 달합니다. 열강의 대표부, 약 80명의 프랑스와 미국의 선교단 외에 서울에는 한 명의 유럽인도 살고 있지 않습니다. 최근에 세워진 한성덕어학교[10]는 볼얀[11]이라는 이름의 한 독일교사가 열심히 이끌고 있는데, 특별한 칭찬을 받아

---

10 [감교 주석] 한성덕어학교(漢城德語學校)
11 [감교 주석] 볼얀(J. Bolljahn)

마땅합니다.

당고개의 금 세광소

　여러 차례 언급드린 마이어 회사는 1898년에 한국 정부로부터 서울의 북동쪽으로 약 100 마일 떨어진 당고개라는 장소에 위치한 금 세광소의 채굴 허가를 받았습니다. 이 회사는 정부 사업을 위한 대리업체로, 전에는 독점적으로 했지만 근래에 와서는 일본, 미국인들과 경쟁하고 있습니다. 이 회사의 수출입업 참여지분은 위의 일본 회사나 미국 회사와 비교해볼 때 보잘것 없습니다. 이 회사는 한국 정부에 돈 외에 무기, 탄약, 증기선 등을 이미 납품하였고 심지어는 요새 하나를 통째로 납품하는 것에도 놀라 물러서려고 하지 않습니다. 이 회사는 매우 진취적이고, 미국의 한 신디케이트가 비슷한 사업으로 앞장섰던 후에 가장 수지타산이 좋은 국산품 개발사업으로서 이 금광 채굴을 손에 넣었습니다.

　본인은 이 회사 대표인 월터의 초대를 받아 당고개를 방문하였습니다. 여행은 7일 걸렸습니다. 가는 데 3일, 오는 데 3일이 걸렸으며, 말을 타고 갔고, 쉴 수 있는 날인 하루에 그 금 세광소를 견학할 수 있었습니다.

　사금채집은 이미 약 40여 년 전부터 한국사람들이 원시적인 방법으로 해오고 있었습니다. 현재 이 회사에서 온 다섯 명의 특명 수행자(전문교육을 받은 광부와 채금가)가 생산능력과 금의 일차 저장량을 확인하는 일을 하고 있습니다. 이 특명 수행자들이 이야기하는 바로는 1톤 당 0.25그램이면 사업성이 확실하다고 합니다. 왜냐하면 톤 당 1M의 순이익이 얻어지기 때문이라는 것입니다. 요즘 사전조사로 금을 함유한 흙과 광석 2톤을 세광해보는데, 좋은 결과가 나오는 것 같습니다. 수압법을 도입하여 하루 약 3천 톤을 세광할 생각입니다. 그럴 경우 금에서 얻는 순이익이 80% 내지 90%에 달할 것으로 예상됩니다.

　지극히 사무적이고 또 양심적으로 진행된 사전조사는 상당히 유리한 사업이라는 인상을 주고, 지금까지의 결과로 보아 이 사업은 성공 전망이 있는 것 같습니다. 기술적인 작업은 독일의 채광기사인 바우어[12]가 맡게 되었습니다. 그는 세계 여러 나라의 같은 분야에서 몇몇 회사를 위해 이미 일했던 적이 있어서 큰 경험을 갖고 있는 것 같습니다. 이 분이 도착하기까지는 같은 자격으로 프로이센 정부로부터 휴가를 받은 광산관 크노

12　[감교 주석] 바우어(Bauer)

헨하우어[13]가 일하고 있었는데, 이 사람은 바로 얼마 전까지 트란스발[14]에서 경험을 쌓았었고 이제 고향으로 돌아가는 길에 있습니다.

나라와 사람들

당고개에 다녀온 여행은 이 나라와 사람들을 알게 되는 데 충분한 기회가 되었습니다. 경치를 보자면 한국은 더러 매력이 있는데, 일부는 일본을, 그리고 일부는 튀링겐[15]과 오버슐레지엔[16]을 연상케 합니다. 식물계는 풍부하고 나무의 생장은 좋습니다. 기후는 동아시아에서 최고는 아닐지라도 뛰어납니다. 계곡에는 드문드문 보리와 밀이 심어져 있으나 그에 반해 여러 곳에는 벼가 많이 경작되고 있고, 쌀은 한국의 거의 유일한 수출 품목을 이루고 있습니다.

국민들은 온순한데, 게으르며 나태하다고 알려져 있습니다. 외모로 보아서는 중국인과 일본인의 중간입니다.

서울과 동해안에 위치한 원산을 연결하는 주요 도로는 왕의 명령으로 새로 보수되었고, 이를 통해 여행은 훨씬 더 수월해졌습니다. 또한 당고개, 서울, 제물포 사이의 연결을 유지하기 위해 마찬가지로 왕의 지시로 특별 전화선이 설치되었습니다. 이 전화선은 중요한 업무를 수행하는 데 일조하였습니다. 어쨌든 힘들고 긴장된 여행을 하는 동안에 쾌적하도록 온갖 방법으로 챙겨주었습니다. 서울로 돌아왔을 때 왕은 본인뿐만 아니라 지난번 알현에 참석하였었고 이번에 본인을 동행한 장교들과 수행원 모두에게도 선물을 하사하였습니다.

전체적인 인상

정부가 비록 외교 상황과 불안한 국내 불화를 통해 무력해졌다 할지라도, 나라의 국민은 손님을 환대하고 유순하고 친절한지라 방문객에게 상당히 유리한 인상을 줍니다. 또한 자본이 튼튼한 회사로서는 비교적 잘 알려져 있지 않은 이 나라에 보물이 얼마간 더 숨겨져 있을 수도 있습니다.

---

13 [감교 주석] 크노헨하우어(Knochenhauer)
14 [감교 주석] 트란스발(Transvaal)
15 [감교 주석] 튀링겐(Thürigen)
16 [감교 주석] 오버슐레지엔(Oberschlesien)

왕의 아주 특별한 환대, 그리고 손님들의 체류를 모든 방면에서 편안하게 만들어주기 위해 왕이 몸소 나서서 취해준 안전조치와 준비에 대해 본인은 이 자리에서 특별히 강조하고 싶습니다.

프로이센의 하인리히[17]

황제와 왕 폐하께

---

17 [감교 주석] 하인리히(A. W. Heinrich)

해군 참모총장

A. 3800 I.

베를린, 1899년 8월 19일

외무부의 국장에게 사본으로

전달해드립니다. 보고서에 딸린 첨부문서들은 폐하께 발표할 목적으로 그대로 보유하고 있습니다.

한국의 군사력

발신(생산)일	1899. 6. 29	수신(접수)일	1899. 9. 4
발신(생산)자	하인리히	수신(접수)자	빌헬름 2세
발신지 정보	요코하마 독일 순양함대 지휘본부	수신지 정보	독일 궁정
	A. 95		A. 10473
메모	순양함대의 사령부 Br. B. No. 3832 I 로 원본 9월 20일 R. M. A.에		

사본

A. 10473   1899년 9월 4일 수신

요코하마, 1899년 6월 29일

한국의 군사력

새로운 군사적

예전에 베이징 주재 제국 공사관에 있던 그뤼나우[1] 소위가 귀향길에 한국 왕을 알현하였을 때, 깃 장식을 단 그는 사람들의 경탄의 대상이 되어, 왕은 앞에 언급한 마이어 회사[2]를 통해 바덴 지방의 투구를 가져오게 하여 그 이후로 그것을 가끔씩 쓰고 다녔다. 6월 11일의 시찰 때 왕은 일본식의 제복을 입고 있었고 프로이센의 모형을 추하게 변형시킨 가상의 투구를 쓰고 있었다. 왕세자도 똑같은 복장 차림이었다. 마이어 회사 측의 진술로는 한국 왕이 여러 차례 반복해서 프로이센 식의 군모를 자기네 회사에 대량으로 주문하였지만 외무성은 문의에 대해 공급이 불가능하다고 답변하였다고 한다. 이 소소한 움직임들을 이 자리에서 언급하는 이유는, 그러한 움직임들이 자신의 군대를 능력있는 상태로 만드는 한국 왕의 자질이라든가 성향의 한계에 특징적이기 때문이다.

한국 군대는 현재 상태로 보아 그 어떤 유럽국가, 미국 또는 일본이 심지어 그다지 큰 군사력을 행사하지 않으면서 침략한다 하더라도 어쨌든 심각한 장애물이 아닙니다.

---

1   [감교 주석] 그뤼나우(Grünau)
2   [감교 주석] 마이어 회사(E. Meyer & Co.; 세창양행(世昌洋行))

한국 군대가 곤경에 빠진 왕의 호위대로서 얼마만큼의 가치를 갖는가는 위에 언급한 사실들로 추론할 수 있을 것이다. 한국에 가장 관심이 많은 러시아나 일본은 언젠가는 이 나라를 점령하려는 의도를 품고 있는 한, 한국의 군사 조직의 요구를 삼가야 할 충분한 이유를 갖고 있다. 제3의 국가, 예를 들어 독일의 군 교관들을 끌어들이는 일은 일본인들과 러시아인들 사이의 매우 진전된 경쟁관계를 고려해볼 때, 우려스럽고 가능하지도 않다. 단, 우리가 이 경쟁의 귀결을 떠안고자 하지 않는다면 말이다.

C. 군사적으로 이용할만한 도로망

서울과 제물포 사이에(약 35km), 더 나아가 서울에서 평양으로(계속해서 베이징으로), 그리고 부산으로 연결되는 도로들은 독일어 식으로 표현해서 Landstraße, 즉 지방도로라 부를 수 있다. 나머지 길들은 기껏해야 오솔길이라는 이름을 붙여야 할 정도이고, 때로는 여러 갈래로 갈라진 논둑길 외에는 없을 때도 있다.[3] 이 길들이 빈약한 것은 나라 전체의 정복이나 점령일 경우 특히 유럽 군대가 진군해 들어가는 데 커다란 장애가 될 것이다.

나라에서 더 많은 도로, 더 나은 도로에 대한 욕구는 한국인들이 도로교통에 거는 기대가 작다 보니 경미하다. 어쨌든 도로망의 확충은 경제적 관점에서 볼 때 위에 언급했던 것과 비슷한 지방도로의 건설에 국한되어야 할 것이다. 수입과 수출이 절제되고, 이 나라와 국민들의 본성을 고려할 때 그다지 상승할 수 없기 때문이다. 예전에 풍부하다고 과대평가되었던 한국의 광물은 미국과 독일 전문가들의 최근 연구에 따르면 경미한 것으로 밝혀졌다. 주요 생산품인 금은 큰 규모의 운송설비를 필요로 하지 않는다. 평양의 위쪽에는 흑탄광이 있다고 하며, 원산 근처에는 갈탄광이 있다고 하는데, 두 군데 모두 이렇다 할 지층 폭이나 가치가 없다고 하고, 두 군데 모두 해안에 가까이 위치하고 있어 해상운송에 의존하고 있다. 그러나 1894년의 전쟁[4] 이후로는 다른 이해관계가 생겨서 철도건설을 주시하게 되었다. 이를 유발한 관점은 오로지 군사적인 관점이다. 일본은 군대를 빠르게 서울로 보낼 수 있도록 제물포와 서울 간의 철도를 필요로 한다. 부산과 서울 간의 철도는 일본인들에게 더욱 더 큰 이점을 제공하겠지만, 이 두 장소 사이에는

---

3 [원문 주석] 17세기에 만들어진 한국의 도로를 나타낸 지도를 프로이센 출신인 탄광원이 한국을 2년간 여행할 때 사용했었는데, 그는 이 지도가 놀랍게도 매우 정확한 것을 발견했다. 당고개 탄광 주위를 스케치한 정확한 지도(사진 복사판)를 여기 함께 동봉한다.

4 [감교 주석] 청일전쟁

남서쪽으로 이어지는 산맥이 있어서 그러한 철도건설에 커다란 자연적 장애물이 들어서 있는 셈이다. 러시아인들에게는 북쪽으로 뻗은 철도선들이 가장 중요한 노선들이다. 서울과 평양 간의 철도와 서울과 원산 간의 철도 그것이다.

앞날을 내다보는 상인들은 이 형세를 오래 전부터 알아차려, 전략상 중요한 이 철도 건설의 허가를 받기 위해 한국 정부에 접근하였다. 매우 분망한 미국 변리공사 알렌[5]은 전직 선교사였고 뛰어난 사업가로서 재직기간 동안에 상당한 재산을 모았다고 하는데, 먼저 1898년에 완성할 예정이었던 서울과 제물포 간의 철도 건설 허가를 미국의 한 신디케이트에 알선해주었다. 이 서울과 제물포 간의 철도는 공사를 시작한 지 얼마 안 가서, 불과 몇 주 전에 신디케이트가 자재 등을 좋은 가격으로 일본인들에게 팔았으며, 게다가 허가를 일본에 양도[6]해주는 데 대한 댓가로 1백만 엔을 받았다. 서울과 평양 간의 철도선에 대한 권리는 프랑스의 한 신디케이트[7]가 취득하였다. 구간의 가설 예정선이 아직 설정되기도 전에 이미 프랑스인들은 러시아의 상무 담당관 파브로프[8]와 허가 매매 문제로 협상 중에 있다. 협상은 요즘 중지 상태인데, 파브로프가 전하는 표현에 의하면 프랑스인들이 너무나도 터무니없는 요구를 하였기 때문이라고 한다. 서울과 원산 간의 철도건설에는 독일의 마이어 회사가 독일 신디케이트의 대리업체로서 응모하였으나 지금까지 허가를 취득하지 못하였다. 이 모든 응모회사는 철도건설을 실제로 실행하는 것보다는 허가를 최대한으로 활용하는 데 더 관심이 있다. 그들은 이러한 의도를 일부는 공공연히 시인하고, 일부는 이러한 사실들로써 입증된다. 철도 건설은 아마도 준비 중에 있을 것이며, 또 시작될 것이다. 그러나 이것은 오로지 처분해야 할 대상을 좀 더 가치 있게 만들기 위한 목적에서이다. 마이어 회사 소유주의 견해에 따르면, 계획 중인 철도가 교통 목적 하나로만 이용될 경우 이익을 남기리라는 것은 생각조차 할 수 없다. 철도건설이 실행에 옮겨지면 이에 가장 많은 관심을 가진 국가들 중 하나가 직접적으로 또는 간접적으로 그 비용을 부담하고 이익을 보증하게 되어 있다. 한국 정부는 철도건설의 허가를 내어줌으로써 생겨나는 위험을 자각하게 되는 것 같다. 적어도 한국 정부는 대개 다급하게 이런 저런 외교 대표자의 지지를 받는 최근의 응모 신청에 대하여 스스로가 철도건설을 해보겠다는 핑계를 대는 경우가 잦은데, 이는 물론 약자가 거절하는 형식에 불과하다. 당분간 침략국은 이후 몇 년을 넘어 철도의 존재를 계산에 넣을 필요가 없다. 맨처음으로

---

5 [감교 주석] 알렌(H. N. Allen)
6 [감교 주석] 경인철도합자회사(京仁鐵道合資會社)
7 [감교 주석] 피브릴르회사(Compagnie de Fives-Lille)
8 [감교 주석] 파블로프(A. Pavlow)

완공될 철도는 예상컨대 제물포와 서울 간의 노선이다. 여기서 침략국은 철도가 그다지 필요 없다. 왜냐하면 서울까지의 지방도로가 비교적 짧은데다가 확고한 방비가 없기 때문이다. 게다가 항저우까지를 잇는 한강은 흘수가 얕은 정크선이 다닐만하기 때문이다. 훨씬 더 중대한 것은 북쪽에서 서울까지 계획 중인 철도노선인데, 이 노선의 건설은 러시아의 전쟁준비를 가리킬 것이다.

E. 외국 군대

서울에는 업무 호위병이라는 명목 하에 약 30명의 러시아 코사크인들과 각 150명 병력의 2개 일본 중대가 주둔하고 있다. 나는 코사크인들을 자주 보았다. 왜냐하면 그들이 우리에게 그들의 말을 제공했기 때문이다. 그런데 몽고 품종의 아주 나쁜 말들이었다. 일본인들 가운데는 일본인 거주 지역을 제외하고는 보이는 사람이 그다지 없었는데, 일부러 앞에 나서려고 하지 않는 것으로 보인다.

일본인들이 17세기 이후 점령권[9]을 행사하고 있는 부산에는 제3의 일본 중대가 있으며, 원산에는 제4의 일본 중대가 있다. 모두 합해서 1개 대대를 이룬다.

G. 경찰

경찰은 굉장히 숫자가 많고 군대식으로 조직되어 있지만 유럽인들에게는 겁 많고 믿음직스럽지 못하다고 간주된다. 일본인들은 제물포와 서울에 자체의 경찰대를 보유하고 있다.

이렇게 많은 외국 군대와 국가 권력수단이 한국에 산적해 있는 것은 앞으로의 한국 독립의 지속에 유리한 징조를 나타내진 않는다.

프로이센의 하인리히[10]

---

9 [감교 주석] 왜관(倭館)을 의미

10 [감교 주석] 하인리히(A. W. Heinrich)

서울의 폭발물 투척 사건

발신(생산)일	1899. 6. 29	수신(접수)일	1899. 9. 8
발신(생산)자	라인스도르프	수신(접수)자	호엔로에-실링스퓌르스트
발신지 정보	서울 주재 독일 총영사관	수신지 정보	베를린 정부
	No. 49		A. 10600
메모	연도번호 No. 478		

A. 10600 9월 8일 1899년 오전 수신

서울, 1899년 6월 29일

No. 49

독일제국 수상 호엔로에-실링스퓌르스트 각하 귀하

이번 달 8일에 이곳에서 폭탄투척에 의한 일련의 암살사건이 일어나기 시작했습니다. 다행히도 우연히 큰 참사가 모면하였습니다. 이날 밤 12시경에 짧은 간격으로 시내 여러 장소에 위치한 의정부 참정 신기선[1]의 집, 중추원 위원 박기양[2]의 집, 그리고 또 전 내부대신 박정양[3]의 집이 폭발했습니다. 이 폭발로 인하여 신의 집에서는 하인 한 명이 부상을 당했으며, 창문이 부서졌고, 다른 두 집의 경우에는 기와지붕이 파손되는 피해가 발생하였습니다. 이 사고가 일어난 후 이틀 연속으로 새로운 폭발사고가 일어났습니다. 이 사고는 중추원 의장 조병식[4]과 전직 장군인 한규설[5]의 집에서 발생했는데, 조병식의 집에서는 굴뚝 1개와 가마 1개가 부서졌습니다. 또한 육군 중장 이종건[6]의 집에서는 하녀 한 명이 어깨를 다쳤습니다,

6월 12일 밤 10시경에는 일본인 거주지역으로 통하는 도로에서 폭탄 폭발로 인하여

1　[감교 주석] 신기선(申箕善)
2　[감교 주석] 박기양(朴箕陽)
3　[감교 주석] 박정양(朴定陽)
4　[감교 주석] 조병식(趙秉式)
5　[감교 주석] 한규설(韓圭卨)
6　[감교 주석] 이종건(李鍾健)

일본인의 집 한 채가 파손되었습니다. 11시 경에는 의주 군수 방한덕[7]의 집에서 사고가 나 그의 아들이 부상을 당했고, 그 두 시간 후에는 도시 한가운데에 있는 한 경무서[8]의 담 일부가 부서졌으며 6월 13일 저녁 6시 경에는 일본인이 살고 있는 집이 파괴되어 두 명이 중상을 입었는데, 이들은 병원으로 이송되는 도중에 숨졌습니다. 그런데 이 집이 서 있는 대지는 일본으로 망명가서 살고 있는 한국인 박영효[9]의 소유입니다. 16일 저녁 9시 경에는 이 도시 안에 남동쪽의 시 성문에서 멀지 않고 사람이 살지 않는 남산 어느 계곡[10]에서 네 번의 폭발이 있었습니다. 6월 9일과 22일 오전에는 아이 두 명이 도로 위에 놓인 작은 보따리를 보고 발로 찼다가 그것이 폭발하여 부상을 입었습니다. 6월 23일 낮에는 서울에 있는 프랑스 성당 근처에서 토목공사를 하던 날품팔이꾼이 땅을 파다가 곡괭이로 폭발물을 건드려 일어난 폭발사고로 다리 하나를 잃었습니다.

박정양과 박영효를 제외하고 위에 언급드린 관리들 모두가 요즈음 모든 권력을 쥐고 있는 반동파의 당원이거나 그 추종자들로서 여러 면에서 증오를 받고 있는 사람들입니다. 조병식과 신규선은 이 당파의 지도자들이자 요즈음 궁정에서 모든 대신들 가운데 가장 영향력이 큰 사람들로 간주되었습니다. 그들이 장악한 모든 관직에서 그들은 법 집행에서의 자의와 공갈협박이 심하였습니다. 조병식은 작년에 독립협회를 억압했을 때와 '짐꾼들의 조합'(황국협회; 역자)을 새로이 조직하는 데 가담하였습니다. 신기선은 요즘 주로 고문을 재도입하고 범죄자의 친척에 대한 처벌(연좌제; 역자) 및 재산의 몰수를 금하는 현재의 법안을 취소하는 데 협력하고 있습니다. 그는 학부대신으로서 몇 년 전에 유럽의 문명과 기독교에 대한 반박문으로 평판이 좋지 못했습니다. 이로 인해 그는 외국 대표들의 압박으로 잠시 공직에서 물러나기도 하였습니다. 박기양과 이종건은 극단적 보수주의자로, 신규선과 조병식의 추종자에 지나지 않습니다. 박기양은 몇년 전 함경도의 감사였으나 모든 계층의 주민을 심하게 탄압했기 때문에 그곳으로부터 피신하지 않으면 안 되었습니다. 그러는 동안 그의 비서들은 산 채로 불에 타 숨겼습니다. 이종건은 2년 전에 짧은 기간 동안 군부대신과 경무사을 지낸 바 있습니다. 한규설은 정치적 성향으로 보아 진보파에 기울어져 있는데, 작년에 독립협회의 회원 17명이 궁정 앞에서 협회의 농성에 참가했다는 이유로 당시 의정부 의정 서리[11]였던 조병식의 지시로 체포되

---

7 [감교 주석] 방한덕(方漢德)
8 [감교 주석] 경무서(警務署)
9 [감교 주석] 박영효(朴泳孝)
10 [감교 주석] 남서관내(南署管內) 호박골
11 [감교 주석] 의정부의정 서리 외부 대신(議政府議政署理外部大臣)

어 40대의 곤장형을 받았을 때 법부대신이었습니다. 방한덕은 독립협회에 속했으나, 협회의 해체가 임박하자 조병식의 당파로 넘어갔습니다. 그가 현재 의주군수 자리에 있는 것도 조병식 덕분입니다. 박정양은 1887년 워싱턴에 주재한 최초의 한국 공사로서, 왕이 러시아 공사관으로 피신한 후 내부대신으로 임명되었고 작년 초까지 내각에 속해 있었습니다. 그는 진보적인 성향을 가진 사람이며, 직접 독립협회의 회원이 되지는 않았지만 독립협회가 하는 일들을 도와주었습니다. 범행의 장본인에 대한 의심을 진보성향의 당파로부터 다른 쪽으로 돌리려고만 하는 목적으로 그의 집에도 폭탄을 던진 것이라고 하는 견해도 있습니다.

나중에 밝혀진 것처럼, 6월 8일 위에 언급드린 첫 번째 폭발사건이 일어나기 이미 2시간 전에 요즘 왕이 거주하고 있는 궁전 뜰 안에서 가벼운 폭발사건이 일어났는데, 날카로운 탄환을 가지고(궁전을 경비하는 한국 군인은 누구나 20개의 탄알을 받습니다) 장난치던 한 병사가 부주의하여 그 탄알이 그의 팔뚝을 뚫은 것입니다. 더 심각했던 것은 궁전의 바깥쪽 담에 붙어 있는 경비대 숙소 안의 아궁이 밑 두 곳에 비축되어 있는 작은 화약 뭉치가 발견된 것입니다. 이 화약을 여기다 놓은 것이 그 다음에 곧 이어진 폭파 범죄와 관련이 있었는지는 조사를 한 연후에야 알 수 있습니다. 그리고 나서 시내에서 폭발들이 일어나자 궁전 경비대를 통솔하는 김명제 육군 참령[12]은 시내에서 반란이 일어났고 궁전에 대한 공격이 임박하였으며 왕의 목숨이 위험하다고 왕에게 보고하였습니다. 왕은 대단히 당황하여, 한밤중에 왕세자와 몇 명의 하급 시종만을 거느리고 왕궁을 떠나 얼마 전에 새로 지은 도서관 건물로 들어갔는데, 이 건물은 미국 공사관과 담을 맞대고 있으며, 미국 선교사들이 살고 있는 집들 몇 채만 지나면 러시아 공사관이 위치해 있습니다. 이곳에서 왕은 3일 밤을 연속으로 뒷채에서 보냈습니다.

6월 8일과 9일에 일어난 폭발사고 후에 취해진 첫 번째 조처들은 이 사건들을 막지 못한 경무사 수뇌[13]를 해고한 것, 그리고 이 자리를 다른 사람에게 팔아넘긴 것, 밤 10시부터 다음날 동틀 때까지 경찰의 야간 통행증 없이는 아무도 길에 나와선 안 된다고 금지한 것, 그리고 열 채의 집 당 남자 한 명씩 나와 밤새 길을 지키도록 지령을 내린 것이었습니다. 이곳에 있는 5개 연대에서 각각 50명의 군인을 배치하였고, '짐꾼들의 조합'[14]의 일부를 소집하여 끊임없이 거리를 순찰하게 하였으며, 시의 성문에는 경찰과 군대가 꽉 들어찼습니다.

---

12 [감교 주석] 김명제(金明濟). 시위 2대대 대대장(大隊長) 참령
13 [감교 주석] 경무사(警務使) 원우상(元禹常) 파면, 후임 경무사로 남명선(南命善) 임명.
14 [감교 주석] 황국협회(皇國協會)

지금까지 약 50명의 남녀가 체포되었습니다. 자세히 말씀드리면, 이들은 박영효의 집사람들입니다. 왜냐하면 14일에 그곳에서 일어났던 폭발사고는 그때 심한 부상을 입은 두 사람이 폭발물을 제조하던 중에 일어난 것이었음을 경찰이 확인할 수 있었기 때문입니다. 체포는 계속 진행되고 있습니다.

혐의는 처음부터 작년 말 정부에 의해 강제 해산된 독립협회와 관민공동회의 추종자들, 그리고 일본에 살고 있는 한국인 망명자들의 지지자들을 향해 있었습니다. 일본인 떠돌이들이 함께 관여한 것이라고 생각하는 경향이 일반적이었습니다.

체포된 사람들이 이미 몇가지를 진술하였다고 하는데, 자기들은 독립협회의 주요 지도자들 중 한 사람이며 이 독립협회에서 생겨난 '관민공동회'의 회장인 고영근[15]에 의해 고용되었다고 고백하였고 그의 지시에 따라 폭탄을 투척하였다고 합니다.

서울에 살고 있는 일본인들 대다수는 가장 낮은 계층에서 징집되어 온 사람들로, 이들의 행동거지는 일본인들이 가담했다는 의심을 배제하기에는 물론 적절치 않습니다. 일본에 살고 있는 한국인 망명자들은 이곳의 일본인들한테서 많은 공감을 받고 있으며 서울에 있는 일본 친구들이나 한국인 친구들과 긴밀하게 연락을 유지하고 있다는 것은 잘 알려져 있다. 독립협회와 '관민공동회'가 해제된 후 그 회원들 중 많은 숫자가 일본인 거주지역에서 도피처를 찾았는데, 바로 그곳에서는 한국 경찰에게 추적을 당하는 다른 수상한 자들도 받아들여지고 있습니다. 한국 경찰은 오만한 일본인과 맞서 강력하게 나아가기에는 너무 나약하고 또 비겁합니다.

일본 대표들은 이러한 짓거리를 알고 있고, 그래서 자국민들 가운데 의심스런 사람들을 멀리하고 강력한 통제를 행하려는 시도를 되풀이하였습니다. 그러나 이는 언제나 일본 언론에서 분노와 해당 대표들에 대한 닦달을 유발하였습니다. 위에 언급드린 고영근은 6개월 동안 일본인 거주지역에 머물렀고, 최근에야 비로소 폭발사건이 일어나기 시작했을 때 일본으로 여행갔다고 합니다. 일본 영사관은 며칠 전, 일본인은 영사관에 사전신고 없이는 한국인을 자기 집에 받아선 안 된다고 하는 엄격한 금지조치를 내렸습니다. 일본에 대한 의심은 한국에 대하여 일본 정부가 좀 더 견고한 태도를 취하라는 일본 내 언론의 압박을 통해 상당히 강화되었습니다. 이곳에서도 역시 일본에 있는 한국인 망명자들이 새로이 활발한 활동을 전개한다고 하는 소문이 얼마 전부터 퍼졌습니다. 그리고 그 이유를 아무도 알 수 없었던 가토[16]의 해임은 불신을 불러일으켰습니다. 그의

---

15 [감교 주석] 고영근(高永根)
16 [감교 주석] 가토 마스오(加藤增雄)

후임자인 하야시[17]가 박영효를 동반하리라는 것이었습니다. 일본 정부가 한국에 있는 일본인들이 반정부 책동에 가담했을 가능성을 이를 통해 시인하기 때문이 아니라 오히려 왕을 안심시키기 위해 일본 정부는 몇 년 전에 공표되었다가 다시 폐지된 법령을 새로이 발효시켰습니다. 이 법령에 따르면, 관리나 장교를 제외하고 모든 일본인은 지방 관청과 경찰의 확실한 허가서를 지참해야만 한국에 갈 수 있습니다. 서울에서 첫 번째 폭발이 일어난 후, 여권 없이 한국으로 가는 일본우선회사의 증기선 히고 마루호에 승선했던 약 30명의 일본인은 쓰시마에 도착해서 일본으로 강제 송환되었습니다. 게다가 일본 정부는 앞으로 한국인 망명자를 일본에 더 이상 받아들이지 않을 것이라고 하는 일본 정부의 확약이 이곳의 정부에 전보로 전달되었습니다.

망명자로 일본에 살고 있는 박영효의 부동산은 뜰과 건물이 함께 있는 커다란 단지인데, 그는 자신의 재산을 어느 정도나마 보존하기 위하여 한 일본인에게 관리를 맡겼습니다. 그 일본인 자신은 그 부동산의 작은 부분만을 이용하고 있고, 다른 부분에는 박영효의 친척들과 몇몇 다른 한국인이 살고 있습니다. 이들은 일본인 한 명이 그곳을 관리하고 있기 때문에 다른 한국인의 집들보다는 더 한국 경찰과 한국 관리들의 성가심에서 벗어나 있습니다. 그곳에서 폭발사건이 일어난 후, 이 부동산은 실제 일본 경찰에 의해 며칠간 감시를 받긴 했습니다만, 일본 경찰은 한국 경찰이 그곳에서 조사활동을 벌이거나 한국인들을 체포하는 데 방해를 할 수는 없었습니다. 일본인 관리자는 일본 경찰에 의해 체포되었습니다. 그는 영사관에서 자세히 심문을 받은 후 다시 풀려났습니다만 즉시 일본으로 가고자 하였습니다.

한국 순검의 진술에 의하면 이 부동산에는 폭탄 30개가 설치되었다고 합니다. 이 폭탄들은 최근에 전라도에서 서울로 올라온 한 한국인 의사가 설치하였다는데, 그는 체포되었습니다. 이 폭탄들은 원통 모양의 납 깡통으로, 높이는 8cm, 직경은 7cm이고, 화약, 쇠붙이, 조약돌, 작은 돌, 깨진 자기로 채워져 있었습니다. 폭파물질의 제조에는 피크르산, 분말 형태의 우황, 황산가리가 이용되었다고 합니다. 이곳과 제물포에 있는 일본 상점에서는 오래 전부터 폭발물을 제조할 수 있는 구성성분들을 공공연히 팔아왔는데, 분말 형태의 유황, 황산가리, 사용 전에 물이나 기름(글리세린?)을 함께 섞어 사용하는 x가 들어 있는 작은 봉지 3개를 팔았다고 합니다, 한국인들은 일본 사람들한테 배워서 이 물질을 미끼로 놓아 여우나 커다란 육식동물을 죽이는 데 사용해왔습니다. 지난 2월 제물포에서는 이 물질을 제조하다가 폭발사고가 일어나, 집 한 채가 파괴되고

---

17 [감교 주석] 하야시 곤스케(林權助)

한국인 2명이 사망하였습니다. 판매는 이제 금지되었습니다.

폭탄은 언제나 지붕 위로 또는 집 기둥을 향해 던져졌다고 하는데, 이로 인해 입은 경미한 피해를 보고 판단하자면, 범행자들에게 중요했던 것은 특정한 인물들을 맞추는 것이 아니었고, 오히려 그저 어느 정도의 불안감이나 두려움을, 그것도 일반 국민이 아니라 궁정이나 현재의 권력자들 및 그들의 추종세력한테서 불러일으키고자 했던 것처럼 보입니다. 이것이 성공을 거두자 그들은 아직 소유하고 있던 폭탄을 내버리거나 땅에 묻어버림으로써 제거하고자 하였습니다.

이 보고서의 사본을 베이징과 도쿄 주재 제국 공사관에 발송합니다.

라인스도르프

내용: 서울의 폭발물 투척 사건

한국의 남부에서 일어난 소요사태

발신(생산)일	1899. 6. 29	수신(접수)일	1899. 9. 8
발신(생산)자	라인스도르프	수신(접수)자	호엔로에-실링스퓌르스트
발신지 정보	서울 주재 독일 총영사관	수신지 정보	베를린 정부
	No. 50		A. 10600
메모	연도번호 No. 479		

A. 10601 1899년 9월 8일 오전 수신

서울, 1899년 6월 29일

No. 50

연도번호 No. 479

독일제국 수상 호엔로에-실링스퓌르스트 각하 귀하

지난달 초, 예전에 동학운동이 일어났던 전라도에서 소요사태가 일어났습니다. 이 사태는 곧 이 지방의 서쪽 해안의 대부분을 넘어 확대되어 도청 소재지인 전주를 위협하였습니다. 이 지역은 이미 오래 전부터 국민과 정부기관 사이에 존재하는 나쁜 관계 때문에 유명합니다. 관청에 저항하는 대립세력의 중심은 여러 면에서 그곳의 수많은 기독교도들인데, 이들은 부당조치와 권리침해에 저항하여 긴밀히 단합하곤 합니다.

'영학(英學, 뛰어난 학교)[1]'이라 불리우는 봉기자들은 아래의 선언문에서 외국인, 특히 일본인의 섬멸을 그들의 목표로 밝혔습니다.

"우리는 국가를 보존하고 국민에게 안정과 평화를 유지하기 위해 단합하였다. 일본인들과 외국인들은 우리나라를 침범하여 도시와 가족 내 질서의 토대를 파괴하였으며, 사악한 풍기문란을 유발하였다. 이러한 폐단은 점점 더 만연하고 있다. 정의로운 분노가 우리를 움직여 일으켜 세웠다. 우리는 당국이 얼마나 우리를 몰라주며, 국민이 우리의 의도를 그르게 판단하는지 고통스럽게 보고 있다. 그러나 여러 선비들과 국민들이여, 우리 모두 우리의 힘을 합하여, 일본인들과 외국인들을 근절시키자. 그래야지만 우리는

---

1 [감교 주석] 영학당(英學黨)

국가를 보존하고 국민에게 안정과 평화를 유지할 수 있다. "하나의 하늘 아래는 한 민족이 있고, 한 명의 통치자 아래에는 한 국가가 있다"는 말에 따라 일치단결하여, 우리가 하나의 하늘 아래에 살고 있는 것처럼 한 명의 통치자의 신하로 있도록 하자."

이 나라에서 흩어져 돌아다니는 많은 일본 상인들에도 불구하고 외국인들에 대한 괴롭힘은 일어나지 않았습니다. 제시된 목표는 분명 일단 한번 국민의 환심을 사보자는 것입니다. 자기 정부에 반대하는 것이 아니라 외국인들에게 대항하는 운동은 반란이라고 간주되지 않을 것이기 때문입니다. 그리고 봉기자들의 목표는 그럼으로써 자기들의 추종세력을 키우고, 다른 한편으로는 정부의 어려움을 더욱 증대시키는 것입니다. 왜냐하면 정확히 알려진 바와 같이 외국인과의 분규 가능성은 매우 불편하기 때문입니다. 이 소요사태에 이보다 더 심중한 의미는 아마 부여할 수가 없을 것입니다. 이번의 소요사태가 촉발된 것은, 왕이 수년 전부터 체납되어 있는(하지만 아마도 관리들이 횡령하였을) 세금을 징수하기 위해 서울에서부터 특별 전권 위임장을 가지고 보낸 밀사들의 행태를 통해 관리들의 탄압이 더 심해진 데 대한 분노가 널리 퍼진 것이었습니다.

경찰과 공주와 전주(충청도와 전라도의 도청 소재지)에 있는 250명의 지방군대는 이들 봉기자들에 맞서 아무것도 해낼 수 없었습니다. 봉기자들 여러 개의 지방 도시들을 점령하는 데 성공하여 형무소를 열었고 수많은 무기를 손에 넣었습니다. 외부대신[2]은 외국 대표들에게 청원하여, 가령 전라도로 여행하는 자국민들을 도로 불러들일 것과 당분간 그곳으로 가기 위한 여권을 더 이상 발급해주지 말 것을 당부하였습니다. 전라북도와 전라남도의 관찰사가 재차 황급히 청함에 따라 정부는 외국인 교관들로부터 훈련받은 150명의 강화 수비대를 파견하였습니다. 그런데 봉기자들이 남쪽으로 이동하고 목포 침공이 우려되자, 목포 주재 일본 영사의 요청에 따라 그때 제물포에 정박 중이던 일본 포함 "Maya Kann"이 6월 3일에 그곳으로 가서, 한국 군대가 봉기자들과 여러 차례 격전을 벌여 그들을 괴멸할 때까지 그곳에 2주간 머물렀습니다. 약 40명이 사망했고 20명의 주동자가 포로로 붙잡혔으며 50자루의 총을 노획하였습니다. 며칠 전에 외부대신은 외국 대표들에게 질서가 다시 회복되었으며 군대는 원위치로 복귀했다고 통고하였습니다.

이 보고서의 사본을 베이징과 도쿄 주재 제국 공사관에 발송합니다.

라인스도르프

내용: 한국의 남부에서 일어난 소요사태

---

2 [감교 주석] 박제순(朴齊純)

[묄렌도르프의 한국 입국설]

발신(생산)일	1899. 9. 8	수신(접수)일	1899. 9. 9
발신(생산)자	크나페	수신(접수)자	
발신지 정보	상하이 주재 독일 영사관	수신지 정보	베를린 외무부
			A. 10690
메모	A. 11038 참조 A. 12169		

A. 10690   1899년 9월 9일 오후 수신

전보

상하이, 1899년 9월 8일   오후 12시 32분

도착: 9월 9일   오후 3시 32분

제국 총영사가 외무부에 발송.

전문 해독

묄렌도르프가 비밀리에 전달하기를, 한국의 황제가 그를 정부 안으로 들어오도록 임명하였다고 합니다. 그는 하트[1]가 그에게 휴직을 주고 중국 정부가 동의할 경우에 한다는 조건 하에 수용할 것이라고 합니다. 베이징에 전보를 보냈습니다.

크나페[2]

---

1 [감교 주석] 하트(R. Hart)

2 [감교 주석] 크나페(Knappe)

29

[묄렌도르프의 한국 정부 고빙설]

발신(생산)일	1899. 9. 18	수신(접수)일	1899. 9. 18
발신(생산)자	리히트호펜	수신(접수)자	
발신지 정보	No. 50	수신지 정보	베를린 외무부 A. 11038
메모	9월 30일 페테르부르크 500, 도쿄 A. 22, 베이징 106, 서울 A. 5 전달		

A. 11038 1899년 9월 18일 오후 수신

베를린, 1899년 9월 18일

상하이 주재 독일 총영사[1]의 보고에 따르면, 예전에 독일제국을 위해 일한 적이 있고 지금은 청국 세관에 속해 있는 독일 국적의 묄렌도르프[2]가 총영사[3]에게 비밀리에 전달하기를, 자신이 한국 황제로부터 한국 정부에 와서 일을 하도록 임명받았고 자신은 하트[4]가 그에게 휴직을 주고 청국 정부가 동의를 해주는 경우에 이를 수용할 것이라고 합니다. 러시아와 일본의 세력이 번갈아가며 성공을 거두면서 주도권을 둘러싸고 서로 싸우고 있고 그러는 동안 영국과 미국의 대표는 이차적인 역할을 맡고 있는 가운데 음모를 꾀하고 있는 한국에서의 불안정한 상황 속에서, 묄렌도르프의 등장이 마치 독일이 한국의 정치에 간섭이라도 하려고 하는 것 같은 근거 없는 인상을 불러일으킨다면, 그것은 바라지 않는 일일 것입니다.

위에 언급 드린 자의 인적 사항 가운데서 짧게 발췌한 것을 첨부해놓았습니다만, 그의 이력을 보아 그가 관련 요청에 응하여 자신의 계획을 포기하리라는 것은 보증할 수 없습니다. 다른 한편으로 베이징과 서울에서의 외교적 조치를 통해 그의 임용이 무산된다면, 이 사안은 너무 많은 주의를 끌게 될 것입니다. 그런 이유에서 본인은 혹시 페테르부르크 주재 제국대사[5]와 베이징[6] 및 도쿄[7] 주재 제국공사가 가능한 한 묄렌도르프의

---

1 [감교 주석] 크나페(Knappe)
2 [감교 주석] 묄렌도르프(P. G. Möllendorff)
3 [감교 주석] 크나페(Knappe)
4 [감교 주석] 하트(R. Hart)
5 [감교 주석] 트레니첸키(Trenitsenky)

임용이 최종적으로 결정되기 전에 그의 과거 이력을 참고하여 이 임용을 사적인 성격의 사안으로 특징 짓기 위한 기회를 찾아보라는 지시를 즉시 받도록 해야 할지에 대한 판단을 전하께 맡기고자 합니다.

리히트호펜

---

6   [감교 주석] 케텔러(Ketteler)
7   [감교 주석] 라이덴(G. Leyden)

묄렌도르프의

인사기록서류에서의 발췌문.

묄렌도르프는 1874년까지 청국 세관에서 근무하였고, 그 후 독일 정부의 통역관 일을 시작하였으며 1882년에는 사직을 요청하였다. 참여하는 방식으로 청국 근무로 되돌아갈 좋은 기회가 생겼기 때문이다. 손상된 공명심, 그리고 가족을 구성했는데도 그다지 윤택하지 못했던 경제적 형편을 개선하고자 하는 소망으로 인해 그는 이 변화를 특히 유혹적으로 느끼게 되었다.

이러한 상황으로 인해 묄렌도르프는 그가 청했던 즉각적 사임이 직무상의 이유로 허가받을 수 없었을 때, 상하이 주재 독일 총영사라는 직책을 아무런 허가도 없이 떠나게 되었다. 청국 관직에의 임용이 당시의 베이징 주재 독일공사[8]의 개입에 의해 수포로 돌아간 후 묄렌도르프는 일단 한국 왕 곁에서 일종의 고문 직위[9]를 맡았지만 이 직위도 1888년에 다시 그만두었다. 그는 자신이 범한 근무 이탈에 대해 공식적으로 용서받기 위해 동시에 여러 조치를 취했지만 허사였다. 그 후 그는 잠시 톈진의 청국 관직에서 번역자로 투입되었고, 그리고 나서 1889년에 다시 한 번 청국의 해관 행정직으로 들어가서 지금까지도 여기에 속해 있다.

---

8 [감교 주석] 브란트(M. Brandt)
9 [감교 주석] 협판교섭통상사무(協辦交涉通商事務)

베를린, 1899년 9월 30일   A. 11038

주재 외교관 귀중   A. 11038과 첨부문서 중에서 삭제된
                                            부분 없음

1. 페테르부르크 대사 No. 500
2. 도쿄 공사 A. 22 (참조 A. 22)   1에
3. 베이징 공사 A. 106 (참조 A. 94)   그 때문에 대사님께 간청 드리건대,
4. 서울 영사관 A. 5 (참조 A. 1361)   덧붙여서, 그리고 만약 가능하다면 묄렌
                                          도르프의 최종적인 임용 전에 그의 과거
                                          이력을 참고하여 서울로의 이 임명이 순
연도번호 No. 8169   전히 사적인 사안이라는 점을 그곳의 정
첨부문서 1부   부 측에 환기시켜주시기 바랍니다.
                                              도쿄 및 베이징 주재 제국공사와 서
                                          울 주재 영사에게도 위와 일치하는 지시
                                          사항을 전달하였습니다.

    2와 3에
    그 때문에 공사님들께 부탁드리건대, 기회가 닿는 경우에, 그리고 만약 가능하다면,
묄렌도르프의 최종적 임용 전에 그곳 정부 측뿐만 아니라 이 사안에 관심을 가질 수
있는 외국 대표들에게 구두로 접촉하되, 이때 묄렌도르프의 과거 이력을 참고하여 그의
발탁은 순전히 사적인 사안이라는 것을 주지시켜주시기 바랍니다.

    페테르부르크 주재 제국공사가
    2. 베이징 주재 제국공사께,
    3. 도쿄 주재 제국공사께,
    2와 3 그리고 서울 주재 제국영사관도 위와 일치하는 지시사항을 전달하였습니다.
    4에
    그 때문에 영사님께 부탁드리건대, 가능한 한 묄렌도르프의 최종적 임용 전에 러시아
대표와 일본 대표에게 이 발탁은 묄렌도르프의 과거 이력에서도 이미 드러나듯이 순전
히 사적인 사안으로 볼 수 있다는 것을 구두로 주지시켜주시기 바랍니다.

일본과 한국

발신(생산)일	1899. 8. 28	수신(접수)일	1899. 10. 6
발신(생산)자	라이덴	수신(접수)자	호엔로에–실링스퓌르스트
발신지 정보	도쿄 주재 독일 공사관	수신지 정보	베를린 정부
	A. 111		A. 11776
메모	(참조 A. 11777) 10월 12일 페테르부르크 520 해군본부에 전달		

A. 11776   1899년 10월 6일 오전 수신

도쿄, 1899년 8월 28일

A. 111

독일제국 수상 호엔로에–실링스퓌르스트 각하 귀하

최근 이곳의 언론은 한국 사안과 관련하여 대단한 경계심을 내보이고 있습니다. 여기서 가장 먼저 다시 나타나고 있는 것은 러시아 측이 계약상 지게 되어 있는 의무를 이행하지 않은 데 대한 오래된 불평불만입니다. 러시아는 활발한 반일 선동의 혐의를 받고 있습니다. 이를테면 러시아 측이 마산포에 증기선 회사를 위한 커다란 부지를 얻으려고 노력하였는데 일본인들에 의해 수포로 돌아갔다는 것입니다. 이 부지가 일본인에게 팔리는 데 대해 서울 주재 러시아 공사가 항의하고, 그러면서 새로이 비우호적인 태도를 표명하였다고 합니다. 이러한 태도는 시베리아 철도 건설에서 일본 노무자들을 배제한 사실에서도 명백히 드러난다고 합니다.

"Nippon"신문은 이와 반대로, 이 신문의 습성이 그러하듯이 독일을 공격하고 있는데, 이는 독일 황실의 하인리히[1] 왕자가 서울 주재 독일 영사[2]를 통해 한국의 왕과 왕세자에게 자신의 초상화를 전해주게 했다고 하는 사건에 입각한 것입니다. 이에 이어서 영사는 왕에게 서울과 원산 간의 철도건설에 필요한 자금을 한국에서 조달하기는 불가능하다는

---

1   [감교 주석] 하인리히(A. W. Heinrich)
2   [감교 주석] 라인스도르프(Reinsdorf)

점을 지적하고 그 대신에 제물포의 독일인 상인 발터[3]에게 허가를 내줄 것을 권고하면서 이 철도건설 계획을 다시금 언급하였다고 합니다. 이 이야기를 옮기면서 요로주[4]는 덧붙이기를, 영사가 일본 기술자들을 경험없고 미숙하다고 평했으며 독일은 한국에서 '따귀의 정책'에 충실할 것이라고 했다고 합니다.

"Nippon"신문은 그밖에도 제독인 왕자가 한국에서 독일을 위한 함대 정박소를 얻는 데 눈독을 들였다고 비난하고 있는데, 이렇게 매우 자극적인 언어는 언제나 정부에 의존하고 있는 저팬 타임스지에는 물론 실리지 않습니다. 그래서 저팬 타임스지 또한 동시에 한국을 향하여 엄중한 경고를 보내고 있다는 것이 그만큼 더 눈에 띕니다. 이 경고에서는, 어수선한 국내 사정을 고려할 때 그래도 나라가 평온을 유지하는 것은 사실 몇 백 명의 일본 병사가 있는 덕분임을 상기시키고 있습니다. 이는 또한 한국인들도 인정하는 바인 데 반해, 다른 한편으로 이 군대를 철수시킬 생각을 하는 일본 정부는 단 하루도 직에 머무를 수 없다는 것입니다. "Japan Times"가 이것을 논급하고 있는 것은 오로지 외국에 아양떠는 것이 위험한 정책이고 반드시 중단해야만 한다는 것을 한국의 지도층에게 주의를 환기시키고자 하는 것입니다. 한국으로서는 이를 제때에 알아차려서 스스로의 결정으로 '매력적인 친구'를 선택하는 것이 나중에 가서 손해를 보면서 올바른 길을 알려달라고 하는 것보다 더 낫다는 것입니다.

라이덴

내용: 일본과 한국

---

3 [감교 주석] 발터(Walter)
4 [감교 주석] 요로주(Yorodzu)

일본과 한국

발신(생산)일	1899. 8. 30	수신(접수)일	1899. 10. 6
발신(생산)자	라이덴	수신(접수)자	호엔로에-실링스퓌르스트
발신지 정보	도쿄 주재 독일 공사관	수신지 정보	베를린 정부
	A. 112		A. 11777
메모	10월 12일 페테르부르크 520 해군본부 전달		

A. 11777 1899년 10월 6일 오전 수신, 첨부문서 1부

도쿄, 1899년 8월 30일

A. 112

독일제국 수상 호엔로에-실링스퓌르스트 각하 귀하

일본과 한국을 다룬 이번 달 28일 자 보고서 A. 111과 관련하여, 그리고 이 보고서를 보충하여 '닛폰' 신문에 실린 기사의 발췌 번역문을 첨부하여 전달해드립니다.

라이덴

A. 112

(A. 11777)

1899년 8월 25일 자 "Nippon" 신문의
발췌 번역

서울-원산 간의 철도와 독일

독일이 이제는 전보다 더 동아시아 문제에 관심을 돌렸다는 것은 명백하다. 독일이 해군력을 확대하기 위하여 큰 노력을 기울이고 있는 것도 이를 가리키고 있다. 자오저우[1]에서 독일이 계획대로 성공을 거둔 후, 독일의 욕망은 커지고 있다. 상업적인 이해관계뿐만 아니라 청국의 분할에서 좋은 몫을 확보하고자 하는 욕구 또한 여기에서 역할을 한다. 이는 분별력이 있는 사람에게라면 이제 의심의 여지가 없다. 우리는 독일이 청국에서 땅을 얻어내려는 그 의도 자체에 대해 이 자리에서 더 이상 논하고자 하는 것이 아니라, 그보다는 독일이 똑같은 방법을 이제는 한국에서 실행에 옮기고 있다는 점에 대해 논하고자 한다. 한국에서 독일은 아무런 정치적, 상업적 연관도 가지고 있지 않다. 묄렌도르프[2]는 고향으로 돌아갔으며, 현재 한국 전체에는 두세 명의 독일 상인만이 있다. 그런데 제물포에 살고 있는 독일 상인 발터가 금광으로 사업에서 재미를 보자, 그는 철도로 이와 비슷한 행운을 잡을 망상을 하고 있다. 물론 수많은 철도 건설 허가권을 다른 여러 나라에 승인해주기는 했다. 그렇지만 이 경우는 순전히 상업적인 활동이지 정치적 활동이 아니라는 점에서 근본적으로 상황이 다르다. 이번의 경우에 하인리히[3] 왕자는 성공이 확실하리라는 희망을 가지고 그에 맞는 희망사항을 건넸는데, 거절하는 답변으로 그는 매우 실망하였다. 이제 서울 주재 영사에게는 그의 명령을 어떤 방법으로든 실행에 옮기는 일이 남아 있다. 이를테면 더 이상 상업적인 사업이 아니라 우리가 직면해야만 하는 정치적 활동인 것이다. 하인리히 왕자가 일본을 방문한 후 다시 한국의 북쪽으로 가서 그곳에서 안쪽으로까지도 나아갔을 때, 그는 유람여행을 한 것이 아니라 작은 자오저우를 한국에서도 얻을 기회를 엿보기 위함이었다. 그럼에도 독일이 그곳에서 어떤 나쁜 의도를 또 가지고 있을지에 관해서는 연구하고 싶지 않고, 그보다 우리는 서울과 원산

---

1 [감교 주석] 자오저우(膠州)
2 [감교 주석] 묄렌도르프(P. G. Möllendorff)
3 [감교 주석] 하인리히(A. W. Heinrich)

간의 철도건설 건에 관해 언급하고자 한다. 독일이 이 철도건설의 허가를 요구하는 데 대해 우리는 우리의 이해관계 범위 안으로의 침입이라고 간주하지 않을 수 없다. 이 침입을 우리는 그냥 그대로 내버려둘 수 없다. 러시아를 포함해서 나머지 국가들이 한국에서 보이는 태도가 만족스럽다고 평가된 이후, 독일에 대해서는 자오저우처럼 닦달을 함으로써 비슷하게 성공을 거두려는 생각으로 한국에서 일본의 무역과 산업에 지정된 지역으로 함부로 밀고 들어온다고 하는 비난이 가해지고 있다. 그러나 산둥과 한국 사이에는 차이점이 하나 있다고 하는데, 그것은 한국이 일본의 영향권에 속한다는 것이다. 그리고 만약 독일이 평화적인 의도를 가지고 있다면 여기서 손을 떼야 한다는 것이다. 일본의 바람은 한국의 독립과 문명을 촉진하는 것이라 하고, 그러므로 지금 문제되고 있는 그 철도건설을 한국이 스스로 맡고자 한다면, 그것으로 일본은 만족한다는 것이다. 그러나 만약 한국이 그럴 수 있는 처지가 아직 아니라면, 한국 대신에 나서서 그 철도건설을 완성할 국가는 일본밖에 있을 수 없다는 것이다.

내용: 일본과 한국

베를린, 1899년 10월 12일　　　　　　　　　　　A. 11776, 11777

1. 해군 본부의 참모총장께　　　　　　1에 참모총장님께
2. 페테르부르크 No. 520　　　　　　　2에 대사님께

　　　　　　　　　　　　　　　　　1과 2에: 도쿄 주재 제국 공사의 올해 8월 28일
연도번호 No. 8502　　　　　　　　　자 일본과 한국 관련 보고서의 사본과 더불어
　　　　　　　　　　　　　　　　　8월 30일 자 첨부문서를
　　　　　　　　　　　　　　　　　1에: 참모총장님께 정보제공용으로 전달해드립
　　　　　　　　　　　　　　　　　니다.
　　　　　　　　　　　　　　　　　2에: 대사님께 정보제공용으로 보내드립니다.

[묄렌도르프의 한국 입국설 관련 동향]

발신(생산)일	1899. 9. 9	수신(접수)일	1899. 10. 15
발신(생산)자	크나페	수신(접수)자	호엔로에-실링스퓌르스트
발신지 정보	상하이 주재 독일 영사관 No. 107	수신지 정보	베를린 정부 A. 12169
메모	관련서류(A. 11038)를 첨부함. 참조 A. 14243		

A. 12169 1899년 10월 15일 오전 수신

상하이, 1899년 9월 9일

No. 107

독일제국 수상 호엔로에-실링스퓌르스트 각하 귀하

　예전에 독일 통역관 기관에 속해 있었고 1885년에 한국에서 큰 역할을 담당했던 닝보[1]의 세관장 묄렌도르프[2]가 본인에게 비밀리에 전하기를, 한국의 황제가 그에게 전보로 르젠드르[3] 고문 대신에 외국인 고문으로서 다시 한국 정부에 와서 일해달라는 부탁을 받았다고 합니다.

　묄렌도르프는 유럽으로 가는 가족을 배웅하기 위해 8일 로이드 증기선 "프로이센"호를 타고 홍콩으로 떠났는데, 그는 하트[4]와 리훙장[5], 그리고 청국 정부가 동의를 하고 또 그가 세관에서 받았던 급료나 가지고 있던 모든 권리를 보존해주면서 그에게 휴직을 준다는 조건 하에 한국 왕의 이 제의를 받아들일 준비가 되어 있다고 전보로 답변할 생각이었습니다. 그는 홍콩에서 돌아온 후에 베이징으로 가서 이 문제를 개인적으로 추진할 것이라고 말하였고, 그곳에서 제국공사에게 모든 것을 보고하되 공사가 동의를 하

1　[감교 주석] 닝보(寧波)
2　[감교 주석] 묄렌도르프(P. G. Möllendorff)
3　[감교 주석] 르젠드르(C. W. Legendre)
4　[감교 주석] 하트(R. Hart)
5　[감교 주석] 리훙장(李鴻章)

지 않는다면 절대 거역해서 일을 하지는 않을 것이라고 하였습니다.

지금 상하이에서 살고 있는 민[6]은 만일의 경우에 묄렌도르프와 함께 한국으로 돌아가 내각의 수반 자리에 들어설 것이라고 합니다.

크나페

---

6   [감교 주석] 민영익(閔泳翊)

[묄렌도르프의 한국 입국설 관련 동향]

발신(생산)일	1899. 8. 24	수신(접수)일	1899. 10. 16
발신(생산)자	하인리히	수신(접수)자	빌헬름 2세
발신지 정보	하코다테 순양함대 사령부	수신지 정보	독일 궁정
	No. 107		A. 12278
메모	A. 4922 I의 사본 G. Br. B. No. 1200 I.		

A. 12278 1899년 10월 16일 오후 수신

순양함대 사령부   하코다테, 1899년 8월 24일

비밀!

카이저와 제후 귀하

한국의 상황에 관한 1899년 6월 29일 자 본인의 보고서 3832 I에 덧붙여, 올해 7월과 8월 본인이 원산에 머물며 수집한 아래의 관찰결과를 올립니다.

원산은 블라디보스토크로부터 310 마일밖에 떨어져 있지 않은 뛰어난 항구이자 서울과 평양으로 향하는 큰(한국의 기준으로 크다는 것임) 도로의 기점으로서 한국에서 서로 충돌하고 있는 러시아와 일본의 이해관계에서 초점이 되는 곳입니다. 이에 따라 일본인들뿐만 아니라 러시아인들도 이 항구를 주의깊게 지켜보고 있으며, 이곳은 한국의 소유권을 놓고 무력 분쟁이 일어날 경우 큰 역할을 하게 될 것입니다.

러시아 함대는 이 항구를 매우 잘 알고 있고, 최근에도 그곳에서 다시 측량을 하였는데, 이것이 일본인들을 매우 불안하게 만들었습니다. 시베리아 위수지의 해군 연습선은 지금은 크론슈타트[1]로 되돌아간 오래된 순양함 "Kreiser"로, 여름 몇 달 동안 줄곧 원산에 정박해 있었습니다. 러시아 육군 장교들도 이곳에 가끔씩 때로는 육지에, 때로는 해상에 나타납니다. 본인은 그곳 원산에서 아서항[2]의 항구건설기사로 발탁되었던 덴마크

---

1 [감교 주석] 크론슈타트(Kronstadt)

2 [감교 주석] 뤼순(旅順; Port Arthur)항

인 기술 장교를 알게 되었습니다. 그는 그저 즐기러 여행을 다니다가 항구건설 계획이 인가가 나서 다시 일거리를 받았다고 말하지만, 실제로는 본인의 가까운 지인이 일러준 말에 의하면 이 항구의 뒤쪽에 있는 석탄광을 조사하게 되어 있었다고 합니다. 그는 이 활동을 하는 데 있어서 부산의 세관원장으로 채용된 덴마크인 동료한테서 큰 도움을 받았습니다.

일본인들은 알려져 있다시피 원산에 영사 재판권과 보병 1개 중대의 수비대가 있는 거주지역을 가지고 있습니다. 일본 포함 1대가 상주 함대로서 그곳 또는 무역항으로 개항된 인접 항구에 주둔해 있습니다. 일본의 다른 전투함들도 자주 이곳을 방문합니다. 본인이 그곳에 있는 동안에 상주 함대의 한 함대가 며칠 동안 그곳으로 왔습니다.

원산과 관련된 러시아의 행동을 일본이 얼마나 불안해하며 지켜보고 있는지는, 건강상의 이유로 원산만의 끝에 있는 반도에서 정주하고자 땅을 구입한 무해한 한 영국인을 일본이 감시하는 데서 드러납니다. 이 사람이 도크를 건설하기 위해 그 부지를 구입할 임무를 맡았던 러시아 중개인이라고 추측했던 것이고, 그로 인해 일본인들은 한국인 농부와의 거래가 아직 합의에 이르지 않은 곳이면 어디나 다니면서 땅의 가격을 막론하고 바로 면전에서 그런 땅을 사버렸던 것입니다.

프로이센의 하인리히[3]

황제 폐하와 왕 폐하께

A. 4922 I   베를린, 1899년 10월 13일

비밀!
여기 외무부의 국장께 사본으로

1899년 8월 19일과 1899년 9월 1일 자 서한 A. 3800 I에 첨부하여 전달됨.

해군 참모본부의 총장

---

3   [감교 주석] 하인리히(A. W. Heinrich)

34

[마산포 조차 관련 러일 관계 관련 청국 입장]

발신(생산)일	1899. 10. 20	수신(접수)일	1899. 10. 20
발신(생산)자	라이덴	수신(접수)자	
발신지 정보	도쿄 주재 독일 공사관	수신지 정보	베를린 외무부
	No. 41		A. 12375
메모	Ⅰ 전보 10월 20일 도쿄 36으로 Ⅱ 전달 11월 5일 베이징 A. 119로		

A. 12375 1899년 10월 20일 오후 수신

전보

도쿄, 1899년 10월 20일 오후 2시 10분

도착: 오후 4시 45분

제국 공사가 외무부에 발송

전문 해독

No. 41

아오키는 본인에게 아모이[1]의 거주지역 문제에서 일본의 손해배상청구에 대한 청국의 무관심을 하소연합니다. 그는 비밀리에 말하기를, 일본은 이 때문에 적극적인 조치, 즉 부득이하게 점령을 해야 할 수도 있다고 합니다.

본인은 이것을 이렇게 이해하고 있습니다. 즉 태만하다고 비난을 받는 아오키는 한국의 마산포 문제에서 러시아와 불화에 이르게 할 수 없고 또 그렇게 되기를 원하지 않는만큼 더욱 더 청국의 만족이 필요한 것입니다.

라이덴

원본 : 중국 20 No. 1

---

1 [감교 주석] 아모이(Amoy)

묄렌도르프가 제안받은 한국의 고문 자리

발신(생산)일	1899. 9. 9	수신(접수)일	1899. 10. 22
발신(생산)자	케텔러	수신(접수)자	호엔로에–실링스퓌르스트
발신지 정보	베이징 주재 독일 공사관	수신지 정보	베를린 정부
	A. 144		A. 12440
메모	참조 A. 94 10월 23일 도쿄 A. 25, 페테르부르크 554 전달		

A. 12440　1899년 10월 22일 오전 수신

베이징, 1899년 9월 9일

A. 144

비밀!

독일제국 수상 호엔로에–실링스퓌르스트 각하 귀하

　어제 상하이 주재 제국 총영사[1]로부터 전해들은 세관장 묄렌도르프의 진술에 따르면, 묄렌도르프[2]는 또 다시 한국 황제의 고문 자리를 제안받았다고 하는데, 본인이 믿을만한 경로를 통해 확인해본 결과 현재 그의 상관인 총세관장 하트경은 이에 대해 지금까지 아무것도 모르고 있습니다.

　하트[3]의 신임을 받는 총세무사 브라운[4]과 한국 정부 간의 계약이 지금 막 앞으로 5년 간 더 연장된 후이지만, 하트는 해관의 직원 중 다른 어떤 사람을 휴직시키면서 한국에 보낼 의향은 전혀 없으며, 특히 묄렌도르프와 같이 종잡을 수 없는 성격을 가진 사람이라면 더욱 그러합니다.

　알려져 있다시피 묄렌도르프는 이곳에서의 이력을 청국의 해상세관에서 시작하여 그 다음에는 독일 영사관으로 근무지를 옮겼으며, 아무런 작별인사도 없이 이 자리를

1　[감교 주석] 크나페(Knappe)
2　[감교 주석] 묄렌도르프(P. G. Möllendorff)
3　[감교 주석] 하트(R. Hart)
4　[감교 주석] 브라운(J. M. Brown)

한국 내각의 자리와 바꿨습니다. 그리고 그곳 한국에서 실패한 후 청국의 세관원으로 다시 연명할 수 있는 것만으로도 기뻐했습니다. 그렇지만 이번에는 확실한 자리인 세관원장의 자리와 문제가 많은 서울에서의 고문 자리 사이에서 선택해야 하고, 그래서 예상컨대 아마도 첫째의 자리를 유지하는 것으로 결심할 것 같습니다.

묄렌도르프가 전에 한국에서 했던 활동이 한국에서 독일의 이해관계에 아무런 도움도 되지 못하였기 때문에 그가 지금 한국 정부의 고문 자리를 거절하는 것이 우리에게는 형편에 알맞을 것입니다.

케텔러[5]

내용: 묄렌도르프가 제안받은 한국의 고문 자리

---

5 [감교 주석] 케텔러(Ketteler)

베를린, 1899년 10월 23일 　　　　　　　　　　　　A. 12440

주재 외교관 귀중

1. 도쿄 A. 25

2. 페테르부르크 No. 554

주재 사절단 귀하

연도번호 No. 8869

뮐렌도르프의 발탁과 관련된 베이징 주재 제국 공사의 지난달 9일 자 보고서 사본을 귀하의 정보용으로 전달해드립니다.

36

한국의 상황에 대하여

발신(생산)일	1899. 9. 15	수신(접수)일	1899. 10. 26
발신(생산)자	라인스도르프	수신(접수)자	호엔로에–실링스퓌르스트
발신지 정보	서울 주재 독일 총영사관 No. 63	수신지 정보	베를린 정부 A. 12605
메모	올해 6월 1일 자 훈령에 의거[1] 연도번호 No. 563		

A. 12605 1899년 10월 26일 오전 수신

서울, 1899년 9월 15일

No. 63

독일제국 수상 호엔로에–실링스퓌르스트 각하 귀하

　한국 왕이 '독립협회'의 활동과 지난해 11월 이로부터 파생된 만민공동회 때문에 했던 약속들은 개혁의 도상에서 중요한 발걸음인 것처럼 보였습니다. 그리고 약속했던 조치들은, 만약 진지하고 강력하게 실행되었다면 관리들의 부정부패와 폭정을 밀어주고 경제적 번영에 방해가 되었던 정부 시스템을 바꿔놓았을 것입니다. 그러나 이 약속들을 이행하는 일은 아무것도 일어나지 않았습니다. 여러 방면에서 왕에게 했던 갖가지 훈계도 소용이 없었습니다. 정부의 주요 요직들은 개혁의 노력에 맞서 싸우는 과정에서 주로 두각을 나타냈던 사람들로 채워졌습니다. 만민공동회를 무력으로 해산시키는 데 사용되었던 '황국협회'를 해체시킨 칙령은 철회되었습니다. 궁정의 돈으로 지불되는 이 황국협회는 정권을 잡은 사람들을 보호하는 일을 계속해서 했고, 독립협회가 설립 후 1년간 나라에 전단지와 신문을 살포함으로써, 그리고 중요한 지방도시와 부속도시에서 협회의 지부를 설치한 밀사들을 통해 그 설립이념에 맞게 확보했던 추종자들을 추적하고 억압하는 일에 경찰과 함께 전념하였습니다.

　왕이 새로 설치하기로 약속했던 '중추원'은 입법 시에 발의할 권한이 있었고 의정부의

1　[원문 주석] A. 6398을 첨부함.

모든 결의사항은 중추원에 제출하게 되어 있었습니다. 중추원은 현직의 모든 국무위원(대신) 외에도 50명의 의관으로 구성하도록 되어 있었고, 이들 중 절반은 의정부[2]를 통해서, 그리고 나머지 절반은 인민, 특히 독립협회에 의해 선출하도록 되었습니다. 그런데 정부 신문은 이 중추원에 속할 사람들의 이름을 그냥 공표해버렸습니다. 그들 중 35명은 황국협회의 회원이거나 궁내부로부터 봉급을 받는 그 밖의 인사들이었습니다. 그리고 15명은 독립협회의 회원이었습니다. 이 15명 가운데 대부분은 임명을 수용하지 않았습니다. 그리고 나서 중추원이 새로운 내각의 편성에 관하여 건의를 했을 때, 박영효[3]를 대신 후보로 내세우는 잘못을 저질렀습니다. 박영효는 1884년에 있었던 사건[4]의 음모자들 중 한 사람으로, 당시 일본으로 피신을 갔으나 1895년에 일본의 영향으로 조선에 되돌아왔으며, 내각에 들어왔으나 대역죄로 고소를 당하여 다시 일본으로 피신해야만 했습니다. 아마 이 건의는 국민들이 보는 앞에서 이 중추원의 위신을 떨어뜨리기 위해 정부가 스스로 사주하였던 것 같습니다. 중추원 의장은 박영효의 이름을 왕에게 제시하기를 거절하였습니다. 그리고 '관민공동회'도 마찬가지로 박영효의 소환을 위해 나섰을 때, 정부 측은 이 모든 움직임의 목표가 오직 일본으로 도망간 음모자를 다시 불러들이기 위한 것뿐이라는 의심을 국민들 사이에 퍼뜨리는 데 성공하였습니다. 이렇게 여론이 그들을 등지게 되자 관민공동회는 그들의 유일한 원군(援軍)을 잃어버린 셈이 되었으며, 정부는 이제 거리낌 없이 앞으로 계속 집회를 수포로 돌아가게 할 수 있었습니다.

이제 더 이상 아무런 방해도 받지 않게 된 보수반동 세력 하에서 한국은 전쟁 이전의 위치로 되돌아갔습니다. 이 전쟁을 고려하여 일본 정부는 당시, 국내 행정의 개혁이 일본과 한국 사이의 좋은 관계를 유지하는 데 필요할 뿐만 아니라 극동 아시아에서 평화를 유지하기 위해 필요하다는 설명으로 자신의 행동을 정당화하려고 하였습니다.

'중추원'의 관제는 올해 5월 말에 다음과 같이 변경되었습니다: 50명의 회원 중 각각 절반씩을 국민과 의정부에서 선출하는 것이 아니라 10명의 회원은 왕이 직접 선출하고 40명은 왕의 승인을 얻어 의정부 의정이 임명한다는 것입니다. 의장단에서 의장은 본디 왕이 직접 임명하게 되어 있었고, 부의장은 중추원이 선출하여 왕의 확인을 받게 되어 있었습니다. 현재의 규정에 따라 왕은 의장과 부의장을 독자적으로 임명해야 합니다. 매일 열리도록 되어 있는 '중추원'의 회의는 여러 달 동안 열리지 않았습니다. 왕은 지금 의관 수를 우선 반으로 줄이고 이 기관을 얼마 후에는 완전히 폐지할 생각을 가지고

---

2 [감교 주석] 실제는 황제가 임명하도록 규정.
3 [감교 주석] 박영효(朴永曉)
4 [감교 주석] 갑신정변(甲申政變)

있다고 합니다.

'의정부' 또한 왕이 완전히 손 안에 넣고 있습니다. 한국의 오래된 전제주의적 통치 시스템은 1895년 내각 정치를 통해 의정부의 형태로 대체되었습니다. 이 시스템에서 왕은 제재권 이상의 권한을 거의 갖지 못하였습니다. 그러나 같은 해 마지막 몇달간 있었던 사건들의 결과로 분위기는 이 새로운 정부형태에 등을 돌렸고, 의정부는 1896년 9월에 새로이 구성되었습니다. 왕은 광범위한 임무를 유지하였으나 전에 제한되었던 왕의 참여권은, 의정부에서 제의된 어떤 의안에 대해서든 의정부 투표의 결과에 대한 고려 없이도 왕이 재가를 하고 그럼으로써 법적인 효력을 부여할 수 있다는 규정을 통해 폐지되었습니다. 의정부는 한 명의 의정과 내부대신인 참정, 왕이 임명하는 5명의 찬정, 그리고 궁내부대신을 제외한 모든 현직 대신들로 구성되어 있었습니다. 이리하여 왕실의 사적인 이해관계와 국가의 공적인 이해관계 사이에 아직도 남아 있는 간극을 한국 왕은 1년 전에 궁내부대신에게 의정부 내에서 의석과 투표권을 줌으로써 제거하였습니다. 왕은 동시에 특별참정 한 명을 추가함으로써 구성원의 수를 늘렸습니다.

이 모든 개혁의 노력 속에서 왕이 깨달은 것은 자신의 무제한적인 지배권력에 대한 공격뿐이었습니다. 그리고 그가 줄기차게 추구했던 유일한 목표는 자신의 예전의 전제적 권력을 다시 일으켜 세우는 것이었습니다. 자신에게 유리하도록 투쟁하기로 결심함으로써 예전에 온 나라를 무겁게 눌러 내리던 모든 악이 자유롭게 되돌아왔습니다.

사법적인, 그리고 공권력에 의한 침해, 법을 지키지 않거나 제멋대로 이용하는 것, 단순히 혐의가 있는 데 불과한 사람이나 고발당한 사람을 함부로 체포하는 것이 매일매일의 일과가 되었습니다. 형무소는 꽉 들어찼습니다. 왜냐하면 체포된 사람들은 몇달 동안이나 심문받을 차례를 기다려야 하기 때문입니다. 판결은 지불능력 또는 당파의 영향력에 맞춰집니다. 서약이 들어설 자리에 몽둥이질이 들어서는 때가 많으며, 고문은 명목상으로는 폐지되었는데, 다시 사용되고 있습니다. 그리고 이 나라의 가장 높은 직책에 있는 의정부 의정이 고문을 법적으로도 다시 도입하고 범죄자의 친척 처벌 및 재산 몰수에 대한 금지를 다시 취소하자는 안건을 의정부에 제출하였습니다. 외국 대표들의 말 한마디가 필요했습니다. 외국 대표들은 지난달 초 외부에서 공동으로 참석할 기회가 있었는데, 이 자리에서 외부대신에게 강조하기를, 그와 같은 조치들은 외국에서 불리한 인상을 불러일으킬 것이니 왕에게 권고하여 이 문제에 대한 계속적인 토론을 연기하도록 의정부에 명령을 내리라는 것입니다.

브라운[5]과 알렉세예프[6]가 재무 행정에서 영향력이 있었던 동안에는 공무원들의 봉급을 제때에 지불하고 그밖에 필수 지출을 위한 돈이 항상 있었습니다. 쾰니셰 폴크스차이퉁[7]에 실린 기사(이 기사는 올해 6월 1일 A. No. 4에 첨부되었음)가 말하고 있듯이, 러시아 측은 한국이 일본으로부터 빌린 차관의 대부분을 상환했음에도 불구하고 알렉세예프[8]가 그 자리에서 물러날 때 탁지부에 150만 달러 어치의 보물을 제공할 수 있었다는 것을 알렉세예프의 공적으로 인정해주었습니다. 이것은 부정확한 것입니다. 왜냐하면 알렉세예프가 물러날 때 건네줄 수 있었던 것은 127만 8천 달러에 불과했고, 또 일본에 대한 지불은 브라운이 일을 맡고 있었을 때 있었던 일이며 브라운이 내각에서 물러날 때 80만 6천 달러에 해당하는 금액이 남아 있었고 여기에다가 알렉세예프가 3월 중순에 물러날 때까지 약 70만 달러의 세금이 들어왔는데, 이 금액은 재무고문을 맡은 인사의 교체 없이도 들어왔을 돈이기 때문입니다. 당시 재정상황이 양호하도록 했던 공적은 일차적으로 브라운에게 있습니다. 그리고 한국의 이익을 고려했을 때, 브라운을 축출한 것은 중대한 과오였습니다. 브라운의 축출로 모든 재정 문제가 다시 한국인의 주도권 하에 떨어지도록 하는 계기가 되었던 만큼 더욱더 중대한 과오였습니다. 재정통제가 시행되어 모든 지출이 우선 검사를 받고 증빙자료로 입증되어야만 했던 한, 봉급은 법적으로 정해진 숫자의 공무원들에게만 지급되었습니다. 이 통제가 중단된 이후, 대신들은 자신의 관할영역을 자기네 친척과 친지들을 위한 양로원으로 생각하고, 그렇게 채용된 모든 불필요한 보조사들과 관리인들을 위해 국고에서 돈이 흘러나가고 있습니다.

지방의 관직을 궁정은 뻔뻔스런 장사를 하고 있습니다. 관직을 얻기 위한 첫째 조건은 궁정에서 영향력 있는 사람과의 친척관계나 면식관계입니다. 만약 관직이 그 밖의 다른 공헌에 대한 반대급부로서 수여되는 것이 아니라면, 추천해준 데 대한 대가로든 아니면 임명해준 데 대한 댓가로든 돈을 내야만 합니다. '관찰사'는 2만 달러 이하로는 되지 않으며, '수령'은 1천 5백에서 4천 달러까지입니다. 관찰사는 1년 임기로 임명되고, 연봉은 2천 달러입니다. '수령'은 임기가 40개월이고 연봉은 600 내지 1천 달러입니다. 임명받은 자들은 이제 투자한 금액에 이자를 붙여서 다시 얻어내는 길을 찾아야 하며, 그것도 될 수 있는 대로 빨리 해야 합니다. 왜냐하면 일반적으로 임기를 다 채워서 그 자리를 누리지 못하기 때문입니다. 그들은 이 자리에 돈을 지불할 능력이 있고 관심 있는 다른 사람이 나타나는 즉시 해임됩니다. 나라에는 337개의 지방구역이 있고, 각 구역마다 한 명의 장이 있습니다. 지난 6개월 동안 234명의 신규임용이 있었습니다. 이

---

5 [감교 주석] 브라운(J. M. Brown)
6 [감교 주석] 알렉세예프(K. Alexeev)
7 [감교 주석] 쾰니셰 폴크스차이퉁(Kölnische Volkszeitung)
8 [감교 주석] 알렉세예프(K. Alexeev)

렇듯 자리가 빠르게 바뀌는 것은 예전에 이미 전쟁 전에 유행이었습니다. 이렇게 잦은 교체가 있다 보니 이 일에 대해 평판이 나빠졌지만, 가격이 내려갔던 한에서는 그래도 자선을 베푸는 결과를 낳았습니다. 전쟁 전에 수령 자리를 위해서는 5천 내지 1만 달러가 들었고, 관찰사 자리에는 4만 내지 10만 달러가 들었습니다. 임용할 관료의 명단은 내부대신이 정합니다. 후보자가 될만한 사람을 알고 있는 사람은 그에게 연락합니다. 이 명단이 의정부에 제출되고 여러 위원이 서명한 후, 임명권을 가진 왕에게 갑니다. 그러니까 왕은 이 악정(惡政)을 완전히 정확하게 알고 있음에 틀림없습니다. 어느 일본인의 추산에 따르면, 매년 불법적인 방법으로 징수되는 금액은 합법적으로 징수되는 금액의 절반을 넘어서 결국 모든 징수액의 5분의 3이 관리들에 의해 도난당하는 셈이라고 합니다. 이렇게 착취가 행해지는 동안, 비천한 계층에서는 믿을 수 없을 정도의 가난이 지배하고 있습니다. 그러한 상태에서 확실성의 결여는 일을 해보려는 의욕을 마비시키고 상업계획과 산업계획을 실현하는 데 유리하지 않습니다.

궁내부대신을 제외하고 내각에서 교체되는 대신들은 아무런 의지도 없는 도구들이며, 정부 또는 왕에게 끼치는 영향력이 극히 적은 허깨비들입니다. 잦은 교체만 하더라도 일을 성취하는 데 방해가 됩니다. 어제 군부대신이었던 자가 오늘은 탁지부대신으로서, 내일은 또 학부대신으로서 직무를 수행합니다. 그런 경우가 아니라면 두 개 내지 세 개의 직위를 한꺼번에 손에 넣기도 합니다. 그들의 관할영역에서 개선책을 실행하기에는 그들의 전문지식과 실무 경험이 모자랍니다. 그리고 그들에게는 정직하고 충분히 훈련받은 관료가 없습니다. 왕은 의심이 많아서 협판들은 자신들을 감시하는 첩자들로 둘러싸여 있습니다. 그들도 마찬가지로 동료들 간에 서로 의심하고 질투하는 것이 습성이 되었습니다. 어느 누구도 스스로 뭔가 책임을 떠맡거나 기존의 상태를 조금이라도 바꿔보려는 시도조차 하지 않습니다. 궁정에서 내린 지시 때문에 그들의 활동은 제약을 받고, 그들이 내리는 명령은 방해를 받습니다. 예를 들어 탁지부대신의 공식 업무 범위에 속하는 것이 나라 전체의 조세를 수집하고 화폐를 통제하는 것인데, 궁내부가 각 지방의 수령에게 지시를 내려 조세를 직접 자기네한테 보내라고 하는 것입니다. 나라의 광산은 공식적으로 농상공부의 관할입니다. 왕은 자신이 총애하는 사람 중 한 명을 나라 전체의 광산[9]과 조폐를[10] 맡는 기관의 국장으로 앉혀 그가 이와 관련된 모든 일에서 결정권을 행사하도록 만들었습니다. 외국 대표들에게는 정부가 외부를 통해 평양부를 무역거래

---

9 [감교 주석] 광산국
10 [감교 주석] 전환국

장소로 개방하고자 한다는 의향을 전달하도록 했습니다. 그런데 궁내부는 평양부 내의 모든 토지와 평양부를 둘러싼 반경 2.5km의 땅은 왕의 재산이라고 선언하였으며, 그 땅에는 외국인의 거주지역이 들어설 자리가 없다고 했습니다. 이와 비슷한 방법으로 모든 대신은 임의적인 간섭을 받을 수밖에 없지만 충돌시에는 책임을 져야 합니다. 나름의 안목을 가지고 있고 또 맹목적으로 복종하려 하지 않는 인격자이자 활동욕을 가진 사람은 여기서 대신이 되기에 적합지 않고 공직에서 자기 주장을 할 수 없습니다.

　왕 자신은 규방에서 키워졌고, 중국 고전을 공부하고 내시들을 통해 장래의 직책을 준비하였으며, 왕위에 올랐을 때부터 아첨꾼과 모사꾼들로 둘러 쌓여 있었고, 친아버지[11] 로부터 붙잡혀 박해를 받았습니다. 그는 되풀이하여 왕위를 빼앗길 위험에 처해 있었지만 그에 맞서 그를 보호해준 것은 오로지 외국의 도움뿐이었습니다. 외국과의 교역이 개시됨으로써 아주 새로운 문제들과 세력들에 직면하게 되었습니다. 왕이 청국에 대해 가지고 있던 태도는 갑자기 변하여, 스스로를 청국의 황제와 대등한 독립적인 통치자로 선언하였습니다. 바로 뒤이어 그를 구제해준 자들에게 예속되었고 비열한 만행의 목격자가 되었습니다. 뛰어난 정신적 능력도 없고 의지가 약하며 우유부단하고 인내심도 없으며 의심이 많고 또 모반 당할까봐 항상 두려워합니다. 왕은 러시아 공사관에서 러시아 군대의 보호를 받고 있던 동안보다 더 편안함을 느낀 적이 거의 없었습니다. 왕은 자기네 나라의 군대를 믿지 못하여 지난해 자신의 경호부대를 외국인들로 구성하였지만, 이들 외국인 경호원들이 근무를 시작하기도 전에 그들을 다시 물러나게 해야만 했습니다. 물론 지난 3년간 왕을 전복시키기 위한 음모가 12건도 넘게 발견되었다고 합니다. 당시의 요구사항들에 대한 이해심도 없었고, 사람을 알아보는 안목도 없었으며 경험을 통해 배우지도 못했고 주위에 몰려드는 사람들의 수단과 동기를 진지하게 검토할 능력도 없이 왕은 위선자, 아첨꾼, 사악한 유형의 사람들이 그저 그의 신임을 얻기만 하면 그런 불순한 세력에 아무런 저항도 없이 예속됩니다. 아무리 새로운 사람이라도 왕을 사로잡기만 하면 왕은 능력이 없어서든 아니면 스스로 판단을 내리는 습관이 없어서든 간에 목표와 의견을 바꿉니다. 그가 예측하기에 성공하기 위해 결코 실패할 일이 없는 방법은, 지금 일본에서 정치 망명객으로 살고 있는 한국인 모반자들에게 복수하는 것이 그가 가장 열망하는 것들 가운데 하나인데 바로 그들을 손에 넣어 조종할 가능성을 열어두는 것, 또는 진행 중에 있는 음모에 대한 정보를 가지고 있는지 확인하고 또 그 음모를 무산시킬 수단을 확보하는 것입니다. 자신의 자리를 잃고 싶어하지 않는 관리들은 왕의 주변을

11　[감교 주석] 흥선대원군(興宣大院君)

항상 둘러싸고 있는, 왕이 신임하는 사람들의 세력을 찾고 또 그들에게 맹목적으로 복종하는데, 어느 정도까지 왕이 나라와 정부에서 일어나는 일들에 대해 보고를 받아야 하는지, 그리고 사건들을 어떤 관점에서 묘사해야 할지가 바로 그들의 손 안에서 결정됩니다. 왕의 주변 사람들의 거짓됨은 도가 지나치기 때문에 중요한 대상들에 대해 그다지 정확한 정보를 듣지 못합니다. 왕 측근의 이 총신들이 보이는 행태가 어떤 모습인가는 의미 없지만, 그래도 단 하나 확실한 목적이 있습니다. 그것은 자기 자신의 이익을 보존하는 것입니다. 정부가 주도하고 준비하는 모든 사업은 오직 이 몇몇의 권력자들의 주머니를 채워주는 데 기여할 뿐입니다. 그러한 사업들이 더 이상 자기네한테 수익이 많이 나지 않을 경우, 그들은 방치합니다. 정부 안에서 개선을 시도하는 모든 일이 이들 간신들의 관여로 실패하므로, 궁정이 정부에 작용을 가하는 일이 배제되어 있는 한, 그로 인한 손실을 만회하는 것은 생각할 수 없습니다. 그와 같은 제척(除斥)도 외부로부터의 강압 하에서만 기대해볼 수 있습니다.

그러한 경제가 꽤 오랜 시간 동안 존속할 수 있기 위해서는 이렇게 인정 많고 참을성 많으며 굼뜨고 나약한 나머지 평화로운, 오랜 세월 억눌림을 당해서 모든 남성적 자질을 잃어버린 것 같은 한국인 같은 민족이 필요하였습니다. 산발적으로 폭발하는 국민들의 분노는 유럽식으로 무장한 병사들과 경찰관들에 의해 대개 곧바로 제압당합니다. 그러나 국내 상황은 점점 더 어려워질 수밖에 없습니다. 왕과 서울에 있는 정부의 눈에서 멀리 떨어진 지방에서 관리들의 악행만이 억압에 대해 책임이 있고 또 왕은 곤궁에 대해 알게 되는 즉시 구제해줄 것이고 또 구제해줄 수 있다고 하는 믿음은 이 나라에서 아직 그다지 흔들림이 없습니다.

특히 지난번에 일본인들이 시도했던 급진적 개혁과 함께 이 나라에 들어온 엄청난 양의 새로운 아이디어들이 있었고, 또 국민들에게 보편적으로 이해 가능하고 지금 정부가 어떠한가에 관해서 국민의 눈을 뜨게 해주려 애쓰는 한국어 신문의 기초를 만든 독립협회의 정치적 활동이 있었다 하더라도 이런 것들은 한국인의 저 무사공평함을 보존하는 데 도움이 되지 못했습니다. 그러한 무사공평함이 한번 없어지면 지금 아직도 유지되고 있는 왕의 통치는 자체 시스템의 귀결로 인해 무너지지 않을 수 없습니다.

이 나라를 평화적인 방법으로 정복하는 데 있어서 일본은 점점 더 큰 진전을 하고 있습니다. 신문보도에 의하면, 지난 6월 서울에서 일어난 폭탄테러 이후 일본 정부가 일본국민에 대해 제정했던 한국으로의 여행 제한 규정이 다시 폐지되어 증기선마다 새로 인원이 늘어나고 있습니다. 현재 한국에 살고 있는 일본인은 1만 6천명 내지 1만 8천명이며, 이 숫자는 빠르게 늘어나고 있습니다. 국내 무역의 거의 전체가 일본인들의 손에 들어왔으며, 그들이 거주하는 곳이면 어느 곳에서나 그들은 한국인 상인을 완전히 몰아냅니다. 제물포를 제외하고 개항된 모든 장소에서 일본인들이 상업적으로 지배하고 있습니다. 항구에 있는 토지는 대부분이 일본인들의 소유입니다. 외국과의 선박운행에서는 주로 일본의 배가 중개 역할을 합니다. 한국 수역에서의 어업활동에 그들은 제1선에서 참여하고 있습니다. 한국의 자금은 거래 중에 일본의 자금과 더불어 완전히 사라집니다. 주요 철도노선인 부산에서 서울까지의 노선과 제물포에서 서울까지의 노선은 일본이 장악하고 있습니다. 이러한 상황에서 한국 정부의 변화를 무력으로 일으키는 계기가 일본 측에서 나오리라는 것은 있을법하지 않은 일입니다. 그러나 확실한 것은, 일본인들이 장차 한국 전체의 주인으로 간주되고 있고 또 그들이 이러한 방향에서 그들의 희망을 자발적으로 포기하지는 않을 것이라는 점입니다.

라인스도르프

내용: 한국의 상황에 대하여

[러시아의 부산 인근 섬의 조차 관련 동향]

발신(생산)일		수신(접수)일	1899. 10. 29
발신(생산)자	데렌탈	수신(접수)자	
발신지 정보		수신지 정보	베를린 외무부
			A. 12728

발췌문

A. 12728 1899년 10월 29일 오전 수신

　방금 전에 본인을 찾아왔던 일본 공사가 본인에게 전달하기를, 어제 일본 정부로부터 받은 전보에 따르면 러시아 외무부 장관의 파리 방문 때문에 일본 정부는 불안해하고 있다고 합니다. 일본 정부는 이 방문이 남아프리카에서의 전쟁과 관련을 지으면서, 이것이 아시아에 대한 유럽 국가들의 정책에서 변화를 가져올 수 있다고 우려하고 있다는 것입니다. 신문보도에 따르면 특히 러시아는 한국의 부산 항구와 그 근처에 위치한 섬 하나를 자기 것으로 만들려 한다고 합니다.

10월 28일 데렌탈

원본 : 아프리카 13 No. 2

한국 내에서의 러시아

발신(생산)일	1899. 10. 2	수신(접수)일	1899. 11. 3
발신(생산)자	라이덴	수신(접수)자	호엔로에–실링스퓌르스트
발신지 정보	도쿄 주재 독일 공사관	수신지 정보	베를린 정부
	A. 124		A. 12936

A. 12936　1899년 11월 3일 오전 수신

도쿄, 1899년 10월 2일

A. 124

독일제국 수상 호엔로에–실링스퓌르스트 각하 귀하

일본과 러시아가 한국에서 여러 차례 소규모의 마찰을 일으킨 것은 이미 3년 전에 울창한 숲의 작은 섬 울릉도의 임대가 러시아 상인에게 돌아갔기 때문에 더욱 더 늘어난 것으로 보입니다.

일본 측의 진술에 따르면, 예전에는 이 섬이 일본에 속하는지 한국에 속하는지 불확실했으나 1867년에 들어와서 한국이 이 섬에 대한 주권을 인정받았습니다. 그럼에도 불구하고 이 섬 주위에 있는 일본 섬들에 사는 주민들은 한국 관청으로부터 방해받지 않고 그곳에서 전과 다름없이 약탈경제를 계속해왔습니다.

러시아에게 임대해줌으로써 러시아 측의 임무는 숲이 없어져버린 황무지를 새로 녹화하는 것으로 완료되는 것 같고, 이를 구실 삼아 지금 일본인들은 이 섬에서 쫓겨나거나 상륙시 거부당하고 있습니다. 진짜 이유는 아마도 울릉도의 풍부한 목재를 위한 보살핌이라기보다는 시베리아 철도 건설 이후 목재 가격이 오르고 있다는 데서 찾을 수 있을 것입니다.

일본의 일부 언론은 예전의 권리라고 하는 것을 집요하게 주장하면서, 이 섬의 임대와 이를 통해 야기된 일본 측 이익의 손실에 대한 보상으로서 한국 측으로부터 결코 해당하지 않는 양보를 요구하고 있습니다.

그렇지만 실제로 그것은 러시아의 권리 주장이 일본 연안의 아주 가까운 곳에서 나타난 것이고, 이것이 덜 국수주의적인 사람들한테서도 언짢음을 야기한 것입니다.

라이덴

내용: 한국 내에서의 러시아

독일과 한국의 관계에 대한 일본의 신문 논평

발신(생산)일	1899. 10. 5	수신(접수)일	1899. 11. 3
발신(생산)자	라이덴	수신(접수)자	호엔로에-실링스퓌르스트
발신지 정보	도쿄 주재 독일 공사관	수신지 정보	베를린 정부
	A. 126		A. 12938

A. 12938 1899년 11월 3일 오전 수신

도쿄, 1899년 10월 5일

A. 126

독일제국 수상 호엔로에-실링스퓌르스트 각하 귀하

어제 서울로부터 이곳에 도착한 신문전보는, 한국에 주재하는 여러 외국의 대표들이
일본 공사[1]가 반대하는 가운데 이해관계가 있는 특정 지역들을 구획하여 그 안에서는
언제나 한 나라에만 광산 허가를 내어줄 것을 한국 정부 측에 요구하였다고 하는 센세이
셔널한 소식을 전달해주었습니다. 공식적인 보도가 없다 보니 이 소식이 믿을만한 것인
지 아닌지가 지금까지는 대단히 불확실하게 보임에도 불구하고, 이 보도만으로도 수도
의 언론 대부분으로 하여금 격앙된 발언을 하게끔 유도하기에는 충분합니다. 이러한 발
언들은 이 방향에서 이곳에 존재하고 있는 높은 민감성을 또 다시 보여주고 있는 것입니
다. 여기서 특징적인 것은, 야마가타 내각과 친밀한 기관인 "Keikwa Nippo"가 아주 솔직
하게 의견을 표명하고 있다는 점입니다. 이 신문은 여러 나라가 한국에 대해서 보호국
(령) 관계를 수립하고자 시도하는 데 대해, 그곳에서 진행되고 있는 일본의 꾸준한 이익
발전에 대한 질투를 볼 때 있을법하지 않은 일은 전혀 아닌 것으로 간주하고 있다고
하며, 그러한 시도는 동아시아에서 정치적 상황을 완전히 변화시킨다는 의미를 갖는다
고 보고 있습니다. 한국의 자립성의 토대를 다졌고 돈과 피를 희생해가며 그 자립성을
유지시켜왔던 일본은 그곳에서 다른 어떤 나라보다도 더 큰 관심을 가지고 있으며 따라
서 우선적으로 의견을 말할 권리가 있다는 것입니다. 일본이 한국에 대하여 러시아와

---

[1] [감교 주석] 가토 마스오(加藤增雄)

서로 양해를 한 이후에 다른 나라들도 지금 갑자기 그러한 제안을 내세우며 나서고 있는 것은 이해할 수 없는 일이라고 합니다. 이 신문은 현재 동아시아 곳곳에 진출하려고 노력 중인 독일이 그 주동자라고 추측합니다. 마침내 일본 공사의 자칭 항의가 인정받고, 일본 공사는 이 입장이 최대한 단호하게, 그리고 끝까지 견지되어야만 한다고 설명하였습니다.

다른 신문들도 이 문제가, 몇몇 사람들이 이야기하듯이 러시아가 교사하여 독일이 주도했던 것임이 확실하다고 생각합니다.

라이덴

내용: 독일과 한국의 관계에 대한 일본의 신문 논평

베를린, 1899년 11월 6일   A. 12936

주재 외교관 귀중   한국의 울릉도 섬을 러시아인 상인들에게 임대
페테르부르크 No. 582   한 것과 관련된 도쿄 주재 제국 공사의 지난달
                                     2일 자 보고서의 사본을 첨부하여 귀하의 정보
연도번호 No. 9300   제공용으로 전달해드립니다.

[한국을 둘러싼 러일전쟁 가능성에 대한
런던 외무부와 식민부의 여론]

발신(생산)일	1899. 11. 9	수신(접수)일	1899. 11. 10
발신(생산)자	하츠펠트	수신(접수)자	
발신지 정보	런던 주재 독일 대사관	수신지 정보	베를린 외무부
			A. 13265
메모	전보 i. Z. 11월 11일 서울 1		

A. 13265 1899년 11월 10일 오후 수신

전보

런던, 1899년 11월 9일 오후 2시 3분
도착: 오후 4시 40분

제국 대사가 외무부에 발송

전문해독

No. -
사적으로

들리는 바로는 식민부와 외무부가 일본과 러시아가 곧 한국에서 충돌할 것이라는
희망에서 기뻐하고 있다고 합니다. 관련된 인사들 사이에서는 일본이 충돌을 고려하여
이미 군대를 동원하고 있다고 생각하고 있습니다. 엑카르트슈타인[1]의 생각에 따르면,
체임벌린[2]이 그에게 했던 발언들 하나하나는 이곳에서 일본의 그 문제가 되는 행동을

---

1 [감교 주석] 엑카르트슈타인(Eckhardtstein)

비호하고 있고 어쩌면 심지어 경제적인 도움을 약속했을지도 모른다고 해석될 수 있습니다. 그는 더 정확한 조사를 하여 본인에게 그 결과를 알려줄 것입니다.

하츠펠트[3]

---

2   [감교 주석] 체임벌린(Chamberlain)
3   [감교 주석] 하츠펠트(Hatzfeldt)

베를린, 1899년 11월 11일 A. 13265

주재 외교관 귀중 암호 전보

서울 No. 1 한국에서 일본과 러시아의 충돌이 임박했다는
참조 A. 13432 데 대한 근거가 있으십니까? 그곳(한국; 역자)
에서 러시아에 대한 일본의 태도는 요즘 특별히
홀슈타인 공격적입니까? 귀하의 영국 동료[4]는 이 문제에
대해 어떤 입장을 취하고 있습니까? 짧은 답전
연도번호 No. 9413 바랍니다.

---

4 [감교 주석] 조던(J. N. Jordan)

41

[러일 전쟁 가능성에 대한 회신]

발신(생산)일	1899. 11. 13	수신(접수)일	1899. 11. 14
발신(생산)자	라인스도르프	수신(접수)자	
발신지 정보	서울 주재 독일 총영사관	수신지 정보	베를린 외무부
			A. 13432
메모	훈령, i. Z. 11월 15일 런던 774		

A. 13432   1899년 11월 14일 오전 수신

전보

서울, 1899년 11월 13일 오후 7시 10분

도착: 11월 14일 오전 12시 20분

제국 영사가 외무부에 발송

전문 해독

No. -   전보문 No. 1[1]에 대한 답변

첫 번째와 두 번째 질문에 대한 답변은 아니오, 세 번째 질문에 대한 답변은 중립적임

라인스드로프

---

1   [원문 주석] A. 13265를 첨부함.

42

한국에서의 러시아와 일본

발신(생산)일	1899. 11. 12	수신(접수)일	1899. 11. 14
발신(생산)자	마츠슈테트	수신(접수)자	호엔로에−실링스퓌르스트
발신지 정보	런던 주재 독일 대사관	수신지 정보	베를린 정부
	No. 891		A. 13434

A. 13434 1899년 11월 14일 오전 수신, 첨부문서 2부

런던, 1899년 11월 12일

No. 891

제국수상

독일제국 수상 호엔로에−실링스퓌르스트 각하 귀하

"Times"는 서울에서 입수한 통신기사에 덧붙여 논평하기를, 극동 아시아의 상황을 알고 있는 사람이면 누구나 한국 때문에 일본과 러시아 사이에서 일어나는 갈등(전쟁)을 가능한 일로 보지 않을 수 없다고 합니다.

그밖에도 앞으로 일어날지도 모를 전쟁 때문에 극동 아시아의 무역 발전이 해를 입게 되리라는 몇마디 우려의 말과 더불어 너무 성급한 조치는 취하지 말라는 일본을 향한 경고에도 불구하고 이 기사가 일본인들을 낙담하게 만드는 것으로는 볼 수 없습니다. 이 기사에서 "Times"는 말하기를, 일본은 중국 전쟁에 참전한 이래로 러시아에 대하여 정당한 앙심을 품고 있다고 합니다. 그리고 만약 일본이 오늘날 한국 내에서 커져가는 러시아의 영향력에 의해 생사의 문제에서 위협받고 있다고 생각한다면, 일본은 경우에 따라서는 심지어 다른 이해관계들을 뒤로 미뤄놓고서라도 이 적에 맞서서 특히 러시아 가 동아시아에 철도 체제를 완전히 갖춤으로 하여 자신의 위치를 더욱 더 개선하고 공고 히 하기까지 기다리지 말아야 할 의무가 있다는 것입니다.

해당 통신기사와 그것과 관련된 논설을 오려내어 첨부하였습니다.

마츠슈테트[1]

---

1 [감교 주석] 마츠슈테트(Matzstett)

내용: 한국에서의 러시아와 일본

첨부문서 I

첨부문서의 내용(원문)은 독일어본 700~704쪽에 수록.

첨부문서 II

첨부문서의 내용(원문)은 독일어본 704~706쪽에 수록.

베를린, 1899년 11월 15일   A. 13432

주재 외교관 귀중   우편 암호
런던 No. 774

                                        서울에 주재하는 제국 영사 대리[2]가 이번 달 13
연도번호 No. 9545   일 자의 관련 전보 문의에 대해 다음과 같이 전
                                        보로 답변을 보내왔습니다: 현재 한국에서 일본
                                        과 러시아 사이의 충돌이 임박해 있다는 데 대
                                        한 근거는 없다고 합니다. 그곳에서 러시아의
                                        이해관계에 대한 일본인들의 행동은 결코 특별
                                        히 공격적이지는 않다고 합니다. 서울 주재 영
                                        국 대표가 일본과나 러시아 간의 대립에 대하여
                                        취하는 태도는 중립적이라고 합니다.
                                        앞서 말씀드린 것은 귀하를 위한 정보제공용입
                                        니다.

---

2   [감교 주석] 라인스도르프(Reinsdorf)

한국에서의 일본과 러시아

발신(생산)일	1899. 10. 13	수신(접수)일	1899. 11. 16
발신(생산)자	라이덴	수신(접수)자	호엔로에–실링스퓌르스트
발신지 정보	도쿄 주재 독일 공사관	수신지 정보	베를린 정부
	A. 130		A. 13508
메모	11월 20일 런던 792, 페테르부르크 615, 베이징 A. 123 전달		

A. 13508   1899년 11월 16일 오전 수신

도쿄, 1899년 10월 13일

A. 130

독일제국 수상 호엔로에–실링스퓌르스트 각하 귀하

이곳의 신문들은 며칠 전부터 부산 근처에 위치한 마산포 항구에 러시아가 새로이 침입한다는 뉴스로 가득 차 있습니다. 러시아는 제독들의 권고에 따라 블라디보스토크, 마산포, 포트 아서의 삼각지역을 해상 기지로 만들기 위하여 이 항구를 예정하였다는 의견이 여러 곳에서 나오고 있습니다.

본인이 보기에는 마지막에 말씀드린 견해가 믿기 어렵지만, 그럼에도 본인은 어제 외무대신[1]에게 이 문제에 대해 질의할 기회를 가졌습니다.

아오키는 본인에게 이야기하기를, 러시아인들은 물론 꽤 오래 전에 – 그의 표현에 따르면 – 고압적으로(high handed manner) 마산포 주민들에게 접근하였으며 대나무 말뚝으로 영역의 경계를 표시하였다는 것입니다. 이 토지를 러시아인들이 매입했다는 데 대해서는 그는 아는 바 없다고 하였습니다. 후에 일본인들도 투기의 목적으로 마산포의 토지를 실제 매입하였는데, 이 매매 거래 중에 러시아인들이 담을 쳐놓은 지역도 건드리게 되었다고 합니다. 이에 대해 러시아 측은 서울에서 항의를 하였고, 이에 답변을 하는 것은 한국 정부의 문제라고 합니다.

아오키는 계속해서 말하기를, 최근에 러시아 공사인 로젠[2]이 그에게 와서는 무라비예

---

1   [감교 주석] 아오키 슈조(青木周藏)

프[3]의 명령이라고 하며 특히 마산포를 지적하면서 일본 공사가 한국에서 행하고 있다고 하는 책동에 대해 주의를 환기시키고 일본 공사를 제지해달라는 부탁을 하였다고 합니다. 외무 대신인 그 자신은, 그러한 요청을 수락할 수 있다고 생각하지 않는다는 것입니다. 왜냐하면 이 문제가 개인적인 이해관계의 문제인 데다가 이미 체결된 계약을 취소하게 만들 권한이 그에게는 없기 때문이라고 합니다.

대신의 진술로부터 본인에게 드러나는 점은, 가난해 보이는 한 일본인이 상당한 금액을 치르고 마산포의 땅을 매입하였으며 또 계속해서 매입하고 있다는 점입니다. 로젠은 이 일본인 뒤에 일본 정부가 있을 수도 있다는 것을 분명히 시사하였습니다. 아오키는 농담조로 대답하기를, 러시아 정부는 물론 그러한 목적을 위해 공금을 사용할 수 있지만 그에 반해 일본은 각각의 세부사항에 관하여 의회의 동의를 받아야 하며, 그들이 가지고 있다고 하는 모든 목적에 충분하려면 이곳 외무성의 비자금이 스무 배는 더 커야만 할 것이라고 하였습니다.

이 '무일푼의' 마산포 투자자 뒤에 있는 것이 도대체 누구인가 하는 본인의 질문에 대해 아오키는 그 자신도 이를 알지 못한다고 대답하였습니다. 일본 정부는 하고자 하기만 한다면 국민을 상당히 정확하게 통제하는데, 이 점으로 보아 본인은 이 아오키의 답변이 옳다고 보지 않습니다. 그보다는 오히려, 아오키가 이 비밀을 가지고 있어서는 안 된다는 생각이 듭니다.

이곳의 관점에서 관망해보기에, 마산포에서의 소유 문제에 관한 다툼을 조정하는 일이 언제든지 약한 한국 정부의 책임으로 떠넘겨질 수 있는 한, 일본 측의 응수는 부적절한 것이 아닙니다.

라이덴

내용: 한국에서의 일본과 러시아

---

2 [감교 주석] 로젠(R. R. Rosen)
3 [감교 주석] 무라비예프(Mouravieff)

베를린, 1899년 11월 17일 A. 13434

주재 외교관 귀중 (암호 전보)

도쿄 No. 39
참조 A. 14627

홀슈타인[4] 귀하

연도번호 No. 9634

영국 언론은 한국 문제 때문에 일본과 러시아 사이에서 곧 분쟁이 일어날 가능성을 점치고 있습니다. 공사께서는 긴장감이 더해가고 있다거나 아니면 그곳(일본; 역자)의 정부가 가령 영국의 격려 하에 새로이 공격적인 경향을 보이고 있다든 가에 대해 뭔가 눈치를 채셨습니까?

---

4 [감교 주석] 홀슈타인(F. Holstein)

러시아와 일본

발신(생산)일	1899. 11. 16	수신(접수)일	1899. 11. 18
발신(생산)자	뤼클러	수신(접수)자	호엔로에-실링스퓌르스트
발신지 정보	런던 주재 독일 대사관	수신지 정보	베를린 정부
	No. 895		A. 13593
메모	11월 22일 페테르부르크 610, 도쿄 A. 30 전달		

A. 13593 1899년 11월 18일 오전 수신, 첨부문서 1부

런던, 1899년 11월 16일

No. 895

독일제국 수상 호엔로에-실링스퓌르스트 각하 귀하

오늘자 "Globe"는 논설에서, 한국 때문에 러시아와 일본 사이에서 무력 충돌이 일어날 가능성을 다루고 있습니다.

이 신문은 일본의 전망이 바로 지금으로서는 확실히 유리한 것으로 볼 수 있다고 하고, 저지하기 어려운 것으로 보이는 러시아의 아시아에서의 행보에 성공적으로 맞설 국가는 영국을 위해 아마도 공로를 세우게 될 것이라는 논평으로 끝맺고 있습니다.

뤼클러[1]

내용: No. 895

런던, 1899년 11월 16일

러시아와 일본

No. 895의 첨부문서

첨부문서의 내용(원문)은 독일어본 711~713쪽에 수록.

---

1 [감교 주석] 뤼클러(Rückler)

베를린, 1899년 11월 20일   A. 13508

주재 외교관 귀중   한국 내에서의 일본과 러시아 관련 도쿄 주재
1. 런던 No. 792   제국 공사의 지난달 13일 자 보고서 사본을
2. 페테르부르크 No. 615   첨부하여 귀하를 위한 정보용으로 전달해드
3. 베이징 A. 123   립니다.

연도번호 No. 9702

베를린, 1899년 11월 22일   A. 13593

주재 외교관 귀중   러시아와 일본에 대한 "Glove"의 기사 관련
1. 페테르부르크 No. 620   런던 주재 제국 대사의 이번 달 16일 자 보고
2. 도쿄 No. A. 30   서 사본을 첨부하여 귀하를 위한 정보용으로
                                    전달해드립니다.

연도번호 No. 9775

마산포에서 러시아의 토지구입

발신(생산)일	1899. 10. 3	수신(접수)일	1899. 11. 23
발신(생산)자	라인스도르프	수신(접수)자	호엔로에–실링스퓌르스트
발신지 정보	서울 주재 독일 총영사관	수신지 정보	베를린 정부
	No. 78		A. 13782
메모	연도번호 No. 660		

A. 13782 1899년 11월 23일 오후 수신

서울, 1899년 10월 3일

No. 78

독일제국 수상 호엔로에–실링스퓌르스트 각하 귀하

현재 대리공사로서 직무를 수행하고 있는 러시아 공사관 서기 슈타인[1]은 여러 달 동안 마산포와 부산에 가 있느라 부재 중이다가 며칠 전에 서울로 돌아왔습니다. 그가 본인에게 이야기한 바에 따르면, 그는 드디어 마산포에 땅을 사는 일에 성공했다고 하는데, 이곳에 그의 정부가 석탄 적재소를 설치할 것이라고 합니다. 부산에 그러한 장소를 구하려고 시도하다 실패로 돌아갔고 또 블라디보스토크와 포트 아서 사이를 연결하는 기지를 소유해야 할 필요성이 점점 더 다급하게 되어, 그러한 목적을 위해 수심이 좀 더 깊고 위치가 좀 더 안전하기 때문에 더 적합한 마산포로 결정했다고 합니다. 는 올해 5월 초 이곳의 러시아 무관으로 있는 스트렐비츠키[2] 대령과 휴가를 떠나면서 마산포에서 러시아 제독 두바소프[3](Dubassoff)와 만났습니다. 마산포에서 이들 세 명은 외국인 거주지역으로 지정된 곳으로부터 약 2킬로미터 떨어진 해안에 위치한 땅을 선정하여 구입하려고 하였습니다. 소유자는 팔 의향은 있었으나 그곳 지역관청이 못 팔게 한다고 설명하였습니다. 마산포는 6월 1일에야 비로소 개항[4]하였으며, 따라서 외국인이 토지를 매입하

---

1 [감교 주석] 슈타인(Stein)

2 [감교 주석] 스트렐비츠키(Strelbitzky)

3 [감교 주석] 두바소프(Dubassoff)

4 [감교 주석] 고종실록(『고종실록』 39권, 고종 36년 5월 4일)에 따르면 마산포는 5월 1일에 개항한 것으로

는 것은 당시에 조약상 허용되어 있지 않았습니다. 그 러시아 사람들은 그곳 관찰사에게 편지 한 통을 전한 후 마산포를 떠났습니다. 편지의 내용인즉, 그들은 땅 소유자와 판매에 관해 합의를 보았고 서울의 정부로 하여금 판매 허가를 내주도록 할 터이니 그 동안에는 이 땅이 다른 사람에게 팔리지 않도록 신경써달라는 것입니다. 드미트렙스키[5]는 정부가 러시아인 매입자에 의한 토지 구입을 막지 말라고 마산포의 지방관청에 명령을 내려달라고 요청하는 편지를 한국 외부에 보냈습니다. 이에 대해 외부대신[6]은 그렇게 하겠다는 확답을 하였다고 합니다. 그럼에도 그는 교지의 발송에 한 달 이상 늑장을 부려, 마침내는 외국 무역을 위해 마산포가 개항된 6월 1일까지 왔다고 합니다. 그리고 슈타인이 토지 매매를 끝맺기 위하여 6월 말경 마산포로 왔을 때 그는 그 사이에 문제의 그 땅이 다른 한국인의 손으로 넘어갔다는 것을 발견하였습니다. 새 토지 소유자들은 설명하기를, 자기들은 그 땅을 사기는 샀으나 돈을 주고 그 땅의 소유권을 손에 쥔 어느 일본인을 위해 샀다고 합니다. 그 일본인은 소유권을 양도하거나 이 땅에 대한 권리 포기를 거부하였다고 합니다. 한국에서는 소유권을 가진 자가 적법한 소유자로 간주됩니다. 서울 주재 러시아 공사관은 이곳의 일본 대표에게 편지를 써, 그 일본인이 그 토지를 포기하게 해달라고 하였습니다. 그러나 하야시[7]는 대답하기를, 자기는 이 일과 관련하여 아무것도 할 수 없고, 그 일본인은 마산포 개항 후 10리 안에서 토지를 구입할 권리를 가졌으며, 판매자에게 아무런 압력도 가해지지 않았다고 합니다. 슈타인에 의하면, 마산포만에 있는 해안 토지 대부분이 일본인들에 의해 매입되었습니다. 그러나 슈타인이 구입한 해안의 토지는 석탄 적재소와 다른 필요한 건축물을 짓기에 충분히 크다고 합니다.

슈타인은 매우 격분하고 있습니다. 왜냐하면 한국 관청의 잘못과 외부대신의 태만으로 인해 처음에 눈여겨두었던 땅을 구입하는 데 방해를 받았기 때문입니다. 그리고 그는 러시아 정부가 한국 정부에게 그에 대한 책임을 지도록 할 것이라고 말하고 있습니다. 물론 이에 대한 타당한 이유는 이 사안을 통해 주어져 있지 않습니다.

라인스도르프

내용: 마산포에서 러시아의 토지구입

기술됨.

5 [감교 주석] 드미트렙스키(Dmitrewsky)
6 [감교 주석] 박제순(朴齊純)
7 [감교 주석] 하야시 곤스케(林權助)

베를린, 1899년 11월 25일   A. 13782

주재 외교관 귀중
1. 페테르부르크 No. 630
2. 도쿄 A. No. 31

연도번호 No. 9872

마산포에서 러시아의 토지구입과 관련된 서울
주재 제국 영사의 지난달 3일 자 보고서 사본을
첨부하여 귀하를 위한 정보용으로 전달해드립
니다.

46

일본과 한국

발신(생산)일	1899. 11. 1	수신(접수)일	1899. 12. 1
발신(생산)자	라이덴	수신(접수)자	호엔로에-실링스퓌르스트
발신지 정보	도쿄 주재 독일 공사관	수신지 정보	베를린 정부
	A. 139		A. 14112
메모	12월 3일 베이징 A. 127 전달		

A. 14112 1899년 12월 1일 오전 수신

도쿄, 1899년 11월 1일

A. 139

독일제국 수상 호엔로에-실링스퓌르스트 각하 귀하

지금까지 런던 주재 일본 공사로 있던 가토[1]가 청국과 한국으로 정보수집 여행을 떠났습니다. 그는 제물포에서 일본의 해외 거류민을 대상으로 인사말을 했는데, 여기서 말하기를, 자신은 지금까지 한국 내에서 일본의 영향력을 너무 과소평가 했노라며 그곳에서 마치 고향에 온 것 같은 느낌이 든다고 하였습니다. 자발적인 사업의욕을 통해 만들어진 이해관계가 외교적 개입을 통해서만이 만들어지는 인공적 식민지화보다 우선해야 한다고 하였습니다.

그래서 가토는 자국인 동포들에게 축하하기를, 그들은 이미 존재하고 있는 역사적 관계들에 더하여 일본과 한국의 운명을 실제적인 이해관계를 통해 서로 이어줄 또 하나의 고리를 끼웠다고 하였습니다.

가토는 또 한국에 있는 일본인들을 격려하여 말하기를, 다른 나라 사람들이 사전에 일본이 갖고 있는 우선적인 권리와 교섭을 벌이지 않고서는 한국에서 아무런 일도 할 수 없도록 그들의 위치를 확장시키라고 하였습니다. 그들은 일이 어떻게 될지에 대해 그 어떤 두려움도 갖지 말고 이 일을 할 수 있을 것이라고 하였습니다. 그는 이 확장이 계약의 범위 내에 머물러 있고 부대상황을 고려해야만 한다고 덧붙였습니다.

---

1 [감교 주석] 가토 다카시(加藤高明)

가토의 이 애국주의적 발언은 이곳 고국의 언론으로부터 거듭 갈채를 받았습니다.

라이덴

내용: 일본과 한국

베를린, 1899년 12월 3일

주재 외교관 귀중
베이징 No. A. 127

연도번호 No. 10108

일본과 한국 관련 도쿄 주재 제국 공사의 지난 달 1일 자 보고서 사본을 첨부하여 귀하를 위한 정보용으로 전달해드립니다.

47

한국(기밀)

발신(생산)일	1899. 10. 26	수신(접수)일	1899. 12. 3
발신(생산)자	크나페	수신(접수)자	호엔로에-실링스퓌르스트
발신지 정보	상하이 주재 독일 영사관	수신지 정보	베를린 정부
	No. 126		A. 14243
메모	A. 12169를 첨부함. 12월 6일 베이징 A. 130 전달		

A. 14243 1899년 12월 3일 오후 수신

상하이, 1899년 10월 26일

No. 126

독일제국 수상 호엔로에-실링스퓌르스트 각하 귀하

묄렌도르프[1]가 본인에게 전하기로는, 하트[2]가 그의 휴직을 허가하지 않는 경우에도 자신은 동의한다는 답변을 한국 정부에 보냈다고 합니다. 그럴 경우는 물론 그의 미래를 보장해주기 위하여 꽤 많은 돈을 대준다는 조건 하에서입니다.

묄렌도르프는 한국 정부가 직접 청국 정부 또는 하트경과 이야기할지를 한국 정부에 맡겼습니다. 그는 일본 공사[3]뿐만 아니라 서울 주재 러시아 공사[4]도 그의 임명에 동의한다고 주장합니다.

크나페

내용: 한국(기밀)

---

1 [감교 주석] 묄렌도르프(P. G. Möllendorff)
2 [감교 주석] 하트(R. Hart)
3 [감교 주석] 가토 마스오(加藤增雄)
4 [감교 주석] 마튜닌(N. Matyunin)

베를린, 1899년 12월 6일   A. 14243

주재 외교관 귀중   묄렌도르프와 한국 정부 관련 상하이 주재 제
베이징 No. A. 130   국 총영사의 올해 10월 26일 자 보고서 사본을
                                      첨부하여 귀하를 위한 정보용으로 전달해드립
                                      니다.
연도번호 No. 10200

A. 14422

폐하로부터

군부 내각의 전달을 통해 참고를 마치고, 의안을 폐하가 표시한 부서로 되돌려 보냄.
A. 555와 함께

폐하의 언급은
1쪽에

48

[일본의 한국 점령 관련 러시아에 무력 대응설]

발신(생산)일	1899. 12. 5	수신(접수)일	1899. 12. 7
발신(생산)자	하츠펠트	수신(접수)자	호엔로에-실링스퓌르스트
발신지 정보	런던 주재 독일 대사관	수신지 정보	베를린 정부
	No. 918		A. 14422

A. 14422 1899년 12월 7일 오후 수신

런던, 1899년 12월 5일

No. 918

독일제국 수상 호엔로에-실링스퓌르스트 각하 귀하

전문해독

들리는 바에 의하면, 현재 이곳에 체류하고 있는 베이징 주재 타임스지 특파원 모리슨[1]은 자신이 보기에 일본이 한국 점령 문제로 러시아에 무력으로 대응하기 위해 얼음이 녹기만을 기다릴 것이라고 말하였습니다. 왜냐하면 일본은 아직 완성되지 않은 새로운 배들 없이도 러시아보다 스스로가 더 강하다고 여기고 있고 얼마 전부터는 더 이상의 장비를 요하지 않기 때문이라고 합니다.

하츠펠트

---

1 [감교 주석] 모리슨(Morison)

49

[마산포 관련 동향 보고]

발신(생산)일	1899. 12. 6	수신(접수)일	1899. 12. 9
발신(생산)자	빙클러	수신(접수)자	
발신지 정보	베를린 해군청	수신지 정보	베를린 외무부
	A. 5348		A. 14511

해군청 본부 총지휘관

A. 14511　1899년 12월 9일 오후 수신, 첨부문서 2부

베를린, 1899년 12월 6일

A. 5348

비밀!

외무부 국장 앞

전하께 여기, 순양함대에서 들어온 보고서 1통을 사본으로 만들어 정중히 동봉합니다. 날짜는 1899년 9월 15일 자며 −G. 1238 I, 관련 건은 한국에 있는 마산포만에 관한 건입니다. 곁들여 첨가물도 공손히 전해 올립니다.

위임에 의하여
빙클러[1]

1　[감교 주석] 빙클러(Winkler)

A. 5348의 첨부문서

(A. 14511)

칭따오, 9월 15일 1899년

순양함대 사령부

No. 1238 Ⅱ

비밀

황제 그리고 왕 폐하께 삼가 공손히 보고를 올립니다.: 마산포만과, 러시아를 위한 주요 거점으로써의 마산포만이 갖고 있는 의미에 대한 E.M.S "이리네"²호의 보고문입니다.

마산포에서 러시아가 토지를 매입한다는 제일 첫 번째 뉴스는 서울에 주재하는 황제의 영사 대를 통해 이곳에 들어왔습니다. 그리고 권유하기를, E.M.S "이레네"호를 마산포로 보내라고 했습니다.

이 제일 처음 뉴스를 받은 이후 저는, 러시아의 계획이나 또는 마산포에서 러시아의 일이 얼만큼 발전했는지, 다시는 소식을 들은 바 없습니다.

보고문에 첨부된 것으로 볼 때, 이 항구는 특별히 유망하고 유리한 장점을 보이는 것 같습니다. 그러므로 결론지어 말씀드린다면, 이 항구는 한국의 항구 중에서 아마도 가장 좋은 항구일지도 모릅니다.

자연적 위치 조건을 전제로 한다면, 마산포의 전략상 러시아를 위하여 해상 지도에 서광을 비치게 합니다.

마산포는 무엇보다도 먼저 쓰시마³와 사세보⁴와 마주하고 있는데, 이것은 마치 웨이하이웨이⁵가 포트 아서⁶와 마주하고 있는, 비슷한 뜻(의미)을 갖고 있습니다. 즉 다시 말씀드리자면, 하나의 작전 요새가, 배들을 모을 수 있는 중심 장소로써, 그리고 석탄 적재소로써, 그리고 또 수뢰정의 주요 요새로써, 2가지 몫을 합니다.

일급 요새로써는 마산포가 부족한 점이 있습니다. 그밖에도 방파벽과 일할 건물이

---

2 [감교 주석] 이리네(Irene)

3 [감교 주석] 쓰시마(對馬島)

4 [감교 주석] 사세보(佐世保)

5 [감교 주석] 웨이하이웨이(威海衛)

6 [감교 주석] 뤼순(旅順; Port Arthur)항

없으며, 또 창고 및 해상권에서부터 철도로 육지를 지나는 독립된 교통망이 부족합니다.

하인리히

A. 5348의 첨부문서

(A. 14511)

블라디보스토크, 7월 27일 1899년

S.M.S "이레네" 사령부

G.J No. 414

비밀!

마산포만과 러시아의 요새로써 마산포만이 가지는 의미

러시아가 마산포만의 땅 일부를 사 들였다고 한다.

"이레네"[7]호가 부산 및 원산에 머무르고 있을 즈음, 다음과 같은 소식이 들어왔습니다. 러시아가 마산포만의 일부를 한국으로부터 사들일 계획이라고 합니다. 한국 정부가 러시아의 이러한 앞으로의 계획에 맞추어 이 마산포 항구를 개항한 이후, 러시아는 가장 좋은 식수를 갖춘 이 마산포를 사려고 한다는 것입니다.

한국에 주재중인 러시아 상무 담당관 파블로프[8]와 또 아시아 관할 함대의 러시아 해군 사령관이 바로 얼마 전 마산포에 머물러 있었던 것은 확실한 사실입니다.

원산에서는 매매가 이미 완결 단계에 있다는 소문이 퍼졌습니다.

마산포만의 토지매입과 관련하여, 러시아 측의 공식 소식통으로부터 들은 바에 의하면, 다음과 같은 계획을 가지고 있다고 합니다. 즉 요즘 나가사키에 있는 러시아의 해군 기지는, 만약 일본과 전쟁이 일어날 경우, 완전히 가치가 없게 되는데, 그밖에 전투함을

---

7 [감교 주석] 이리네(Irene)

8 [감교 주석] 파블로프(A. Pavlow)

위한 여러 장비들을 먼저 마산포만으로 옮길 계획이라는 것입니다.

마산포만: 이곳의 위치, 자원, 그리고 경제적 의의

마산포만은 세계에서 가장 좋고 안전한 항구 중에 충분히 속할 수 있으며, 길이는 북서쪽 방향으로 18km며 한국의 해안, 서쪽 수로 끝에 위치해 있습니다. 이 항구는 입구로부터 안쪽 부분으로 들어갈 때까지 점차 낮아지며, 매우 일정한 해저 정박 지점을 가지고 있습니다. 그리고 또 밑에는 연하고 매우 유리한 해저로써 깊이는 평균 18-6 Faden(실자의 길이)입니다.

육지의 돌출부와 앞에 놓여있는 섬들로 인해 이 만의 세로 방향은 3개의 커다란 도크(내항)로 형성되어 있습니다. 1) 더글러스 협만[9] 2) 파크스 해협[10]과 Gate 사이의 부분 3) 마산포 구역으로 형성되어 있습니다.

조고(조수의 높이)는 약 3/4m 이며, 조수간만의 차이는 그 때문에 거의 알아차릴 수 없을 만큼 안으로부터 줄어드는, 매우 잔잔한 파도를 만들고 있습니다. 그래서 배들은 풍속이 아주 적을 때일지라도 항상 바람 위에 놓이게 됩니다.

한 가지 항해상의 난점은 해협의 바위가 파크스 해협의 남동쪽 끝에 놓여있는 점입니다.

앞서 말한 2번째와 3번째 내항은 모두 각각 어떤 바람과도 반대로 있으며 첫 번째 내항은 남쪽과 남동쪽 방향을 제외하고는 모든 방향으로부터 보호를 받습니다.

마산포만은 겨울에도 얼음이 얼지 않으며, 단지 9개월 동안이지만 그 동안에 제가 세관원으로 있던 경험으로 봐서, 이 항구는 매우 건강에 좋은 기후를 가지고 있습니다.

이 만에는, 얼마 안 되는 곳에만 가파른 지층으로 되어 잇는, 그림같이 아름다운 산으로 둘러쳐져 있습니다. 이 산은 약 800m 높이까지 올라가며, 대체로 소나무 덤불로 형성으로 나지막한 수풀로 덮여 있으며, 또 곳곳에는 작은 수목과 함께 나무들(주로 소나무와 전나무)이 서 있습니다.

대체로 콩밭과 완두콩 밭이 있으며 비옥하고 쌀농사를 위해 이용되는 계곡은 언제나 밑에 있는 계곡뿐입니다. 이 토지는 전체 계곡 중에서 최고 약 150m 높이까지 이르는

---

9 [감교 주석] 더글러스 협만(Douglas Inlet)

10 [감교 주석] 파크스 해협(Sir Harry Parkes Sound) : 마산에서 부도를 통해서 남해안으로 나가는 해협의 이름. 초대 영국 공사 파크스의 이름에서 유래한 것으로 알려짐. 북위 35° 05' 38", 동경 128° 38' 03"에 위치함.

곳입니다. 결국 이것 때문에 용이하게 농사를 짓는 경향이 생기고, 낮은 지방 소득이 결정됩니다.

이 마산포만에는 여기저기 따로 떨어져, 약간 높은 언덕 위에 한국 초가집 마을이 있습니다. 그 주민들은 어부와 농부들로써 몇 백 명이 한데 모여 삽니다.

곳곳에 산으로부터 흘러나오는 맑은 냇물이 있으며, 저수지를 설치할 곳은 도처에 있어 얼마든지 가능합니다.

한편 대부분의 경우(우기인 4월과 5월 6월은 예외일 수도 있음)이 물은 저수용과 빨래하는 물로 써도 충분히 사용할 수 있습니다. 그리고 미리 필터를 통해 여과하면 식수로도 훌륭합니다.

이 만에서 제 1의 도시인 미산포는 이 만의 가장 깊은 안쪽에 놓여 있으며, 끝까지 갈 수 있는 부분이 깊이 약 1 Faden(실자의 길이)으로 해저가 평평합니다. 작은 방파제에 는 그러나 작은 증기선들이 정박할 때 항상 주의를 요하게 되었습니다.

마산포에는 약 3천 명에 이르는 한국인 주민들 이외에도 약 35명의 일본 상인들 (소매상인들)이 있습니다. 또 대략 3/4 전부터 (마산포항의 개항) 존재하는 세무서의 두 사람의 관리들 (한 명은 일본인, 그리고 또 한 명은 이탈리아인임)이 있습니다. 그 외에 3명의 일본 경찰관들, 한 명의 한국인 장교가 있는데, 그는 몇 명 안 되는 한국인 경찰대 원들을 통솔하는 사람입니다.

정말 상점다운 상점이 마산포에는 존재하지 않습니다. 몇 가지 안 되는 일본의 필수 상품들이 거래되며, 흉작 이후에는 쌀과 콩이 수입됩니다. 한편 약간의 가축 이외에는 수출은 전혀 행해지지 않고 있습니다.

그러므로 선박의 운행은 완전히 무용지물이며, 한 달에 6번씩 부산을 오가는 작은 증기보트로 제한되어 있고, 약간의(금년 6월에는 3척) 작은 일본 슈너[11]가 운행될 뿐입 니다.

겉보기에 대단히 물고기가 많아 보임에도 불구하고, 원주민의 어업활동은 약하며, 다만 작은 보트에만 의존하고 있을 뿐입니다. 그러나 일본 어부들이 이곳 해안으로 들어 오는 것 같지는 않습니다. 그리고 또한 한국의 작은 배들도 해안선 운행이 거의 없는 것 같습니다. 그래서 마산포와 마찬가지로 다른 마을들에도 보트나 작은 배를 가지고 있는 보유율은 매우 적습니다.

장기간을 위한 큰 배들의 식량운반도 몇 명 되지 않은 비한국인계들이 맡고 있으며,

---

11 [감교 주석] 슈너(Scheuner)

수급부족으로, 다시 말해서 게으름으로 인해 생긴 한국인의 가난 때문에 어렵습니다. 한국인들은 대체적으로 작은 경작지를 재배할 뿐이며, 사육도 겨우 필요한 정도로만 하기 때문입니다.

그 때문에 구할 수 있는 식량도 짧은 기일 내에 공급토록 요청될 경우, 몇 마리의 소, 얼마 되지 않는 수의 돼지, 닭, 계란, 그리고 소량의 쌀과 콩에 국한되어 있습니다.

마산포가, 러시아를 위한 해양상의 거점으로써 가지는 의미

근래 마산포만이 무역의 관심을 끌지 않기 때문에, 그리고 앞으로 더 캐낼 수 있는 강철과 동의 창고로 이용함에 있어서, 그보다 더 유리한 부산의 근교에 있어, 앞으로 장래에 더 이상 창고로 사용할 기대를 갖지 못하기 때문에, 단지 이 마산포는 군사적인 관점에서만 사용할 수 있습니다. 한편 부산은 뒤편 육지로도, 그리고 앞쪽 바다로도 정기적인 교통편의를 이미 갖추고 있고, 예상되는 바로는, 소위 말하는 강철의 구입을 위하여 유리한 위치를 차지하고 있습니다.

마산포만의 이러한 군사적 유용성이 러시아로 하여금 이 만의 일부를 사들여 남쪽 한국에 확고한 발판을 만들도록 움직였던 것입니다,

이 점에 있어서, 러시아의 적으로써 어느 국가가 꼽히고 있는가는, 예측하여 정한 이 거점의 위치를 봐서 판단하기에 어렵지 않습니다.

마산포는 일본 육지에서 떨어진 일본 섬들과 가장 가까이 놓여있는 한국 항로[12]에 위치합니다. 함대의 총 집합장소로 설치될 예정인 쓰시마로부터 마산포는 약 40해상마일 떨어져 있습니다.; 시모노세키 해로로부터는 150해상마일 떨어져 있습니다.; 나가사키로부터는 185 해상마일 떨어져 있어, 마산포는 이 지점이나, 또 나중에 전쟁을 위한 항구로 설치될 일본의 서쪽 해안을 직접적으로 위협합니다.

이미 지금부터도, 거점으로써 일본인들에게 대단히 중요한 의미를 주고 있는 부산을 해로로도 그리고 육로로도 얼마 되지 않는 거리에 이 마산포가 위치합니다. 부산은 전쟁이 날 경우, 예컨대 상륙을 위한 입구로써 대단히 중요합니다.—부산서부터 서울까지에 일본의 철도가 있습니다.

물론 러시아는 지금 이미 블라디보스토크를 갖고 있기는 합니다. 그러나 이곳은 시모노세키 해로로부터 너무 멀리 떨어진 곳에 위치하고 있으며 겨울에는 부동항이 아닙니다.

---

12 [감교 주석] 한국 항로(Korea Strabe)

포트 아서[13]에서 러시아가 실제 하나의 부동항구를 갖고 있기는 합니다만, 이것도 역시교통의 중심 항구로써, 그리고 또 일본과 대항할 수 있는 참뜻을 가진 거점으로써는 합당하다고 할 수 없습니다.

마산포가 러시아의 소유로 돌아가서, 러시아가 이곳을 거점으로 확보할 때, 이 마산포는 러시아와 일본 간에 전쟁이 발발할 경우, 여러 가지 현상으로 봐 추측하건대, 분명히 일본 해군을 공격으로부터 오히려 방어태세로 나오도록 일본군을 약화시킬 것이며, 러시아 측의 공격을 유력하게 만들 전망입니다.

마산포의 위치는 평화 시에도 그리고 또 특히 전쟁 시에도, 러시아에게 특별히 유리하며, 중대한 병참기지의 역할을 합니다. 왜냐하면 마산포는 포트아서와 블라디보스토크 사이 1050 해상마일이나 떨어진 긴 해로상 바로 그 중간에 놓여있기 때문입니다. 그리고 또 이곳으로부터 쉽게 봉쇄할 수 있는 서부 통로를, 즉 일본을 지나 쓰시마나 나가사키 그리고 시모노세끼에서 나가는 약 30 해상마일밖에 안 되는 거리의 통로를 지배하기 때문입니다.

마산포를 기지항으로 고정하려고 예정함

만약 마산포가 러시아를 위하여 충분히 중대한 가치를 지니고 있다면(충분히 그렇습니다만) 이 마산포는 당연히 기지로 묶일 것입니다.

마산포가 기지화되는 것은 이곳이 특별히 유리한 해안조건을 갖추고 있으며, 섬의 구성 형태와 수심의 관계가, 특별한 어려움이 없이, 그리고 비교적 과외비용이 없이도 기지를 설치할 수 있는 유리한 점이 있기 때문입니다.

제 1부대에서 말씀드렸던 3군대의 작은 만으로 들어가는 입구는 특별히 쉽게 방어할 수 있는 일렬종대로 되어 있는데, 이것은 포병대를 통해서도 그리고 철로를 통하고 수뢰정 부대를 통해 적을 쉽게 방어하도록 되어 있습니다. 이렇게 일렬종대로 서 있는 3개의 작은 만 중에 마지막 것은 (마산포 해변으로 가는 입구) 어떠한 상태 하에서도 비교적 통과하기 어렵게 되어있습니다.

그렇기 때문에 러시아 배들은 완전히 숨겨지고 보이지 않게 되어 (배를 겨냥하고 고사포가 쏘는 불길도 역시 피할 수 있음) 파크스 해협 뒤편까지 밀고 들어온 적들까지도 피할 수 있습니다. 이것은 마산포 해안의 안쪽과 뒤쪽에 놓인 높은 섬들과 만이 보존

---

13 [감교 주석] 뤼순(旅順; Port Arthur)

하기 때문입니다.

마산포는 그 때문에 아시아에 주문하는 러시아 해군력을 위하여, 공격을 위한 항구로도 그리고 후퇴를 위한 항구로도 계속 우수한 항구가 될 수 있습니다. 일본과의 전쟁이 일어날 경우(한국인의 적대감정은 두려워 할 것이 못되는 걸로 예상되며 이것 없이도 충분히 퇴치시킬 수 있습니다.) 육지로부터의 공격은 사실 어려우며 또한 더욱더 많은 힘이 요구됩니다. 그러나 러시아가 이러한 면에 대하여 쉽게 취할 수 있는 어떤 방어책을 동시에 강구한다면 불가능할 것도 아닙니다.

러시아가 이 마산포를 새로운 지점으로 선택한 것은 러시아의 해군을 위해서도, 그리고 동아시아에 대한 러시아의 참여를 위해서도, 여러 관점에서 매우 유리한 것으로 보입니다.

그렇기 때문에 여기에서 확실히 다음과 같은 점을 생각할 수 있습니다. 즉 이 마산포만의 일부분을 획득하는 것은 더글러스 협만과 해협 전체를 점령한다는 징조입니다. 그리고 만약 러시아아 이 세 가지를 확보하고 건설할 단계에 이른다면 서남쪽 전방에 위치한 거제도[14]를 점령했다고 볼 수 있습니다. 이 섬은 전방기지의 거점으로서 러시아에게 있어서 매우 중요하며, 이것이 만약 적의 손에 들어갈 경우 러시아에게는 크게 불리한 점을 가져다 줄 것에 틀림없는 지점입니다.

오벤하이머[15]

---

14 [감교 주석] 거제도(Cargodo)
15 [감교 주석] 오벤하이머(Obenheimer)

50

[일본의 영국산 무기 구매건]

발신(생산)일	1899. 12. 12	수신(접수)일	1899. 12. 12
발신(생산)자	라이덴	수신(접수)자	
발신지 정보	도쿄 주재 독일 공사관	수신지 정보	베를린 외무부
	No. 49		A. 14627

A. 14627 1899년 12월 12일 오후 수신

전보

도쿄, 12월 12일 1899년 오후 4시 35분

도착: 오후 4시 5분

독일 황제의 공사가 외무부에게

전문해독

No. 49

전보 No. 40에 대한 답, 전보 No. 39[1]는 아직 들어오지 않았음

비밀

이미 오래 전부터 포병대와 기병대의 체제가 새로 바뀌리라고 예측했었는데, 이제 이것이 실행되었습니다. 미국 대사관의 무관이 저에게 알려준 바로는, 코르디트-화약을 사용하는 대포를 대량으로 영국에 주문하는 일이 계획대로 진행되고 있다고 합니다. 러시아와의 관계가 불안한데 대하여, 얼마 전부터 이곳 신문들이 그 기미를 알아차렸기 때문에, 현지 군 장비를 확보하는 것이 이곳에서 특이한 주문을 받지 않고도 행해질 수 있다는 것입니다.

라이덴

원본 : 일본 2

---

1 [감교 주석] 한국문제로 인한 일본과 러시아 간의 갈등

A. 14627

암호해독관에게

귀하의 정중한 의견에 답하여 삼가 올립니다.
(12월 13일 자 참조)

암호해독관, 1월 3일 1900년

중앙전보국의 한 관리는 약 일주일 전에, 반환될 예정인 요금의 문제에 대하여 특별히 관공서의 보증이 필요하다고 저에게 요청했습니다. 이 기회에 그는 구두로 저에게 전하기를 1899년 11월 17일 자로 보낸 전보가 가야 할 장소에 들어가지 않았는데. 이 전보가 그때 모스크바까지는 들어갔다고 합니다. 그리고 그곳에서 분실되었다는 것입니다.

관공서의 보증에 대해 답할 날짜는 지난해 12월 14일인데 아직 그대로 답이 없는 상태입니다.

골드먼트

A. 14627에

암호 해독관에게

귀하의 정보에 참고가 되기를 바라며

그리고 다음에 올 기회를 위하여

암호전보문 No. 39를 금년 11월 17일 자로 도쿄로 띄웠는데, 이달 12일 자로 들어온 한 보고에 따르면 이 전보가 전혀 들어오지 않았다고 합니다.

추급

1) 24시간이 6번 경과했기 때문에 이 금액은 다시 회수됨
2) 그리고 정확한 조사를 실시할 것
    a) 이 분실된 전보가 어떤 경로를 밟았는가
    b) 어떤 원인에서 이와 같은 전보 전달상의 장애가 있을 수 있는가
3) 각각의 사정을 고려하여 3주일 후에 그 결과에 대한 통보를 다시 보낼 것

베를린, 12월 13일 1899년

Geskeg.IB

혹시 중앙우체국 총무과의 답사거 그곳에 들어갔습니까?

중앙사무처

1899년 1월 3일

베를린 1899년 12월 14일   A. 14627

독일 황제의
중앙우체국 앞 당지에서

연도번호 No. 10436

도쿄에 주재하는 독일 황제의 공사가 보낸 보고에 의하면, 이곳으로부터 금년 11월 17일 자로 "도쿄의 독일 공사관" 앞으로 보낸 암호 전문이 그곳 공사관의 손에 들어가지 않았다고 합니다. 이 전보문은 이곳 중앙전보국의 전보 접수처에 의하여 11월 17일 오후 9시 3분에 접수되었다는 영수증이 있습니다.

명령을 받고 이에 따라 청하옵건대, 여기에 서명을 하신 담당 부서장님께서는 확인하셔서, 이 분실된 전보가 어떤 경로를 통해 갔는지, 그 당시 이 전보문이 정확히 어느 곳까지 갔었는지, 그리고 이러한 전보 전달상의 장애는 어떤 원인에서 나왔는지를 이곳으로 다시 연락해 주시면 대단히 감사하겠습니다.

만약 이 전보문이 법적인 문제 밖에서 분실되었다면, 전보 요금을 다시 보상해야하기 때문에, 앞으로 어떤 조치를 취하는 것이 가장 좋은지도 동시에 지도해 주시기를 정중히 원하옵니다.

중앙 전신전화국

[마산포 조차 관련 러일 갈등 고조]

발신(생산)일	1899. 12. 15	수신(접수)일	1899. 12. 15
발신(생산)자	라이덴	수신(접수)자	
발신지 정보	도쿄 주재 독일 공사관	수신지 정보	베를린 외무부
	No. 50		A. 14755
메모	명령 암호로 12월 16일 런던 879		

A. 14755　1899년 12월 15일 오후

전보문

도쿄, 1899년 12월 15일 1시 45분 오후

도착: 12시 54분 오후

독일제국 공사가 외무부로 발송

암호문 해독

No. 50

　나가사키에 있는 러시아인 그룹에서 다음과 같은 내용을 알았습니다. 러시아가 마산포에 자리를 잡고 들어앉을 계획을 확고하게 했으며, 11월 말에 포트 아서[1]에다가 전쟁 준비를 해놨다는 것입니다.

　증기선인 "Orel"호는 삼천칠백만 루블(소련의 화폐단위)을 블라디보스토크로 가져갔으며, 전투 함대들을 동반해 갔다고 합니다. 포트 아서, 타이완 지역에서는 군인 약 60,000명이 배치되었다고 합니다.

　포트 아서에서 발견되는 센세이션한 기사가 실리기를 독일의 중개를 통해 러시아가

1　[감교 주석] 뤼순(旅順; Port Arthur)항

이 마산포를 획득했다고 합니다.

　이곳에서 11월 말경 로젠이 일본의 전쟁준비 문제로 비난을 받은 바 있었습니다.
그 이틀 후 그는 예기치 않게 소환을 당했습니다.

라이덴

A. 14755에

1페이지에 대한 폐하의 주의사항

황제폐하의 결재가 이미 나 있음. 군부에 전달하기는 아직 이르다.

베를린, 1899년 12월 16일   A. 14755

주재 외교관 귀중   우편암호
런던 No. 879
                                     도쿄에 주재하는 독일 황제의 공사가 이달 15일
                                     자로 전보를 보내기를:
홀슈타인에게 전달

연도번호 No. 10508   이와 같은 소식이 널리 퍼지는 것을 우리는 흥
                                     미롭게 생각하지 않는다. 그리고 또 일본이 전
                                     쟁준비를 하는데 대한 보도를 영국 측이 비밀리
                                     에 하는데, 여기에 대해 시기상조로 경보를 울
                                     리는 것도 우리는 흥미롭게 생각하지 않는다.

52

일본의 무장

발신(생산)일	1899. 12. 14	수신(접수)일	1899. 12. 16
발신(생산)자	뤼클러	수신(접수)자	호엔로에–실링스퓌르스트
발신지 정보	런던 주재 독일 대사관	수신지 정보	베를린 정부
	No. 928		A. 14776

A. 14776 1899년 12월 16일 오전 수신, 첨부문서 1부

런던, 1899년 12월 14일

No. 928

독일제국 수상 호엔로에–실링스퓌르스트 각하 귀하

"Daily Chronicle" 신문보도에 의하면, 러시아를 상대로 일본이 전쟁준비를 하고 있다는 소문은 근거 없는 것이라고 합니다. "Daily Chronicle"신문 기사를 여기에 함께 동봉합니다.

뤼클러

내용: 일본의 무장

A. 14776의 첨부문서
첨부문서의 내용(원문)은 독일어본 739~740쪽에 수록.

[러시아 언론의 한국 관련 보도 내용 보고]

발신(생산)일		수신(접수)일	1899. 12. 24
발신(생산)자		수신(접수)자	
발신지 정보		수신지 정보	베를린 외무부
			A. 15181
메모	12월 28일에 연속		

A. 15181   1899년 12월 24일

"Novoye Vremya"[1]

1899년 12월 12일(24일)

러시아와 한국

이 기사를 쓰는 사람은 현재 도쿄에 체류하고 있는 페테르부르크 일본 공사의 말을 소개 한다. 이 말은 페테르부르크 주재 일본공사[2]가 "Osaka Meinitschi" 대표에게 다음과 같은 내용을 명심시키고자 한 말이다: 일본은 정치적인 활동 대신에 완전히 상업적인 활동에 전념하고 있다. 그리고 구체적으로 말해서, 한국에 대해서 러시아와 일본이 공동 보조를 취한다는 1896년의 협약[3]을 완전히 이용하고자 하는 것이다. 왜냐하면 이 조약이 언제 어떻게 폐기될지 모르기 때문이다.

한국에 대한 러시아의 관계는 지난 2년 동안 많이 변했다. 광동반도에 있는 유력한 러시아의 거주 집단이 한국 해안으로부터 240베르스트(러시아 마일) 거점까지 뻗어 나왔으며, 그 이후로 만주는 러시아의 영향권 안에 속하고 있다. 러시아와 한국 사이의 국경은 600베르스트 (러시아 마일) 이상 뻗어있다. 그래서 이미 지금 현재 남쪽 우수리 지방에 가축과 곡식을 조달하고 있고, 앞으로는 광동반도를 위해 곡식창고가 될 이 한국

---

1 [감교 주석] 노보예 브레먀(Novoye Vremya)

2 [감교 주석] 하야시 다다스(林董)

3 [감교 주석] 로바노프 야마가타 의정서

에 대한 러시아의 관심은 눈에 띄게 높아진 것이다. Gr. Keyserling은 한국의 동북해안에다 대단히 수지가 맞는 포경업 회사를 건립했으며, 게다가 매우 중요한 특허권을 한국 정부로부터 받았다. 그밖에도 한국 정부는 한국의 북쪽에 있는 막대한 숲과 광석이 풍부한 철광을 러시아 업자에게 양도해줬다. 러시아 시민권을 가진 러시아 국민들은, 바로 얼마 전에야 비로소 개항된 진남포 항과 마산포 항에다 주목할 만큼 많은 토지를 획득했다. 이것으로써 러시아 정부가 한국과의 합병을 꾀한다던가 아니면 그들의 보호령을 한국으로까지 뻗어가려고 원한다는 말은 아니다. 그러나 한국에 대하여 갖는 러시아의 산업적인 관심이 증가함에 따라, 이 한반도에 대한 러시아의 관계도 또한 눈에 띄게 현저히 변했으며, 이로 인해서 대 한국 러시아 활동에 대한 일본 측에 태도도 변화를 가져와야 될 것이다.

블라디보스토크와 블라고비쉔스크[4] 사이에 있는 러시아 영역에 살고 있는 몇몇 일본인들이 매우 잘 지내고 있으며 대단히 부유하게 되었던 예를 일본인들이 직접 알고 있기 때문에, 러시아의 산업 활동이 한국에서 확장됨으로 해서 그곳 한국에 정주하고 있는 1만 5천명의 일본 어부들과 상인들이 피해를 입는다고, 일본인들은 걱정하지 않아도 된다.

한국 문제에 있어 러시아가 일본에 대해 얼마나 침착하게 행동을 취하는지는 이미 다음과 같은 상황으로써 표시된다. 즉 러시아는 그들의 사절들을 보호하기 위해 한국에다 합법적으로 일본만큼 많은 600명의 군인을 가질 수 있음에도 불구하고, 그들을 필요로 하지 않은 상태에 있는 반면, 일본은 적어도 그 만큼 많은 군인들을 한국에 지니고 있다.

만주 철도의 건설을 통해서 그리고 만주에 시장을 개장함으로써 러시아가 일본에게 커다란 선행을 보여주게 되었다고 일본 공사는 설명했다. 이것은 다시 말해서 다음과 같은 것을 증명하는 것이다. 즉 러시아가 극동 아시아에서 합법적인 권리를 가졌다는 관점에서 볼 때, 일본 사회의 가장 핵심적인 층에서 원하던 격변화가 이미 이뤄졌다는 것이다.

우리는 확인하는 바, 산업적이며 의욕적인 일본 국민들이 러시아 주재 자국 일본대표의 이 충언을 마음속에 간직하며, 이를 위해 모든 정력을 바치는 것이 훨씬 더 강한 이웃 국가와의 싸움을 일으키게 되는 가설적인 요인이 된다고 생각하지는 않는다. 그보다는 오히려, 러시아가 아시아 대륙에서 그의 상업적인 능력을 과시하는데, 러시아의

---

4 [감교 주석] 블라고비쉔스크(Blagowieschewsk)

이 모든 특권을 우리가 이용하자는 것이다.

오로지 러시아와 손에 손을 맞잡음으로써 일본은 이 어려운 경제위기를 성공적으로 극복할 수 있다. 이러한 경제위기 속에서 영국의 교활한 충고가 그 국민을 멸망시켰던 바 있다.

저자는 또 말하기를, 그래도 러시아 영향력의 팽창은 어쨌든 영국보다는 일본에게 훨씬 적게 부담을 준다고 한다. 러시아는 헤이그에서 있었던 협상에서도 증명된 바와 같이 언제나 평화를 이상으로 하는 올바른 길을 추구하고자 한다. 그러나 그의 평화 이상은 극동에 있는 러시아 국민들의 관심사(이해관계)를 적극적으로 보호하고, 아시아의 문화적인 면을 목표로 하는 노력과는 상이하다는 것이다.

54

[한국 관련 러일 전쟁 가능성 고조설]

발신(생산)일	1899. 11. 21	수신(접수)일	1899. 12. 26
발신(생산)자	라이덴	수신(접수)자	호엔로에-실링스퓌르스트
발신지 정보	도쿄 주재 독일 공사관	수신지 정보	베를린 정부
	A. 143		A. 15246
메모	12월 29일 런던 420 파리 489 페테르부르크 702 전달 Ⅱ전달 원본 eser 12월 29일 R-Mon 국		

사본

A. 15246 12월 26일 1899년 am

도쿄, 1899년 11월 21일

A. 143

독일제국 수상 호엔로에-실링스퓌르스트 각하 귀하

얼마 전에 다음과 같은 소식이 떠돌았습니다. 휴가 중에 다시 소환당한 러시아 대표 파블로프[1]가 다시 서울에 도착하기 전에는, 일본과 러시아 간에 옥신각신하는 마산포 문제가 결정을 보지 못하게 될 것이라는 소문입니다.

그 소문이 있은 후 곧, 동아시아에 배치되어 있는 러시아 해군력은 대부분 어뢰정 10대를 보충 받아 증강되었다고 합니다.

어저께 이곳 도쿄에 주재하는 러시아 공사 로젠은 예기치 않게 아주 너그럽게도 다음과 같은 소식을 받았다고 합니다. 즉 로젠은 뮌헨으로 전보발령을 받았으며, 현재 뮌헨에 주재하는 이즈볼스키[2]가 그의 후임으로 이곳에 신고를 할 것이라는 것입니다.

이 사건과 소문이 경종을 울리는 것과 같은 의미를 나타낸 데 대해 충분한 증거를 제시할 수는 없지만, 제 생각으로는 남부 중국에서 있었던 불란서의 전번 예와 함께 종합해 생각해 볼 때, 이번 사건은 동아시아의 Tranovaal(남아프리카 지명이름) 전쟁에

---

1 [감교 주석] 파블로프(A. Pavlow)
2 [감교 주석] 이즈볼스키(A. P. Izwolskii)

대한 첫 번째 반격으로 표시될 수 있습니다. 이 반격에는 앞으로 더 많은 것들이 뒤따라 올 가능성도 있습니다.

2년도 채 못 되게 이곳 도쿄에서 공사로서 일을 봐 왔던 로젠[3]은 전에 도쿄에서 오랫동안 비서관으로 지낸 적이 있으며, 일본과는 매우 호의적인 평가를 내리는 좋은 관계를 유지해 왔습니다. 이러한 관계를, 그는 심지어 때때로는 너무 지나친 형태로까지 가는듯한 인상을 줬습니다.

때로는 이 나라를 편애한 나머지, 때로는 원래 그의 선입관을 가지지 않는 그리고 착한 성격 때문에, 러시아 공사로서 그의 태도는 특별히 유화적이었습니다. 부분적으로 그 국가에 대한 우호적인 면은 편견이 없고 호감을 지니는 성격 때문이었으며, 러시아 공사로서 태도는 특히 우호적이었으며, 재치로 가득한 그의 아내 역시 사람들의 호감을 흐리게 하지 않았습니다.

지난 여름동안에 있었던 일이 생각납니다. 그때 로젠은 그의 러시아 정부로부터 수차 전문을 통해, 시골로부터 도쿄로 나오라는 명령을 받았습니다.

본인은 그 당시, 이에 대한 설명이 청일 연합전선의 체결을 뜻하는지도 모른다는 소문을 만들어낼 수 있다는 점에서 주의를 기울여왔으며, 또 여기에 대한 설명이 페테르부르크에서 한국 문제를 조성할지도 모른다는 점에 주의를 기울여 왔었습니다.

자기의 생각을 은폐하기 위해, 전부터 언어를 도구로 삼기를 즐겨했던 동료 한 사람은 다음과 같이 역시 익살스러운 뜻으로 저에게 이야기해줬습니다. 즉 무라비예프[4]는 그의 전임이었던 사람의 칭찬할 만한 습성과는 달리 여름에 휴가를 가지 않기 때문에 전보는 쉴 틈이 없을 것이라고 했습니다.

어찌했든 로젠은 그 당시의 상황을 고무적인 뜻으로 나타냈으며, 청국과 일본 사이에 맺은 공수동맹에는 속하지 않는다고 봤습니다.

아오키[5]는 이틀 전에 저하고 식사를 나눈 자리에서 다음과 같이 이야기해 줬습니다. 마산포 문제에 관해 아오키는 최근 같이 동석했던 로젠과 길고도 상세한 담화를 가졌었는데, 이때 그는 로젠이 여느 때와 다름없이 아주 우호감을 가진 것으로 느꼈다고 합니다. 이 담화가 유리한 진전을 봤느냐는 저의 질문에 대해 아오끼는 아니라고 대답했습니다. 그러나 우리들의 대화는 다른 동료가 들어옴으로써 중단되었습니다.

로젠은 그 뿐 아니라 아오끼 자작에 대해 약간의 공감을 가지는 것 같았습니다. 그리

---

3 [감교 주석] 로젠(R. R. Rosen)
4 [감교 주석] 무라비예프(M. Mouravieff)
5 [감교 주석] 아오키 슈조(靑木周藏)

고 제가 보기에는 러시아의 대표인물을 바꿈으로써 러시아 정부는 정치 교섭에 날카로운 액센트를 나타내려고 의도하는 것 같습니다.

이즈볼스키는 제가 2년간 워싱턴에 있을 때 같은 동료로써 지낸 바 있는데 여기에 임명된 것이 잘된 것 같습니다. 그리고 임시 상무담당관인 Poklewski-Kogieff는 매우 유능하며 신경질적이고 자부심이 강한 젊은이로써 범 슬라브주의 노선을 취하고 있는데 그는 외교적인 박차를 가해 공을 세울 수 있을 것입니다.

로젠은 자신의 전근을 매우 기뻐하는 것 같이 외면으로는 나타내지만, 며칠 전 이곳 도쿄에 있는 한 쌀롱에서 말하기를, 그가 일본에서 너무나 만족을 느끼고 있기 때문에 이곳에서 자신의 경력을 끝마치고 싶다고 했다고 합니다.

라이덴

원본 : 러시아 94

55

[마산포 관련 러일 전쟁 가능성]

발신(생산)일	1899. 11. 24	수신(접수)일	1899. 12. 26
발신(생산)자	라이덴	수신(접수)자	호엔로에-실링스퓌르스트
발신지 정보	도쿄 주재 독일 공사관	수신지 정보	베를린 정부
	A. 145		A. 15248
메모	Ⅰ 12월 29일 런던 920, 파리 489, 페테르부르크 702 전달 Ⅱ 전달 원본 stA. 12월 29일		

외무부

사본

A. 15248   1899년 12월 26일 오전 수신

도쿄, 1899년 11월 24일

A. 145

독일제국 수상 호엔로에-실링스퓌르스트 각하 귀하

남아프리카에서 전쟁이 발발함과 때를 같이하여, 런던에서는 일본이 이 정치적 변동을 이용하여 러시아를 자극할지도 모른다는 경고가 나오리라 예측됩니다.

영국 보도기관 측은 특히 그 중에서도 다음과 같은 이유에서 생겨났습니다. 즉 일본의 비용으로 영국에서 건조중인 전투함을 조속한 시일 내에 완공해달라는 요청이 들어왔기 때문입니다. "시키시마" 전투함은 "Thamoe Works"에서 "아시히"는 "Clyde Works"에서, "하츄세"는 "Armetrong"에서, 미카사는 "Vichero"에서 건조중입니다. 이들 중 두 번째 것과 세 번째 것은 머지않아 곧 인수할 수 있다고 합니다. 일본 해군성이 이 함대의 공정이 가능한 한 빨리 수행되기를 계속 주시한다는 사실에 대해, 일본의 보도기관은 직접적으로 부정은 않은 채, 이 보도의 진실성에 대해 긍정을 하지 않습니다. 그와 반대로 만약 극동아시아 지역에서 러시아 해군력 증강이 실제로 행해질 경우, 일본이 지나친 경계를 폈다고 비난을 당할 필요는 없을 것입니다.

그런데 일본 신문은 러시아에 대해 더욱 경계심을 가지고 있으며, 더욱 의심을 합니다. 단지 야당지 하나만은 주제넘게 압력을 가하기를, 일본이 위급할 경우 여느 때와

같이 영국의 작전대는 해상에서 일본을 보조할 것이라고 합니다.

언론의 의견이 나오기 시작한 시점은 마산포 사건입니다. 이 마산포 사건에 대해 "닛폰" 신문은 말하기를, 현재 이 사건은 러시아와의 유일한 난점을 표현한다. 그리고 덧붙여 말한다면 언젠가는 한국에서 충돌을 면하지 못할 것이라고 했습니다. 이에 반해 러시아는 부당한 위치에 서 있는 것이 분명합니다. 그리고 영국 측에서 나온 견해에 의하면 비관적인 상태는 아닙니다. 파블로프[1]의 퇴임이 뜻하는 것은 어디까지나, 한국 내에서 일본이 진척을 보인 것에 대해 페테르부르크 정부는 불만을 품고 주시한다는 사실을 뜻합니다.

앞서 정중히 말씀드린 바와 같이 로젠[2]의 전근은 오늘에서야 비로소 알려진 사실이며, 앞의 주석에서 대략 말씀드렸듯이 이제 떠나는 로젠 공사는 젊은 외교관이나 해군 장교와는 달리 안정된 직책을 받게 되는 것입니다.

라이덴

원본 : 94

---

1 [감교 주석] 파블로프(A. Pavlow)
2 [감교 주석] 로젠(R. R. Rosen)

한국에 대한 러시아의 관계

발신(생산)일	1899. 12. 25	수신(접수)일	1899. 12. 27
발신(생산)자		수신(접수)자	호엔로에-실링스퓌르스트
발신지 정보	페테르부르크 주재 독일 대사관 A. 626	수신지 정보	베를린 정부 A. 15273
메모	Ⅰ 12월 29일 런던 920, 파리 489, 페테르부르크 702 전달 Ⅱ 전달 원본 stA. 12월 29일		

A. 15273 1899년 12월 27일 오전 수신, 첨부문서 1부

페테르부르크, 1899년 12월 25일

No. 626

독일제국 수상 호엔로에-실링스퓌르스트 각하 귀하

대한국 러시아 관계에 대하여 "Novoye Vremya"[1]의 주목할 만한 기사가 오늘 날짜 "Herold"에 의해 번역되어 실렸는데, 이것을 삼가 전하께 첨가물로써 전해 올립니다.

이 신문은 그 내용에 있어 다음과 같은 견해를 주장하고 있습니다. 즉 러시아와 일본은 한국에서 똑같이 중요한 비중의 경제적 이해관계를 주장해야 한다는 것입니다. 정치적으로 러시아는 한반도에 대해 일본보다 현저하게 많은 관심을 가지고 있다는 것입니다. 그러나 한편 일본은 이 면에 있어서 러시아에게 두려워할 것이 아무것도 없으나 경제적으로 큰 인정을 기대하고 있다는 것입니다. 왜냐하면 러시아와 손을 잡음으로써만이 "이 가난한 민족이 영국의 음흉한 간계로 인해 받은 어려운 경제상의 위기로부터 일본은 벗어날 수 있기 때문이라고 합니다.

트레니첸키[2]

내용: 한국에 대한 러시아의 관계

---

1 [감교 주석] 노보예 브레먀(Novoye Vremya)
2 [감교 주석] 트레니첸키(Trenitsenky)

No. 626의 첨부문서

St. Petersburger Herold, 1899년 12월 25/13일 No. 345

"Nowoje Wremja"지는 대한국 러시아 관계에 대해 매우 상세한 논설을 쓰다.

페테르부르크 왕정에 주재하는 일본 공사인 하야시[3]가 일본 기자들에게 다음과 같은 사설을 매우 정확하게 말했다. 즉 일본은 정치적 사건에 대해 많지 않은 주목을 돌리는 반면 일본의 모든 전력을 경제적인 활동에 돌려야한다고 하는 것이다. 일본이 오늘날 한국에 대해 커다란 경제적인 관심을 가지고 있다면, 러시아의 경우에 있어서도 역시 그와 똑같이 많을 것이다. 한국은 이제 이미 남쪽 우수리 지방에 가축과 곡식을 공급하고 있으며 가까운 장래에 광동 반도를 위한 곡창의 역할을 할 것이다. 한국의 북동쪽에는 Kaiserlingsk의 거창한 고래잡이업이 발달했으며 한국 북쪽의 큰 숲과 광산들은 러시아의 사업가들에게 양도되었다. 러시아 국민들은 진남포와 마산포에다 토지를 구입했으며 중국 동부 철도회사는 일본 항구들 사이에서 정규적인 운행을 가졌다.

러시아가 한국을 합병하려고 하거나 한국을 러시아의 보호령으로 만들고자 한다고 받아들일 이유는 아무것도 없다. 그러나 한국에 대한 러시아의 정치적 관심이, 한국과 공동 경계선을 갖지 않는 일본보다는 더욱 의미가 있다는 사실은 의심할 여지가 없는 것이다. 약 1만 5천명의 일본 어부들과 상인들만이 한국에 있다. 그들은 전체 한반도 인구의 800분의 1을 형성한다. 러시아는 베베르와 고무라가 맺은 조약[4]에 따라, 러시아의 사절들을 보호하기 위해 한국에 600명의 군인을 둘 수 있는데도, 이러한 권한을 한번 사용하지도 않았던 반면, 일본은 최소한도 그 만한 군대를 한국에 갖고 있다. 한국 문제에 대해 러시아가 일본에게 취하는 평화는 다음과 같은 점을 가장 잘 증명함에 틀림없다. 다시 말해 러시아에 대해서는 두려워할 것이 아무것도 없으며, 사실 일본 사회 내부에서 여론이 완전히 급격한 변화를 가지기 시작해서, 현재 일본보다도 오히려 영국에서 더욱 한국에 대해 걱정하고 있다는 점입니다. 일본이 서울서부터 부산까지의 철도선을 만주 철도의 궤간과 똑같은 궤간으로 건설해야 한다고 일본 공사가 말했다면 그는 상황을 매우 정확히 판단한 것이다. 러시아와 손을 잡음으로써만이 일본은, 이 가난한 민족이

---

3 [감교 주석] 하야시 다다스(林董)
4 [감교 주석] 고무라 베베르 각서

영국의 음흉한 간계로 인해 빠져들어 간 어려운 경제적 위기에서 벗어날 수 있을지도 모른다. 영국은 일본에다 극단적인 애국주의를 불러 일으켰으며, 국력의 한계를 넘어서는 방향으로 몰아넣었다.

Auswärtiges Amt
Abth. A.

Politisches Archiv d. Auswärt. Amts

Acta

Betreffend

Korea

Vom 1. November 1897
Bis 15. März 1898

Vol.: 25
conf. Vol.: 26

Politisches Archiv des Auswärtigen Amts
R 18925

KOREA. № 1.

Inhalts-Verzeichniß. 1897.	
Berliner Neueste Nachrichten v. 4. 11.: Bedeutung der russischen Kohlenstation auf der Insel Tschöl-jong-do (Beer Island?)	12923. 4. 11.
Neue Preußische Zeitung v. 20. 11.: Artikel, überschrieben: „Der russisch-englische Gegensatz in Korea." Besprechung der russischen Erfolge in Korea im Gegensatz zu denen Englands und Japans daselbst.	13587. 20. 11.
Ber. a. Söul v. 3. 10. № 62: Verzeichniß der Mitglieder des neuen koreanischen Ministeriums, welches anscheinend unter russischem Einflusse zu Stande gekommen ist. Russisch-amerikanische Gegensätze in Korea.	13774. 25. 11.
Tel. a. Tokio v. 27. 11. № 28: In Japan ist von dem neuen russisch-koreanischen Abkommen nichts bekannt, nur von Unterhandlungen wegen der Militär-Instrukteure. / Immediatbericht v. 28. 11./	13898. 28. 11.
Tel. a. Peking v. 15. 12. № 97: Verstimmung der englischen Regierung über die Berufung des Herrn Speyer zum koreanischen Finanz-Berather. Eventualität der Demonstration eines englischen Geschwaders vor Korea.	t. H. 1257 16. 12.
Ber. a. Petersburg v. 15. 12. № 455: Die „Nowoje Wremja" über die Kaiserproklamation in Korea.	t. 14636 18. 12.
Tel. Sr. Majestät des Kaisers v. 28. 12. № 10: Meldung der „Daily Mail", die englische Flotte demonstrere vor Chemulpo, um die koreanische Regierung zu zwingen, den Zolldirektor Brown wiedereinzusetzen.	t. H. 1428 28. 12.
Ber. a. Petersburg v. 28. 12. № 481: Die „Nowoje Wremja" über die Wiederherstellung des koreanischen Reichsrathes, die Neueintheilung Koreas und die Stärke der Armee.	15086. 30. 12.
Ber. a. London v. 15. 12. № 502: Die „Saturday Review" über den wachsenden Einfluß Rußlands auf Korea durch Einmischung in dessen finanzielle und militärische Angelegenheiten. Aufforderung an Japan, diesen Bestrebungen nicht mehr ruhig zuzusehen.	14718.

Ber. a. Söul v. 23. 9. № 57: Die siamesische Regierung hat den fremden Vertretern die Ernennung Min Yong Ik's zum Gesandten für die europäischen Vertragsstaaten ernannt und bittet, auch der österreichischen Regierung dies mitzutheilen. Protest des französischen Geschäftsträgers gegen diese Ernennung.	12987. 6. 11.
Dergl. v. 13. 10 K. № 66. Weigerung der französischen Regierung den neuernannten Gesandten Min Yong Ik zu empfangen.	14007. 1. 12.
Dergl. v. 4. 10 K. № 63. Offizielle Bekanntmachung von der Annahme des Kaisertitels durch den König von Korea.	13775. 25. 11.
Ber. a. Tokio v. 22. 10. tl20: Stellung der japanischen Regierung zur Frage der Anerkennung des Seitens des Königs von Korea angenommenen Kaisertitels.	14009. 1. 12.
Ber. a. Söul v. 14. 10 K. № 67: Der König von Korea hat dem diplomatischen Corps in Person eröffnet, daß er den Kaisertitel angenommen habe und hat die Vertreter einzeln ersucht, diese Thatsache ihren Regierungen mitzutheilen. Die russische und japanische Regierung machen wegen der Anerkennung des Titels anscheinend Schwierigkeiten, die amerikanische nicht. Der Name des Landes ist in den alten chinesischen Han oder Tai Han umgewandelt worden.	14208. 8. 12.
Ber. a. Söul v. 21. 10. K. № 68: Die siamesische Regierung hat amtliche Mittheilung von der Änderung des koreanischen Namens für Korea gemacht. Anfrage, ob der K. Konsul sich fortan dieses Namens bedienen solle.	14340. 9. 12.
Note der hiesigen österreichischen Botschaft v. 16. 12.: Die österreichische Regierung wünscht die Stellung der deutschen Regierung zur Frage der Anerkennung des siamesischen Gesandten Min Yong Ik kennen zu lernen.	14763. 21. 12.
Notiz des Herrn v. LK. Klehmet v. 28. 12.: Gründe, aus denen die K. Regierung zur Frage der Anerkennung des siamesischen Gesandten Min Yong Ik bisher sich nicht geäußert hat.	ad 14763.

1898.	
Ber. a. Tokio v. 28. 11. tl33: Geneigtheit Rußlands, Japan wegen Korea auf anderen Gebieten Concessionen zu machen. Russenfreundlichkeit der gegenwärtigen japanischen Minister, besonders des Ministers des Äußern, Barons Nishi. Stand der russisch-japanischen Verhandlungen betreffs Koreas.	74. 3. 1.
Ber. a. Söul v. 27. 11. № 76: Leichenfeierlichkeiten für die ermordete Königin von Korea.	672. 19. 11.
Tel a. Söul v. 23. 2. № 4: Tod des Taiwonkun. (Vater des Königs) I/ Aufzeichnung des H. W. LK. Klehmet über die Persönlichkeit des Taiwonkun v. 23. 2./ II/ Immediatbericht v. 24. 2./	2264. 23. 2.
Ber. a. Söul v. 24. 12. № 79: Der Kaiser von Rußland hat sich in einem Telegramm der Adressirung:„An den Kaiser von Korea" bedient. Stellung Japans zur Frage der Anerkennung des Kaisertitels.	1795. 12. 2.
Ber a. London v. 11. 1. № 28: Angebliches Abkommen zwischen England, Rußland und Japan über die Verwaltung Koreas. Wiederherstellung des status quo, Wiedereinsetzung des Mr. Brown und der russischen und japanischen Kommissare in Gensan und Fusan.	443. 13. 1.
Ber. a. Söul v. 11. 1. № 5: Anwesenheit eines starken englischen Geschwaders vor Chemulpo. Befürchtungen des Königs, der sich Hülfe suchend an den amerikanischen Vertreter gewandt hatte, aber ohne Erfolg. Nach Mittheilung des englischen Generalkonsuls bedeutet diese Demonstration nicht etwa eine Besetzung.	2644. 4. 3.
Tel. a. Söul v. 4. 1. № 1: Rußland hat den koreanischen Kaiser anerkannt.	135. 5. 1.
Aufzeichnung der Herrn Unterstaatssekretärs v. 5. 1.: Anfrage des französischen Botschafters, welche Stellung die K. Regierung zu der beabsichtigten Ernennung eines koreanischen Vertreters (Botschafters) für Europa nehmen würde. Seine Regierung würde Min Yong Ik als solchen nicht annehmen. /Merg. S. E. des Herrn Staatssekretärs//	174. 6. 1.

Erl. n. Petersburg v. 11. 11. № 37: Anfrage bezüglich der Stellung der russischen Regierung zur Annahme des Kaisertitels durch den koreanischen Herrscher und der Annahme Min Yong Ik's als koreanischen Gesandten.	ad 135
Tel. a. Söul v. 11. 1. № 1: Anfrage, ob Min Yong Ik von Rußland oder England protegirt wird.	ad 174.
Tel. a. Söul v. 15. 1. № 2: Rußland begünstigt Min Yong Ik, England ist er gleichgültig.	545. 15. 1.
Tel. n. Petersburg v. 19. 1. № 21: Deutschland nimmt Min Yong Ik an, sobald Rußland das gethan hat.	ad 545.
Tel a. Petersburg v. 19. 1. № 18: Graf Murawiew bezeichnet die Anerkennung des Kaisertitels von Korea als belanglose Courtoisie, der Zar hätte in einem Telegrammwechsel sich des Ausdruckes „Kaiser von Korea" bedient. Min Yong Ik ist der russischen Regierung als Gesandter genehm.	712. 20. 1.
Aufzeichnung des Herrn V. L. R. Klehmet v. 2. 3.: Die Haltung des Konsuls Krien gegenüber den russischen Bestrebungen auf Korea und die Frage der Anerkennung des koreanischen Kaisertitels sowie der neuen koreanischen Bezeichnung für Korea. /Entsprechender Immediatbericht v. 4. 3./	2583. 2. 3. ad. 2583 I.
Erl. n. Petersburg v. 7. 3. № 194: Rechtfertigung der Haltung des Kaiserlichen Konsuls Krien in Korea, welche angeblich den bestehenden guten deutsch-russischen Beziehungen nicht entsprochen habe. Deutschland habe auf Korea nur wirtschaftliche, keine politischen Interessen.	ad 2583 III.
Erl. n. Söul v. 7. 3. t. 2: Instruktion für den K. Konsul sich der neuen koreanischen Bezeichnungen, welche der König von Korea für sich, seine Familie und sein Reich eingeführt hat, im Verkehr mit den Landesbehörden in koreanischer Sprache zu bedienen, soweit das der russische Konsul auch thut. Im deutschen Text sind die bisherigen Bezeichnungen festzuhalten. Der K. Konsul möge sich ferner streng neutral verhalten.	ad 2583 III.
Ber. a. Petersburg v. 9. 3. № 109: Erklärungen des K. Botschafters gegenüber dem Grafen Murawiew über die Haltung des K. Konsuls in Korea.	2985. 11. 3.

Tel. a. Petersburg v. 18. 3. № 65: Abberufung der russischen Instrukteure und des russischen Finanzbeiraths aus Korea.	t. H. 836. 18. 3.
Ber. a. Söul v. 13. 1. № 7: Tod der (leiblichen) Mutter des Königs von Korea, seine Adoptivmutter ist bereits 1890 gestorben.	2999. in vol. 26 11. 3.
Desgl. v. 15. 1. № 8: Min Yong Ik ist als Gesandter in Petersburg genehm, daher wird England keinen Einspruch gegen ihn erheben.	3000 11. 3.
Tel. a. Söul v. 13. 3. № 5: Bevorstehende Zurückziehung der Militär-Mission und des Finanzinspektors Rußlands aus Korea. /Erl. i. z. v. 15. 3. a. Petersburg 220/	3119. 13. 3.
Ber. a. Petersburg v. 5. 3. № 95: Auffassung des österreichischen Gesandten in Söul über den Einfluß Rußlands in Korea.	t. H. 757. 11. 3.
Ber. a. Söul v. 18. 1. № 11: Die Anwesenheit des englischen Geschwaders vor Chemulpo.	3001. 11. 3.
Desgl. v. 19. 1. № 13: Russische Bestrebungen wegen des Baues einer Bahn von Söul nach der russisch-koreanischen Grenze mit Anschluß nach Wladiwostok. In Korea sollen in Zukunft Eisenbahn-und Bergwerkskonzessionen an Ausländer nicht mehr ertheilt werden.	t. H. 760. 11. 3.
Aufzeichnung der Herrn Unterstaatssekretärs v. 22. 1.: Anfrage der italienischen Regierung, ob der koreanische Gesandte Min Yong Ik als solcher in Berlin empfangen würde.	842. 22. 1.

PAAA_RZ201-018925_013

Empfänger	[o. A.]	Absender	[o. A.]
A. 12923 pr. 4. November 1897. p. m.		[o. A.]	

A. 12923 pr. 4. November 1897. p. m.

Berliner Neueste Nachrichten.

Von japanischer Seite wird uns geschrieben:

„Rußlands Einfluß auf Korea wächst. Seine neueste Erwerbung einer Kohlenniederlage im Südosten der keinen Insel Tschöl-jong-do oder Makinoschima (auch Seketo genannt) vor dem Eingang zu dem wichtigen Vertragshafen Fusan. Diese neue Kohlenniederlage ist von der älteren japanischen Kohlenniederlage auf Tschöl-jong-do nur etwa 850 Meter entfernt und hat einen Umfang von 30 000 japanischen Tsubo oder ungefähr 120 000 Geviertmetern. Der Boden ist eben, davor ein guter Ankerplatz und alle Zeit in der Nähe gutes Trinkwasser zu haben, während die Fusaner bei trockener Jahreszeit sich erst von dort welches holen müssen. Die in Fusan erscheinende japanische Zeitung „Tschosen-Siho" schreibt dazu: „Die russische Kohlenniederlage hat, vom Handel abgesehen, eine strategisch sehr wichtige Lage, denn sie liegt gegenüber vom Tsuschima, kaum 36 Kilometer entfernt, und vermag sowohl den Uebergang von Japan nach Korea wie die freie Fahrt durch die Korea-Straße zu stören. So faßt Rußland im Süden von Korea festen Fuß und bald soll es auch, wie behauptet wird, im Westen der Halbinsel, vor dem Hafen von Tschemulpo, eine zweite Kohlenniederlage eingeräumt erhalten. In Norden baut es bereits an einer Eisenbahn durch die Mandschurei und im Osten besitzt es seit langer Zeit den starken Kriegshafen von Wladiwostok. Auf diese Weise wird Korea von allen Seiten durch russischen Einfluß umgarnt." Die „Tschosen-Siho" erinnert dabei noch an Port Hamilton, das vor 12 Jahren von den Engländern besetzt, aber schon 1887 wieder geräumt wurde. Damals erklärte der englische Regierungskommissar Biscount Cranborough im Oberhause:

„Wir haben Port Hamilton aufgegeben, weil wir von der chinesischen Regierung die feste Zusage erhielten, daß Rußland diese Insel nie bekommen werde. Wir haben uns darauf fest verlassen und auch auf ein anderes Versprechen, daß nämlich, wenn England sich nicht in Korea einmischt, auch Rußland, wie es der chinesischen Regierung schriftlich versichert hat, sich nicht in Korea einmengen werde."

Und heute zwingt Rußland die koreanische Regierung, den englischen Generalkommissar der koreanischen Seezollämter durch einen Russen zu ersetzen, und erwirbt es eine Niederlassung auf Tschöl-jong-do, das eine ähnliche Wichtigkeit wie Port Hamilton besitzt. Ob England und Japan sich dazu ganz ruhig verhalten werden?

Die Ernennung eines neuen kaiserlichen Gesandten für die europäischen Vertragsmächte.

PAAA_RZ201-018925_014 ff.			
Empfänger	Fürst zu Hohenlohe - Schillingsfürst	Absender	Krien
A. 12981 pr. 6. November 1897. a. m.		Söul, den 23. September 1897.	
Memo	J. № 415.		

A. 12981 pr. 6. November 1897. a. m.

Söul, den 23. September 1897.

Kontrol № 57.

An Seine Durchlaucht

dem Herrn Reichskanzler

Fürsten zu Hohenlohe - Schillingsfürst.

Euer Durchlaucht beehre ich mich im Anschluß an meinen Bericht № 45 vom 31. Juli d. J. ganz gehorsamst zu melden, daß zufolge eines amtlichen Schreibens des hiesigen Ministers der Auswärtigen Angelegenheiten vom gestrigen Tage der frühere Gesandte für die Europäischen Vertragsmächte, Min Yong Huan, seines Postens enthoben worden ist, „weil er die ihm ertheilten Weisungen nicht befolgt hat, sondern nach Amerika zurückgekehrt ist, ohne seine Aufgaben erfüllt zu haben," und daß an seiner Statt, „der Großwürdenträger mit freiem Eintritt in den Palast", Min Yong Ik, am 31. v. M. zum Koreanischen Gesandten für das deutsche Reich, Österreich, Ungarn, Italien, Rußland, Großbritannien und Frankreich von dem Könige ernannt worden ist.

Herr Min Yong Ik, ein Neffe der verstorbenen Königin, war bis zum Dezember 1884 das anerkannte Haupt der Min-Familie und einer der einflußreichsten Minister des Landes. Am 4. Dezember 1884 wurde er von Verschworenen angegriffen und schwer verwundet. Nach seiner Genesung begab er sich, aus Furcht vor weiteren Angriffen, nach Hongkong, wo er, abgesehen von einem kurzen Aufenthalte in Söul im Jahre 1887, bis vor einigen Jahren verblieb. Seit drei Jahren lebt er vorwiegend in Shanghai. Auf den König, dessen vollständiges Vertrauen er genießt, hat er auch vom Auslande aus stets großen Einfluß ausgeübt.

Die Ernennung des neuen Gesandten ist den hiesigen Vertretern der Europäischen Vertragsstaaten nicht früher mitgetheilt worden, weil der Französische Geschäftsträger,

Collin de Tlanog, durch mündliche Vorstellungen bei dem Minister des Auswärtigen die von dem Könige getroffene Wahl beanstandet hat.

Am Ende des Jahres 1885 war nämlich die Französische Bank in Hongkong von zwei jugendlichen Begleitern des Herrn Min auf dessen gefälschte Unterschrift hin um 17000 Dollar betrogen wurden. Wie mir Herr de Beaucy vor einiger Zeit mittheilte, hätten die beiden Koreaner, von denen der jüngere ebenfalls ein Verwandter der Königin war, der Bank an einem Vormittage einen mit der gefälschten Unterschrift versehen, aber ungestempelten Cheque präsentirt, und als ihnen bedeutet worden wäre, daß der Cheque gestempelt sein müßte, ihn am Nachmittage desselben Tages, mit dem Stempel des Herrn Min gestempelt, wiedergebracht, worauf sie das Geld ausgezahlt erhalten hätten und nach Amerika geflüchtet wären. Erst siebzehn Tage nach der Abreise der beiden Fälscher hätte sich Herr Min auf der Bank erkundigt, ob sie nicht unbefugterweise Geld erhoben hätten, obwohl er gleich hätte wissen müssen, daß die Flüchtlinge keine eigenen Reisemittel besitzen konnten. Erst dann sei der Betrug entdeckt worden, zu einer Zeit, wo sie bereits Japan verlassen hätten und auf den Wege nach Amerika gewesen wären, sodaß ihre Verfolgung unmöglich geworden wäre.

Da die in der Folge angestellte Klage der Bank gegen Min Yong Ik auf Schadenersatz von dem Hongkong Gerichte abgewiesen worden wäre, so hätte sich der dortige Französische Konsul, erfolglos, an ihn gewandt, um auf gütlichem Wege die Erstattung des Geldes zu erlangen.

Die ganze Angelegenheit hätte auf Herrn Min ein ungünstiges Licht geworfen.

Nach vieler Mühe wäre es dann ihm und dem Kommissar Frandin in den Jahren 1891 und 1893 gelungen, den von den Koreanern erschwindelten Geldbetrag, allerdings ohne Zinsen, hier für die Bank einzutreiben.

Er habe, als zuerst Anfang August von der Ernennung Min Yong Ik die Rede gewesen sei, seiner Regierung ausführlich über ihn berichtet und um telegraphischen Bescheid gebeten, ob er als Gesandter in Paris genehm sein würde.

Obwohl der französische Geschäftsträger seien Widerspruch nicht aufgegeben hat, ist nun doch die Ernennung den betreffenden Vertretern angezeigt worden.

Euer Durchlaucht beehre ich mich schließlich ganz gehorsamst zu berichten, daß der hiesige Minister der Auswärtigen Angelegenheiten mich mittels amtlichen Schreibens vom gestrigen Tage ersucht hat, die Kaiserliche und Königliche Oesterreichisch-Ungarische Regierung von der Ernennung des Herrn Min Yong Ik in Kenntniß zu setzen. Euer Durchlaucht darf ich deshalb ehrerbietigst bitten, das Erforderliche hochgeneigtest veranlassen zu wollen.

Abschriften dieses gehorsamen Berichtes sende ich an die Kaiserlichen Gesandtschaften zu Peking und Tokio.

Krien.

Inhalt: Die Ernennung eines neuen kaiserlichen Gesandten für die europäischen
Vertragsmächte.

[   ]

PAAA_RZ201-018925_020 f.

Empfänger	[o. A.]	Absender	[o. A.]
A. 13587 pr. 20. November 1897. p. m.		[o. A.]	

A. 13587 pr. 20. November 1897. p. m.

Neue Preußische Zeitung

Der russisch-englische Gegensatz in Korea.

Vor mehreren Wochen wurde in der tonangebenden Presse Petersburgs und Moskaus Klage geführt, daß der russische Einfluß im Osten Asiens eine bemerkenswerthe Einbuße erlitten habe. Die Stellung des Zarenreichs im Königreiche Korea sollte keineswegs den gewaltigen Anstrengungen entsprechen, welche seit Jahren von der Regierung zur Befestigung ihres Ansehens an den Gestaden des Gelben Meeres unternommen worden waren. Diese Klagen schienen nicht ganz der Berechtigung zu entbehren. Die Engländer hatten manche Vortheile errungen, welche bei richtiger Ausnutzung das Vordringen der Russen hindern mußten. An die Spitze des Finanzwesens in Korea war ein Brite getreten, der seine Aufgabe mit großem Geschick verfolgte und dabei nicht versäumte, den Handelsinteressen seines Vaterlandes keineswegs geringe Dienste zu leisten. Englisches Geld und englische Thatkraft hatten Ordnung in die Schuldverhältnisse Koreas gebracht. Schon nach zweijähriger Verwaltung konnte M′Leavy Brown der koreanischen Regierung einen Ueberschuß übergeben, der der gesammten Staatsschuld des Königreiches entsprach. Damit hatte England viel gewonnen. Sein Einfluß in Korea mußte naturgemäß steigen, und die Beziehungen beider Länder auf wirthschaftlichem Gebiete begannen sich zusehends zu entwickeln. Durch die Umsicht M′Leavy Browns und die Bemühungen der Diplomatie wurden zahlreiche englische Handelsniederlassungen in Korea gegründet und schließlich erwirkte man vom Könige die Genehmigung, daß zwei wichtige Häfen freigegeben wurden, die jetzt dem internationalen Handel dienen.

Dieser letztere Umstand hatte die Russen stutzig gemacht. Mit dem Augenblick, da jedermann die Möglichkeit gewann, in Städten mit hervorragend günstiger Lage geschäftliche Beziehungen in Korea anzuknüpfen, war es völlig natürlich, daß der englische Einfluß in wirthschaftlicher Hinsicht vorherrschend wurde. Bei der Nebenbuhlerschaft zwischen Russen und Engländern konnten die ersteren hierbei nicht gleichgültig bleiben. Sie hatten sich lange als die Herren im Lande gefühlt. Seit dem 9. Oktober 1895, als der König von Korea, nach der Ermordung der Königin, Schutz in der russischen Gesandtschaft gesucht, hatte man sich in Petersburg daran gewöhnt, Korea den Gebieten zuzurechnen, die über kurz oder lang mit unfehlbarer Sicherheit dem russischen Gesammtreiche einverleibt werden. Es ist möglich, daß die russische Diplomatie sich zu sicher fühlte, die englische Minirarbeit nicht genügend beachtete und thatsächlich durch die plötzlichen Erfolge der Briten überrascht worden ist. Die Annahme aber nimmt größere Wahrscheinlichkeit für sich in Anspruch, daß man absichtlich die Engländer gewähren ließ, um Anlaß zu nehmen, einen neuen, energischen Vorstoß zu machen und Vergünstigungen zu fordern, die die Errungenschaften der Engländer in Schatten stellen mußten. In letzter Zeit hat die russische Regierung rasch hintereinander so wichtige Fortschritte in Korea gemacht, daß an einen Zufall kaum gedacht werden kann. Alles wurde sorgsam vorbereitet und nur der geeignete Augenblick abgewartet, um mit der Sache hervorzutreten.

Zunächst bildete die abermalige Entsendung russischer Instrukteure für die koreanische Armee die entschlossene Antwort einer zielbewußten Regierung an die Adresse eines im Dunkeln schleichenden Gegners. Diese Maßnahme ist ein schwerer Schlag für England. Sie kann alles, was die Engländer bisher errangen, in Frage stellen und wird ein ernstes Hemmniß der britischen Industrie, die sicher darauf rechnete, durch Koreas Vermittelung neue Märkte in Asien zu gewinnen. Der Einfluß, den die russischen Offiziere von nun an auf die koreanischen Truppen üben werden, muß das Ansehen der Engländer, welches ausschließlich durch ihre Geschicklichkeit im Handel entstand, allmählich vernichten. Rußland hat den Zeitpunkt richtig gewählt, um seinem Gegner in Asien vor Augen zu führen, daß militärische Ueberlegenheit die halbzivilisirten Völker des Fernen Ostens weit mehr an sich zu fesseln vermag, als ein reger Verkehr und der Austausch der Güter. Die Entsendung der Instrukteure ist keineswegs etwas Neues. Man hatte den Gedanken gleich nach dem Frieden von Shimonoseki ins Auge gefaßt. Die russische Gesandtschaft hatte lange in Söul darauf hingearbeitet und versuchte den König von Korea zu bewegen, selbst um Ueberlassung einer Anzahl Instrukteure für die Reorganisation seiner Armee nachzusuchen. Bei der Kaiserkrönung in Moskau betrieb man die Sache weiter und verhandelte mit dem Gesandten Minjunchuan. Damals schon wurde eine Einigung erzielt, wenn sie auch äußerlich nur wenig an die Oeffentlichkeit trat. Zuerst reiste der Generalstabsoberst Putjata nach Korea, angeblich um die dortigen Armeeverhältnisse kennen zu lernen, in Wirklichkeit aber, um den König zu berathen und der russischen Gesandtschaft beizustehen. Damit war endlich etwas Licht in die Angelegenheit gebracht. Es folgten dann bald einige andere Offiziere, die so geschickt gearbeitet haben, daß bereits jetzt ein Theil der koreanischen Truppen derart dem russischen Drill unterworfen ist, daß selbst das Kommando von den einheimischen Offizieren in russischer Sprache gegeben wird. Thatsächlich also bildet die jüngste Entsendung weiterer Instrukteure nur die Fortführung längst bewährter Maßregeln, die vielleicht jetzt nur energischer betrieben werden sollen.

Daß die Abkommandirung russischer Offiziere nach Korea keineswegs auf den angeblichen „Wunsch" des Königs, seine Truppen zu europäisiren, zurückzuführen ist, sondern einen direkten Vorstoß gegen England bedeutet, erkennt man aus der gleichzeitig bekannt gewordenen Entlassung des englischen Generalkommissars der koreanischen Seezollämter und der Ersetzung desselben durch einen Russen. Diese Errungenschaft ist für die Russen von größter Bedeutung und gewährt ihnen die Möglichkeit, unmittelbar in die Verwaltung der Finanzen einzugreifen, von wo sie die Engländer bald völlig und für immer verdrängen. Wenn man endlich erfährt, daß es Rußland soeben gelungen ist, eine Kohlenstation auf einer Insel der Koreastraße zu erwerben, so muß man gestehen, daß der Vorsprung der Petersburger Diplomatie vor ihren englischen Kollegen im Osten Asiens nicht gering veranschlagt werden kann. Der Werth dieser auf der Insel Tschöl-Jong-Do gelegenen Kohlenstation besteht namentlich darin, daß sie unmittelbar vor dem wichtigen Hafen Fusan liegt und diesen daher völlig beherrschen muß. Auch kann sie infolge der Nähe der Insel Tschuschima den Uebergang von Japan nach Korea und den Verkehr in der Koreastraße wirksam hindern. Die strategische Bedeutung dieser neuen Erwerbung der russischen Regierung ist mithin sofort in die Augen springend.

Einen großen Theil der wirthschaftlichen Errungenschaften der Engländer in Korea haben die Russen rasch genug ausgeglichen. Immerhin aber bleibt eine Frage offen, die jedenfalls ohne Vorwissen und gegen den Willen der russischen Gesandtschaft entschieden worden ist. Das ist die Freigabe der Häfen von Mokpo und Tschinampo für den internationalen Handel. Diese Anordnung kann nicht mehr aufgehoben werden, und sie trifft die Russen um so fühlbarer, als beide Häfen ungewöhnlich günstige Eigenschaften besitzen und längst von der russischen Marine-Verwaltung in die Zahl der Plätze eingereiht waren, die als Kriegshäfen im Osten tauglich erschienen. Diesen Gedanken muß man in Petersburg einstweilen begraben, denn ein Freihafen für den Handel wird schwerlich sobald der stärksten und überdies einer aggressiven Macht zum Standort ihrer Flotte überlassen werden. Dabei bleibt auch die sichere Aussicht bestehen, die verhaßten englischen Nebenbuhler durch die erwähnten zwei Häfen immer wieder in Korea eindringen zu sehen, die den Russen trotz der Ueberlegenheit in militärischer Hinsicht doch noch mancherlei Unbequemlichkeiten bereiten können.

Die Lage der Russen aber gestaltet sich infolge eines weiteren Umstandes viel weniger günstig, als es ihren äußeren Erfolgen nach zu urtheilen, den Anschein hat. In unmittelbarer Nachbarschaft ihrer Kohlenstation auf Tschöljongdo befindet sich ein ähnlicher Ankerplatz der japanischen Flotte; dadurch stellt sich ihnen ein Hinderniß entgegen, welches den Werth ihrer Erwerbung erheblich mindert und die Errichtung eines „russischen Port Hamilton" an der Straße von Korea recht unwahrscheinlich macht. Ohne Weiteres wird Rußland jene Küstengebiete und den Handelsverkehr in den angrenzenden Gewässern noch nicht beherrschen. Daher ist das Bestreben hervorgetreten, auch an anderen Stellen der Halbinsel Korea dauernd festen Fuß zu fassen. Wie es heißt, haben die Russen sich die Zusicherung erwirkt, auch im Westen Koreas, gegenüber dem Hafen von Tschemulpo, eine zweite Kohlenstation eingeräumt zu erhalten. Wie weit nun die zarische Regierung dieses ausnutzen wird, wird man ja sehen. Die Japaner blicken natürlich recht unfreundlich darauf; auch haben sie, wie bekannt, Protest erhoben und das Vordringen der Russen als unvereinbar mit dem Vertrage erklärt, den seiner Zeit Fürst Lobanow-Rostowski und Marschall Yamagata über das gegenseitige Verhältniß zu Korea abgeschlossen hatten. In Petersburg wurde diese Rechtsverwahrung so wenig geachtet, wie die Tokioer Regierung dem Einspruch Murawiews Bedeutung beimaß, weil „Japan zu viele Truppen in Korea gelandet hatte" und das Eindringen der Engländer offen unterstützte.

Ein beachtenswerthes Moment im diplomatischen Interessenkampfe zwischen dem Zarenreiche und England im Bunde mit Japan, ist der Rücktritt des japanischen Ministers des Auswärtigen. Graf Okuma ist gefallen, weil seine heimische Regierung die russischen Erfolge einer Versäumniß seinerseits zugemessen hat. Baron Nischi, der neue Leiter der auswärtigen Angelegenheiten, ist lange Zeit Gesandter in Petersburg gewesen, er beherrscht die russische Sprache und hat sicher nicht umsonst Gelegenheit gehabt, die russische Staatskunst aus nächster Nähe zu beobachten. Er dürfte daher mit größerem Glück den Plänen des Staates entgegentreten, welcher als wichtigster und gefährlichster Feind Japans gilt. Der Ministerwechsel in Tokio ist sicher ein Symptom, daß das Verhältniß Japans zum Zarenreiche sich weiter von einer freundlicheren Gestaltung entfernt.

Wie die Entwickelung des englisch-russischen Gegensatzes im Osten Asiens, an dem Japan eng betheiligt ist, sich weiter gestaltet, und ob man Ueberraschungen entgegengeht, läßt sich vorausbestimmen. Wahrscheinlich ist es nicht, daß in nächster Zeit einer der drei Staaten Lust verspüren sollte, die streitigen Fragen aufzurollen und damit eine gewaltsame Entscheidung herbeizuführen. Gerüstet wird freilich bei allen Theilen, die Russen setzen ihre Truppensendungen nach Asien fort, die Japaner machen gewaltige Anstrengungen, damit ihre Kriegsflotte kampfbereit wird, und auch die Engländer legen nicht die Hände in den Schoß, wenngleich sich ihre Thätigkeit mehr indirekt äußert. Das sind aber nur Vorkehrungen für den Zukunftsfall, zum Theil wohl auch Maßnahmen, um die diplomatischen Forderungen mit allem erforderlichen Nachdruck unterstützen zu können. Die rasche und endgültige Auseinandersetzung im Osten kann augenblicklich keinem der drei in Frage kommenden Staaten willkommen sein. Man wird fortfahren, sich diplomatisch und wirthschaftlich zu befehden, man wird sich den Boden abzugraben suchen, und bald wird der eine, bald der andere den ausgesprochenen Vorrang genießen. Gegenwärtig ist Rußland am erfolgreichsten gewesen, aber gesichert ist seine Stellung keineswegs und schon die nächsten Wochen können die Sachlage völlig überraschend und von Grund auf verändern.

Wechsel des Koreanischen Staatsministeriums.

PAAA_RZ201-018925_022 ff.			
Empfänger	Fürst zu Hohenlohe - Schillingsfürst	Absender	Krien
A. 13774 pr. 25. November 1897. p. m.		Söul, den 3. Oktober 1897.	
Memo	J. № 414.		

A. 13774 pr. 25. November 1897. p. m.

Söul, den 3. Oktober 1897.

Kontrol № 62.

An Seine Durchlaucht

den Herrn Reichskanzler

Fürsten zu Hohenlohe - Schillingsfürst.

Euer Durchlaucht beehre ich mich ganz gehorsamst zu berichten, daß der König vorgestern sämmtliche Minister außer dem Premier-Minister und den Chefs der inneren und der auswärtigen Angelegenheiten verabschiedet und an deren Stelle neue Minister ernannt hat.

Das jetzige Staatsministerium besteht aus: dem Premierminister Shin Son-Tak, dem Minister des Innern Nam Chong-Chol, dem Minister des Äußerns Min Chong-Muk, dem Minister der Finanzen Pak Chong-Yang, dem Minister der Justiz Cho Pyong-Chik, dem Unterrichtsminister Cho Pyong-Sik, dem Kriegsminister I Chong-Gon, dem Minister für Landwirtschaft, Handel und öffentliche Arbeiten Chong Nak-Yong, und dem Minister des Königlichen Hauses Min Yong Ik.

Es sind dies sämmtlich Leute von ausgeprägter konservativer oder reaktionärer Gesinnung, die vor dem Chinesisch-Japanischen Krieg einflußreiche Posten bekleidet haben und die dem König durchaus zu Willen sein werden.

Man schreibt hier vielfach den Wechsel dem Einflusse des Russischen Geschäftsträgers zu. Dies trifft jedoch nur insofern zu, als er die Entlassung des früheren Finanzministers, der als stellvertretender Kriegsminister sich geweigert hatte, Engagements-Verträge mit den neuen Russischen Militär-Instrukteuren abzuschließen, sowie des Hausministers, der wegen seiner, auch an Koreanischen Katholiken verübten, Erpressungen bei dem Französischen Vertreter sehr verhaßt war, und des Ackerbauministers, eines Bruders des fortschrittlich gesinnten vormaligen Ministers der Auswärtigen Angelegenheiten I Wan

Yong empfohlen hat. Die Wahl der neuen Minister scheint er jedoch dem Könige überlassen zu haben, auf den seit längerer Zeit das reaktionäre Element maßgebenden Einfluß ausübt.

Der Amerikanische Minister-Resident machte mir und dem zufällig gleichzeitig anwesenden Britischen General-Konsul darüber gestern die folgenden vertraulichen Mittheilungen.

„Nachdem er von glaubwürdiger Seite erfahren hätte, daß der Russische Vertreter dem Könige gerathen habe, keinem Amerikaner-Freunde einen Posten zu verleihen, habe er sich zu Herrn von Speyer begeben und ihn gefragt, ob dies ihm zu Ohren gekommene Gerücht auf Wahrheit beruhte, und dabei betont, daß die Vereinigten Staaten in Korea nicht unbedeutende Interessen hätten und daß seine Regierung dieselben mit allen ihr zu Gebote stehenden Mitteln vertheidigen würde. Herr von Speyer habe darauf erwidert, er hätte dem Könige nur gesagt, es solle in Korea keine Amerikanische, Japanische, Englische, oder Russische Partei geben, sondern nur eine des Königs. Es sei von diesem aufgefordert worden, ihm in Regierungs-Angelegenheiten Rath zu ertheilen, und wünsche nicht, daß ihm von anderer Seite entgegengesetzte Rathschläge (conflicting advise) gegeben werden. Er werde sich jedesmal gestatten, ihn (Dr. Allen) darauf aufmerksam zu machen, wenn hiesige Amerikanische Missionare im Widerspruch mit der ihnen von dem Staatssekretär zu Washington ertheilten Warnung sich in die inneren Angelegenheiten Koreas einmischten.

Er (Dr. Allen) habe ihm darauf für seine Bemühung gedankt und hinzugesetzt, glücklicherweise brauche er seine Unterstützung nicht, denn es sei vollkommen im Stande, seine Landleute in Ordnung zu halten (quite capable to manage my own countrymen).

Der Amerikanische Minister-Resident fügte noch hinzu, er wisse aus ganz sicherer Quelle, daß Herr von Speyer zu dem Könige geäußert habe, nur von Rußland und Frankreich könne er Hülfe erwarten; weder Japan, noch England, oder Amerika könnten ihm von irgendwelchem Nutzen sein. Deutschland habe er ganz ausgelassen. Herr von Speyer spiele sich hier ganz als „Residenten" auf. Dieselben Ansprüche des chinesischen Vertreters Yuan hätten die Vertreter der Vereinigten Staaten jahrelang bekämpfen müssen, und er selbst wäre vollständig bereit auch mit dem Russischen Geschäftsträger den Kampf aufzunehmen.

Ich darf hier ganz gehorsamst bemerken, daß Herr Waeber den bedeutenden Einfluß der Amerikaner in Söul stets für die Russische Politik zu benutzen verstanden hat.

Herr Kato erwähnte bei einem Besuche, den ich ihm heute abstattete, er wäre von dem neuen Koreanischen Ministerium durchaus nicht erbaut; denn es enthielte lauter Leute, die sich niemals auf der Japanischen Gesandtschaft hätten sehen lassen.

Abschriften dieses ehrerbietigen Berichtes sende ich an die Kaiserlichen Gesandtschaften zu Peking und Tokio.

Krien.

Inhalt: Wechsel des Koreanischen Staatsministeriums.

Der König von Korea nimmt den Kaisertitel an.

PAAA_RZ201-018925_029 ff.			
Empfänger	Fürst zu Hohenlohe - Schillingsfürst	Absender	Krien
A. 13775 pr. 25. November 1897. p. m.		Söul, den 4. Oktober 1897.	
Memo	J. № 415.		

A. 13775 pr. 25. November 1897. p. m.

Söul, den 4. Oktober 1897.

Kontrol № 63.

An Seine Durchlaucht

den Herrn Reichskanzler,

Fürsten zu Hohenlohe - Schillingsfürst.

Euer Durchlaucht beehre ich mich im Anschluß an meinen Bericht № 32 vom 25. Mai d. J. gehorsamst zu melden, daß der König von Korea vorgestern den Kaisertitel angenommen hat, nachdem er der Form halber die dahingehenden Bitten des Premier-Ministers und anderer Würdenträger neun Mal abgeschlagen hatte. Der Staatsanzeiger verkündet heute den Entschluß des Königs; die fremden Vertreter sind jedoch bisher nicht benachrichtigt worden.

Wie es heißt, soll der König sich wenig Hoffnung machen, daß sein neuer Titel von den Höfen der Vertragsmächte bald anerkannt werden wird. Denn er soll geäußert haben: „Wenn Peter der Große so viele Jahre auf die Anerkennung seines Kaisertitels habe warten müssen, so könne er sich auch wohl einige Jahre gedulden.")

Abschriften dieses ganz gehorsamen Berichtes sende ich an die Kaiserlichen Gesandtschaften zu Peking und Tokio.

Krien.

Inhalt: Der König von Korea nimmt den Kaisertitel an.

[   ]

PAAA_RZ201-018925_032 ff.			
Empfänger	Auswärtiges Amt in Berlin	Absender	Treutler
A. 13898 der. 28. November 1897.		Tokio, den 27. November 1897.	
Memo	Antwort auf Telegramm № 18. 1. Immediatbericht v. 28. 11.		

A. 13898 der. 28. November 1897.

Telegramm.

Tokio, den 27. November 1897. 8. Uhr 40 Mn. p. m.

Ankunft: 28. 11. 2. Uhr 14 Mn. p. m.

Der Geschäftsträger an Auswärtiges Amt.

Entzifferung.

№ 28.

Baron Nishi gilt für russenfreundlich und seine Ernennung wurde vom hiesigen russischen Gesandten mit großer Genugthuung begrüßt, er erkrankte übrigens bald nach Amtsantritt und war seitdem unsichtbar. Ich glaube, daß die Combination Rosen-Nishi für Pflege streitiger japanischer Beziehungen denkbar günstig ist.

Von einer neuerlichen Einigung über Korea verlautete bisher hier nichts. Vice-Minister der auswärtigen Angelegenheiten behauptet, daß nur über Frage der Militär-Instrukteure Freundschaftlicher Meinungs-Ausspruch und zwar bisher ohne Resultat stattgefunden habe.

Die japanische Presse hat durchweg rasch ihre anfängliche Wuth über das am 19. d. Mts. veröffentlichte russisch-koreanische Abkommen, das koreanische Finanzen völlig unter Kontrole Rußlands stellt, vergessen, um sich lediglich mit der Kiaotschu-Affaire in einer große Nervosität und Unwillen gegen Deutschland verratenden Weise zu beschäftigen. Vice-Minister der auswärtigen Angelegenheiten bemühte sich soeben mir gegenüber diese Pressetreibereien unter Hinwies auf die kürzlich erweiterte Preßfreiheit aus eigenem Antrieb zu desavouieren.

Treutler.

orig i. a. Japan 10

[   ]

PAAA_RZ201-018925_036 f.

Empfänger	Seiner Majestät dem Kaiser und Könige	Absender	Lülow
A. 13898.		Berlin, den 28. November 1897.	

Abschrift.

A. 13898.

Berlin, den 28. November 1897.

Seiner Majestät dem Kaiser und Könige.

Nachdem die Berufung des früheren japanischen Gesandten in St. Petersburg zum japanischen Minister des Äußern, an Stelle des zurückgetretenen Grafen Okuma, hier bekannt geworden war, hatte ich, im Hinblick auf unsere schwebende Differenz mit Rußland wegen Kiaotschu, Euerer K. u. K. Majestät Geschäftsträger in Tokio zu telegraphischem Bericht über die derzeitige Stellung der japanischen Regierung zu Rußland aufgefordert und gleichzeitig ihn angewiesen, sich über die Zeitungsnachricht von einer angeblichen neuerlichen Einigung zwischen Japan und Rußland bezüglich Korea's zu äußern.

In Erledigung dieser Weisung meldet Euerer Majestät Geschäftsträger von Treutler nunmehr aus Tokio:

„Baron Nishi gilt für russenfreundlich und seine Ernennung wurde vom hiesigen russischen Gesandten mit großer Genugthuung begrüßt, er erkrankte übrigens bald nach Amtsantritt und war seitdem unsichtbar. Ich glaube, daß die Combination Rosen-Nishi für Pflege streitiger japanischer Beziehungen denkbar günstig ist.

Von einer neuerlichen Einigung über Korea verlautete bisher hier nichts. Vice-Minister der auswärtigen Angelegenheiten behauptet, daß nur über Frage der Militär-Instrukteure freundschaftlicher Meinungs-Austausch und zwar bisher ohne Resultat stattgefunden habe.

Die japanische Presse hat durchweg rasch ihre anfängliche Wuth über das am 19. d. Mts. veröffentlichte Russisch-Koreanische Abkommen, das Koreanische Finanzen völlig unter Controle Rußlands stellt, vergessen, um sich lediglich mit der Kiaotschu-Affaire in einer großen Nervosität und Unwillen gegen Deutschland verrathenden Weise zu beschäftigen. Vice-Minister der auswärtigen Angelegenheiten bemühte sich soeben mir gegenüber diese Preßtreibereien unter Hinweis auf die kürzlich erweiterte Preßfreiheit aus eigenem Antrieb zu desavouieren.“

gez. Lülow.

orig. i. a. Japan 10

Berlin, den 1. Dezember 1897.

zu A. 13774.

An

die Botschaften in

1. Washington № A. 74.
2. London № 1498.

J. № 10247.

Euerer pp. übersende ich anbei ergebenst Abschrift eines Berichtes des Kais. Konsuls in Söul vom 3. Oktober, betreffend den Wechsel des Koreanischen Staatsministeriums, zu Ihrer gefälligen Information.

N. S. E.

Weigerung der Französischen Regierung den Koreanischen Gesandten zu empfangen.

PAAA_RZ201-018925_040 ff.			
Empfänger	Fürst zu Hohenlohe - Schillingsfürst	Absender	Krien
A. 14007 pr. 1. Dezember 1897. a. m.		Söul, den 13. Oktober 1897.	
Memo	J. № 431.		

A. 14007 pr. 1. Dezember 1897. a. m.

Söul, den 13. Oktober 1897.

Kontrol № 66.

An Seine Durchlaucht

den Herrn Reichskanzler

Fürsten zu Hohenlohe - Schillingsfürst.

Euer Durchlaucht habe ich die Ehre im Verfolg meines Berichtes № 57 vom 23. v. Mts. ganz gehorsamst zu melden, daß mir der Französische Geschäftsträger heute mitgetheilt hat, er habe gestern von seiner Regierung ein Telegramm erhalten, wonach der Koreanische Gesandte Min Yong Ik in Paris nicht empfangen werden wird. Den Inhalt dieses Telegramms habe er amtlich zur Kenntniß des hiesigen Ministers der Auswärtigen Angelegenheiten gebracht.

Abschriften dieses ganz gehorsamen Berichtes sende ich an die Kaiserlichen Gesandtschaften zu Peking und Tokio.

Krien.

Inhalt: Weigerung der Französischen Regierung den Koreanischen Gesandten zu empfangen.

Annahme des Kaisertitels Seitens des Königs von Korea.

	PAAA_RZ201-018925_043 f.		
Empfänger	Fürst zu Hohenlohe - Schillingsfürst	Absender	[o. A.]
A. 14009 pr. 1. Dezember 1897. a. m.		Tokio, den 22. Oktober 1897.	

A. 14009 pr. 1. Dezember 1897. a. m. 1 Anl.

Tokio, den 22. Oktober 1897.

A. 120.

An Seine Durchlaucht

den Herrn Reichskanzler

Fürsten zu Hohenlohe - Schillingsfürst.

Unter Bezugnahme auf den Bericht des Kaiserlichen Konsuls in Söul vom 4. d. M., betreffend Annahme des Kaisertitels Seitens des Königs von Korea, beehre ich mich Euerer Durchlaucht gehorsamst zu melden, daß nach Angabe des Grafen Okuma die Japanische Regierung noch nicht entschlossen ist, ob sie dieser Änderung ihre Anerkennung verleihen oder versagen will. Der Minister meinte jedoch, er persönlich glaube, daß Japan den betreffenden Bestrebungen kein Hinderniß in den Weg legen könne, da die japanische Bezeichnung für einen unabhängigen Souverän Kotei sei, gleichgültig ob der Titel desselben in anderen Sprachen mit den entsprechenden Ausdrücken für „Kaiser" oder für „König" wiedergegeben werde. Diese merkwürdige Ausflucht beweist nur, daß Japan jedenfalls eine abwartende Rolle spielen will, denn abgesehen von der darin liegenden Umgehung der Beantwortung der eigentlichen Frage ist auf dem Ministerium der auswärtigen Angelegenheiten festgestellt worden, daß der König von Korea bisher japanischerseits den Titel Daikunshu(Großer Fürst und Herr) erhalten hat, während allerdings Kotei in dem von Graf Okuma angegebenen Sinne gebraucht wird.

Inhalt: Annahme des Kaisertitels Seitens des Königs von Korea. 1. Anlage

Abschrift.

Anlage zu Bericht A. 120 vom 22. Oktober 1897.

Söul, den 4. Oktober 1897.

An Seine Durchlaucht

den Herrn Reichskanzler

Fürsten zu Hohenlohe - Schillingsfürst.

Euerer Durchlaucht beehre ich mich ganz gehorsamst zu melden, daß der König von Korea vorgestern den Kaisertitel angenommen hat, nachdem er der Form halber die Bitte des Premier-Ministers Shim Son-Tak und anderer Würdenträger neun Mal abgeschlagen hatte. Der Staatsanzeiger verkündet heute den Entschluß des Königs; die fremden Vertreter sind jedoch bisher nicht benachrichtigt worden. Wie es heißt, soll der König sich wenig Hoffnung machen, daß sein neuer Titel von den Regierungen der Vertragsmächte bald anerkannt werden wird. Denn er soll geäußert haben: Wenn Peter der Große 41 Jahre lang auf die Anerkennung habe warten müssen, so könne er sich auch einige Jahre gedulden.

gez. Krien.

Die Annahme des Kaisertitels seitens des Königs von Korea.

PAAA_RZ201-018925_047 ff.

Empfänger	Fürst zu Hohenlohe - Schillingsfürst	Absender	Krien
A. 14208 pr. 5. Dezember 1897.		Söul, den 14. Oktober 1897.	
Memo	J. № 437.		

A. 14208 pr. 5. Dezember 1897. a. m. 2 Anl.

Söul, den 14. Oktober 1897.

Kontrol № 67.

An Seine Durchlaucht

den Herrn Reichskanzler

Fürsten zu Hohenlohe - Schillingsfürst.

Euer Durchlaucht beehre ich mich im Anschluß an meinen Bericht № 63 vom 4 d. Mts. ganz gehorsamst zu melden, daß der König von Korea am gestrigen Tage die Vertreter der Vertragsmächte einzeln empfangen und ihnen mündlich verkündet hat, daß er auf Bitten seiner Beamten und seiner Unterthanen den Titel des Kaisers (hwang-chei) angenommen habe. Der König hat gleichzeitig die Vertreter einzeln ersucht, diese Tatsache zur Kenntnis ihrer Regierungen zu bringen. Im Einvernehmen mit den übrigen Vertretern habe ich dem Könige erwidert, daß ich nicht verfehlen würde, diese Erklärung meiner hohen Regierung zu übermitteln. Eine gleiche Mittheilung hat der Minister der Auswärtigen mittels amtlichen Schreibens vom heutigen Tage an die Vertreter gerichtet. Dieses Schreiben habe ich in Gemäßheit meiner Antwort an den König erwidert.

Die Anerkennung der Regierungen der Vertragsstaaten haben weder der König noch der Minister der Auswärtigen Angelegenheiten erbeten.

Herr von Speyer hat in der letzten Zeit wiederholt Veranlassung genommen, zu betonen, daß er dem Könige widerrathen habe, die Kaiserwürde anzunehmen, und daß er ihm auf das Bestimmteste erklärt habe, es sei keine Aussicht vorhanden, daß der Kaiser von Rußland die Änderung des Titels gutheißen würde. Auch der Japanische Minister-Resident erklärte mir jetzt, daß seine Regierung die Kaiserwürde des Königs vermutlich nicht anerkennen würde. Ebenso bezweifeln die übrigen Vertreter, außer dem Amerikanischen, daß die Anerkennung ihrer Regierungen erfolgen werde.

Bis zum Eintreffen von Euer Durchlaucht hohen Weisungen wurde ich, in

Übereinstimmung mit meinen Kollegen, den im Vertrage vorgesehenen Titel des Königs von Korea in den Schreiben an den Minister des Auswärtigen benutzen.

Euer Durchlaucht beehre ich mich in der Anlage eine englische Uebersetzung der Bittschrift des Premier-Ministers(im Auszuge) und der Antwort des Königs, betreffend die Annahme der Kaiserwürden, ganz gehorsamst zu unterbreiten. Herr Shim betont darin im Namen der übrigen Würdenträger, da der König wegen seiner übermenschlichen Tugenden die Kaiserwürde annehmen müsse. Korea habe die Sitten und Gebräuche der Chinesischen Dynastinen beibehalten, der König habe 30 Jahre lang regiert und stets die Grundsätze der alten Kaiser befolgt. Jeder unabhängige Staat habe das Recht, für sein Oberhaupt irgendeinen Titel anzunehmen, er könne zwar die eigenen Unterthanen, nicht aber die fremden Mächte, zwingen, diesen Titel anzuerkennen. Der König möge aber die Kaiserwürde annehmen, ohne die Anerkennung der ausländischen Regierungen abzuwarten.

Darauf hat der Fürst schließlich erwidert, er habe so geringe Regenten-Tugenden bewiesen, daß ihn schließlich das furchtbarste Unglück (die Ermordung der Königin) betroffen habe; wegen der einmüthigen und wiederholten Bitten der Beamten, des Heeres und des Volkes nehme er aber an.

Am 12 d. Mts. um 3 Uhr morgens opferte der König in dem auf dem früheren Absteige-Quartier der Chinesischen Gesandten errichteten Tempel nach Art der Kaiser der Ming-Dynastie, um seine Annahme der Kaiserwürde zu dokumentieren. Sein Gewand, von der gelben Kaiserfarbe ist dem der Ming-Kaiser nachgebildet worden. Der Kronprinz trug, ebensowie es früher der König that, ein rothes Gewand.

Durch Dekret des Königs vom heutigen Tage ist ferner der bisherige Name des Landes „Chöson" in den alten Chinesischen Namen „Han" oder „Tai (Groß) Han" umgewandelt worden.

Abschriften dieses ganz gehorsamen Berichtes sende ich an die Kaiserlichen Gesandtschaften zu Peking und Tokio.

Krien.

Inhalt: Die Annahme des Kaisertitels seitens des Königs von Korea. 2 Anlagen.

Anlage 1 zu Bericht № 67.

Translation.

Memorial addressed to the King by Shim Lun tak, Coucillor of State, and Cho Pyeng soi on behalf of the other high officials.

Abstract.

It is recorded in the ancient classics that those monarchs whose virtue equalled heaven and earth were addressed as Emperor, and as the merits of the great rulers of antiquity were as high as the great heaven, they received this title, and in accordance with the rule of heaven, and the highest principle of human law, the greatest respect was shown to them. Wherefore eve this we have earnestly besought your Majesty to take this same title, but your Majesty in your wisdom, did not think it right to act on our suggestion, at which we have been inexpressibly distressed.

For 500 years saintly and enlightened Kings in unbroken succession have ruled over our country in uninterrupted prosperity. Our form of government, our ceremonial ritual, our clothes, our hats are modelled on the pattern of the Han, Tang and Lung dynasties and Our country alone has preserved its literature and customs from the era of the Mings.

Your Majesty has now reigned for 30 years, following the principles of the ancient Emperors, and has been distinguished for your enlightened thought and incomparable virtue.

Your Majesty's government of the country has been exercised in accordance with the Devine rule, and though of late many dangers and difficulties have been encountered, the foundations of the Kingdom have only become move firm, and confusion has given way to order.

Thus Your Majesty's ancestors have been able to rest in peace, and quiet has reigned supreme through every corner of the realm.

The principles of international law declare that any independent State may choose for its ruler whatever title it may desire, and may compel its own subjects to employ such title, though it has no right to compel other States to recognize it. Further there are cases in history in which, when a King has taken the title of Emperor, recognition by foreign countries has been granted at different periods; some recognising it sooner, same later. The power of assuming the title lies then in the independent State itself, though there is no right of compelling foreign recognition. But because the right of recognition lies with foreign State, it is no reason why we should not use the right inherent in an independent

State of changing the title of King to Emperor, without waiting for the consent of foreign Nations.

Your Majesty`s virtues and high principles are as broad and high as heaven, and thus the highest title of Emperor is befitting Your Majesty`s honour and dignity, and Your Majesty will thus show that you continue the greatness of the renowned rulers of past antiquity.

The assumption of thin title will be in accordance with heaven`s will, and with the earnest desire of your people wherefore we earnestly beg your Majesty to grant our request, and thus gratify the desire of your humble subjects.

———————————

This memorial was presented to the King repeatedly on the 1st October, and on this day three distinct answers were given, refusing to entertain the request of the memorialists, but on each occasion the refusal was given in less emphatic language. On the 3rd instant however His Majesty agreed to accept the title, in consideration of the unanimity of the demand.

Anlage 2 zu Bericht № 67.

Final answer of the King to the Memorialists.

"We have reigned during the last thirty four years without any goodness, and We have only experienced trouble and confusion. Finally the most horrible calamity has visited us. We have not been able to rule as that point, we are simply worried and the sweat of shame wets our back. However, the officials are urging us to assume the undeserved title; the Ministers are pressing us in person and the six armies and ten thousand citizens are clamouring at the Palace gates for the same cause. If we continue our refusal in the matter, it seems that it will never end. In consideration of the unanimity of the demand, we here by reluctantly accept your advice to please the multitude. It is a great state affair and we consider that great care must be exercised in consummation of the ceremony in connection with the Coronation."

Änderung des Koreanischen Namens für Korea.

PAAA_RZ201-018925_060 ff.

Empfänger	Fürst zu Hohenlohe - Schillingsfürst	Absender	Krien
A. 14340 pr. 9. Dezember 1897.		Söul, den 21. Oktober 1897.	
Memo	J. № 448.		

A. 14340 pr. 9. Dezember 1897.

Söul, den 21. Oktober 1897.

Kontrol № 68.

An Seine Durchlaucht

den Herrn Reichskanzler

Fürsten zu Hohenlohe - Schillingsfürst.

Euer Durchlaucht habe ich die Ehre ganz gehorsamst zu berichten, daß der hiesige Minister der Auswärtigen Angelegenheiten mich mittels amtlichen Schreibens vom 16. d. Mts. benachrichtigt hat, daß durch Erlaß des Kaisers von Korea vom 14 d. Mts. der Name des Landes von „Tai Chöson" in „Tai Han" (Groß-Han 大韓) abgeändert worden ist, und mich zugleich ersucht hat, dies zur Anzeige der Kaiserlichen Regierung zu bringen. Ich habe dem Minister den Empfang des Schreibens mit dem Hinzufügen bestätigt, daß ich nicht verfehlen würde, Euer Durchlaucht Bericht zu erstatten.

Der Grund für die Änderung ist vermutlich der, daß die Halbinsel unter dem Namen „Choson", sowie unter den früheren Namen „Koryö", dann wiederum „Chöson" u. s. w. ein Tributland China's war. Man ist deshalb bis auf das zweite Jahrhundert vor Christi Geburt zurückgegangen, wo die drei Länder Ma-Han, Chin-Han und Pyön-Han unter dem Namen Sam-Han (Drei Han) vereinigt wurden. Dieses Reich, das den Süden Koreas bis zum Ta-Tong Flusse (südlich vom 39 Breitengrade) umfaßte, war noch von China unabhängig.

Bis zum Eintreffen von Euer Durchlaucht hohen Weisungen werde ich, wie bisher, in den Uebersetzungen meiner Schreiben an die Koreanischen Behörden den im Deutsch-Koreanischen Vertrage für Korea gebrauchten Namen „Tai-Chöson" anwenden.

Durch Edikt des Königs von demselben Tage ist der verstorbenen Königin der Titel einer Kaiserin und dem Kronprinzen der Titel „Kaiserliche Hoheit" verliehen worden.

Abschriften dieses ganz gehorsamen Berichtes sende ich an die Kaiserlichen

Gesandtschaften zu Peking und Tokio.

Krien.

Inhalt: Änderung des Koreanischen Namens für Korea.

PAAA_RZ201-018925_064 f.

Empfänger	Auswärtiges Amt in Berlin	Absender	Heyking
A. S. 1257 pr. 16. Dezember 1897.		Peking, den 15. Dezember 1897.	

A. S. 1257 pr. 16. Dezember 1897.

Telegramm.

Peking, den 15. Dezember 1897. 12 Uhr 30 Min. p. m.
Ankunft: 16. 12.   2 Uhr 35 Min. a. m.

Der K. Gesandte an Auswärtiges Amt.

Entzifferung

№ 97.

Englischer Gesandter sagt mir, daß rücksichtslose Verdrängung eingeborener Beamter in Korea durch Einsetzung russischer Finanzverwaltung sowie Ernennung des als demonstrativ engländerfeindlich bekannten Herrn von Speyer nach Peking in London sehr verstimmt habe und daß möglicherweise englisches Geschwader aus diesem Grunde bei Korea Demonstration machen würde.

Consul Tschifu meldet Gerücht, daß englisches Geschwader bei Talienwan

Heyking.
i. a. China 20 № 1.

Die „Nowoje Wremja" über die Kaiserproklamation in Korea.

Empfänger	Fürst zu Hohenlohe - Schillingsfürst	Absender	Radolin
A. 14636 pr. 18 Dezember 1897.		St. Petersburg, den 15. Dezember 1897.	

A. 14636 pr. 18 Dezember 1897. 1 Anl.

St. Petersburg, den 15. Dezember 1897.

№ 455.

Seiner Durchlaucht

dem Herrn Reichskanzler

Fürsten zu Hohenlohe - Schillingsfürst.

Euerer Durchlaucht beehre ich mich beifolgend einen Artikel der Nowoje Wremja über die Kaiserproklamation in Korea im Ausschnitt aus der St. Petersburger Zeitung gehorsamst zu überreichen.

Radolin.

Inhalt: Die „Nowoje Wremja" über die Kaiserproklamation in Korea.

Anl. zum Ber. № 455. 15. 12. 97.

St. Petersburger Zeitung

n. 14. 2. August 1897.

- № 336 -

- [Zur Kaiserproklamation in Korea] schreibt Herr S. K., der Korrespondent der „Now. Wr."

„Der koreanischen Etikette gemäß wies der König diesen hohen Titel mehrere Mal zurück, erklärte, daß er des Titels unwürdig sei und schwer zurecht kommen werde; dann ärgerte er sich sogar darüber, daß die Minister trotz seiner oftmaligen Weigerung weiter in ihn drangen. Erst nach der 15. Bitte erklärte er, daß er, so schwer es ihm auch werde, bereit wäre, den Kaisertitel anzunehmen, da das Volk und die Minister so sehr darauf bestünden.

Natürlich repräsentirten die Greise, die im Namen des Volkes bittend beim Schloßthore standen, die Beamten und Minister, die im Namen der Regierung im Schloßhofe ihre Bitten vorbrachten, nicht die Stimme des Volkes, sondern waren theils Miethlinge, theils solche, die um persönlicher Vortheile willen ihre Bitte als solche Koreas aussprachen. Motivirt wurde die Bitte folgendermaßen: 1) der verstorbenen Königin müsse der Titel einer Kaiserin gegeben werden (bei den Koreanern und Chinesen herrscht die Sitte, die Verstorbenen avanciren zu lassen); 2) infolge der Annahme des Kaisertitels werde der König in geringerem Maße vom Tai-wan-kun abhängig sein, und 3) als Kaiserreich werde Korea größer dastehen und seine Unabhängigkeit werde evidenter sein.

Einige wohlwollende Koreaner und Europäer riethen dem Könige ab, erklärten ihm, daß sich die Lage durch die Annahme des Kaisertitels nicht verändern werde, daß sich das kleine Reich mit seinen zehn Millionen hierdurch nicht vergrößere, daß alle diese Bitten nicht die Stimme des Volkes, sondern Intriguen der japanisch gesinnten Koreaner seien und daß Alles dieses nur zu Unordnungen, nicht aber zu etwas Großem führe.

Augenscheinlich war die übelwollende Partei stärker, denn heute (d. h. am 29. Sept. (11. Okt.). D. Red.) ist viele Frage erledigt worden: für die Koreaner ist Korea ein Kaiserreich, der König — ein Kaiser. Um drei Uhr Nachmittags begab sich der König in einer mit gelber Seide gefütterten Paradesänfte und mit einer in grelle Kostüme gekleideten Suite in den Tempel des „Himmels". Ein Bataillon der Leibwache marschirte voran. Nach der Besichtigung des Tempels kehrte die Prozession in den Palast zurück.

Um 12 Uhr Nachts begab sich die Prozession in derselben Ordnung abermals in den Tempel des Himmels. In der Nähe des Tempels steht ein hoher Felsen, den der König mit der Krone auf dem Haupte erstieg. Einer der obersten Beamten verlas die Bitte des Volkes um Annahme des Kaisertitels und die Einwilligung des Königs, worauf der Präsident des Reichsraths dem König das Scepter überreichte.

Dem Ceremonial gemäß mußte der König siebenmal den Felsen ersteigen; dann verfügte er sich in den Tempel, wo Gebete gesprochen und Opfer gebracht wurden. Während der ganzen Zeit lagen die Anwesenden entblößten Hauptes auf den Knien. Nach Beendigung der Krönungsceremonie, wurde den Ministern ein Frühstück gegeben. Alle Behörden wurden wegen des Festes auf drei Tage geschlossen."

[   ]

PAAA_RZ201-018925_070 ff.

Empfänger	Fürst zu Hohenlohe - Schillingsfürst	Absender	Hatzfeldt
A. 14718 pr. 20. Dezember 1897. a. m.		London, den 18. Dezember 1897.	
Memo	durch K. Feldjäger.		

Abschrift für die Akten.

A. 14718 pr. 20. Dezember 1897. a. m.

London, den 18. Dezember 1897.

№ 502.

Sr. Durchlaucht

dem Herrn Reichskanzler

Fürsten zu Hohenlohe - Schillingsfürst.

Die letzte Nummer der „Saturday Review" giebt in dem beifolgenden Artikel einen kurzen Überblick über den zunehmenden Einfluß Rußlands auf Korea. Die Entlassung des bisherigen Finanzbeiraths der Koreanischen Regierung Mr. Mc. Leavy Brown und dessen Ersetzung durch einen russischer Beamten lasse deutlich erkennen, daß Rußland seine Ziele auf Korea ganz offen verfolge. Es werde sich nunmehr zeigen, ob England, wie Mr. Curzon kürzlich zu verstehen gab, wirklich gesonnen sei, für die Erhaltung der Unabhängigkeit Koreas Opfer zu bringen.

Auch die Japaner hätten in der That alle Veranlassung, die Fortschritte der Russen auf Korea im Auge zu behalten. Die Armee werde von russischen Offizieren reformiert, das Arsenal stehe unter ihrer Aufsicht und auch der Minister des Äußern sei den Russen wohl gesinnt. Dabei, meint das Blatt, dürfe man nicht übersehen, mit welcher Sorgfalt Rußland auf eine gründliche Orientierung seiner Vertreter im Osten bedacht sei. So sei Herr Waeber, der Vorgänger des Herrn von Speyer, lange mit diesem in Korea geblieben, um ihn in die dortigen Verhältnisse einzuweihen. Herr von Speyer sei dann vorübergehend noch in Tokyo verwendet worden und habe dadurch auch in die japanischen Verhältnisse Einblick gewonnen. Auch Baron Rosen habe gleich nach seinem Amtsantritt eine ungewöhnliche Energie an den Tag gelegt.

Japan sei rastlos thätig, seine Streitkräfte zu vervollkommnen, aber Rußland halte auch ihm gleichen Schritt. So sei die Ankunft der beiden neuen japanischen Kriegsschiffe

„Fuji" und „Yashima" sofort mit der Entsendung von drei Schiffen der Schwarzmeerflotte beantwortet worden.

Das Blatt meint, daß der gegenwärtige japanische Minister des Äußern Baron Nishi, dem man russische Sympathien nachsage, eine Verständigung mit Rußland anstreben werde. Diese werde ihm jedoch schwerlich gelingen. Herr Okuma würde dann wohl bald sein Portefeuille wiedererhalten, und es werde sich dann herausstellen, ob Japan vor dem mächtigen nordischen Nebenbuhler zu Kreuz kriechen oder es auf das Glück der Waffen werde ankommen lassen.

gez. Hatzfeldt.

Orig. i. a. Korea 4

[   ]

PAAA_RZ201-018925_073

Empfänger	[o. A.]	Absender	[o. A.]
A. 14763 pr. 21. Dezember 1897. p. m.		Berlin, den 16. December 1897.	
Memo	s. Notiz v. 23. 12. Oesterreichisch-Ungarische Botschaft.		

A. 14763 pr. 21. Dezember 1897. p. m.

Berlin, den 16. December 1897.

№ 6289.

Promemoria
Vertraulich.

Aus Berichten des Kaiserl. deutschen Consulates in Söul, welche dem Ministerium des Aeussern in Wien Seitens der dortigen Kais. Botschaft gefälligst zur Verfügung gestellt wurden, hat die K. u. K. Regierung entnommen, dass der koreanische Gesandte Min Joung Huan seiner Stellung enthoben wurde und dass der koreanische Grosswürdenträger Min Jong Ik zum koreanischen ausserordentlichen Gesandten und bevollmächtigten Minister in den europäischen Vertragstaaten ernannt worden ist.

Die österr.-ungar. Botschaft wäre zu grossem Danke verbunden, falls sie sobald als thunlich eine sehr gefällige vertrauliche Mittheilung darüber erlangen könnte, ob und in welcher Form die Kaiserlich Deutsche Regierung den neuen Gesandten in seiner offiziellen Eigenschaft anerkannt- oder anzuerkennen beschlossen hat.

Berlin, den 23. Dezember 1897.   A. 14763.

Notiz

zu der vertraulichen Promemoria der K. u. K. österreichisch-ungarischen
Botschaft vom 16. d. M. (№ 6289)

Die Regierung Sr. Majestät des Kaisers hat zu der Frage der Anerkennung des von dem Könige von Korea zum außerordentlichen Gesandten und Bevollmächtigten Minister bei den europäischen Vertragsstaaten ernannten koreanischen Großwürdenträgers Min Yong Ik bisher noch keine Stellung genommen. Sie erachtet eine solche Stellungnahme in Anbetracht der bekannten Unsicherheit der koreanischen Verhältnisse erst mit dem Zeitpunkt für erforderlich, wo der neue Gesandte in Person hier eintrifft und seine Zulassung als solcher beansprucht. Eine frühe Entschließung darüber erscheint auch aus dem ferneren Grunde nicht wohl thunlich, weil im Zusammenhang damit voraussichtlich noch über weitere Fragen die Entscheidung getroffen werden muß, die sich aus der inzwischen erfolgten Annahme des Kaisertitels durch den König von Korea, sowie aus der seither eingetretenen Änderung in der offiziellen Bezeichnung des koreanischen Reiches ergeben, über die aber noch nähere Aufklärung aus der Berichterstattung des Kais. Konsuls in Korea abzuwarten erwünscht ist.

Das Ausw. Amt wird nicht unterlassen, sobald die Kais. Regierung zu der Angelegenheit näher Stellung genommen haben wird, die K. u. K. österreichisch-ungarische Botschaft hierüber mit weiterer Mittheilung zu versehen.

(i. St. v. N.)

[   ]

PAAA_RZ201-018925_078

Empfänger	Der Kaiser und König an Auswärtiges Amt in Berlin	Absender	Wilhelm J. R.
A. S. 1428 pr. 28. Dezember 1897. a. m.		Neues Palais, den 28. Dezember 1897.	

A. S. 1428 pr. 28. Dezember 1897. a. m.

Telegramm.

Neues Palais, den 28. Dezember 1897. 9 Uhr 12 Min.

Ankunft: 9 Uhr 50 Min.

Seine Majestät der Kaiser und König an Auswärtiges Amt.

Entzifferung.

№ 10.

Ist Telegramm der „Daily Mail" aus Schanghai wahr, daß britische Flotte vor Chemulpo in Korea demonstriere und Mannschaften gelandet hat, um Kaiser zu zwingen, Russischen Zolldirector ab- und englischen Mr. Brown wieder einzusetzen?

Wilhelm J. R.

Meldungen russischer Blätter über Korea.

PAAA_RZ201-018925_080 ff.

Empfänger	Fürst zu Hohenlohe - Schillingsfürst	Absender	Radolin
A. 15086 pr. 30. Dezember 1897. a. m.		St. Petersburg, den 28. Dezember 1897.	

A. 15086 pr. 30. Dezember 1897. a. m.

St. Petersburg, den 28. Dezember 1897.

№ 481.

Seiner Durchlaucht, dem Herrn Reichskanzler, Fürsten zu Hohenlohe - Schillingsfürst.

Die russischen Blätter, insbesondere die Nowoje Wremja, haben kürzlich nachpassende Meldungen über Korea gebracht:

Als die Japaner seiner Zeit den König von Korea gefangen nahmen, beabsichtigten sie, eine Verfassungsänderung einzuführen; ihr Vorhaben wurde jedoch durch die Flucht des Königs vereitelt. Durch Ukas vom 26. Dezember 1896 stellte der König den Reichsrat wieder her, welcher ihm ursprünglich zur Seite gestanden hatte. An der Spitze des Reichsrats steht der Kanzler, zu ihm gehören ferner seine sämmtlichen Minister, 5 Räte und ein Staatssekretär. Das Land zerfällt nach der neuen Verfassung in 13 Provinzen, welche von je einem Gouverneur verwaltet werden. Die Provinzen zerfallen in 339 Kriese. Das den Gouverneuren unterstellte Verwaltungspersonal setzt sich zusammen aus 6 Beamten, 2 Polizeichargen, 30 Polizeidienern, 4 Gerichtsdienern und 23 Couriren. Die Verwaltungskosten des Jahres 1896 haben sich auf 950000 amerikanische Dollar belaufen.

Nach offiziellen Angaben befinden sich 3000 Mann Truppen unter Gewehr, welche den russischen Instrukteuren bei ihrer Ankunft in Söul übergeben wurden, tatsächlich wurde jedoch festgestellt, daß bei der Übergabe seiner Zeit nicht mehr als 800 Mann vorhanden waren. Der König, welchem der frühere russische Bevollmächtigte, Speyer, die Feststellungen der russischen Offiziere meldete, bestrafte den Kriegsminister mit sofortiger Entlassung.

Radolin.

Inhalt: Meldungen russischer Blätter über Korea.

Russisch-Japanische Beziehungen.

PAAA_RZ201-018925_084 ff.

Empfänger	Fürsten zu Hohelohe - Schillingsfürst	Absender	Treutler
A. 74 pr. 3. Januar 1898.		Tokio, den 26. November 1897.	

A. 74 pr. 3. Januar 1898.

Tokio, den 26. November 1897.

A. 133.

An Seine Durchlaucht

dem Herrn Reichskanzler

Fürsten zu Hohenlohe - Schillingsfürst.

Die Koreanischen Ereignisse, welche sich als Marksteine der unaufhaltsam fortschreitenden Entwicklung des Russischen Einflusses kennzeichnen, müssen naturgemäß die zwischen Rußland und Japan bestehende latente Spannung erhöhen und das weitverbreitete Mißtrauen gegen den mächtigen Nachbar rege halten, da sie Japans traditionelle Politik in Korea durchkreuzen.

Allem Anschein nach hat Rußland ein starkes Interesse daran, zum mindesten vorläufig jeden offenen Konflikt mit Japan zu vermeiden, ohne doch gleichzeitig gewillt zu sein, seine Bestrebungen in Korea diesem Wunsche unterzuordnen.

Ich fasse deshalb die Aufgabe des hiesigen Russischen Gesandten so auf, daß er die möglichst besten Beziehungen zu Japan schaffen und pflegen soll, für welchen Zweck er gewiß auch mit der Möglichkeit ausgerüstet worden ist, Japan Gefälligkeiten auf anderen Gebieten zu erweisen. Jedoch fehlt es, abgesehen von der bereits erwähnten auffallend zur Schau getragenen Japanfreundlichkeit des Baron Rosen, hier an allen Symptomen, welche darauf schließen lassen könnten, wie weit und nach welchen Richtungen hin Rußland sich zu einem Entgegenkommen gegen Japan bereit finden lassen würde.

Im Allgemeinen muß Baron Rosen mit der hiesigen politischen Konstellation zufrieden sein, denn die Zusammensetzung des jetzigen Kabinetts aus fast lauter Satsumaleuten bedeutet für ihn einen großen Vorteil, da von jeher Rußland mit dem Satsuma-Clan in besseren Beziehungen gestanden hat, als mit irgend einem der anderen hiesigen politischen Faktoren.

Baron Nishi's Ernennung zum Minister des Aeußern war dabei noch besonders günstig, denn wenn der neue Minister auch einem Interviewer gegenüber eine partheiische Vorliebe für Rußland ableugnete, so ist diese spontane Vertheidigung doch eher verdächtig. Ich erinnere mich auch, daß Herr von Speyer im vorigen Jahre, als Baron Nishi vor der Ernennung Okuma's als Kandidat ernannt war, äußerte, diese Wahl werde ihm natürlich sehr sympathisch sein, er werde sich darüber ebenso freuen als wir es thun würden, wenn Aoki wieder im Ministerium der Auswärtigen Angelegenheiten einzöge.

Von einer Zeitungsnachricht über eine neuerliche Einigung Rußlands und Japans über Korea ist hier nichts bekannt. Seit Baron Rosen's Ankunft wußten die Zeitungen nur in längeren Zwischenräumen von Konferenzen zwischen Graf Okuma und dem Russischen Gesandten zu berichten, die die Frage der Militär-Instrukteure zum Gegenstand haben sollten. Ich frug heut, da Baron Nishi immer noch erkrankt ist, den Vice-Minister nach dem Stand der Angelegenheit, worauf er mir mit einem gewissen Bedauern erwiderte, daß die Verhandlungen mit Baron Rosen über einige freundliche Besprechungen (friendly talks) noch nicht hinausgekommen wären.

Treutler.

Inhalt: Russisch-Japanische Beziehungen.

[   ]

PAAA_RZ201-018925_092

Empfänger	Auswärtiges Amt in Berlin	Absender	Krien
A. 135 pr. 5. Januar 1898. a. m.		Söul, den 4. Januar 1898	

A. 135 pr. 5. Januar 1898. a. m.

Telegramm.

Söul, den 4. Januar 1898. 12 Uhr 10 Min. p. m.

Ankunft: 5. 1.   8 Uhr 30 Min. a. m.

Der K. Konsul an Auswärtiges Amt.

Entzifferung.

№ 1.

Kaiser von Rußland hat koreanischen Kaiser anerkannt.

Krien.

Berlin, den 8. Januar 1898.

zu A. 74.

An

die Botschaften in

1. St. Petersburg № 32

2. Peking № A. 1.

J. № 280.

Euerer pp. übersende ich anbei ergebenst Abschrift eines Berichts des Kais. Geschäftsträgers in Tokio vom 26. Nov. v. Js, betreffend die russisch-japanischen Beziehungen zu Ihrer gefälligen Information.

N. S. E

[   ]

PAAA_RZ201-018925_096 ff.

Empfänger	[o. A.]	Absender	Ruschofen
A. 174 pr. 6. Januar 1898. a. m.		Berlin, den 5. Januar 1898.	

A. 174 pr. 6. Januar 1898. a. m.

Berlin, den 5. Januar 1898.

Marquis de Noailles fragte bei mir an, welche Stellung wir zu der beabsichtigten Entsendung eines Koreanischen Vertreters bei den europäischen Vertragsmächten, der nach seinen Informationen als Botschafter eingeführt werden solle, genommen hätten.

Ich erwiderte ihm, daß zu einer solchen Stellungnahme für uns so lange kein besonderer Anlaß vorliege, als der Betreffende nicht in Person in Europa erscheine.

Der Botschafter theilte hierauf im Auftrage seiner Regierung ganz vertraulich mit, daß der zum Gesandten oder Botschafter ausersehene Min Yong Ik vor 12 Jahren bei einem in Hongkong zum Nachtheil der dortigen Agentur des Comptoir d' Escompte begangenen Diebstahl mitbetheiligt gewesen und der damals der Agentur gestohlene Betrag nur zum Theil ersetzt worden sei. Die französische Regierung könne daher einer solchen Persönlichkeit ihr Agrément nicht ertheilen und habe den französischen G. Konsul in Korea angewiesen, gegen die beabsichtigte Entsendung des Min Yong Ik zu „protestieren."

Ich glaubte dem Botschafter sagen zu dürfen, daß wenn Min Yong Ik aus einem solchen Grunde von irgendeiner Macht nicht acceptirt werde, voraussichtlich auch unsererseits in gleicher Weise werde verfahren werden.

Der Marquis bemerkte im Laufe des Gesprächs, daß auch Graf Osten-Sacken bisher irgendwelche offizielle Nachricht über die Proklamirung Korea's als Kaiserthum nicht erhalten habe.

Ruschofen.

Berlin, den 11. Januar 1898.

A. 135. II. / A. 13775, 14009, 14208, 14840.

Botschafter
St. Petersburg № 37.

J. № 370.

Postziffern.

Wie Ew. pp. bereits mitgetheilt hat der Kaisl. Konsul in Söul hierher telegraphisch gemeldet, daß Rußland den koreanischen Herrscher als Kaiser anerkannt habe.

Nach früheren Äußerungen von Seiten der russ. Regierung schien diese zu einer solchen Anerkennung nicht geneigt. Ew. pp. wollen deshalb gelegentlich die Angelegenheit dem Grafen Murawiew gegenüber berühren und ihn fragen, ob die Meldung unseres Konsuls zutrifft. Da es in den bekannten Tendenzen unserer Politik läge, unsere Haltung in Korea im Einklang mit derjeniger Rußland einzurichten, so würde hier gegebenenfalls die Anerkennung des neuen Kaiserthums gleichfalls in Erwägung gezogen werden. Eine Stellungnahme zu der Kaiserfrage würde sich nicht länger umgehen lassen, sobald der neu ernannte koreanische Gesandte bei den Vertragsmächten Min Yong Ik, in Deutschland eintrifft.

Ew. pp. wollen dabei zugleich feststellen, ob man in Rußland geneigt ist, diesen Gesandten anzunehmen, gegen dessen Persönlichkeit auf Grund seines Vorlebens Bedenken laut geworden sind.

N. S. E.

Berlin, den 11. Januar 1898.   A. 174 / A. 14007.

German Consul   Telegr in Ziff.
Seoul № 1.   Antwort auf Bericht № 66.
                                 Bitte unauffällig festzustellen, ob Min Yong
J. № 369.   Ik etwa von Rußland oder von England
                                 protegirt wird.
                                 Drahtantwort.
                                                 N. S. E.

Angebliches Übereinkommen betreffend Korea.

PAAA_RZ201-018925_105 ff.			
Empfänger	Fürsten zu Hohenlohe - Schillingsfürst	Absender	Hatzfeld
A. 443 pr. 13. Januar 1898. a. m.		London, den 11. Januar 1898.	

A. 443 pr. 13. Januar 1898. a. m.

London, den 11. Januar 1898.

An Seine Durchlaucht

den Herrn Reichskanzler

Fürsten zu Hohenlohe - Schillingsfürst.

Die heutige „Daily News" bringt eine Nachricht der Dalziel's Agency aus Shanghai, wonach zwischen Großbritannien, Japan und Rußland ein Übereinkommen betreffs der Verwaltung Korea's getroffen worden sei. Durch dieses Übereinkommen werde der Status quo wieder hergestellt und würden Mr. Brown als Hauptzollkommissär, sowie auch der russische und japanische Kommissär in Gensan, beziehungsweise Fusan wieder eingesetzt.

Sir Robert Hart, welcher mit China bezüglich einer Anleihe in Unterhandlung stehe, verhandele einerseits im Interesse einer Bankgruppe, welcher die Hongkong-Bank und Courts angehörten, andererseits auch zu Gunsten des Hooley-Jameson Syndikats.

Hatzfeld

Inhalt: № 28. London, den 11. Januar 1898. Angebliches Übereinkommen betreffend Korea.

[   ]

PAAA_RZ201-018925_108

Empfänger	Auswärtiges Amt in Berlin	Absender	Krien
A. 545 pr. 15. Januar 1898. p. m.		Söul, den 15. Januar 1898.	

A. 545 pr. 15. Januar 1898. p. m.

Telegramm.

Söul, den 15. Januar 1898. 2 Uhr 20 Min. p. m.
Ankunft: 4 Uhr 20 Min p. m.

Der K. Konsul an Auswärtiges Amt.

Entzifferung.

№ 2.

Antwort auf Telegramm № 1.
Rußland begünstigt Min England ist gleichgültig.

Krien.

Berlin, den 19. Januar 1898.

Botschafter
Petersburg № 21

Im Anschluß an Erlaß № 37

J. № 575.

Telegr. in Ziff.

Nach Telegramm des Konsuls in Söul wird Min Yong Ik von Rußland begünstigt. Ew. pp. können daher dort zu erkennen geben, daß wir ihn annehmen würden, sobald Rußland dies gethan habe.

N. S. E.

Die Beerdigung der Kaiserin(Königin) von Korea.

PAAA_RZ201-018925_111 ff.			
Empfänger	Fürst zu Hohenlohe - Schillingsfürst	Absender	Krien
A. 673 pr. 19. Januar 1898.		Söul, den 27. November 1897.	
Memo	J. № 509.		

A. 673 pr. 19. Januar 1898. 1 Anlage.

Söul, den 27. November 1897.

Kontrol № 76.

An Seine Durchlaucht

den Herrn Reichskanzler

Fürsten zu Hohenlohe - Schillingsfürst.

Euer Durchlaucht beehre ich mich zu berichten, daß die Leichenfeierlichkeiten für die am 8. Oktober 1895 ermordete Königin von Korea am 21. und 22. d. M. mit großem Gepränge stattfanden. Die Beerdigung selbst erfolgte am 22. an einem etwa 5 km. östlich von Söul gelegenen Platze. Zu der Feier waren die fremden Vertreter und die Mitglieder der Gesandtschaften und Konsulate, sowie die hiesigen Ausländer geladen worden. Der König, die Koreanischen Beamten und die Fremden übernachteten an dem Begräbnißplatze, wo für sie Häuser erbaut und eingerichtet worden waren.

Obwohl eine große Anzahl Söul- und Provinzial Truppen aufgeboten worden waren, die die Wege und die den Ort beherrschenden Höhen besetzt hielten und den König begleiteten, so hielten sich doch noch je ein Russischer Unteroffizier mit geladenem Gewehre und aufgepflanztem Bajonette stets an der Seite des Königs und des Kronprinzen und Russische Offiziere in deren Nähe.

Auch die Ausländer waren ohne Zweifel zur erhöhten Sicherheit des Königs, der sich auf seine Truppen nicht verlassen zu können glaubt, eingeladen worden.

Der Japanische Minister-Resident war für die Gelegenheit zum Gesandten in besonderer Mission ernannt worden. Von dem Kaiser und der Kaiserin von Japan waren außerdem silbernen Räuchergefäße geschenkt worden, die jedoch, soviel ich beobachten konnte, bei den Begräbniß-Ceremonieen nicht benutzt wurden.

In der Anlage habe ich die Ehre Euer Durchlaucht eine von der Zeitung, The Independent, gebrachte Beschreibung der Feierlichkeiten gehorsamst zu überreichen.

Die Landestrauer um die Königin ist auf 27 Monate seit der Verkündigung ihres Todes festgesetzt worden und wird Mitte Januar nächsten Jahres beendet sein.

Abschriften dieses Berichtes sende ich an die Kaiserlichen Gesandtschaften zu Peking und Tokio.

Krien.

Inhalt: Die Beerdigung der Kaiserin(Königin) von Korea. 1 Anlage.

Anlage zu Bericht № 76.

The Independent.

ISSUED EVERY TUESDAY, THURSDAY AND SATURDAY

J. GIACINTI

AGENT FOR CHEMULPO.

THE IMPERIAL FUNERAL

The long delayed and much talked of Imperial funeral has become an accomplished fact. The Court astrologer deserves much credit for selecting such a beautiful day for the state function. He generally selects the worst possible weather for Imperial ceremonies, to the discomfort of thousands of participants; but on this occasion he evidently struck the right key in selecting last Sunday and Monday for the great event. The two days were balmy and bright and perfectly ideal for the occasion.

Beginning last Saturday afternoon thousands of soldiers and citizens assembled in front of the Palace with their gorgeous silk banners, bright silk covered lanterns and other gay colored pennants, and spent the night in the open air. The streets were crowded with people and both sides of the route through which the funeral procession passed were lighted with red silk lanterns rendering a charming effect upon the broad street leading from the Palace to the East gate. Groups of lantern carriers sat under their silky illuminaries and passed the weary long night hours by playing games of cards and dominoes; the vociferous sweetmeat venders filled the still night air with their cries, soliciting patronage and praising the quality of their goods.

The scene inside the Palace was equally interesting. The building in which the Imperial coffin was lying in state was closely packed with court officials wearing the inverted V shaped head gear and yellowish grass cloth garments with voluminous sleeves ornamented with coils of dark ropes made of rhea plants. Thousands of wax candles cast weird yet comparatively brilliant light everywhere and the burning of incense filled the sacred building with the faint odor of sandal wood. There were numerous sacrifices, each possessing some ceremonial significance but they were Greek to the writer. However, the ceremonies were simple in their procedures. Large round plates were filled with various food, including meat, vegetables, fruits and sweets, all of which were piled on plates to the height of three feet. The Imperial relatives, state officials and courtiers bowed several times before the casket and when the Masters of Ceremonies cried out in high falsetto some long drawn sentences, everybody knelt upon their knees and wailed in subdued voices. The wailing stopped in unison when the Masters of Ceremonies uttered another long winded sentence. All the ceremonies were the same in this respect and at the beginning of each ceremony the entire table was cleared, new food was brought in and more incense was thrown into the receptacles, creating fantastic wreaths of smoke.

There were two hearses: one was called small and the other large. The small hearse was placed in the middle of the court yard and the other under a large awning in front of the Palace just below the main gate. The larger of the two was on a flat platform built upon twenty pieces of long beams, each fully fifteen long. They were laid parallel about two and a half feet apart. The platform itself was about twelve feet long and six feet wide with low carved railing around the border and the railing was beautifully painted with variegated colors. The platform was fastened in the center, with cross beams below and on the upper surface of the floor another raised platform or square shelf was erected in the shape of a raised cabinet. The latter was covered with a high rectangular lid made of brocaded silk of the most gorgeous red, yellow and green. The lid was ornamented with gilded metallic trimmings and crimson silk cords, presenting an appearance of barbaric splendor. The cross beams were secured by thick stout hemp rope making a perfect network in the interspaces in which the pall bearers were to stand and carry the hearse by supporting the ropes upon their shoulders. The hearse was carried by two hundred and twenty-two men and every five li a fresh corps of carriers relieved them. Altogether one thousand four hundred forty-four men were employed in carrying the hearse. The top of the hearse was somewhat conical in shape and ornamented with shining brass carvings and red brocaded silk awnings with hundreds of golden tassels, silvery fringes and red silky streamers. On each corner of the platform a large red wooden bowl was placed and filled with water, the purpose of which was said to be that whenever the water was spilled it was an indication of unevenness in the position of the platform while being carried by the men below. Therefore each bowl was guarded by an official who stood by and watched the water-level. Whenever they noticed any unevenness they warned the carriers by ringing a large bell, the shape of which was more like an ordinary dinner bell than anything else. The guardians of the bowls were each provided with a long red stick and a brass inkstand filled with red ink. When they observed that any carrier failed to take proper steps his back was marked by the guardian with the stick which was dipped in the red ink. If any one had a red ink mark on his back he would not be paid or rewarded by the Government.

The small hearse was made similar to the large one being only on a smaller scale and possessing fewer decorations.

The foreign representatives, army and naval officers of various nations, the advisers of the Korean Government and other foreign employees arrived in the Palace by 6 o'clock in the morning in their full uniforms with an addition of a piece of black crêpe on their sleeves, as a mark of respect for the late Empress. They were escorted to the temporary pavilion which was built in the front of Palace on the opposite side of the street, where they waited for two hours in the cold morning air. Finally the Imperial casket was carried out from the Palace in the small hearse and transferred to the large one. The procession was soon formed and the funeral march commenced. As the cortège passed His Majesty the Emperor, and the Crown Prince, who had also been waiting outside of the Palace, bowed to the slowly moving Imperial hearse and the foreign representatives uncovered their heads and made the usual courtesy. Shortly after the procession passed, His Majesty gave a brief audience in his pavilion to the foreign representatives and foreign employees.

The procession was a mixture of European and Asiatic civilization. The army and police turned out in their European style uniforms with golden epaulettes and shining swords, marching or riding amidst columns of bayonets and keeping step with the resonant notes of trumpets. This was the sign that European civilization has reached the far off land of Great Han. Otherwise it was strictly Oriental in every respect. Thousands of silk lanterns, numerous gorgeous banners presented by different guilds of the city, rust covered spears, gilded wooden swords, red wooden fans with elongated handles, bunches of silk umbrellas with long streamers of variegated silk, flags of various dimensions and colors, and inscriptions and long rolls of white banners covered with fine writings (which were said to be the memorial essays contributed by the literary statesmen of the Empire,) were carried in the unique procession. Six imitation horses mounted on two wheeled carts and each pulled by fifteen men were odd features. The horses were made of wicker and covered with paper and painted with gray and white colors. They were life size and four of them had on full harness and saddles, while one pair was unharnessed assuming a running posture with two wooden legs raised in the air. They are called 神馬 or spirit horses and were intended for the departed soul to ride while making the journey to heaven. For that reason, they were burned immediately after the remains were interred in the grave, so that the soul might ride on the spirit of the imitation horses. The next most remarkable things in the procession were 放神手 or devil chasers, which were huge round masks about five feet in diameter. The features of the faces were simply horrible and undoubtedly they would frighten any ordinary devil whether he be mortal or [*sic.*]. Devils may pride themselves [*sic.*] their hideousness but they would [*sic.*] it with these chasers. The [*sic.*] big as saucers" rolled round [*sic.*] with equal facility. Sometimes protruded several inches; then again they disappeared altogether into their sockets. The mouths extended from ear to ear and the color of the lips was like that of coagulated blood. Yellow protruding upper teeth would make any elephant ashamed because of the insignificance of his tusks in comparison to these. There were six of these uncanny objects which were carried upon the shoulders of men and each man rode on a pony. The men could not be seen as their bodies were completely covered by the masks.

A few hours later His Majesty and the Grown Prince went to the Imperial grave with the usual pomp and were closely guarded by Russian officers and sergeants. Besides there were thousands of the native troops and hundreds of the civil and military officers of the Government. The Imperial procession was soon followed by the foreign representatives and the army and navy officers of the different Legations. When they reached their destination they were escorted into their resting places by the reception committee, the Chairman of which was MR. Cho Pyengsik, the Minister of Foreign Affairs. Each representative was provided with a couple of newly finished rooms with the necessary furniture and the members of the committee seemed to try their best to make the guests comfortable as far as they knew how. The foreign advisers, foreign teachers and other invited foreign guests were also provided with quarters. The meals were furnished by Mr. Bijno of this city and the dinner was served at half past seven o'clock. The dining room was rather too crowded for comfort and the assembled guests were thoroughly cosmopolitan. The American Minister Hon. H. N. Allen had with him six American navy officers from the U. S. S. Boston. The British Consul General Mr. J. N. Jordan and the British Vice Consul at Chemulpo Mr. T. B. Joly were accompanied by the Captain of H. B. M. cruiser Rainbow and three other officers. The French Minister M. Collin de Placcy and the Secretary of the Legation M. Lefevre represented France; and Mr. F. Krien, the German Consul, represented the Empire of His Majesty, the Kaiser. Japan was largely represented by her Minister Mr. Kato, Consul Akizuki, Seccretary of the Legation, Mr. Hioki, two military attachés and other Legation officials. The Russian Minister Mr. de Speyer had with him Col. Strelbitzky, the Russian military agent, and a Legation official.

The dinner table was presided by the Minister of Foreign Affairs in his full mourning dress and the guests were all in their full dress uniforms glistening with gold lace and medals. After the dinner was over the guests retired to their respective rooms and endeavored to get some sleep, with varying degrees of success.

At two o'clock on Monday morning the foreign guests were invited to attend the last ceremony before the Imperial remains were interred. They were ushered into the main sacrificial building at the foot of the new mausoleum and each made a bow before the Imperial casket which was placed there in state. The ceremony was watched by His Majesty the Emperor and Crown Prince. After the ceremony was over the casket was placed in a chair and conveyed to the grave. It was a tedious process and a difficult one. The hill is so steep and slippery that carrying up the heavy casket was very trying to the bearers. His Majesty personally directed the work and he appeared to be very anxious to have the casket conveyed to its last resting place without any mishap. After an hour's hard work, the bearers reached the level ground where a wooden track was made leading to the mausoleum. The casket was laid on the tract, and by slight pushing it smoothly reached edge of the grave. By seven o'clock, when the Eastern sky was faintly tinted with the gleaming rays of the uprising sun the Imperial casket was slowly lowered into the earthly chamber.

The mausoleum is about five and a half feet in depth and the floor is ten feet square. The walls and floor were packed with lime and fine sand which rendered it similar to concrete pavement. The casket was laid in the rear part of the chamber with lime and sand carefully packed around it. The front part was filled in with stone boxes which contain the personal effects of Her Majesty, such as jewelry, clothes, books, toilet articles, etc. About three feet from the edge of the grave a solid granite wall was built in circular form attaining a height of three feet. The inside of the wall will be filled in with earth until the top of the grave will be eight feet from the base of the granite wall. From this description one may imagine how large the grave will be when finished. The base will be sixteen feet and the height eight feet.

About ten o'clock Monday morning His Majesty granted an audience to the foreign representatives, the advisers and other foreigners who were on the ground. His Majesty was at the office building of the Imperial grave on the other side of the slope on which the mausoleum is situated. He thanked each foreign representative for coming to the grave and spending the night in uncomfortable quarters and he assured him that he appreciated the friendly feeling on the part of the foreign ministers and consuls. He addressed his advisers and other foreigners in the same manner. Among the private foreigners who had audience were several members of the American Methodist and Presbyterian missions including several ladies and a number of the French Catholic missionaries of this city.

It was the intention of His Majesty to return to Seoul by two o'clock in the afternoon, but to the regret of all he felt somewhat ill in the afternoon and the homeward journey was delayed for an hour. The procession was again formed and the 神輦 or Her Majesty's spirit chair lead the column, guarded by banners and courtiers and many 內人 or Palace ladies on horseback and concealed by black veils. His Majesty and the Crown Prince followed in their Imperial chairs, guarded by the Russian officers and the native troops. Numerous officials on horseback in official mourning robes and the Minister of War and his staff in their full uniforms trotted on amongst the troopers of the Seoul and provincial regiments. The foreign representatives and officers of the army and navy of various nation brought up the rear guard in chairs, horses and jinrikshas.

The homeward journey was uneventful except that the heterogeneous procession impressed one as quite amusing. The mounted Korean drum and cymbal corps serenaded continually with the monotonous note of *dum dum dum-de-dum*. The cracked cymbals were the cause of severe headaches to many foreigners who had lost a night's sleep. The Haiju and Pyengyang troops made a very favorable impression among the on-lookers who literally covered the high knoll along the route, and every window and roof of the houses presented an apparently endless view of faces. The provincial troops were placed on the crest of the hill about the Imperial grave during the night, guarding the whole valley below. The Koreans said that the country soldiers behaved themselves in a very soldierlike manner and they enforced the rules of their companies strictly wherever they were stationed.

The Imperial procession reached the Palace by five o'clock in the afternoon and the foreign representatives returned to their respective Legations. The remarkable event will never be forgotten by those who took part in it in any capacity. We are glad the great function passed off without any hitch and that the weather was so favorable. Of course, the hours were unreasonable in many respects but we will excuse the astrologer in consideration of the beautiful weather he furnished on Sunday and Monday.

PAAA_RZ201-018925_119 f.			
Empfänger	Auswärtiges Amt in Berlin	Absender	Radolin
A. 712 pr. 20 Januar 1898. a. m.		Petersburg, den 19. Januar. 1898.	

A. 712 pr. 20 Januar 1898. a. m.

Telegramm.

Petersburg, den 19. Januar. 1898. 9 Uhr 45 Min. n. M.

Ankunft: 9 Uhr 55 Min. n. M.

Der K. Botschafter an Auswärtiges Amt.

Entzifferung.

№ 18.

Antwort auf Erlaß № 37., Antwort auf Telegramm № 21.

Graf Murawiew bezeichnet russische Anerkennung des Kaisertitels in Korea als nur belanglose Courtoisie, welche die Koreaner sehr beglückt. Selbst Japan habe keine Bedenken erhoben. Russische Anerkennung ist, wie Graf Murawiew sagt, ganz formlos und dadurch ersetzt, daß der Kaiser von Rußland ein mit Kaiser von Korea unterzeichnetes Glückwunsch-Telegramm zum Namenstag mit gleicher Titulatur erwiderte.

Gesandter Minjongik ist russischerseits genehm und war im letzten Frühjahr bereits hier.

Radolin.

[   ]

PAAA_RZ201-018925_121

Empfänger	[o. A.]	Absender	Aufhofen
A. 842 pr. 22. Januar 1898.		Berlin, den 22. Januar 1898.	

A. 842 pr. 22. Januar 1898.

Berlin, den 22. Januar 1898.

Der Italienische Botschafter erbat mündlich eine Mittheilung darüber, ob der Koreanische Gesandte Min-Yong-Ik als solcher hier empfangen werden würde. Seine Regierung beabsichtige, sich in dieser Sache nach unserem Vorgehen zu richten. Aus dem ihm zugegangenen Erlaß gehe hervor, daß es in Rom bekannt sei, daß die französische Regierung den Min-Yong-Ik nicht annehmen wolle.

Aufhofen.

Telegramm des Kaisers von Rußland an den „Kaiser" von Korea.

PAAA_RZ201-018925_124 ff.			
Empfänger	Fürst zu Hohenlohe - Schillingsfürst	Absender	Krien
A. 1795 pr. 12. Februar 1898. p. m.		Söul, den 24. Dezember 1897.	
Memo	In nicht offizieller Presse als Korrespondenz aus Tientsin zu erreichen. J. № 528.		

A. 1795 pr. 12. Februar 1898. p. m.

Söul, den 24. Dezember 1897.

Kontrol № 79.

An Seine Durchlaucht

den Herrn Reichskanzler

Fürsten zu Hohenlohe - Schillingsfürst.

Euer Durchlaucht beehre ich mich im Anschluß an meinen Bericht № 67 vom 14. Oktober d. J. zu melden, daß der Kaiser von Rußland in Erwiderung auf eine Glückwunsch-Depesche des Königs von Korea zu seinem Namenstage an ihn ein Telegramm gerichtet hat, dessen Adresse an den „Kaiser" von Korea gerichtet ist.

Das Telegramm lautet:

„To His Majesty the Emperor of Corea Söul. I express to Your Majesty my deep thanks and the sincere hope that the cordial relations between Russia and Corea will ever be getting tighter and stronger. Nicolas."

Der König nimmt deßhalb an, daß er von dem Kaiser Rußlands faktisch als Kaiser anerkannt sei.

Der Japanische Vertreter hat dem Könige angezeigt, daß der Kaiser von Japan und die Japanische Regierung nunmehr statt des Titels „tai-kun-shu" den Titel „tai-hwang-jei" für ihn gebrauchen würden. Herr Kato bemerkte mir gegenüber dazu, daß damit noch nicht die Kaiserwürde des Königs anerkannt sei. Früher habe die Japanische Regierung dem Könige den Titel „koku-o"(Landesfürst) und das Prädiket „denka"(Hoheit) gegeben, die sie im Jahre 1894 in „tai-kun-shi und „heika"(Majestät) umgeändert habe. Trotzdem sei in den Europäischen Sprachen dessen Titel stets derselbe geblieben, nämlich „King", „Roi" u. s. w.

Abschrift dieses Berichtes sende ich an die Kaiserlichen Gesandtschaften zu Peking und Tokio.

Krien.

Inhalt: Telegramm des Kaisers von Rußland an den „Kaiser" von Korea.

[   ]

PAAA_RZ201-018925_129

Empfänger	Auswärtiges Amt in Berlin	Absender	Krien
A. 2264 pr. 23. Februar 1898. p. m.		Seoul, den 23. Feb. 1898.	

A. 2264 pr. 23. Februar 1898. p. m.

Telegramm.

Seoul, den 23. Feb. 1898. 1 Uhr 55 Min. p. m.

Ankunft: 1 Uhr 55 Min. p. m.

Der K. Konsul an Auswärtiges Amt.

Entzifferung.

№ 4.

Taiwonkun gestorben.

gez. Krien.

zu A. 2264.

Taiwonkun ist die Bezeichnung für den Vater des Königs von Korea. Der Taiwonkun ist als gefährlicher Intrigant und Verschwörer bekannt. Er soll im Jahre 1895 die Ermordung der Königin, seiner entschiedenen Gegnerin, veranlaßt haben, wirkte also anscheinend damals im japanischen Interesse. Doch hat er früher zu Zeiten auch auf Seiten der chinesischen Parthei gestanden.

23. 2.

Berlin, den 24. Februar 1898.   A. 2264.

Sr. Maj.
dem Kaiser und Könige

Euerer K. u. K. Majestät verfehle ich nicht die anliegende, kurze Meldung E. M. Konsuls in Seoul vom 23. d. M. allerunterthänigst zu unterbreiten, indem ich dazu Nachstehendes mir ehrfurchtvoll zu bemerken erlaube.

Der Taiwonkun ist der Vater des Königs von Korea. Er ist bekannt als gefährlicher Intrigant und Verschwörer und war ein erbitterter persönlicher und politischer Feind der koreanischen Königin, deren im Jahre 1895 erfolgte Ermordung auf ihn zurückgeführt wird. Er scheint damals im japanischen Interesse gewirkt zu haben, doch hat er zu Zeiten auch auf Seiten der chinesischen Parthei gestanden.

N. S. E.

[   ]

PAAA_RZ201-018925_133 f.

Empfänger	Kaiser und Könige	Absender	[*sic.*]
[o. A.]		Berlin, den 24. Februar 1898.	

Berlin, den 24. Februar 1898.

Seiner Majestät
dem Kaiser und Könige.

Euerer Kaiserlichen und Königliche Majestät verfehle ich nicht die anliegende kurze Meldung Euerer Majestät Konsuls in Seoul vom 23. d. M. allerunterthänigst zu unterbreiten, indem ich dazu Nachstehendes mir ehrfurchtsvoll zu bemerken erlaube.

Der Taiwonkun ist der Vater des Königs von Korea. Er ist bekannt als gefährlicher Intrigant und Verschwörer und war ein erbitterter persönlicher und politischer Feind der Koreanischen Königin, deren im Jahre 1895 erfolgte Ermordung auf ihn zurückgeführt wird. Er scheint damals im japanischen Interesse gewirkt zu haben, doch hat er zu Zeiten auch auf Seiten der chinesischen Parthei gestanden.

[*sic.*]

PAAA_RZ201-018925_137 ff.

Empfänger	[o. A.]	Absender	Klehmet
A. 2583 pr. 2. März 1898. p. m.		[o. A.]	
Memo	I Immediatber. 4. 3. II Erl. v. 7. 3. Petersburg 194 (Zu A. 712). III Erl. v. 7. 3. Seoul A. 2. Cito Bitte um Immediatbericht an Korea dieser Ausführungen & unter Anführung der russischen Beschwerde.		

A. 2583 pr. 2. März 1898. p. m.

I. Hier sind keinerlei Anhaltspunkte dafür vorhanden, daß der kaiserl. Konsul in Seoul eine, zu den dortigen russischen Bestrebungen, gegensätzliche Haltung einnähme. Seine Berichterstattung läßt nichts dergleichen erkennen. Seit November 1895 besitzt Konsul Krien die ausdrückliche Instruktion, sich durchaus neutral zu verhalten und selbst jeden Anschein einer Parteinahme nach irgend einer Seite hin zu vermeiden. Damals hatte vielmehr die japanische Regierung zu Eur. M. Vertreter in Tokio der Annahme Ausdruck gegeben, daß der Konsul sich an Japan ungünstigen Schritten der übrigen fremden Repräsentanten in Seoul beteilige. Diese Annahme war jedoch ebenfalls irrig.

II. Konsul Krien hat bereits im Herbst v. J. auf ausdrückliches Ersuchen der koreanischen Regierung hierher angezeigt, daß der König von Korea den Titel eines Kaisers (hwang-chei) angenommen und den bisherigen Namen seines Reiches „Tai Choson" welcher an das Tributverhältnis zu China erinnerte, in den Namen „Tai Han", welcher, in Anknüpfung an die geschichtliche Überlieferung, die Unabhängigkeit des Reiches ausdrückt, verwandelt habe. Dementsprechend ist der verstorbenen Königin von Korea der Titel „Kaiserin" und dem Kronprinzen der Titel „Kaiserliche Hoheit" beigelegt worden.

Einen Antrag auf Anerkennung dieser neuen Bezeichnungen hat die koreanische Regierung mit ihrer Mitteilung absichtlich nicht verbunden, indem sie einerseits ihrem Herrscher das Recht, sich und seinem Lande beliebige Namen und Titel zu geben, vindiziert, andererseits selbst nicht auf baldige Anerkennung der neuen Würde von Seiten der Großmächte rechnet.

Nach weiterer, telegrafischer Anzeige des Konsuls hat Russland inzwischen, entgegen früheren Äußerungen der russ. Regierung, die koreanische Kaiserwürde anerkannt. Graf Muraviev hat indessen dies dem Fürsten Radolin dahin erläutert, daß die Anerkennung als belanglose Courtoisie formlos in der Weise erfolgt sei, daß S.M. der Kaiser Nicolaus ein von dem koreanischen Herrscher als „Kaiser von Korea" unterzeichnetes Glückwunsch-Telegramm zum Namenstage unter der gleichen Titulatur erwidert habe.

Konsul Krien wendet, bis zum Eintreffen anderweiter Weisungen von hier aus noch die alten Titulaturen an, was Seine Majestät, wenigstens hinsichtlich der Bezeichnung des Landes, ausdrücklich gebilligt hat.

Nachdem Korea durch den Friedensvertrag von Shimonoseki als unabhängiger Staat anerkannt ist, dürfte nichts dawider stehen, wenn Konsul Krien angewiesen wird, ohne formelle Anerkennung, fortan in gleicher Art wie sein russ. Kollege die neuen koreanischen Bezeichnungen, welcher der koreanische Herrscher sich und seinem Lande beigelegt hat, im amtlichen Verkehr mit der koreanischen Regierung anzuwenden. Wir verstehen dann darunter nur die Bezeichnung für einen unabhängigen Herrscher und ein unabhängiges Land und würden die koreanischen Titel für den europäischen Verkehr nach wie vor durch die bisher üblichen europäischen Ausdrücke übersetzen können.

Unzuträglichkeiten können dadurch kaum erwachsen, auch nicht, wenn der neuernannte koreanische Gesandte, Min Jong-Ik, der z.Zt. noch in Shanghai weilt, etwa nach Deutschland kommen sollte. Jedenfalls verbessern wir dadurch die Stellung des Konsuls Krien in dem Lande seiner Residenz.

Andererseits aber würden wir damit Rußland einen tatsächlichen Beweis dafür geben, daß wir Korea, wo wir keine politischen, sondern nur wirtschaftliche Interessen haben, als politisch zur russ. Interessensphäre gehörig betrachten.

Soll in diesem Sinn durch Immediatbericht seiner Majestät Genehmigung eingeholt werden?

Klehmet.

Berlin, den 4. März 1898.

Sr. Maj.

dem Kaiser und König

Hrn. W. G. L. R. v. Holstein

z. g. Mitz.[5]

Eurer K. u. K. Majestät verfehle ich nicht, Nachstehendes alleruntertänigst vorzutragen.

Der hiesige kaiserl. russische Botschafter hat dieser Tage Veranlassung genommen, mir gegenüber mündlich zu bemerken, daß man in St. Petersburg Ursache zu haben glaube, sich über E. M. Konsul in Seoul zu beklagen, dessen Haltung mit dem, zwischen deutscher und russischer Politik bestehenden, guten Verhältnis nicht im Einklang stünde.

Wenngleich Graf Osten-Sachen Tatsachen zum Beweis seiner Behauptung nicht angeführt und zudem betont hat, er spreche ohne einen Auftrag seiner Regierung, lediglich aus Interesse an den beiderseitigen guten Beziehungen, habe ich doch seinen Bemerkungen, mögen diese nun wirklich ganz spontane gewesen sein oder nicht, ernstere Beachtung schenken zu sollen geglaubt.

E. M. hatten auf einen Bericht des Konsuls Krien im Dezember v. J. zu genehmigen geruht, daß derselbe in den Übersetzungen seiner Schreiben an die koreanischen Behörden bis auf Weiteres den auch im deutsch-koreanischen Vertrage für Korea gebrauchten bisherigen Namen „Tai-Choson" anwende. Demgemäß hat der Konsul von den neuen Titulaturen bisher nicht Gebrauch gemacht.

Möglicherweise sind die russ. Klagen im Grunde nur darauf zurückzuführen, daß Konsul Krien in diesen Titulaturfragen eine andere Praxis befolgt als sein russischer Kollege.

ins. aus Eingang S. 4.

Deutscherseits würde dann darunter nichts weiter als die Bezeichnung für einen unabhängigen Herrscher und ein unabhängiges Land verstanden werden und wir könnten die koreanischen Titel für den europäischen Verkehr nach wie vor durch die bisher angewandten europäischen Ausdrücke wiedergeben.

Die neuen Titulaturen beruhen offenbar wesentlich auf dem Bestreben der koreanischen Regierung, die gewonnene Unabhängigkeit auch äußerlich erkennbar zu machen. Wenn Deutschland dieser koreanischen Eitelkeit, nach dem russischen Vorgange, nachgibt, verbessert es einerseits die Stellung E. M. Konsuls in Seoul. Andererseits wird damit

---

5   [Randbemerkung] Bitte diesen Bericht baldmöglichst zu revidieren, damit ich denselben heute abend erhalte.

Russland ein tatsächlicher Beweis dafür geliefert, daß Deutschland Korea, wo es keine politischen, sondern ausschließlich wirtschaftliche Interessen hat, als politisch zur russ. Interessensphäre gehörig betrachtet.

Unzuträglichkeiten können uns daraus, meines untert. Dafürhaltens, kaum erwachsen. Die koreanische Regierung hat vor einiger Zeit durch Vermittlung des Konsuls Krien hierher mitgeteilt, daß sie einen neuen Gesandten, Min Yong-Ik, für Deutschland und zugleich für die übrigen Vertragstaaten ernannt hat. Derselbe weilt gegenwärtig noch in Schanghai und es wird abgewartet werden können, ob er überhaupt nach Deutschland kommt. Jedenfalls würde auch dann etwaigen Schwierigkeiten hinsichtlich der Titulatur leicht begegnet werden können.

E. M. wage ich hiermit um allergnädigste Bestimmung ehrfurchtvoll zu bitten,

ob E. M. Konsul in Seoul dem Vorstehenden gemäß mit Weisungen versehen werden darf.

N. S. E.

[   ]

PAAA_RZ201-018925_150 ff.

Empfänger	Kaiser und König	Absender	[*sic.*]
[o. A.]		Berlin, den 4. März 1898.	
Memo	J. № 1838.		

Auswärtiges Amt.

Berlin, den 4. März 1898.

A. 2583.

Seiner Majestät
dem Kaiser und Könige.

Euerer Kaiserlichen und Königlichen Majestät verfehle ich nicht, Nachstehendes allerunterthänigst vorzutragen.

Der hiesige Kaiserlich Russische Botschafter hat dieser Tage Veranlassung genommen, mir gegenüber mündlich zu bemerken, daß man in St. Petersburg Ursache zu haben glaube, sich über Euerer Majestät Konsul in Söul zu beklagen, dessen Haltung mit dem zwischen deutscher und russischer Politik bestehenden guten Verhältniß nicht im Einklang stünde.

Wenngleich Graf Osten-Sacken Thatsachen zum Beweise seiner Behauptung nicht angeführt und zudem betont hat, er spreche ohne einen Auftrag seiner Regierung lediglich aus Interesse an den beiderseitigen guten Beziehungen habe ich doch seinen Bemerkungen, mögen diese nun wirklich ganz spontane gewesen sein oder nicht, ernstere Beachtung schenken zu sollen geglaubt.

Nach sorgfältiger Prüfung haben sich indessen keinerlei Anhaltspunkte dafür ergeben, daß Euerer Majestät Konsul für Korea eine zu den dortigen russischen Bestrebungen gegensätzliche Haltung einnähme. Seine Berichterstattung läßt nichts dergleichen erkennen. Seit November 1895 besitzt Konsul Krien die ausdrückliche Instruktion, sich durchaus neutral zu verhalten und selbst jeden Anschein einer Parteinahme nach irgend einer Seite hin zu vermeiden. Damals hatte vielmehr die japanische Regierung zu Seiner Majestät Vertreter in Tokio der Annahme Ausdruck gegeben, daß der Konsul sich an Japan ungünstigen Schritten der übrigen fremden Repräsentanten in Söul betheilige. Diese Annahme war jedoch ebenfalls irrig.

Konsul Krien hat bereits im Herbst v. J. auf ausdrückliches Ersuchen der Koreanischen Regierung hierher angezeigt, daß der König von Korea den Titel eines Kaisers (hwang-chei) angenommen und den bisherigen Namen seines Reichs „Tai Chöson", welcher an das Tributverhältniß zu China erinnerte, in den Namen „Tai Han", welcher in Anknüpfung an die geschichtliche Ueberlieferung die Unabhängigkeit des Reiches ausdrückt, verwandelt habe. Dementsprechend ist der verstorbenen Königin von Korea der Titel „Kaiserin", und dem Kronprinzen der Titel „Kaiserliche Hoheit" beigelegt worden.

Einen Antrag auf Anerkennung dieser neuen Bezeichnungen hat die Koreanische Regierung mit ihrer Mittheilung absichtlich nicht verbunden, indem sie einerseits ihrem Herrscher das Recht, sich und seinem Lande beliebige Namen und Titel zu geben, vindizirt, andererseits selbst nicht auf baldige Anerkennung der neuen Würde von Seiten der Großmächte rechnet.

Nach weiterer, telegraphischer Anzeige des Konsuls hat Rußland inzwischen, entgegen früherer Aeußerungen der russischen Regierung, die koreanische Kaiserwürde anerkannt. Graf Murawiew hat indessen dies dem Fürsten Radolin dahin erläutert, daß die Anerkennung als belanglose Courtoisie formlos in der Weise erfolgt sei, daß Seine Majestät der Kaiser Nicolaus ein von dem Koreanischen Herrscher als „Kaiser von Korea" unterzeichnetes Glückwunsch-Telegramm zum Namenstage unter der gleichen Titulatur erwidert habe.

Euere Majestät hatten auf einen Bericht des Konsuls Krien im Dezember v. J. zu genehmigen geruht, daß derselbe in den Uebersetzungen seiner Schreiben an die koreanischen Behörden bis auf Weiteres den auch im deutsch-koreanischen Vertrage für Korea gebrauchten bisherigen Namen „Tai-Chöson" anwende. Demgemäß hat der Konsul von den neuen Titulaturen bisher nicht Gebrauch gemacht.

Möglicher Weise sind die russischen Klagen im Grunde nur darauf zurückzuführen, daß Konsul Krien in diesen Titulaturfragen eine andern Praxis befolgt als sein russischer Kollege.

Nachdem Korea durch den Friedensvertrag von Schimonoseki als unabhängiger Staat anerkannt ist, dürfte nichts dawider stehen, wenn Konsul Krien angewiesen wird, ohne formelle Anerkennung, fortan in gleicher Art wie sein russischer Kollege die neuen Koreanischen Bezeichnungen, welche der Koreanische Herrscher sich und seinem Lande beigelegt hat, im amtlichen Verkehr mit der Koreanischen Regierung anzuwenden.

Deutscherseits würde dann darunter nichts weiter als die Bezeichnung für einen unabhängigen Herrscher und ein unabhängiges Land verstanden werden und wir könnten die koreanischen Titel für den europäischen Verkehr nach wie vor durch die bisher angewendeten europäischen Ausdrücke wiedergeben.

Die neuen Titulaturen beruhen offenbar wesentlich auf dem Bestreben der koreanischen Regierung, die gewonnene Unabhängigkeit auch äußerlich erkennbar zu machen. Wenn Deutschland dieser koreanischen Eitelkeit, nach dem russischen Vorgange nachgiebt, verbessert es einerseits die Stellung Euerer Majestät Konsuls in Söul. Andererseits wird damit Rußland ein thatsächlicher Beweis dafür geliefert, daß Deutschland Korea, wo es keine politischen, sondern ausschließlich wirthschaftliche Interessen hat, als politisch zur russischen Interessensphäre gehörig betrachtet.

Unzuträglichkeiten können uns daraus meines unterthänigsten Dafürhaltens kaum erwachsen. Die koreanische Regierung hat vor einiger Zeit durch Vermittelung des Konsuls Krien hierher mitgetheilt, daß sie einen neuen Gesandten, Min Yong Ik, für Deutschland und zugleich für die übrigen Vertragstaaten ernannt hat. Derselbe weilt gegenwärtig noch in Shanghai und es wird abgewartet werden können, ob er überhaupt nach Deutschland kommt. Jedenfalls würde auch dann etwaigen Schwierigkeiten hinsichtlich der Titulatur leicht begegnet werden können.

Euere Majestät wage ich hiernach um allergnädigste Bestimmung ehrfurchtsvoll zu bitten, ob Euerer Majestät Konsul in Söul dem Vorstehenden gemäß mit Weisungen versehen werden darf.

[*sic.*]

Ein Englisches Geschwader in Chemulpo.

PAAA_RZ201-018925_161 ff.			
Empfänger	Fürst zu Hohenlohe - Schillingsfürst	Absender	Krien
A. 2644 pr. 4. März 1898. a. m.		Söul, den 11. Januar(Fanuar) 1898.	
Memo	J. № 21.		

A. 2644 pr. 4. März 1898. a. m.

Söul, den 11. Januar 1898.

№ 5.

An Seine Durchlaucht

den Herrn Reichskanzler

Fürsten zu Hohenlohe - Schillingsfürst.

Am 30. v. M. trafen die folgenden Englischen Schiffe: das Panzerschiff „Centurion“ mit dem Chef das Ostasiatischen Geschwaders, Vize-Admiral Sir Alexander Buller, an Bord, die Panzer-Kreuzer „Undaunted“ und „Narcissus“ und die Kanonenboote „Daphne“, „Algerine“ und „Phoenix“ nebst 3 Torpedobooten auf der Rhede von Chemulpo ein, wo bereits die beiden Kreuzer „Rainbow“ und „Pique“ lagen. Einige Tage später kam das Kanonenboot „Redpole“ an, sodaß also jetzt nun Englische Kriegsschiffe mit 8 schweren, 72 mittleren und 116 leichten Geschützen, etwa 33000 Tonnen Deplacement und gegen 2600 Mann Besatzung, nebst 3 Torpedobooten auf der Rhede ankern. Außerdem liegen dort 2 Russische Kanonenboote und ein Amerikanischer Kreuzer.

Das Erscheinen der Flotte verursachte große Bestürzung unter den Koreanischen Beamten und besonders im Palaste. Man befürchtete, die Engländer würden für die schlechte Behandlung, die Herrn Brown widerfahren war, in Chemulpo Matrosen landen und erklären, daß entweder Port Hamilton oder ein anderer Gebietstheil Koreas besetzt werden würde. Dann hieß es wieder, die Flotte hätte die politischen Flüchtlinge aus Japan und den Enkel des Tai-won-kun mitgebracht, um ihn an Stelle des Königs auf den Thron zu setzen. Der König gerieth dadurch in eine solche Aufregung, daß er (nach einer vertraulichen Mittheilung des Amerikanischen Vertreters, die mir von anderer glaubhafter Seite bestätigt wird), diesen wiederholt bitten ließ, ihn in seiner Gesandtschaft aufzunehmen; ein Ansinnen, das Dr. Allen indessen mit aller Bestimmtheit abgelehnt haben will.

Da der König zwischen England und Japan einerseits und Rußland und Frankreich andererseits den Ausbruch von Feindseligkeiten befürchtet, in die das Deutsche Reich verwickelt werden könnte, so hält er die Amerikanische Gesandtschaft für die einzige sichere Zuflucht. Allmählig beruhigte man sich jedoch, bis vor etwa einer Woche ein Telegramm des Koreanischen Gesandten in Tokio eintraf, wonach 8 Japanische Kriegsschiffe Japan verlassen hätten. Im Palaste befürchtete man nun, daß auch die Japanische Flotte in Chemulpo auftauchen, daß das neue Japanische Staatsministerium Soshi's hierhersenden würde und dergleichen mehr. Dr. Allen sieht den König fast täglich, ebenso der Koreanische Dolmetscher der Russischen Gesandtschaft, der den Fürsten vergeblich zu beruhigen sucht.

Im vorigen Monate war hier das Gerücht verbreitet, daß der genannte Dolmetscher den König gedrängt hätte, sich unter Russischen Schutz zu stellen, daß dieser aber das Anerbieten abgelehnt hätte.

Der Englische General-Konsul ging am 2. d. M. nach Chemulpo um den Admiral zu besuchen, und kehrte am 5. hier wieder zurück. Weder der Admiral noch andere Englische Offiziere sind bisher nach Söul gekommen.

Aus einer Unterredung mit Herrn Jordan, der mich heute besuchte, erhielt ich den Eindruck, daß die Anwesenheit der Britischen Flotte in Chemulpo ein Gegengewicht gegen das Verweilen des Russischen Geschwaders in Port Arthur bilden sollen. Der Englische Vertreter betonte dabei wiederholt, daß nach seiner Ueberzeugung die Anwesenheit der Russischen Schiffe in Port Arthur nicht eine Besetzung des Hafens bedeutete (does not mean an occupation).

Abschriften dieses Berichtes sende ich an die Kaiserlichen Gesandtschaften zu Peking und Tokio.

Krien.

Inhalt: Ein Englisches Geschwader in Chemulpo.

Berlin, den 7. März 1898.   A. 2583. II

Botschafter   Möglicherweise sind die Bemerkungen des Grafen
St. Petersburg № 194   Osten-Sachen darauf zurückzuführen, daß, während
Vertraulich!   Rußland den von dem koreanischen Herrscher
                                     angenommenen Kaisertitel formlos anerkannt hat,
J. № 1910.   der Kais. Konsul in Korea vor der Hand fortfährt,
                                     sich der bisherigen Bezeichnungen für den
                                     koreanischen Herrscher und sein Reich zu bedienen.
                                     Um auch in dieser Bezeichnung den russ.
                                     Anschauungen entgegenzukommen, habe ich, nach
                                     eingeholter Allerhöchster Ermächtigung Sr. Maj. des
Kaisers und Königs, nunmehr den Konsul Krien angewiesen, im Verkehr mit der
koreanischen Regierung in koreanischer Sprache fortan die neuen Titulaturen in gleicher
Art wie der russ. Vertreter anzuwenden. Gleichzeitig habe ich dem Konsul die Beachtung
einer neutralen Haltung aufs Neue zur Pflicht gemacht.

Ich gebe mich der Hoffnung hin, die russ. Regierung werde in diesen Anordnungen
einen neuen tatsächlichen Beweis dafür erblicken, daß die Politik der Regierung Sr.
Majestät weit entfernt davon ist, der Geltendmachung der russ. Interessen in Korea
irgendwelche Hindernisse in den Weg legen zu wollen.

Die kais. Regierung steht vielmehr, heute mehr wie je, auf dem Standpunkt, daß
Deutschland in Korea keine politischen, sondern lediglich wirtschaftliche Interessen zu
pflegen hat.

E. D. ersuche ich erg., die koreanischen Verhältnisse gefl. dort gelegentlich im
vorstehenden Sinne besprechen zu wollen, jedoch geheim.

Einem gefl. Bericht über die Erledigung dieses Auftrags werde s. Zt. entgegensehen
dürfen.

N. S. E.

Berlin, den 7. März 1898.

An

den Tit. Konsul Hrn.Krien

Hwgeb.

Seoul A. № 2

Hrn. WGLR. v. Holstein

J. № 1912.

Die vorstehend vorgeschriebenen Änderungen sind stillschweigend einzuführen, ohne Ihrerseits Erklärungen darüber abzugeben.

pt. n.

Ob noch weiter zu gehen und überhaupt innerhalb Koreas, also auch für den deutschen Text und auch den fremden Vertretern gegenüber der Kaiserlichen vorzuschreiben wäre, kann späterer Erwägung vorbehalten bleiben.

Postziffern.

Mit Bezug auf die gesch. Berichte vom 14. und 21. Oktober v. J. (№ 67 u. 68) ersuche ich Ew. pp. erg., fortan im Verkehr mit den koreanischen Behörden, insoweit Sie sich dabei der koreanischen Sprache bedienen, (also namentlich in den, Ihren amtlichen Schriftstücken beigefügten koreanischen Übersetzungen, die neuen, von dem koreanischen Herrscher für sich selbst, seine Familie und sein Reich angenommenen Bezeichnungen (hwang-chei, Tai-Han u. s. w.) insoweit anzuwenden, als dies von Seiten Ihres russischen Kollegen geschieht. Im deutschen Text sowie im Verkehr mit den übrigen fremden Vertretern wollen Sie bis auf Weiteres die bisherigen Bezeichnungen Koreas als Königreich, seines Herrschers als König u. s. w. beibehalten.

Gleichzeitig mache ich Ihnen die Befolgung der im November 1895 ergangenen Weisung, sich streng neutral zu verhalten und selbst den Anschein einer Parteinahme nach irgend einer Seite zu vermeiden, aufs Neue zur Pflicht.

N. S. E.

Berlin, den 9. März 1898.   zu A. 2644.

An

die Botschaft in

1. St. Petersburg № 197.

J. № 1995.

Euerer pp. übersende ich anbei ergebenst
Abschrift eines Berichts des Kais. Konsuls in
Seoul vom 11. Januar d. Js, betreffend das
Englische Geschwader in Chemulpo, zu Ihrer
gefälligen Information.

N. S. E.

i m.

PAAA_RZ201-018925_175 f.

Empfänger	Fürst zu Hohenlohe - Schillingsfürst	Absender	Radolin
A. S. 757 pr. 11. März 1898. a. m.		St. Petersburg, den 5. März 1898.	

Auszug.

A. S. 757 pr. 11. März 1898. a. m.

St. Petersburg, den 5. März 1898.

№ 95.

Seiner Durchlaucht

dem Herrn Reichskanzler

Fürsten zu Hohenlohe - Schillingsfürst.

Der hiesige österreichische Botschafter, Prinz Liechtenstein, hat mir in zuvorkommender Weise zwei Berichte des österreichisch-ungarischen Gesandten, Grafen Wydenbruck, in Tokio vertraulich zur Verfügung gestellt. Euere Durchlaucht verfehle ich nicht, von dem Inhalt der Meldungen des Grafen Wydenbruck gehorsamst in Kenntniß zu setzen; obschon die Berichte nicht neuesten Datums sind, dürften sie trotzdem für die Beurteilung der gegenwärtigen politischen Lage Ost-Asiens im Allgemeinen und speziell als Ausdruck der Auffassung des österreichischen Gesandten nicht ohne Interesse sein.

Der erste Bericht ist vom 13. Januar d. J. datirt; Graf Wydenbruck bespricht darin die koreanischen Verhältnisse und kommt zu dem Schluß, daß sich in Korea zunächst voraussichtlich die Interessenkämpfe der in Ost-Asien engagirten Mächte abspielen werden. Der als Gesandter nach Peking versetzte russische Geschäftsträger in Söul habe es verstanden, den Kaiser von Korea in eine Art Abhängigkeitsverhältniß zu Rußland zu bringen. Als bedeutender Erfolg sei ferner die Ernennung des Herrn Alexejeff zum finanziellen Rathgeber der koreanischen Regierung zu bezeichnen. Die russische Gesandtschaft habe es außerdem durchgesetzt, einem ihr ergebenen Individuum, Namens King Houngnin K, einen einflußreichen Regierungsposten zu verschaffen. Der Bericht nennt zum Schluß als Nachfolger des Herrn von Speyer in Söul den bisherigen Grenz-Kommissar, Herrn Maturine, welcher sich durch genaue Kenntniß der nord-koreanischen Verhältnisse auszeichnen soll.

pp.

gez. Radolin.

Der deutsche Konsul Krien in Korea.

PAAA_RZ201-018925_177 ff.			
Empfänger	Fürst zu Hohenlohe - Schillingsfürst	Absender	Radolin
A. 2985 pr. 11. März 1898. a. m.		St. Petersburg, den 9. Marz 1898.	

A. 2985 pr. 11. März 1898. a. m.

St. Petersburg, den 9. Marz 1898.

№ 109.

Seiner Durchlaucht

dem Herrn Reichskanzler

Fürsten zu Hohenlohe - Schillingsfürst.

Als ich heute den Grafen Murawiev seit seiner Genesung zum ersten Male an seinem Empfangstage wieder besuchte, brachte ich in Gemäßheit des hohen Erlasses № 194 vom 7. d. M. das Gespräch auf Ost-Asien und nebenher auch auf Korea. Ohne in irgend welcher Weise zu erwähnen, daß Graf Osten-Sachen die Anregung zu einer Klage russischerseits über den Kaiserlichen Konsul in Söul gegeben hat, sagte ich beiläufig, daß Konsul Krien stets sich bemüht neutral zu halten und auch von Seiner Majestät Regierung die Weisung habe, der russischen Politik in keiner Weise Hindernisse in den Weg zu legen. Deutschland stände jetzt auf dem Standpunkte, daß es in Korea keine politischen, sondern lediglich wirthschaftliche Interessen zu pflegen habe. Graf Murawiev erwiderte mir hierauf, er freue sich sehr, dies zu hören, wäre auch überzeugt, daß dies so sei und hätte auch nie daran gezweifelt, daß die Haltung des deutschen Vertreters der Instruktion gemäß eine russenfreundliche in Korea wäre.

Radolin.

Inhalt: Der deutsche Konsul Krien in Korea.

PAAA_RZ201-018925_180 f.			
Empfänger	Fürst zu Hohenlohe - Schillingsfürst	Absender	Krien
A. 2999 pr. 11. März 1898. a. m.		Söul, den 13. Januar 1898.	
Memo	J. № 23.		

A. 2999 pr. 11. März 1898. a. m.

Söul, den 13. Januar 1898.

№ 7.

An Seine Durchlaucht

den Herrn Reichskanzler

Fürsten zu Hohenlohe - Schillingsfürst.

Am 8. d. M. verschied hier die (leibliche) Mutter des Königs von Korea, die Gemahlin des Tai-won-kun. Für die Verstorbene wird der König ein Jahr lang Familientrauer anlegen. Eine Landestrauer ist nicht angeordnet worden, weil nach Koreanischen Begriffen die im Jahre 1890 gestorbene Adoptiv-Mutter des Königs, dank deren Adoption er den Thron bestiegen hat, als seine eigentliche Mutter gilt.

Abschrift diese Berichtes sende ich an die Kaiserlichen Gesandtschaften zu Peking und Tokio.

Krien.

Den Koreanischen Gesandten Min Yong Ik betreffend.

PAAA_RZ201-018925_182 ff.			
Empfänger	Fürst zu Hohenlohe - Schillingsfürst	Absender	Krien
A. 3000 pr. 11. Marz 1898. a. m.		Söul, den 15. Januar 1898.	
Memo	J. № 25.		

A. 3000 pr. 11. Marz 1898. a. m.

Söul, den 15. Januar 1898.

№ 8.

An Seine Durchlaucht, den Herrn Reichskanzler

Fürsten zu Hohenlohe - Schillingsfürst.

Euer Durchlaucht beehre ich mich im Anschluß an meinen Bericht № 66. vom 13. Oktober v. J. zu melden, daß der Minister der Auswärtigen Angelegenheiten mir gestern gesprächsweise mittheilte, der Russische Geschäftsträger habe ihm in der letzten Zeit wiederholt mündlich erklärt, daß der Gesandte Min Yong Ik in St. Petersburg freundlich empfangen werden würde und daß in Anbetracht der innigen Beziehungen der beiden Länder dessen baldige Entsendung nach Rußland sehr erwünscht wäre.

Der Englische General-Konsul äußerte mir gegenüber als seine persönliche Auffassung, daß es seiner Regierung vermuthlich gleichgültig wäre, ob Min Yong Ik nach Europa gesandt würde, oder nicht, weil der Koreanische Gesandte Min Yong Huan ja im vorigen Jahre in London gewesen wäre. Gegen die Person des Herrn Min Yong Ik würde seiner Ausicht nach seitens der Britischen Regierung kein Einwand erhoben werden.

Der Gesandte verweilt nach den letzten Nachrichten noch immer in Shanghai.

Abschrift dieses Berichtes sende ich an Kaiserlichen Gesandtschaften zu Peking und Tokio.

Krien.

Inhalt: Den Koreanischen Gesandten Min Yong Ik betreffend.

Tod der Mutter des Königs.

PAAA_RZ201-018925_185 ff.			
Empfänger	Fürst zu Hohenlohe - Schillingsfürst	Absender	Krien
A. 3001 pr. 11. März 1898. a. m.		Söul, den 18. Januar 1898.	
Memo	J. № 28.		

A. 3001 pr. 11. März 1898. a. m.

Söul, den 18. Januar 1898.

№ 11.

An Seine Durchlaucht, den Herrn Reichskanzler
Fürsten zu Hohenlohe - Schillingsfürst.

Euer Durchlaucht beehre ich mich im Anschluß an meinen Bericht № 5 vom 11. d.
M. zu melden, daß der Englische Admiral Sir Alexander Buller am 13 d. M. mit dem
Panzerschiffe „Centurion" die Rhede von Chemulpo verlassen hat, angeblich um nach
Nagasaki zu fahren.

Der Kreuzer „Pique", sowie die Kanonenboote „Daphne" und „Algerine" sind ebenfalls
von Chemulpo abgereist.

Heute kam dagegen der Contre-Admiral Fitzgerold auf dem Kreuzer „Grafton" dort an,
sodaß also gegenwärtig von Englischen Kriegsschiffen die Kreuzer „Grafton", „Narcissus",
„Undaunted" und „Rainbow", sowie die Kanonenboote „Phoenix" und „Redpole" nebst
drei Torpedobooten daselbst ankern.

In Palast und unter den Koreanischen Beamten hat die Aufregung bedeutend
nachgelassen, zumal da nach den letzten Nachrichten die Japanische Flotte noch immer
in Japan liegt.

Abschriften dieses Berichtes sende ich an die Kaiserlichen Gesandtschaften zu Peking
und Tokio.

Krien.

Inhalt: Tod der Mutter des Königs.

Russische Eisenbahn-Bestrebungen.

PAAA_RZ201-018925_189 ff.

Empfänger	Fürst zu Hohenlohe - Schillingsfürst	Absender	Krien
A. S. 760 pr. 11. März 1898. a. m.		Söul, den 19. Januar 1898.	
Memo	mtg. 17. 3. Petersb. 227. J. № 32.		

A. S. 760 pr. 11. März 1898. a. m.

Söul, den 19. Januar 1898.

№ 13.

An Seine Durchlaucht

den Herrn Reichskanzler,

Fürsten zu Hohenlohe - Schillingsfürst.

Nach vertraulichen Mittheilungen, die der Koreanische Dolmetscher des Konsulats aus dem Palaste und dem Auswärtigen Amte erhalten hat, bemüht sich Herr von Speyer, die Koreanische Regierung zu veranlassen, mit Russischem Gelde und Russischen Ingenieuren von Söul nach der Russisch- Koreanischen Grenze eine Eisenbahn zu bauen, die von dort mit Vladivostock verbunden werden soll. Der Japanische Minister-Resident behauptet sogar, daß ein bezügliches geheimes Abkommen zwischen dem Minister des Auswärtigen und dem Russischen Geschäftsträger bereits abgeschossen worden sei, doch wird dies von dem genannten Dolmetscher, der seit einigen Monaten öfters von dem Könige in den Palast gerufen wird und der vor Kurzem den Rang und Titel eines Raths im Ministerium des Innern erhalten hat, auf das Entschiedenste bestritten.

Die heutige amtliche Zeitung bringt eine auf Antrag des Ministers für Ackerbau, Handel und öffentliche Arbeiten vom Staatsrathe beschlossene und von dem Könige genehmigte Verordnung, wonach in Zukunft weder Eisenbahn noch Bergwerks- Konzessionen an Ausländer ertheilt werden sollen. Vermuthlich will man damit den Japanischen Ansprüchen auf die Konzession für die Eisenbahn von Söul nach Fusan entgegentreten.

Abschrift dieses Berichtes sende ich an die Kaiserlichen Gesandtschaften zu Peking und Tokio.

Krien.

Inhalt: Russische Eisenbahn-Bestrebungen.

[   ]

Empfänger	Auswärtiges Amt in Berlin	Absender	Krien
A. 3119 pr. 13. März 1898. p. m.		Seoul, den 13. März 1898.	

A. 3119 pr. 13. März 1898. p. m.

Telegramm.

Seoul, den 13. März 1898. 3 Uhr 20 Min. p. m.
Ankunft: 5 Uhr 39 Min. p. m.

Der K. Konsul an Auswärtiges Amt.

Entzifferung.

№ 5.

Wegen russenfeindlicher Volksbewegung hat Rußland Zurückziehung Militär-Mission und Finanz-Inspektors angeboten. Korea hat angenommen.

Krien.

Berlin, den 15. März 1898.   A. 3119.

An   Postziffern.
Botschafter   Zu Ew. pp. Information:
St. Petersburg № 220   Der kais. Konsul in Seoul meldet unter dem
                                            13. d. M.:
Hrn. W. G. L. R. v. Holstein   „ins. aus dem Eingang et perg.“
                                            Diese Nachricht, falls sie wahr ist, würde
J. № 2183.   bedeuten, daß Rußland einen bewaffneten
                                            Konflikt in Ostasien gegenwärtig zu vermeiden
                                            wünscht.
                                                        N. S. E.

Auswärtiges Amt
Abth. A.

Politisches Archiv d. Auswärt. Amts

Acta

Betreffend

Korea

Vom 16. März 1898
Bis 30. September 1898

Vol.: 26
conf. Vol.: 27

Politisches Archiv des Auswärtigen Amts
R 18926

KOREA. № 1.

Inhaltsverzeichnis 1898.

Ber. a. Tokio v. 14. 2. A. 21: Enttäuschung Englands über die zögernde Haltung Japans gegenüber Rußland. Angeblicher Protest Japans gegen das Engagement des Hl. Alexeieff und der russischen Militär-Instrukteure durch Korea.	A. S. 825. 17. 3.
Ber. a. Söul v. 14. 2. № 22: Entlassung des koreanischen Ministers des Äußern Cho, welcher den Japanern die Eisenbahnlinie Söul-Fusan zugestehen wollte, auf Betreiben Rußlands; sein Nachfolger ist Hl. Yi-To-Chä geworden.	A. S. 1071. 8. 4.
Ber. a. Söul v. 26. 2. № 24: Tod des Vaters des Königs von Korea. Lebensbeschreibung des Taiwankun.	4515. 14. 4.
Desgl. v. 5. 3. № 31: Anerkennung des koreanischen Kaisertitels durch die französische Republik.	5248. 1. 5.
Wiener Politische Correspondenz v. 7. 5.: Das russisch-japanische Übereinkommen in Betreff Koreas; das japanische Ausgaben-Budget.	5522. 7. 5.
Ber. a. Petersburg v. 12. 5. № 203: Wortlaut des russisch-japanischen Abkommens bezügl. Korea.	5822. 14. 5.
Bericht a. Söul v. 12. 2. № 20: Abfahrt des englischen Geschwaders aus Chemulpo. Zurückbleiben des Kreuzers „Iphigenia". Angebliches Einverständnis zwischen Großbritannien und Rußland über die Port-Arthur-Frage.	4267. 8. 4.
desgl. v. 22. 2. № 23: Anerkennung des koreanischen Kaisertitels seitens der Regierungen der Vereinigten Staaten von Nord-Amerika und Großbritannien. s. Erl. v. 18. 6. nach Söul A. 5 Von dem hier nicht eingegangenen Bericht 4 v. 4. 1. ist ein Duplikat einzureichen.	4514. 14. 4. C v 18. 6.
Bericht aus Tokio v. 6. 4. A. 42: Vermutungen über die Gründe der Zurückberufung des Herrn von Speyer nach Petersburg vor seiner Entsendung als Gesandter nach Peking. Schroffheit des Herrn von Speyer.	5716. 12. 5.
Desgl. aus Petersburg v. 13.5. № 207: Auslassungen der russischen Presse über den neuen russisch-japanischen Vertrag bezüglich Koreas.	5871. 15. 5.

Desgl. aus Söul v. 29. 3. № 36: Verlauf der russisch-japanischen Verhandlungen wegen Korea. Verhalten Herrn von Speyers. Zurückziehung der Mil. Instrukteure u. Herrn Alexeieff. Ablehnung Speyers wegen Ernennung eines koreanischen Spezial-Botschafters in Petersburg zu vermitteln. Rückreise Hl. v. Speyers nach Petersburg.	5927. 16. 5.
Bericht aus Söul v. 29. 3. № 37: Eintreffen des engl. Contre-Admirals Fitzgerald mit 3 Schiffen in Chemulpo. Plötzliche Wiederabfahrt desselben, vermutlich nach Chefoo.	5928. 16. 5.
desgl. aus Tokio v. 4. 5. № A. 54: Japanische Pressauslassungen über das neue russisch-japanische Abkommen wegen Korea. Russ. Ges. Baron Rosen.	6685. 4. 6.
St. Petersburger Zeitung: Die Unabhängigkeit Koreas. Russische Beschwerden über japanische und amerikanische Einflüsse in Korea.	6877. 9. 6.
Bericht aus St. Petersburg v. 9. 6. № 248 „Novoje Vremia" über die Unabhängigkeit Koreas, Japans Einfluß daselbst, u. auch der Amerikas.	6966. 12. 6.
Desgl. aus Tokio v. 10. 5. № A. 61: Wortlaut des japanisch-russischen Protokolls betr. Korea in deutscher Übersetzung.	A. S. 1689. 13. 6.
Hamburgischer Correspondent desgl.	7128. 16. 6.
The New York Herald v. 10. 7.: Entdeckung einer Verschwörung gegen die koreanische Regierung.	8103. 10. 7.
Tel. i. Z. v. Rat im Gefolge Sr. Maj. d. d. Molde 13. 7. № 30: S. M. wünscht, daß Besuch des Prinzen Heinrich in Korea nicht erfolgt. orig. i. a. China 20 № 1	A. S. 1964. 14. 7.
Bericht aus Söul v. 9. 5. № 46: Übergang des Eisenbahnbaus Chemulpo-Söul in japanische Hände unter Herrn Chibusawa. Vorgeschichte dieses Bahnbaus. Die Fiols-Lille-Compagnie in Paris u. ihre Konzession betr. die Linie Söul-Wiju.	A. S. 1915. 8. 7.

desgl. v. 30. 3. № 38: Bitte um Benachrichtigung der österr.-ungar. Regierung betr. Proklamierung des Königs von Korea zum Kaiser und Namensänderung für das Land und für die Jahresperiode. Entlassung des bisherigen Ministers d. Ausw. Min-Chong-Muk, für den Cho-Pyong-Chik eintritt, weil Min die obige Benachrichtigung an die italienische Regierung unterließ, sowie weil er dem russischen Vertreter eine Kohlenniederlage auf Deer-Island zugesichert hatte.	5929. 16. 5.
Ber. a. Söul v. 10. 5. № 47: Jetzige Zusammensetzung des Staatsministeriums: Entfernung aller russenfreundlichen Minister. Zurücksendung der russischen Gesandtschaftswache nach Chemulpo sowie der dortigen russischen Militär-Instrukteure nach den Amur-Provinzen.	8018. 8. 7.
desgl. v. 23. 5. № 53: Abreise der russischen Militär-Instrukteure und der russischen Gesandtschaftswache sowie auch des Amerikaners Zahlmeister Nienstead, sodaß jetzt bei den koreanischen Truppen keine Ausländer mehr tätig sind.	8733. 11. 7.
desgl. v. 30. 5. № 56: Eröffnung der koreanischen Häfen von Songchin, Kunsan und Masampo als Vertragshäfen sowie der Stadt Pyonyang als Marktplatz für den fremden Handel, und zwar wohl hauptsächlich nur, um die Plätze dadurch gegen eine Besitznahme seitens Rußlands bzw. Englands zu sichern.	8531. 22. 7.
National-Ztg. v. 27. 7.: Die Absicht der koreanischen Regierung, nach Peking einen Gesandten zu senden.	v. NZ 27. 7.
Ber. a. Söul v. 6. 6. № 60: Abreise der englischen Gesandtschaftswache von Söul. Für die russische Gesandtschaft wird eine neue Wache erwartet.	8963. 1. 8.
desgl. v. 3. 6. № 59: Begründung der Notwendigkeit, dem König von Korea möglichst viele Offiziere der deutschen Kriegsschiffe vorzustellen.	8983. 1. 8. (orig. bei I B)
desgl. v. 23. 7. № 64: Verhaftung einer Anzahl angesehener Koreaner, welche beschuldigt sind, die Entfernung des Königs geplant zu haben. Die Tätigkeit des „Unabhängigkeits-Klubs".	10954. 23. 9.

desgl. v. 4. 1. № 4 (Duplikat): Russische Anerkennung des von dem König von Korea angenommenen Kaisertitels.	11069. 26. 9.
Erl. an Graf Eulenberg im Allerhöchsten Gefolge: Ernennung des Hl. Song-Ki-Wun zum koreanischen Gesandten für Deutschland, und die Frage der Anerkennung des koreanischen Kaisertitels durch Deutschland. (Marg.: S. M. haben auch gegen Anerkennung des Kaisers nichts einzuwenden.)	ad. 20. 7.
Aufzeichnung de Hl. GZR von Mumm: Die Anerkennung des Kaisertitels empfiehlt sich für jetzt noch nicht, vielleicht ergeben sich später politische Gründe dafür.	ad. 8134. 29. 7.
Notiz: Schriftstücke, betr. die Nützlichkeit S. K. H. des Prinzen Heinrich von Preußen in Söul für die dortigen deutschen Interessen, befinden sich i. a. China 20 № 1.	11056. 25. 9.

Berlin, den 17. März 1898.

zu A. S. 760.

An

die Botschaft in

1. St. Petersburg № 227.

J. № 2250.

Euerer pp. übersende ich anbei ergebenst
Abschrift eines Berichts des Kais. Konsuls in
Söul vom 19. Januar d. Js., betreffend die
russischen Eisenbahn-Bestrebungen, zu Ihrer
gefälligen Information.

N. S. E.

PAAA_RZ201-018926_014 ff.			
Empfänger	Auswärtiges Amt in Berlin	Absender	Radolin
A. S. 824 pr. 17. März 1898. a. m.		St. Petersburg, den 16. März 1898.	

A. S. 824 pr. 17. März 1898. a. m.

Telegramm.

St. Petersburg, den 16. März 1898. 11 Uhr 46 Min. p. m.
Ankunft: 17. 3. 3 Uhr 35 Min. a. m.

Der K. Botschafter an Auswärtiges Amt.

Entzifferung.

№ 62.

Ich habe heute mit Graf Murawiew im Sinne der hohen Weisung in № 51. vom 15. d. Mts. eingehend gesprochen.

Der Minister war von dem neuen Beweis der freundschaftlichen Gesinnungen unseres Allergnädigsten Herrn für Kaiser Nikolaus angenehm berührt.

Er wiederholte mir nochmals, daß die russische Regierung und deren Organe - erwähnte besonders Herrn Rose - es sorgfältig vermieden, die deutsche Politik in China den Japanern gegenüber auch nur mit einem Worte zu berühren oder gar zu kritisieren.

Gerüchte, wie die nach Berlin gelangten, müßten von interessierter Seite ausgestreut worden sein, um Mißtrauen zwischen Deutschland und Rußland zu erwecken.

Graf Murawiew äußerte sich ferner dahin, daß Rußland fest entschlossen sei, die Forderungen bei China durchzusetzen, welche ich in meinem Telegramm № 60 erwähnt hatte, und eine längere Besetzung von Port Arthur nötigenfalls sogar allein zu erzwingen.

Im Anschluß hieran bemerkte der Minister, was mir der Kaiser bereits am 27. Januar angedeutet hatte, daß es vor allem darauf ankomme, eine japanisch-englische Annäherung zu verhindern, und zwar durch eine russisch-japanische Verständigung auf koreanischer Basis. Dazu würde Japan zu gewinnen sein, wenn die absolute Unabhängigkeit und

Integrität Koreas von Rußland gewährleistet würde, was letzteres unter allen Umständen ja selbst wünsche.

Rußland brauche Korea jedenfalls nicht, am allerwenigsten, sobald Wladiwostok mit Port Arthur durch die Mandschurische Eisenbahn verbunden sein würde.

Selbst wenn der Kaiser von Korea die Abberufung der russischen Instrukteure für wünschenswert erachte, wäre Rußland auch damit einverstanden.

Es tritt nun die Frage an die Mächte heran, meint Graf Murawiew, welche Coercitivmaßregeln dieselben ergreifen zu müssen glauben, um die Räumung von Wei-Hai-wei zu bewerkstelligen, wenn die Japaner, nachdem die ihnen zukommende Kriegsentschädigung nicht an sie, sondern an die englischen Schiffbauer bezahlt sein wird, gezwungen werden sollen, diesen Ort zu räumen.

Einstweilen seien sie ja noch fest entschlossen in China zu bleiben, trotz des Friedens von Shimonoseki, nachdem andere Mächte sich ebenfalls daselbst festgesetzt hätten. Eine gewiße Berechtigung hierzu wäre den Japanern wohl nicht abzusprechen.

Was wird aber, fuhr Graf Murawiew fort, im Falle der Räumung aus Wei-hai-wei? Der Minister hat der Befürchtung Ausdruck gegeben, daß die Engländer die japanische Räumung des Hafens fördern wollen mit dem unwahrscheinlichen Hintergedanken, selbst Besitz von Wei-hai-wei zu nehmen, um sich als Keil zwischen Deutschland und Rußland zu setzen. Graf Murawiew fragte mich, ob dies nicht bedenklicher wäre als die weitere japanische Behauptung von Wei-hai-wei. Man könnte dieselbe, wenn auch nicht direkt fördern, so doch geschehen lassen oder wenigstens ein Auge zudrücken.

Radolin.

Unikat i. a. China 20 № 1.

PAAA_RZ201-018926_020 ff.			
Empfänger	Fürst zu Hohenlohe - Schillingsfürst	Absender	Treutler
A. S. 825 pr. 17. März 1898. a. m.		Tokio, den 14. Februar 1898.	
Memo	mtg. 25. 3. London 265, Petersburg 249.		

Abschrift.

A. S. 825 pr. 17. März 1898. a. m.

Tokio, den 14. Februar 1898.

A. 21.

Seiner Durchlaucht

dem Herrn Reichskanzler

Fürsten zu Hohenlohe - Schillingsfürst.

Es kann keinem Zweifel unterliegen, daß die öffentliche Meinung in Japan durch die Ereignisse der letzten Monate eine trübe Erfahrung gemacht hat, indem sie sich durch die Haltung Englands auf das Schmerzlichste enttäuscht sieht; bis zu einem gewissen Grade mag sich dieses Gefühl der Enttäuschung auch bis in die eingeweihtesten und maßgebendsten Kreise erstrecken, wenn auch hier die schon anfänglich geringeren Erwartungen mildernd eingewirkt haben dürften.

Aber nicht allein Japan ist enttäuscht; auch England sieht sich um gewisse Hoffnungen betrogen, wie ich einigen Äußerungen des sonst Japan so freundlich gesonnenen hiesigen englischen Gesandten entnehmen zu dürfen glaube. Ist es nicht lächerlich, so meinte Sir Ernest, daß Japan nach all den großen Vorbereitungen und Worten statt aller Taten wie ein kleiner Junge die Faust in der Tasche ballt und ausruft: wartet nur bis 1902, wenn ich groß und stark genug bin, um euch die Zähne zu zeigen. Dem Scherz lag augenscheinlich ein schlecht verhehlter Grimm zu Gründe, und man konnte erkennen, daß England oder zum wenigsten Sir Ernest Satow es nicht ungern gesehen hätte, Japan den gefährlichen Weg eines Abenteurers beschreiten zu sehen, um dann im Trüben fischen zu können.

In der That legt ja die bisherige Politik Japans in der ostasiatischen Krisis für den unwohlwollenden Zuschauer den Gedanken an „Parturiunt montes, nascetur ridiculus mus" sehr nahe, aber als Unparteiischer dürfte man wohl nicht fehlgehen, wenn man die

Vorsicht und Mäßigung der japanischen Regierung unter den obwaltenden Umständen als höchst weise bezeichnet.

Das stehende Geschwader ist nun wirklich aus Yokosuka ausgelaufen und in der Puruga-Bucht bei Shimidsu mit Schießübungen beschäftigt. Später sollen die Schiffe nach Westen gehen, aber angeblich innerhalb der japanischen Gewässer bleiben. Das vorläufige Aufgeben weiterer Fahrten nach China und Korea soll mit dem Fehlen der dazu nötigen pekuniären Mittel zusammenhängen. Erst nach dem Beginn des neuen Finanzjahres im April sind, wie es scheint, wieder größere Übungen mit weitergehenden Operationen in Aussicht genommen.

Das aus Korea stammende und auch von dem Kaiserlichen Konsul in Söul registrierte Gerücht, daß Japan in Petersburg einen schriftlichen Protest gegen die Einsetzung Alexieff's und das Engagement russischer Militär-Instrukteure als unvereinbar mit der bekannten Konvention eingelegt habe, erscheint hier nicht glaubwürdig. Der japanische Ministerresident in Söul hat allerdings s. Z. protestiert, aber unter Berücksichtigung der z. Z. so zart gepflegten russisch-japanischen Beziehungen dürfte es mit dem Einlegen eines formellen Protestes bei der Regierung des Zaren wohl bei einem frommen Wunsche des Herrn Kato geblieben sein. Die Beteiligten geben an, daß über die koreanischen Streitfragen hier in Tokio „friendly talks" zwischen Baron Rosen und dem Minister der auswärtigen Angelegenheiten stattfinden.

Sollte die japanische Regierung aber wirklich in Petersburg vorstellig geworden sein, so dürfte die Sprache „des Protestes" recht milde ausgefallen sein!

Auch die vor einigen Tagen erfolgte Weigerung Japans, China die beantragte Stundung der im Mai fälligen Kriegsentschädigungsrate zu gewähren, gestattet einen Rückschluß auf die augenblickliche Abneigung der hiesigen Regierung gegen weitaussehende Pläne, wenn man in Erwägung zieht, daß kurz nach unserer Besetzung von Kiautschau die angeblich mit Hilfe russischen Geldes unmittelbar bevorstehende Rückzahlung der Restschuld hier geradezu als ein empfindlicher Schlag angesehen wurde, der die Chancen eines Behaltens von Wei-hai-wei bedenklich vermindere.

Alles in allem haben jetzt die Sorgen der auswärtigen Politik für den Augenblick denen über die inneren Angelegenheiten Platz machen müssen.

Einmal werfen die im März stattfindenden Wahlen bereits ihren Schatten voraus, und dann stehen finanzielle Probleme im Vordergrund des Interesses.

Der neue Finanzminister Graf Inouye scheint mit einer hier völlig unbekannten Gründlichkeit zu arbeiten und läßt, ehe er zu den wichtigen Fragen Stellung nimmt, so ausgedehnte statistische Erhebungen anstellen, daß nach Ansicht der Opposition Resultate erst gewonnen werden können, wenn längst andere Minister am Ruder sein werden.

Vorläufig verlautet nur, daß er unter tunlichster Sparsamkeit versuchen will, die Steuerkraft des Landes so wenig als irgend angängig in Anspruch zu nehmen. Außerdem scheint er den sonst so verbreiteten Bestrebungen, fremdes Kapital nach Japan einzuführen, sehr skeptisch gegenüberzustehen.

gez. Treutler.

orig. i. a. China 20 № 1

[   ]

PAAA_RZ201-018926_025 ff.			
Empfänger	Fürst zu Hohenlohe - Schillingsfürst	Absender	Krien
A. 3285 pr. 17. März 1898. p. m.		Söul, den 30. Januar 1898.	
Memo	mtg. 22. 3. London 252, Petersbg. 294.		

Abschrift.

A. 3285 pr. 17. März 1898. p. m.

Söul, den 30. Januar 1898.

№ 18.

Seiner Durchlaucht

dem Herrn Reichskanzler

Fürsten zu Hohenlohe - Schillingsfürst.

Euerer Durchlaucht beehre ich mich zu melden, daß der General-Zolldirektor Mc. Leavy Brown der koreanischen Regierung im vorigen Monat die schriftliche Erklärung abgegeben hat, daß der koreanische Zolldienst von dem chinesischen vollständig getrennt (an entirely separate service) sei. Er hat sich ferner Herrn Alexeieff gegenüber schriftlich verpflichtet, mit der monatlich dem Finanzministerium einzureichenden Zollabrechnung ihm ein Memorandum darüber in englischer Sprache einzusenden. Damit hat Herr Brown, trotz der gegenteiligen Behauptung des Herrn Jordan, unzweifelhaft anerkannt, daß er unter Herrn Alexeieff steht.

Unter diesen Umständen wird er bis zum Ablauf seines Vertrages als Leiter der koreanischen Seezölle bleiben. Auch die anderen Zollbeamten aus dem chinesischen Dienst werden beibehalten, nur wird ihr Gehalt, ebenso wie das des Herrn Brown, einschließlich des früheren Zuschusses der chinesischen Regierung, vom Anfang dieses Jahres ab ganz von der koreanischen Regierung gezahlt werden.

Herr Alexeieff hat sein von der koreanischen Regierung für den vorigen Monat empfangenes Gehalt von $ 250. - an die Beamten des hiesigen Finanzministeriums verteilt. Wie mir sein Gehilfe, Herr Garfield, neulich mitteilte, bezieht Herr Alexeieff von der russischen Regierung jährlich 27000 Goldrubel, während er selbst 6000 Goldrubel erhält. Sein Chef werde auch künftig das ihm von der koreanischen Regierung ausgesetzte Gehalt für koreanische Zwecke verwenden. Nur auf besonderen Wunsch der hiesigen Regierung sei überhaupt ein nominelles Gehalt des Finanz-Inspektors in dem Übereinkommen vom 5. November v. J. festgesetzt worden.

Nach einer vertraulichen Mitteilung des japanischen Minister-Residenten hat seine Regierung gegen die zwischen dem russischen Geschäftsträger und dem hiesigen Minister der Auswärtigen Angelegenheiten über die koreanische Finanzkontrolle abgeschlossene Übereinkunft, ebenso wie gegen die Entsendung der russischen Militär-Instrukteure, als nicht vereinbar (pascompatible) mit der von dem General Yamagata und dem Fürsten Lobanow gezeichneten Convention, in St. Petersburg schriftlichen Protest eingelegt.

gez. Krien.

orig. i. a. Korea 4

[   ]

PAAA_RZ201-018926_028

Empfänger	Auswärtiges Amt in Berlin	Absender	Radolin
A. S. 836 pr. 18. März 1898. p. m.		St. Petersburg, den 18. März 1898.	

A. S. 836 pr. 18. März 1898. p. m.

Telegramm.

St. Petersburg, den 18. März 1898.   3 Uhr 40 Min.

Ankunft: 4 Uhr 15 Min. p. m.

Der K. Botschafter an Auswärtiges Amt.

Entzifferung.

№ 65.

Regierungsanzeiger bringt heute offizielles Communiqué, wonach Rußland seine Instrukteure sowie Finanzbeirat aus Korea abberuft. Dieser Schritt entspricht den in № 62 gemeldeten Erklärungen des Grafen Murawiew bezüglich zukünftiger Haltung Rußlands in Korea.

Radolin.

Unikat i. a. China 20 № 1.

[   ]

PAAA_RZ201-018926_030

Empfänger	Auswärtiges Amt in Berlin	Absender	Krien
A. S. 846 pr. 19. März 1898. a. m.		Söul, den 18. März 1898.	
Memo	Botschafter London Postziffer № 248. Der Konsul in Söul bestätigt, daß Rußland Finanz- und Militär-Mission zurückzieht. J. № 2335.		

A. S. 846 pr. 19. März 1898. a. m.

Telegramm.

Söul, den 18. März 1898.   9 Uhr 25 Min. p. m.
Ankunft: 19. 3.   3 Uhr   3 Min. a. m.

Der K. Konsul an Auswärtiges Amt.

Entzifferung.

№ 6.

Rußland zieht Finanz- und Militär-Mission zurück.

Krien.

[   ]

PAAA_RZ201-018926_032 f.

Empfänger	Fürst zu Hohenlohe - Schillingsfürst	Absender	Radolin
A. S. 887 pr. 22. März 1898. p. m.		St. Petersburg.	
Memo	I Umstellg. 25. 3. R. Mar. Amt, Paris 167, London. m. Erl. 266. II Erl. i. Z. Petersbg. 251 v. 25. 3.		

Abschrift.

A. S. 887 pr. 22. März 1898. p. m.

St. Petersburg.

Seiner Durchlaucht

dem Herrn Reichskanzler

Fürsten zu Hohenlohe - Schillingsfürst.

Der hiesige japanische Marine-Attaché hat sich dem Kapitän Kalau vom Hofe gegenüber folgendermaßen geäußert:

„Wir werden Wei-hai-wei räumen sobald von China die Kriegsentschädigung bezahlt ist, da eine längere Besetzung des Platzes zwecklos ist. Von hieraus nach China hinein vorzudringen oder die deutschen Interessen zu stören, ist jetzt nicht beabsichtigt, noch hat es je ernstlich im Plan der japanischen Regierung gelegen - sonst hätte sie die Macht gehabt, Deutschland an der Besetzung Kiautschaus zu hindern, ohne daß andere Mächte anders als schadenfroh zugesehen hätten. Japans Blicke sind auf ein Ziel konzentriert, nämlich Korea. Hierüber wird sich deshalb Japan mit Rußland zu verständigen haben.

England hat wahrscheinlich die Absicht später sich in Wei-hai-wei oder Tschifu oder Tientsin festzusetzen, oder Fuß zu fassen auf der Südwestecke von Korea - es sucht, um den deutschen und russischen Einfluß zu paralysieren, nach einem geeigneten Standort in der Nähe von Peking. An ein Bündnis mit England zum Angriff auf Rußland ist nicht zu glauben. Erst dann wenn England im Krieg ist, kann Japan ein guter Bundesgenosse werden - aber das Umgekehrte wäre eine falsche Rechnung. Japan hofft übrigens sein Ziel auf friedlichem Wege zu erreichen."

Radolin.

orig. i. a. China 20 № 1

Regierungs-Communiqué betreffend Abberufung des russischen finanziellen Beirats aus Korea und Austritt der russischen Instrukteure aus der koreanischen Armee.

PAAA_RZ201-018926_034 f.			
Empfänger	Fürst zu Hohenlohe - Schillingsfürst	Absender	Radolin
A. S. 895 pr. 23. März 1898. a. m.		St. Petersburg, den 19. März 1898.	

A. S. 895 pr. 23. März 1898. a. m. 1 Anl.

St. Petersburg, den 19. März 1898.

№ 125.

Seiner Durchlaucht

dem Herrn Reichskanzler

Fürsten zu Hohenlohe - Schillingsfürst.

Sämtliche Blätter bringen heute an leitender Stelle das gestern im hiesigen Regierungsanzeiger veröffentlichte Communiqué, betreffend die Abberufung des russischen, dem koreanischen Ministerium zugeteilten finanziellen Beirats, sowie den Austritt der russischen Instrukteure aus der koreanischen Armee. Euerer Durchlaucht verfehle ich nicht, den betreffenden Ausschnitt aus der St. Petersburger Zeitung, № 66, ehrerbietigst vorzulegen.

Radolin.

Inhalt: Regierungs-Communiqué betreffend Abberufung des russischen finanziellen Beirats aus Korea und Austritt der russischen Instrukteure aus der koreanischen Armee.

Anlage zu № 125.

St. Petersburger Zeitung № 66.
vom 19. 7. März 1898.

Mittheilung der Regierung.

In letzter Zeit trafen aus Söul Nachrichten ein, die darauf hinwiesen, daß in dem Lande eine politische Gährung sowohl in den Regierungssphären als auch unter dem Volke begonnen hat.

Unter den Staatsbeamten bildeten sich Parteien, die den Ausländern im Allgemeinen feindlich gesinnt sind und offen erklären, daß Korea bereits den Weg der Selbstständigkeit betreten habe und seine Regierung daher in Sachen der inneren Verwaltung keinerlei ausländischer Hilfe ferner bedürfe.

Diese Umstände erschwerten die Thätigkeit der auf die dringende persönliche Bitte des Kaisers Li und seiner Regierung nach Söul abkommandirten russischen Instruktoren und des finanziellen Beiraths aufs Aeußerste, die auf allerlei Hindernisse zur regelrechten und gewissenhaften Ausübung der ihnen auferlegten Pflichten stießen.

Eine derartige Sachlage konnte den wohlmeinenden Absichten Russlands nicht entsprechen.

Angesichts dessen wurde auf Allerhöchsten Befehl unser Vertreter ins Söul beauftragt, sowohl dem Kaiser persönlich, als auch seiner Regierung die Frage zu stellen, ob sie unsere fernere Hilfe in Gestalt der Palais-Schutzwache, der Armee-Instruktoren und des Beiraths in der Finanzverwaltung noch für nothwendig halten?

Auf diese Frage wurde dem russischen Geschäftsträger zur Antwort, daß die koreanische Regierung, unserem Erhabenen Monarchen die tiefste Dankbarkeit für die Korea rechtzeitig erwiesene Hilfe äußernd, finde, daß das Land gegenwärtig bereits in der Lage sei, ohne Unterstützung in militärischer und politischer Beziehung auszukommen und daß, um Sr. Majestät dem Kaiser besonderen Dank abzustatten, der Kaiser von Korea die Erlaubniß nachsuche, einen Spezial-Gesandten nach St. Petersburg abzudelegiren.

Anläßlich dieser Nachrichten beauftragte die Kaiserliche Regierung ihren Vertreter in Söul, dem Kaiser von Korea und seinen Ministern zu erklären, daß, falls Korea gegenwärtig nach ihrer Meinung einer anderweitigen Hilfe nicht mehr bedürfe und im Stande sei, mit eigenen Kräften die Unabhängigkeit seiner inneren Verwaltung zu schützen, wir nicht ermangeln werden, für die Abberufung unseres finanziellen Beiraths Anordnung zu treffen. Was indessen unsere Militär betrifft, so werden sie nach ihrem

Austritt aus der koreanischen Armee einstweilen, angesichts der noch unerklärten Situation in Korea, zur Disposition unserer Gesandtschaft verbleiben.

Von der Verantwortlichkeit entbunden, die die Anwesenheit der russischen Instruktoren und des finanziellen Beiraths im Lande ihm auferlegte, kann Russland fernerhin sich jeglicher aktiven Theilnahme an den koreanischen Angelegenheiten enthalten, in der Hoffnung, daß der dank seiner Unterstützung erstarkte junge Staat die Fähigkeit besitzen wird, selbstständig sowohl die innere Ordnung, als auch seine vollständige Unabhängigkeit aufrecht zu erhalten.

Im entgegengesetzten Falle wird die Kaiserliche Regierung Maßregeln zum Schutze der Interessen und Rechte ergreifen, in deren Besitz Russland als Korea benachbarte Großmacht sich befindet.

Rußlands Haltung in Korea.

PAAA_RZ201-018926_037 ff.

Empfänger	Fürst zu Hohenlohe - Schillingsfürst	Absender	Radolin
A. 3617 pr. 25. März 1898. a. m.		St. Petersburg, den 23. März 1898.	

A. 3617 pr. 25. März 1898. a. m. 1 Anl.

St. Petersburg, den 23. März 1898.

№ 127.

Seiner Durchlaucht

dem Herrn Reichskanzler

Fürsten zu Hohenlohe - Schillingsfürst.

Die „Moskowskija Wedomosti" hatte unter dem 7. d. Mts. (a. St.) einen Artikel gebracht, welcher die von der hiesigen Regierung in Korea beobachtete Haltung zu rechtfertigen und den Nachweis zu führen sucht, daß die Abberufung des Finanzbeirats aus Korea und die Zur-Disposition-Stellung der Militär-Instrukteure nicht einen Mißerfolg der russischen Politik darstelle, sondern die einfache Konsequenz des von Rußland stets befolgten Prinzips der Nicht-Intervention sei.

Nachdem das heutige „Journal de St. Pétersbourg" an hervorragender Stelle den Artikel seinem ganzen Umfange nach reproduziert, glaube ich nicht in der Annahme fehl zu gehen, daß die Erklärungen auf eine offiziöse Quelle zurückzuführen sind. Besondere Beachtung verdienen unter diesen Umständen die scharfen, gegen die österreichisch-ungarische Politik in Bulgarien und Serbien gerichteten Ausfälle.

Euerer Durchlaucht beehre ich mich beifolgend den betreffenden Artikel des „Journal de St. Pétersbourg" gehorsamst vorzulegen.

Radolin.

Inhalt: Rußlands Haltung in Korea.

Journal de St. Pétersbourg.

23 / 11. Mars 1898.

ad Ber. № 127.

LES JOURNAUX RUSSES. - La *Gazette de Moscou* publie l'article suivant en date du 7 mars :

« Le communiqué officiel qui nous a été transmis aujourd'hui par télégraphe annonce. que le gouvernement impérial a rappelé de Séoul le conseiller financier russe et a mis fin à la mission dont nos instructeurs militaires avaient été chargés dans l'armée coréenne.

« Il s'était formé en Corée un parti hostile aux étrangers et que rendait très difficile l'activité de notre conseiller financier et de nos instructeurs, envoyés sur les demandes instantes du souverain de ce pays. Cette situation ne pouvant répondre aux intentions bienveillantes de la Russie envers la Corée, notre chargé d'affaires a reçu l'ordre de demander à l'empereur Li et à son gouvernement s'ils jugeaient indispensable notre assistance ultérieure sous la forme d'une garde royale, d'instructeurs militaires et d'un conseiller financier. A la suite de la réponse donnée par eux, comme quoi la Corée peut se passer d'assistance étrangère pour la réorganisation de ses finances et de son armée, le gouvernement russe a rappelé son conseiller financier ; et après avoir mis fin à la mission de nos instructeurs dans l'armée coréenne, il les a maintenus à la disposition de notre légation, eu égard aux incertitudes qui planent sur la situation intérieure en Corée.

« Les journaux étrangers hostiles à la Russie pouvant chercher à interpréter la mesure prise par le gouvernement impérial comme un échec de la politique russe en Extrême-Orient, il y a lieu de développer la véritable signification de cet acte gouvernemental. Il ne saurait en effet être question d'un échec subi par notre politique : la Russie reste toujours fidèle à son principe constant de non-intervention. Lorsque, sur les demandes instantes de l'empereur Li, qui s'était réfugié dans notre légation pour se soustraire aux dangers qui le menaçaient, la Russie avait envoyé des instructeurs pour réorganiser l'armée démoralisée par ces agitations continuelles, elle avait agi, non pas dans son intérêt propre, mais dans celui de la Corée. Bien que l'activité des membres de notre armée et de notre administration envoyés en Corée ne fût pas sortie des limites strictes qui leur étaient assignées, cependant, au cours de l'agitation qui s'était produite, des griefs étaient élevés à la charge de nos compatriotes et du gouvernement russe, influant ainsi sur la manière de voir de cette partie de la population coréenne qui était sans cela animée de sentiments hostiles envers les étrangers. La décision prise par l'empereur Li, de renoncer aux services des instructeurs russes, montrait que ce parti avait réussi à exercer une influence sur l'esprit du souverain lui-même.

« La Russie n'impose ses services à personne, et elle n'est venue en aide à la Corée que sur la demande du gouvernement coréen, lorsque ce pays risquait d'être définitivement absorbé par le Japon. Si maintenant le gouvernement d'un pays à l'indépendance de porter atteinte déclare qu'il peut se passer de l'assistance russe, la Russie peut se retirer avec calme, ainsi qu'elle l'a déjà fait dans des cas analogues.

« Lorsque la Bulgarie, délivrée par les armes russes et constituée en Etat grâce à notre assistance, a décidé qu'elle pouvait se passer de l'aide de la Russie, la Russie lui a laissé immédiatement toute liberté d'action. Même l'action exercée par la diplomatie autrichienne et la propagande de l'Eglise catholique n'ont pu décider la Russie à modifier son attitude. On savait parmi nous que la Bulgarie, fût-elle même amenée à cette compréhension par une douloureuse expérience, apprécierait pleinement notre politique de « désintéressement », et recourrait de nouveau à l'aide de la Russie lorsqu'elle verrait qu'elle se trouve dans une situation critique. La Bulgarie a dû traverser la terrible époque du régime Stamboulow avant de se résoudre à envoyer une députation à St-Pétersbourg pour adresser ses demandes à l'empereur de Russie. Elle sait maintenant que tant qu'elle suivra les conseils de la Russie, sa prospérité sera assurée.

« La même situation s'est produite en Serbie, où le pouvoir, comme on le sait, est revenu aux mains d'un joueur politique tel que le roi Milan, dans lequel la Russie a perdu depuis longtemps toute confiance. Bien qu'on sache clairement en Russie que le roi Milan ne fait que nuire aux intérêts de son ancienne patrie, cependant le gouvernement russe n'a fait aucune tentative de s'immiscer dans les affaires intérieures de la Serbie. Les Serbes eux-mêmes doivent comprendre tout le tort que leur cause leur gouvernement actuel, qui a éloigné la Serbie de la Russie. Lorsqu'ils l'auront compris, le roi Milan quittera le territoire serbe, ce qui vraisemblablement arrivera bientôt, et la Russie rendra volontiers à la Serbie ses sympathies cordiales et son concours.

« C'est une attitude analogue que la Russie a prise maintenant en Corée. Elle espère que ce jeune Etat voisin trouvera en lui des forces pour garantir l'ordre intérieur sur son territoire, ainsi que son indépendance, de manière à ce que ne soient pas atteints nos intérêts en Extrême-Orient. Du moment où il ne s'agirait plus des affaires intérieures de la Corée, mais d'intérêts russes, la Russie ne resterait certainement pas inactive. Si, par exemple, profitant de la faiblesse des Coréens, le Japon voulait faire entrer en Corée de nouvelles troupes, la Russie, s'appuyant sur le traité qui garantit l'indépendance de la Corée, y ferait entrer aussitôt des troupes russes pour mettre celles-ci sur un pied égal avec les forces militaires japonaises. La Russie ne peut admettre qu'un autre élément que l'élément coréen se fortifie en Corée et qu'il y dispose des ressources du pays. Il dépendra de la Corée que cette rentrée de la Russie ne soit pas nécessaire, une fois que l'empereur de Corée a déclaré qu'il saura défendre l'indépendance de son empire sans aucune assistance étrangère.

« On doit comprendre à Séoul que les intérêts russes sur l'Océan Pacifique sont trop considérables pour que la Russie puisse admettre qu'il y soit porté atteinte ; il y a donc lieu de penser que le gouvernement coréen reconnaissait l'importance de la décision qu'il a prise, et les conséquences que pourrait entraîner pour lui la non exécution de sa pro messe.

« Dans tous les cas, la Russie a actuellement les mains déliées : elle ne répond plus de ce qui peut se produire maintenant en Corée, mais elle suivra attentivement tout ce qui s'y produira, en se guidant dans ses actes exclusivement par les intérêts russes.

« La situation dans laquelle se trouve placée la Russie est donc incontestablement avantageuse pour elle, et c'est dans ce sens que doit être comprise la portée de la mesure récente du gouvernement russe rapport à la Corée.

[   ]

PAAA_RZ201-018926_042 ff.			
Empfänger	Fürst zu Hohenlohe - Schillingsfürst	Absender	Radolin
A. S. 921 pr. 26. März 1898. a. m.		St. Petersburg, den 24. März 1898.	
Memo	I Tel. 20. 3. London 91, Tokio 5. II mtg. 30. 3. London 29, Paris 187, Tokio A. 4, Peking A. 20.		

Abschrift.

A. S. 921 pr. 26. März 1898. a. m.

St. Petersburg, den 24. März 1898.

№ 131.

Seiner Durchlaucht

dem Herrn Reichskanzler

Fürsten zu Hohenlohe - Schillingsfürst.

Aus einer Unterhaltung, die ich gestern mit dem japanischen Gesandten gehabt, entnahm ich, daß die Japaner Wei-hai-wei in der Tat verlassen wollen.

Der Gesandte sagte mir, die Japaner hätten mit Formosa sehr viel zu tun und könnten ihre Kräfte nicht zersplittern. Wei-hai-wei, meinte er, zu halten, wäre für Japan viel zu kostspielig. Es sei aber der beste und tiefste Hafen von allen dortigen und Rußland würde ihn wohl haben wollen. Es frage sich freilich, ob andere Mächte dies zulassen würden. Der Gesandte vermied es aber, wohl mit Rücksicht auf unsere freundschaftlichen Beziehungen zu Rußland, mich darauf hinzuweisen, daß möglicherweise die Engländer ihr Augenmerk auf Wei-hai-wei richten könnten. Einem meiner Kollegen indes sagte der Gesandte: Japan wolle Wei-hai-wei nicht behalten, „das sei für die Engländer". Daraus dürfte zu schließen sein, daß zwischen England und Japan ein diesbezügliches Abkommen besteht, oder daß englisches Geld das Weitere tun wird.

Der russische auswärtige Minister ist bemüht, die Japaner sehr entgegenkommend zu behandeln und hat jedenfalls das erreicht, daß Japan momentan wegen Korea beruhigt scheint. Weder Japan noch Rußland sind zu einem Angriff auf einander zur Zeit vorbereitet, und dürfte die natürliche Rivalität zwischen beiden, momentan wenigstens, als eingeschlummert zu betrachten sein.

Der japanische Gesandte sprach sich mit Anerkennung über Graf Murawiew und seine weise Enthaltsamkeit in Korea aus. Dann fügte er hinzu, die Koreaner seien unselbstständige und unzuverlässige Leute. Die japanische Bevölkerung in Korea hätte seit der letzten Kriege um das Dreifache zugenommen. Japan hätte die Pflicht, dieselbe zu schützen, und müsse die nötigen Truppen dazu auf Korea halten.

Aus meinen öfteren Unterhaltungen mit den Japanern und Chinesen habe ich den Eindruck, daß beide die Europäer - ob Russen oder Engländer - gleichmäßig hassen und sich gern vereinen würden, um gegen den Westen Front zu machen. Ich möchte glauben, daß bei der Räumungsabsicht von Wei-hai-wei bei den Japanern die Idee vorherrscht, China durch dieses freiwillige Aufgeben und ihre scheinbare Uneigennützigkeit zunächst zu captivieren und freundschaftliche Beziehungen anzuknüpfen, um dann umso größeren Einfluß auf dem Festlande zu gewinnen.

gez. Radolin.

orig. i. a. China 20 № 1

[   ]

PAAA_RZ201-018926_045

Empfänger	Auswärtiges Amt in Berlin	Absender	Krien
A. S. 945 pr. 28. März 1898. p. m.		Söul, den 28. März 1898.	

A. S. 945 pr. 28. März 1898. p. m.

Telegramm.

Söul, den 28. März 1898. 12 Uhr 50 Min. Nm.
Ankunft: 11 Uhr 36 Min. Vm.

Der K. Konsul an Auswärtiges Amt.

Entzifferung.

№ 7.

Vertrauliche Mitteilung japanischen Gesandten. Russische Regierung hat Japan Übereinkommen auf Basis voller Unabhängigkeit Koreas und Nichteinmischung vorgeschlagen.

Fünf englische Kriegsschiffe Chemulpo.

Krien.

Unikat i. a. China 20 № 1

PAAA_RZ201-018926_047

Empfänger	Auswärtiges Amt in Berlin	Absender	[*sic.*]
A. 3980 pr. 1. April 1898. p. m.		Berlin, den 30. März 1898.	

A. 3980 pr. 1. April 1898. p. m. 1 Anl.

Berlin, den 30. März 1898.

A. 2457.

An den Herrn Staatssekretär

des Auswärtigen Amts

hier.

Euer Excellenz beehre ich mich beifolgend den mit gefälligem Schreiben vom 18. März 1898 - A. 3001 - zugesandten Bericht des Kaiserlichen Konsuls in Söul vom 18. Januar 1898, betreffend das englische Geschwader in Chemulpo, nach Kenntnisnahme ergebenst zurückzusenden.

In Vertretung

[*sic.*]

Die Konzession für die Eisenbahn von Söul nach Fusan.

	PAAA_RZ201-018926_049 ff.		
Empfänger	Fürst zu Hohenlohe - Schillingsfürst	Absender	Krien
A. S. 1071 pr. 8. April 1898. a. m.		Söul, den 14. Februar 1898.	

A. S. 1071 pr. 8. April 1898. a. m.

№ 22.

Söul, den 14. Februar 1898.

An Seine Durchlaucht

den Herrn Reichskanzler

Fürsten zu Hohenlohe - Schillingsfürst.

Euer Durchlaucht beehre ich mich mit Bezug auf meinen Bericht № 13[6] vom 19. v. M. zu melden, daß der japanische Vertreter mir das Folgende mitgeteilt hat: Er habe an den koreanischen Minister der Auswärtigen Angelegenheiten eine Note gerichtet, worin er betont habe, daß die Konzession für die Eisenbahn von Söul nach Fusan durch den Erlaß des Königs, der die Erteilung weiterer Eisenbahnkonzessionen verbietet, nicht berührt würde, weil das Recht auf diesen Eisenbahnbau durch den Vertrag vom August 1894 der japanischen Regierung zugesichert worden sei. Gleichzeitig habe er verlangt, daß die hiesige Regierung nunmehr den Kontrakt über die Erteilung der Konzession ohne Verzug zeichnen solle.

Wie ich von zuverlässiger Seite erfahre, ist der Minister des Auswärtigen, Herr Cho, geneigt gewesen, das japanische Gesuch zu erfüllen. Nachdem indes der russische Vertreter davon Kenntnis erhalten, hat er bei dem König auf die Entlassung des Ministers gedrungen. Infolgedessen hat Herr Cho auf sein Gesuch den Abschied erhalten und Herr Yi-To-Chä, der im Winter 1895 - 96 kurze Zeit Unterrichtsminister war, diese Stellung aber aufgab, weil er sich nicht die Haare schneiden lassen wollte, zum Minister der Auswärtigen Angelegenheiten ernannt worden.

Abschriften dieses Berichts sende ich an die Kaiserlichen Gesandtschaften zu Peking und Tokio.

Krien.

Inhalt: Die Konzession für die Eisenbahn von Söul nach Fusan.

---

6 A. S. 760 ehrerb. bgfgt.

Abfahrt des englischen Geschwaders.

PAAA_RZ201-018926_053 ff.			
Empfänger	Fürst zu Hohenlohe - Schillingsfürst	Absender	Krien
A. 4267 pr. 8. April 1898. a. m.		Söul, den 12. Februar 1898.	
Memo	J. № 77.		

A. 4267 pr. 8. April 1898. a. m.

Söul, den 12. Februar 1898.

№ 20.

An Seine Durchlaucht, den Herrn Reichskanzler
Fürsten zu Hohenlohe - Schillingsfürst.

Euer Durchlaucht beehre ich mich im Anschluß- an meinen Bericht № 11 vom 18. v.
M. zu melden, daß das englische Geschwader unter dem Befehl des Contre-Admirals
Fitzgerald und bestehend aus den Kreuzern „Grafton", „Narcissus", „Undaunted" und den
Kanonenbooten „Daphne" und „Phoenix" vorgestern und gestern die Reede von Chemulpo
verlassen hat, angeblich um nach Nagasaki zu gehen.

Der Kreuzer „Iphigenia" ist auf der Reede zurückgeblieben.

Nach Äußerungen englischer Marine-Offiziere in Chemulpo ist das Geschwader
abgereist, weil zwischen Großbritannien und Rußland über die Port-Arthur-Frage ein
Einverständniß erzielt worden ist.[7]

Abschriften dieses Berichts sende ich an die Kaiserlichen Gesandtschaften zu Peking
und Tokio.

Krien.

Inhalt: Abfahrt des englischen Geschwaders.

---

7   [Randbemerkung] am 12. Februar.

Die Regierungen der Vereinigten Staaten und Großbritanniens erkennen den koreanischen Kaisertitel an.

PAAA_RZ201-018926_056 ff.			
Empfänger	Fürst zu Hohenlohe - Schillingsfürst	Absender	Krien
A. 4514 pr. 14. April 1898. p. m.		Söul, den 22. Februar 1898.	
Memo	cfr. A. 5248		

A. 4514 pr. 14. April 1898. p. m.

Söul, den 22. Februar 1898.

№ 23.

An Seine Durchlaucht, den Herrn Reichskanzler,

Fürsten zu Hohenlohe - Schillingsfürst.

Euer Durchlaucht beehre ich mich im Anschluß an meinen Bericht vom 4. v. Mts.[8] zu melden, daß der amerikanische Vertreter, nach einer mir mündlich gemachten Mitteilung, von dem Staatssekretär zu Washington angewiesen worden ist, der hiesigen Regierung zu erklären, daß die Regierung der Vereinigten Staaten den von dem König angenommenen Kaisertitel anerkennt, weil sich die Änderung nicht als die Folge eines Krieges oder einer Revolution, sondern auf friedlichem Wege vollzogen habe.

Heute teilte mir der englische General-Konsul mit, er habe von Lord Salisbury die schriftliche Ermächtigung erhalten, den König von Korea Kaiser zu nennen, wenn einige seiner Kollegen dasselbe täten. (I might call him Emperor, if some of my colleagues did the same). Er würde deshalb in seinen amtlichen Schreiben an die koreanischen Behörden künftig den Herrscher von Korea mit „Kaiser" und die Regierung mit „Kaiserlich" bezeichnen.

Abschriften dieses Berichts sende ich an die Kaiserlichen Gesandtschaften zu Peking und Tokio.

Krien.

Inhalt: Die Regierungen der Vereinigten Staaten und Großbritanniens erkennen den koreanischen Kaisertitel an.

---

8 noch nicht eigegangen.

Tod des Taiwonkun.

PAAA_RZ201-018926_059 ff.			
Empfänger	Fürst zu Hohenlohe - Schillingsfürst	Absender	[o. A.]
A. 4515 pr. 14. April 1898. p. m.		Söul, den 26. Februar 1898.	

A. 4515 pr. 14. April 1898. p. m. 1 Anl.

Söul, den 26. Februar 1898.

№ 24.

An Seine Durchlaucht, den Herrn Reichskanzler
Fürsten zu Hohenlohe - Schillingsfürst.

Der Vater des Königs, der unter dem Namen „Taiwonkun" bekannte Prinz Yi
Hae-Ung, verschied am 22. d. Mts. in seinen achtundsiebzigsten Lebensjahre. Der
Verstorbene war von 1864 bis 1872 Regent von Korea für seinen minderjährigen Sohn,
den jetzigen König, -

In den letzten beiden Jahren lebte er ganz zurückgezogen.

Eine Landestrauer ist nicht angeordnet worden, weil ein früherer König, Ik-jong,
dessen Gemahlin nach seinem Tode den gegenwärtigen Herrscher von Korea adoptierte,
als gesetzlicher Vater gilt.

Euer Durchlaucht beehre ich mich, in der Anlage die heutige Nummer der Zeitung
„The Independent", die eine Lebensbeschreibung des gestorbenen Prinzen bringt,
gehorsamst zu überreichen.

Abschriften dieses Berichts sende ich an die Kaiserlichen Gesandtschaften zu Peking
und Tokio.

Inhalt: Tod des Taiwonkun. 1 Anlage.

VOL. 3   NO. 24

THE INDEPENDENT.

AN EXPONENT OF KOREAN NEWS, POLITICS, COMMERCE, LITERATURE, EDUCATION, RELIGION AND PROGRESS.

SÖUL, KOREA, SATURDAY, FEBRUARY 26TH, 1898

BRIEF SKETCH OF PRINCE TAIWON'S LIFE.

Prince Ye Haeung or Taiwon Kun was born in Söul on January 22nd, 1821 and was eighty-eight[9] [seventy-seven] years and one month old when he died. He was the fourth son of a prince who died at the close of the last century[10] [in 1830]. The family belongs to the royal clan, the members being the direct descendent, of King Yunjong.

The Korean royal relations are treated differently from those of other countries. They are practically excluded from holding any important office in the government and their emolument is very poor. Therefore many of them decline the title of prince and enter the civil or military services like any other person as the old Korean law prohibits any prince from holding important offices in the government.

Taiwon Kun's family was very poor and had no influence in the court so he and his three brothers accepted the title of prince when they were young, and lived quietly and frugally in their humble homes. The fourth prince was the brightest and most energetic in the family and was very desirous of having his sons become officials in the government. He had two sons and two daughters legitimately, and one son and a daughter from his concubine. Through his diplomacy he secured a civil office for his oldest son. Ye Chaimen and he would have done the same for his second had he not allowed the son (His Majesty, the present Emperor) to be adopted by Queen Dowager Cho as the heir to the throne of King Ikjong.

After the death of the last King, Chuljong, in 1863, Taiwon Kun exerted his energy and tact and secured the throne for his second son and made himself regent. From 1863

---

9   [eighty eight: Durchgestrichen von Dritten.]

10 [at the close of the last century: Durchgestrichen von Dritten.]

to 1872 Taiwon was the practical ruler of the country, during which period Korea underwent many notable internal changes and many foreign complications occurred.

Some of the leading features of internal administration were the rebuilding of the Kyengbok palace at a tremendous cost; construction of the government buildings in the front of the same palace, now used by the various departments; widening of the streets in the city; repairing of the city gates and walls; establishment of arsenals in five different localities; organizations of war junks in Kangwha and Tongyung districts; minting high denominationed cash and manufacturing the old fashioned cannons for the army. Besides these improvements, he also inaugurated some of the most corruptable practices among the officials and cruelest punishments for the people. He commenced the practice of selling offices, especially the provincial offices, to the highest bidders and instituted the custom of borrowing money from the well-to do classes without the least intention of paying it back. One of his most cruel acts was the wholesale massacre and persecution of the native Christians. It is said that he had some ten thousand innocent men, women and children killed because they were supposed to be believers of Christianity. In this connection we might mention that many brave souls suffered martyrs' deaths with Christian fortitude and unswerving faith. This massacre may be an indelible stain upon the character of the Prince, but the heroic deaths of so many faithful followers of the Cross will go down in the history of the Korean church as a glorious demonstration of the firmness of faith which the native Christians possessed. We must not criticise the Prince too severely for the cruelty he practiced because he thought such was his duty. In recent years he realized his mistake, and, to some extent, he confessed his barbarity.

The unfortunate and unnecessary bloodshed at Kangwha between the crew of an American war ship and the soldiers in the Korean forts took place two years after the beginning of Taiwon Kun's regime. This unpleasant affair could have been avoided if each side had understood the motives of the other.

For nearly ten years the Prince was known among the people as a tiger. His name was reverenced in all parts of the country and his orders were obeyed from the highest to the lowest. However, he was more feared than loved by the masses. In 1872 his power was curtailed and he had no longer any voice in the government. In 1882 he regained his power for a few weeks after the breaking out of mutiny among the Korean soldiers. But he was soon carried away by a Chinese warship to Tientsin through the deceptive plot of a Chinese general. He spent three lonely years in China as a captive, but he was permitted to return after the Tientsin convention between Marquis Ito and Earl Li Hungchang in 1885.

After his return from China he was watched and guarded by his political enemies and his position was not unlike a prisoner in his own castle. For nearly ten years his name was scarcely mentioned anywhere and his former followers had been either killed or banished. But after the commencement of the Japan-China war, he became again active in politics and recovered much of his former influence in the government. In the Spring of 1895 he was for the third time compelled to retire to his Uhen home, and spent the Summer days in enforced idleness. After the death of the late Empress, he emerged from his compulsory retirement once more and took up his abode in the palace, but was not allowed to interfere freely with government affairs.

From February 11th 1896 he was compelled take up his residence in his own palatial (Korean) home in Kiodong and since then he led the life of a hermit even to his last hour. His last appearance outside of his compound was some time during last Summer when he made a sudden visit to the Police Department for the purpose of rescuing one or two of his followers who had been imprisoned there for a long time. On this occasion he scolded the chief commissioner of police for the unjust imprisonment of these men and demanded an immediate trial of their charges by the court. On his way home he paid a short visit to the palace and it turned out to be last meeting between his imperial son and himself.

We do not pretend to be biographers, therefore we simply chronicle a few simple facts of His Imperial Highness' life and leave the privilege of commenting upon them to future historians. However, we might say that he was a strong character and has been one of the most prominent actors in the Korean political drama of recent years.

Die französische Regierung erkennt den koreanischen Kaisertitel an.

PAAA_RZ201-018926_066 ff.			
Empfänger	Fürst zu Hohenlohe - Schillingsfürst	Absender	Krien
A. 5248 pr. 1. Mai 1898. p. m.		Söul, den 5. März 1898.	
Memo	J. № 121.		

A. 5248 pr. 1. Mai 1898. p. m.

Söul, den 5. März 1898.

№ 31.

An Seine Durchlaucht

den Herrn Reichskanzler

Fürsten zu Hohenlohe - Schillingsfürst.

Euer Durchlaucht beehre ich mich in Anschluß an meinen Bericht № 23 vom 22. v. Mts[11] zu melden, daß der französische Geschäftsträger mir mitgeteilt hat, er habe von Paris die telegraphische Weisung erhalten, die koreanische Regierung zu benachrichtigen, daß die Regierung der französischen Republik den koreanischen Kaisertitel anerkannt habe.

Abschriften dieses Berichts sende ich an die Kaiserlichen Gesandtschaften zu Peking und Tokio.

Krien.

Inhalt: Die französische Regierung erkennt den koreanischen Kaisertitel an.

---

11 A. 4514 ehrerb. beigefügt.

PAAA_RZ201-018926_069			
Empfänger	[o. A.]	Absender	[o. A.]
A. 5522 pr. 7. Mai 1898. p. m.		[o. A.]	

A. 5522 pr. 7. Mai 1898. p. m.

Wiener Politische Correspondenz.

7. 5. 98.

O. M. Wie man uns aus London meldet, ist das Uebereinkommen Russlands mit Japan in Betreff Koreas nunmehr ratificirt worden. Danach verpflichten sich die beiden erstgenannten Staaten, nichts zu unternehmen, was die allseits anerkannte Unabhängigkeit Koreas tangiren könnte. Etwaige Schritte dieser Mächte in Korea zu Gunsten ihrer repectiven Unterthanen auf dem Gebiete der Industrie und des Handels sollen in Zukunft immer erst nach vorheriger gegenseitiger Verständigung zwischen der russischen und der japansichen Regierung erfolgen.

Ferner wird uns von dort gemeldet, dass das japanische Ausgabenbudget für das Jahr 1898, welches ursprünglich mit $233\frac{3}{4}$ Millionen Yen veranschlagt wurde, wobei sich ein Deficit von 44 Millionen ergab, auf $187\frac{3}{4}$ Millionen Yen herabgesetzt worden ist. Der Krieg- und Marine-Etat allein wurde um 46,042.283 Yen reducirt. Man dürfe, wie unsere Meldung hinzufügt, hierin ein Anzeichen dafür erblicken, dass die japanische Regierung die Lage in Ostasien für beruhigend ansieht.

O. M. Wie man uns aus St. Petersburg meldet, wurde Contre-Admiral Stark zum Commandanten von Port-Arthur ernannt. Der bisherige Commandant der Festungs-Artillerie von Kronstadt, Oberst Cholodowski, befehligt die gesammte Landartillerie von Port-Arthur.

Herr von Speyer.

PAAA_RZ201-018926_071 ff.

Empfänger	Fürst zu Hohenlohe - Schillingsfürst	Absender	Leyden
A. 5716 pr. 12. Mai 1898. a. m.		Tokio, den 6. April 1898.	

A. 5716 pr. 12. Mai 1898. a. m.

Tokio, den 6. April 1898.

A. 42.

An Seine Durchlaucht

den Herrn Reichskanzler

Fürsten zu Hohenlohe - Schillingsfürst.

Die Nachricht, daß Herr von Speyer, dessen Nachfolger in diesen Tagen in Söul angelangt sein dürfte, vor dem Antritt seines Postens in Peking nach Petersburg berufen worden ist, hat hier Befremden erregt. Wenn die neuesten Ereignisse in Korea wirklich von Rußland beabsichtigt und vorhergesehen waren, so muß es auffallen, daß der designierte Vertreter des Zars in China nicht baldmöglichst seine wichtigen Geschäfte dort übernimmt. Man ist daher vielfach zu der Überzeugung zurückgekommen, daß Herr von Speyer und durch ihn die russische Politik in Korea doch den ‚échec' erlitten hätten, der ursprünglich von der öffentlichen Meinung und einem großen Teil meiner Kollegen in der Zurückziehung des Herrn Alexeieff und der russischen Militär-Instrukteure erblickt wurde.

Ich möchte dagegen glauben, daß eine aus der russischen Gesandtschaft stammende Darstellung Glauben verdient, welche die Zurückberufung des Genannten erklärt, ohne es weniger wahrscheinlich zu machen, daß Rußlands Politik in Korea einen vorher beabsichtigten Verlauf genommen hat. Herr von Speyer soll nämlich hochgradig nervös geworden sein durch Verschlimmerung eines Übels, an welchem er schon lange leidet, und diese Nervosität soll ihren Ausdruck gefunden haben in der weit über das gewünschte Maß hinausgehenden Schroffheit, mit der er seine Instruktionen in Söul ausführte und die das „suaviter in modo" gänzlich vermissen ließ. Er gehe deshalb zunächst nach Hause und seine Entsendung nach Peking werde von seinem Gesundheitszustand abhängen.

Eine Unzufriedenheit Graf Murawiews ist übrigens danach zu erklären, denn es unterliegt keinem Zweifel, daß der Ton der Speyer'schen Noten den guten Eindruck beeinträchtigt haben muß, den man von dem Aufgeben der russischen Position erwarten dürfte.

Graf Leyden.

Inhalt: Herr von Speyer.

Russisch-japanisches Abkommen über Korea.

PAAA_RZ201-018926_075 ff.			
Empfänger	Fürst zu Hohenlohe - Schillingsfürst	Absender	Radolin
A. 5822 pr. 14. Mai 1898. a. m.		St. Petersburg, den 12. Mai 1898.	

A. 5822 pr. 14. Mai 1898. a. m. 2 Anl.

St. Petersburg, den 12. Mai 1898.

№ 203.

Seiner Durchlaucht

dem Herrn Reichskanzler

Fürsten zu Hohenlohe - Schillingsfürst.

Der Regierungsanzeiger veröffentlichte gestern das unter dem 13. / 25. v. M. in Tokio zwischen Rußland und Japan getroffene Abkommen bezüglich Koreas. Euerer Durchlaucht habe ich die Ehre, den Wortlaut dieses Abkommens in französischer Sprache aus dem offiziellen „Journal de St. Pétersbourg" und in deutscher Sprache aus der St. Petersburger Zeitung gehorsamst vorzulegen.

Bereits im Laufe des vergangenen Winters hatte mir Kaiser Nicolaus als das nächste Ziel der russischen Politik eine definitive Verständigung mit Japan über Korea bezeichnet, um für Rußland freie Hand und wenigstens für einige Zeit Ruhe zur weiteren Ausgestaltung seiner neuen ostasiatischen Besitzungen zu erlangen. Das jüngste Abkommen stellt sich als das Resultat dieser Bemühungen Rußlands dar.

Radolin.

Inhalt: Russisch-japanisches Abkommen über Korea.

Anlage zum Bericht № 203 vom 12. Mai 1898.

Journal de St. Pétersbourg.
№ 114 vom 12. Mai / 30. April 1898.

Le *Messager officiel* publie aujord'hui la communcation suivante:
Le *Messager officiel* publie aujourd'hui la communication suivante:

Depuis la fin de guerre sino-japonaise, le gouvernement impérial n'a cessé d'employer tous ses soins à assurer l'intégrité et la complète indépendance de l'Etat coréen.

Au début, lorsqu'il s'est agi de poser des bases solides à l'organisation financière et militaire du jeune Etat, il était naturel que celui-ci ne pût se passer d'un soutien étranger ; et c'est pourquoi en 1869 le souverain de la Corée avait adressé à S. M. l'Empereur la demande instante d'envoyer à Séoul des instructeurs et un conseiller financier russes. Grâce à l'assistance que la Russie lui a prêtée en temps utile, la Corée est entrée maintenant dans une voie où elle peut se suffire à elle-même sous le rapport administratif.

Cette circonstance a donné à la Russie et au Japon la possibilité de procéder à un échange d'idées amical à l'effet de déterminer d'une manière claire et précise les relations réciproques des deux Etats en présence de la situation nouvellement créée dans la péninsule coréenne.

Les pourparlers en question ont abouti à la conclusion de l'arrangement ci-dessous, destiné à compléter le protocole de Moscou, et qui a été signé, d'ordre de S. M. l'Empereur, par notre ministre à Tokio.

Par la stipulation essentielle de cet arrangement, les deux gouvernements confirment définitivement la reconnaissance par eux de la souveraineté et de l'entière indépendance de l'empire coréen, et ils prennent en même temps, l'engagement mutuel de s'abstenir de toute ingérence dans les affaires intérieures de ce pays. Dans le cas où la Corée aurait besoin de l'assistance d'un des Etats contractants, la Russie et le Japon s'engagent à ne prendre aucune mesure par rapport à la Corée, sans s'être mis préalablement d'accord entre eux.

PROTOCOLE.

Le conseiller d'Etat actuel et chambellan baron Rosen, envoyé extraordinaire et ministre plénipotentiaire de S. M. l'Empereur de toutes les Russies, et le baron Nissi, ministre des affaires étrangères de S. M. l'empereur du Japon, afin de donner suite à l'article 4 du protocole signé à Moscou le 28 mai (9 juin) 1896 entre le secrétaire d'Etat prince Lobanow et le maréchal marquis Yamagata, et dûment autorisés à cet effet sont convenus des articles suivants.

Art. 1. - Les gouvernements impériaux de Russie et du Japon reconnaissent définitivement la souveraineté et l'entière indépendance de la Corée et s'engagent mutuellement à s'abstenir de toute ingérence directe dans les affaires intérieures de ce pays.

Art. 2. - Désirant écarter toute cause possible de malentendus dans l'avenir, les gouvernements impériaux de Russie et du Japon s'engagent mutuellement, dans le cas où la Corée aurait recours au conseil et à l'assistance, soit de la Russie, soit du Japon, à ne prendre aucune mesure quant à la nomination d'instructeurs militaires et de conseillers financiers, sans arriver préalablement à un accord mutuel à ce sujet.

Art. 3. - Ve le large développement qu'ont pris les entreprises commerciales et industrielles du Japon en Corée, ainsi que le nombre considérable de sujets japonais résidant dans ce pays, le gouvernement russe n'entravera point le développement des relations commerciales et industrielles entre le Japon et la Corée.

Fait à Tokio en double expédition le 13 (25) avril 1898.

(Signé) ROSEN. (Signé) NISSI.

L'acte diplomatique ci-dessus témoigne ainsi du fait que les deux Etats amis, ayant des intérêts étendus, mais en même temps tout à fait conciliables en Extrême-Orient, ont naturellement reconnu la nécessité d'assurer réciproquement la tranquillité dans la presqu'île voisine, en sauvegardant l'indépendance politique et l'ordre intérieur du jeune empire coréen.

La conclusion de cet arrangement amical offre à la Russie la possibilité de diriger tous ses efforts vers l'accomplissement de la tâche historique et essentiellement pacifique qui lui incombe sur les bords du Grand-Océan.

Anlage zum Bericht № 203 vom 12. V. 1898.

St. Petersburger Zeitung
№ 120 vom 12. Mai / 30. April 1898.

Mittheilung der Regierung.

Seit der Beendigung des chinesisch-japanischen Kriegs waren alle Bestrebungen der Kaiserlichen Regierung auf den Schutz der Integrität und der vollen Unabhängigkeit

Koreas gerichtet.

In der ersten Zeit konnte der junge Staat zur Einführung einer festen Ordnung sowohl auf dem Gebiete der militärischen, als auch der Finanz-Politik natürlich einer fremden Unterstützung nicht entbehren, infolge dessen im Jahre 1896 der König von Korea sich an Se. Majestät den Kaiser mit der dringenden Bitte wandte, nach Söul russische Instruktoren und einen Finanz-Beirath zu entsenden. Dank der von Russland erwiesenen rechtzeitigen Hilfe hat Korea gegenwärtig den Weg einer vollkommen selbstständigen Regierungs-Politik beschritten.

Dieser Umstand eröffnete Russland und Japan die Möglichkeit zu einem freundschaftlichen Gedankenaustausch zwecks klarer und genauer Präzisirung ihrer beiderseitigen Beziehungen zu der neugeschaffenen Sachordnung auf der Koreanischen Halbinsel zu schreiten.

Das Resultat dieser Verhandlungen war nachstehendes, auf Allerhöchsten Befehl von unserem Gesandten in Tokio unterzeichnete Uebereinkommen, welches eine Fortsetzung des Moskauer Protokolles vom Jahre 1896 bildet.

Als Grundlage des getroffenen Uebereinkommen dient die von beiden Staaten endgültig bestätigte Anerkennung der Hoheitsrechte und der vollen Unabhängigkeit des Koreanischen Staats, mit der gegenseitigen Verpflichtung, sich jeglicher Intervention in die inneren Angelegenheiten dieses Landes zu enthalten. Für den Fall aber, daß Korea die Nothwendigkeit der Unterstützung einer der kontrahirenden Mächte für nothwendig halten sollte, verpflichten sich Russland und Japan zu keinerlei Maßnahmen in Korea ohne vorheriges gegenseitiges Einvernehmen zu schreiten.

Protokoll.

Der Wirtliche Staatsrath und Kammerherr Baron Rosen, außerordentlicher Gesandter und bevollmächtigter Minister Sr. Majestät des Kaisers aller Russen und Baron Nissi, Minister der auswärtigen Angelegenheiten Sr. Majestät des Kaisers von Japan haben auf Grund des Art IV. des in Moskau am 28. Mai (9. Juni) vom Staatssekretär Fürsten Lobanow und dem Marschall Marquis Yamagata unterzeichneten Protokolls und nachdem sie hierzu in gehöriger Weise bevollmächtigt worden, über nachfolgende Artikel eine Vereinbarung getroffen.

Artikel 1.

Die Kaiserlichen Regierungen von Russland und Japan erkennen endgültig die Hoheitsrechte und die vollkommene Unabhängigkeit Koreas an und verpflichten sich, sich jeglicher direkten Intervention in die inneren Angelegenheiten dieses Landes zu enthalten.

Artikel 2.

Von dem Wunsche ausgehend, jegliche Veranlassung zu Mißverständnissen in Zukunft zu vermeiden, verpflichten sich die Kaiserlichen Regierungen von Russland und Japan, für den Fall, daß Korea sich um Rathschläge und Unterstützung entweder an Russland oder an Japan wenden sollte, keinerlei Maßnahmen zur Ernennung von Militär-Instruktoren und Finanz-Beiräthen ohne vorheriges Einvernehmen unter einander hierüber zu ergreifen.

Artikel 3.

Angesichts der ausgedehnten Entwickelung der Handels- und Industrie-Unternehmungen Japans in Korea und der bedeutenden Anzahl japanischer Unterthanen, die in diesem Lande sich aufhalten, wird die Kaiserlich Russische Regierung der Entwickelung der Handels- und industriellen Beziehungen zwischen Japan und Korea nicht hinderlich sein.

Aufgenommen in Tokio in zwei Exemplaren am 13. / 25. April 1898.

gez. Rosen. Nissi.

Die dargelegte diplomatische Akte bezeugt somit, daß die beiden freundlichen Staaten, die ausgedehnte, aber zugleich auch vollkommen versöhnbare Interessen im fernen Osten haben, zu der natürlichen Erkenntniß von der Nothwendigkeit gelangt sind, die Ruhe auf der benachbarten Koreanischen Halbinsel sicherzustellen, indem sie die politische Unabhängigkeit und die innere Ordnung des jungen Koreanischen Staates schützen.

Mit dem Abschluß dieses freundschaftlichen Vertrages ist Russland die Möglichkeit gegeben, alle seine Sorgen und Anstrengungen auf die glückliche Verwirklichung seiner friedlichen Mission an den Küsten des Stillen-Oceans zu richten.

Urteil der russischen Presse über den russisch-japanischen Vertrag.

PAAA_RZ201-018926_080 ff.			
Empfänger	Fürst zu Hohenlohe - Schillingsfürst	Absender	Radolin
A. 5871 pr. 15. Mai 1898. a. m.		St. Petersburg, den 13. Mai 1898.	

A. 5871 pr. 15. Mai 1898. a. m. 1 Anl.

№ 207.

St. Petersburg, den 13. Mai 1898.

Seiner Durchlaucht

dem Herrn Reichskanzler

Fürsten zu Hohenlohe - Schillingsfürst.

Zum russisch-japanischen Übereinkommen äußert sich die gesamte russische Presse mit voller Befriedigung.

Die „Nowoje Wremja" erblickt in dem Vertrag eine Tatsache von bedeutender politischer Tragweite hinsichtlich der weiteren Beziehungen Rußlands zu Japan. Rußland erkenne die unstreitige Handelspraeponderanz Japans in Korea an, die ihm weit weniger unbequem erscheine als das eventuelle Übergewicht irgendeiner anderen fremdländischen Macht.

Die Japaner seien vernünftige Leute; aus diesem Übereinkommen könnten freundschaftliche Beziehungen für die Dauer entstehen, die im Interesse beider Staaten sehr wünschenswert wären.

Da die Mandschurei durch die Eröffnung der Bahn dem Welthandel erschlossen würde, so könne es Japan nicht gleichgültig sein, welche Beziehungen zwischen beiden Regierungen beständen.

Zum Schluß meint das Blatt, das neue russisch-japanische Abkommen beuge bis zu einem gewissen Grade dem Erfolg jener diplomatischen Mächte vor, die die Bedeutung der russischen Besetzung von Port-Arthur und Talienwan herunter zu setzen bemüht wären. Es wäre bekannt, daß diese Mächte Japan durch die Perspektive des Besitzes von ganz Korea in eine antirussische Koalition hätten hineinziehen wollen. In England würde man nach dem „fait accompli" des russisch-japanischen Vertrages derartige Hoffnungen nun nicht mehr so offenkundig aussprechen können.

Euerer Durchlaucht beehre ich mich außerdem in der Anlage einen Artikel aus der St.

Petersburger Zeitung über die in den ‚Nowosti‘ und ‚Birshewÿja‘ erschienen Kommentare zum russisch-japanischen Übereinkommen zur hochgeneigten Kenntnisnahme gehorsamst vorzulegen.

Radolin.

Inhalt: Urteil der russischen Presse über den russisch-japanischen Vertrag.

Anlage zum Bericht № 207 vom 13. Mai 1898.

Ausschnitt aus der St. Petersburger Zeitung vom 13. Mai 1898. - № 122 -

- [Zum russisch-japanischen Uebereinkommen,] von dem die gestern veröffentlichte Mittheilung der Regierung handelte, äußern sich die „Nowosti" und die „Birsh. Wed." voller Befriedigung. Die „Nowosti" sehen ihren heißen Wunsch - das russisch-japanische Bündniß - beinahe verwirklicht und die „Birsh. Wed." schreiben:

„Seit Russland durch den letzten russisch-chinesischen Vertrag seine jetzige Posttion auf der Halbinsel Ljaotong errungen hat und seit der Organisirung des Südussuri-Gebiets kann uns Korea nur insoweit interessiren, als wir wünschen, daß sich die Bevölkerung des angrenzenden Landes so betrage, wie es friedlichen Nachbarn geziemt, und daß keine irgendwie bedeutende Macht in diesem fast im Urzustande befindlichen Staate schalte und walte. Der Kosaken-Kordon, welche längs der koreanischen Grenze gezogen ist, die sanfte Gemüthsart der Koreaner und ihre Auffassung von der Macht des Weißen Zaren sichern uns das Erstere - ruhige, gutnachbarliche Beziehungen, und die russische-japanische Konvention vom 13. (25.) April erreicht den letzteren Zweck."

„Das Wichtigste ist bei allem dem, daß die Frage nicht blos friedlich, sondern sogar freundschaftlich beigelegt worden ist. Manche europäische Neider Russlands konnten ja diese Frage benutzen, um jene russischen Vorhaben zu hindern, die durch die historische Mission im Osten bedingt sind, an welche die heutige Mittheilung der Regierung so rechtzeitig erinnert hat. Die unzweifelhafte Existenz dieser Mission, die Thatsache, daß die Regierung sich ihrer bewußt ist und daß sie innerhalb der russischen Gesellschaft Popularität genießt, bürgen dafür, daß Russland früher oder später in allen östlichen Ländern die ihm gebührende Stellung unbedingt erhalten und auf lange Zeit ungetheilt bewahren wird."

Russisch-japanische Verhandlungen über Korea.

PAAA_RZ201-018926_085 ff.			
Empfänger	Fürst zu Hohenlohe - Schillingsfürst	Absender	Krien
A. 5927 pr. 16. Mai 1898. a. m.		Söul, den 29. März 1898.	
Memo	J. № 159.		

A. 5927 pr. 16. Mai 1898. a. m. 1 Anl.

Söul, den 29. März 1898.

№ 36.

An Seine Durchlaucht, den Herrn Reichskanzler,
Fürsten zu Hohenlohe - Schillingsfürst.

Nach einer vertraulichen Mitteilung des japanischen Minister-Residenten hat die russische Regierung der japanischen den Abschluß eines Übereinkommens auf der Basis voller Unabhängigkeit Koreas und Nichteinmischung Rußlands und Japans in die inneren Angelegenheiten des Landes vorgeschlagen. Die russische Regierung habe hinzugefügt, daß sie mit Rücksicht auf gewisse Bitten des Königs von Korea (gemeint seien die um Militär-Instrukteure und einen Finanz-Rat) Japan gegenüber bisher nicht vollkommen offen (franc) hätte sein können, daß sie aber jetzt, wo sie vollständig frei sei, der japanischen Regierung dieses Anerbieten rückhaltlos (franchement) mache.

Die japanische Regierung habe sich darauf im Prinzip zu den Verhandlungen bereit erklärt, im Übrigen aber große Zurückhaltung gezeigt. Japan hätte solange ruhig gewartet und hätte auch jetzt keine Eile.

Herr Kato erklärte mir ferner, ebenfalls vertraulich, daß er in Befolgung der Weisungen des Barons Nishi den koreanischen Beamten, die ihn verschiedene Male dringend gebeten hätten, ihnen zu raten, in welcher Weise sie die Anfrage des russischen Vertreters über die Militär-Instrukteure und den Finanz-Rat beantworten sollten, erwidert habe, er könne sich in die Sache, die lediglich Korea und Rußland anginge, nicht einmischen; sie müßten selbst wissen, was sie zu tun hätten. Aus eigener Entschließung habe er aber hinzugesetzt, wenn er in ihrer Stelle wäre, würde er das russische Anerbieten, die Instrukteure und Herrn Alexeieff zurückzuziehen, annehmen.

Herr Kato gab schließlich seiner Überzeugung Ausdruck, daß Herr von Speyer die Antwort der koreanischen Regierung nicht erwartet hätte.

Das Schreiben sei um 6 Uhr morgens in der russischen Gesandtschaft eingetroffen. Um 8 Uhr sei der zweite Legations-Dolmetscher in den Palast gekommen und habe verlangt, sofort den König zu sprechen. Der diensttuende Eunuch habe aber geantwortet, der König schliefe und dürfte unter keinen Umständen geweckt werden. Darauf habe der Dolmetscher erklärt, Herr von Speyer habe zwar das soeben eingegangene Schreiben des Auswärtigen Ministers noch nicht gelesen, er würde aber zweifellos sehr ärgerlich sein, wenn es ihm zu Gesicht käme. Das Schreiben müßte jedenfalls zurückgezogen werden, wenn Korea sich die Freundschaft Rußlands erhalten wolle.

Ganz dieselbe Nachricht hat mir auch der hiesige Konsulats-Dolmetscher gebracht. Herr Jordan will sogar wissen, daß ein dem von der hiesigen Regierung abgesandten, vollständig entgegengesetztes Schreiben in der russischen Gesandtschaft aufgesetzt und dem Minister zur Abschrift übergeben worden sei.

Trotz der ablehnenden Antwort des Herrn von Speyer hat der König einen Spezial-Botschafter für Petersburg ernannt. Nachdem der Minister davon dem russischen Geschäftsträger mit der Bitte, dies seinem Herrscher zu melden, Mitteilung gemacht hatte, erwiderte Herr von Speyer, daß der Kaiser von Rußland sich absolut weigere, einen Botschafter Koreas zu empfangen, und daß er selbst nicht wage, in der Sache weitere Schritte zu tun. (Anlage.) Der König soll darüber sehr bekümmert sein.

Herr Alexeieff wird als Finanz- und Handels-Attaché der russischen Gesandtschaft nach Tokio gehen. Eine dem bisherigen Finanzrat von der koreanischen Regierung angebotene Gratifikation von $ 5000. - hat Herr von Speyer mit dem Bemerken abgelehnt, daß es russischen Beamten nicht gestattet sei, Geschenke anzunehmen.

Die Militär-Instrukteure wohnen jetzt auf der russischen Gesandtschaft.

Herr von Speyer wird sich nach Eintreffen des neuen Geschäftsträgers, Herrn Matunin, der am 4. nächsten Monats in Chemulpo erwartet wird, nicht nach Peking, sondern zunächst nach Petersburg begeben.

Abschriften diese Berichts sende ich an die Kaiserlichen Gesandtschaften zu Peking und Tokio.

Krien.

Inhalt: Russisch-japanische Verhandlungen über Korea.

Anlage zu Bericht № 36.

Abschrift.

Translation.

Min Chung muk, Corean Minister of Foreign Affairs
to Mr. de Speyer, Russian Charge d' Affaires,

18. March 1898. 7 p. m.

Sir,

I have the honour to acknowledge the receipt of your despatch of the 17th instant, the contents of which I have submitted in a Memorial to the Emperor, who has ordered the Government to discuss the matter. The perception and greatness of the Emperor of Russia, his magnanimous generosity and kindness, and moreover his absolute disinterestedness are shown by his ready assent to the wishes of the Corean Government. Our gratitude is engraved in our hearts and cannot be expressed in words.

The Corean Government is still more grateful to your Excellency for the promptitude with which you gave effect to the commando of His Majesty the Emperor of Russia and made the necessary arrangements for relieving the Military Instructors and Financial Adviser from the performance of their duties.

The Embassy to St. Petersburg was proposed by His Majesty the Emperor solely to convey his sincere thanks to the Emperor of Russia. We are all the more touched by the decision which you have communicated to us, and even if we wished, we cannot abandon the idea. It is a duty incumbent on Corea.

In conclusion I have the honour to request your Excellency to convey the contents of this despatch to His Majesty the Emperor of Russia and the Russian Government.

I avail myself etc.

Translation.

Mr. de Speyer, Russian Charge d'Affaries,
To Min Chung Muk, Minister of Foreign Affairs.

March 19. 1898.

Sir,

I have the honour to acknowledge the receipt of your note of yesterday's date, and hasten to inform you that His Majesty the Emperor of Russia will absolutely decline to receive an Ambassador from Corea, and that I do not venture to take any further steps in the matter.

I avail myself etc.

Englische Kriegsschiffe in Chemulpo.

PAAA_RZ201-018926_095 ff.			
Empfänger	Fürst zu Hohenlohe - Schillingsfürst	Absender	Krien
A. 5928 pr. 16. Mai 1898. a. m.		Söul, den 29. März 1898.	
Memo	J. № 166.		

A. 5928 pr. 16. Mai 1898. a. m.

Söul, den 29. März 1898.

№ 37.

An Seine Durchlaucht

den Herrn Reichskanzler

Fürsten zu Hohenlohe - Schillingsfürst.

Am 26. d. Mts. traf der englische Kontre-Admiral Fitzgerald mit den Kreuzern „Powerful" und „Grafton" und dem Kanonenboot „Daphne" auf der Reede von Chemulpo ein, wo der Panzerkreuzer „Undaunted" und das Kanonenboot „Phoenix" bereits lagen.

Gestern Mittag gingen nun die ersten 4 Schiffe so plötzlich und unerwartet wieder fort, daß der britische Geschäftsträger, der gestern früh von hier aufgebrochen war, um den Admiral zu besuchen, wieder umkehrte, weil ihn unterwegs ein Telegramm erreichte, das ihm die unmittelbar bevorstehende Abfahrt der Schiffe anzeigte.

Der „Phoenix" verließ heute ebenfalls Chemulpo. Vermutlich sind die Schiffe nach Chefoo gegangen.

Abschriften dieses Berichts sende ich an die Kaiserlichen Gesandtschaften zu Peking und Tokio.

Krien.

Inhalt: Englische Kriegsschiffe in Chemulpo.

Bitte um Benachrichtigung der österreichisch-ungarischen Regierung, daß der König von Korea sich zum Kaiser proklamiert hat.

PAAA_RZ201-018926_098 ff.			
Empfänger	Fürst zu Hohenlohe - Schillingsfürst	Absender	Krien
A. 5929 pr. 16. Mai 1898. a. m.		Söul, den 30. März 1898.	

A. 5929 pr. 16. Mai 1898. a. m.

Söul, den 30. März 1898.

№ 38.

An Seine Durchlaucht

Den Herrn Reichskanzler

Fürsten zu Hohenlohe - Schillingsfürst.

Der hiesige stellvertretende Minister der Auswärtigen Angelegenheiten hat mich mittels heute eingegangener amtlicher Schreiben ersucht, der Kaiserlichen und Königlichen Oesterreichisch-Ungarischen Regierung zu melden,

1) daß der König von Korea am 12. Oktober v. Js. auf wiederholtes Bitten seiner Beamten und Untertanen den Kaisertitel mit Widerstreben angenommen hat,

2) daß der Name des Landes am 14. desselben Monats von „Tai-Tschöson" („Groß-Tschöson") in „Tai-Han" („Groß-Han") umgewandelt worden ist, und

3) daß die Bezeichnung der Jahresperiode (der Regierung des gegenwärtigen Fürsten) am 14. August v. Js. von „Kun-yang" („Aufstecken des Lichts") in „Kwang-mu" („Glanz und Militärmacht") abgeändert worden ist, sodaß von diesem Tage ab das Jahr 1897 „das erste Jahr Kwang-mu" hieß.

Der Minister gibt als Grund für die verspäteten Anzeigen an, daß der Gesandte für die sechs europäischen Vertragsmächte, Min Yong Ik, angewiesen worden sei, diese Meldungen der Kaiserlichen und Königlichen Oesterreichisch-Ungarischen Regierung persönlich zu erstatten, daß er aber unterwegs erkrankt und deshalb bisher außer Stande gewesen sei, seinen Auftrag zu erfüllen.

In Wirklichkeit hat sich die königlich-italienische Regierung, die ebenfalls keine Anzeige von den Veränderungen erhalten hatte, sich über Peking erkundigen lassen, warum ihr nicht mitgeteilt worden sei, daß der König von Korea sich zum Kaiser proklamiert habe. Infolgedessen hat der mit der Vertretung der italienischen Interessen betraute englische Geschäftsträger an das hiesige Auswärtige Amt eine entsprechende Note gerichtet. Darauf ist der bisherige Minister Min am 24. d. Mts. seines Amtes entsetzt worden und erwartet im Gefängnis seine weitere Bestrafung. Mit der vorläufigen Leitung der Auswärtigen Angelegenheiten ist der Unterrichtsminister Cho Pyong Chik beauftragt worden.

Ich beehre mich, dazu zu bemerken, daß der Minister Min Chong Muk Ende vorigen Monats gegen den Wunsch seiner sämtlichen Kollegen dem russischen Vertreter den von russischen Offizieren ausgesuchten Platz auf Deer-Island für eine Kohlenniederlage zugesichert und nun seinen Gegnern eine willkommene Gelegenheit geboten hat, sich an ihm dafür zu rächen.

Der Gesandte Min Yong Ik, den die französische Regierung nicht empfangen will, ist noch immer in Shanghai.

Krien.

Inhalt: Bitte um Benachrichtigung der österreichisch-ungarischen Regierung, daß der König von Korea sich zum Kaiser proklamiert hat. pp.

Berlin, den 19. Mai 1898.   zu A. 5716.

An

die Botschaft in

1. St. Petersburg № 385.

J. № 4310.

Euerer pp. übersende ich anbei ergebenst
Abschrift eines Berichts des Kais. Gesandten
in Tokio vom 6. v. Mts., betreffend Herrn
von Speyer, zu Ihrer gefl. Information

N. S. E.

i. m.

Berlin, den 19. Mai 1898.

An

die Botschaft in

1. Wien № 365.

J. № 4324.

zu A. 5929.

Euerer pp. übersende ich anbei ergebenst Auszug aus einem Bericht des Kais. Konsuls in Söul vom 30. März d. Js., betreffend die Proklamierung des Königs von Korea zum Kaiser.

N. S. E.

Russisch-japanische Abmachungen bezüglich Koreas.

PAAA_RZ201-018926_106 ff.

Empfänger	Fürst zu Hohenlohe - Schillingsfürst	Absender	Leyden
A. 6685 pr. 4. Juni 1898. p. m.		Tokio, den 4. Mai 1898.	

A. 6685 pr. 4. Juni 1898. p. m.

Tokio, den 4. Mai 1898.

A. 54.

An Seine Durchlaucht

den Herrn Reichskanzler

Fürsten zu Hohenlohe - Schillingsfürst.

Seit den letzten Tagen des vorigen Monats beschäftigt sich die hiesige Presse mit einem neuen russisch-japanischen Abkommen über Korea wie mit einer vollzogenen Tatsache, unter dem Bemerken, daß die Einzelheiten desselben geheim gehalten werden sollten, bis beide Mächte der Veröffentlichung zugestimmt hätten.

Was ich an Informationen darüber sammeln konnte, scheint mir die Richtigkeit der letzteren Angaben zu bestätigen sowie daß das bestehende Lobanow-Yamagata-Abkommen durchgreifenden Abänderungen in den gegenwärtigen Verhandlungen nicht unterzogen werden wird. Es liegt nahe genug, daß die Frage der Entsendung von militärischen Instrukteuren oder sonstigen Beratern seitens einer der beiden Mächte nach Korea sowie die Interessen der zahlreichen japanischen Kolonien und kommerziellen Unternehmungen dort in den Besprechungen die ausschlaggebende Rolle spielen müssen und daß die Fiktion der Unabhängigkeit Koreas aufrecht erhalten bleibt.

Die einzelnen Stipulationen der Abmachung dürften jedenfalls eine geringere Bedeutung beanspruchen, als das „suaviter in modo", welches Rußland gegenüber Japan in dem Augenblick proklamiert, wo seine Politik in Ostasien sich zum großen Fluge bereitet hat. Japan wird dem nordischen Nachbar eine gewisse Erkenntlichkeit dafür nicht versagen können, wie überhaupt die hiesigen Ansprüche in den letzten Monaten auf ein bescheideneres Maß herabgestimmt worden sind.

Wenn ich meinen russischen Kollegen, Baron Rosen richtig beurteile, so wird er sich auch den Meinungsaustausch, zu welchem ihm die koreanischen Angelegenheiten jetzt Anlaß bieten, nicht entgehen lassen, um die russische Zuvorkommenheit in ein glänzendes

Licht zu setzen und das Mißtrauen gegen andere Mächte - Deutschland nicht ausgenommen
- zu schüren.

Graf Leyden.

Russisch-japanische Abmachungen bezüglich Koreas.

PAAA_RZ201-018926_110

Empfänger	[o. A.]	Absender	[o. A.]
A. 6877 pr. 9. Juni 1898. p. m.		[o. A.]	

A. 6877 pr. 9. Juni 1898. p. m.

St. Petersburger Zeitung.

9. 6. 98.

Russische Presse.

- [Die Unabhängigkeit Koreas] ist nach dem S. K. „Korrespondenten der „Now. Wr."
ein leeres Wort, welches von denjenigen gebraucht wird, denen es bei ihren Geschäften
dienlich ist.

„Zunächst und vor Allem ist Korea von Japan abhängig. Nach der Ermordung der
Königin und einigen Mißerfolgen, welche nach diesem Ereignisse eintrafen, ließen die
Japaner den Muth nicht sinken, sondern strebten mit noch größerer Energie ihrem Ziele
zu. Die Oeffnung der Häfen gab ihnen die Möglichkeit, in noch größerer Zahl Korea zu
überschwemmen. Bei seiner Ohnmacht kann sich dieses der friedlichen Invasion nicht
wiedersetzen und die japanische Kolonisation Koreas nimmt daher progressiv zu.

Wieviel Japaner dürfen sich in Korea niederlassen"? - ist eine Frage der sehr nahen
Zukunft. Wie alle anderen Fragen, beantworten die Japaner diese Frage sehr einfach,
indem sie erklären, sie hätten das Recht, in den offenen Häfen Plätze zu erwerben und
folglich sie auch zu besiedeln. In geschlossenen, für den Handel geeigneten Häfen treiben
sie auf ihren eigenen Schiffen, unter koreanischer Flagge, Handel und durch Schmeichelei
und Güte gegen die Eingeborenen und allerlei Geschenke dringen sie auch in das Innere
des Landes, obwohl sie sich der Ungesetzlichkeit ihrer Handlungsweise bewußt sind.

Das Recht zu handeln ist noch nicht das Recht zu kolonisiren. Warum sollte, wenn
diese Fragen ein und dasselbe sind, nicht halb Japan nach Korea übersiedeln? Das
procentuale Verhältniß zwischen den Japanern und Koreanern in Korea und das
progressive Anwachsen der Letzteren bestätigt meine Worte. In Bezug auf Handel und
Kolonisation ist also Korea von Japan vollständig abhängig.

Die Verwaltung Koreas ist von den Umständen, von Zeit und Ort abhängig. In den
Städten und Orten, wo es viele Japaner giebt, wo sie festen Fuß gefaßt haben, sind die

Vertreter der Verwaltung in ihren Händen, obgleich sie nominell von den Centralverwaltungen abhängig sind.

Die Centralverwaltungen wiederum hängen von der einen oder anderen Gruppe der zeitweiligen Machthaber ab, die im gegebenen Augenblick eine gewisse Popularität, hauptsächlich aber die Unterstützung und die Rathschläge der Europäer (vornehmlich der amerikanischen Missionäre und Rathgeber) genießen. Nicht wenig abhängig ist die koreanische Regierung seit der letzten Zeit auch von dem Klub der „Unabhängigkeit", dessen Zweck es ist, in Korea eine Verwaltung zu schaffen, welche der amerikanischen ähnlich ist. Im monarchischen Korea soll eine republikanische Verwaltung eingerichtet werden und den Kaiser hat man überredet, Ehrenmitglied dieses Klubs zu werden. Es wurde versichert, daß die Männer des Klubs die Beschützer der Unabhängigkeit „Großkoreas" seien. Dieser Klub wird von Amerikanern und einigen Koreanern, welche amerikanische Bildung erhalten haben, geleitet. Hieraus ist ersichtlich, daß sowohl die Verwaltung als die Politik am allerwenigsten vom koreanischen Kaiser und seinem Volke abhängen.

Das Münzwesen hängt von Japan ab, welches auch auf diesem Gebiete ein Geschäft machen wollte, indem es in Korea seine gestanzten Dollars in Umlauf brachte, welche nicht als Geld, sondern als Waare kursirt hätten. Zu rechter Zeit wurde aber dieser Plan von unserem Rath, Herr Alerejew, und dem Direktor der russisch-koreanischen Bank, Herr Gabriel, vereitelt.

Der koreanische Kaiser selbst ist von den Janbans abhängig, die häufig gegen seinen Willen handeln, da sie wiederum die amerikanischen Rathgeber und Andere hinter ihrem Rücken haben, ohne deren Beistand sie den Ungehorsam nicht wagen würden. Das Schlimmste ist, daß diese Regenten sich sammt und sonders auf den Willen des Volkes berufen, um dessen Bedürfnisse sie sich am allerwenigsten kümmern.

Es giebt viele Beispiele, die das Gesagte am beredtesten bekräftigen können. Im Frühling 1897 sprach z. B. der Kaiser den Wunsch aus, einem Russen, Herr S., eine kleine Konzession zur Gewinnung von Kohlen und Metallen zu geben, und befahl dem Ministerium, die Erledigung der nothwendigen Formalitäten zu beschleunigen. Das Resultat ist, daß dieser Russe die Konzession bis jetzt noch nicht erhalten hat.

Ungefähr vor einem Jahre erschien ein königlicher Erlaß, welcher die Ertheilung von Eisenbahn- und Metallbergwerks-Konzessionen sistirte. Thatsächlich ist dieser Erlaß nur auf die Russen angewandt worden, da Meyer in dieser Zeit die erbetene Konzession erhalten hat. Die in dieser Zeit ertheilten Konzessionen sind allerdings mit solchen Klauseln versehen, durch eine solche Umgehung des Gesetzes zu Stande gekommen, wie es nur im Fernen Osten möglich ist.

Die Bitte des Kaisers, ein Amerikaner (ehemaliger Koreaner) möge aus dem koreanischen Dienste entlassen werden, weil er die Ruhe des Landes störe, ist bis jetzt noch unerfüllt.

Unabhängigkeit ist in Korea nur der Triumphbogen, der hinter den Mauern Söuls einsam dasteht und sich darüber wundert, daß er den unpassenden Namen „Triumphbogen der Unabhängigkeit" erhalten hat".

Die Nowoje Wremja über Korea.

PAAA_RZ201-018926_111 ff.			
Empfänger	Fürst zu Hohenlohe - Schillingsfürst	Absender	[*sic.*]
A. 6966 pr. 12. Juni 1898. a. m.		St. Petersburg, den 9. Juni 1898.	

A. 6966 pr. 12. Juni 1898. a. m. 1 Anl.

St. Petersburg, den 9. Juni 1898.

№ 248.

Seiner Durchlaucht

dem Herrn Reichskanzler

Fürsten zu Hohenlohe - Schillingsfürst.

Die „Nowoje Wremja" veröffentlicht einen Artikel ihres Korrespondenten in Korea, welcher sich darin gegen das in letzter Zeit gebrauchte Schlagwort der „Unabhängigkeit Koreas" wendet, welches den Tatsachen direkt zuwider laufe. Japans Einfluß daselbst, die Ausbreitung seines Handels und seiner Kolonisation sei in schnellem Wachstum begriffen, und auch andere ausländische Einwirkung, besonders von Seiten der Amerikaner, mache sich bemerkbar.

Regierungsmaßregeln, welche gegen die Ausbreitung fremden Einflusses gerichtet seien, kämen nur gegen die Russen zur Anwendung.

Den Artikel, welcher offenbar ein Ausdruck der unzufriedenen Stimmung ist, welche in den dortigen russischen Kreisen über die neueste russische Politik bezüglich Koreas herrscht, beehre ich mich in der Übersetzung aus der heutigen St. Petersburger Zeitung gehorsamst zu überreichen.

von Tschirschky

Inhalt: Die Nowoje Wremja über Korea.

Anlage zum Bericht № 248 vom 9. Juni 1898.

St. Petersburger Zeitung № 148.
vom 9. Juni / 28. Mai 1898.

- [Die Unabhängigkeit Koreas] ist nach dem S. K. „Korrespondenten der „Now. Wr." ein leeres Wort, welches von denjenigen gebraucht wird, denen es bei ihren Geschäften dienlich ist.

„Zunächst und vor Allem ist Korea von Japan abhängig. Nach der Ermordung der Königin und einigen Mißerfolgen, welche nach diesem Ereignisse eintrafen, ließen die Japaner den Muth nicht sinken, sondern strebten mit noch größerer Energie ihrem Ziele zu. Die Oeffnung der Häfen gab ihnen die Möglichkeit, in noch größerer Zahl Korea zu überschwemmen. Bei seiner Ohnmacht kann sich dieses der friedlichen Invasion nicht widersetzen und die japanische Kolonisation Koreas nimmt daher progressiv zu.

Wieviel Japaner dürfen sich in Korea niederlassen"? - ist eine Frage der sehr nahen Zukunft. Wie alle anderen Fragen, beantworten die Japaner diese Frage sehr einfach, indem sie erklären, sie hätten das Recht, in den offenen Häfen Plätze zu erwerben und folglich sie auch zu besiedeln. In geschlossenen, für den Handel geeigneten Häfen treiben sie auf ihren eigenen Schiffen, unter koreanischer Flagge, Handel und durch Schmeichelei und Güte gegen die Eingeborenen und allerlei Geschenke dringen sie auch in das Innere des Landes, obwohl sie sich der Ungesetzlichkeit ihrer Handlungsweise bewußt sind.

Das Recht zu handeln ist noch nicht das Recht zu kolonisiren. Warum sollte, wenn diese Fragen ein und dasselbe sind, nicht halb Japan nach Korea übersiedeln? Das procentuale Verhältniß zwischen den Japanern und Koreanern in Korea und das progressive Anwachsen der Letzteren bestätigt meine Worte. In Bezug auf Handel und Kolonisation ist also Korea von Japan vollständig abhängig.

Die Verwaltung Koreas ist von den Umständen, von Zeit und Ort abhängig. In den Städten und Orten, wo es viele Japaner giebt, wo sie festen Fuß gefaßt haben, sind die Vertreter der Verwaltung in ihren Händen, obgleich sie nominell von den Centralverwaltungen abhängig sind.

Die Centralverwaltungen wiederum hängen von der einen oder anderen Gruppe der zeitweiligen Machthaber ab, die im gegebenen Augenblick eine gewisse Popularität, hauptsächlich aber die Unterstützung und die Rathschläge der Europäer (vornehmlich der amerikanischen Missionäre und Rathgeber) genießen. Nicht wenig abhängig ist die koreanische Regierung seit der letzten Zeit auch von dem Klub der „Unabhängigkeit", dessen Zweck es ist, in Korea eine Verwaltung zu schaffen, welche der amerikanischen ähnlich ist. Im monarchischen Korea soll eine republikanische Verwaltung eingerichtet werden und den Kaiser hat man überredet, Ehrenmitglied dieses Klubs zu werden. Es wurde versichert, daß die Männer des Klubs die Beschützer der Unabhängigkeit „Großkoreas" seien. Dieser Klub wird von Amerikanern und einigen Koreanern, welche amerikanische Bildung erhalten haben, geleitet. Hieraus ist ersichtlich, daß sowohl die Verwaltung als die Politik am allerwenigsten vom koreanischen Kaiser und seinem Volke abhängen.

Das Münzwesen hängt von Japan ab, welches auch auf diesem Gebiete ein Geschäft machen wollte, indem es in Korea seine gestanzten Dollars in Umlauf brachte, welche nicht als Geld, sondern als Waare kursirt hätten. Zu rechter Zeit wurde aber dieser Plan von unserem Rath, Herr Alerejew, und dem Direktor der russisch-koreanischen Bank, Herr Gabriel, vereitelt.

Der koreanische Kaiser selbst ist von den Janbans abhängig, die häufig gegen seinen Willen handeln, da sie wiederum die amerikanischen Rathgeber und Andere hinter ihrem Rücken haben, ohne deren Beistand sie den Ungehorsam nicht wagen würden. Das Schlimmste ist, daß diese Regenten sich sammt und sonders auf den Willen des Volkes berufen, um dessen Bedürfnisse sie sich am allerwenigsten kümmern.

Es giebt viele Beispiele, die das Gesagte am beredtesten bekräftigen können. Im Frühling 1897 sprach z. B. der Kaiser den Wunsch aus, einem Russen, Herr S., eine kleine Konzession zur Gewinnung von Kohlen und Metallen zu geben, und befahl dem Ministerium, die Erledigung der nothwendigen Formalitäten zu beschleunigen. Das Resultat ist, daß dieser Russe die Konzession bis jetzt noch nicht erhalten hat.

Ungefähr vor einem Jahre erschien ein königlicher Erlaß, welcher die Ertheilung von Eisenbahn- und Metallbergwerks-Konzessionen sistirte. Thatsächlich ist dieser Erlaß nur auf die Russen angewandt worden, da Meyer in dieser Zeit die erbetene Konzession erhalten hat. Die in dieser Zeit ertheilten Konzessionen sind allerdings mit solchen Klauseln versehen, durch eine solche Umgehung des Gesetzes zu Stande gekommen, wie es nur im Fernen Osten möglich ist.

Die Bitte des Kaisers, ein Amerikaner (ehemaliger Koreaner) möge aus dem koreanischen Dienste entlassen werden, weil er die Ruhe des Landes störe, ist bis jetzt noch unerfüllt.

Unabhängigkeit ist in Korea nur der Triumphbogen, der hinter den Mauern Söuls einsam dasteht und sich darüber wundert, daß er den unpassenden Namen „Triumphbogen der Unabhängigkeit" erhalten hat".

Japanisch-russisches Abkommen bezüglich Koreas.

PAAA_RZ201-018926_115 f.			
Empfänger	Fürst zu Hohenlohe - Schillingsfürst	Absender	Leyden
A. S. 1689 pr. 13. Juni 1898. a. m.		Tokio, den 10. Mai 1898.	

A. S. 1689 pr. 13. Juni 1898. a. m. 1 Anl.

Tokio, den 10. Mai 1898.

A. 61.

An Seine Durchlaucht

den Herrn Reichskanzler

Fürsten zu Hohenlohe - Schillingsfürst.

Euerer Durchlaucht verfehle ich nicht, in der Anlage das im heutigen japanischen Staatsanzeiger veröffentlichte japanisch-russische Protokoll über das Verhältnis zu Korea vom 25. April d. J. in deutscher Übersetzung gehorsamst zu überreichen.

Graf Leyden.

Inhalt: Japanisch-russisches Abkommen bezüglich Koreas.

Zu A. 61.

Übersetzung aus dem Japanischen Staatsanzeiger (Kwampō) vom 10. Mai 1898.

Japanisch-russisches Protokoll.

Bezüglich der koreanischen Frage ist zwischen der japanischen und russischen Regierung am 25. v. M. nachstehendes Protokoll vereinbart worden:

Der Minister der Auswärtigen Angelegenheiten Seiner Majestät des Kaisers von Japan, Baron Nishi, und der Wirkliche Staatsrat, Kammerherr und außerordentliche Gesandte und bevollmächtigte Minister Seiner Majestät des Kaisers von Rußland, Baron Rosen, haben mit entsprechenden diesbezüglichen Vollmachten versehen, in Gemäßheit des Artikels IV des zwischen dem Feldmarschall Marquis Yamagata und dem Staatssekretär Fürst Lobanow am 1896 zu Moskau unterzeichneten Protokolls die nachstehenden Artikel vereinbart:

Artikel I.

Die japanische und russische Regierung erkennen beide die Souveränität und völlige Unabhängigkeit Koreas an und versprechen sich gegenseitig, sich jeder direkten Einmischung in die innere Regierung des genannten Landes zu enthalten.

Artikel II.

Um für die Zukunft jeden möglichen Anlaß zu Mißverständnissen zu beseitigen, verpflichten sich die Regierungen Japans und Rußlands gegenseitig für den Fall, daß Korea entweder von Japan oder von Rußland Rat oder Hilfe verlangen sollte, bezüglich der Ernennung von Militär-Instrukteuren oder von Finanz-Ratgebern nichts zu tun, ohne sich vorher untereinander verständigt zu haben.

Artikel III.

Da die Kaiserlich Russische Regierung anerkennt, daß japanische kommerzielle und industrielle Unternehmungen in Korea in bedeutendem Aufschwung begriffen sind, sowie, daß sich eine große Anzahl japanischer Untertanen in den Niederlassungen des genannten Landes befindet, wird dieselbe der Entwicklung der kommerziellen und industriellen Beziehungen Japans und Koreas kein Hindernis bereiten.

Ausgefertigt in 2 Exemplaren zu Tokio am 25. April 1898.

gez. Nishi.
gez. Rosen.

PAAA_RZ201-018926_122			
Empfänger	[o. A.]	Absender	Nishi, Rosen
A. 7128 pr. 16 Juni 1898. p. m.		[o. A.]	

A. 7128 pr. 16. Juni 1898. p. m.

Hamburgischer Correspondent.

16. 6. 98.

Das japanisch-russische Korea. Protokoll.

Das inhaltlich schon bekannte japanisch-russische Protokoll über Korea am 25. April a. s. u unter dem 10. Mai im japanischen Staats-Anzeiger("Kwampo") veröffentlicht worden und lautet in deutscher Uebersetzung aus dem Japanischen wie folgt:

Japanisch-russisches Protokoll.

Bezüglich der koreanischen Frage ist zwischen der japanischen und russischen Regierung am 25. v. M. nachstehendes Protokoll vereinbart worden:

Der Minister der auswärtigen Angelegenheiten Seiner Majestät des Kaisers von Japan, Baron Nishi, und der Wirkliche Staatsrath, Kammerherr und außerordentliche Gesandte und bevollmächtigte Minister Seiner Majestät des Kaisers von Rußland, Baron Rosen, haben, mit entsprechenden diesbezüglichen Vollmachten versehen, in Gemäßheit des Artikels IV des zwischen dem Feldmarschall Marquis Yamagata und dem Staatsseceretär Fürst Lobanow am 1896 zu Moskau unterzeichneten Protokolls die nachstehenden Artikel vereinbart:

Artikel I.

Die japanische und russische Regierung erkennen beide die Souveränetät und völlige Unabhängigkeit Koreas an und versprechen sich gegenseitig, sich jeder direkten Einmischung in die innere Regierung des genannten Landes zu enthalten.

Artikel II.

Um für die Zukunft jeden möglichen Anlaß zu Mißverständnissen zu beseitigen, verpflichten sich die Regierungen Japans und Rußlands gegenseitig für den Fall, daß Korea entweder von Japan oder von Rußland Rath oder Hülfe verlangen sollte, bezüglich der Ernennung von Militärinstructeuren oder von Finanz-Rathgebern nichts zu thun, ohne sich vorher unter einander verständigt zu haben.

Artikel Ⅲ.

Da die kaiserlich russische Regierung anerkennt, daß japanische commerzielle und industrielle Unternehmungen in Korea in bedeutendem Aufschwung begriffen sind, sowie, daß sich eine große Anzahl japanischer Unterthanen in den Niederlassungen des genannten Landes befindet, wird dieselbe der Entwickelung der commerziellen und industriellen Beziehungen Japans und Koreas kein Hinderniß bereiten.

Ausgefertigt in zwei Exemplaren zu Tokio am 25. April 1898.

gez.: Nishi.
gez.: Rosen.

Berlin, den 18. Juni 1898.

zu A. 4514.

An
Konsul Söul.
A. № 5. Postziffern.
cfr. 11069.

J. № 5237.

Ihr Bericht № 4 vom 4. Januar d. Js., auf welchen Sie in Bericht № 23 vom 22. Februar d. Js. Bezug nahmen, ist hier bisher nicht eingegangen. Ich ersuche Sie daher, ein Duplikat davon einzusenden.

N. S. E.

Eisenbahnen in Korea.

PAAA_RZ201-018926_125 ff.			
Empfänger	Fürst zu Hohenlohe - Schillingsfürst	Absender	Krien
A. S. 1915 pr. 8. Juli 1898. a. m.		Söul, den 9. Mai 1898.	
Memo	mtg. 13. 7. Washington A. 80. J. № 231.		

A. S. 1915 pr. 8. Juli 1898. a. m.

№ 46.

Söul, den 9. Mai 1898.

An Seine Durchlaucht

den Herrn Reichskanzler

Fürsten zu Hohenlohe - Schillingsfürst.

Die Eisenbahn von Chemulpo nach Söul, zu deren Bau dem Amerikanischen Kaufmann Morse von der koreanischen Regierung die Erlaubnis erteilt worden war, ist vor kurzem in japanische Hände übergegangen. Nach den Mitteilungen des hiesigen Minister-Residenten der Vereinigten Staaten hat sich zu dem Zweck ein japanisches Syndikat gebildet, an deren Spitze der Direktor der japanischen Bank „Dai Ichi Ginko" (früheren 1. japanischen National-Bank), Herr Shibusan, steht. Herr Morse ist Mitglied des Syndikats. Der Bau der am 22. März 1897 begonnenen Bahn wird von Amerikanern mit amerikanischem Material unter Aufsicht des Syndikats ausgeführt; sie soll solider gebaut werden als sie von den Amerikanern geplant worden war. Die Steigung, die jetzt teilweise bis zu 2 Prozent beträgt, soll auf höchstens 1 Prozent vermindert werden. Dementsprechend sollen verschiedene Änderungen der Strecke vorgenommen werden. Diese Mitteilungen sind mir von Herrn Shibusawa, der sich gegenwärtig hier aufhält, bestätigt worden.

Obwohl der jetzige amerikanische Vertreter Dr. Allen mir früher wiederholt versichert hatte, daß das Kapital für die Eisenbahn im Januar 1897 innerhalb 14 Tagen in Amerika voll gezeichnet worden wäre, war es Herrn Morse in Wirklichkeit nicht gelungen, dortige Finanzleute dafür zu interessieren. Er hatte deshalb bei der genannten japanischen Bank eine Anleihe gemacht und sich bemüht, die Konzession an Japaner, Russen oder Franzosen zu verkaufen. Nach den Äußerungen der französischen und russischen Vertreter haben sich die Verhandlungen mit ihren Landsleuten daran zerschlagen, daß Herr Morse einen Unternehmer-Gewinn von etwa einer Million Yen für sich verlangte. Wieviel die Japaner für die Eisenbahn bezahlen, habe ich nicht in Erfahrung bringen können. Der japanische Minister-Resident sagte mir, für die vollendete Bahn würden Herrn Morse zweieinhalb bis drei Millionen Yen gezahlt werden. Die Bahn soll im Frühjahr nächsten Jahres eröffnet werden; sie wird etwa 40 km lang werden, ihre Spurweite ist die normale.

Die Konzession war dem amerikanischen Kaufmann mit Hilfe des russischen Geschäftsträgers Herrn Waeber im Frühjahr 1896 erteilt worden, damit die Eisenbahn nicht in die Hände der Japaner fallen sollte, die aufgrund eines zwischen der japanischen und koreanischen Regierung im August 1894 abgeschlossenen Geheimvertrages einen Anspruch darauf erhoben hatten.

Aus sonst zuverlässiger Quelle erfahre ich, daß die russische Regierung der Fives-Lille-Compagnie zu Paris mitgeteilt hat, sie nähme an der Eisenbahn von Söul nach Wiju, für die die französische Gesellschaft im Sommer 1896 von der hiesigen Regierung eine Konzession erhalten hatte, kein Interesse mehr; sie möchte deshalb eine Aufstellung der ihr bisher erwachsenen Kosten, die ihr erstattet werden würden, einreichen. Nach demselben Gewährsmann hatte die russische Regierung der Gesellschaft einen bestimmten Zinssatz für die Eisenbahn zugesichert.

Abschriften dieses Berichts sende ich an die Kaiserlichen Gesandtschaften zu Peking und Tokio.

Krien.

Inhalt: Eisenbahnen in Korea.

Neuere politische Ereignisse in Söul.

PAAA_RZ201-018926_129 ff.			
Empfänger	Fürst zu Hohenlohe - Schillingsfürst	Absender	Krien
A. 8018 pr. 8. Juli 1898. a. m.		Söul, den 10. Mai 1898.	
Memo	Mtg. 10. 7. Petersburg 507, London 620, Washington A. 77. J. № 233.		

A. 8018 pr. 8. Juli 1898. a. m.

Söul, den 10. Mai 1898.

№ 47.

An Seine Durchlaucht

den Herrn Reichskanzler

Fürsten zu Hohenlohe - Schillingsfürst.

Seitdem Herr von Speyer Söul verlassen hat, sind allmählich die russenfreundlichen Vorsteher sämtlicher koreanischen Ministerien entfernt worden.

Das jetzige Staatsministerium setzt sich zusammen aus:

Pak Chung Yang,	Minister des Innern
Cho, Pyong Chick,	" " Äußern
Shim, Sang Hun,	Finanz-Minister
I, Yu In,	Justiz- "
Min, Yong Kui,	Kriegs- "
Cho, Pyong Ho,	Unterrichts-Minister
I, To Chai,	Minister für Landwirtschaft, Handel und öffentliche Arbeiten.

Davon hatte früher Pak Chung Yang sein Amt als Finanz-Minister niedergelegt, weil er gegen die Anstellung des Herrn Alexeieff war, ebenso als Minister und Vize-Minister des Krieges Shim Sang Hun und Min Yong Kui, weil sie sich weigerten, den Vertrag der russischen Militär-Instrukteure zu zeichnen, und I To Chai, weil er die Bewilligung der Kohlenniederlage auf Deer-Island an die Russen bekämpfte.

Die Posten des Premier-Ministers und des Haus-Ministers sind bisher nicht besetzt worden.

Wegen des Angriffs auf den russischen Gesandtschafts-Dolmetscher Kim, den der neue

Geschäftsträger bald nach seiner Ankunft entlassen hat, ist ein Koreaner zu 100 Hieben und lebenslänglicher Zuchthausstrafe verurteilt worden.

Wie mir Herr Matunin heute gesprächsweise mitteilte, ist er von St. Petersburg telegraphisch angewiesen worden, die aus 2 Offizieren und 100 Matrosen bestehende Gesandtschafts-Wache nach Chemulpo zurückzuschicken. Die noch hier verweilenden Militär-Instrukteure sollen ebenfalls binnen kurzem Söul verlassen, um sich nach den Amur-Provinzen zurückzubegeben.

Abschriften dieses Berichtes sende ich an die Kaiserlichen Gesandtschaften zu Peking und Tokio.

Krien.

Inhalt: Neuere politische Ereignisse in Söul.

Berlin, den 10. Juli 1898.   zu A. 8018.

An
die Botschaften in   Euerer pp. übersende ich anbei ergebenst
1. London № 620.   Abschrift eines Berichts des Kais. Konsul in
2. St. Petersburg № 507.   Söul vom 10. Mai d. J., betreffend das neue
3. Washington № A. 77.   Staatsministerium, zu Ihrer gefl. Information.

                                                 N. d. st. H. St. S.
J. № 5827.   i. m.

PAAA_RZ201-018926_134

Empfänger	[o. A.]	Absender	[o. A.]
A. 8103 pr. 10. Juli 1898. p. m.		[o. A.]	

A. 8103 pr. 10. Juli 1898. p. m.

The New York Herald.

10. 7. 98.

SERIOUS PLOT IN COREA.

——— * ———

Many High Officials Imprisoned-Guard at the Palace of Seoul Increased.

———

[SPECIAL TO THE HEARLD.]

CHEMULPO, Sunday, via HONG KONG, Monday. —A plot to overthrow the Government has been discovered and a number of high officials have been imprisoned. General Ahn has fled, taking with him all the notes and cash he could lay hands on. The number of soldiers in the Palace at Seoul has been increased and there is great excitement in the city.

Abreise der russischen Militär-Instrukteure und Matrosen.

PAAA_RZ201-018926_137 ff.			
Empfänger	Fürst zu Hohenlohe - Schillingsfürst	Absender	Krien
A. 8133 pr. 11. Juli 1898. p. m.		Söul, den 23. Mai 1898.	
Memo	mitg. 13. 7. n. London 628, Petersburg 515, R. Mar. Amt., Com. Admiral. J. № 250.		

A. 8133 pr. 11. Juli 1898. p. m.

Söul, den 23. Mai 1898.

№ 53.

An Seine Durchlaucht

den Herrn Reichskanzler

Fürsten zu Hohenlohe - Schillingsfürst.

Die russischen Militär-Instrukteure (6 Offiziere und 20 Unteroffiziere), mit Ausnahme des Arztes, der wegen eines schwer erkrankten russischen Matrosen vorläufig noch hier bleibt, haben vor einigen Tagen Söul verlassen, um sich nach Ost-Sibirien zurückzubegeben.

Der bei dem Arsenal angestellte russische Oberfeuerwerker ist auf Wunsch der koreanischen Regierung in seiner Stellung belassen worden.-

Gestern ist die russische Gesandtschafts-Wache, bestehend aus 2 Marine-Offizieren und etwa 100 Matrosen, von hier nach Chemulpo marschiert, von wo sie auf dem Kanonenboot „Mandjur" nach Port Arthur befördert werden soll.

Die englische Gesandtschafts-Wache, bestehend aus einem Offizier und 12 Marinesoldaten, sowie die 2 Kompanien japanische Infanterie verblieben in Söul.

Der bis Mitte März d. J. bei dem hiesigen Kriegsministerium als Zahlmeister beschäftigte Amerikaner Nienstead, dessen Vertrag noch auf zwei weitere Jahre gültig war, ist abbezahlt worden und wird Korea verlassen.

Bei den koreanischen Truppen sind also jetzt keine Ausländer mehr tätig.

Abschriften dieses Berichts sende ich an die Kaiserlichen Botschaften zu Peking und Tokio.

Krien.

Inhalt: Abreise der russischen Militär-Instrukteure und Matrosen.

Berlin, den 13. Juli 1898.

A. 8133.

An
die Missionen in
1. London № 628.
2. St. Petersburg № 515.

An
3. den Herrn Staatssekretär des
Reichsmarine-Amts.
4. den kommandierenden Herrn
Admiral (wie ad 1-2)

J. № 5894.

Ew. p. übersende ich anbei ergebenst
Abschrift eines Berichts des Kais. Konsuls
in Söul vom 23. Mai d. Js., betreffend die
Ausländer bei den koreanischen Truppen
ad 1-2: zu Ihrer gefl. Information.

Euerer Excellenz beehre ich mich anbei
Abschrift eines Berichts des Kais. Konsuls
in Söul vom 23. Mai d. Js., betreffend die
Ausländer bei den koreanischen Truppen,
zur gefl. Kenntnisnahme zu übersenden.

N. d. st. H. St. S.

i. m.

Berlin, den 13. Juli 1898.

zu A. S. 1915.

An

die Botschaft in

1. Washington № A. 80.

J. № 5896.

Euerer pp. übersende ich anbei ergebenst Abschrift eines Berichts des Kais. Konsuls in Söul vom 9. Mai d. Js., betreffend die Eisenbahnbauten in Korea, zu Ihrer gefl. Information.

N. d. st. H. St. S.

i. m.

[   ]

PAAA_RZ201-018926_144

Empfänger	Auswärtiges Amt in Berlin	Absender	Eulenburg
A. S. 1964 pr. 14. Juli 1898. a. m.		Hohenzollern, den 13. Juli 1898.	

A. S. 1964 pr. 14. Juli 1898. a. m.

Telegramm.

Hohenzollern, den 13. Juli 1898. 10 Uhr 25 Min. Nm.
(Molde) Ankunft: 14. 7. 1 Uhr 20 Min. Vm.

Der K. Botschafter an Auswärtiges Amt.

Entzifferung.

№ 30.

Für den Herrn Staatssekretär.

Seine Majestät wünscht, daß der Besuch Seiner Königlichen Hoheit des Prinzen Heinrich in Korea nicht erfolgt.

Eulenburg.

orig. i. a. China 20 № 1.

[   ]

PAAA_RZ201-018926_146 ff.			
Empfänger	Graf zu Eulenburg	Absender	Richthofen
ad. A. 8134.		Berlin, den 20. Juli 1898.	
Memo	durch Kgl. Feldjäger. S. M. haben auch gegen Anerkennung des Kaisers nichts einzuwenden. 25. 7. gez. Eulenburg.		

Abschrift.

ad. A. 8134. 1 Anlage.

Berlin, den 20. Juli 1898.

№ 20.

Seiner Excellenz

dem Kaiserlichen Botschafter

Herrn Grafen zu Eulenburg,

Kaiserliches Hoflager.

Euerer Excellenz beehre ich mich anbei Abschrift eines Berichts des Kaiserlichen Konsuls in Söul vom 25. Mai d. J., betreffend die Ernennung zweier koreanischer Gesandten, mit dem Ersuchen ergebenst zu übersenden, den Inhalt dieses Berichts Seiner Majestät unserem Allergnädigsten Herrn vorzutragen.

Über die Persönlichkeit des bisherigen Vorstehers des Rechnungswesens im koreanischen Hausministerium Song Ki-Wun lasse ich zur Zeit nähere Erkundigungen einziehen, um an Allerhöchster Stelle über denselben in dem Fall nähere Angaben machen zu können, daß die koreanische Regierung hier das Agrément für denselben erbittet.

Der vordem zum Gesandten bei den 6 europäischen Vertragsmächten ausersehene Min Jong Ik ist, soweit bekannt, niemals in dieser Eigenschaft nach Europa gekommen. Sofern der jetzt zu seinem Nachfolger bei den Höfen von Deutschland, Großbritannien und Italien designierte Pong Ki Wun s. Zt. hier eintrifft, so würde, neben der bisher noch offenen Frage des Agréments für denselben, für uns voraussichtlich dadurch auch die Frage der Anerkennung der Kaiserwürde des Herrschers von Korea wieder aktuell werden. Bisher haben, soviel wir wissen, die Regierungen von Rußland, Japan, der Vereinigten Staaten von Amerika und Großbritannien diesen Kaisertitel zum Teil ausdrücklich, zum Teil dadurch anerkannt, daß sie diesen Titel im Verkehr mit den koreanischen Behörden anwandten.

Der Kaiserliche Konsul in Söul ist mit Genehmigung Seiner Majestät des Kaisers und Königs s. Zt. hauptsächlich um der russischen Regierung auch hierdurch zu beweisen, daß das deutsche Reich in Korea politische Interessen nicht verfolge, vielmehr der russischen Politik daselbst freies Feld zu lassen gesonnen sei, angewiesen worden, in seinem Verkehr mit den koreanischen Behörden, soweit dieser in koreanischer Sprache stattfinde, dem Beispiel seines russischen Kollegen zu folgen und die neuen Bezeichnungen für den Herrscher, dessen Familie und Reich anzuwenden.

Wir gingen dabei von dem Standpunkt aus, daß die Titulaturen „Hwang-chei" bzw. „Tai-Han" nichts weiter ausdrücken als eine Bezeichnung für einen souveränen Herrscher bzw. ein unabhängiges Land. In Übereinstimmung mit diesem Verfahren würde sich auch im Falle des Hierherkommens eines koreanischen Gesandten vermutlich leicht ein Weg finden lassen, dem Herrscher von Korea, wie s. Zt. dem Tenno von Japan, den ihm zustehenden Souveränitätstitel zu belassen, ohne durch eine nicht entsprechende Übersetzung dieses Titels bei Europäern falsche Vorstellungen zu erwecken.

gez. Richthofen.

orig. i. a. Korea 8

Abschrift.

ad A. 8134.

zu Erlaß № 20 an Graf Eulenburg.

1. Bei I B z. g. v. I.

Meo voto empfiehlt sich die m. E. gar nicht notwendige Anerkennung des Kaisertitels nicht, und ich würde der Ansicht sein, von der Allerhöchsten Ermächtigung nur für den Fall Gebrauch zu machen, daß späterhin politische Gründe, die z. Zt., glaube ich, nicht vorliegen, die Anerkennung wünschenswert erscheinen lassen.

2. Herrn W. L. R. Klehmet post red. z. g. K.

gez. Mumm. 29. 7.

i. V.

orig. i. a. Korea 8

Eröffnung neuer Häfen.

PAAA_RZ201-018926_150 ff.			
Empfänger	Fürst zu Hohenlohe - Schillingsfürst	Absender	Krien
A. 8531 pr. 22. Juli 1898. p. m.		Söul, den 30. Mai 1898.	
Memo	cfr. A. 6561. 99 J. № 279.		

A. 8531 pr. 22. Juli 1898. p. m.

Söul, den 30. Mai 1898.

№ 56.

An Seine Durchlaucht

den Herrn Reichskanzler

Fürsten zu Hohenlohe - Schillingsfürst.

Der hiesige Minister der Auswärtigen Angelegenheiten hat mittels Schreiben vom gestrigen Tage die Vertreter der Vertragsmächte benachrichtigt, daß nach einem von dem König genehmigten Beschluß des Staatsrates die Häfen von Song-chin in Nord-Hamgyongdo, Kunsan in Nord-Chullado und Masampo in Süd-Kyongsando als Vertragshäfen unter den für die alten Vertrags-Häfen geltenden Bestimmungen, und die Stadt Pyongyang in Süd-Pyongando als „Marktplatz" dem fremden Handel geöffnet werden sollen. Der Zeitpunkt der Eröffnung der Plätze werde später festgesetzt werden.

Der Minister hat mich gleichzeitig ersucht, die Kaiserliche und Königliche Österreichisch-Ungarische Regierung von diesem Beschluß der koreanischen Regierung in Kenntniß zu setzen.

Als Grund für die Eröffnung der Häfen wird in dem Beschluß des Staatsrates die Förderung des Handels und damit des Wohlstandes der koreanischen Bevölkerung angegeben. (Indessen dürfte wohl, im Hinblick auf die chinesischen Ereignisse der letzten sechs Monate, die Absicht, die Plätze dadurch gegen eine Besitznahme fremder Mächte zu sichern, in erster Linie maßgebend gewesen sein. Wie mir der koreanische Dolmetscher des Konsulats berichtet, ist in der Umgebung des Königs die Besorgnis vorhanden, daß Rußland auf Masampo (bei Fusan) oder Songchin und England auf Kunsan Absichten haben.

Die Eröffnung der Stadt Pyongyang ist für das Gedeihen des Hafens von Chinnanpo sehr wünschenswert.

Abschriften dieses Berichts sende ich an die Kaiserlichen Gesandtschaften zu Peking und Tokio.

Krien.

Inhalt: Eröffnung neuer Häfen.

ad A. 8531

Hamburgischer Correspondent.

29. 7. 98.

Die Eröffnung koreanischer Häfen.

- Berlin, den 29. Juli. (R. T.) Die „N. A. Z." meldet: Die koreanische Regierung benachrichtigte unterm 29. Mai die Vertreter der Vertragsmächte in Söul, daß nach einem von dem Könige genehmigten Beschluß des koreanischen Staatsrathes die Häfen Sonchin in Nord-Hamgyongdo, Kunsan in Nord-Chullado und Masampo in Süd-Kyongsangdo als Vertragshäfen unter den für die alten Vertragshäfen geltenden Bestimmungen, sowie die Stadt Pyöngyang in Süd-Pyongando als Marktplatz dem fremden Handel geöffnet werden sollen. Ueber den Zeitpunkt der Eröffnung sind weitere Mittheilungen vorbehalten.

*   *   *

Hierzu wird uns aus Berlin geschrieben:

„Dem Vernehmen nach wird die Eröffnung der Plätze koreanischerseits mit der Absicht begründet, den Handel zu fördern und die Wohlfahrt der Bevölkerung Koreas zu heben. Die Eröffnung der Stadt Pyöngyang wird von kundiger europäischer Seite als für die Entwickelung des Hafens von Tschimulpo sehr erwünscht bezeichnet."

zu A. 8531.

Herrn G. L. R. v. Ladenberg.

Um Auftrage des Herrn G. L. R. v. Mumm mit der ergebensten Bitte um eine sehr gefällige Mitteilung darüber vorgelegt, ob E. H. die Mitteilung an andere Stellen und eine entsprechende Veröffentlichung im Reichsanzeiger wünschen.

v. Bergen.

G. L. R. v. Mumm
erg. wied. vorgel.

Eine Mitteilung des Berichts an andere Stellen ist wohl entbehrlich, dagegen möchte sich m. E. eine Verwertung in der Presse empfehlen.

v. L.
28. 7.

ad A. 8531.

Notiz.

Der Bericht des Kais. Konsuls in Söul v. 5. Juli v. J., betr. die Eröffnung der Häfen Mokpo u. Chinnampo (II 20637 i. a. Hell. Gle As. 27 Bd. 18) ist seiner Zeit z. d. A. geschrieben worden.

Die Berichte des Kais. Gesandten in Peking v. 12. u. 24. Sept. 1896, betr. die Eröffnung der Häfen Hangkow, Suchow, Shashih u. Chungking (II 27161 u. II 27861 i. a. Hell. Gle. As. 1 Bd. 73) sind in der Hamburger Börsenhalle verwertet worden.

zu A. 8531.

1. Herrn Estemann (Verwertung in der Presse) g. z. 1.
2. z. d. A.

B., den 28. Juli 1898.

Ausschnitt aus der Nordd. Allg. v. 30. 7. an II gegeben. 30. 7.

für + erledigt.
2 Ausschnitte liegen bei
Ein Ausschnitt an Abt. II, der zweite Ausschnitt z. d. A. M 30.

Meyer.

ad A. 8850. (i. a. Korea 3)

National-Zeitung.

Die aus japanischer Quelle schöpfende in Tientsin in chinesischer Sprache erscheinende Zeitung „Kuo wên pao" bringt über die Absicht der koreanischen Regierung, nach Peking einen Gesandten zu senden, den nachstehenden Artikel:

Soeben erfahren wir, daß das koreanische Ministerium des Aeußern an das Tsungli-Yamen eine offizielle Note gerichtet hat, wonach Korea beabsichtigt, einen Gesandten nach China zu entsenden, der in Peking residiren soll. Vom Tsungli-Yamen ist bisher eine Antwort noch nicht eingetroffen, da die Entscheidung von einem zu erwirkenden kaiserlichen Edikt abhängig sein wird.

Wir gestatten uns hierzu zu bemerken: In dem Friedenvertrage von Shimonoseki vom Jahre 1895 ist gesagt, daß China und Japan beiderseits Korea in Zukunft als selbstständigen Staat anerkennen müssen und daß mithin Korea aufhört, ein Vasallenstaat von China zu sein.

Als im vergangenen Jahre China den Präfektur-Anwärter Tangchaoyi als Handelskommissar nach Korea sandte, da hätte derselbe nach den im Verkehr zwischen gleichgestellten Staaten geltenden Grundsätzen mit einem offiziellen Beglaubigungsschreiben versehen werden müssen; das wäre korrekt gewesen. Aber damals wollte Lihungchang das koreanische Ministerium des Aeußeren durch das Tsungli-Yamen von dem Zweck der Reise des Tangchaoyi in Kenntniß setzen. Da ihn jedoch Andere hieran hinderten, mit der Begründung, daß dadurch das Staatenceremoniell verletzt werde, so kam es, daß Tanchaoyi ohne irgend ein amtliches Schreiben oder eine Legitimation nach Korea reiste. Ob die Aufnahme beim Hofe in Söul sehr herzlich war, muß bezweifelt werden.

Mit dem jetzigen Antrage bezweckt der koreanische Hof China über eine wichtige Frage des Ceremoniells aufzuklären, damit es nicht weiter bei seinem hohlen Dünkel verharrt und immer noch ein Tüpfelchen seiner längst verlorenen Machtstellung in Korea sich anzumaßen sucht, wodurch es sich doch nur zum Gerede der Leute macht.

Englische und Russische Gesandtschafts-Wachen.

PAAA_RZ201-018926_162 ff.

Empfänger	Fürst zu Hohenlohe - Schillingsfürst	Absender	Krien
A. 8963 pr. 1. August 1898. p. m.		Söul, den 6. Juni 1898.	
Memo	J. № 307.		

A. 8963 pr. 1. August 1898. p. m.

Söul, den 6. Juni 1898.

№ 60.

An Seine Durchlaucht

den Herrn Reichskanzler

Fürsten zu Hohenlohe - Schillingsfürst.

Die englische Gesandtschaftswache - 1 Offizier, 1 Unteroffizier und 10 Mann Marine-Infanterie - hat heute Söul verlassen, wie mir der britische Geschäftsträger, Herr Jordan, mitteilt, weil die Leute in Weihaiwei notwendig sind.

Der russische Geschäftsträger erwartet an Stelle der Matrosen, die im vorigen Monat von hier abrückten, binnen kurzem 1 Offizier und 20 berittene Kosaken zum Schutz der Gesandtschaft.

Abschriften dieses Berichts sende ich an die Kaiserlichen Gesandtschaften zu Peking und Tokio.

Krien.

Inhalt: Englische und Russische Gesandtschafts-Wachen.

PAAA_RZ201-018926_165 f.

Empfänger	Fürst zu Hohenlohe - Schillingsfürst	Absender	Krien
A. 8983 pr. 1. August 1898. p. m.		Söul, den 3. Juni 1898.	
Memo	Abschrift I. 15741. pt. n. Der Bericht ist die Antwort auf eine Anfrage von hier aus, warum außer dem Admiral auch 9 Offiziere die vom Ausw. Amt zu vergütende Reise nach Söul zur Vorstellung beim König gemacht hätten.		

A. 8983 pr. 1. August 1898. p. m.

Söul, den 3. Juni 1898.

№ 59.

An Seine Durchlaucht

den Herrn Reichskanzler

Fürsten zu Hohenlohe - Schillingsfürst.

Euerer Durchlaucht beehre ich mich auf den mir von dem Kaiserlichen Konsulat zu Amoy in Abschrift zugegangenen Erlaß № № 5 vom 5. März d. J. gehorsamst zu erwidern, daß nach der hier bestehenden Sitte dem König möglichst viele Offiziere der in Chemulpo ankernden fremden Kriegsschiffe vorgestellt werden. Das Ansehen, das die Amerikaner bei dem König und seinen Beamten genießen, stammt zum großen Teil davon her, daß dem Fürsten beinahe sämtliche Offiziere der in Chemulpo eintreffenden Kriegsschiffe vorgestellt zu werden pflegen.

Da deutsche Kriegsschiffe verhältnismäßig selten die koreanischen Häfen besuchen und ein deutschen Geschwader niemals vorher in Chemulpo angekommen war, so hielt ich es im deutschen Interesse für wünschenswert und notwendig, daß der König den Herrn Admiral von Diederichs und eine größere Anzahl deutscher Marine-Offiziere in Audienz empfinge.

Sobald der König die Ankunft der deutschen Schiffe in Chemulpo erfahren hatte, ließ er mir außerdem durch seine Hofbeamten wiederholt den Wunsch ausdrücken, den Herrn Admiral und möglichst viele Offiziere - die Beamten sprachen von mindestens zwanzig - zu sehen. Ich beschränkte mich indessen darauf, den Herrn Admiral und 9 Offiziere nach Söul zu bitten.

gez. Krien.

Verschwörung koreanischer Beamter und Offiziere.
- Der „Unabhängigkeits-Klub".

	PAAA_RZ201-018926_167 ff.		
Empfänger	Fürst zu Hohenlohe - Schillingsfürst	Absender	Krien
A. 10954 pr. 23. September 1898. a. m.		Söul, den 23. Juli 1898.	
Memo	J. № 375.		

A. 10954 pr. 23. September 1898. a. m.

Söul, den 23. Juli 1898.

№ 64.

An Seine Durchlaucht

den Herrn Reichskanzler

Fürsten zu Hohenlohe - Schillingsfürst.

Am 8. und 9. d. Mts. wurde der Minister des Innern, Pak Chong Yang, der vor dem japanisch-chinesischen Krieg einflußreichste Minister, Min Yong Chun, ein früherer Polizei-Präsident, ein Regiments-Kommandeur und verschiedene andere Beamte und Offiziere verhaftet. Sie wurden beschuldigt, die Entthronung des Königs und dessen Ersetzung durch den Kronprinzen geplant zu haben. Der Anstifter der Verschwörung, General An Kyong-Su, flüchtete sich in die hiesige japanische Niederlassung, wo er zuerst in einem Hospital und später in einem Privathaus eine Unterkunft fand. Wie mir der japanische Konsul vorgestern mitteilte, hatten die koreanischen Behörden die Ermächtigung ihrer Polizei, das japanische Haus zu betreten, um den General zu verhaften, bis dahin nicht bei ihm beantragt.

Am 3. d. Mts. reichte der im Jahre 1895 gegründete koreanische „Unabhängigkeits-Klub" eine von 600 Mitgliedern unterzeichnete Denkschrift ein, worin sie den König baten, die Mißbräuche seiner Regierung abzustellen, die schlechten und unfähigen Beamten zu entlassen und dafür ehrliche und tüchtige Beamte einzusetzen. Da der König darauf eine ausweichende Antwort gab, so richtete der Klub eine angeblich von 1300 Koreanern unterzeichnete Denkschrift an ihn, worin sie ihm vorstellten, daß er die Pflicht hätte, für eine gute Regierung zu sorgen, und daß er nicht allein auf seine „Bequemlichkeit" bedacht sein solle. - Darauf empfing der König den Präsidenten des Klubs, Yun Chi-Ho, der seit einigen Monaten die Zeitung „The Independent" redigiert, am 19. d. Mts. und versprach ihm, das Gesuch des Klubs zu erfüllen, indem er ihn zugleich ersuchte, auf die Mitglieder des Klubs einzuwirken, damit sie sich ruhig verhielten und „nicht den fremden Mächten eine Gelegenheit zum Einschreiten böten."

Bald nach der Verhaftung der Verschwörer ernannte der König den wegen seiner Brutalität und Energie bekannten ehemaligen Minister der Justiz und des Auswärtigen, Cho Pyong-Sik, zum Vize-Präsidenten des Staatsrats. In Folge dessen forderte der „Unabhängigkeits-Klub" Herrn Cho schriftlich auf, seine Entlassung einzureichen, da er wegen seiner früheren Missetaten unwürdig wäre, ein Amt zu bekleiden. Dieser erwiderte, der Klub möchte Vertrauen zu ihm haben und Vergangenes begraben sein lassen und Vertrauen zu ihm haben.. Darauf besuchte ihn ein Ausschuß des Klubs, dem Herr Cho versprach, binnen drei Tagen um seine Entlassung zu bitten.

Bevor er diese Zusage indes erfüllen konnte, wurde er von dem König entlassen. - Der Klub hat also überall seinen Willen durchgesetzt.

Gegen den König gibt sich unter den Beamten und der Bevölkerung seit längerer Zeit eine große Verstimmung kund, weil er vollständig von seiner ersten Konkubine, Om, und von deren Freund, Yi Yong-Ik, geleitet wird. Der letztere wurde als Gouverneur von Nord-Pyongando vor zwei Jahren wegen Erpressungen und Verleumdungen zu zehn Jahren Zuchthaus verurteilt, bald darauf aber nach Zahlung von 40000 Dollar von dem König begnadigt, und steht seitdem bei ihm in großer Gunst, weil er dem verschwenderischen Fürsten stets Geld verschafft, das er durch seine Agenten von dem Volk erpressen läßt.

In die Verschwörung schienen auch die politischen Flüchtlinge in Japan verwickelt zu sein. Es heißt, daß Pak Yong-Hio und andere Flüchtlinge beabsichtigten, nach Söul zurückzureisen, aber umkehrten, als sie die Verhaftung der Verschworenen erfuhren. Der General An ist ein Japaner-Freund und zugleich ein hervorragendes Mitglied des Unabhängigkeits-Klubs.

Eine gerichtliche Untersuchung der Verschwörung ist eingeleitet worden.

Abschriften dieses Berichtes sende ich an die Kaiserlichen Gesandtschaften zu Peking und Tokio.

Krien.

Inhalt: Verschwörung koreanischer Beamter und Offiziere.
- Der „Unabhängigkeits-Klub".

[   ]

PAAA_RZ201-018926_174

Empfänger	[o. A.]	Absender	[o. A.]
A. 11056 pr. 25. September 1898. p. m.		[o. A.]	

A. 11056 pr. 25. September 1898. p. m.

Notiz.

Schriftstücke, betr. die Nützlichkeit eines Besuchs S. K. H. des Prinzen Heinrich von Preußen in der koreanischen Hauptstadt Söul für die dortigen deutschen Interessen,

befinden sich in a. China 20 № 1.

Der Kaiser von Rußland erkennt den koreanischen Kaisertitel an.

PAAA_RZ201-018926_175 ff.			
Empfänger	Fürst zu Hohenlohe - Schillingsfürst	Absender	Krien
A. 11069 pr. 26. September 1898. a. m.		Söul, den 4. Januar 1898.	
Memo	Duplikat. J. № 7.		

A. 11069 pr. 26. September 1898. a. m.

Söul, den 4. Januar 1898.

№ 4.

An Seine Durchlaucht

den Herrn Reichskanzler

Fürsten zu Hohenlohe - Schillingsfürst.

Euerer Durchlaucht beehre ich mich im Anschluß an meinen Bericht № 79 vom 24. v. Mts.[12] zu melden, daß der hiesige russische Vertreter am 31. v. Mts. den Minister der Auswärtigen Angelegenheiten amtlich benachrichtigt hat, er habe von seiner Regierung die Weisung erhalten, zur Kenntnis der koreanischen Regierung zu bringen, daß Seine Majestät der Kaiser von Rußland, um die „freundschaftlichen Beziehungen der beiden Länder noch inniger zu gestalten", den von dem König von Korea angenommenen Kaisertitel anerkannt habe.

Abschriften dieses Berichtes sende ich an die kaiserlichen Gesandtschaften zu Peking und Tokio.

Krien.

Inhalt: Der Kaiser von Rußland erkennt den koreanischen Kaisertitel an.

---

12 A. 1759 u. A. 4514 i. a. Korea 1 ehrerb. beigefügt.

Auswärtiges Amt
Abth. A.

Politisches Archiv d. Auswärt. Amts

Acta

Betreffend

Korea

Vom 1. Oktober 1898
Bis 31. Dezember 1899

Vol.: 27
conf. Vol.: 28

Politisches Archiv des Auswärtigen Amts
R 18927

KOREA. № 1.

Inhalts-Verzeichniß 1898.	
Ber. a. Söul v. 10. 9. № 77: Unterzeichnung des koreanisch-japanischen Vertrages über den Bau einer Eisenbahn von Söul nach Fusan. Die Conzession für die Eisenbahn Söul-Chemulpo ist durch Kauf gleichfalls in japanische Hände übergegangen.	12740. 5. 11.
Desgl. v. 29. 9. № 82: Mißglückter Versuch des Amerikaners Greathouse eine fremde Schutztruppe für den König von Korea zu bilden.	13632 25. 11.
Desgl. v. 12. 10. № 86: Hinrichtung der des Mordversuches auf den König angeklagten Koreaner, von denen der Hauptschuldige der frühere Dolmetscher der russischen Gesandtschaft, Kim Hong Yuk, gewesen sein soll.	13633. 25. 11.
Desgl. v. 22. 8. № 70: Flucht des Generals An Kyong-Su, der eine Verschwörung gegen den König angezettelt hatte, in das Haus eines Japaners, wo er sich unbehelligt durch die koreanische Regierung aufhält. Verurtheilung einiger seiner Mitschuldigen.	12551. 1. 11.
Ber. a. Söul v. 13. 10. № 87: Minister-Entlassungen in Folge der Demonstrationen des „Unabhängigkeits-Clubs" vor dem Königlichen Palaste. Neues Ministerium: Präsidium: Pak Chung Yang, Kgl. Haus: Yun Yong Ku, Äußeres: Pak Chä Sun, Inneres: I Kun Myong, Finanzen: Cho Pyong Ho, Krieg: Min Yong Huan, Justiz: So Chung Sun, Unterricht: I To Chä, Landwirtschaft, Handel, Öffentl. Arbeiten: Min Myong Sok.	13765. 28. 11.
Ber. a. Söul v. 17. 9. № 79: Vergiftungsversuch auf den König und den Kronprinzen von Siam, welcher von dem früheren Dolmetscher der russischen Gesandtschaft Kim Hong Yuk angestiftet sein soll.	12729. 5. 11.
Ber. A. Söul v. 20. 9. № 80: Wortlaut des japanisch-koreanischen Eisenbahnvertrages. Danach erhalten Ausländer keine Konzessionen zum Bau von Zweiglinien der Eisenbahn Söul-Fusan und die Aktien der Bahngesellschaft dürfen nur an Japaner und Koreaner ausgegeben werden.	12885. 8. 11.

Ber. a. Söul v. 2. 12. № 93: Unruhen in Söul. Demonstrationen der „Unabhängigkeitspartei" und der „Volkspartei" gegen den König, Eingreifen der Gilde der Lastträger und Hausirer zu Gunsten des Königs.	1083. 28. 1.
Ber. a. Tokio v. 14. 1. № A. 6: Die Beziehungen zwischen Rußland und Japan mit Bezug auf Korea; Rußland wünscht Abänderung des mit Japan abgeschlossenen Korea-Vertrages; Japan wird seine traditionellen Ansprüche auf Einfluß in Korea nicht aufgeben.	2313. 26. 2.
Desgl. v. 23. 1. № A. 13: Japanische Staatssubvention für die Eisenbahn Chemulpo-Söul.	2317. 26. 2.
Ber. aus Söul v. 25. 1. № 8: Äußerungen des japanischen Gesandten Kato über Japans Politik in Bezug auf Korea.	2866. 10. 3.
Ber. aus Tokio v. 20. 2. № A. 22: Schwierigkeiten, die für den Bau der Eisenbahn Söul-Fusan nöthigen Geldmittel aufzubringen.	3468. 24. 3.
Ber. v. 2. 4. a. Tokio A. 47: Das Verhältniß Rußlands zu Japan mit Korea. Die Nishi Rosen - Konvention. Japanische Versuche, in Söul wieder festen Fuß zu fassen. Die Versetzung des russ. Diplomaten Pavlow von Peking nach Söul. Aoki über die russ. Forderungen in Korea betr. Landstriche für den Walfischfang. Bedrohung der japanischen Interessen. Geburt eines Sohns durch eine Maitresse des Königs.	5654. 12. 5.
Kölnische Volkszeitung v. 29. 5.: Russisches Vorgehen in Korea. Thätigkeit des russ. Gesandten Pawloff, der die Wiederkehr der russ. Finanzbeiraths Alexejeff betreibt. Ausbeutung Koreas durch seine Beamten und durch die Japaner.	6398. 29. 5.
Ber. v. 31. 12. A. Söul № 101: Plötzliche Rückkehr des japanischen Gesandten Kato nach Söul in Folge russischer Befürchtungen, daß Japan sich in innere Angelegenheiten Koreas einmischen wolle. Festhalten Japans an der Konvention mit Rußland.	2844. 10. 3.
Aufzeichnung v. 14. 3. für Prinz Heinrich: Russisch-japanische Konkurrenz in Korea u. unsere wirthschaftlichen Interessen.	2659. 14. 3.

The Times v. 12. 6.: Russische Konzessionen in Korea. Überlassung dreier eisfreier Häfen.	7081. 12. 6.
Bericht aus Söul v. 20. 5. № 40: Das englische Marine-Detachement hat Söul verlassen, während das russische noch dort bleibt.	8275. 10. 7.
Promemoria, übergeben vom korean. Konsul: Meyer über die politische Lage Koreas, seine wirthschaftliche Lage u. die Aussichten des Handels für die Zukunft.	8398. 12. 7.
Ber. a. Tokio v. 20. 6. № A. 83: Ausweisungen von Japanern in Folge der jüngsten Dynamitausschreitungen in Söul.	9279. 4. 8.
Desgl. v. 10. 7. № A. 95: Ironischer Artikel der Zeitung Nippon über die Anwesenheit Sr. Königl. Hoheit des Prinzen Heinrich von Preußen in Korea. Japan u. Rußland sollten sich in Korea theilen.	9671. 14. 8.
Ber. a. Tokio v. 10. 6. № A. 72: Aktionslust der japanischen Militärpartei (Vicomte Kawakami) mit Bezug auf Korea gegen Rußland.	8466. 14. 7.
Weser Zeitung v. 5. 8.: Die Anwesenheit des Prinzen Heinrich von Preußen in Chemulpo ist den deutschen Interessen insofern förderlich gewesen, als einem deutschen Syndikat die Konzession für die Bahn von Söul nach Gensan ertheilt worden ist.	9362. 5. 8.
Bericht des Prinzen Heinrich v. Preußen K. H. d. d. Yokohama 29. 6. Über den Aufenthalt in Korea.	9981. 23. 8.
Ber. aus Söul v. 29. 6. № 49: Bombenattentate in Söul.	10600. 8. 9.
Desgl. v. 29. 6. № 50: Ausbruch fremdenfeindlicher Unruhen in Südkorea; die Sekte der Yong hak (illustre Schule).	10601. 8. 9.
Bericht des Prinzen Heinrich von Preußen K. H. d. d. Yokohama 29. 6. Die koreanische Armee, die Verkehrsstraßen, Landesprodukte, projektirte Eisenbahnen, fremde Truppen in Korea und die Polizei.	ad A. 10473. 4. 9.

Tel. a. Shanghai v. 8. 9.: Der Kaiser von Korea hat dem früheren Dolmetscher von Möllendorff das Anerbieten gemacht in koreanische Dienste einzutreten.	
Aufzeichnung: Personalien des P. von Möllendorff. Sein eventueller Übertritt in koreanische Dienste wäre als Privatangelegenheit hinzustellen.	11038. 18. 9.
Ber. a. Shanghai v. 9. 9. № 107: Eventueller Übertritt des ehemaligen Dolmetschers von Möllendorff in koreanische Dienste.	12169. 15. 10.
Schr. des Kommando des Kreuzergeschwaders v. 24. 8: Die Bedeutung des koreanischen Hafens Gensan.	12218. 16. 10.
Ber. a. Tokio v. 28. 8. A. 111. ″ ″ A. 112: Japanische Preßangriffe gegen Rußlands und Deutschlands Bestrebungen in Korea, gegen Letzteres wegen des Bahnbaus Söul-Gensan.	11776. 11777. 6. 10.
Tel. a. Tokio v. 20. 10. № 41: Japan wird es wegen der Masampo-Frage zu einem Bruch mit Rußland nicht kommen lassen.	12375. 20. 10.
Ber. a. Peking v. 9. 9. A. 144: Voraussichtlicher Verzicht von Möllendorff´s auf die ihm angetragene Stelle eines Rathgebers beim König von Korea.	12440. 22. 10.
Ber. a. Tokio v. 5. 10. A. 126: Japanische Preßstimmen über angebliche Bestrebungen Deutschlands eine Theilung der Interessensphären auf Korea herbeizuführen.	12938. 2. 11.
Tel. a. London v. 9. 11. (Privat): Angeblich bevorstehender Konflikt zwischen Rußland und Japan in Korea, Japan mobilisire bereits, unterstützt von England. / Tel. n. Söul v. 11. 11. № 1: Anfrage, ob das wahr /	13265. 10. 11.
Tel. a. Söul v. 13. 11.: Von russisch-japanischem Konflikt in Korea nichts bemerkbar. Der englische Vertreter stellt sich neutral.	13432. 14. 11.

Ber. a. Söul v. (?) № 63: Neuerliche reformfeindliche Maßnahmen des koreanischen Hofes. Der „Geheime Rath" und „Staatsrath", Organisation der beiden Körperschaften. Thätigkeit der Finanz-Berather Brown und Alexeieff. Schacher mit Beamtenstellen. Vollkommene Abhängigkeit sämmtlicher Minister vom König. Fortschritte der Japaner in Korea, welche das Land als ihre Domäne betrachten.	12605. 26. 10.
Ber. a. London v. 12. 11. № 891: Die „Times" über einen möglichen russisch-japanischen Konflikt wegen Korea's. Ermunterung an Japan nicht zu warten, bis Rußland seine asiatischen Bahnen vollendet habe. / Tel. i. Z. v. 17. 11. n. Tokio 39 /	13434. 14. 11.
Ber. a. London v. 16. 11. № 895: Der „Globe" über einen drohenden Konflikt Rußlands und Japans wegen Korea.	13593. 18. 11.
Ber. a. London v. 5. 12. № 918: Der Times-Correspondent in Peking ist der Ansicht, Japan werde, sobald dies möglich, Korea besetzen, da es sich für stärker halte als Rußland.	14422. 7. 12.
Ber. a. Shanghai v. 26. 10. № 126: Von Möllendorff hat der koreanischen Regierung gegen genügende Sicherheit in ihre Dienste zu treten.	14243. 3. 12.
Schr. des Admiralstabes v. 6. 12: Die Masanpho-Bucht und deren Bedeutung für Rußland als maritimer Stützpunkt.	14511. 9. 12.
Tel. a. Tokio v. 12. 12. № 49: Neuformationen der japanischen Artillerie und Kavallerie und Patronenbestellung in England. Die Blätter bringen Nachrichten über das Verhältniß Japans zu Rußland.	14627. 9. 12.
Ber. a. Tokio v. 1. 11. A. 139: Äußerungen des Gesandten Kato über die Ausdehnung des japanischen Einflusses in Korea.	14112. 1. 12.
Ber. a. Söul v. 3. 10. № 78: Erwerbung von Terrain in der Masampo-Bucht durch den russischen Vertreter. Dasselbe wird zur Anlage einer Kohlenstation für Rußland verwendet werden.	13782. 23. 11.

Ber. a. Tokio v. 13. 10. A. 130: Landerwerbungen Seitens russischer und japanischer Staatsangehöriger in Masampo, anscheinend für die respektiven Regierungen.	13508. 16. 11.
Aufzeichnung Sr. E. des H. von Derenthall (stellv. Sts.) v. 28. 10.: Japanische Befürchtungen wegen der angeblichen Absichten Rußlands auf den Hafen von Fusan und der anliegenden Inseln.	12728. 29. 10.
Tel. a. Tokio v. 15. 12. № 50: Absicht der Russen, sich in Masampo festzusetzen, welches sie nach japanischer Auffassung durch Deutschlands Intervention erhalten hätten.	14755. 15. 12.
Ber. a. London v. 14. 12. № 928: „Daily Chronicle" erklärt die Gerüchte von japanischen Rüstungen gegen Rußland für unbegründet.	14776. 16. 12.
Ber. a. Tokio v. 2. 10. A. 124: Verpachtung der Insel Ulneung an russische Händler und Verstimmung der Japaner darüber.	12936. 3. 11.
Nowoje Wremja v. 24. 12.: Mit Hinweis auf Rußlands kommerzielle Fortschritte in Korea wird Japan der Rath ertheilt, dort nur wirthschaftliche und nicht politische Zwecke zu verfolgen.	15181. 24. 12.
Ber. a. Petersburg v. 25. 12. № 626: Einreichung des in vorstehender Nummer erwähnten Artikels der „Nowoje Wremja".	15273. 27. 12.
Ber. a. Tokio v. 21. 11. A. 143: Versetzung des russischen Gesandten in Tokio, Barons Rosen, nach München. In der Masampo-Angelegenheit ist eine Entscheidung noch nicht getroffen.	15246. 26. 12.
Desgl. v. 24. 11. A. 145: Beschleunigung der Fertigstellung der in England bestellten japanischen Schiffe. Die japanische Zeitung „Nippon" erklärt einen Zusammenstoß zwischen Rußland und Japan wegen Koreas für unvermeidlich.	15248. 26. 12.

Verurtheilung Koreanischer Verschwörer.

PAAA_RZ201-018927_016 ff.			
Empfänger	Fürst zu Hohenlohe - Schillingsfürst	Absender	Krien
A. 12551 pr. 1. November 1898. a. m.		Söul, den 22. August 1898.	
Memo	J. № 468.		

A. 12551 pr. 1. November 1898. a. m.

Söul, den 22. August 1898.

№ 70.

An Seine Durchlaucht
den Herrn Reichskanzler
Fürsten zu Hohenlohe - Schillingsfürst.

Im Anfange des vorigen Monats wurden zwei Staatsminister, zwei frühere Polizei-Präsidenten, ein ehemaliger Regiments-Kommandeur und verschiedene andere Offiziere und Beamte verhaftet, weil sie beschuldigt wurden, mit dem General-Lieutenant An Kyong-Su die Entthronung des Königs und dessen Ersetzung durch den Kronprinzen geplant zu haben.

Vor einigen Tagen hat nun der oberste Gerichtshof, der politische Verbrecher abzuurtheilen hat, die beiden früheren Polizei-Präsidenten, einen ehemaligen Obersten der Leibwache und einen Bataillonskommandeur wegen des ihnen zur Last gelegten Verbrechens zu lebenslänglicher Verbannung verurtheilt, die übrigen Angeklagten aber aus Mangel an Beweisen frei gesprochen.

Der General An, der in dem Urtheile des obersten Gerichtshofes ausdrücklich als der Anstifter der Verschwörung bezeichnet wird, hatte sich in das Haus eines in der hiesigen Japanischen Niederlassung wohnenden Japaners geflüchtet, wo er sich noch immer aufhält. Soweit ich feststellen kann, ist von den Koreanischen Behörden auch nicht einmal der Versuch gemacht worden die Ermächtigung des hiesigen Japanischen Konsuls zur Verhaftung des Generals An in dem Japanischen Hause zu erlangen.

Abschriften dieses Berichtes sende ich an die Kaiserlichen Gesandtschaften zu Peking und Tokio.

Krien.

Inhalt: Verurtheilung Koreanischer Verschwörer.

Vergiftungsversuch auf den König und den Kronprinzen.

PAAA_RZ201-018927_020 ff.

Empfänger	Fürst zu Hohenlohe - Schillingsfürst	Absender	Krien
A. 12729 pr. 5. November 1898. a. m.		Söul, den 17. September 1898.	
Memo	J. № 518.		

A. 12729 pr. 5. November 1898. a. m.

Söul, den 17. September 1898.

№ 79.

An Seine Durchlaucht

den Herrn Reichskanzler

Fürsten zu Hohenlohe - Schillingsfürst.

Am 11. d. Mts. wurde auf den König und den Kronprinzen ein Vergiftungsversuch gemacht. Der König hatte an jenem Tage ausnahmsweise ein Europäisches Abendessen anrichten lassen. Nach dem Genusse von Kaffe wurde ihm übel, obwohl er davon wegen des schlechten Geschmackes nur ganz wenig getrunken hatte. Er blieb einige Tage krank, ist aber jetzt vollständig wieder hergestellt, während der Kronprinz, der mehr davon genossen hatte, sowie ein Eunuche und eine Palastdienerin, die den Kaffe hatten kosten müssen, schwerer erkrankt und noch nicht ganz genesen sind.

In Folge dessen wurden verschiedene Köche und Küchenjungen verhaftet und peinlich verhört. Dabei sagte einer der letzteren aus, daß ein Hofküchen-Sekretär - ein früherer Diener des Russischen Vertreters Herrn Waeber - Namens Kong Chang-Sik, der seinen Posten im Palaste dem ehemaligen Russischen Dolmetscher Kim Hong Yuk verdankte, ein gelblich aussehendes Pulver in den Kaffetopf geschüttet hätte. Unter der Folter (sie ist zwar gesetzlich abgeschafft, wird aber, namentlich in letzter Zeit, fast ebenso häufig angewandt wie vor der Reform Ära, 1894), soll nun Kong gestanden haben, auf Anstiften Kim's den Vergiftungs-Versuch verübt zu haben. Die ebenfalls verhaftete und gefolterte Frau des früheren Dolmetschers der Russischen Gesandtschaft soll gestanden haben, im Auftrage ihres Mannes dem Kong das Gift übergeben zu haben.

Kim Hong Yuk, den der jetzige Russische Vertreter, Herr Matunin, bald nach Übernahme der Geschäfte entlassen hatte, war durch ein am 23. v. Mts. veröffentliches Dekret des Königs ohne irgendwelche gerichtliche Untersuchung zu lebenslänglicher

Verbannung verurtheilt und auf eine abgelegene Insel verschickt worden, weil er bei den Audienzen (der Russischen Vertreter) absichtlich falsch übersetzt und dadurch die Beziehungen der beiden Länder verschlechtert haben sollte.

Wie mir Herr Matunin kürzlich mittheilte, hat er wegen des Dekrets eine Aufklärung der Koreanischen Regierung verlangt, da ihm von gespannten Beziehungen zwischen Rußland und Korea nichts bekannt geworden wäre. In Folge dessen soll nun der Königliche Erlaß abgeändert und ein anderer Grund für die Bestrafung des Dolmetschers angegeben werden.

Um diesen nach Söul zu holen, sind Polizisten ausgesandt worden.

Abschriften dieses Berichtes sende ich an die Kaiserlichen Gesandtschaften zu Peking und Tokio.

Krien.

Inhalt: Vergiftungsversuch auf den König und den Kronprinzen.

Unterzeichnung des Koreanisch-Japanischen Vertrages über die Eisenbahn von Söul nach Fusan.

PAAA_RZ201-018927_024 ff.			
Empfänger	Fürst zu Hohenlohe - Schillingsfürst	Absender	Krien
A. 12740 pr. 5. November 1898. a. m.		Söul, den 10. September 1898.	
Memo	cfr A. 12885 / cfr A. 3249 (an Abth. II) J. № 503.		

A. 12740 pr. 5. November 1898. a. m.

Söul, den 10. September 1898.

№ 77.

An Seine Durchlaucht

den Herrn Reichskanzler

Fürsten zu Hohenlohe - Schillingsfürst.

Der Vertrag, durch den ein Japanisches Syndikat die Konzession für den Bau der Eisenbahn von Söul nach Fusan erhält, wurde vorgestern früh, kurz vor Abreise des Marquis Ito von Korea, von Japanischer und Koreanischer Seite im hiesigen Auswärtigen Amte unterzeichnet. An den Marquis Ito wurde von der erfolgten Vollziehung der Vertrages sofort eine telegraphische Benachrichtigung nach Chemulpo gesandt.

Wie mir der Japanische Minister-Resident heute mündlich mittheilte, entsprechen die Kontrakts-Bedingungen im Ganzen den in den Amerikanischen und Französischen Verträgen für die Eisenbahn-Konzessionen von Söul nach Chemulpo und von Söul nach Wiju festgesetzten.

Nach anderen Nachrichten muß der Bau der Eisenbahn binnen drei Jahren begonnen werden und in weiteren zehn Jahren vollendet sein, die Konzession gilt alsdann für fünfzehn Jahre. Die Spurweite soll die normale sein, obwohl ein Erlaß des Königs vom Monat November 1896 bestimmte, daß alle später in Korea gebauten Bahnen die Russische Spurweite haben sollte.

Die Kosten der ungefähr 500 km langen Strecke berechnen die Japaner auf höchstens 20 Millionen Yen, also auf etwa 40 000 Yen oder 82 000 M., den Kilometer.

Da eine Japanische Gesellschaft die Konzession für die Eisenbahn von Söul nach Chemulpo von dem Amerikaner Morse käuflich erworben hat, so wird die Eisenbahn-

Verbindung zwischen den Häfen Chemulpo und Fusan in Japanischen Händen sein.

Abschriften dieses Berichtes sende ich an die Kaiserlichen Gesandtschaften zu Peking und Tokio.

Krien.

Inhalt: Unterzeichnung des Koreanisch-Japanischen Vertrages über die Eisenbahn von Söul nach Fusan.

Der Koreanisch-Japanische Konzessions-Vertrag für die Eisenbahn von Söul nach Fusan.

PAAA_RZ201-018927_028 ff.			
Empfänger	Fürst zu Hohenlohe - Schillingsfürst	Absender	Krien
A. 12885 pr. 8. November 1898. a. m.		Söul, den 20. September 1898.	
Memo	J. № 529.		

A. 12885 pr. 8. November 1898. a. m. 1 Anl.

Söul, den 20. September 1898.

№ 80.

An Seine Durchlaucht den Herrn Reichskanzler
Fürsten zu Hohenlohe - Schillingsfürst.

Euer Durchlaucht beehre ich mich im Anschluß an meinen Bericht № 77[13] vom 10. d. Mts. in der Anlage Abschrift einer Übersetzung des Koreanisch-Japanischen Eisenbahnvertrages gehorsamst zu überreichen.

Bemerkenswerth und von den bezüglichen Bestimmungen der Französischen und Amerikanischen Eisenbahn-Kontrakte abweichend, sind in dem Vertrage der § 9, der bestimmt, daß Zweiglinien der Eisenbahn von Söul nach Fusan nur von der Koreanischen Regierung oder von Koreanischen Privaten gebaut und Ausländern dafür keine Konzessionen ertheilt werden dürfen und der § 15, wonach die Aktien der Eisenbahn-Gesellschaft nur von den Regierungen Japans und Koreas und an Unterthanen der beiden Länder ausgegeben werden dürfen.

Abschriften dieses Berichtes sende ich an die Kaiserlichen Gesandtschaften zu Peking und Tokio.

Krien.

Inhalt: Der Koreanisch-Japanische Konzessions-Vertrag für die Eisenbahn von Söul nach Fusan.

---

13 A. 12740 ehrerbietigst beigefügt.

Anlage zu Bericht № 80.
(A. 12885)

Abschrift.
Übersetzung.

Söul-Fusan-Eisenbahn-Kontrakt.

§1. Die Koreanische Regierung ertheilt die Concession zur Erbauung und Leitung der Söul-Fusan-Bahn sowie zur Überbrückung der Flußläufe an das japanische Söul-Fusan-Eisenbahn Syndikat, bezw. dessen Vertreter Sasaki Kiyomoro und Inui Chotoro unter den folgenden Bedingungen:

§2. Die Strecke der Bahn und die Anlage von Brücken bestimmen die von dem Syndikat oder dessen zu engagirende Ingenieure, die die Vermessungen und Festlegungen vornehmen werden. Die Brücken müssen so hoch gebaut werden, daß Schiffe frei darunter passiren können; ist eine derartige Anlage nicht möglich, so ist die Brücke beweglich einzurichten und jeden Tag mehrere Male zu bestimmten Zeiten offen zu halten; zu beiden Seiten des Geleises sind Fußsteige für Passanten anzulegen, vom Geleise jedoch abzusperren.

§3. Für die Spurweite ist die mittelst Königlichen Decrets № 31 vom Jahre 1896 erlassene Verordnung über Eisenbahnen in Korea, Artikel 2, maßgebend. Danach muß die Spurweite im ganzen Lande dieselbe sein, um einen durchgängigen Verkehr zu ermöglichen. Die Spurweite der Söul-Fusan-Bahn muß daher die gleiche sein wie die der Bahn zwischen Söul und Chemulpo. Die Koreanische Regierung giebt, um die Anlage der Eisenbahn zu erleichtern, das für die Bahn nöthige Land her, ebenso das Terrain für Anlegung von Stationen, Güterschuppen, Werkstätten, Drehscheiben, Ausweichestellen etc.

Dieses Land gehört für die Zeit, während der die Bahn unter Leitung dieser japanischen Gesellschaft steht und bis sie von der koreanischen Regierung angekauft wird, dieser Gesellschaft; die koreanische Regierung hat dafür jedoch freie Beförderung von Kriegsmaterial, Militär, Post und Postbeamten. Beim Ankauf der Bahn durch die koreanische Regierung fällt dieses Land an sie zurück. Die Strecke muß so angelegt werden, daß keine Gräber berührt werden. Für den freien Verkehr von Passanten, Pferden und Fuhrwerk sind an den Stellen, wo Straßen und Wege das Geleise treffen, Übergänge zu schaffen.

§4. Stationen werden erbaut in Söul und Fusan; anderswo nach Bedürfniß.

§5. Maschinen und anderes Eisenbahnmaterial, das vom Ausland bezogen wird, wird zollfrei eingeführt; ebenso werden von dem der Bahn unterstellten Lande oder anderen Einrichtungen im Interesse der Bahn keine Abgaben erhoben.

§6. Als Arbeiter kann die Direktion Koreaner oder Fremde annehmen, soll aber in erster Linie Koreaner berücksichtigen; die Erdarbeiter müssen zu 90% Koreaner sein. Wenn in Zeiten, wo es mit der Arbeit drängt, die Anstellung koreanischer Arbeiter mit zu großen Unkosten verknüpft sein sollte, und die Gesellschaft noch Fremde vom Ausland kommen läßt, so müssen jedoch diese nach Vollendung des Bahnbaues, wieder zurückbefördert werden. Bei Ankunft dieser Fremden und bei ihrer Abreise hat das Zollhaus eine genaue Controle über sie auszuüben, und es darf keiner im Lande zurückbleiben.

Von Holz ist koreanisches Holz zu verwenden; wenn sich das nicht eignet, japanisches.

§7. Das Syndikat oder sein Vertreter haben eine Gesellschaft zu bilden, das nöthige Capital aufzubringen und den (Gesellschafts) Vertrag zu errichten. Das zum Bahnbau nothwendige und alles sonstige Bahnmaterial wird Eigentum der Gesellschaft; die Einkünfte der Bahn gehören ihr und hat sie allein darüber zu verfügen, und sie hat in jeder Beziehung die Rechte einer Gesellschaft.

§8. Das Syndikat oder sein Vertreter macht einen möglichst genauen Kostenanschlag, der für die Aufbringung des Capitals maßgebend ist; der Antheil, den die koreanische Regierung beiträgt, sind ausschließlich die Ländereien für die oben genannten Zwecke.

§9. Zweiglinien in Verbindung mit der qu. Bahn dürfen nur von der koreanischen Regierung oder koreanischen Unterthanen gebaut werden; einer fremden Regierung oder Unterthanen einer solchen darf eine daraufbezügliche Concession nicht ertheilt werden.

§10. Innerhalb 3 Jahren vom Datum dieses Contrakts ab, muß die Gesellschaft gebildet und die Arbeiten an der Bahn in Angriff genommen sein; wird in der angegebenen Zeit mit den Arbeiten nicht begonnen, so wird dieser Contract hinfällig, wenn nicht andere Abmachungen getroffen werden. Wenn höhere Gewalt oder der Ausbruch eines Krieges oder sonst ein unvorhergesehenes Ereigniß dazwischenkommen und den Beginn der Arbeiten verzögern, so kann die 3jährige Frist verlängert werden. Wenn 10 Jahre nach Beginn der Arbeiten die Bahn nicht vollendet ist, so ist dieser Contract nichtig.

Der Ausbruch eines Krieges oder Eintritt sonst eines unvorhergesehenen Ereignisses während dieser 10 Jahre werden aber insoweit berücksichtigt, daß die Dauer dieser Ereignisse nicht mitgezählt wird bei Berechnung der 10jährigen Frist.

§11. Wenn wegen der Bahn Schwierigkeiten entstehen, so ernennt die Koreanische Regierung und die Gesellschaft je einen Bevollmächtigten, die darüber zu entscheiden haben. Können diese 2 Bevollmächtigten zu keiner Einigung gelangen, so ernennen sie zusammen einen Dritten, dessen Bescheid ausschlaggebend ist. Wenn dieser Dritte selber eine Entscheidung nicht fällen will, so bestimmen er und die beiden ersten

Bevollmächtigten zwei weitere Personen, mit denen zusammen über die Angelegenheit entschieden wird.

§12. Wenn am Ende des 15. Jahres nach Vollendung der Bahn die Koreanische Regierung die Bahn übernehmen will, so werden sich drei Personen, wie im vorigen Paragraphen, über einen angemessenen Preis einigen zu dem die Regierung die Bahn übernimmt; kann die Regierung die Bahn nicht übernehmen, so läuft die Concession der Gesellschaft für 10 weitere Jahre, und ebenso fort am Ende jeder folgenden 10jährigen Periode.

§13. Falls zu irgend einer Zeit die Koreanische Regierung die Mittel, sich an der Bahn zu betheiligen, aufbringen kann und bereit ist, sie in ein gemeinsames koreanisch-japanisches Unternehmen umzuwandeln, so wird die Regierung zu diesem Zwecke mit der Bahngesellschaft in Verhandlungen eintreten und einen entsprechenden Vertrag abschließen.

§14. Wenn zu irgend einer Zeit eine koreanische Gesellschaft oder koreanische Beamte oder Private Theilhaber bei der Gesellschaft werden wollen, so sollen sie dieselben Rechte und Vortheile haben wie jeder andere.

§15. Auf keinen Fall dürfen Aktien der Eisenbahngesellschaft an andere Regierungen oder Angehörige anderer Staaten als an die Japanische oder Koreanische Regierung oder an Japanische oder Koreanische Unterthanen gegeben werden.

Koreanisches Datum: - Kuang mu 2. Jahr. 9. Monat 8. Tag
Japanisches Datum: -   Meiji 31. Jahr. 9. Monat 8. Tag (den 8. September 1898.)

Die Europäische Schutztruppe des Königs.

PAAA_RZ201-018927_038 ff.

Empfänger	Fürst zu Hohenlohe - Schillingsfürst	Absender	Krien
A. 13632 pr. 25. November 1898. a. m.		Söul, den 29. September 1898.	
Memo	J. № 548.		

A. 13632 pr. 25. November 1898. a. m. 1 Anl.

Söul, den 29. September 1898.

№ 82.

An Seine Durchlaucht

den Herrn Reichskanzler

Fürsten zu Hohenlohe - Schillingsfürst.

Am 15. d. Mts. trafen hier 30 Europäer und Amerikaner ein, die von dem Amerikanischen Rathgeber im Justizministerium und Auswärtigen Amte, Herrn Greathouse, in Shanghai angeworben worden waren, um den König zu beschützen. Die Truppe bestand aus 9 Amerikanern, 9 Engländern, 5 Deutschen, 5 Franzosen und 2 Russen. Mit jedem der Leute hatte Herr Greathouse als Bevollmächtigter der Koreanischen Regierung (Agent of the Korean Government) einen einjährigen Vertrag abgeschlossen. Sie sollten freie Reise nach Söul und 70 Dollar monatliche Löhnung nebst freier Wohnung, Heizung und Uniform, Bewaffnung und ärztlicher Behandlung erhalten. Ihre Pflichten wurden in Artikel 4 des Vertrages festgesetzt, der lautete: "The duties for which said ⋯ is employed is to do general police duty in and around the Palace or in any other place, whereever His Majesty may be, and especially to guard, protect, and defend His Majesty and the Imperial Family from all danger or harm at all times, also to accompany His Majesty and other members of the Imperial Family when they go out from the Palace, also to do such other police duties as may be found necessary."

Wie zu erwarten war, erhob sich gegen diese Wache von allen Seiten Widerstand. Namentlich die Mitglieder des „Unabhängigkeits-Klubs" verlangten stürmisch die Entfernung der Leute und die Entlassung des Herrn Greathouse, indem sie es für einen untilgbaren Schimpf erklärten, daß fremde Söldner den König gegen sein eigenes Volk schützen sollten. Die von Abgeordneten des Clubs bedrängten Minister versicherten, daß die Regierung mit der Sache nichts zu thun hätte, und versprachen die schleunige

Rücksendung der Leute. Der Russische Geschäftsträger forderte durch Note an den Minister der Auswärtigen Angelegenheiten eine Erklärung der Gründe für den Schritt, indem er sich auf die seinem Vorgänger zugegangene Erklärung der Koreanischen Regierung berief, wonach die einheimischen Truppen durch die Russischen Militär-Instrukteure so weit ausgebildet wären, daß sie die Wache im Palaste selbständig übernehmen könnten.

Herr Greathouse, der mich bald nach der Ankunft der Leute besuchte, gab mir zu verstehen, daß er den Auftrag, die Leute anzuwerben, direkt von dem Könige erhalten hätte, und fügte hinzu: „Seit etwa 27 Monaten hätte er die gerichtliche Untersuchung von 13 größeren und kleineren Verschwörungen geleitet, die alle den Zweck gehabt hätten, den König zu entführen oder zur Abdankung zu zwingen und die Regierung zu stürzen. Bei der ganz unglaublichen Feigheit der Koreaner würde die Anwesenheit von wenigen, selbst zwei, Weißen im Palaste genügen, um derartige Verschwörungen in Zukunft unmöglich zu machen. Er hätte denn auch die Absicht gehabt, nur 15 Europäer und Amerikaner zu engagiren, und zwar von jeder westländischen, in Söul vertretenen, Vertragsmacht gleichmäßig je 3; doch hätte er in Shanghai aus dem hiesigen Palaste die telegraphische Weisung erhalten, im Ganzen 30 herüberzubringen." (Diese Behauptung ist nicht ganz richtig, denn er hat in Chemulpo vor seiner Abreise nach Shanghai in der Trunkenheit einem früheren Deutschen Offizier verrathen, daß er den Befehl erhalten hatte, dreißig Weiße entweder in Shanghai, Hongkong oder Manila für den König anzuwerben.) „Augenblicklich sei wieder eine Verschwörung im Gange. Auf seine Soldaten könne der König sich nicht verlassen. Wenn die von ihm ausgesuchte Schutztruppe wieder zurückgeschickt werden sollte, so würde die Koreanische Regierung binnen sechs Monaten in die Brüche gehen. („Within six months they will be in the pot")."

Der König und die Minister sahen zwar ein, daß die Leute abgelohnt werden mußten, suchten aber alle Schuld auf Herrn Greathouse zu wälzen und jede Zahlungspflicht abzuleugnen. Wie der Amerikanische Minister-Resident vor einer Woche seinen Kollegen gesprächsweise mittheilte, (die fremden Vertreter kommen seit einiger Zeit jeden Donnerstag zusammen, um Ansichten und Nachrichten auszutauschen) haben Abgesandte des Königs ihm erklärt, daß Herr Greathouse die Leute abfinden müßte, da er nichts Schriftliches in Händen hätte. Er habe ihnen darauf erwidert, in dem Falle würde sein Landsmann vor ihm schwören, daß er von dem Fürsten mündlich den Auftrag erhalten hätte, und das Amerikanische Gesetz würde dieser eidlichen Versicherung mehr Glauben beimessen als der gegentheiligen Behauptung des Königs.

Nach einigem Sträuben hat sich dann die Regierung bereit gefunden, den Leuten ihr volles Jahresgehalt von je 840 Dollar, im Ganzen 25 200 Dollar, theils baar theils in Wechseln auf Shanghai auszuzahlen. Die große Mehrzahl hat darauf am 27ten d. Mts.

Söul verlassen, um heute mit dem Deutschen Dampfer „Chow Chow Foo" nach Shanghai zurückzukehren.

Herr Greathouse ist über die treulose Handlungsweise des Königs sehr empört; er sagte mir, daß er ohne Verzug seine Entlassung nehmen und darnach als Privatmann durch Schreiben an die hiesigen Vertreter den ganzen Plan bloßstellen würde (expose the whole scheme). Bis jetzt hat er diese Drohung jedoch nicht ausgeführt.

Abschriften dieses Berichtes sende ich an die Kaiserlichen Gesandtschaften zu Peking und Tokio.

Krien.

Inhalt: Die Europäische Schutztruppe des Königs. 1 Anlage.

Anlage zu Bericht № 82.
Abschrift.

Depesche vom Russischen Vertreter an das Auswärtige Amt.

Am 28. Februar 1898 ging der Kaiserlich Russischen Gesandtschaft hierselbst eine Depesche zu, daß, nachdem die Truppen durch die Russischen Militärinstrukteure so weit ausgebildet wären, um im Stande zu sein, die Wache im Palast selbstständig zu übernehmen, nach der Ansicht aller Beamten eine Fortdauer des Engagements der fremden Militärinstrukteure und Rathgeber nicht mehr nothwendig wäre, eine Auffassung, die von dem ganzen Lande getheilt würde. Diese Erklärung stimmt jedoch offenbar mit Vorgängen aus jüngster Zeit nicht überein, wonach es scheint, daß Seine Majestät zu seinem Schutze eine Truppe in Stärke von 30 Mann, verschiedenen Nationalitäten angehörig, engagirt und hierher gebracht hat.

Euer Excellenz muß ich daher ergebenst ersuchen, mir eine Erklärung über die Gründe zugehen zu lassen, die zu diesem Schritte geführt haben.

Verurtheilung und Hinrichtung der des Mordversuchs auf den König angeklagten Koreaner.

PAAA_RZ201-018927_048 ff.			
Empfänger	Fürst zu Hohenlohe - Schillingsfürst	Absender	Krien
A. 13633 pr. 25. November 1898. a. m.		Söul, den 12. Oktober 1898.	
Memo	J. № 562.		

A. 13633 pr. 25. November 1898. a. m.

Söul, den 12. Oktober 1898.

№ 86.

An Seine Durchlaucht

den Herrn Reichskanzler

Fürsten zu Hohenlohe - Schillingsfürst.

Der des Mordversuches auf den König von Korea angeschuldigte frühere Dolmetscher der Russischen Gesandtschaft, Kim Hong Yuk, wurde am 7. d. Mts. von seinem Verbannungsorte hier eingeliefert. Gleich nach seiner Ankunft ließ die Koreanische Regierung verbreiten, er hätte gestanden, daß er den König mit Opium habe vergiften wollen. Diesem angeblichen Geständnisse wird indessen wenig Glauben beigemessen, schon weil Opium die bei dem Könige, dem Kronprinzen und den anderen Personen, die von dem Kaffe genossen hatten, beobachteten Begleiterscheinungen, wie heftiges Erbrechen und später Ausschlag im Gesichte nicht gezeigt haben würde. Kim Hong Yuk wurde darauf in aller Eile vorgestern Abend zusammen mit dem Küchensekretär Kong und einem Küchenjungen, der auf dessen Veranlassung das Gift in den Kaffetopf geschüttet haben soll, gehängt. Ihre Leichen wurden dem Pöbel preisgegeben, der sie mit den Stricken bis an die große Glocke schleifte und dort in Stücke haute.

Bis zum letzten Augenblicke soll der Dolmetscher Kim auf die Intervention des Russischen Vertreters gerechnet haben.

Die Frau des Kim, die trotz der Folter nicht gestanden hat, um das Verbrechen gewußt zu haben, wurde zu drei Jahren Verbannung verurtheilt.

Von den fremden Vertretern glaubt nur der Japanische an die Schuld der Verurtheilten. Doch liegt es ja, nachdem die Japaner und ihre Partei die Königin ermordet haben, im Japanischen Interesse, daß der frühere allmächtige Dolmetscher der Russischen

Gesandtschaft den Mordversuch auf den König und den Kronprinzen gemacht haben soll.

Herr Matunin will erfahren haben, daß ein Koreanischer Beamter dem Kim Hong Yuk entgegengereist ist und ihm zugesichert hat, daß er die Todesstrafe nicht erleiden würde, wenn er den Vergiftungsversuch eingestehen wollte. Daraufhin, und um der Folter zu entgehen, habe Kim ein Verbrechen eingestanden, das er nie begangen habe.

Obwohl die Koreanische Regierung auf eine Anfrage der fremden Vertreter, ob die Angeklagten in gesetzwidriger Weise gefoltert worden wären, geantwortet hat, daß nur die gesetzlich erlaubten Stockprügel angewendet worden seien, ist es doch durch den Kanadischen Arzt Dr. Arison, der die Gefolterten gesehen hat, und andere glaubwürdige Zeugen, unzweifelhaft festgestellt, daß der Sekretär Kong, die Frau des Kim und der Küchenjunge in der grausamsten Weise gefoltert worden sind.

Abschriften dieses Berichtes sende ich an die Kaiserlichen Gesandtschaften zu Peking und Tokio.

Krien.

Inhalt: Verurtheilung und Hinrichtung der des Mordversuchs auf den König angeklagten Koreaner.

Der König gewährt die Forderung des „Unabhängigkeits-Clubs", sieben Großwürdenträger zu entlassen.

PAAA_RZ201-018927_052 ff.			
Empfänger	Fürst zu Hohenlohe - Schillingsfürst	Absender	Krien
A. 13765 pr. 28. November 1898. a. m.		Söul, den 13. Oktober 1898.	
Memo	J. № 566.		

A. 13765 pr. 28. November 1898. a. m.

Söul, den 13. Oktober 1898.

№ 87.

An Seine Durchlaucht

den Herrn Reichskanzler

Fürsten zu Hohenlohe - Schillingsfürst.

Vom 7. bis 12. d. Mts. saßen die Mitglieder des „Unabhängigkeits-Clubs" Tag und Nacht vor dem Palastthore und hielten regierungsfeindliche Reden. Zuerst verlangten sie mittels einer Bittschrift an den König, daß der Minister und der Vize-Minister der Justiz entlassen werden sollten, weil sie nicht verhindert hätten, daß der des Mordversuchs auf den König und den Kronprinzen angeklagte Sekretär im Hausministerium im Gefängnisse einen Selbstmordversuch verübt hatte und weil der Justizminister zudem die Wiedereinführung der alten Gesetze, die die Familien von Verbrechern für deren Thaten mitverantwortlich machten, beantragt hatte. Als dieses Begehren von dem Könige abgelehnt wurde, forderten sie außerdem die Absetzung des Premier-Ministers, weil er die Einreichung von Bittschriften verbieten wollte, des Vize-Präsidenten des Staatsraths, weil er angeblich die Dekrete des Königs durch kleine Abänderungen fälschte, des Hausministers, weil er grobe Erpressungen verübt hatte, des Kriegsministers, weil er dem Ehemanne einer Teufelsbeschwörerin eine Offizierstelle verliehen, und des Finanzministers, weil er die von dem Amerikanischen Rathgeber Greathouse zum Schutz des Königs in Shanghai angeworbenen Europäischen und Amerikanischen Söldner aus dem Staatssäckel abgezahlt hatte.

In den letzten Tagen wurden sie durch die hiesige Kaufmanns-Gilde, die die Läden ihrer Mitglieder schließen ließ, und durch den ursprünglich zur Bekämpfung des Unabhängigkeits-Clubs gegründeten „Kaiserlichen Club" (der Lastenträger und Hausirer) verstärkt. Auch sandten die Schüler der hiesigen Sprachschulen, obwohl diese von der Regierung unterhalten werden, Deputationen ab, um ihre Sympathieen mit den Bestrebungen des Unabhängigkeits-Clubs zu bezeugen.

Vorgestern forderte der König die Club-Mitglieder auf, sich unverzüglich zu entfernen, da ihr fortwährendes Lärmen den Zustand des (seit mehreren Monaten an Dysenterie leidenden) Kronprinzen verschlimmerte. Es sei außerordentlich rücksichtslos von ihnen, daß sie ihn mit ihren ungereimten Forderungen belästigten.

Bald darauf ließ er ihnen durch den Stadtpräfekten sagen, sie sollten sich ruhig entfernen, da ihre Vorstellungen aufmerksam geprüft werden würden, worauf sie erwiderten, daß sie sich so ruhig, wie möglich, verhalten wollten, daß sie ihre Plätze aber nicht verlassen würden, bis die beanstandeten Minister sämmtlich entlassen wären.

Gestern verkündete ihnen dann der König, daß er alle ihre Forderungen bewilligte. Die Minister wurden demgemäß abgesetzt und an ihrer Stelle neue ernannt.

Von den bisherigen Ministern sind nur die erst vor einigen Tagen ernannten Minister der auswärtigen und der inneren Angelegenheiten und des Unterrichts verblieben. Das Ministerium für Landwirtschaft, Handel und öffentliche Arbeiten war in der letzten Zeit durch den Vize-Minister verwaltet worden.

Das gegenwärtige Staatsministerium besteht aus:

dem stellvertretenden Premier Minister	Pak Chung Yang,
dem Minister des Königlichen Hauses	Yun Yong Ku,
dem Minister der Auswärtigen Angelegenheiten	Pak Chä Sun,
dem Minister des Innern	I Kun Myong,
dem Minister der Finanzen	Cho Pyong Ho,
dem Kriegsminister	Min Yong Huan,
dem Justizminister	So Chung Sun,
dem Unterrichtsminister	I To Chä
und dem Minister für Landwirthschaft, Handel und öffentliche Arbeiten	
	Min Myong Sok.

Durch ihren großen Erfolg ermuthigt verlangen jetzt die Mitglieder des Clubs, bei allen wichtigen Regierungshandlungen um ihren Rath befragt zu werden.

Abschriften dieses Berichtes sende ich an die Kaiserlichen Gesandtschaften zu Peking und Tokio.

Krien.

Inhalt: Der König gewährt die Forderung des „Unabhängigkeits-Clubs“,
          sieben Großwürdenträger zu entlassen.

Unruhen in Söul.

PAAA_RZ201-018927_058 ff.			
Empfänger	Fürst zu Hohenlohe - Schillingsfürst	Absender	Krien
A. 1083 pr. 28. Januar 1899. p. m.		Söul, den 2. Dezember 1898.	
Memo	cfr A. 3249 J. № 650.		

A. 1083 pr. 28. Januar 1899. p. m.

Söul, den 2. Dezember 1898.

№ 93.

An Seine Durchlaucht den Herrn Reichskanzler Fürsten zu Hohenlohe - Schillingsfürst.

Nachdem der „Unabhängigkeits-Club" die Entlassung von 7 Würdenträgern durchgesetzt hatte, erschien am 21. Oktober ein Dekret des Königs, das die politischen Clubs auflöste. Der genannte Club fing deßhalb am 22ten desselben Monats in der Straße bei der großen Glocke wieder an zu tagen, constituirte sich bald darauf als „Volkspartei" und verlangte die Aufhebung des Dekrets, sowie die Einrichtung eines von ihm vorgeschlagenen sogenannten „Geheimen Rathes", der aus 25 Beamten und 25 Privatleuten bestehen, die gewissenhafte Beobachtung der alten Gesetzte überwachen und bei der Einführung neuer Gesetze sein Gutachten abgeben sollte, und ferner die Ausführung der folgenden sechs Artikel:

1) Weder Beamte noch Privatleute sollen sich auf fremde Hülfe verlassen;

2) Regierungs-Verträge mit Ausländern müssen von allen Staatsministern gezeichnet werden;

3) kein Angeklagter darf ohne vorhergehende öffentliche gerichtliche Untersuchung bestraft werden;

4) der König hat das Recht, seine Minister zu ernennen; jedoch soll kein Minister ernannt werden, dessen Anstellung die Mehrheit des Staatsministeriums mißbilligt;

5) alle Steurern sollen nur von dem Finanzministerium erhoben werden; das jährliche Budget soll veröffentlicht werden;

6) alle bestehenden Gesetze sollen gewissenhaft angewandt werden.

Diese Artikel wurden von dem Könige und den Ministern angenommen. Am 31. fügte der König noch weitere fünf Artikel dazu, nämlich:

1) Der Geheimrath soll so bald wie möglich gegründet werden;

2) Preßgesetze sollen erlassen werden;

3) Beamte, die Geld erpreßt haben, sollen streng bestraft werden;

4) Inspektoren und Bezirksbeamte, die das Volk unterdrücken, sollen auf die Beschwerde der Bevölkerung zur Verantwortung gezogen werden;

5) eine Handels- und Gewerbeschule soll errichtet werden.

Am nächsten Morgen wurden indeß 17 Mitglieder des Unabhängigkeits-Clubs verhaftet, angeblich weil sie zu dem Zwecke, eine Koreanische Republik zu gründen, Proklamationen erlassen hätten. Der Präsident des Clubs, der gewarnt worden war, hielt sich bei einem Amerikanischen Missionare versteckt. Die anderen Mitglieder bezeichneten diese Proklamationen als Fälschungen, verlangten, indem sie ihre Sitzungen auf die Straße vor dem Gefängnisse verlegten, ebenfalls verhaftet zu werden, sowie die Bestrafung von fünf namentlich bezeichneten Beamten, die die Fälschung begangen haben sollten. Da die Regierung damit umging, die Leute mit Waffengewalt zu zerstreuen, so richteten der Amerikanische und der Englische Vertreter wegen des beabsichtigten „Blutvergießens" Vorstellungen an den Minister der Auswärtigen Angelegenheiten. Bald darauf wurden die Gefangenen sämmtlich freigesprochen und der Club-Präsident begnadigt. Mit um so größerem Ungestüm forderte jetzt die „Volkspartei" die Bestrafung der fünf Übelthäter, von denen sich einige im Palaste aufhielten, und zogen wieder vor das Palastthor neben dem Kaiserlichen Konsulate und blieben dort, endlose Reden haltend, obwohl der König ihnen wiederholt befahl, sich zu entfernen.

Inzwischen wurde die Gilde der Lastträger und Hausirer, die den Mitgliedern der Volkspartei wiederholt gedroht hatten, sie zu vertreiben, wenn sie nicht freiwillig abzögen, nebst einer Anzahl Kulis von Freunden des Königs mit Knütteln und Bambus-Hüten versehen. Sie erhielten eine tägliche Löhnung von 25 bis 40 Cent, die nach glaubhaften Berichten von dem Palaste aus gezahlt wurden. Am 21. v. Mts. marschirten etwa 300 Mann, denen die aufgebotene bedeutende Polizeimacht nur scheinbaren Widerstand leistete, auf den Versammlungsplatz der „Volkspartei", hieben auf die dort Anwesenden mit Stöcken ein und verjagten sie, wobei 2 oder 3 Mitglieder des Clubs, die nicht schnell genug entflohen, verwundet wurden. Auf die Kunde davon strömten große Menschenmengen nach dem Palaste zu, um die Lastträger anzugreifen, sie wurden jedoch von Soldaten zurückgehalten. Den Lastträgern befahl der König die Stadt zu verlassen. Während sie diese Weisung ausführten, wurden sie von Stadtleuten mit Steinen beworfen, es gelang ihnen aber, sie zurückzutreiben und in guter Ordnung nach dem Flußhafen Mapo zu ziehen. Auf beiden Seiten gab es einige Verwundete.

Am folgenden Tage griffen die Mitglieder der Volkspartei und andere Stadtleute die

Lastträger bei Mapo mit Stöcken und Steinen an, sie wurden indeß nach einem kurzen Scharmützel mit Verlust von einem Todten und fünf Verwundeten zurückgetrieben. Soldaten hielten die Lastträger von dem Eindringen in die Stadt ab.

In den nächsten Tagen zerstörten Mitglieder der „Volkspartei" zum Theil die Häuser von etwa 15 mißliebigen Beamten, indem sie die Möbel, Fenster und Thüren zerbrachen.

Seit Anfang November wechselten die Minister fast täglich und zeitweise gab es überhaupt kein Staatsministerium.

Am 24. d. Mts. erklärte der Japanische Vertreter seinen Kollegen in einer der Sitzungen, daß er auf eine telegraphische Weisung aus Tokio dem Könige eröffnet hätte, daß Ruhe und Ordnung schleunigst wiederhergestellt werden sollten. In Folge dessen lud der König die fremden Vertreter auf den 26ten Nachmittags zu einer Audienz ein, da er in ihrer Gegenwart persönlich an die Mitglieder der Volkspartei und der Lastträgergilde Ansprachen halten wollte, um sie zu versöhnen und den Frieden wieder herzustellen. Der Russische Vertreter lehnte die Einladung ab mit der Begründung, daß seine Gegenwart die Autorität des Königs untergraben (undermine) würde und daß er keine Verantwortung dafür übernehmen könnte, daß der König seine Versprechen halten würde. Die anderen Vertreter erklärten sich bereit, der Handlung beizuwohnen, da es immerhin möglich war, daß das persönliche Eingreifen des Königs den davon erhofften Erfolg haben könnte, sie lehnten indeß ebenfalls jede Verantwortung ab.

Die Audienz fand im Freien statt. Der König versprach dabei einer Deputation der Volkspartei, alle ihre Wünsche, zu gewähren und dekretirte gleichzeitig die Auflösung der Lastträger-Gilde. Die Deputation der Gilde fügte sich nach einigem Sträuben; die Leute werden aber nach wie vor von dem Palaste aus mit Geld unterstützt und liegen in der Umgegend von Söul in Quartieren.

Bei der gereizten Stimmung der Bevölkerung der Hauptstadt sind neue Unruhen zu erwarten, umso mehr als der stets wortbrüchige König garnicht die Absicht hat, seine feierlich gegebenen Zusagen an die „Volkspartei" zu erfüllen.

Abschriften dieses Berichtes sende ich an die Kaiserlichen Gesandtschaften zu Peking und Tokio.

Krien.

Inhalt: Unruhen in Söul.

Japanische Staatssubvention für die Bahn Chemulpo-Söul.

PAAA_RZ201-018927_068 ff.			
Empfänger	Fürst zu Hohenlohe - Schillingsfürst	Absender	Leyden
A. 2317 pr. 26. Februar 1899. p. m.		Tokio, den 23. Januar 1899.	
Memo	mtg. 2. 3. London 129, Petersbg. 127.		

A. 2317 pr. 26. Februar 1899. p. m.

Tokio, den 23. Januar 1899.

A. 13.

An Seine Durchlaucht

den Herrn Reichskanzler

Fürsten zu Hohenlohe - Schillingsfürst.

In der Sitzung des Japanischen Abgeordnetenhauses vom 19. d. M. stand ein Nachtrag zum Budget des laufenden Jahres zur Berathung, welcher die Summe von 1.800.000 Yen als ein der Söul-Chemulpo-Eisenbahn-Gesellschaft zu bewilligendes Darlehen verlangte. Der Regierungs-Kommissar erklärte, daß die Konzession für diese Bahn ursprünglich dem Amerikaner J. R. Morse ertheilt worden sei, welcher indeß nicht im Stande gewesen sei, die nöthigen Mittel zu beschaffen und daher die Konzession einem japanischen Syndikat zum Kauf angeboten habe. Man sei zunächst im Mai 1897 übereingekommen, daß die Bahn nach Vollendung von dem Syndikate für 1 Million amerikanischer Golddollars übernommen werden solle. Verzögerungen im Bau - verursacht namentlich durch die Frage der Überbrückung des Han-Flusses - hätten dann zu weiteren Verhandlungen und endlich zu der Einigung geführt, daß die Bahn in ihrem unvollendeten Zustand gegen Zahlung von 1 800 000 Yen übergehen solle. Da das Syndikat bei jetziger Lage des Geldmarktes diesen Betrag nicht habe beschaffen können, so habe die Japanische Regierung im Interesse des Landes der Bitte um ein entsprechendes Darlehen gegen Verpfändung der Linie willfahrt. Eine Million Yen habe Morse bereits als Vorschuß erhalten. Es seien bisher 72 Meilen der Linie vollendet und der Rest werde etwa noch 750 000 Yen beanspruchen.

Da es sich um eine vom Grafen Okuma getroffene Maßnahme handelte, begann die liberale Seite des Hauses dieselbe einer scharfen Kritik in Bezug auf ihre Gesetzmäßigkeit zu unterziehen. Auf Verlangen der Regierung wurde die Öffentlichkeit ausgeschlossen.

Das Resultat der geheimen Sitzung war indeß die Bewilligung des Postens. Die Gründe, durch welche es gelang, die Opposition zu beschwichtigen, sind bisher nicht bekannt geworden, doch wird man nicht fehlgehen in der Annahme, daß man sich auf die politische Nothwendigkeit berufen habe, Japan, sei es auch auf Kosten eines Geldopfers, einen weiteren Interessenstützpunkt in Korea zu verschaffen.

Graf Leyden.

Inhalt: Japanische Staatssubvention für die Bahn Chemulpo-Söul.

Japan und Rußland in Korea.

PAAA_RZ201-018927_074 ff.

Empfänger	Fürst zu Hohenlohe - Schillingsfürst	Absender	Leyden
A. 2313 pr. 26. Februar 1899. p. m.		Tokio, den 14. Januar 1899.	
Memo	mtg. 2. 3. n. Petersburg 128, London 130, Peking A. 21.		

A. 2313 pr. 26. Februar 1899. p. m.

Tokio, den 14. Januar 1899.

A. 6.

An Seine Durchlaucht

den Herrn Reichskanzler

Fürsten zu Hohenlohe - Schillingsfürst.

Wie ich vertraulich erfahre, hätte der russische Vertreter in Korea, Herr Matunin, seinem dortigen englischen Kollegen gegenüber kürzlich geäußert, daß das im vorigen Jahre zwischen Baron Nishi und Baron Rosen hier abgeschlossene Protocole de désintéressement bezüglich Korea's ganz zum Nachtheil Rußlands wirke und daß es eine Abänderung erfahren müsse.

Wenn ich diese Nachricht mit einer von Konsul Krien privatim hierhergelangten vergleiche, so hat Herr Matunin geglaubt, den japanischen Geschäftsträger in Söul, Hioki, einer mit dem Abkommen nicht zu vereinbarenden Einwirkung auf die Koreanische Regierung zeihen zu müssen, indem derselbe sogar mit dem Einmarsch japanischer Truppen gedroht hätte.

Obgleich sich der letztere Vorwurf auf ein Mißverständniß des mit der englischen Sprache nicht vertrauten Herrn Matunin zurückführen läßt, so trat doch offenbar daraufhin Baron Rosen hier mit einer Anfrage hervor, ob die Japanische Regierung ihre Politik in Korea geändert hätte und sich mehr in die dortigen inneren Angelegenheiten mischen wolle.

Die Antwort des Vicomte Aoki lautete absolut verneinend, unter ausdrücklicher Betonung des Festhaltens an der im vorigen Jahre mit Rußland abgeschlossenen Konvention. Um weiteren Mißverständnissen vorzubeugen, erhielt außerdem der japanische Gesandte in Söul, Herr Kato, den Auftrag, sich sofort aus dem Urlaub auf seinen Posten zurückzubegeben.

Auf Grund dieser Informationen habe ich Vicomte Aoki gestern gefragt, was für Nachrichten er in jüngster Zeit aus Korea habe und ob sich nach seiner Ansicht die innere Lage mehr beruhigt hätte. Der Minister erwiderte mir, es habe dort vor einiger Zeit ganz bös ausgesehen, es scheine jedoch jetzt wieder mehr Ordnung zu herrschen. Er habe Herrn Kato dahin beordert, da dieser mit den Koreanern sehr gut umzugehen wisse und für manche Dinge ihr Ohr habe.

Nach einer kleinen Pause fuhr der Minister fort, mir gegenüber wolle er kein Hehl daraus machen, daß Japan seine alten traditionellen Ansprüche auf Einfluß in Korea nie aufgeben könne noch werde. Kein Minister, welcher den vollen Rückzug aus dieser Position vertreten wollte, könnte sich in Japan im Amt halten.

Der Vicomte reihte daran einen Ausfall auf Rußland, dessen Politik gewisse Fragen nie zur Ruhe kommen lasse und deutete an, daß gegenüber den gewaltigen Interessen, welche Rußland sich in der Mandschurei geschaffen habe, die Bedeutung Korea´s für das nordische Reich eine geringere geworden sei. Die Anfrage Baron Rosen´s hat Vicomte Aoki mir gegenüber nicht erwähnt.

Graf Leyden.

Inhalt: Japan und Rußland in Korea.

Berlin, den 2. März 1899.   zu A. 2313.

An   Vertraulich.
die Botschaften in   Euerer pp. übersende ich anbei ergebenst
1. St. Petersburg № 128.   Abschrift eines Berichts des K. Gesandten in
2. London № 130.   Tokio vom 14. Januar d. J. betreffend Japan
3. Peking A. 21.   und Rußland in Korea,
                                                  zu Ihrer gef. Information.
J. № 1677.   N. S. E.
                                                    i. m.

Berlin, den 2. März 1899.

zu A. 2317.

An

die Botschaften in

1. London № 129.

2. St. Petersburg № 127.

J. №

Euerer pp. übersende ich anbei ergebenst
Abschrift eines Berichts des K. Gesandten
in Tokio vom 23. Januar d. J., betreffend
Japanische Staatssubvention für die Bahn
Chemulpo-Söul,

zu Ihrer gef. Information.

N. S. E.

i. m.

[　　]

PAAA_RZ201-018927_083 ff.

Empfänger	Fürst zu Hohenlohe - Schillingsfürst	Absender	Reinsdorf
A. 2844 pr. 10. März 1899. a. m.		Söul, den 31. Dezember 1898.	
Memo	mitg 15. 3. n. Petersburg 196.		

Auszug.

A. 2844 pr. 10. März 1899. a. m.

Söul, den 31. Dezember 1898.

№ 101.

Seiner Durchlaucht

dem Herrn Reichskanzler

Fürsten zu Hohenlohe - Schillingsfürst.

pp.

Bei Gelegenheit eines Besuches, den der japanische Gesandte Kato Herrn Konsul Krien vor dessen am 23. d. Mts. erfolgter Abreise machte, erzählte er diesem ganz vertraulich, daß er auf Weisung des Vicomte Aoki seinen Urlaub habe abkürzen müssen. Der russische Vertreter Baron Rosen in Tokio habe nämlich auf ein Telegramm des hiesigen russischen Geschäftsträgers Matunine Herrn Aoki gefragt, ob die japanische Regierung ihre Politik in Korea geändert hätte mit der Absicht sich in die koreanischen inneren Angelegenheiten einzumischen, worauf das Verhalten des Herrn Hioki hinzudeuten scheine. Vicomte Aoki hätte erwidert, daß Japan die mit Rußland geschlossene Konvention stets auf das Gewissenhafteste beobachtet hätte und auch jetzt und in Zukunft beobachten würde, zugleich aber Herrn Kato angewiesen, sich sofort nach Söul zurückzubegeben, obwohl seine Frau todkrank wäre. Herr Konsul Krien erzählte dann Herrn Kato, daß die Herren Matunine und Hioki in einer Sitzung der fremden Vertreter allerdings eine etwas pointirte Unterhaltung gehabt hätten, indem Herr Hioki behauptete, daß Rathertheilung noch nicht Intervention bedeutete, denn das hinge ganz von der Art des Rathes ab, während Herr Matunine betonte, daß jede Rathertheilung einer Einmischung gleichkäme. Ein anderes Mal habe Herr Matunine in Abwesenheit Herrn Hiokis seinen Kollegen gesagt, wie sehr er über die in der letzten Sitzung abgegebene Erklärung Hioki's, daß japanische Truppen eventuell zum Schutze des Königs verwandt werden würden, erstaunt gewesen wäre; es sei ihm jedoch von allen Seiten bedeutet worden, daß ein Mißverständniß seinerseits vorläge; Herr Hioki habe im Gegentheil gesagt, daß der König vielleicht ganz gerne japanische Truppen zu dem Zwecke haben möchte, daß diese aber lediglich zum Schutze ihrer eigenen Landsleute benutzt werden könnten. Seine mangelhafte Kenntniß der englischen Sprache habe Herrn Matunine wohl die Hiokische Erklärung mißverstehen lassen.

Herr Kato betonte dann nochmals, daß die japanische Regierung die erwähnte Konvention, so lange sie bestände, auf das Stricteste beobachten würde.

Einige Tage später hat auch der hiesige japanische Konsul Akidzuki Herrn Konsul Krien in derselben Sache befragt.

pp.

gez. Reinsdorf.

Ursch. i. a. Korea 7

Aufschub in der Rückzahlung der japanischen 3 Millionen Anleihe an Korea vom Jahre 1893. Japanische Politik in Korea.

PAAA_RZ201-018927_086 ff.			
Empfänger	Fürst zu Hohenlohe - Schillingsfürst	Absender	Reinsdorf
A. 2866 pr. 10. März 1899. p. m.		Söul, den 25. Januar 1899.	
Memo	cfr. A. 4770 mtg. 15. 3. London 154, Petersbg. 148. J. № 77.		

A. 2866 pr. 10. März 1899. p. m.

Söul, den 25. Januar 1899.

№ 8.

An Seine Durchlaucht

den Herrn Reichskanzler

Fürsten zu Hohenlohe - Schillingsfürst.

Bei Gelegenheit eines Besuches theilte mir kürzlich der japanische Gesandte Herr Kato mit, die koreanische Regierung habe in Japan den Versuch gemacht einen Aufschub zu erlangen in der Rückzahlung des Restes der im Jahre 1893 von ihr bei der japanischen Staatsbank gemachten Anleihe, der 1000000 Yen beträgt und vertragsmäßig im December dieses Jahres fällig ist. Er habe der koreanischen Regierung bei seiner Rückkehr von Urlaub eröffnen können, daß man in Tokyo geneigt sei, dem Verlangen Statt zu geben, und das sei man umsomehr, als die koreanische Regierung, wie es der Wunsch des Königs schon lange gewesen sei, beabsichtige, mit der so vorläufig gesparten Million sich an dem japanischen Syndicat für die Erwerbung der Söul-Chemulpo-Eisenbahn zu betheiligen.

Herr Kato betonte bei dieser Gelegenheit, wie sehr seiner Regierung daran liege ihre Handelsinteressen in Korea zu entwickeln und immer mehr Japaner und japanisches Capital ins Land zu bringen. Commercielle, politische und historische Interessen verknüpften die beiden Länder, und Japan könne gar nicht daran denken Korea aufzugeben. Es hätte ebenso wie Rußland den Versuch gemacht durch Einführung von Reformen günstige Bedingungen für die Entwickelung des Staatswesens und der wirthschaftlichen Verhältnisse zu schaffen, beide seien aber mit ihren Versuchen gescheitert. Jetzt enthielte sich Japan jeder Einmischung in die inneren Angelegenheiten des Landes; das würde ihn aber nicht hindern, dem Könige oder seinen zahlreichen Bekannten unter den koreanischen Beamten, wenn er gefragt würde, privatim seine Ansichten über hier getroffene Maßregeln und Vorgänge darzulegen, die Schritte anzugeben, die er für richtig halten würde, oder Fragen über Einrichtungen in Japan eingehend zu beantworten, ohne jedoch amtliche Rathschläge zu geben oder einen Druck auszuüben, um hiesige Kreise zur Annahme seiner Ansichten zu bekehren. Mit Herrn Pavlow stimme er darin überein, daß man sich jeder Intervention enthalten und die koreanische Regierung allein walten lassen müsse. Er bedauerte, daß die Rosen - Nishi Convention vom vorigen Jahre bestehe; sie würde aber, auf dem Protokoll von Moskau zwischen Yamagata und Lobanoff basirend, nicht abgeändert werden, so lange Yamagata an der Spitze der Regierung stehe. Zur gemeinschaftlichen Durchführung von Reformen sei ein Zusammengehen von Japan und Rußland in Korea nicht möglich, dazu bewegten sich die Interessen der beiden Mächte in zu verschiedenen Bahnen. Seine Rückkehr aus Japan sei vom König und den Ministern ebenso sehr erwartet worden, wie von der Volkspartei und ihren Gegnern, der Gilde der Lastträger und Hausirer.

Er hätte dem König wie den Ministern gesagt, daß vor Allem die Ruhe aufrecht erhalten werden müßte; dieselbe Erklärung hätte er den Führern der Volkspartei und den Vorstehern der Lastträgergilde wiederholt. Durch Enthaltung von weiteren Maßregeln habe er viele Enttäuschungen hervorgerufen und manche seiner ergebensten Anhänger unter den Beamten fühlten sich durch seine Theilnahmlosigkeit verletzt.

Abschriften dieses ehrerbietigen Berichtes sende ich an die Kaiserlichen Gesandtschaften in Peking und Tokyo.

Reinsdorf.

Inhalt: Aufschub in der Rückzahlung der japanischen 3 Millionen Anleihe an Korea vom Jahre 1893. Japanische Politik in Korea.

[   ]

PAAA_RZ201-018927_093

Empfänger	[o. A.]	Absender	Bülow
[o. A.]		Berlin, den 14. März 1899.	
Memo	1. Be. v. 21. 3. an Prinz Heinrich K. H.		

Abschrift.

Berlin, den 14. März 1899.

A. 2659 I.

Ganz geheim!

pp.   In Korea, wo übrigens, soviel bekannt, bisher nur ein einziges deutsches Handlungshaus thätig war, haben wir nur wirthschaftliche Interessen. Rußland wacht besonders argwöhnisch über Korea als sein Einflußgebiet, und andererseits hat auch neuerdings der japanische Minister des Auswärtigen dem Kaiserlichen Gesandten Grafen Leyden gegenüber ganz vertraulich zu verstehen gegeben, daß Japan auf seinen Einfluß in Korea nicht verzichten könne.

pp.

gez. Bülow.

orig. i. a. Deutschland 137.

Berlin, den 15. März 1899.

zu A. 2866.

An

die Botschaften in

1. London № 154.

2. St. Petersburg № 148.

J. № 1963.

Euerer pp. übersende ich anbei ergebenst
Abschrift eines Berichts des K. Konsuls in
Söul vom 25. Januar d. J., betreffend die
japanische Politik in Korea,

zu Ihrer gef. Information.

N. S. E.

i. m.

Abschrift

Berlin, den 21. März 1899.

An

den Prinzen Heinrich von
Preußen Königliche Hoheit.

die Anlage zu A. 2659.

J. № 2168.

zu A. 2659 IIII.

Ganz geheim!

Durchlauchtigster Prinz, Gnädigster Prinz und Herr!

Seine Majestät der Kaiser und König hatten mir befohlen, für Euere Königliche Hoheit einen allgemeinen politischen Situationsbericht auszuarbeiten. Nachdem Seine Majestät die Gnade gehabt haben, dem von mir vorgelegten Entwurfe die Allerhöchste Zustimmung zu ertheilen, beehre ich mich auf weiteren Befehl Seiner Majestät, Ew. pp. anbei die Reinschrift dieses Situationsberichts, auf der die Allerhöchsten Marginalien in rother Tinte wiedergegeben sind, unterthänigst zu übersenden.

In größter Ehrerbietung verharre ich
Euerer Königlichen Hoheit unterthänigster
gez. Bülow.

Die Söul-Fusan-Eisenbahn.

PAAA_RZ201-018927_096 ff.			
Empfänger	Fürst zu Hohenlohe - Schillingsfürst	Absender	Leyden
A. 3468 pr. 24. März 1899. a. m.		Tokio, den 20. Februar 1899.	
Memo	Falls es bei Abth. A nicht vorgezogen wird, den Eingang an Abth. II abzugeben, wo gleichartige Vorgänge bearbeitet werden, wird Abschrift für Abth. II erbeten. N. B. die meisten Vorgänge sind bei A! Abschrift des Eingangs ist an II zu geben.		

A. 3468 pr. 24. März 1899. a. m.

Tokio, den 20. Februar 1899.

A. 22.

An Seine Durchlaucht den Herrn Reichskanzler
Fürsten zu Hohenlohe - Schillingsfürst.

Das japanische Syndikat, welches die Konzession für die Bahnstrecke Söul-Fusan erworben hat, ist nicht im Stande, die zur Inangriffnahme des Baues nöthigen Mittel von 15 bis 20 Millionen Yen aufzubringen. Der Minister der auswärtigen Angelegenheiten, welcher die Interessen Japan´s in Korea im Prinzip zu fördern bestrebt ist, erblickt die Schwierigkeit des Unternehmens in der Unmöglichkeit der Erlangung einer Garantie. Japan könne eine solche selbstverständlich nicht übernehmen, und selbst wenn die Koreanische Regierung zu einer Haftung bewogen werden könnte, so würde sich dieselbe als völlig werthlos herausstellen. Es ist zwar von der Gründung einer Japanisch-Koreanischen Bank die Rede, welche der Koreanischen Regierung die Mittel zum späteren Rückkauf der Linie und zur Leistung einer Zinsen-Garantie vorstrecken sollte, derartige Projekte sind aber jetzt in Tokio an der Tagesordnung und werden insgesammt nach kurzer Frist als unrealisirbar bei Seite gelegt.

Graf Leyden.

Inhalt: Die Söul-Fusan-Eisenbahn.

Die Koreanische Frage.

PAAA_RZ201-018927_100 ff.

Empfänger	Fürst zu Hohenlohe - Schillingsfürst	Absender	Leyden
A. 5654 pr. 12. Mai 1899 p. m.		Tokio, den 2. April 1899.	
Memo	mtg. 17. 5. Petersbg. 258, London 305, Peking A. 53.		

A. 5654 pr. 12. Mai 1899 p. m. 4 Anl.

Tokio, den 2. April 1899.

A. 47.

An Seine Durchlaucht

den Herrn Reichskanzler

Fürsten zu Hohenlohe - Schillingsfürst.

Immer von Neuem regt sich zwischen Rußland und Japan das Koreanische Gespenst. Als die regierenden Kreise von Tokio gerade vor einem Jahre durch das Vordringen Rußlands in Nordchina in starke Beunruhigung gerathen waren, war es ein geschickter Schachzug des Grafen Muraview, mit Japan die unter dem Namen „Nishi-Rosen Konvention" bekannt gewordene Vereinbarung abzuschließen, welche gewissermaßen die Neutralität Korea′s garantiren sollte.

Man war in Tokio damals froh, daß der nördliche Nebenbuhler in diesen Japan so benachbarten Jagdgründen wenigstens eine Schonzeit eintreten lassen wollte, wenn es auch klar genug zu Tage lag qu′on n′avait reculé en Corée que pour mieux sauter en Chine.

Im Laufe der Zeit aber bildete sich bei den Japanern die Meinung fest, daß das durch seine Erfolge in China gesättigte Rußland auch den ihm laut der Nishi-Rosen-Konvention erlaubten Einfluß in Korea zu vernachlässigen bereit sein würde, und es mag sein, daß in dieser, etwa vom Herbst 1898 an datirenden Periode Japan versucht hat, in Söul wieder festeren Fuß zu fassen und auf das versumpfte koreanische Staatsleben Einfluß zu üben.

Ich vermag von hier aus nicht zu beurtheilen, ob der Wunsch, in Peking ein langsameres Tempo einzuschlagen, oder der Argwohn gegen diese japanischen Umtriebe in Korea zur Versetzung des früheren Geschäftsträgers in China, Herrn Pavlow, nach Söul geführt haben. Wenn aber schon die Berufung dieses als ebenso intelligent wie intrigant und energisch angesehenen jungen Diplomaten in Tokio nicht unbemerkt geblieben ist, so wird die seit seinem Eintreffen eingetretene Verschiebung der Machtverhältnisse um so mehr ihm zur Last gelegt.

Vicomte Aoki, der, wie ich hier gehorsamst bemerken darf, ein entschiedener Verfechter der japanischen Aktionspolitik in Korea ist, sagte mir vertraulich, er habe es für nothwendig gehalten, in den letzten Tagen hierher gelangte Nachrichten über die russischen Forderungen an Korea von Landstrichen für den Wallfischfang zu unterdrücken. Nachdem sich jetzt deren relative Bedeutungslosigkeit herausgestellt, hoffe er, daß auch die Diskussion des Vorgangs in der Presse eine entsprechend ruhigere Form annehmen werde.

Damit aber, meinte der Minister, sei es keineswegs gethan. Vielmehr habe er unzweideutige Beweise dafür, daß es nur durch Hintertreppen-Politik möglich geworden sei, den russischen Forderungen in Söul Nachdruck zu verschaffen. An sich beunruhige ihn, wie gesagt, die Gewährung von schmalen Landstreifen zur Ausübung des Fischfangs sehr wenig, ähnliche Vorrechte seien auch schon Japanern eingeräumt worden. Wenn aber die Maitresse des Königs von Korea sich materiellen Einwirkungen zugänglich gezeigt habe, so sei dabei zu erwägen, daß dieselbe dem König kürzlich einen Sohn geboren, auf dessen Ernennung zum Nachfolger man gefaßt sein müsse. Dies bedeute, neben sonstiger neuerlicher Aktivität der russischen Politik in Korea, eine Bedrohung der japanischen Interessen für die Zukunft, die man sich hier nicht werde gefallen lassen können und daher mit Aufmerksamkeit verfolge.

Diese Äußerungen des Ministers, auf welche er auch bei einer anderen Gelegenheit mir gegenüber zurückkam, beweisen, wie leicht der Bau einer russisch-japanischen Verständigung über Korea ins Schwanken gebracht werden kann. Als eine rein persönliche Betrachtung darf ich gehorsamst hinzufügen, daß Vicomte Aoki in St. Petersburg seit langem nicht persona grata ist. Es ist daher wohl denkbar, daß man in das russische Auftreten in Korea eine Nüance legt, die je nach dem Leiter der hiesigen auswärtigen Angelegenheiten Modifikationen unterworfen werden könnte.

Einige Äußerungen der japanischen Presse über die in diesem gehorsamen Bericht behandelte Frage beehre ich mich Euerer Durchlaucht in englischer Wiedergabe beifolgend noch vorzulegen.

Gf. Leyden.

Inhalt: Die Koreanische Frage.

I zu A. 47.

The Japan Daily Herald.
[WITH SUPPLEMENT.]

TUESDAY, MARCH 28TH, 1899.
MORE TURMOIL IN SEOUL.

There has been a few days ago another disturbance in that ever changing Cabinet of the Hermit Kingdom. It is tedious to enter into the detail of the event; suffice it to say that two Ministers were driven out of office and removed to some distant place for terms of 10 and 15 years respectively. It is reported that the incident is due to the intrigue of Lady Om, a favourite mistress of the Korean Emperor. This lady has so completely entrapped the weak Emperor that his Korean Majesty is a puppet in her hands. Russia, with her characteristic shrewdness, has by some means or other secured the sympathy of this Korean Marquise de Pompadour. The disgraced two Ministers, it appears, were stupid enough not to know this and imprudently rejected the demands of the St. Petersburg Government in connexion with whaling privileges for Russian subjects. The upshot of the affair was that Russia appealed to Lady Om, who gave a curtain lecture to the Emperor. The Emperor, listened, nodded, burst forth into terrible wrath and ordered the two Ministers, who dared to pull the Russian beard, to get out of the Cabinet and go to exile to repent at leisure of their stupidity.

The incident may appear trifling, but certainly it is a step downward to the ruin of Korea and the probable absorption of the Kingdom by the great Northern Power of Europe. Though nothing remarkable appear on the surface, a keen struggle is being steadily and quietly waged in Korea between Russia and Japan. It is like the sport of sea-saw, this game that is played between the two Powers. At one time, Japan is up and after a time of ascendency, is down again. At another, Russia pops up her head and then down it goes. The latest Cabinet change in Seoul is another ascendency of the Russian influence. While, however, these ups and downs of the Japanese and Russian influences are going on, Korea is gradually weakening, and things in that Kingdom, under the instability of its government, are going from bad to worse. In a word, Korea will sooner or later die of herself and fall into the hands of either of the two Powers. Which Power it will be that is destined to rule Korea, it is not easy to prophesy, but, unless Japanese statesmen are not wide awake to the Russian movements, the Peninsular Kingdom may become a Russian province in no distant future. - Yorodzn.

II zu A. 47.

The Japan Daily Mail.

YOKOHAMA. TUESDAY. MARCH 28. 1899
A DECLARATION.

If the *Nichi Nichi Shimbun* spoke with authority, its definition of Japan's proper attitude towards the Far Eastern Question would be very interesting. Even as an individual statement of policy it is instructive, statesmanlike, and dignified. Russia and Japan, we are told, have mutually agreed to observe certain limits in their dealings with Korea. We believe that Russia will fulfil her engagements, and that other Powers also will show a like spirit. It is asserted in some quarters that Russia stepped out of Korea on condition that no obstacle to her doings in China was offered by Japan. That is quite erroneous. Japan did not pledge herself to any course in China *vis-à-vis* Russia. It is further stated that Russia is again beginning to interfere in Korean affairs, and that Japan's powerlessness to check her is palpable. There are no grounds for the assertion, and it may be confidently declared that if Russia violates any of the cardinal conditions of her agreement with Japan, or acts in contravention of its spirit, Japan will not be a counseling party. Russia must be well aware of that fact and will keep it in view. Japan's policy towards China and Korea is perfectly plain and above-board. It may be succinctly stated. "Her first object is to maintain the independence of Korea and to preserve the peace of the Orient. A course of paltry acquisitions and aggressions (kuku taru sunjo sekido) is not regarded by her as worthy or necessary. Neither will she trouble herself to offer aid in this quarter or opposition in that because of the selfish designs of one or two States. Her foreign policy is perfectly plain and intelligible. She need not concern herself about securing small footholds and stationing handfuls of troops there in order to establish her sphere of influence and guard it in times of crisis. She is separated from the cardinal points of China and Korea by a mere strip of sea that can be crossed in one bound. Who could measure strength with her in the day of emergency? Certainly no Power that is burdened with the responsibility of guarding many territories. Should Russia take steps leading to a collision with another Power in Korea she would not find Liaotung sufficient for her purpose. We can rely on ourselves. There is no occasion to feel any apprehension."

That is certainly spirited writing. Nor can we accuse the writer of exaggerating the strength of this country's position. Japan occupies a coign of vantage in the Far East. She need not join in any precipitate scramble, but may bide her time quietly. All that she has to do is to prove herself alert, not inert.

III zu A. 47.

The Japan Times.

TOKYO, THURSDAY, MAR. 30TH, 1899
KOREAN NOTES.

The following notes are reproduced from the *Jiji*:-
THE WHALING CONCESSION.

The communication relating to the lease of lands along the Korean coast applied for by Count Keyserlink, one of the promoters of the Russian Oriental Fishery Company, was submitted to the sitting of the Privy Council on the 14th inst. Some of the members accused the Foreign Minister of imprudence for not entering into direct negotiations with the Russian Representative on a matter of such importance instead of with a private Russian, while others argued that it did not follow that because Korea was a weak country, she must yield to all the aggressive demands of an influential power. Such and similar opinions were the reception accorded the communication and finally it was rejected by the whole Council, even the Government Delegate who explained the representation volunteering the opinion that as, a member of the Council, he himself would also oppose it. Thus the principal item of application made by Count Keyserlink-namely, the lease of three places on the coasts of Ham gyöng, Kang-wön, and Kyöng-sang provinces for the purpose of whale curing-having failed to secure the approval of the Privy Council, M. Pavloff, Russian Representative at Söul interfered and preferred a vigorous note to the Korean Government on the 16th inst. demanding a favourable reply. The Minister's letter contained a threat that if the stipulation sought in the original representation should not be signed within three days, he would demand an audience of the Emperor and represent to His Majesty that the Foreign Office was inclined to slight the close friendship existing between the two Countries.

IV zu A. 47.

The Japan Times.

TOKYO, SATURDAY, APR. 1ST, 1899.

THE KOREAN QUESTION.

If history repeats itself, as is commonly asserted, the future of the Korean question is fraught with disagreeable contingencies. During the space of a dozen years, conflicts of interest between Japan and China in the peninsula furnished a perpetual theme for the discussion in the press in this country, the drift of discussion assuming graver and graver tone until at last the national feelings became so excited that a peaceful settlement of the question became impossible, leading to the fatal clash, the fortunes of which are still fresh in the memory of the public. The war, however, has not improved the situation in the slightest degree; on the contrary it made the situation still more serious, for we have now to count not with a declining power like China but with the greatest military state in the world. The chronic outburst of national feelings still goes on, and is sure to go on with ever increasing force, for it may be taken for granted that the Japanese have come to regard the Korean peninsula within their own sphere of interest and influence more than they have done ever before. What will be the end of the struggle for suppremacy between Japan and Russia in Korea? What will be the sequel of this perpetual recurrence of the question in our press? Will it end as it did in the case of China? We refrain from hazarding any answer to these questions. Our present purpose is only to refer to the latest exhibition of journalistic sentiments on the situation in Korea. It has been observed that, since the assumption of the charge of the Russian Legation at Söul by M. Pavloff, what is generally designated as the Russian party in the Korean capital has begun to show considerable activity, and although we are not inclined to credit the story, the recent political changes there are ascribed by some to Russian influences. But what has given occasion to the present discussion in the press, is the recent grant to the Russian whaling company of lease of land at three places along the coast. This in itself is a matter of trifling moment, and for our own part we believe that the fuss which some of the metropolitan papers are making about it, is altogether out of place. As the *Nichi Nichi* rightly observes, the Japanese need not be disturbed at this, for, if Russians can lease land, they themselves can do the same. In fact, the Japanese fisherman who go over in thousands to Korean waters have secured lease of lands at several places for the drying of nets and other purposes incidental to their occupation, and if they want more, we believe they can get it without much difficulty. Our object in Korea is well defined. It is to preserve her territorial integrity and promote our material interests. So long as no attempt is made to interfere with this perfectly peaceful and rational programme, we can look with perfect complacency upon trifling advantages or privileges granted to Russia or any other Power. So far as we can judge, there is no cause for uneasiness in the present situation at Söul. Court intrigues indeed seem to be rather active there, and political changes are rather more frequent than usual. But then intrigues and Ministerial changes are no unusual thing in the Korean capital and the temporary ascendency of one faction or another does not necessarily indicate any disturbance in the balance of power between the different foreign influences represented there. There is nothing in the situation to call for the animated articles appearing in some of the Opposition journals. They seem to us to be entirely misdirecting their energies in demanding strong diplomatic actions; they could turn their influence to far better account, if, instead, they devoted themselves to calling the public attention to the urgent importance of a speedy construction of the Söul-Fusan railway and of the vigourous prosecution of commercial and industrial undertakings in the peninsula.

Berlin, den 17. Mai 1899.

zu A. 5654.

An

die Botschaften in

1. St. Petersburg № 258.
2. London № 305.
3. Peking № A. 53.

J. № 3928.

Euerer pp. übersende ich anbei ergebenst Abschrift eines Berichts des K. Gesandten in Tokio vom 2. v. Mts., betreffend die koreanische Frage,

zu Ihrer gefl. Information.

N. d. Hrn. st. St. S.

i. m.

[   ]

PAAA_RZ201-018927_113			
Empfänger	[o. A.]	Absender	[o. A.]
A. 6398 pr. 29. Mai 1899. p. m.		[o. A.]	
Memo	Dupl. m. Erl. 1. 6. Söul A. 4.		

A. 6398 pr. 29. Mai 1899. p. m.

Kölnische Volks-Zeitung.

29. 5. 99.

Y St. Petersburg, 24. Mai 99.

Während die Friedenskonferenz im Haag hoffnungsfreudig tagt, kommen aus Ostasien Meldungen, welche den Eintritt einer Katastrophe auf Korea als unvermeidlich bezeichnen. In Söul residiert als russischer Gesandter Herr v. Pawloff, welcher schon als zeitweiliger Geschäftsträger in Peking der englischen Diplomatie sehr viel zu schaffen gemacht hat. Der noch junge russische Diplomat gehört zu den eifrigsten Vertretern der russischen Ausdehnungspolitik in Ostasien und hat aus seiner Ansicht nie ein Hehl gemacht, daß er die Zurückziehung der russischen Truppen von der Halbinsel und die Abberufung des russischen Finanzbeirates Alexeieff für den schwersten Fehler halte, den er irgendwie wieder gut machen wolle. Jetzt nun ist, nach der Meldung der russischen Agenten, „selbst unter dem größten Teile der koreanischen Beamten der heiße Wunsch" nach der Wiederkehr Alexeieffs laut geworden. Unter dessen Leitung hätten die Beamten pünktlich ihr Gehalt bekommen, den Japanern sei ein Teil ihrer Anleihe zurückerstattet worden, und trotzdem habe Alexeieff bei seinem Scheiden dem Finanzministerium noch einen angesammelten Schatz von 1½ Millionen Dollars zur Verfügung stellen können. Seit aber Rußland seine Hand von Korea abgezogen, sei es schlimmer und schlimmer geworden, die Regierung treibe mit den höchsten Beamtenstellen einen schamlos offenen Schacher und habe noch kürzlich hundert Stellen von „Kreischefs" verkauft, keine unter 4000 Dollars. Die Beamten ihrerseits suchen sich durch die Ausbeutung des Volkes schadlos zu halten und führen dadurch Verzweiflungsausbrüche der Menge herbei. Für eine der blühendsten Provinzen galt bisher die Provinz Sondo, deren Bewohner durch den Anbau der chinesischen Kraftwurzel Ginsenga eine gesicherte Existenz finden. Die Provinz brachte dem Staate bisher 145,000 Dollars jährlich, den Beamten an „Nebenspesen" etwa 300,000

Dollars. Als nun diese „Nebenspesen" immer mehr gesteigert werden sollten, gerieten die Bauern in Verzweiflung. Sie sammelten alle Ginsenga-Aussaat und verbrannten sie vor den Thoren ihrer Ortschaften. So sind der Staat und seine Beamten um ihre Einnahmen gekommen, aber auch die Provinz ist für lange Zeit ruiniert. Neben den koreanischen Beamten erscheinen die Japaner als die Ausbeuter des Volkes. Der ganze innere Handel ruht bereits in ihren Händen, in Söul selbst besitzen sie über 200 Häuser, auf den Dörfern lassen sie sich von den Bauern unterhalten, indem sie ihnen ihren Schutz bei dem herannahenden allgemeinen Umsturze versprechen. Die japanische Überflutung Koreas scheint denn auch Pawloff bewogen zu haben, die Ereignisse in Fluß zu bringen und ein Eingreifen Rußlands herbeizuführen, ehe es für Rußland überhaupt zu spät ist. Die russischen Agenten fassen ihre Schilderung der allgemeinen Lage so zusammen: „Die volle Anarchie naht für Korea heran. Eine wirkliche Regierung besteht bereits nicht mehr, und wenn die einzelnen Staaten in Söul noch ihre Vertreter unterhalten und die mythisch gewordene Regierung blindlings für etwas Wirkliches annehmen, so geschieht dies nur aus dem Wunsche, nach Möglichkeit das natürliche Ende länger hinauszuschieben. Aber auch dieser Aufschub kann schwerlich lange vorhalten." Pawloff weiß genau, daß der jetzige Zeitpunkt sehr ungeeignet ist, in Ostasien Wind zu säen, daß der Zar ihm dafür wenig Dank wissen wird; wenn jetzt die öffentliche Meinung in dieser Weise auf eine „Katastrophe" vorbereitet wird, so müssen wir dies um so ernster nehmen und müssen schließen, daß Pawloff nicht glaubt, die Kugel noch lange aufhalten zu können, die er wenigstens zum größten Teile selber ins Rollen gebracht hat.

Berlin, den 1. Juni 1899.

A. 6398.

An
Consul in
Söul № A. 4.

J. № 4365.

Ew. pp. übersende ich anbei ergebenst eine Notiz der Kölnischen Volks-Zeitung vom 29. v. Mts., betreffend die Lage in Korea mit dem Ersuchen um gefl. Bericht in wie weit diese Schilderung den Thatsachen entspricht.

N. d. Hrn. st. St. S.

PAAA_RZ201-018927_115

Empfänger	[o. A.]	Absender	[o. A.]
A. 7081 pr. 12. Juni 1899. p. m.		Odessa, June 7.	

A. 7081 pr. 12. Juni 1899. p. m.

The Times.

12. 6. 1899.

RUSSIA AND KOREA.

(FROM OUR CORRESPONDENT.)

Odessa, June 7.

From Russian sources a clearer explanation of the concession which Russia has obtained in Korea is published. We are informed that three ports, two in the province of Kang-wen and one in the province of Ham-gyeng, situated on the east coast, are granted for 12 years at a yearly rental of 450 yen. The concession was obtained by a Russian[14] who was supposed to be acting in a private capacity, but was really a Government agent. It is stated that these ports are to be returned, together with all improvements made therein, without any compensation at the end of 12 years, but it is significantly added that these ports are free from ice during the severest winters when the Russian Siberian ports are icebound, and can give splendid anchorage for the Russian fleet.

---

14 [MEMO] Reyserlingk?

Zurückziehung der englischen Gesandtschaftswache.

PAAA_RZ201-018927_117 ff.

Empfänger	Fürst zu Hohenlohe - Schillingsfürst	Absender	Reinsdorf
A. 8275 pr. 10. Juli 1899. a. m.		Söul, den 20. Mai 1899.	
Memo	A. 3242. J. № 387.		

A. 8275 pr. 10. Juli 1899. a. m.

Söul, den 20. Mai 1899.

№ 40.

An Seine Durchlaucht

den Herrn Reichskanzler

Fürsten zu Hohenlohe - Schillingsfürst.

Die seit November vorigen Jahres in Söul stationirte englische Gesandtschaftswache, die ursprünglich aus 16 Marinesoldaten und 1 Offizier bestand, Mitte Januar dieses Jahres um 6 Mann vermindert wurde, hat am gestrigen Tage Söul verlassen und ist an Bord des Kreuzers Brist nach Weihaiwei zurückbefördert worden; das russische Detachement in Stärke von 2 Kosacken unter 1 Offizier verbleibt in Söul.

Abschrift dieser gehorsamen Meldung geht an die Kaiserlichen Gesandtschaften in Peking und Tokio.

Reinsdorf.

Der Chef des Admiralstabes der Marine.

Berlin, den 27. Juli 1899.

A. 3242 I.

U. dem Herrn Staatssekretär des Auswärtigen Amts. Hier.

nach Kenntnißnahme ergebenst zurückgereicht.

Für den beurlaubten Chef des Admiralstabes.

Brensing.

Inhalt: Zurückziehung der englischen Gesandtschaftswache.

Das Promemoria über Korea enthielt in seinem ersten Theil lauter bereits bekannte Thatsachen. Auch der Abschnitt über die kommerziellen Verhältnisse (an Seite 6 w.) dürfte wenig Neues bieten. Der Verfasser malt die Verhältnisse meines Hamsterns etwas zu günstig, wenngleich nicht geleugnet werden soll, daß der Boden-[sic.] Koreas für die Zukunft [sic.] ist.

PAAA_RZ201-018927_122 ff.

Empfänger	[o. A.]	Absender	[o. A.]
A. 8398 pr. 12. Juli 1899. p. m.		August, 1898.	

A. 8398 pr. 12. Juli 1899. p. m. [4 Anl.]

August, 1898.

KOREA.

Bei der zunehmenden Bedeutung, welche die jetzigen Verhältnisse in Ostasien beanspruchen, die in überraschender Klarheit die politische Ohnmacht Chinas und den soviel besser gefügten Bau des Kaiserreiches Japan gezeigt haben, muss es auffallen, dass bis jetzt Korea als dem Lande, um dessen Besitz in früheren Jahrhunderten die Japaner so oft gekämpft haben, und dessen Beeinflussung auch im Jahre 1894, die Ursache zum Kriege zwischen China und Japan wurde, von europäischer, und auch namentlich von deutscher Seite nicht die Wichtigkeit beigemessen worden ist, welche dieses Land, abgesehen von seiner alten Kultur und seiner interessanten politischen Lage, auch in commerzieller Hinsicht in hohem Grade verdient. - Ehe ich auf die augenblickliche Lage des Handels in Korea, und auf die Aussichten, welche derselbe für die Zukunft eröffnet, eingehe, möchte ich eine kurze Darlegung der politischen Verhältnisse des Landes vorausschicken.

Korea, mit einer Bevölkerung von etwa 18 Millionen fleissiger, intelligenter und genügsamer Menschen, muss bald von grosser Bedeutung für alle Nationen werden, da es infolge seiner eigenen, noch sehr entwicklungsfähigen Bodenschätze ein grosses Absatzgebiet für die Industrie anderer Länder zu werden verspricht.

Man hat sich in Europa zu sehr daran gewöhnt, auf Korea als auf ein Land herabzusehen, das doch über kurz oder lang dem russischen oder japanischen Einflusse unterliegen müsse, und daher einer selbstständigen Entwicklung nicht entgegengehen könne. Japan hat allerdings stets dahin gestrebt, einen dominierenden Einfluss in Korea zu erlangen, aber alle Versuche, das Land zu erobern, sind stets, oft erst nach verzweifelten Kämpfen, vereitelt worden. Japan hat nun in den letzten Jahrzehnten klugerweise davon abgesehen, die Rolle des Eroberers in Korea weiter zu spielen, und hat frühzeitig erkannt, eine wie grosse Bedeutung die, wenn auch infolge der langen vollständigen Absperrung noch schlummernde Kaufkraft des Landes für die japanische Industrie haben müsse.

Der Wunsch, sich in Korea einen dominierenden handelspolitischen Einfluss zu sichern, lag auch Japans letztem Kriege gegen China im Jahre 1894 zu Grunde, und es zeugt von einem weiten Blick der japanischen Staatsmänner, wenn sie nach Beendigung desselben darauf drangen, dass Korea dieselben Reformen einführen solle, welche Japan zu einer so hohen, ja verblüffenden Entfaltung seiner Kräfte geführt hat, und deren Nichtbeachtung, trotz früherer Warnungen Japans, dem chinesischen Reiche jetzt so verderblich zu werden droht.

Man darf zur richtigen Beurteilung des Verhältnisses zwischen Japan und Korea auch nicht ausser Acht lassen, einen wie grossen Einfluss Korea in alten Zeiten in Sitte und Denkungsart auf Japan ausgeübt hat. Von Korea aus ist der Buddhismus in Japan eingeführt worden, und der erste Hierarch, sowie der Vicehierarch in Japan waren Koreaner. Medicin, chinesische Schriftzeichen, Literatur und die ersten Münzen sind gleichfalls von Korea in Japan eingeführt worden. Infolge der Invasionen der Japaner in Korea und ihres Rückzuges Ende des 16. Jahrhunderts, kamen koreanische Künstler und Arbeiter nach Japan, und es ist gewiss eines Studiums wert, herauszufinden, wie gross der koreanische Einfluss auf die Keramik in Japan gewesen ist.

Nachdem durch den Frieden von Shimonoseki der chinesische Einfluss auf Korea in politischer Hinsicht aufgehört hatte, fand Japan, dass es sich mit einem anderen, mächtigeren Factor, mit Russland, abzufinden hatte. Es musste die Frucht seines Sieges die Halbinsel Liaotong wieder an China zurückgeben, und sich mit der Abtretung von Formosa und einer grösseren Geldentschädigung begnügen, sowie später dulden, dass Russland sich von dieser Halbinsel Port Arthur und Talienwan von dem chinesischen Reiche abtreten liess.

Die politischen Pläne, welche Russland in der Mandschurei und in China verfolgt, und die in der Pachtung der beiden vorstehend genannten Plätze gipfeln, werden Russland zweifelsohne zu dem Entschlusse geführt haben, Japan in Korea freiere Hand zu lassen, was nach verschiedenen Vorgängen, unter welchen der vorübergehende Aufenthalt des Königs von Korea in der russischen Gesandtschaft wohl als der wichtigste aufzufassen ist, zu verschiedenen Conventionen zwischen Russland und Japan betreffs Korea geführt hat.

Der erste dieser Verträge war die Komura - Waeber Convention, die am 14. Mai 1896 in Seoul gezeichnet wurde. Sie behandelte:

1. den Aufenthalt des Königs in der russischen Legation und verpflichtete die beiden Mächte, den König zur Rückkehr in seinen Palast zu veranlassen, sobald dies mit seiner persönlichen Sicherheit zu vereinbaren sein würde;

2. die Controle der japanischen Soshi, die Ernennung liberaler und gemässigter Männer in das koreanische Cabinet, den Gnadenerlass, den Schutz der japanischen Telegraphenlinie

zwischen Seoul und Fusan durch 200 Gensdarmen, ferner den Schutz der japanischen Niederlassung in Seoul durch 400 japanische Truppen, und durch je 200 in Fusan und Wönsan, sowie den Schutz der russischen Legation und der russischen Consulate in diesen Plätzen durch eine gleiche Anzahl von russischen Truppen, schliesslich war das Zurückziehen aller dieser Truppen stipuliert, sobald vollkommene Ruhe im Innern hergestellt sein würde.

Es folgte dann die Yamagata - Lobanoff Convention, welche 4 Artikel umfasste.

Der erste Artikel betraf die Finanzen und verpflichtete die beiden Regierungen, Korea zu unterstützen, fremde Anleihen aufzunehmen.

Der zweite Artikel stellte fest, dass Korea, soweit es mit den Finanzen und den Einnahmen des Reiches vereinbar sei, die Organisation und die Unterhaltung eines Heeres, sowie einer Polizeimacht überlassen bleiben sollte, um ohne fremde Hilfe sich selbst regieren zu können.

Der dritte Artikel gab Japan die Controlle seiner Telegraphenlinien, erlaubte die Errichtung einer Telegraphenlinie nach der russischen Grenze - permits the erection of a Russian frontierline - und macht den Vorbehalt, dass Korea diese Linien käuflich erwerben könne.

Der vierte Artikel stellt fest, dass weitere Verhandlungen in einem freundschaftlichem Geiste geführt werden sollen.

Als Graf Okuma dieses Protocoll dem japanischen Reichstage vorlegte, wies er darauf hin, dass diese Convention durch Factionen in der Halbinsel, welche die freundschaftlichen Gefühle zwischen den beiden Nationen zu zerstören drohten, notwendig geworden sei.

Am 15. Mai dieses Jahres ist dann die Nishi - Rosen Convention geschlossen worden, deren Hauptartikel lauten:

1. Russland verpflichtet sich, Japan nicht zu verhindern, im Innern Koreas Handel und Industrie zu fördern;

2. Im Falle dass Russland, unter Berücksichtigung - in compliance - eines Ersuchens der koreanischen Regierung, beabsichtigt, Korea mit militärischen Instructoren und Beratern in verschiedenen Angelegenheiten zu versehen, Russland Japan hiervon zu unterrichten und seine Zustimmung einzuholen hat.

Japan wird in ähnlichen Lagen eine ähnliche Politik befolgen.

Die Russisch - Koreanische Bank, welche mit einem Kapital von 500,000 Rbl. von der Internationalen Bank in St. Petersburg gegründet worden war, stellte ihre Operationen in Seoul wieder ein. Die dieser Bank von der koreanischen Regierung erteilten Privilegien waren, wie aus der Anlage ersichtlich, ganz ausserordentliche gewesen.[15]

Der bis dahin die koreanischen Finanzen verwaltende Engländer Mc Leavy Brown musste dem russischen Finanzrat, Herrn Alexieff, weichen, wenn er auch die einflussreiche Stelle als Chief Commissioner of Customs, nachdem eine englische Flottendemonstration zu seinen Gunsten stattgefunden hatte, behielt.

Die Veröffentlichung des Abkommens mit der Russisch-Koreanischen Bank hatte nicht nur die Engländer überrascht und den Japanern gezeigt, was sie von einem zunehmenden Einfluss Russlands für ihre Interessen zu erwarten haben würden, sondern die Bedingungen des getroffenen Arrangements empörten auch alle national denkenden Koreaner.

Durch den fortwährend an Einfluss gewinnenden Independence Club wurde eine Versammlung in Seoul berufen, welche vollkommen ruhig verlief, die aber einstimmig den Beschluss fasste, die Regierung aufzufordern, das mit den Russen geschlossene Arrangement wieder aufzuheben. Noch bemerkenswerter ist, dass die koreanische Regierung das mit der Russisch-Koreanischen Bank getroffene Abkommen sofort rückgängig machte, und Russland die von Alexieff erst seit so kurzer Zeit verwalteten Finanzen wieder völlig der koreanischen Regierung übergab und auch die Militärinstructeure zurückzog.

Man darf nicht übersehen, dass der japanischen Politik schon seit langer Zeit der Gedanke zu Grunde liegt, dass die Völker des Ostens gegen europäische Agressionen zusammenhalten sollten, wie es dies auch wiederholt früher China gegenüber ausgesprochen hat, mit der Warnung, sich für einen solchen Kampf durch Einführung moderner Reformen in besserer Weise zu rüsten.

Besonders interessant ist in einer Note der koreanischen Regierung an die russische die folgende Stelle:

"Our government has decided that we will continue to manage our affairs according to the methods which your officials have so kindly introduced, though we must place the controlling power of these departments in the hands of our own countrymen. We will not employ any foreign military instructors or advisors. This decision was arrived at by the unanimous wishes of the old statesmen, the present government and the people at large, also thorough the enlightenment and independent spirit which your government has so diligently inculcated among us. I am sure that your Imperial Sovereign and your government will be glad to know that our people have become so progressive and enlightened as to desire to maintain their own sovereignty."[16]

Was nun die commerziellen Verhältnisse Koreas anbelangt, so ist aus den beiliegenden Tabellen und Statistiken ersichtlich einen wie grossen Aufschwung der Handel dieses Landes und sein Küstenverkehr in den Jahren 1886 bis 1896 genommen hat.

---

15 Anlage No 1.

16 Anlage 2, 3, 4, & 5.

Im Jahre 1897 hat derselbe sich abermals ganz ausserordentlich gehoben. Import- und Export erreichten in diesem Jahre die stattliche Höhe von:

$ 23.511.350 oder á 2/0^1/4 = £ 2.375.626 gegen

$ 12.842.509 oder á 2/2 = £ 1.391.271, im Jahre 1896,

also in einem Jahre etwa 20 Millionen Mark mehr. Für 1898 ist nach den bis jetzt vorliegenden Berichten auf eine abermalige Steigerung zu rechnen.

Von dem fremden Handel geöffneten Häfen Koreas ist Chemulpo, auch Tschimulpo geschrieben, oder von den Chinesen Jenchuan genannt, der wichtigste. Fast die Hälfte des gesammten auswärtigen Handels nimmt seinen Weg über diesen Platz, und entfallen von den obengenannten Zahlen für 1897 allein $ 9.608.490, davon $ 3.739.890 auf Export aus und $ 5.868.605 auf Import nach Korea, auf diesen Hafen. - Ein Ueberland-Telegraph verbindet diesen Platz mit China und der Hauptstadt Seoul. Chemulpo wie ferner die beiden Häfen Wönsan und Fusan sind dem Handel seit dem Jahre 1883 geöffnet. Der letztere Hafen ist in der Provinz Kiung-sando im Süd-Osten des Landes gelegen, während Wönsan, auch Gensan oder Yuensan genannt, an der Nord-Ostküste liegt.

Am 1. October 1897 sind dann zwei weitere Häfen dem auswärtigen Handel übergeben worden: Chinnampo am Tatungflusse, Provinz Ping-Yang-Do, und Mokpo am Mongtan-Flusse in der Provinz Chulla-Do.

Ferner sollen demnächst weitere drei Häfen: Masanpo, Gunsan und Yushinho, dem Verkehr eröffnet werden.

Besonders erfreulich ist auch der Verkehr zwischen den einzelnen koreanischen Häfen, der zur Zeit durch die drei, ursprünglich deutschen Dampfer „Hanriong", „Changriong" und „Hyenik" vermittelt wird. Die Schiffe stehen unter der Leitung der deutschen Firma H. MEYER & Co., Chemulpo, und sind mit denselben recht gute Erfolge erzielt worden. Für die koreanische Küstenfahrt, sowie für eine bessere Verbindung mit den chinesischen Häfen, bietet sich, speciell auch für deutsche Dampfer, noch grosse Chancen, und der Wunsch der genannten deutschen Firma geht dahin, eine Deutsch-Koreanische Dampfergesellschaft ins Leben zu rufen, welcherwohl gewisse Vorteile seitens der koreanischen Regierung würden zugestanden werden.

Für Rechnung der Koreanischen Regierung läuft ferner zwischen den Küstenplätzen noch der Dampfer „Chow Chow Foo", ebenfalls unter Leitung der Herren E. Meyer & Co. Auch dieser Dampfer bezahlt sich gut.

Die von den vier Dampfern befahrenen koreanischen Küstenplätze sind folgende:

Kunsan, Mokpo, Cheiju, Chwasujung, Samchonpo, Tongjung, Masanpo, Fusan, Yumpo, Pohang, Wonsan, Soho, Sinpo, Sinchang, Chacho, Sungchin, Myengchou und Kyengsan.

Was nun die Schiffahrt in Chemulpo anbelangt, so sind bei derselben zur Zeit am meisten die Japaner beteiligt. Zwei Gesellschaften, die Nippon Yusen Kaisha und die Osaka Shosen Kaisha, unterhalten zahlreiche Dampfer, letztere Gesellschaft allerding nur zwischen Japan und Korea, während die Nippon Yusen Kaisha auch nach China und Sibirien über Korea fährt, und gegen eine Subvention folgende regelmässige Linien unterhält:

1. Kobe, Nagasaki, Fusan, Chemulpo, Tientsin;
2. ″ , ″ , ″ , ″ , Newchwang,
3. ″ , ″ , ″ , ″ , Wladiwostock;
4. Shanghai, Cheefoo, Chemulpo, Nagasaki, Fusan, Wonsan, Wladiwostock.

Ausserdem werden sehr viele Frachtdampfer beschäftigt - namentlich zwischen Chemulpo und Kobe - und sollen die Fahrten der Sibirien-Linie demnächst vermehrt werden.

Die japanischen Gesellschaften bevorzugen ihre Landsleute ganz besonders, während andere Verlader weniger gut behandelt werden. So werden beispielsweise, falls die in grossen Zwischenräumen von Shanghai gehenden Dampfer zu viel Ladung haben, die Güter von Nichtjapanern zuerst zurückgelassen. Hierüber beklagen sich namentlich die Chinesen, die einen bedeutenden Handel mit Korea betreiben, und die Zurücksetzung umsomehr empfinden, als es ihr Geschäft zeitweise erheblich schädigt.

Ferner laufen die Dampfer der russischen Firma M. G. Sheveleff & Co., die folgenden Weg nehmen:

Shanghai, Chemulpo, Chefoo, Nagasaki, Wonsan, Wladiwostock, Chemulpo an, und zwar mit 15 bis 20 Tagen Zwischenraum. Obgleich sich die Fahrten nach einem Fahrplan regeln, ist der Verkehr doch ein sehr unregelmässiger, was angesichts der langen Zwischenräume, in denen die Dampfer verkehren, für die Kaufleute sehr störend ist.

Es scheint nun für eine Verbindung mit Chemulpo noch Raum für eine regelmässige, nicht zu kostspielige Linie, zu sein, denn gerade Chemulpo′s Handel wird sich voraussichtlich in den nächsten Jahren noch ganz bedeutend vergrössern, da Eisenbahnen und Minen den Verkehr erheblich erhöhen müssen. - Die Bahn zwischen hier und Seoul wird bereits im Herbst 1899 bis zum Seoul-Flusse fertiggestellt sein. Der Bau der französischen Bahn nach der Nord-West-Grenze, wo sie Anschluss mit der Mandschurei-Bahn haben sollte, ist, nachdem die Russen, welche eine Zinsgarantie der Bahn in Aussicht stellten, sich scheinbar gänzlich von Korea zurückgezogen haben, jetzt fraglich geworden. - Andrerseits sind zwei grosse Minenconcessionen von Seiten der koreanischen Regierung, die eine an eine amerikanische, die andere an die deutsche Firma E. MEYER & Co., erteilt worden. Auch die Engländer bemühen sich um eine Minen

Concession.

Weitere Bahnen werden jedenfalls im weiteren Verlauf gebaut, weitere Minen eröffnet werden, und Chemulpo's Handel durch dieselben immer neue Hilfsquellen empfangen. Die Dampfschiffsgesellschaften, namentlich die japanischen, vergrössern denn auch, in richtiger Erkenntnis dieser Thatsachen, ihre Fahrten immer mehr, und wäre es sehr zu bedauern, wenn Deutsche, deren Interesse ein sehr grosses ist, nicht auch hieran teilnehmen würden.

Bekanntlich hatte schon bei Bewilligung der ersten Subvention die Deutsche Regierung dem Norddeutschen Lloyd das Anlaufen eines koreanischen Hafens zur Bedingung gemacht, doch ist die Gesellschaft von dieser Verpflichtung später befreit worden.

Welchen Wert die anderen Mächte darauf legen, in Korea einen möglichst grossen Einfluss zu gewinnen, geht schon daraus hervor, dass ihre Vertreter in letzter Zeit einen höheren Rang erhalten haben. Die auswärtigen Vertreter in Seoul sind zur Zeit die folgenden:

für Deutschland: Consul F. Krien,

für Gross Brittanien: J. N. Jordan, Chargé d'Affairs,

für Frankreich: V. Collin de Plancy, Chargé d'Affairs & Consul General,

für Russland: A. de Speyer, Chargé d'Affairs & Consul General,

für die Vereinigten Staaten: Dr. H. N. Allen, Minister Resident & Consul General,

für Japan: T. Hara, Envoy Extraordinary and Minister Plenipotentiary, seit Mitte 1897

für Japan: M. Kato. -

Wie hieraus ersichtlich, hat nur der Deutsche Vertreter den Rang eines Consuls, obgleich bis jetzt nur eine englische, eine amerikanische und eine deutsche Firma, E. MEYER & Co., in Korea existieren, und das Interesse, welches letztere, und mit ihr die deutsche Industrie, in Korea hat, ein sehr bedeutendes zu werden verspricht, besonders auch, seit es derselben, dank der energischen Hilfe des Deutschen Vertreters in Seoul, gelungen ist, die Minenconcession von der koreanischen Regierung zu erlangen, für welches Unternehmen sich unter der Führung der Bank für Bergbau und Industrie in Düsseldorf ein Syndicat unter Beteiligung hervorragender Firmen gebildet hat. Der von dem Syndicate hinausgesandte Bergwerksingenieur, Herr Bergassessor B. Knochenhauer, hat bereits ein abbauwürdiges Terrain gefunden.

Der Goldreichtum Koreas ist anerkannt. Zahlreiche Koreaner, im Dienste verschiedener von der Regierung priviligierter Unternehmer stehend, welche dafür eine feste Abgabe zu entrichten haben, sieht man im Lande das Gold in primitiver Weise gewinnen. Der Betrieb des von dem erwähnten Syndicate ins Auge gefassten Bergwerkes, wird auch für die deutsche Industrie von grosser Bedeutung sein, da viele der benötigten Maschinen aus

Deutschland bezogen werden können, und die Erze in Deutschland zur Verhüttung kommen werden.

Einer amerikanischen Gesellschaft ist schon im vorigen Jahre eine Minenconcession erteilt worden, welche sehr gute Resultate geben soll.

Was nun die Goldproduction Koreas anbelangt, so ist dieselbe in Wirklichkeit bedeutend höher zu veranschlagen, als die officiellen Angaben, welche für 1896 $ 1.390.412 und für 1897 $ 2.034.097 nennen, anführen, da natürlich viel heimlich ausgeführt wird. Ein guter amerikanischer Beobachter hat den Goldexport auf etwa 3 - 5 Millionen $, also circa 6 - 10 Millionen Mark, taxiert. Die obige Zunahme für 1897 kommt hauptsächlich dem Hafen Chemulpo zu Gute. Bei regelrechter Bearbeitung durch mit allen technischen Neuerungen ausgestattete Bergwerke wird die Gewinnung von Gold natürlich bedeutend grösser werden, und wird Korea bald als eines der goldreichsten Länder der Erde bekannt sein.

Fast mehr noch als Minen bieten die demnächst in Korea zu erbauenden Eisenbahnen dem deutschen Unternehmungsgeist ein weites Feld. Bis jetzt ist nur die Bahn von Chemulpo nach Seoul im Bau, aber eine Linie von Seoul über Ping-yang nach Aichiu, im Anschlusse an die russische Mandschurei Bahn ist in Erwägung gezogen worden. Für diese Bahn hatten sich, wie oben erwähnt, die Franzosen interessiert; die französische Gesellschaft Five Lille hatte bereits einen Ingenieur hinausgesandt, und hatte auch viele Chance, die Linie zu erhalten, aber die Verhandlungen zerschlugen sich, da die französische Gesellschaft glaubte, eine russische Zinsgarantie beanspruchen zu müssen, worauf sich die russische Regierung, wie berichtet, nicht einlassen wollte.

Ferner ist von grösseren Strecken die Linie Seoul-Wonsan-Wladiwostock, sowie Seoul-Fusan geplant. Letztere soll jetzt definitiv den Japanern übergeben worden sein.

Bei der guten Bevölkerung des Landes und bei dem allgemeinen Emporblühen ist es sicher, dass diese Linien, sowohl wie verschiedene Zweiglinien, sich bezahlen würden. Nicht nur die im Innern der Erde verborgenen Schätze, sondern auch der stark zunehmende Anbau von Cerealien, namentlich von Reis, Bohnen und Weizen, harren nur des, durch Eisenbahnen herzustellenden, besseren Transportes, um zu wichtigen Ausfuhrartikeln zu werden. Im Jahre 1896 betrug die Reisausfuhr schon Piculs 950.145 = etwa 57.500.000 kg; in 1897 ist jedoch leider eine Missernte zu verzeichnen.

Ich darf auch annehmen, dass die Deutsche Regierung allen Bestrebungen zur Förderung des deutschen Handels mit Korea, ihren mächtigen Schutz verleihen wird. Nachdem die Deutsche Regierung durch die Besitzergreifung Kiaotschaus gezeigt hat, dass sie gewillt ist, eine grosse Rolle in Ostasien zu spielen, wird sie auch allen commerciellen Plänen auf dem benachbarten, für den deutschen Handel so wichtigen Korea ihre Unterstützung nicht versagen.

Wir Deutschen dürfen aber nicht zögern, denn die anderen Nationen werden sich natürlich auch sehr bemühen, sich an den in Korea in Aussicht stehenden grösseren Unternehmungen zu beteiligen, und namentlich schenkt England jetzt dem Lande eine weit grössere Beachtung, als früher.

Die Hongkong & Shanghai Banking Corporation und die Chartered Bank of India, Australia and China haben bereits seit längerer Zeit Filialen in Chemulpo errichtet, und von japanischen Banken haben die Dai Ichi Ginko und die 58th National Bank ihre Agenturen in Chemulpo und Seoul.

Verschiedene weitere Reformen und Verbesserungen haben in Korea stattgefunden, Schulen werden errichtet, Wege verbessert, die Hauptstadt hat in sanitärer Hinsicht grosse Verbesserungen erfahren, sie ist durch Petroleum erleuchtet, eine elektrische Bahn, welche vom Ost-Thore nach dem West-Thore führt und später bis zum Flusshafen Mapu fortgeführt werden soll, ist im Bau.

Man plant neuerdings in England sowohl, als auch in Amerika, verschiedene Unternehmungen in Korea, und die Anglo-Chinese Trading and Financial Corporation, welche mit einem Capital von £ 200.000 gegründet worden ist, bemerkt in ihrem Prospect:

Object to construct and maintain in China, Japan, Korea, Hongkong and the Phillipines and elsewhere railways, tramways, docks, harbours, piers, wharves, canals, reservoirs, embarkments, irrigations, drainage, sanitary, water, gas, electric light, telephonie, telegraphic and power, supply works and Hotels, to build war and Merchant ships and other vessels, to undertake the building and armament of forts and the provision of arms, guns, armament and ammunition for the same, to undertake the dredging and repair of rivers and navigable and other waterways, to require and turn to account any contracts, decrees and concessions, to carry on the business of cotton, wool, and silk spinners and manufacturers, coal, metal, mines, metallurgists, electricians, machinists, oil, flour, rice, cotton and paper millwrights, gas makers, builders and contractors, engineers, farmers and graziers, brewers, printers, bleachers, dyers, shipowners, shipbuilders, merchants, storekeepers, carriers, agents, importers and exporters, as bankers, financiers, company promoters and capitalists, army and navy agents, etc.

Ich lege die letzten Budgets der koreanischen Regierung bei, aus denen die geordnete Verwaltung ersichtlich ist. Von der mit Japan abgeschlossenen Anleihe von 3 Millionen $ sind $ 2.000.000 zurückbezahlt, und ist im Staatsschatze genügend Geld vorhanden, um auch den Rest zurückzahlen zu können. Korea ist mithin fast schuldenfrei, und seine Zolleinkünfte, welche ganz nach dem System in China verwaltet werden, würden die beste Sicherheit für Anleihen bieten.[17]

Was die Militairverhältnisse in Korea anbelangt, so sind die Soldaten teils von russischen, teils von japanischen Officieren einexerciert. Nachdem diese nunmehr das Land verlassen haben, werden die Uebungen unter koreanischen Officieren fortgesetzt, und ist man bemüht, die Commandos, welche bisher in russischer und japanische Sprache erteilt wurden, in das Koreanische zu übertragen. Die Zahl der in dieser Weise einexercierten Truppen beläuft sich auf etwa 10,000 Mann.

Die neuen koreanischen Reformen werden sich auch auf das Postwesen erstrecken. Korea beabsichtigt, sich demnächst dem Weltpostvereine anzuschliessen; die Aufsicht über das Postwesen soll einem Franzosen, der als Postrat berufen ist, übertragen werden.

Es gereicht mir zu grosser Freude, hier noch eines Ereignisses Erwähnung thun zu können, das wie kaum ein anderes geeignet erscheint, das Ansehen der Deutschen Nation in Korea zu heben: Es war dies der Besuch der Deutschen Flotte im Juli vorigen Jahres unter dem Befehl des Admirals von Diederichs in Chemulpo. Der Kaiser von Korea, der in Seoul besucht wurde, hatte die Gelegenheit, die stramme Haltung unserer Officiere und Mannschaften zu bewundern. Während ihres kurzen Aufenthaltes haben der Admiral und die sämmtlichen Officiere es verstanden, sich die Herzen aller Deutschen und Nichtdeutschen zu gewinnen, und ein Jeder würde sich freuen, falls die Flotte ihren Besuch wiederholen würde, was, wie auch bereits eben erwähnt, mir als eines der geeignetsten Mittel erscheint, das Ansehen unserer Nation in Korea zu befestigen und zu heben.

S. Königliche Hoheit Prinz Heinrich hat in diesem Jahre leider nur Fusan auf der Reise nach Wladiwostock berührt, aber es scheint Hoffnung vorhanden zu sein, dass S. Königliche Hoheit im nächsten Jahre auch Chemulpo mit seinem Besuch beehren, und dann auch nach Seoul kommen wird. Ein solcher Besuch wird für die Deutschen in Korea und für das ganze deutsche Interesse von der höchsten Wichtigkeit sein, denn er würde zeigen, dass das mächtige Deutsche Reich den Verhältnissen in Korea die gebührende Aufmerksamkeit zu schenken gesonnen ist. Wenn dieser Besuch zustande kommen sollte, wird hoffentlich mit der Rangerhöhung unseres Vertreters in Seoul nicht länger gezögert werden, damit wir auch hierin hinter anderen Nationen nicht zurückstehen.

Was die Geldverhältnisse in Korea anbelangt, so war bis zum 1. October des letzten Jahres der japanische Dollar der einzige gängige Silberdollar in Korea, und wurde dann von der Einführung der Goldwährung in Japan befürchtet, dass sie einen bedrohlichen Einfluss auf die Umlaufsmittel in Korea ausüben werde. Da von da an die japanischen Dollars Golddollars wurden, stand zu befürchten, dass dieselben aus Korea zurückgezogen und nach Japan gesandt werden würden, und wurde daher beschlossen, neue Münzen für Korea einzuführen. Zu diesem Zwecke wurde mit der Bank von Japan, welche mit der

---

17 Anlage 6&7.

Zustimmung der japanischen Regierung handelte, ein Arrangement getroffen, wonach diese Bank es übernahm, für die Bedürfnisse in Korea eine entsprechende Anzahl Yen zu liefern, welche von der Circulation zurückgezogen und für Gold umgewechselt waren, und die von nun an mit dem Zeichen „silber" versehen werden sollten, um zu zeigen, dass sie nicht länger in Gold umzusetzen seien. Während der letzten drei Monate des Jahres 1897 sollen 300.000 von diesen gestempelten Dollars eingeführt und davon die Hälfte in Circulation gesetzt worden sein, und zwar gelegentlich mit geringem Verlust. - discount -

Die koreanische Regierung hat nun die folgenden Münzen prägen lassen:

5 Yang,	silber,	- $ 1.- =	2500 Käsch
1 Yang,	silber,	- $ -.20´´	500 Käsch
1/4 Yang,	nickel	- $ -.05´´	125 Käsch
5 Fun	Kupfer	- $ -.01	25 Käsch
1 Fun	Messing	- $ -.002´´	5 Käsch

Im Verkehr sind eigentlich bis soweit nur die Nickel-, Kupfer- & Messing-Münzen, während z. B. die japanischen Banken das 5 Yang-Stück nicht nehmen wollen, obgleich dasselbe dem japanischen Silber-Yen vollkommen gleichwertig ist.

Nach einem Reuter-Telegramm aus Yokohama hat, einer Nachricht aus Seoul zufolge, Korea definitiv die Goldwährung angenommen.

Durch den für die Vereinigten Staaten von Nordamerika so glücklich verlaufenen Krieg mit Spanien ist das Machtbewusstsein der amerikanischen Nation bedeutend gestärkt worden, und die Republik wird noch mit schärferen Mitteln als bisher, in dem Wettbewerb auf dem ostasiatischen Markte, auf dem jetzt um Handelserfolge so stark gerungen wird, auftreten. Nordamerika beherrscht in Drills, Shirtings, bereits den ostasiatischen Markt und versorgt denselben in stets wachsender Menge.

Dem Lande Korea haben die Vereinigten Staaten stets ihre besondere Aufmerksamkeit geschenkt. Die amerikanischen Missionäre, American Presbyterian Mission, sind im Lande stark vertreten, und haben öfter einen politischen Einfluss in Seoul ausgeübt. Die Zeitung „The Independent", welche die nationalen Interessen in Korea vertritt, wird von Amerikanern redigiert, ebenfalls die monatlich erscheinende „Korea Repository".

Die englische Mission, sowie namentlich auch die französische, haben in Korea bedeutenden Einfluss, und scheint es sehr an der Zeit zu sein, dass auch die deutschen Missionen ihre Aufmerksamkeit auf Korea richten, woselbst das Christentum in letzter Zeit ganz bedeutende Fortschritte gemacht haben soll. Da in Shantung deutsche Missionäre ihre Thätigkeit bereits entfaltet haben, dürfte ein Versuch in Korea sich gewiss lohnen.

Auf dem Gebiete der Erziehung ist in Korea in letzter Zeit viel geschehen. Die jungen Koreaner lernen fremde Sprachen mit einer erstaunlichen Leichtigkeit, und ihre

Auffassungsgabe für abstracte Wissenschaften steht hinter der keiner anderen Nation zurück.

Eine deutsche Schule unter Leitung des Herrn Boljahn ist kürzlich in Gegenwart des deutschen Konsuls Herrn Krien eröffnet worden.

Anlage No 1.

Extract from "THE INDEPENDENT"
dated SEOUL, February 22nd, 1898.

The Chosun Chimpo of Chemulpo states that the Russian Minister, M. de Speyer has sent an official dispatch to the Korean Foreign Office concerning the Russo-Korean-Bank. The Minister is said to have requested the Korean Government to grant the following privileges to the Bank:

1. The Bank shall have authority to issue notes and mint coins for Korea,

2. The Bank shall be intrusted with duty of paying interest on foreign loans which the Korean Government has contracted,

3. The collection of various revenues for the Government and the disbursement of the salaries of the Korea officials shall be carried on by this bank,

4. The bank shall have the privilege of establishing branch offices and correspondents at the various points in the country.

The journal further states that the officials of the bank consider that the use of foreign currency in Korea to be injurious to the interests of Korea and the chopped Dollars bring only the value of bullion hence whenever the price of silver falls the Korea Government will loose considerably by legalizing the use of such a medium.

Anlage No 2.

Der HANDEL CHEMULPO'S
in den Jahren 1886-1897.

im Jahre	Wert der Ein- und Ausfuhr	Schiffahrt		Passagiere	Netto-Zolleinnahme
		Schiffe	Gehalt tons:		
1886	$ 1.820.307	145	44.712	4.635	$ 78.944
1887	$ 1.983.237	161	52.352	2.915	$ 120.004
1888	$ 2.393.738	225	59.650	4.038	$ 138.943
1889	$ 2.531.850	215	77.739	5.223	$ 129.368
1890	$ 4.950.574	337	103.339	7.140	$ 248.308
1891	$ 5.441.245	446	116.673	7.151	$ 295.447
1892	$ 5.405.227	535	134.579	7.418	$ 253.224
1893	$ 4.408.407	511	129.315	8.583	$ 196.327
1894	$ 4.935.112	537	120.898	15.067	$ 280.437
1895	$ 6.023.901	775	122.470	21.426	$ 435.509
1896	$ 5.511.361	689	150.558	14.051	$ 335.510
1897	$ 9.196.049	985	200.667	18.570	$ 541.457

Anlage No 3.

Der HANDEL FUSAN'S
in den Jahren 1886-1897.

im Jahre	Wert der Ein- und Ausfuhr	Schiffahrt		Passagiere	Netto-Zolleinnahme
		Schiffe	Gehalt tons:		
1886	$ 748.270	385	79.285	3.147	$ 35.666
1887	$ 1.344.630	488	85.410	3.161	$ 69.741
1888	$ 1.486.660	721	94.804	4.267	$ 66.911
1889	$ 1.908.643	904	112.006	4.993	$ 85.525
1890	$ 4.006.279	1174	156.775	8.584	$ 202.227
1891	$ 3.743.954	962	180.554	10.901	$ 198.928
1892	$ 3.205.486	754	185.910	9.239	$ 138.824
1893	$ 2.397.970	677	137.621	8.159	$ 104.701
1894	$ 1.756.670	610	173.283	8.310	$ -?-
1895	$ 2.496.639	769	195.084	11.403	$ 164.535
1896	$ 3.897.292	877	254.828	11.215	$ 259.549
1897	$ 7.736.117	1061	267.757	-?-	$ 428.461

Anlage No 4.

DER HANDEL WÖNSAN'S
in den Jahren 1886-1897.

im Jahre	Wert der Ein- und Ausfuhr	Schiffahrt		Passagiere	Netto-Zolleinnahme
		Schiffe	Gehalt tons:		
1886	$ 978.153	30	38.337	1.309	$ 45.668
1887	$ 1117.115	64	42.433	1.102	$ 56.956
1888	$ 1342.298	44	41.808	1.423	$ 61.361
1889	$ 1510.948	91	53.662	1.507	$ 65.107
1890	$ 1663.071	62	51.953	1.710	$ 64.065
1891	$ 1356.919	91	60.478	1.702	$ 54.683
1892	$ 1593.878	129	71.227	1.662	$ 46.564
1893	$ 1481.260	143	69.835	2.311	$ 53.089
1894	$ 1450.996	166	71.115	3.079	$ -?-
1895	$ 2047.490	154	88.576	4.627	$ 141.255
1896	$ 1365.775	154	93.774	6.388	$ 86.726
1897	$ 2814.089	214	115.297	-?-	$ 138.991

Anlage. 5.

ENTWICKLUNG DER SCHIFFAHRT
in
CHEMULPO, FUSAN, WÖNSAN
1886-1897.

	Chemulpo.			Fusan.			Wönsan.		
	Schiff	Tonnengehalt	Passagiere	Schiffe	Tonnengehalt	Passagiere	Schiffe	Tonnengehalt	Passagiere
1886	145	44712 Tons	4635	385	79285 Tons	3147	30	38337 Tons	1309
1887	161	52352 Tons	2915	488	85410 Tons	3161	64	42433 Tons	1102
1888	225	59650 Tons	4038	721	94804 Tons	4267	44	41808 Tons	1423
1889	215	77739 Tons	5223	901	112006 Tons	4993	91	53662 Tons	1507
1890	337	103339 Tons	7140	1174	156755 Tons	8584	62	51953 Tons	1710
1891	446	116673 Tons	7151	962	180544 Tons	10901	91	60478 Tons	1752
1892	535	134579 Tons	7418	754	185910 Tons	9239	129	71227 Tons	1682
1893	511	129315 Tons	8583	677	187621 Tons	8159	143	69835 Tons	2311
1894	537	120898 Tons	15067	610	173288 Tons	8310	166	71115 Tons	3079
1895	773	122470 Tons	21426	769	195084 Tons	11403	154	88576 Tons	4627
1896	689	150558 Tons	14051	877	254828 Tons	11215	154	93774 Tons	3388
1897	985	200676 Tons	18570	1064	267757 Tons	?	214	115497 Tons	?

Anlage No 6.

BUDGET KOREA´S für 1897.
In Dollars á circa 2.04 Reichsmark.

E i n n a h m e n :		**A u s g a b e n :**	
Grundsteuer	- 1.715.000	Königliches Haus	- 650.000
Gebäudesteuer	- 196.000	Aeusseres	- 79.196
Seezölle	- 495.000	Inneres	- 1.310.468
Münze	- 200.000	Finanzen	- 880.495
Ueberschuss aus 1896	- 1.147.192	Krieg	- 979.597
Verschiedenes	- 438.000	Unterricht	- 76.778
		Oeffentliche Arbeiten	- 150.440
		Verschiedenes	- 63.451

Einnahmen	- 4.191.192
Ausgaben	- 4.190.427

Anlage No. 7.

BUDGET KOREA´S für 1898.
In Dollars á circa 2.04 Reichsmark.

E i n n a h m e n :		**A u s g a b e n :**	
Grundsteuer	- 2.585.758	Königliches Haus	- 560.000
Gebäudesteuer	- 229.558	Aeusseres	- 132.396
Ginseng Monopol	- 150.000	Inneres	- 1.225.655
Zolleinnahmen	- 750.000	Finanzen	- 892.197
Verschiedenes	- 64.000	Krieg	- 1.251.745
Münze	- 200.000	Unterricht	- 89.340
Ueberschuss von 1897	- 508.160	Verschiedenes	- 267.999
Goldminen	- 40.000	Aussergewöhnliche Ausgaben	- 106.193

Einnahmen	- 4.527.476
Ausgaben	- 4.525.530

Die Japanische Militär-Partei.

PAAA_RZ201-018927_145 ff.			
Empfänger	Fürst zu Hohenlohe - Schillingsfürst	Absender	Leyden
A. 8466 pr. 14. Juli 1899. p. m.		Tokio, den 10. Juni 1899.	
Memo	mitg 18. 7. London 418, Petersbg. 361.		

A. 8466 pr. 14. Juli 1899. p. m.

Tokio, den 10. Juni 1899.

A. 72.

Vertraulich.

An Seine Durchlaucht

den Herrn Reichskanzler

Fürsten zu Hohenlohe - Schillingsfürst.

Ich habe vor einigen Wochen die Ehre gehabt, Euerer Durchlaucht zu melden, daß Vicomte Aoki mir gegenüber die Unzufriedenheit der Japanischen Militär-Partei zur Sprache gebracht hat, die zu einer Aktion dränge. Es war dies zur Zeit der Italienischen Forderungen auf die Sanmun-Bucht und Chekiang und ich brachte demgemäß die Äußerung des Ministers in natürlichen Zusammenhang mit der hier hervortretenden Tendenz, in Fokien Fuß zu fassen und von China materielle Konzessionen zu erzwingen.

Wie ich jetzt von ziemlich zuverlässiger Seite höre, haben fortgesetzte und eingehende Besprechungen, welche damals zwischen Vicomte Aoki und höheren Militärs stattfanden, weniger die Lage in China als in Korea zum Gegenstande gehabt und ihre Seele war der seither verstorbene Chef des Generalstabs, Vicomte Kawakami, der am liebsten zu einem Konflikt mit Rußland gedrängt haben würde.

Graf Leyden.

Inhalt: Die Japanische Militär-Partei.

Berlin, den 18. Juli 1899.   zu A. 8466.

An
die Botschaften in
1. London № 418.
2. St. Petersburg № 361.

J. № 5807.

Euerer pp. übersende ich anbei ergebenst
Abschrift eines Berichts des K. Gesandten in
Tokio vom 10. v. Mts., betreffend die
Unzufriedenheit der japanischen Militär-Partei,
zu Ihrer gefl. Information.

N. d. H. st. St. S.

i. m.

Die Koreanischen Dynamit-Ausschreitungen.

Empfänger	Fürst zu Hohenlohe - Schillingsfürst	Absender	Leyden
A. 9279 pr. 4. August 1899. a. m.		Tokio, den 20. Juni 1899.	
Memo	mtg. 7. 8. Petbg. 391.		

PAAA_RZ201-018927_150 ff.

A. 9279 pr. 4. August 1899. a. m.

Tokio, den 20. Juni 1899.

A. 83.

An Seine Durchlaucht

den Herrn Reichskanzler

Fürsten zu Hohenlohe - Schillingsfürst.

Die Regierung hat es für angezeigt gehalten, gewisse Beschränkungen im Verkehr mit Korea eintreten zu lassen, nachdem Japaner verdächtigt worden sind, bei den in Söul begangenen jüngsten Dynamit-Ausschreitungen die Hand im Spiele gehabt zu haben. In einem außerordentlichen Ministerrathe wurde beschlossen, die dortigen Konsulate zur sofortigen Ausweisung aller derjenigen japanischen Unterthanen zu ermächtigen, welche entweder selbst an diesen verbrecherischen Handlungen Theil genommen haben oder verdächtigen Koreanern bei sich Aufnahme gewähren. Ferner sind die Vorschriften wieder in Kraft gesetzt worden, welche den Besuch Korea's von einem besonderen Erlaubnißschein abhängig machen.

Oppositionelle Stimmen tadeln an dieser Maßregel, daß sie übereilt sei, solange über den Ursachen jener Vorfälle in Söul völliges Dunkel schwebe. Andererseits werden Befürchtungen laut, daß der schwache König von Korea aus Furcht völlig in die Arme der stärksten fremden Macht getrieben werden könnte, welche natürlich nicht Japan sei.

Graf Leyden.

Inhalt: Die Koreanischen Dynamit-Ausschreitungen.

[   ]

PAAA_RZ201-018927_154

Empfänger	[o. A.]	Absender	[o. A.]
A. 9362 pr. 5. August 1899. p. m.		[o. A.]	

A. 9362 pr. 5. August 1899. p. m.

Weser-Zeitung.

5. 8. 99.

Berlin, 4. August. (Tel.) (Nachdruck verboten.) Die Anwesenheit des Prinzen Heinrich in Chemulpo hat allem Anschein nach die deutschen Interessen dort sehr wesentlich gefördert. Nicht nur daß der Einfluß im Allgemeinen dadurch wesentlich gekräftigt ist, sondern auch direct scheint der Besuch des Prinzen gute Früchte tragen zu sollen. Es heißt, daß die koreanische Regierung jetzt bereit sei, einem deutschen Syndicat die Concession für den Bau einer Eisenbahn von Söul nach Gensan zu ertheilen.

Berlin, den 7. August 1899.

zu A. 9279.

An

die Botschaft in

1. St. Petersburg № 391.

J. № 6349.

Euerer pp. übersende ich anbei ergebenst Abschrift eines Berichts des K. Gesandten in Tokio vom 20. Juni d. Js., betreffend die Koreanischen Dynamit-Ausschreitungen,

zu Ihrer gefl. Information.

N. d. H. st. St. S.

i. m.

Korea.

Empfänger	Fürst zu Hohenlohe - Schillingsfürst	Absender	Leyden
A. 9671 pr. 14. August 1899. a. m.		Tokio, den 10. Juli 1899.	

PAAA_RZ201-018927_156 ff.

A. 9671 pr. 14. August 1899. a. m. 1 Anl.

Tokio, den 10. Juli 1899.

A. 95.

An Seine Durchlaucht

den Herrn Reichskanzler

Fürsten zu Hohenlohe - Schillingsfürst.

Euerer Durchlaucht beehre ich mich im Auszug aus dem Japanischen einen Artikel der hiesigen Zeitung „Nippon" vom 24. v. M. über die Reise Seiner Königlichen Hoheit des Prinzen Heinrich von Preußen nach Korea gehorsamst vorzulegen.

Derselbe ist ironisch gehalten und bezweckt, den Lesern vor Augen zu führen, daß Japan die Gelegenheit verpaßt habe, in Korea einen bestimmenden Einfluß auszuüben. Dazwischen findet sich die Andeutung, daß Rußland und Japan vielleicht besser thäten, sich in den Nachbarstaat von Nord nach Süd zu theilen, als einen Machteinfluß Dritter dort entstehen zu lassen.

Je mehr die Ohnmacht Japans, die koreanischen Verhältnisse in seinem Sinne zu modeln, zu Tage tritt, um so größer wird der Unmuth werden, wenn die Zukunft eine Entwicklungs-Fähigkeit jenes Gebietes ohne japanisches Zuthun in die Augen treten lassen sollte.

Graf Leyden.

Inhalt: Korea.

Zu A 95.

Auszugsweise Übersetzung eines Artikels der Zeitung „Nippon" vom 24. Juni 1899.

Obwohl es dem internationalen Brauche entspreche, daß fürstliche Personen feierlich empfangen werden, so müsse es doch auffallen, daß die Koreanische Regierung bei dem Empfang Seiner Königlichen Hoheit des Prinzen Heinrich einen so außergewöhnlichen Pomp entfaltet habe. Es sei ja freudig zu begrüßen, daß Korea soviel Selbstständigkeit im internationalen Verkehr gezeigt habe, andererseits aber sei zu vermuthen, daß die Sache noch eine tiefere Bedeutung habe. Nachdem Deutschland durch die Erwerbung Kiautschou's in China festen Fuß gefaßt habe, glaube man wohl in Berlin, daß auch für weitere Unternehmungen und zwar in Korea noch Spielraum sei. Die Reise des Prinzen sei daher nicht als eine bloße Vergnügungstour anzusehen. Ihr liege auch nicht das Interesse an dem Betrieb der von Seiner Königlichen Hoheit besichtigten Goldmine zu Grunde, sondern allein das sei ausschlaggebend gewesen, daß dieselbe von einem Deutschen mit einem Aufwand von 200,000 Yen erworben. Dem Beginn deutscher Unternehmungslust gelte der Besuch.

Während bisher in letzter Zeit Korea nur unter dem Einfluß zweier Mächte, nämlich Rußland in seinem nördlichen und Japan in seinem südlichen Theil gestanden habe, bereite sich jetzt der Einfluß einer dritten Macht, Deutschlands, vor, das seinen Augenmerk auf die Mitte Korea's gerichtet habe.

Vermuthlich habe der Deutsche Konsul in Söul die Sache eingefädelt. Ob nun Korea aus eigenem Antrieb darauf eingegangen sei oder von irgend einer anderen Macht, was aber unwahrscheinlich sei, sich habe bestricken lassen, jedenfalls entspreche der Schachzug dem augenblicklichen Bedürfniß Korea's ausgezeichnet. Es werde wohl darauf rechnen, mit Hülfe der neuen dritten aus den Klauen der beiden anderen herauszukommen.

Deutschland habe in Ostasien vorzüglich operirt. Von langer Hand her habe es sich durch Gewährung von Militärinstrukteuren etc. in China sowohl wie in Japan Sympathien und geistigen Einfluß geschaffen. Nun scheine es ein leichtes zu sein, deutschen Einfluß auch in Korea zur Geltung zu bringen.

Die glänzende Aufnahme des Prinzen Heinrich, dessen Besuch ohne Präcedenz in Korea dastehe, sei unter den erwähnten Umständen begreiflich. Korea sei wegen desselben nun um so mehr zu beglückwünschen, als das Ereigniß die Beziehungen Korea's weder zu Rußland noch zu Japan zu trüben geeignet sei. Zu bedauern sei aber gleichzeitig, daß die Pläne, welche Japan bezüglich Korea's hege, zugleich mit den im chinesischen Kriege erworbenen Ruhmestiteln mehr und mehr in sich zusammenzusinken scheinen.

Aufenthalt in Korea.

PAAA_RZ201-018927_166 ff.			
Empfänger	Kaiser und König	Absender	[o. A.]
A. 9981 pr. 23. August 1899. a. m.		Yokohama, den 29. Juni 1899.	
Memo	Abschrift zu A. 3523 I. Kommando des Kreuzergeschwaders. Betrifft Aufenthalt in Korea.		

A. 9981 pr. 23. August 1899. a. m.

Yokohama, den 29. Juni 1899.

№ 3832 I.

An Seine Majestät den Kaiser und König.

Der Allerhöchsten telegraphischen Genehmigung vom 29. Mai d. Js. gemäss traf ich mit S. M. S. „Deutschland" am 8. Juni vor Chemulpo ein und trat am 9., nach vorheriger Besprechung mit dem deutschen Vertreter Vizekonsul Reinsdorf, die Reise zu Pferde nach der koreanischen Hauptstadt Seoul an. Vizekonsul Reinsdorf hatte hervorgehoben, dass es sich empfehlen würde mit einem grösseren Gefolge sowie einem Detachement Matrosen in Seoul einzutreffen, um dem bevorstehenden Besuche am koreanischen Hofe mehr Nachdruck zu verleihen. Zu diesem Zweck wurden kommandirt 6 Offiziere, 1 Arzt, 1 Stabshoboist, 10 Musikanten, 1 Unteroffizier und 28 Mann.

Sowohl bei der Landung in Chemulpo, als bei Ankunft in Seoul fand eine Begrüssung durch Mitglieder des koreanischen Staatsministeriums statt: für Unterkunft, Aufnahme und Verpflegung war in zuvorkommendster Weise von Seiten des Königs gesorgt worden.

Empfang beim König.

Nachdem Seoul am 9. Nachmittags, nach etwa 6 stündigem Ritt, erreicht worden war, fand an demselben Abend der offizielle Empfang beim König statt. Unter Vorantritt des Matrosendetachements der Deutschland und in Begleitung der kommandirten Offiziere wurde der Palast betreten, woselbst der König und Kronprinz in einer offenen Empfangshalle, von wenigen Hofbeamten und Eunuchen umgeben, unserer harrten. Auf dem Wege zum Palast hatten die koreanischen Truppen Spalier gebildet.

Der König.

Der König von Korea ist ein kleiner Herr, etwa 48 Jahre alt, sehr liebenswürdig, jovial, nicht unbegabt, der jedoch mehr Mitleid, als Achtung bei näherer Bekanntschaft erweckt.

Innere Zwistigkeiten und Parteihader am eigenen Hofe, Attentate, schliesslich unsichere politische Verhältnisse drücken diesem bedauernswerthen Monarchen den Stempel der Hülflosigkeit auf.

Attentate.

Zur Charakteristik der Verhältnisse sei erwähnt, dass während meines kurzen Aufenthaltes in Korea drei Bombenattentate verübt wurden. Das erste Attentat, am Abend vor meiner Ankunft in Seoul, soll gegen den Justizminister und zwar, wegen Wiedereinführung der Verwandtenverantwortlichkeit, gerichtet gewesen sein, was auf den König die unmittelbare Wirkung äusserte, dass er sich in die amerikanische Gesandtschaft flüchten wollte. Lediglich der Umstand des bevorstehenden Besuchs, so wurde erzählt, habe ihn schliesslich von der beabsichtigten Flucht abgehalten. Zwei andere Attentate waren gegen Minister gerichtet. Diesen drei Attentaten sind jedoch nur Unschuldige oder die Thäter selbst zum Opfer gefallen.

Der König entwickelte ein sehr lebhaftes Interesse für das deutsche Heerwesen und besonders für Uniformen, Orden und militärische Kopfbedeckungen. Gelegentlich einer Besichtigung der koreanischen Truppen erschienen sowohl der König als auch der Kronprinz in neu angefertigten, halb japanischen, halb französischen Uniformen, welche eigens zu diesem Zweck angefertigt worden waren., zum ersten Male angelegt wurden, den beiden hohen Herren jedoch nicht zur Zierde gereichten. Die Stiftung eines Ordens steht ebenfalls in Aussicht und werden zu diesem Zweck noch Muster aus Europa abgewartet.

Der Kronprinz.

Der Kronprinz ist ein Herr von kleiner Gestalt, etwa 30 Jahre alt, mit hässlichem stupidem Gesichtsausdruck, des Sprechens und logischen Denkens kaum fähig.

Seit seinem 7. Jahre von Eunuchen und Weibern umgeben, ist er nunmehr ein vollkommener Idiot. Ein vor Kurzem ausgeführter Versuch ihn zu vergiften, hat ihn seiner Körperkräfte gänzlich beraubt., längeres Stehen wird ihm sehr schwer und nur durch Unterstützung seitens seiner Dienerschaft möglich. Trotz dieser minderwerthigen Eigenschaften ist der Kronprinz nomineller Oberbefehlshaber der Truppen.

Gespräche.

Nach dem Empfang fand ein Diner im engsten Kreise statt, bei welcher Gelegenheit ich mit dem König und dem Kronprinzen allein zu Tisch sass, während die Herren des Gefolges in einem Nebenraume speisten. Die Unterhaltung war recht schwierig, da sie durch einen Dolmetscher geführt werden musste, auch stand ich unter dem Eindruck, dass der König, der stets nur sehr leise sprach, sich von dritten Personen, die im Nebenraum weilten, beobachtet fühlte, Politik wurde nicht gestreift, sondern ängstlich vermieden. Der König erkundigte sich mehrfach nach Seiner Majestät dem Kaiser und nach der Anzahl der Kinder Seiner Majestät. Mehrfach hob der König hervor, dass die deutsche Armee einen weit verbreiteten Ruf habe und als mustergültig in der Welt bekannt sei; er erkundigte sich ferner nach den Stärkeverhältnissen der Korps- und Regimentsverbände im Kriege, wie im Frieden. Auch das vorher erwähnte Interesse für Uniformen gab mir mehrfach Gelegenheit, Schilderungen unserer militärischen Bekleidung zum Gegenstande des Gespräches zu machen.

Der Kronprinz sass theilnahmlos an der Tafel und brachte nur dann und wann, auf Anregung seines Vaters, einige unzusammenhängende Laute hervor, welche mir durch den Dolmetscher auf Englisch übersetzt wurden und über allgemeine Redensarten nicht hinausgingen.

Die militärischen Kräfte Koreas.

Als Anlage.

Politische Zustände und fremde Einflüsse.

Der Hauptsache nach dürfte es sich um die Konkurrenz von Russland und Japan handeln.

Wenn ich mich nicht irre, so ist das Partheiwesen innerhalb des Staatsministeriums ziemlich stark ausgeprägt und existiren folglich russische, japanische, auch wohl amerikanische Neigungen.

Die Japaner haben zur Zeit 2 Kompagnien Infanterie, angeblich als Gesandtschaftswache in Seoul garnisonirt, auch ist eine kleine japanische Niederlassung dort vorhanden. Begreiflicherweise sind die Japaner den Koreanern nicht nur lästig, sondern geradezu verhasst, zumal es jetzt ziemlich klar erwiesen sein dürfte, dass die Japaner an dem Morde der Königin, im Jahre 1895, nahezu die alleinige Schuld tragen.

Der russische Vertreter Pavlow, kürzlich in Peking, jetzt in Seoul beglaubigt, und zur Zeit meines Aufenthaltes in Korea nach Petersburg beurlaubt, soll einen starken Einfluss auf den König und die Regierung ausüben.

Zwischen Chemulpo und Seoul wird japanischerseits eine Eisenbahn gebaut, deren Fertigstellung noch eine Reihe von Jahren beanspruchen dürfte, was ich aus dem Umstande schliesse, dass auf der ganzen Strecke so gut wie garnicht gearbeitet wurde, und der Bahndamm theilweise von Koreanern zum Gemüsebau benutzt war.

[Es besteht der lebhafte Wunsch von Seiten der deutschen Firma E. Meyer & Co., welche neben der englischen Firma Holme & Ringer die bedeutendste europäische Firma in Korea ist, die Konzession zum Bau einer Bahn von Seoul nach Gensan (Wönsan an der Ostküste) von der koreanischen Regierung zu erhalten. Eine diesbezügliche Aeusserung meinerseits, gelegentlich der Abschiedsaudienz, bewirkte eine Aeusserung des Königs dahin lautend, dass er sich den Russen und Japanern gegenüber gebunden fühle und zur Zeit die Absicht bestände, Fremden überhaupt keine Konzession zu ertheilen, sondern eine Bahn mit koreanischem Kapital zu bauen. (!)

Thatsächlich sollen die Verhältnisse jedoch nach Angabe des Konsuls Reinsdorf und des Vertreters der Firma E. Meyer & Co. Herrn Wolter so liegen, dass die Russen dem Bau der Bahn mit deutschem Kapital wohlwollend, als ihren eigenen Interessen dienlich, gegenüberstehen, andererseits aber, dass Herr Pavlow vor seiner Abreise den König ersucht hat, nicht eher eine Entscheidung in der Eisenbahnfrage zu treffen, als bis Pavlow in Petersburg mit den massgebenden Persönlichkeiten gesprochen und das Resultat nach Seoul mitgetheilt habe.

Diese Thatsache dürfte mit ein Beweis für die Ohnmacht und Abhängigkeit der koreanischen Regierung sein.1

Vertretung des deutschen Reichs.

Korea ist ein Land, dem im Allgemeinen wenig Beachtung geschenkt wird, oder aber über welches verhältnissmässig wenig bekannt ist; neben anderen Gründen, dürfte es diesem Umstande zuzuschreiben sein, dass das Deutsche Reich nur durch ein Konsulat vertreten ist. Nach meinen jetzt empfangenen Eindrücken, würde ich die Schaffung einer Ministerresidentur, als den koreanischen Verhältnissen und der Würde des deutschen Reiches entsprechend, für wünschenswerth halten. Der König soll wiederholt nach dieser Richtung hingehende Wünsche geäussert haben. Bemerkt darf noch werden, dass weder das deutsche Konsulatsgebäude, noch der Umstand, dass der Konsul für längere Zeit durch einen Vizekonsul vertreten wird, dem Ansehen des Reiches dienlich sind.

Deutsches Kapital ist in Korea doch recht thätig, wenn auch nur durch eine Firma vertreten, welche immerhin eine recht bedeutende Rolle spielt und nicht ohne Einfluss auf die Entwickelung des Landes sein dürfte.]

Die Stadt Seoul.

Die Stadt Seoul ist in einem, von Bergzügen gebildeten Thalkessel malerisch gelegen, und gleich den chinesischen Städten mit einer sehr umfangreichen Mauer, die nur durch einzelne Thore zugänglich ist, umgeben. Die ungepflasterten Strassen sind breit und verhältnissmässig sauber. Die Häuser bestehen aus niedrigen Lehmhütten mit Stroh oder Ziegeln gedeckt. Zu den Sehenswürdigkeiten gehören die alten Paläste mit ihren, an chinesische Architektur erinnernden, schönen Empfangshallen, umgeben von herrlichen geschmackvollen Parkanlagen, die leider nur noch eine vergangene Pracht ahnen lassen.

Die Einwohnerzahl von Seoul beträgt etwa 2000000. Ausser den Vertretern der Mächte und einigen 80 Missionaren französischer und amerikanischer Nationalität., wohnen in

Seoul keine Europäer. Eine kürzlich entstandene deutsche Schule unter rühriger Leitung eines deutschen Lehrers, Namens Bolljan verdient besonderer lobender Erwähnung.

Goldwäscherei zu Tang-Kogae.

Die mehrfach erwähnte Firma E. Meyer & Co. hat im Jahre 1898 von der koreanischen Regierung die Konzession zur Ausbeutung der, bei dem circa 100 englische Meilen N. O. von Seoul gelegenen Ort Tang-Kogae befindlichen, Goldwäschereien erhalten. Diese Firma ist Agent für die Geschäfte der Regierung, früher ausschliesslich, in neuerer Zeit unter Konkurrenz von Japanern und Amerikanern. Ihre Betheiligung an Aus- und Einfuhr ist, mit obiger Agentur verglichen, unbedeutend, Der Regierung hat sie ausser Geld, schon geliefert: Waffen, Munition, Dampfer u. A. und will sogar vor Lieferung einer vollständigen Festung nicht zurückschrecken. Sie ist sehr unternehmend und hat die Goldwäscherei als lohnendste Ausbeutung der Landesprodukte in die Hand genommen, nachdem ein amerikanisches Syndikat mit einem ähnlichen Unternehmen vorangegangen war.

Tang-Kogae wurde von mir, auf Grund einer Einladung des Vertreters der Firma, Herrn Wolter, besucht. Der Ausflug erstreckte sich auf sieben Tage: je 3 Tage wurden zur Reise hin und zurück, welche zu Pferde bewerkstelligt wurde, verwandt, ein Tag, gleichzeitig Ruhetag, ermöglichte die Besichtigung der Goldwäschereien.

Die Goldwäschereien sind von den Koreanern, seit etwa 40 Jahren bereits, mit primitiven Mitteln betrieben worden. Augenblicklich sind von der Firma fünf Beamte (geschulte Bergleute und Goldwäscher) damit beschäftigt, die Produktionsfähigkeit, sowie die primäre Lagerung des Goldes festzustellen. Nach Aussage dieser Beamten genügen 0,25 gramm pro Tonne um das Unternehmen zu sichern, da dann schon auf die Tonne ein Reingewinn von 1 M fällt. Zur Zeit werden, bei den Voruntersuchungen, 2 Tonnen goldführender Erde und Gesteins ausgewaschen mit anscheinend gutem Resultat. Es besteht die Absicht, nach Einführung hydraulischen Betriebes, circa 3000 Tonnen während einer Tagesschicht zu waschen. Es wird hierbei auf einen Reingewinn an Gold von 80 bis 90 % gerechnet.

Die äusserst sachliche und gewissenhafte Art der Voruntersuchungen machen einen recht günstigen Eindruck und nach den bisherigen Ergebnissen scheint das Unternehmen Aussicht auf Erfolg zu haben. Der Technische Betrieb ist einem Deutschen Bergbauingenieur Bauer anvertraut worden, welcher auf gleichem Gebiet in verschiedenen Ländern der Erde für manche Gesellschaft bereits thätig gewesen ist und eine grosse Erfahrung zu besitzen scheint. Bis zum Eintreffen dieses Herren war in gleicher Eigenschaft ein, von der preussischen Regierung beurlaubter Bergassessor Knochenhauer thätig, welcher seine Erfahrungen vor nicht langer Zeit in Transvaal gesammelt hat und sich nunmehr auf der Heimreise befindet.

Land und Leute.

Die Reise nach Tang-Kogae und zurück gab reichlich Gelegenheit Land und Leute kennen zu lernen. Landschaftlich betrachtet bietet Korea manche Reize, welche theils an Japan, theils an Thüringen und Oberschlesien erinnern. Die Vegetation ist reichhaltig, der Baumwuchs gut, das Klima vorzüglich, wenn nicht das beste in Ostasien. Die Thäler sind spärlich mit Gerste und Weizen, dahingegen an vielen Stellen reichlich mit Reis bebaut, welch Letzterer den Haupt- und fast einzigen Ausfuhrartikel Koreas bildet.

Die Bevölkerung ist gutartig, gilt für faul und indolent und bildet, dem Aussehen nach, ein Mittelding zwischen dem Chinesen und Japaner.

Der Hauptsverkehrsweg, welcher die Verbindung zwischen Seoul und dem, an der Ostküste gelegenen Gensan bildet, war auf Befehl des Königs neu in Stand gesetzt worden, wodurch das Reisen bedeutend erleichtert wurde. Auch war zur Aufrechthaltung der Verbindung zwischen Tang-Kogae, Seoul und Chemulpo, ebenfalle auf Anordnung des Königs, eine besondere Telephonverbindung angebracht worden, welche mir wichtige Dienste geleistet hat. In jeder Weise war somit für die Annehmlichkeit während der immerhin mühevollen und anstrengenden Reise gesorgt. Bei der Rückkehr nach Seoul liess der König, nicht nur für mich selbst, sondern auch für sämmtliche mich begleitenden Offiziere und für jene Mannschaften, welche bei der Empfangsaudienz zugegen gewesen waren, Geschenke überweisen.

Gesammteindruck.

Wenngleich die Regierung durch aussenpolitische Verhältnisse sowie innere Zerwürfnisse machtlos geworden ist, so macht das Land mit seinen gastfreien, leicht lenkbaren, zuvorkommenden Einwohnern auf den Besucher einen recht günstigen Eindruck, auch dürften, für kapitalkräftige Firmen, noch manche Schätze in diesem verhältnissmässig wenig bekannten Lande verborgen sein.

Das ganz besondere Entgegenkommen des Königs, sowie die, seiner persönlichen Initiative entstammenden Sicherheitsmassregeln und Vorkehrungen, um seinen Gästen den Aufenthalt nach jeder Richtung hin angenehm zu machen, möchte ich an dieser Stelle besonders hervorheben.

gez. Heinrich Prinz von Preussen.

An Seine Majestät den Kaiser und König.

_____

Der Chef des Admiralstabes der Marine.

A. 3800 I.

Berlin, den 19. August 1899.

Abschriftlich dem Herrn Staatssekretär des Auswärtigen Amts.

hier

ergebenst übersandt. Die Anlagen zu dem Berichte sind zwecks Vortrags bei Seiner Majestät zurückbehalten.

Im Auftrage:

Wimeles

Die Militärischen Kräfte Korea's.

PAAA_RZ201-018927_177 ff.

Empfänger	Kommando des Kreuzergeschwaders	Absender	Heinrich Prinz von Preußen
ad A. 10473 pr. 4. September 1899.		Yokohama, den 29. Juni 1899.	
Memo	Kommando des Kreuzergeschwaders. orig. 20. 9. an R. M. A.		

Abschrift.

ad A. 10473 pr. 4. September 1899.

Yokohama, den 29. Juni 1899.

zu Br. B. № 3832 I.

pp.

B. Neue militärische Schöpfungen.

pp.　　　Als Leutnant Baron Grünau, ehemals bei der Kaiserlichen Gesandtschaft zu Peking gelegentlich seiner Heimreise bei dem König von Korea eine Audienz hatte, wurde sein Helm mit Busch so sehr Gegenstand der Bewunderung der Letzteren, daß er sich durch die vorgenannte Firma E. Meyer und Co einen badischen Helm kommen ließ und seitdem des Öfteren trug. Bei der Besichtigung am 11. Juni trug der König eine Uniform nach japanischem Muster mit einem Phantasiehelm, einer häßlichen Entartung des preußischen Modells, ebenso war der Kronprinz costumirt. Nach Angabe der Firma Meyer hat der König wiederholt größere Bestellungen auf preußische Helme bei ihr gemacht, das Auswärtige Amt soll aber auf Anfrage die Lieferung für unthunlich erklärt haben. Wenn diese kleinen Züge hier erwähnt werden, so geschieht es, weil sie kennzeichnend sind für die Grenzen der Begabung und Neigung des Königs, seine Armee auf einen leistungsfähigen Stand zu bringen.　　　　　　　　　　　　　　　　　　　　　　　pp.

In ihrer jetzigen Verfassung bildet die koreanische Armee für irgend welche europäische, amerikanische oder japanische Invasion selbst bei bescheidener Kräfteaufwendung jedenfalls kein ernsthaftes Hinderniß. Was sie als Schutzwache des arg bedrängten Königs werth ist, mag aus den oben erwähnten Thatsachen geschlossen werden. Die in Korea meist interessirten Mächte, Rußland und Japan, haben allen Grund, sich der Forderung der militärischen Organisation Koreas zu enthalten, so lange sie die Absicht hegen, sich eines Tages des Landes zu bemächtigen. Eine Heranziehung von Instrukteuren dritter Nationalität, z. B. deutscher, erscheint im Hinblick auf die weit fortgeschrittene Rivalität der Japaner und Russen bedenklich und unthunlich, es sei denn, daß wir die Konsequenzen des Wettbewerbs auf uns zu nehmen gewillt sind.   pp.

C. Militärisch nutzbare Verbindungen.

Zwischen Seoul und Chemulpo (35 km etwa), ferner von Seoul nach Pingyang (mit Fortsetzung nach Peking) und nach Fusan führen Wege, welche man nach deutschem Sprachgebrauch als Landstraßen bezeichnen könnte. Die übrigen Verbindungen verdienen höchstens den Namen von Pfaden, zuweilen giebt es keine anderen Wege, als die die Reisfelderterrassen voneinander scheidenden Dämme.[18] Die Mangelhaftigkeit dieser Verbindungen wird einer Invasion namentlich europäischer Truppen große Hindernisse in den Weg legen, falls es sich um eine Eroberung und Besetzung des ganzen Landes handelt. Das Bedürfniß nach mehr und besseren Straßen im Lande ist bei den bescheidenen Verkehrsansprüchen der Koreaner gering, jedenfalls würde die Vermehrung der Verbindungen sich von ökonomischen Gesichtspunkten aus auf Bau ähnlicher Landstraßen, wie oben genannt, zu beschränken haben. Denn Ex- wie Import halten sich in engen Grenzen und sind bei der Natur des Landes und seiner Bewohner wenig steigerungsfähig. Der früher überschätzte Reichthum Koreas an Mineralien hat sich nach den jüngsten Untersuchungen amerikanischer und deutscher Fachleute als gering herausgestellt, das Haupterzeugniß, Gold, verlangt keine größeren Transportanlagen. Oberhalb Pengyang´s sollen Schwarz- und bei Wönsan Braunkohlenlager sein, beide ohne bedeutende Mächtigkeit oder Werth und beide dicht an der See gelegen, daher auf Wassertransport angewiesen. Andere Interessen aber haben seit dem Kriege von 1894 dahin geführt, den Bau von Eisenbahnen in's Auge zu fassen. Die veranlassenden Gesichtspunkte sind lediglich militärische. Japan braucht, um schnell Truppen nach Seoul werfen zu können, eine Eisenbahn Chemulpo - Seoul. Ein Schienenweg Fusan-Seoul würde ihnen noch mehr Vortheile bieten, aber einem solchen Bau stellen sich große natürliche Hindernisse in dem zwischen beiden Plätzen S. W´lich streichenden Gebirgsstock entgegen. Für die Russen sind die nach Norden führenden Linien die wichtigsten. Seoul-Pingyan und Seoul-Woensan. Voraus schauende Kaufleute haben diese Sachlage seit langem erkannt und die koreanische Regierung um Ertheilung von Concessionen zum Bau dieser strategischen Bahnen angegangen. Der sehr rührige amerikanische Ministerresident Allen, ein ehemaliger

---

18 Eine Wegekarte Koreas aus dem 17. Jahrhundert, welche der preußische Bergassessor bei seinen zweijährigen Reisen im Lande benutzt und überraschend richtig gefunden hat, desgleichen eine genauere (pantographirte) Skizze der Umgebung des Bergwerks von Tang kogae, welche die Wege nach Seoul giebt, ist beigefügt.

Missionar und ausgezeichneter Geschäftsmann, der während seiner Amtsthätigkeit ein bedeutendes Vermögen gemacht haben soll, verschaffte zunächst einem amerikanischen Syndikat die Concession für eine Bahn Tschemulpo-Seoul, welche 1898 beendet sein sollte. Es sind kaum die ersten Anfänge zum Bau gemacht, aber vor wenigen Wochen hat das Syndikat sein Material u. s. w. zu einem guten Preise an die Japaner verkauft und obendrein eine Million Yen für Abtretung der Concession erhalten. Ein französisches Syndikat erwarb das Recht auf die Linie Seoul-Pengyang. Die Strecke ist noch nicht tracirt und schon stehen die Franzosen mit dem russischen Geschäftsträger Pavlow wegen Verkaufs der Concession in Unterhandlungen. Allerdings haben die Verhandlungen zur Zeit einen Stillstand erfahren, weil die Franzosen nach dem mitgetheilten Ausdruck Pavlow's zu unverschämte Forderungen gestellt haben. Um den Bahnbau Seoul-Wönsan hat sich die deutsche Firma E. Meyer und Co. als Agent eines deutschen Syndikats beworben, ohne bisher die Concession erhalten zu haben. All diesen Bewerbern ist es um die wirkliche Ausführung des Bahnbaues weniger zu thun, als um eine möglichst hohe Verwerthung ihrer Concession. Sie gestehen diese Absicht theils offen ein, theils wird sie durch die Thatsachen bewiesen. Der Bau wird vielleicht vorbereitet, wohl auch begonnen, aber lediglich zu dem Zweck, das loszuschlagende Objekt werthvoller zu machen. Nach der eingeholten Ansicht des Inhabers der Firma Meyer ist gar nicht daran zu denken, daß die geplanten Bahnen sich bei Benutzung für Verkehrszwecke allein rentiren werden. Kommt der Bau zur Ausführung, so soll eine der meist interessirten Mächte direkt oder mittelbar die Kosten tragen und die Zinsen gewährleisten. Die koreanische Regierung scheint sich der Gefahr, welche ihr aus der Ertheilung der Concessionen erwächst, bewußt zu werden. Wenigstens hat sie neuerlichen Bewerbungen gegenüber, die meist dringlich von einem oder dem anderen diplomatischen Vertreter unterstützt werden, häufig zu der Ausflucht gegriffen, sie selbst wolle den Bahnbau in die Hand nehmen, natürlich nur die Form der Ablehnung des Schwachen. Vor der Hand braucht ein Angreifer auf die nächsten Jahre hinaus mit dem Vorhandensein von Eisenbahnen nicht zu rechnen, die erste, welche fertig sein wird, wird voraussichtlich die Linie Tschemulpo-Seoul sein. Hier bedarf der Angreifer der Eisenbahn noch am wenigsten; denn die Landstraße nach Seoul ist vergleichsweise kurz und ohne feste Vertheidigung, dazu der Han Fluß bis Hangtschou für flachgehende Dschunken schiffbar. Weit bedeutungsvoller sind die projektirten Eisenbahnen von N. nach Seoul, ihr Bau würde auf kriegerische Vorbereitungen Rußlands hinweisen.   pp.

E. Fremde Truppen.

In Seoul liegen unter dem Namen von Geschäftswachen etwa 30 russische Kosaken und 2 japanische Kompagnien zu je 150 Mann. Die Kosaken sah ich häufiger, weil sie uns ihre Pferde stellten, übrigens recht schlechte Thiere mongolischer Race. Von den Japanern war außer in der japanischen Niederlassung wenig zu sehen, man befleißigte sich anscheinend absichtlich großer Zurückhaltung.

In Fusan, wo die Japaner seit dem 17. Jahrhundert ein Recht auf Besatzung ausüben, steht eine dritte japanische Kompagnie, in Wönsan eine vierte. Alle zusammen bilden ein Bataillon.

G. Polizei.

Die Polizei ist äußerst zahlreich und militärisch organisirt, gilt aber bei den Europäern als feig und unzuverlässig. Die Japaner halten in Tchimulpo und Seoul eine eigene Polizeimannschaft.

Die Anhäufung so vieler fremder militärischer und staatlicher Machtmittel in Korea stellt dem Fortbestand der koreanischen Unabhängigkeit kein günstiges Prognostikon.

gez. Heinrich Prinz von Preußen.

Bombenwerfer in Söul.

PAAA_RZ201-018927_187 ff.			
Empfänger	Fürst zu Hohenlohe - Schillingsfürst	Absender	Reinsdorf
A. 10600 pr. 8. September 1899. a. m.		Söul, den 29. Juni 1899.	
Memo	J. № 478.		

A. 10600 pr. 8. September 1899. a. m.

Söul, den 29. Juni 1899.

№ 49.

An Seine Durchlaucht

den Herrn Reichskanzler

Fürsten zu Hohenlohe - Schillingsfürst.

Am 8. dieses Monats begann hier eine Reihe von Attentaten durch Werfen von Bomben, bei denen nur durch glücklichen Zufall größeres Unheil vermieden worden ist. An diesem Tage gegen 12 Uhr Nachts erfolgten in kurzen Zwischenräumen in den, in verschiedenen Theilen der Stadt gelegenen Häusern von Sin kui son, dem Vorsitzenden, und Pak kui yang, einem Mitgliede des Staatsrathes, und von Pak chöng yang, ehemaligem Minister des Innern, Explosionen, durch die bei Sin ein Diener verletzt und ein Fenster zerbrochen, in den beiden anderen Fällen nur Schaden an den Ziegeldächern verursacht wurde. In den 2 folgenden Nächten geschahen neue Explosionen bei dem Präsidenten des Geheimen Rathes Cho Pyong sik und dem früheren General Han kyu sol (bei Cho wurden ein Schornstein und ein Tragstuhl zertrümmert) und bei dem Generalleutnant I chong kun, bei dem eine Dienerin an der Schulter verletzt wurde. Am 12. Juni gegen 10 Uhr Abends wurden durch eine explodirende Bombe in einer nach der japanischen Niederlassung führenden Straße ein japanisches Haus beschädigt, gegen 11 Uhr im Hause des auf seinem Posten in der Provinz befindlichen Präfekten von Ichow, Pang han tok, dessen Sohn verwundet, 2 Stunden später in einer Polizeistation in der Mitte der Stadt ein Theil der Mauer, und gegen 6 Uhr Abends am 13. Juni auf dem zur Zeit von einem Japaner bewohnten Grundstück des in Japan als Flüchtling lebenden Koreaners Pak yonghyo ein Haus zerstört und zwei Leute so schwer verwundet, daß sie auf dem Transport zum Hospital starben. Am 16. gegen 9 Uhr Abends erfolgten in einer unbewohnten Schlucht des innerhalb der Stadt gelegenen Südberges unweit des südöstlichen Stadtthores vier Detonationen; an den Vormittagen des 9. und 22. Juni kamen zwei Kinder dadurch zu Schaden, daß sie kleine Packete, die sie auf der Straße liegen sahen, mit den Füßen anstieß und so zur Explosion brachten; am Mittag des 23. Juni wurde einem Kuli, der in der Nähe der französischen Kathedrale in Söul mit Erdarbeiten beschäftigt war, ein Bein weggerissen in Folge von Explosion eines Gegenstandes, den er beim Graben mit der Hacke getroffen hatte.

Sämmtliche der im Vorstehenden genannten Beamten mit Ausnahme von Pak chung yang und Pak yong hyo sind als Mitglieder und Anhänger der gegenwärtig im Besitze aller Macht befindlichen reaktionären Partei vielfach verhaßt. Cho Pyong sik und Sin kui son galten als die Führer der Partei und als die zur Zeit bei Hofe einflußreichsten von allen Ministern; in allen amtlichen Stellungen, die sie innegehabt haben, haben sie sich durch Willkür in der Handhabung der Gesetze und durch Erpressungen ausgezeichnet; Cho Pyong sik betheiligte sich im vorigen Jahre hervorragend bei Unterdrückung des Unabhängigkeitsclubs und bei Neuorganisation der „Lastträgergilde"; Sin Kui son wirkt jetzt hauptsächlich für Wiedereinführung der Folter und Rückgängigmachung der Gesetze über Aufgebung der Bestrafung von Verwandten und Einziehung der Güter von Verbrechern; als Unterrichtsminister machte er sich vor einigen Jahren berüchtigt durch ein Pamphlet über die europäische Civilisation und das Christenthum, das auf Drängen der fremden Vertreter hin seine zeitweilige Entfernung aus dem Staatsdienste zur Folge hatte. Pak kui yang und I chong kun, starre Conservative, haben Bedeutung nur als Anhänger von Sin und Cho; Pak war vor Jahren Gouverneur der Provinz Ham kyongdo, mußte aber, wegen arger Bedrückung aller Classen der Bevölkerung, von dort fliehen, während seine Secretäre lebendig verbrannt wurden. I Chong kun war vor 2 Jahren kurze Zeit Kriegsminister und Polizeipräfekt. Han kyu sol, seiner politischen Gesinnung nach der Fortschrittspartei zuneigend, war im vorigen Jahre Justizminister, als 17 Mitglieder des Unabhängigkeitsclubs auf Anordnung des damaligen stellvertretenden Präsidenten des Staatsraths Cho Pyong sik, wegen Betheiligung an den Versammlungen des Clubs vor dem Palast, verhaftet und mit 40 Hieben bestraft wurden. Pang han tok gehörte dem Unabhängigkeitsclub an, ging aber, als dessen Auflösung bevorstand, zur Partei von Cho pyong sik über, dem er auch seinen gegenwärtigen Posten als Präfekt von Ichow verdankt. Pak Chong yang, 1887 der erste koreanische Gesandte in Washington, wurde nach der Flucht des Königs in die russische Gesandtschaft zum Minister des Innern ernannt und gehörte dem Cabinet bis Anfang vorigen Jahres an; fortschrittlich gesinnt, begünstigte er die Bestrebungen des Unabhängigkeitsclubs, ohne direkt Mitglied zu werden; man begegnet der Ansicht, daß nur um den Verdacht der Urheberschaft der Attentate von den fortschrittlich gesinnten Parteien abzuwenden, eine Bombe auch in sein Haus geworfen worden sei.

Bereits 2 Stunden vor den oben erwähnten ersten Explosionen am 8. Juni erfolgte eine minder heftige innerhalb des zur Zeit vom König bewohnten Palastgrundstücks, wie sich später heraufstellte, durch die Unvorsichtigkeit eines Soldaten, der mit einer scharfen Patrone (jeder koreanische Soldat, der auf Palastwache zieht, erhält 20 Patronen) gespielt hatte, die Kugel ging ihm in den Oberarm, ernster war, daß man in Wachhäusern an der äußern Mauer des Palastes unter den Feuerplätzen an 2 Stellen kleine Vorräthe von Pulver entdeckte. Ob diese Niederlegung von Pulver mit den bald auf seine Auffindung folgenden Bombenattentaten im Zusammenhang stand, kann erst die Untersuchung ergeben. Als dann die Detonationen in der Stadt erfolgten, meldete der die Palastwache kommandirende Oberst Kim myong chei dem König, eine Rebellion wäre in der Stadt ausgebrochen, ein Angriff auf den Palast stehe bevor, und das Leben des Königs schwebe in Gefahr. Der König verließ nach Mitternacht in großer Aufregung, zusammen mit dem Kronprinzen und nur von einigen niederen Beamten begleitet, den Palast und begab sich nach dem kürzlich erbauten Bibliotheksgebäude, das an die amerikanische Gesandtschaft anstößt und von der russischen nur durch einige von amerikanischen Missionaren bewohnte Häuser getrennt ist, und wo er drei Nächte hintereinander in einem Hinterhaus verbrachte.

Die ersten Maßregeln, die nach den Explosionen am 8. und 9. Juni ergriffen wurden, waren die Absetzung des Polizeidirektors, der die Vorkommnisse nicht hatte verhindern können, und der Verkauf des Postens an einen neuen Bewerber, -das Verbot, daß Niemand ohne Nachtzeichen von der Polizei sich zwischen 10 Uhr Abends und Tagesanbruch auf der Straße sehen lassen dürfe,- und die Anordnung, daß aus je 10 Häusern ein Mann die Nacht über auf der Straße zu wachen habe; jedes der 5 hiesigen Regimenter hatte 50 Mann zu stellen und ein Theil der „Lastträgergilde" wurde aufgeboten, die Straßen unausgesetzt abzupatrouilliren, die Stadtthore wurden stark mit Polizei und Militär besetzt.

Bis jetzt sind etwa 50 Personen, Männer und Frauen, festgenommen worden, namentlich vom Hause des Pak Yong hyo, da die Polizei feststellen konnte, daß die Explosion am 14. dort erfolgte, während die zwei dabei schwer verwundeten Leute mit Herstellung von Bomben beschäftigt waren. Die Verhaftungen gehen noch weiter.

Der Verdacht richtete sich von Anfang an gegen die Anhänger des gegen Ende vorigen Jahres durch die Regierung gewaltsam aufgelösten Unabhängigkeitsclubs und der Nationalversammlung und gegen Parteigänger der in Japan lebenden koreanischen Flüchtlinge; vielfach war man geneigt, eine Mitwirkung von Seiten japanischer Abenteurer anzunehmen.

Von den Verhafteten sollen bereits einige ausgesagt haben, daß sie im Solde von Ko Yong kun, einem der Hauptleiter des Unabhängigkeitsclubs und Präsidenten der daraus hervorgegangenen „Nationalversammlung", gestanden und auf dessen Weisung die Bomben geworfen hätten.

Das Gebahren eines großen Theils der in Söul lebenden Japaner, die sich häufig aus den niedrigsten Classen rekrutiren, ist allerdings nicht geeignet, den Verdacht japanischer Betheiligung auszuschließen. Es ist bekannt, daß die koreanischen Flüchtlinge in Japan unter den hiesigen Japanern viele Sympathien haben, und mit japanischen wie koreanischen Freunden in Söul eifrig Verbindung unterhalten. Nach Auflösung des Unabhängigkeitsclubs und der ´´Nationalversammlung´´ suchte und fand eine große Zahl der Mitglieder Zuflucht in der japanischen Niederlassung; ebendort wird auch anderen zweifelhaften Elementen, denen die koreanische Polizei nachspürt, Aufnahme gewährt; die koreanische Polizei ist zu schwach und zu feige, gegen die übermüthigen Japaner kräftiger vorzugehen.

Den japanischen Vertretern ist dieses Treiben bekannt und sie haben wiederholt den Versuch gemacht, verdächtige Elemente unter ihren Landsleuten zu entfernen und eine strenge Controlle auszuüben, was aber immer einen Sturm von Entrüstung in der japanischen Presse und Treibereien gegen die betreffenden Vertreter hervorgerufen hat. Der oben erwähnte Ko Yong kun hat sich 6 Monate lang im Japanerviertel aufgehalten und soll erst kürzlich, bei Beginn der Explosionen, nach Japan gereist sein. Das japanische Konsulat hat vor einigen Tagen ein strenges Verbot ergehen lassen, daß kein Japaner ohne vorherige Meldung beim Konsulat einen Koreaner bei sich aufzunehmen darf. Der Argwohn gegen Japan erhielt durch das Drängen der Presse in Japan auf ein festeres Auftreten der Tokyo-Regierung Korea gegenüber reichlich Nahrung; es circulirten hier auch seit einiger Zeit Gerüchte, daß die koreanischen Flüchtlinge in Japan von Neuem eine energische Thätigkeit entwickelten, und Mißtrauen erweckte die Abberufung des Herrn Kato, für die man keinen Grund wußte; es hieß, sein Nachfolger Hayashi werde Pak Yong hyo mit sich bringen. Wohl weniger, weil sie die Möglichkeit einer Betheiligung an regierungsfeindlichen Umtrieben Seitens ihrer Unterthanen in Korea dadurch zugiebt, als um den König zu beruhigen, setzte die japanische Regierung eine vor einigen Jahren erlassene und wieder aufgehobene Verordnung von Neuem in Kraft, wonach Japaner, mit Ausnahme von Beamten und Offizieren, nur mit ausdrücklicher Genehmigung ihrer Localbehörden und der Polizei nach Korea reisen dürfen; nachdem die ersten Explosionen in Söul stattgefunden hatten, wurden etwa 30 Japaner, die sich an Bord des Nippon Jusen Kaisha Dampfers Higo Maru auf dem Wege nach Korea, aber ohne Paß befanden, in Tsushima gelandet und zur Rückkehr nach Japan gezwungen. Der Regierung hier ging ferner aus Tokyo telegraphisch die Versicherung der japanischen Regierung zu, daß sie in Zukunft keine koreanischen Flüchtlinge mehr in Japan aufnehmen werde.

Das Grundstück des in Japan als Flüchtling lebenden Pak Yong hyo besteht aus einem großen Complex von Höfen und Gebäuden, die Pak, um sein Eigenthum einigermaßen zu sichern, einem Japaner zur Verwaltung übergeben hatte; der Japaner benutzt selber nur einen kleinen Theil des Grundstücks, auf dem übrigen leben Verwandte von Pak und einige andere Koreaner, die eben, weil ein Japaner darüber gesetzt ist, vor der koreanischen Polizei und koreanischen Beamtenbelästigungen gesicherter sind als in anderen koreanischen Häusern. Nachdem die Explosion dort stattgefunden hatte, wurde das Grundstück zwar von der japanischen Polizei einige Tage lang überwacht, dieselbe legte jedoch der koreanischen Polizei keinerlei Hinderniße in den Weg, dort Nachforschungen anzustellen und Verhaftungen von Koreanern vorzunehmen; der japanische Verwalter wurde von der japanischen Polizei verhaftet, nach eingehendem Verhör im Konsulat zwar wieder freigelassen, zog es aber vor alsbald nach Japan zu gehen.

Auf diesem Grundstück sollen nach Angaben der koreanischen Polizei 30 Bomben angefertigt worden sein durch einen kürzlich aus der Provinz Chöllado nach Söul gekommenen koreanischen Arzt, der festgenommen worden ist; die Bomben waren cylinderförmige Zinndosen von etwa 8 cm Höhe und 7 cm Durchmesser, gefüllt mit Pulver, Schrot, Kies, kleinen Steinchen und zerbrochenem Porcellan; zur Herstellung der Sprengmasse sollen picric acid, pulverisirter Bezoar und schwefelsaures Kali benutzt worden sein. In japanischen Läden hier und in Chemulpo wurden seit langer Zeit die Bestandtheile zu einem Explosivmittel offen feil gehalten, drei kleine Packetchen, enthaltend pulverisirten Bezoar, schwefelsaures Kali und x, die vor dem Gebrauch unter Anwendung von Wasser oder Öl (Glycerin?) zusammengemischt wurden; die Koreaner hatten von den Japanern gelernt, das Mittel auf Köder zu legen und so zur Tötung von Füchsen und größeren Raubthieren zu benutzen. Bei Herstellung des Mittels fand im vorigen Februar in Chemulpo eine Explosion statt, bei der ein Haus zerstört und 2 Koreaner getötet wurden. Der Verkauf ist jetzt verboten worden.

Nach dem geringen Schaden zu urtheilen, den die Bomben, die immer auf die Dächer oder gegen die Pfeiler der Häuser geworfen worden sein sollen, angerichtet haben, gewinnt es den Anschein, daß es den Attentätern nicht darauf ankam, bestimmte Personen zu treffen, daß sie vielmehr nur eine gewisse Beunruhigung und Angst, weniger unter der Bevölkerung, als am Hofe und bei den augenblicklichen Machthabern und deren Anhang haben hervorrufen wollen; nachdem ihnen das gelungen, suchten sie sich durch Wegwerfen oder Vergraben, der noch in ihrem Besitz befindlichen Bomben zu entledigen.

Abschriften dieses gehorsamen Berichtes sende ich an die Kaiserlichen Gesandtschaften in Peking und Tokio.

Reinsdorf.

Inhalt: Bombenwerfer in Söul.

Unruhen in Südkorea.

PAAA_RZ201-018927_207 ff.			
Empfänger	Fürst zu Hohenlohe - Schillingsfürst	Absender	Reinsdorf
A. 10601 pr. 8. September 1899. a. m.		Söul, den 29. Juni 1899.	
Memo	J. № 479.		

A. 10601 pr. 8. September 1899. a. m.

Söul, den 29. Juni 1899.

№ 50.

An Seine Durchlaucht

den Herrn Reichskanzler

Fürsten zu Hohenlohe - Schillingsfürst.

Anfang vorigen Monats waren in der Provinz Chöllado, in derselben Gegend, wo seiner Zeit die Tonghak-Bewegung entstand, Unruhen ausgebrochen, die sich bald über einen größeren Theil der Westküste der Provinz erstreckten und die Provinzialhauptstadt Chonchu bedrohten. Die Gegend ist bekannt wegen des schlechten Verhältnisses, das dort seit langer Zeit zwischen der Bevölkerung und den Organen der Regierung besteht; vielfach hat die Opposition gegen die Behörden ihren Mittelpunkt in den dort zahlreichen Christen, die ungerechtfertigten Maßregeln und Übergriffen gegenüber eng zusammenzuhalten pflegen.

Die Aufständischen, die sich als Yong hak „illustre Schule" bezeichneten, gaben in der folgenden Proclamation die Vernichtung der Fremden, speciell der Japaner als ihr Ziel an.

„Wir haben uns vereinigt, das Reich zu stützen und dem Volke Ruhe und Frieden zu erhalten. Japaner und Fremde sind in unser Land eingedrungen, haben die Grundlagen der Ordnung in Stadt und Familie vernichtet und eine arge Sittenverderbniß herbeigeführt. Diese Mißstände nehmen zusehends immer mehr überhand. Gerechte Erbitterung hat uns aufgetrieben; wir sehen zwar mit Schmerz, wie die Obrigkeit uns nicht anerkennt, und die Bevölkerung unser Beginnen falsch beurtheilt; aber ihr Alle, Literaten und Volk, laßt uns unsere Kräfte vereinigen, die Japaner und die Fremden zu vertilgen, nur so können wir hoffen, das Reich zu stützen und dem Volke Frieden und Ruhe zu erhalten. Laßt uns nach dem Worte: „ein Volk unter einem Himmel, ein Reich unter einem Herrscher", einmüthig zusammenstehen, und laßt uns, wie wir unter einem Himmel wohnen, die Kinder eines Herrschers bleiben."

Trotz der vielen, einzeln im Lande herumziehenden japanischen Händler sind Behelligungen von Fremden nicht vorgekommen. Das angegebene Ziel ist offenbar nur vorgegeben, einmal um Sympathien bei der Bevölkerung zu werben, der eine Bewegung, die sich nicht gegen die eigene Regierung, sondern gegen die Fremden wendet, nicht als Aufruhr gilt, und den Anhang zu vergrößern, auf der andern Seite, um die Schwierigkeiten der Regierung zu vermehren, der, wie genau bekannt, die Möglichkeit von Complicationen mit Fremden sehr unbequem ist. Eine ernstere Bedeutung ist diesen Unruhen wohl kaum beizumessen; hervorgerufen sind sie durch die weit verbreitete Erbitterung über die Bedrückungen der Beamten, die noch gesteigert wurde durch das Vorgehen von Emissären, die der König zur Eintreibung der seit mehreren Jahren rückständigen (von den Beamten aber wahrscheinlich unterschlagenen) Steuerbeträge von Söul aus mit besonderen Vollmachten dorthin gesandt hatte.

Die Polizei und die 250 Mann Provinzialtruppen in Kongchu und Chonchu (den Hauptstädten der Provinzen Chungchungdo und Chöllado) konnten nichts gegen die Aufrührer ausrichten; es gelang diesen, sich mehrerer Distriktsstädte zu bemächtigen, sie öffneten die Gefängnisse, und zahlreiche Waffen fielen in ihre Hände. Der Minister der Auswärtigen Angelegenheiten richtete an die fremden Vertreter das Ersuchen, ihre etwa in Chöllado reisenden Landsleute zurückzurufen und vorläufig keine Pässe für dorthin mehr auszustellen. Auf wiederholte dringende Bitten der Gouverneure von Nord- und Süd-Chöllado entsandte die Regierung 150 Mann von der durch fremde Instructeure ausgebildeten Kanghoa-Garnison; da sich die Banden nach Süden zogen und ein Angriff auf Mokpo befürchtet wurde, ging, auf Requisition des japanischen Konsuls in Mokpo, das gerade in Chemulpo liegende japanische Kanonenboot Maya kan am 3. Juni dorthin und blieb 2 Wochen dort liegen, bis es den koreanischen Truppen gelungen war, nach mehreren Zusammenstößen mit den Aufständischen die Banden zu zersprengen; etwa 40 Mann waren gefallen, 20 Anführer wurden gefangen genommen und 50 Gewehre erbeutet. Vor einigen Tagen theilte der Minister der Auswärtigen Angelegenheiten den fremden Vertretern mit, daß die Ordnung wieder hergestellt sei und das Militär zurückbeordert sei.

Abschriften dieses gehorsamen Berichtes gehen an die Kaiserlichen Gesandtschaften in Peking und Tokyo.

Reinsdorf.

Inhalt: Unruhen in Südkorea.

[   ]

PAAA_RZ201-018927_215

Empfänger	Auswärtiges Amt in Berlin	Absender	Knappe
A. 10690 pr. 9. September 1899. p. m.		Shanghai, den 8. September 1899.	
Memo	cf. A. 12169		

A. 10690 pr. 9. September 1899. p. m.

Telegramm.

Shanghai, den 8. September 1899.   12 Uhr 32 Min. p. m.
Ankunft: 9. 9.   3 Uhr 32 Min. p. m.

Der K. Generalkonsul an Auswärtiges Amt.

Entzifferung.

A. 11038.

Möllendorff theilt vertraulich mit, daß Kaiser von Korea ihn in die Regierung berufen habe, er werde annehmen unter Bedingung, daß Sir Robert Hart ihn beurlaube und chinesische Regierung zustimmt. Habe Peking telegraphirt.

Knappe.

[   ]

PAAA_RZ201-018927_216 ff.

Empfänger	[o. A.]	Absender	Richthofen
A. 11038 pr. 18. September 1899. p. m.		Berlin, den 18. Sept. 1899.	
Memo	mitg 30. 9. Petersbg. 500, Tokio A. 22, Peking 106, Söul A. 5.		

A. 11038 pr. 18. September 1899. p. m.

Berlin, den 18. Sept. 1899.

G. A.

Der Kaiserliche Generalkonsul in Shanghai meldet, daß der deutsche Reichsangehörige P. G. von Möllendorff, der früher im Reichsdienst gewesen ist und gegenwärtig dem Chinesischen Seezolldienst angehört, ihm vertraulich mitgetheilt habe, er, Möllendorff, sei vom Kaiser von Korea in die Koreanische Regierung berufen worden; er werde annehmen, falls Sir Robert Hart ihn beurlaube und die Chinesische Regierung ihn Zustimmung ertheile. Bei den unsicheren Verhältnissen in Korea, wo Russischer und Japanischer Einfluß mit abwechselndem Erfolge um die Vorherrschaft kämpfen, während Englische und Amerikanische Vertreter in sekundären Rollen intriguiren, würde es unerwünscht sein, wenn durch das Auftreten Möllendorffs der unbegründete Eindruck erweckt würde, als wolle Deutschland sich in die Koreanische Politik einmischen.

Die Personalien des Genannten, aus denen in der Anlage ein kurzer Auszug beigefügt ist, bieten keine Gewähr dafür, daß derselbe auf eine bezügliche Aufforderung hin seinen Plan aufgeben würde. Anderseits hieße es der Angelegenheit zu viel Beachtung schenken, wenn durch diplomatische Schritte in Peking und Söul die Anstellung hintertrieben würde; ich darf deshalb Euerer Excellenz geneigter Erwägung gehorsamst anheimstellen, ob vielleicht der Kaiserliche Botschafter in Petersburg und die Kais. Gesandten in Peking u. Tokio umgehend Weisung erhalten sollen, möglichst schon vor der definitiven Anstellung des Möllendorff eine Gelegenheit zu suchen, um die Berufung unter Hinweis auf die Vergangenheit desselben als eine Angelegenheit wie privater Natur zu kennzeichnen.

Richthofen.

Auszug aus den Personalakten
des P. G. von Möllendorff.

P. G. von Möllendorff war bis zum Jahre 1874 im Chinesischen Zolldienst angestellt, trat dann in den Dolmetscherdienst des Reichs ein und bat im Jahre 1882 um seine Entlassung, weil sich ihm eine gute Gelegenheit bot, in antheilhafter Weise in Chinesische Dienste zurückzutreten. Gekränkter Ehrgeiz und der Wunsch, seine durch Gründung einer Familie nicht gerade günstig gestalteten finanziellen Verhältnisse zu verbessern, ließen ihm diese Veränderung besonders verlockend erscheinen.

Dieser Umstand verleitete den Möllendorff, als aus dienstlichen Gründen die erbetene sofortige Entlassung nicht bewilligt werden konnte, dazu, seinen Posten am Generalkonsulat in Shanghai ohne Erlaubnis zu verlassen. Nachdem sich die Anstellung im Chinesischen Dienste durch Intervention des damaligen Kaiserlichen Gesandten in Peking zerschlagen hatte, war Herr v. M. bereits einmal in einer Art von Berather-Stellung bei dem Könige von Korea, gab dieselbe jedoch im Jahre 1888 wieder auf. Seine gleichzeitig unternommenen Schritte, um offiziell für die von ihm begangene Desertion Verzeihung zu erhalten, blieben erfolglos. Er wurde darauf für kurze Zeit als Übersetzer in Chinesischen Diensten in Tientsin verwandt, um dann im Jahre 1889 abermals in die Dienste der Chinesischen Seezoll-Verwaltung einzutreten, der er noch angehört.

Berlin, den 30. Sept. 1899.

An

1) Botschafter
   Petersburg № 500.

2) Gesandter
   Tokio A. 22.

3) Gesandter
   Peking A. 106.

4) Consulat
   Söul A. 5.

J. № 8169.

ins. aus A. 11038 u. Anlage ohne Durchstrichenes

Zu 1) Ich beehre mich deshalb E. D. ergebenst zu ersuchen beiläufig und - wenn möglich - schon vor der definitiven Anstellung des Möllendorff die dortige Regierung unter Hinweis auf die Vergangenheit des Genannten darauf aufmerksam zu machen, daß die Berufung desselben nach Söul eine reine Privatangelegenheit ist.

Die Kaiserlichen Gesandten in Tokio und Peking sowie der Consul in Söul sind mit entsprechenden Weisungen versehen worden.

Zu 2) u. 3)   Ich ersuche deshalb Ew. Hochgebene ergebenst gelegentlich und, wenn möglich, schon vor der definitiven Anstellung des Möllendorff die Angelegenheit sowohl bei der dortigen Regierung als auch denjenigen fremden Vertretern, die ein Interesse an der Sache haben könnten, gesprächsweise zu berühren und dabei unter dem Hinweis auf die Vergangenheit des Genannten darauf aufmerksam zu machen, daß seine Berufung eine reine Privatangelegenheit ist.

Der Kais. Botschafter in Petersburg,

zu 2) der Kais. Gesandte in Peking,

zu 3) der Kais. Gesandte in Tokio,

zu 2) u. 3) und der Kais.

Consul in Söul sind mit entsprechenden Weisungen versehen worden.

zu 4) Ich ersuche deshalb E. H. erg. die dortigen Vertreter von Russland und Japan, möglichst schon vor der definitiven Anstellung des Möllendorff gesprächsweise darauf aufmerksam zu machen, daß diese Berufung, wie sich schon aus der Vergangenheit des Genannten erweise, als eine reine Privatangelegenheit aufzufassen sei.

N. d. st. H. St. S.

Japan und Korea.

PAAA_RZ201-018927_228 ff.			
Empfänger	Fürst zu Hohenlohe - Schillingsfürst	Absender	Leyden
A. 11776 pr. 6. Oktober 1899. a. m.		Tokio, den 28. August 1899.	
Memo	cfr A. 11777 mtg. 12. 10. Adm. Stab, Petersbg. 520.		

A. 11776 pr. 6. Oktober 1899. a. m.

Tokio, den 28. August 1899.

A. 111.

An Seine Durchlaucht

den Herrn Reichskanzler

Fürsten zu Hohenlohe - Schillingsfürst.

In der letzten Zeit verräth die hiesige Presse große Wachsamkeit hinsichtlich der koreanischen Angelegenheiten. Dabei erscheinen zunächst wieder die alten Klagen gegen die Nichtachtung vertragsmäßig eingegangener Verpflichtungen Seitens Rußlands, dem lebhafte antijapanische Agitation zur Last gelegt wird. So sei in Masampo ein großer russischer Landerwerb für eine Dampfschiffgesellschaft angestrebt, aber durch Japaner vereitelt worden. Gegen den Verkauf des Landes an Letztere hätte hierauf der russische Gesandte in Söul protestirt und damit auf's Neue die unfreundliche Gesinnung dokumentirt, welche auch in dem Ausschluß japanischer Arbeiter von dem Bau der sibirischen Bahn zu Tage trete.

Die Nippon dagegen richtet ihrer Gewohnheit gemäß ihre Angriffe gegen Deutschland und fußt dieselben auf den angeblichen Vorfall, daß Seine Königliche Hoheit Prinz Heinrich dem König und Kronprinzen von Korea durch den Konsul in Söul Sein Bildniß habe überreichen lassen. Daran habe sich dem Könige gegenüber eine erneute Berührung des Eisenbahnprojektes Söul-Gensan angeschlossen, indem der Konsul auf die Unmöglichkeit, das nöthige Kapital hierfür in Korea aufzutreiben, hingewiesen und gerathen habe, statt dessen dem deutschen Kaufmann Walter von Chemulpo die Konzession zu ertheilen. Diese Erzählung giebt die Yorodzu mit dem Hinzufügen wieder, daß der Konsul die japanischen Ingenieure als unerfahren und unreif bezeichnet habe und daß Deutschland in Korea der „Politik der Ohrfeigen" treu bleibe.

Eine so gereizte Sprache wie die Nippon, welche außerdem den Prinzen Admiral des Wunsches zeiht, in Korea den Erwerb einer Flottenstation für Deutschland ins Auge gefaßt zu haben, führt die in ständiger Anlehnung mit der Regierung befindliche Japan Times allerdings nicht. Es ist daher um so auffallender, daß auch die letztere gleichzeitig einen ernsten Mahnruf nach Korea richtet, in welchem sie dieses erinnert, daß angesichts der zerfahrenen inneren Zustände die Ruhe des Landes thatsächlich der Anwesenheit einiger hundert japanischer Soldaten zu verdanken sei. Dies werde auch von den Koreanern anerkannt, während andrerseits eine japanische Regierung, welche an die Einziehung dieser Truppe dächte, keinen Tag im Amte bleiben könnte. Die Times will hierauf nur Bezug nehmen, um die regierende Klasse in Korea darauf aufmerksam zu machen, daß das Kokettiren mit fremden Mächten eine gefährliche Politik sei und ein Ende nehmen müsse. Es sei besser für Korea, dies rechtzeitig zu erkennen und seinen „charmanten Freund" aus eigenem Entschluß zu wählen als später zum eigenen Schaden sich in die richtige Bahn gewiesen zu sehen.

Graf Leyden.

Inhalt: Japan und Korea.

Japan und Korea.

PAAA_RZ201-018927_236 ff.			
Empfänger	Fürst zu Hohenlohe - Schillingsfürst	Absender	Leyden
A. 11777 pr. 6. Oktober 1899. a. m.		Tokio, den 30. August 1899.	
Memo	mtg. 12. 10. Adm. Stab, Petersbg. 520.		

A. 11777 pr. 6. Oktober 1899. a. m. 1 Anl.

Tokio, den 30. August 1899.

A. 112.

An Seine Durchlaucht

den Herrn Reichskanzler

Fürsten zu Hohenlohe - Schillingsfürst.

Unter Bezugnahme auf und in Ergänzung des gehorsamen Berichts A. 111 vom 28. d. M.,[19] betreffend Japan und Korea, beehre ich mich Euerer Durchlaucht beifolgend einen Artikel der Zeitung „Nippon" in auszüglicher Übersetzung zu überreichen.

Gf. Leyden.

Inhalt: Japan und Korea.

---

19 A. 11776 mit heut. Post.

Zu A. 112.

(A. 11777)

Auszugsweise Übersetzung aus der
„Nippon" vom 25. August 1899.

———————

Söul-Gensan Bahn und Deutschland.

Es ist augenscheinlich, daß Deutschland jetzt mehr wie früher, den ostasiatischen Fragen sein Augenmerk zugewandt hat. Auch die starken Anstrengungen, die es macht, um seine Marine zu erweitern, weisen darauf hin. Nachdem es in Kiantschon mit seinen Plänen zu einem guten Ende gekommen ist, wachsen seine Gelüste. Nicht nur kommerzielle Interessen, sondern auch das Verlangen, sich bei der Auftheilung China's ein gutes Stück zu sichern, spielen dabei eine Rolle, wie keinem Einsichtigen jetzt zweifelhaft sein kann. Wir wollen indessen hier seine ländergierigen Absichten in China selbst nicht weiter erörtern, sondern uns damit beschäftigen, wie es die gleiche Methode jetzt in Korea in die Praxis umsetzt. Dort hat es weder politische noch kommerzielle Beziehungen. Möllendorff ist heimgekehrt und in ganz Korea befinden sich zur Zeit nur 2 bis 3 deutsche Kaufleute. Da nun der in Chemulpo lebende Kaufmann Walter mit der Goldmine gute Geschäfte macht, so wähnt er, mit der Eisenbahn ein ähnliches Glück zu haben. Freilich sind zahlreiche Konzessionen für Bahnen an verschiedene Nationen bewilligt, doch lag die Sache dabei wesentlich anders, insofern als es sich um rein geschäftliche und nicht um politische Aktionen handelte. In diesem Falle aber hat Prinz Heinrich in der sicheren Hoffnung auf Erfolg einen dahingehenden Wunsch zu erkennen gegeben und ist durch die ablehnende Antwort sehr enttäuscht worden. Dem Konsul in Söul liegt es nun ob, seinen Befehl, auf welche Weise auch immer, zu erfüllen. So handelt es sich nicht mehr um ein kaufmännisches Geschäft, sondern um eine politische Aktion, der wir entgegentreten müssen. Als Prinz Heinrich nach seinem Besuche in Japan wieder nach Nord-Korea ging und sich dort auch in das Innere begab, hat er keine Vergnügungsreise gemacht, sondern die Gelegenheit erspäht, ein kleines Kiantschon auch in Korea zu erwerben. Doch welche schlechten Absichten Deutschland noch sonst dort haben mag, wollen wir nicht untersuchen, sondern nur die Söul-Gensan Eisenbahn-Angelegenheit erwähnen. Die Forderung dieser Konzession seitens Deutschlands müssen wir als einen Eingriff in unsere Interessensphäre betrachten, den wir uns nicht gefallen lassen können. Nachdem das Verhalten der übrigen Staaten, auch Rußlands, in Korea, als zufriedenstellend bezeichnet worden ist, wird Deutschland der weitere Vorwurf gemacht, daß es sich dort unbefugter Weise in das für japanischen Handel und Industrie bestimmte Gebiet dränge in der Meinung, durch Treibereien wie in Kiantschon einen ähnlichen Erfolg zu erlangen. Zwischen Shantung und Korea aber sei ein Unterschied, das Letztere gehöre dem japanischen Einflußkreise an und Deutschland solle, wenn es friedliche Absichten habe, davon fernbleiben. Der Wunsch Japans sei, die Selbstständigkeit und Civilisation Korea's zu fördern, und es sei daher zufrieden, wenn Korea den fraglichen Bahnbau selbst in die Hände nähme. Wenn es aber dazu noch nicht im Stande sei, so könne nur Japan der Staat sein, der dann an seine Stelle trete und den Bau zu Ende bringe.

Berlin, den 12. Oktober 1899.

An

1) den Herrn Chef des
   Admiralstabs der Marine
2) Botschaft St. Petersburg № 520.

J. № 8502.

zu A. 11776 u. 11777.

zu 1: Euerer p. p. beehre ich mich anbei

zu 2: Euerer p. p. übersende ich anbei
ergebenst

zu 1 u 2: Abschrift zweier Berichte des Kais.
Gesandten in Tokio vom 28. und nebst
Anlage vom 30. August d. J., betreffend Japan
und Corea,

zu 1: zur gef. Kenntnißnahme zu übersenden.

zu 2: zu Ihrer gef. Information.

zu 1 u 2:   N. S. E.

            i. m.

[   ]

Empfänger	Fürst zu Hohenlohe - Schillingsfürst	Absender	Dr. W. Knappe
A. 12169 pr. 15. Oktober 1899. a. m.		Shanghai, den 9. September 1899.	
Memo	Vorgang (A. 11038) ehrerb. beigefügt. cfr. A. 14243		

PAAA_RZ201-018927_245 f.

A. 12169 pr. 15. Oktober 1899. a. m.

Shanghai, den 9. September 1899.

№ 107.

An Seine Durchlaucht den Herrn Reichskanzler
Fürsten zu Hohenlohe - Schillingsfürst.

Der Zolldirektor von Möllendorff in Ningpo, welcher früher dem Deutschen Dolmetscherdienst angehörte und 1885 in Korea eine Rolle spielte, teilte mir vertraulich mit, daß der Kaiser von Korea ihm telegraphisch habe anbieten lassen wieder in die Regierung als fremder Kommissar an Stelle des Kommissars Le Gendre einzutreten.

Möllendorff, welcher mit dem Lloyd-Dampfer Preussen am 8. nach Hongkong gereist ist um seine nach Europa fahrende Familie bis dahin zu begleiten, beabsichtigte telegraphisch zu antworten, daß er bereit sei das Anerbieten anzunehmen unter der Bedingung, daß Sir Robert Hart und Li Hung chang bezw. die Chinesische Regierung ihre Zustimmung geben und daß man ihn mit Gehalt und Reservation aller seiner Rechte im Zolldienst beurlaube. Er sagte, er werde nach seiner Rückkehr von Hong kong nach Peking gehen um die Angelegenheit persönlich zu betreiben, wo er selbstverständlich den Kaiserlichen Gesandten von Allem unterrichtet halten und nichts gegen seine Zustimmung thun werde.

Der z. Zt. in Shanghai lebende Prinz Min werde eintretenden Falls mit ihm nach Korea zurückgehen und an die Spitze des Ministeriums treten.

Dr. W. Knappe.

Empfänger	Kaiser und König	Absender	Heinrich Prinz von Preussen
A. 12278. pr. 16. Oktober 1899. p. m.		Kommando des Kreuzergeschwaders, Hakodate, den 24. August 1899.	
Memo	Abschrift zu A. 4922 I. Kommando des Kreuzergeschwaders		

A. 12278. pr. 16. Oktober 1899. p. m.

Hakodate, den 24. August 1899.

G. Br. B. № 1200 I.

Geheim!

An Seine Majestät den Kaiser und König.

Meinem Bericht vom 29. Juni 1899 -3832 I- über die Verhältnisse von Korea habe ich die nachstehenden, während des Aufenthaltes in Gensan im Juli und August d. Js. gesammelten Beobachtungen hinzuzufügen;

Gensan ist als vorzüglicher, von Wladiwostock nur 310 sm entfernter Hafen und als Ausgangspunkt grosser Strassen -gross im koreanischen Sinne- nach Seoul und Pingyang ein Brennpunkt der in Korea kollidirenden russischen und japanischen Interessen. Demgemäss haben auch Russen wie Japaner ein wachsames Auge auf diesen Hafen, der berufen sein wird, bei einer kriegerischen Auseinandersetzung über den Besitz Korea's eine grosse Rolle zu spielen.

Die russische Flotte kennt den Hafen sehr gut und hat auch in neuester Zeit dort wieder, die Japaner sehr beunruhigende Vermessungen vorgenommen. Das Matrosen-Schulschiff der sibirischen Station, ein alter jetzt nach Kronstadt zurückgekehrter Kreuzer mit Takelage(Kreisser), hat in den Sommermonaten seinen ständigen Aufenthalt in Gensan genommen. Auch russische Armeeoffiziere erscheinen, theils auf dem Land- theils auf dem Wasserwege, von Zeit zu Zeit hier. Ich selbst lernte dort einen als Haufenbauer für Port Arthur engagirten dänischen Ingenieuroffizier kennen, der angeblich nur zu seinem Vergnügen reiste, bis die Genehmigung der Hafenprojekte ihm wieder Arbeit gab, der thatsächlich aber -wie mir bei näherer Bekanntschaft eingestanden wurde-, nur die Kohlenlager im Hinterland des Hafens untersuchen sollte. Er wurde in dieser Thätigkeit von einem als Zolldirektor in Fusan angestellten dänischen Landsmann sehr unterstützt.

Die Japaner haben in Gensan bekanntlich eine Ansiedelung mit Konsulargerichtsbarkeit und einer Garnison von einer Kompagnie Infanterie, die übrigens in vorzüglicher Verfassung war. Ein japanisches Kanonenboot befindet sich als Stationär dort oder in den benachbarten, dem Handel geöffneten Häfen. Auch andere japanische Kriegsschiffe besuchen den Platz öfters. So kam während meines Aufenthalts eine Division des ständigen Geschwaders auf einige Tage dorthin.

Wie ängstlich die Japaner die russische Aktion hinsichtlich Gensans verfolgen, zeigt die Ueberwachung eines ganz harmlosen Engländers der sich aus Gesundheitsrücksichten auf einer, die Bucht von Gensan abschliessende Halbinsel niederlassen will und dazu Land angekauft hat. In ihm wird ein russischer Agent vermuthet, der das Terrain zu einem Dock erwerben soll, und daraufhin haben ihm die Japaner überall da, wo er mit dem koreanischen Bauern noch nicht handelseinig geworden war, das Land zu jedem Preise vor der Nase weggekauft.

gez. Heinrich Prinz von Preussen.

Berlin, den 13. Oktober 1899.

A. 4922 I.

Geheim!

Abschriftlich dem Herrn Staatssekretär des Auswärtigen Amts.

Hier

im Anschluss an die Zuschriften vom 19. August 1899 und 1. September 1899
A. 3800 I. ergebenst übersandt.
Der Chef des Admiralstabes der Marine.
Im Auftrage.
Wimeles

PAAA_RZ201-018927_249 f.

Empfänger	Auswärtiges Amt in Berlin	Absender	Leyden
A. 12375 pr. 20. Oktober 1899. p. m.		Tokio, den 20. Oktober 1899.	
Memo	I Tel. 20. 10. n. Tokio 36. II mtg. 5. 11. n. Peking A. 119.		

A. 12375 pr. 20. Oktober 1899. p. m.

Telegramm.

Tokio, den 20. Oktober 1899. 2 Uhr 10 Min. p. m.
Ankunft: 4 Uhr 45 Min. p. m.

Der K. Gesandte an Auswärtiges Amt.

Entzifferung.

№ 41.

Vicomte Aoki klagt mir über die gänzliche Apathie Chinas gegenüber japanischen Entschädigungsansprüchen in der Niederlassungsfrage von Amoy. Er sagte vertraulich, Japan könnte dadurch zu einem energischen Schritte d. h. zu einer Besitzergreifung sich gezwungen sehen.

Ich fasse dies dahin auf, daß Vicomte Aoki, dem Unthätigkeit vorgeworfen wird, eine Satisfaktion von China braucht um so mehr als er es in der Masampo-Frage in Korea zu einem Bruch mit Rußland nicht kommen lassen kann und will.

Leyden.
Orig. i. a. China 20 № 1.

Angebot einer koreanischen Rathgeberstelle an P. G. von Möllendorff.

PAAA_RZ201-018927_253 ff.			
Empfänger	Fürst zu Hohenlohe - Schillingsfürst	Absender	Ketteler
A. 12440 pr. 22. Oktober 1899. a. m.		Peking, den 9. September 1899.	
Memo	cfr. A. 94$\underline{\underline{00}}$ mitg 23. 10. Tokio A. 25, Petersbg. 554.		

A. 12440 pr. 22. Oktober 1899. a. m.

Peking, den 9. September 1899.

A. 144.

Vertraulich!

An Seine Durchlaucht

den Herrn Reichskanzler

Fürsten zu Hohenlohe - Schillingsfürst.

Über eine von dem Kaiserlichen General-Konsul in Shanghai gestern mitgetheilte Angabe des Zolldirektors P. G. von Möllendorff, nach welcher ihm erneut die Rathgeberstelle bei dem Kaiser von Korea angeboten sei, ist, wie ich auf vertraulichem Wege feststellen konnte, seinem hiesigen Vorgesetzten, dem General-Zollinspektor Sir Robert Hart, bisher Nichts bekannt geworden.

Nachdem der Contract seines Vertrauensmanns, des Ober-Zollkommissars Mc Leavy Brown, mit der koreanischen Regierung soeben auf fünf weitere Jahre verlängert wurde, ist aber Sir Robert Hart keinesfalls geneigt, einen anderen Angestellten des Seezolldienstes nach Korea zu beurlauben, besonders wenn derselbe ein so unberechenbarer Charakter wie Herr von Möllendorff ist.

Der Genannte, welcher seine hiesige Laufbahn bekanntlich in der chinesischen Seezollverwaltung begann, sodann in den deutschen Konsulatsdienst übertrat, um denselben unverabschiedet gegen eine Stelle im koreanischen Staatsministerium zu vertauschen, und nach seinem dortigen Fiasko nur zu froh war, als chinesischer Zollbeamter wiederum Brot zu finden, dürfte jedoch diesmal endgültig zwischen der sicheren Zoll-Direktorstelle und der problematischen Beratherrolle in Seoul zu wählen haben, und sich daher voraussichtlich zur Beibehaltung der ersteren entschließen.

Da die frühere Thätigkeit P. G. von Möllendorff's den deutschen Interessen in Korea keineswegs förderlich gewesen ist, so dürfte uns seine jetzige Ablehnung der Beratherstelle nur gelegen kommen.

Ketteler.

Inhalt: Angebot einer koreanischen Rathgeberstelle an P. G. von Möllendorff.

Berlin, den 23. Oktober 1899.   zu A. 12440.

An

die Missionen in

1. Tokio A. 25.

2. Petersburg № 554.

J. № 8869.

Euerer pp. übersende ich anbei ergebenst
Abschrift eines Berichts des Kais. Gesandten in
Peking vom 9. v. Mts., betreffend die Berufung
des P. von Möllendorff nach Korea,

    zu Ihrer gefl. Information.

        N. S. E.

        i. m.

Zur Lage in Korea.

PAAA_RZ201-018927_259 ff.

Empfänger	Fürst zu Hohenlohe - Schillingsfürst	Absender	Reinsdorf
A. 12605 pr. 26. Oktober 1899. a. m.		Söul, den 15. September 1899.	
Memo	Auf Erlaß A. № 4 vom 1. Juni d. Js.[20]		

J. № 563.

A. 12605 pr. 26. Oktober 1899. a. m.

Söul, den 15. September 1899.

№ 63.

An Seine Durchlaucht

den Herrn Reichskanzler

Fürsten zu Hohenlohe - Schillingsfürst.

Die Versprechungen, die der König in Folge der Umtriebe des „Unabhängigkeitsclubs"
und der daraus hervorgegangenen Nationalversammlung im November vorigen Jahres
machte, schienen ein wichtiger Schritt auf dem Wege der Reform, und die in Aussicht
gestellten Maßregeln, mit gel.

Herrn GLK. von Dirksen

und

13. 11.   Herrn LK. von Krien.

Ernst und Nachdruck durchgeführt, hätten ein Regierungssystem abgeändert, das der
Corruption und Tyrannei der Beamten Vorschub leistete und einem wirthschaftlichen
Gedeihen durchaus hinderlich war. Es geschah aber nichts die Versprechungen zu erfüllen;
Vorstellungen, die von verschiedenen Seiten dem König gemacht wurden, waren nutzlos.
Die wichtigsten Ämter wurden mit den Männern besetzt, die bei Bekämpfung der
Reformbestrebungen hauptsächlich hervorgetreten waren; das Decret, das die „Gilde der
Lastträger", die dazu verwandt worden war, die Nationalversammlung mit Gewalt
auseinanderzutreiben, auflöste, wurde rückgängig gemacht; die Gilde, mit Geld vom Palast
bezahlt, diente weiter zum Schutze der Leute am Ruder und sorgte zusammen mit der
Polizei für Verfolgung und Unterdrückung der Anhänger, die der Unabhängigkeitsclub
während seiner einjährigen Existenz durch Verbreitung von Flugblättern und Zeitungen im

---

20 A. 6398 ehrerb. beigefügt.

Lande und durch Emissäre, die in den bedeutendsten Provinzial- und Distriktsstädten Zweigvereine gründeten, für seine Ideen gewonnen hatte.

Dem „geheimen Rath", dessen Neubegründung der König zugesagt hatte, sollte eine Initiative bei der Gesetzgebung zustehen und alle Beschlüsse des Staatsraths sollten ihm vorgelegt werden; außer den sämmtlichen aktiven Staatsministern sollte er aus 50 Mitgliedern bestehen, von denen die eine Hälfte durch den Staatsrath, die andere vom Volke, zunächst vom Unabhängigkeitsclub, zu wählen war; die Staatszeitung publicirte aber einfach die Namen der Leute, die ihm angehören sollten; davon waren 35 Mitglieder des Clubs der Lastträger und sonstige Personen, die notorisch im Solde der Hofpartei standen, und 15 Mitglieder des Unabhängigkeitsclubs; von den Letzteren nahmen die meisten die Ernennng nicht an. Als dann der Geheime Rath Vorschläge über die Zusammensetzung eines neuen Cabinets berieth, beging er den Fehler, als Ministercandidaten auch den Pak Yong hio aufzustellen, einen der Verschwörer vom Jahre 1884, der damals nach Japan entflohen war, 1895 durch japanischen Einfluß nach Korea zurück- und in´s Cabinet kam, aber des Hochverraths angeklagt wieder nach Japan flüchten mußte; wahrscheinlich war der Vorschlag von der Regierung selbst veranlaßt worden, um den Geheimen Rath in den Augen der Bevölkerung zu discreditiren; der Präsident des Geheimen Rathes weigerte sich den Namen des Pak dem Könige zu unterbreiten, und, als dann die „Nationalversammlung" ebenfalls für die Zurückberufung des Pak eintrat, gelang es der Regierungspartei, beim Volke den Verdacht zu verbreiten, das Ziel der ganzen Bewegung sei überhaupt nur die Rückberufung der nach Japan entkommenen Verschwörer; indem sich so die öffentliche Meinung gegen sie kehrte, verlor die Nationalversammlung ihren einzigen Rückhalt, und die Regierung konnte nun ohne Scheu fernere Zusammenkünfte überhaupt vereiteln.

Unter der Reaktion, der kein Hinderniß mehr im Wege stand, sind die Dinge in Korea wieder auf einen Standpunkt gekommen wie vor dem Kriege, in Hinblick auf den die japanische Regierung damals ihr Vorgehen mit der Erklärung zu rechtfertigen suchte, daß eine Reform der inneren Verwaltung zur Erhaltung nicht nur guter Beziehungen zwischen Japan und Korea, sondern überhaupt zur Aufrechterhaltung des Friedens in Ostasien erforderlich sei.

Die Verfassung des „geheimen Rathes" wurde Ende Mai dieses Jahres dahin abgeändert, daß die 50 Mitglieder nicht mehr je zur Hälfte vom Volk und vom Staatsrath gewählt, sondern daß 10 Mitglieder vom König direkt, 40 vom Präsidenten des Staatsrathes nach Genehmigung des Königs ernannt werden. Vom Präsidium sollte ursprünglich der Präsident vom König direkt ernannt, der Vizepräsident vom „Geheimen Rath" gewählt und vom König bestätigt werden; nach der jetzigen Ordnung hat der König sowohl den Präsidenten wie den Vizepräsidenten selbständig zu ernennen. Sitzungen des „Geheimen Rathes", die täglich abgehalten werden sollten, haben Monate lang nicht stattgefunden. Der König soll sich jetzt mit dem Gedanken tragen, die Mitgliederzahl zunächst auf die Hälfte zu reduciren, und das Institut in einiger Zeit gänzlich aufzuheben.

Auch den „Staatsrath" hat der König durchaus in der Hand. Das alte koreanische absolutistische Regierungssystem wurde im Jahre 1895 durch eine Cabinetsregierung in Form eines Staatsrathes ersetzt, wobei dem König kaum mehr als ein Sanctionirungsrecht zustand; in Folge der Ereignisse der letzten Monate desselben Jahres wandte sich aber die Stimmung gegen die neue Regierungsform, und der Staatsrath wurde im September 1896 neu constituirt; er behielt seine weitgehenden Aufgaben, die frühere Beschränkung der Königlichen Mitwirkung wurde aber durch die Bestimmung aufgehoben, daß der König jedem im Staatsrath gestellten Antrag, ohne Rücksicht auf den Ausfall der Abstimmung des Staatsraths, seine Genehmigung ertheilen und dadurch Gesetzeskraft verleihen kann. Der Staatsrath bestand aus einem Präsidenten, dem Minister des Inneren als Vizepräsidenten, 5 vom König ernannten Räthen und den sämmtlichen aktiven Staatsministern mit Ausnahme des Ministers des Königlichen Hauses; die somit noch verbleibende Trennung zwischen den Privatinteressen des Königlichen Hauses und den öffentlichen Interessen des Staates räumte der König vor einem Jahre dadurch hinweg, daß er dem Minister des Königlichen Hauses Sitz und Stimme im Staatsrath gab; zugleich vermehrte er die Zahl der Mitglieder durch Hinzufügung eines besonderen Vizepräsidenten.

In allen Reformbestrebungen hatte der König nichts weiter erkannt als einen Angriff auf seine unumschränkte Herrschergewalt, und das einzige Ziel, das er mit Ausdauer verfolgte, war die Wiederherstellung seiner alten despotischen Macht; mit der Entscheidung des Kampfes zu seinen Gunsten kehrten alle Übel, die früher schwer auf dem Lande lasteten, frei zurück.

Richterliche und polizeiliche Übergriffe, Nichtbeachtung und willkürliche Handhabung der Gesetze und eigenmächtige Verhaftungen auf bloße Verdächtigungen oder Anschuldigungen hin sind an der Tagesordnung; die Gefängnisse sind stark besetzt, denn die Verhafteten haben Monate lang auf ihr Verhör zu warten; das Urtheil richtet sich nach der Zahlungsfähigkeit oder dem Einfluß der Parteien; an Stelle des Eides tritt vielfach der Stock; die Folter, nominell abgeschafft, wird wieder in Anwendung gebracht, und dem Staatsrath hat ein Antrag seines Präsidenten, des höchsten Beamten im Lande, vorgelegen, sie auch gesetzlich wieder einzuführen und die Verbote über Bestrafung von Verwandten von Verbrechern und Einziehung ihrer Güter wieder rückgängig zu machen; es bedurfte einer Äußerung der fremden Vertreter, die bei Gelegenheit einer gemeinsamen Anwesenheit im Auswärtigen Amt Anfang vorigen Monats dem Minister des Äußeren gegenüber hervorhoben, welchen ungünstigen Eindruck eine solche Maßregel im Auslande hervorrufen würde, um den König zu veranlassen, die Aufschiebung der weiteren Discussion über die Frage im Staatsrath zu befehlen.

Während Brown und Alexieff Einfluß in der Finanzverwaltung hatten, waren stets Mittel für pünktliche Zahlung der Beamtengehälter und sonstige nothwendige Ausgaben vorhanden. Wenn, wie der Artikel in der Kölnischen Volkszeitung, der dem hohen Erlaß A. № 4 vom 1. Juni dieses Jahres beigeschlossen war, sagt, von russischer Seite Herrn Alexeieff das Verdienst zugeschrieben wird, daß er trotz der Erstattung eines großen Theils der japanischen Anleihe bei seinem Scheiden dem Finanzministerium noch einen Schatz von 1 1/2 Millionen Dollars habe zur Verfügung stellen können, so ist das insofern ungenau, als Herr Alexeieff bei seinem Scheiden nur 1 278 000$ abliefern konnte, die Zahlung an Japan unter der Verwaltung des Herrn Brown geschehen war, und bei Brown's Ausscheiden aus dem Ministerium im Schatze 806 000$ vorhanden waren, zu denen bis zum Ausscheiden von Alexeieff Mitte März noch ca. 700 000 $ an Steuern eingingen, die auch ohne einen Wechsel in der Person des Finanzbeirathes eingegangen wären; das Verdienst an der damaligen günstigen Finanzlage gebührt in erster Linie Herrn Brown, und im Hinblick auf die Interessen Koreas war die Verdrängung des Herrn Brown ein schwerer Fehler, umso schwerer, als sie die Veranlassung wurde, daß das ganze Finanzwesen wieder unter koreanische Leitung zurückfiel. Solange die Finanzcontrolle ausgeübt wurde und alle Ausgaben erst geprüft und durch Beläge nachgewiesen werden mußten, wurden Gehälter nur für die gesetzlich bestimmte Anzahl von Beamten ausgezahlt; seit dem Aufhören dieser Controle sieht jeder Minister in seinem Ressort eine Versorgungsanstalt für seine Verwandten und Freunde, und für alle die so angestellten überflüssigen Gehilfen und Schreiber fließen die Gelder aus der Staatskasse.

Mit den Beamtenstellen in den Provinzen treibt der Hof einen schamlosen Schacher; die erste Bedingung für Erlangung einer Anstellung ist hohe Verwandtschaft oder Bekanntschaft mit einer einflußreichen Person bei Hofe; werden die Posten dann nicht als Gegenleistung für sonstige Verdienste verliehen, so muß gezahlt werden, entweder für die Empfehlung oder für die Anstellung. Der „Gouverneur" kostet nicht unter 20 000 $, der „Distriktsvorsteher" 1 500 - 4 000$; der Gouverneur wird auf ein Jahr ernannt, und bezieht ein Jahresgehalt von 2 000$; der Distriktsvorsteher, für 40 Monate angestellt, 600 - 1 000$ pro an № Die Ernannten müssen nun suchen das Anlegekapital mit Zinsen wieder herauszuschlagen und zwar so schnell als möglich, denn die Regel ist, daß sie nicht die volle Zeit im Genusse ihrer Stellung bleiben; sie werden entlassen, sobald sich ein anderer zahlungsfähiger Interessent für den Posten findet. Das Land ist in 337 Distrikte, jeder unter 1 Vorsteher, eingetheilt; während der letzten 6 Monate sind 234

Neubesetzungen erfolgt. Dieser schnelle Wechsel war schon früher Mode, vor dem Kriege, und hat zwar das Geschäft etwas in Mißcredit gebracht, insofern aber wohlthätig gewirkt, als die Preise heruntergegangen sind; vor dem Kriege wurden für den Distriktsvorsteher 5-10 000$ gezahlt, für den Gouverneur 40-100 000$. Die Liste der anzustellenden Beamten stellt der Minister des Inneren auf; wer einen Candidaten vorräthig hat, wendet sich an ihn; nachdem die Liste im Staatsrath vorgelegen hat und mit den Unterschriften mehrerer Mitglieder versehen worden ist, geht sie an den König, der über die Anstellungen verfügt; er muß also die Mißwirthschaft ganz genau kennen. Nach einer japanischen Schätzung sollen die jährlich ungesetzmäßiger Weise erhobenen Beträge die legalen um die Hälfte übersteigen, so daß von allen Erhebungen 3/5 durch die Beamten gestohlen würden. Bei dieser Ausbeutung herrscht unter den niederen Classen eine unglaubliche Armuth. Der Mangel an Sicherheit bei solchen Zuständen lähmt den Unternehmungsgeist und ist der Verwirklichung von commerciellen und industriellen Plänen nicht günstig.

Mit Ausnahme des Ministers des Königlichen Hauses sind die Minister, die sich im Cabinet ablösen, willenlose Werkzeuge, bloße Scheinwesen, die selten Einluß auf die Regierung oder den König haben; schon der häufige Wechsel verhindert sie an Erfolgen; wer gestern Kriegsminister war, hat heute als Finanzminister und morgen als Unterrichtsminister zu fungiren oder vereint zwei bis drei Portefeuilles auf einmal in seiner Hand; Verbesserungen in ihren Ressorts durchzuführen, gehen ihnen alle Fachkenntnisse und praktischen Erfahrungen ab und fehlt es ihnen an redlichen und genügend ausgebildeten Beamten. Der Argwohn des Königs umgiebt sie in den Personen der Vizeminister mit Spionen, die sie überwachen, ebenso wie sie es mit ihren Collegen unter einander aus Mißtrauen und Eifersucht zu thun gewöhnt sind; keiner wagt es selbständig etwas in die Hand zu nehmen oder an bestehenden Zuständen etwas zu ändern. Durch Weisungen aus dem Palast werden ihre Thätigkeit beeinträchtigt und ihre Anordnungen hintertrieben. In den Rahmen der officiellen Aufgaben des Finanzministers z. B. gehört die Collectirung der Abgaben und Steuern des ganzen Landes und die Controlle des Münzwesens; durch das Ministerium des Königlichen Hauses sind die Distriktsvorsteher angewiesen, die Abgaben direkt an dieses zu schicken. Dem Ministerium für Handel, Landwirthschaft und öffentliche Arbeiten unterstehen officiell die Minen im Land; der König hat einen seiner Günstlinge zum Direktor der Minen und des Münzwesens des ganzen Landes gemacht, von dem alle darauf bezüglichen Bestimmungen auszugehen haben. Den fremden Vertretern hatte die Regierung durch das Auswärtige Amt ihre Bereitwilligkeit, die Stadt Pingyang als Marktplatz zu eröffnen, mittheilen lassen; das Ministerium des Königlichen Hauses erklärte aber alles Land in Pingyang und 2 1/2 km im Umkreise für Eigenthum des Königs, auf dem für eine Niederlassung der Fremden kein Platz sei. In ähnlicher Weise müssen sich alle Fachminister willkürliche Eingriffe gefallen lassen, bleiben aber bei Conflicten verantwortlich. Männer von Charakter und Thätigkeitstrieb, die eigene Ansichten haben und nicht blindlings zu gehorchen gewillt sind, taugen hier nicht zu Ministern und können sich im öffentlichen Dienste nicht behaupten.

Der König selber - im Harem erzogen, auf seinen künftigen Beruf durch das Studium der chinesischen Classiker und durch Eunuchen vorbereitet, von seiner Thronbesteigung an von Schmeichlern und Intriguanten umgeben und von dem eigenen Vater gefaßt und verfolgt, wiederholt in Gefahr des Thrones beraubt zu werden, wogegen ihn nur fremde Hilfe schützte; durch die Eröffnung des Verkehrs mit den Fremden ganz neuen Fragen und Einflüssen gegenübergestellt; plötzlich des Haltes, den er an China hatte, beraubt und zum unabhängigen, mit dem Kaiser von China gleichberechtigten Herrscher erklärt, um gleich darauf von seinen Befreiern geknechtet und zum Zeugen der ärgsten Greuel gemacht zu werden - ist hervorragender geistiger Fähigkeiten bar, schwach von Willen, unentschlossen und ohne Beharrlichkeit, mißtrauisch und in steter Furcht vor Verschwörungen; er hat sich kaum je wohler gefühlt als während der Zeit, die er in der russischen Gesandtschaft unter dem Schutze russischen Militärs zubrachte; seinen eigenen Truppen traut er so wenig, daß er im vorigen Jahre sich eine Leibwache aus Fremden bildete, die er allerdings, noch bevor sie ihre Dienste antreten konnte, wieder entfernen mußte; freilich, innerhalb der letzten 3 Jahre sollen mehr als ein Dutzend auf den Sturz des Königs gerichtete Verschwörungen entdeckt worden sein. Von keinem Verständniß für die Forderungen der Zeit, ohne Menschenkenntniß, durch Erfahrungen nicht belehrt und ohne das Vermögen, die Mittel und Motive der Personen, die sich um ihn drängen, ernstlich zu prüfen, verfällt er ohne Widerstand den unlauteren Einflüssen von Heuchlern und Schmeichlern und Leuten des verworfensten Schlages, wenn sie nur verstehen sich in sein Vertrauen hineinzustehlen, und mit jeder neuen Person, die ihn umgarnt, ändert er, unfähig oder nicht gewöhnt, sich selbständig Urtheile zu bilden, Ziele und Ansichten. Nie fehlschlagende Mittel in seiner Schätzung emporzukommen, sind die Eröffnung der Aussicht, die in Japan als politische Flüchtlinge lebenden koreanischen Verschwörer, an denen Rache zu nehmen einer seiner heißesten Wünsche ist, in seine Gewalt zu bringen, oder die Versicherung, Kenntniß von einer im Werke befindlichen Verschwörung zu besitzen und über die Mittel zu verfügen, sie zu hintertreiben. In den Händen dieser die ständige Umgebung des Königs bildenden Vertrauensleute, deren Einfluß Beamte, die ihre Stellung nicht verlieren wollen, suchen und ihnen blindlings gehorchen, liegt es auch, die Grenzen zu bestimmen, bis zu denen der König über Vorgänge im Lande und in der Regierung unterrichtet werden soll, resp. in welchem Lichte ihm die Ereignisse dargestellt werden sollen; da die Verlogenheit seiner Umgebung kein Maß kennt, so ist der König über wenig Gegenstände von Bedeutung genau informirt. Zweck- und sinnlos, wie das Treiben dieser Kamarilla erscheint, hat es doch einen festen Punkt: die Wahrung des eigenen Vortheils. Alle Unternehmungen, die von der Regierung in die Wege geleitet werden, dienen nur dazu, einigen dieser Machthaber die Taschen zu füllen; sobald sie keine ihnen ergiebigen Objekte mehr bilden, läßt man sie verwahrlosen. Da an dem Wirken dieser Höflinge alle Versuche, Verbesserungen in der Regierung einzuführen, scheitern, ist an eine Heilung der Schäden nicht zu denken, solange nicht eine Einwirkung des Palastes auf die Regierung ausgeschlossen ist; eine derartige Ausschließung ist aber nur unter Zwang von außen zu erwarten.

Es bedurfte eines Volkes, so gemüthig und geduldig, träge und aus Feigheit friedliebend, wie die Koreaner, das durch Jahrhunderte lange Bedrückungen alle männlichen Eigenschaften verloren zu haben scheint, daß eine solche Wirthschaft längere Zeit hat fortbestehen können; vereinzelte Ausbrüche der Volkswuth gelingt es den europäisch bewaffneten Soldaten und Polizisten meist bald zu unterdrücken; die innere Lage aber muß immer schwieriger werden. Die Überzeugung ist im Lande noch wenig erschüttert, daß nur die Schlechtigkeit der Beamten in den Provinzen, fern von den Augen des Königs und der Regierung in Söul, an den Bedrückungen Schuld ist und der König sobald er von der Noth erfährt, Abhilfe schaffen wird und kann. Der Erhaltung dieser Unbefangenheit sind die gewaltige Menge neuer Ideen, die namentlich mit den letzten, von den Japanern versuchten radikalen Reformen in´s Land gekommen sind, und die Agitation des Unabhängigkeitsclubs, die die Gründung von Zeitungen in koreanischer Sprache hervorgerufen hat, die dem Volke allgemein verständlich und bemüht sind, ihm die Augen zu öffnen darüber, wie es um die Regierung steht, nicht günstig gewesen, und geht sie erst verloren, so muß die jetzt noch behauptete Herrschaft des Königs an den Folgen des eigenen Systems zu Grunde gehen.

In der friedlichen Eroberung des Landes machen die Japaner immer mehr Fortschritte. Zeitungsnachrichten zufolge sind die Beschränkungen in der Auswanderung nach Korea, die nach den Bombenattentaten in Söul im vorigen Juni die japanische Regierung für ihre Unterthanen festsetzte, wieder aufgehoben worden und jeder Dampfer bringt neuen Zuzug; in Korea leben jetzt bereits 16-18 00 Japaner und ihre Zahl nimmt schnell zu. In ihren Händen liegt fast der ganze innere Handel und, wo immer sie sich niederlassen, verdrängen sie die koreanischen Kaufleute vollständig; mit Ausnahme von Chemulpo dominiren sie geschäftlich in sämmtlichen geöffneten Plätzen; das Grundeigenthum in den Häfen ist zum großen Theil japanisch; den Schiffsverkehr mit dem Auslande vermitteln vorzugsweise japanische Schiffe; an dem Betrieb der Fischerei in den koreanischen Gewässern sind sie in erster Linie betheiligt; das koreanische Geld verschwindet im Verkehr vollständig neben dem japanischen; die wichtigen Eisenbahnlinien von Fusan nach Söul und von Chemulpo nach Söul sind in japanischen Händen. Daß unter diesen Umständen der Anstoß eine Änderung der koreanischen Regierung mit Gewalt herbeizuführen von Japan ausgehen sollte, ist nicht wahrscheinlich; das aber ist sicher, daß sich die Japaner als die zukünftigen Herren von ganz Korea betrachten und daß sie ihre Hoffnungen in dieser Richtung freiwillig nicht aufgeben werden.

Reinsdorf.

Inhalt: Zur Lage in Korea.

[   ]

PAAA_RZ201-018927_288

Empfänger	[o. A.]		Absender	Derenthall
A. 12728 pr. 29. Oktober 1899. a. m.			[o. A.]	

Auszug.

A. 12728 pr. 29. Oktober 1899. a. m.

Der japanischer Gesandte, der mich soeben besuchte, theilte mir mit, nach einem ihm gestern zugegangenen Telegramm seiner Regierung sei diese durch den langen Besuch des Russischen Ministers der auswärtigen Angelegenheiten in Paris beunruhigt. Sie bringe diesen Besuch mit dem Kriege in Südafrika in Verbindung u. besorge, daß letzter Veränderungen in der Politik der Europäischen Mächte im Osten zur Folge haben könne. Zeitungsgerüchten zufolge solle insbesondere Rußland sich des Hafens von Fusan in Korea u. einer in dessen Nähe gelegenen Inseln bemächtigen wollen.

gez. v. Derenthall. 28. 10.

orig. i. a. Afrika gen. 13 № 2.

Rußland in Korea.

PAAA_RZ201-018927_289 ff.			
Empfänger	Fürst zu Hohenlohe - Schillingsfürst	Absender	Leyden
A. 12936 pr. 3. November 1899. a. m.		Tokio, den 2. October 1899.	

A. 12936 pr. 3. November 1899. a. m.

Tokio, den 2. October 1899.

A. 124.

An Seine Durchlaucht

den Herrn Reichskanzler

Fürsten zu Hohenlohe - Schillingsfürst.

Die vielfachen kleinen Reibungen zwischen Japan und Rußland in Korea sind durch die, wie es scheint, schon vor drei Jahren erfolgte Verpachtung der waldreichen kleinen Insel Ulneung an russische Händler vermehrt worden.

Nach japanischer Darstellung war es in früheren Zeiten zweifelhaft, ob die Insel zu Japan oder Korea gehörte, bis im Jahre 1867 das letztere Land die Souveränitätsrechte über dieselbe zugestanden erhielt. Trotzdem haben die Bewohner der umliegenden japanischen Inseln ihre frühere Raubwirthschaft dort fortgesetzt, ohne von den Koreanischen Behörden behelligt zu werden.

Mit der Verpachtung an Rußland, scheint die Verpflichtung russischer seits verknüpft zu sein, neue Anpflanzungen in den entwaldeten Stellen vorzunehmen, und unter diesem Vorwande werden die Japaner jetzt von der Insel verjagt oder bei der Landung zurückgewiesen. Der wirkliche Grund dürfte mehr in dem Steigen der Holzpreise seit dem Bau der sibirischen Bahn als in der Fürsorge für den Holz-Reichtum Ulneung's zu finden sein.

Ein Theil der japanischen Presse pocht auf die vermeintlichen alten Rechte und verlangt ein entsprechendes Zugeständniß seitens Korea's als Entgelt für die Verpachtung der Insel und die dadurch verursachte Schädigung japanischer Interessen.

Thatsächlich ist es aber das Erscheinen russischer Ansprüche so nahe der japanischen Küste, welches auch in weniger chauvinistischen Kreisen Verstimmung erregt.

Graf Leyden.

Inhalt: Rußland in Korea.

Japanische Preßstimmen über die deutsch-koreanischen Beziehungen.

PAAA_RZ201-018927_293 ff.

Empfänger	Fürst zu Hohenlohe - Schillingsfürst	Absender	Leyden
A. 12938 pr. 3. November 1899. a. m.		Tokio, den 5. October 1899.	

A. 12938 pr. 3. November 1899. a. m.

Tokio, den 5. October 1899.

A. 126.

An Seine Durchlaucht

den Herrn Reichskanzler

Fürsten zu Hohenlohe - Schillingsfürst.

Ein gestern hier eingetroffenes Preßtelegramm aus Söul brachte die sensationelle Nachricht, daß die dortigen Vertreter der verschiedenen Mächte unter dem Widerspruch des japanischen Gesandten von der Koreanischen Regierung die Abgrenzung bestimmter Interessensphären verlangt hätten, innerhalb deren immer nur einem Staate Bergwerks-Concessionen ertheilt werden sollten. Obwohl der Mangel jeder offiziellen Meldung bisher die Glaubwürdigkeit der Nachricht in hohem Grade zweifelhaft erscheinen läßt, hat dieselbe doch genügt, einen großen Theil der hauptstädtischen Preße zu erregten Äußerungen zu veranlassen, welche auf's Neue die in dieser Richtung hier bestehende hochgradige Empfindlichkeit bekunden. Charakteristisch ist dabei, daß gerade das dem Yamagata-Kabinet nahestehende Organ, die Keikwa Nippo, sich am unumwundensten äußert. Die Zeitung schreibt einem derartigen Versuch der Herstellung eines Protektorats der Mächte über Korea, den sie bei dem gegen Japans dort stetig fortschreitende Interessenentwickelung herrschenden Neid für gar nicht unwahrscheinlich halte, die Bedeutung einer völligen Veränderung der politischen Lage in Ostasien zu. Japan, das die Selbstständigkeit Korea's begründet und mit Opfern an Geld und Blut aufrecht erhalten habe, besitze beträchtlichere Interessen dort als irgend eine andere Macht und sei daher berechtigt, in erster Linie mitzureden. Nachdem Japan sich mit Rußland über Korea verständigt habe, sei es unbegreiflich, wie die andern Mächte jetzt plötzlich mit einem derartigen Vorschlag hervortreten könnten. Die Zeitung vermuthet, daß der Anstifter Deutschland sei, das sich jetzt allenthalben in Ostasien auszudehnen bestrebe. Schließlich wird der angebliche Protest des japanischen Gesandten gebilligt und erklärt, daß dieser

Standpunkt mit aller Entschiedenheit und bis zum Äußersten festgehalten werden müsse.

Auch andere Blätter nehmen es als ausgemacht an, daß Deutschland, wie einige meinen, auf Einflüsterungen Rußlands hin, in der Sache die Initiative ergriffen habe.

Graf Leyden.

Inhalt: Japanische Preßstimmen über die deutsch-koreanischen Beziehungen.

Berlin, den 6. November 1899.

zu A. 12936.

An

die Botschaft in

1. St. Petersburg № 582.

J. № 9300.

Euerer pp. übersende ich anbei ergebenst Abschrift eines Berichts des K. Gesandten in Tokio vom 2. v. Mts., betreffend die Verpachtung der koreanischen Insel Ulneung an russische Händler,

zu Ihrer gefl. Information.

N. S. E.

i. m.

[   ]

PAAA_RZ201-018927_299 f.

Empfänger	Auswärtiges Amt in Berlin	Absender	Hatzfeldt
A. 13265 pr. 10. November 1899. p. m.		London, den 9. November 1899.	
Memo	Tel i. Z. 11. 11. Söul 1. Privat.		

A. 13265 pr. 10. November 1899. p. m.

Telegramm.

London, den 9. November 1899. 2 Uhr 3 Min. p. m.
Ankunft: 4 Uhr 40 Min. p. m.

Der K. Botschafter an Auswärtiges Amt.

Entzifferung.

№ -.

Wie ich höre, reibt man sich im Colonial Office und Foreign Office die Hände in der angeblichen Hoffnung auf baldigen Konflikt zwischen Japan und Rußland in Korea. In den bezüglichen Kreisen wird angenommen, daß Japan im Hinblick auf Konflikt bereits mobilisirt. Freiherr von Eckhardtstein glaubt, daß einzelne Äußerungen Chamberlain´s ihm gegenüber so auszulegen sind, daß man hier das fragliche Vorgehen Japans begünstigt und vielleicht sogar finanzielle Hülfe in Aussicht gestellt hat. Er wird noch genauere Nachforschungen anstellen und mir Ergebniß mittheilen.

Hatzfeldt.

Berlin, den 11. November 1899.

A. 13265.

German Consul
Seoul № 1.

cfr. A 13432

Sr. E. Hr W. G. R. v. Holstein

J. № 9413.

Haben Sie Anhalt, daß zwischen Japan und Rußland in Korea Konflikt bevorsteht? Ist japanische Haltung gegenüber Rußland dort neuerdings besonders aggressiv? Wie stellt sich Ihr englischer Kollege dabei? Kurze Drahtantwort!

N. S. E.

[   ]

PAAA_RZ201-018927_302

Empfänger	Auswärtiges Amt in Berlin	Absender	Reinsdorff
A. 13432 pr. 14. November 1899. a. m.		Seoul, den 13. November 1899.	
Memo	Erl. i. Z. 15. 11. London 774. Antwort auf Tel. № 1.		

A. 13432 pr. 14. November 1899. a. m.

Telegramm.

Seoul, den 13. November 1899.　7 Uhr 10 Min. N. m.
Ankunft: 14. 11.　12 Uhr 20 Min. V. m.

Der K. Dolmetscher an Auswärtiges Amt.

Entzifferung.

№ -.

Erste und zweite Frage nein dritte neutral.

Reinsdorff.

Rußland und Japan in Korea.

PAAA_RZ201-018927_303 ff.			
Empfänger	Fürst zu Hohenlohe - Schillingsfürst	Absender	Matzstett
A. 13434 pr. 14. November 1899. a. m.		London, den 12. November 1899.	

A. 13434 pr. 14. November 1899. a. m. 2 Anl.

London, den 12. November 1899.

№ 891.

An Seine Durchlaucht

den Herrn Reichskanzler

Fürsten zu Hohenlohe - Schillingsfürst.

Anknüpfend an eine ihr aus Söul zugegangene Correspondenz sagt die Times, jeder Kenner der Verhältnisse im fernen Osten müsse einen Conflict zwischen Japan und Rußland wegen Korea's in den Bereich der Möglichkeit ziehen.

Im übrigen kann man den Artikel trotz einiger Worte des Bedauerns, daß durch einen eventuellen Krieg die handelspolitische Entwickelung des fernen Ostens in Mitleidenschaft gezogen werden würde und trotz der an Japan gerichteten Warnung, sich nicht zu übereilten Schritten hinreißen zu lassen, nicht als für die Japaner entmuthigend bezeichnen. Japan, so heißt es darin, hege seit der Intervention im chinesischen Kriege einen berechtigten Groll gegen Rußland, und wenn es sich heute durch den wachsenden russischen Einfluß in Korea in einer Lebensfrage bedroht glaube, so sei es gegebenen Falls sogar verpflichtet, mit Hintansetzung anderer Interessen diesem Gegner entgegenzutreten und namentlich nicht zu warten, bis dieser durch Fertigstellung seines ostasiatischen Eisenbahnsystems seine Position noch weiter verbessert und befestigt habe.

Die betreffende Correspondenz und der darauf bezügliche Leitartikel sind im Ausschnitt beigefügt.

Matzstett.

Inhalt: № 891. London, den 12. November 1899. Rußland und Japan in Korea.

Anl. I.

THE TIMES, SATURDAY, NOVEMBER 11, 1899.
KOREA, JAPAN, AND RUSSIA.
(FROM A CORRESPONDET.)

SEOUL, KOREA, SEPT. 23.

A typhoon may be described as an "annular" storm moving like a hoop at a tremendous rate of speed. A ship passing directly through a typhoon finds the wind blowing first from one direction and then from another, but before if finishes the vessel has had it from all directions. It is a curious thing that at the very centre of the "hoop" it is almost a dead calm, only the violent agitation of the water and the preternatural lowering of the barometer indicating that the vessel is within the ring of storm.

Well, Korea is the centre of the great agitation that is going on in the Far East, and like the centre of the typhoon it is a dead calm. A word is necessary in confirmation of this opinion. The great struggle that is preparing in this part of the world is not merely, if at all, and Anglo-Russian one. We may safely affirm that Japan has a more vital interest in the problem that even England has, for, while Chinese trade in particular and the Far Eastern trade as a whole is but a fraction of England's market, it is the whole of Japan's. Of course Japan sends more or less of her manufactured products to the United States, but as prices rise in Japan, as they are doing and must inevitably continue to do, and as Japan becomes more and more an industrial Power and her land becomes more and more taken up with the production of raw material for her factories, she will drop much of her tea trade with the United States and will apply herself more strictly to supplying the markets of China, Korea, and other countries nearer home. In other words, no one requires an open door in Eastern Asia more than Japan does; indeed, no one requires it so much.

Now, it has seemed plain to many living in these countries that Korea lies at the bottom of the question whether Russia shall eventually drive Japan out of the markets of the mainland or not. If Russia becomes thoroughly intrenched in Korea, she will be in a position to watch every line of Japanese communication with the continent, and will form a menace even to Japanese autonomy which the ambitions of that small but hardy people can ill brook. If, on the other hand, Japan should control the peninsula, she would have a vantage ground in the Yellow Sea which even the possession of Port Arthur does not give the Russians. The magnificent harbours on the western coast of Korea are unmatched anywhere in the Far East. Just lately an eminent English naval officer expressed the opinion that the port of Ma-sam-po, on the southern coast, is unmatched in the world, not excepting even Sydney, San Francisco, Rio Janeiro, or Hong-kong.

It is a common impression among foreigners in the Far East that this question of the disposal of the peninsula of Korea must precede any settlement of the great Chinese problem; and the reason for such an opinion is not far to seek. Japan, being vitally interested in the disposal of China, must first of all be sure of the position of Korea, and if the Chinese matter is forced to the front first Japan will be compelled to hurry the decision of the Korean question even to the extent of cutting the "gordian knot" and stepping in herself. In fine, Japan could not pass by an ungarrisoned and unwatched Korea and interest herself in the dismemberment of China. It has been somewhere intimated that in that grand feast, at which China is to be the **pièce de résistance**, Japan will be offered Korea as her share. Well, it may be so, but it is hard to believe. Russia would rather let Japan have a very generous slice of China than the little peninsula of Korea. It is not to be supposed that Russia would care to share the donation of the Yellow Sea with a Power which is intrinsically inimical to her, especially when that Power bids fair to become a first-rate naval Power. On the other hand, it is not to be thought of that Japan would accept any portion of China proper in lieu of this peninsula, which she needs not less for commercial reasons than for strategic ones.

It thus appears that the vital interest which both Japan and Russia have in Korea complicates the problem and renders a peaceful solution of it more than problematical.

As compared with either the Chinese, Russians, or Japanese, the Koreans are a decadent race. It is true that a long course of education and training might set them on their feet again, but it is to be doubted whether, in the wear and tear of conflicting interests, any one of the Powers will be willing to become her tutor. Altruism is not one of the prominent characteristics of any of these rival Empires, and it is easy to believe that any one of them would demand heavy tuition fees.

Thus it is that conflicting interests and ambitions surge about this little country while to all outward appearances she is quite at peace. It is by looking at the political barometer alone that we can discover that she is at the centre of a typhoon.

There can be little doubt that the property of inertia belongs as much to peoples as it does to matter. And the greater the mass the greater the inertia. China has been open to outside influences for the better part of a century while little Korea has had only two decades of intercourse with the world at large. Yet we find that in the matter of innovations the Koreans are forging ahead of their whilom patron-China. An electric tramway of most approved American pattern is being operated in the streets of Seoul, and by the crowds that patronize it there seems little fear that it will not prove a success. The traffic has been so great the service has been doubled and cars run with twice the frequency that they did at first.

But a matter of far greater importance to Korea is the completion of the railroad between Seoul and its seaport Chemulpho. This road is only 26 miles long, and yet it means to Korea as much as 1,000 miles would to some countries. For the Koreans are, like the Chinese and Japanese, quite open to conviction through the teaching of an object-lesson like this. The difficulty always has been to complete the first lesson so as to give them an opportunity of examining and testing it. The Korean now finds that, in spite of the enormous cost of building this road, he can travel from the capital to the port in one hour and 20 minutes, whereas it took seven hours before; that it costs him 33 cents whereas it cost him two dollars before; that he is quite independent of weather, whereas before there were seasons in the year when it was practically impossible to get to the port by land. And at the best of times it was an arduous not to say dangerous trip.

This line was begun about three years ago by an American firm, but as the work progressed it was found advisable to dispose of it to a Japanese company, not because it did not bid fair to be a financial success, but because the Japanese are far more interested in the development of Korea than any other people, not even excepting the Koreans themselves. It is the natural and legitimate field of Japanese enterprise so long as the integrity of the Korean empire is preserved intact. Any attempt at the life of Korea would be a direct menace to Japan, and for this reason alone Japan and Korea are united in a common destiny.

To say that the road is entirely finished would be a little wide of the truth, for it has as yet been completed only to the Han river, which flows across its course at a distance of three miles from the capital. This river forms the one great engineering difficulty of the whole line. Like so many rivers of the Far East it is subject to an annual overflow which is quite out of proportion to its ordinary size. Opposite the capital it is usually about 200yds. wide, but during the rainy season in July and August it is frequently four miles wide. The rise is sometimes 20ft. or 25ft. This river is to be spanned by a substantial bridge of which the estimated cost is a million dollars. It is still in an unfinished state, but it is hoped that a few months will make it possible to take the train directly from the south gate of Seoul.

The methods of reaching Seoul have been hitherto the most primitive possible. The roads were too rough even for a jinrikisha; the streams were mostly unbridged; and, on the whole there was practically nothing but a bridle-path. To take the boats that ply up the river was to put oneself at the mercy of racing tides, shifting mudbanks, and all the unknown dangers of uninspected Japanese steam craft. A short time ago one of these launches struck a mudbank, capsized, and threw the whole crew and passengers into the water, and 17 of the passengers were drowned.

This road is built entirely of American materials and the rolling stock is also from that country, adapted in some ways for the needs of Koreans. There has been some speculation as to whether this road will pay or not. Of course, financial success is the only kind that would have satisfied the American company that began the road, but it is not difficult to believe that dividends are not the sole aim of the Japanese in acquiring the road. However that may be, there is little reason to doubt that it will be a financial success. The constant and heavy travel between the two points and the large amount of material that is transported together warrant the belief that it will pay.

As is well known, the Japanese have acquired the rights to build a line from Seoul to Fusan on the southern coast, a distance of 300 miles. This will be an important factor in the working out of the problem of the future of Korea. It will open up to commerce the richest portion of the peninsula and will give an avenue for the entrance of foreign products which at present are found in any considerable quantity only near the open ports. Japan evidently looks upon Korea as the natural market for her surplus manufactures as well as a source from which to draw food-stuffs and raw material. Such being the case she has no desire to absorb Korea politically, so long as political conditions in the peninsula do not embarrass her in utilizing the abovementioned advantages. But on the other hand she cannot afford to see any other Power obtain such predominance in the peninsula as would endanger the working out of her policy. In other words, Japan wants to see in Korea what she also wants to see in China-namely, the preservation of political autonomy.

The building of railways in Korea and the consequent enormous outlay of money presupposes a determination to defend them against all comers, and in this way we are given a little insight into the policy of Japan in Korea.

THE FAR EAST.
(FROM OUR CORRESPONDENT)

There is every indication of increasing friction in the north between Russia and Japan, the activity of the latter in Korea and the Peking provinces resulting in a marked predominance, which is fully recognized by native and Russian officials.

Prince Konoye has been received by the Viceroys of Canton, Wu-chang, and Nanking with every mark of honour. M. Kato, the Japanese Minister to England, lately visited Peking with Consul-General Odagiri. Both minsters are regarded as having increased

Japan's political ascendency.

THE TIMES, SATURDAY, NOVEMBER 11, 1899.

In spite of the preoccupations of the crisis in South Africa the people of this country cannot be indifferent to the development of events in the Far East. The telegram which we publish to-day from our Shanghai Correspondent adds another to the many signs that there also the situation is again becoming critical. The relations between Japan and Russia, which have been strained ever since the interference of the Continental Powers to wrest from Japan the fruits of her victory over China, have not improved. Indeed, at the present time those who are best acquainted with the Far East incline to the opinion that a rupture between the rival States, in the first instance, perhaps, on the battle-ground of Korea, but undoubtedly with a view to larger objects, is well within the range of probabilities. We publish this morning a letter from a resident at the Korean capital which has an important bearing on the subject. That the future of Korea and the struggle for influence in that kingdom are sufficient to furnish a whole crop of pretexts for conflict can hardly be called in question. At the same time the history of the Great Powers of Europe during the past 20 years affords practical proof that, in spite of enormous and threatening armaments, of competitive and inextinguishable ambitions, and of bitter memories of disappointment and defeat, prudence is able to prevent, or, at all events, to postpone for a long time, a resort to the arbitrament of the sword. This country could not but deplore any precipitate action that should needlessly disturb the peace of the Far East, for the preservation of which we have made sufficiently heavy sacrifices during the last few years. But there are, unfortunately, occasions when nations deem prompt action more prudent than delay in the face of the preparations of a rival superior in its reserves of strength, though not immediately ready to employ them. If the Japanese are convinced, as our Correspondent who writes from Seoul believes them to be, that to allow Russia to absorb the Korean Peninsula, or to establish her ascendency in Northern China, would be not only strategically and politically, but commercially, a deadly menace to their rapidly-developing strength, they may not see any cogent reasons why they should wait till the European centres of TSAR's dominions have been connected by railway with the latest acquisitions on the Pacific and the expected additions to them. By the vigorous and persistent efforts which they have made since the conclusion of peace with China to strengthen their navy, they have now attained a position that, as they believe, would enable them to challenge successfully the power of Russia on the seas, while for some time to come, until railway transportation is available for the rapid conveyance of large masses of men, Russia will not be able to make full use of her superiority of military force.

It must always be remembered that the Japanese are, not unnaturally, resentful of the part which Russia played at the close of the war with China, when her diplomatic intervention, carrying with it the two other leading Continental Powers, snatched away from Japan the advantages she felt she had fairly won. In those days Japan was not prepared to encounter the European combination arrayed against her, and, accepting the advice of the British Government, she bowed to necessity. She has bided her time and consolidated her strength. She has created a formidable navy far surpassing that which overthrew China on the seas. The enormous strides she has made in the development of her material resources are strikingly illustrated by the growth of her foreign trade. With a population of only forty millions, the imports and exports of Japan, as Mr. HOLT HALLETT points out, have already outstripped those of China with her four hundred million inhabitants. The Japanese finances are in a very creditable state, and taxation is still so light that a much larger revenue might be obtained from the people without any serious increase of their burdens. The duty upon *sake*, the spirit in general use, is only 7 1/4d. per gallon, even after the late increase, while the land tax might be doubled without falling as heavily on the cultivators, taking into account the increase of national wealth, as that originally imposed after the Restoration of 1873. The country has borne with ease the extraordinary charges for the increase of armaments, amounting to 22 millions sterling for the navy and 10 millions for the army, while the regular departmental estimates for the two departments, which were 1 3/4 millions before the war, are now 5 ¼ millions. The larger part, however, of the extraordinary expenditure was taken from the Chinese indemnity. Japan is in a strong and a solvent position. It is true the programme of naval construction and military reorganization which she started after the war has not yet been completed, but by far the greater part of the work, about four-fifths of the whole, will be finished by the end of the current financial year. If she believes that her interests are seriously menaced either in China or in Korea, she is probably capable of asserting her rights, while the Power whoso advance she regards with not unjustifiable alarm is still crippled by distance and naval inferiority.

Japanese statesmen have shown so much prudence in the past that they are not likely to abandon prematurely the safer methods of pacific action. But it is important to observe that Japan, while steadily increasing her influence in China, has lately regained the influence in Korea which she lost by the mistakes of her representatives about three years and a half ago, and which Russia has scarcely ventured to dispute with her during the past fourteen months. It may seem to Japanese statesmen an urgent and vital matter to secure what she has won, without waiting for a change in the conditions of the problem. It appears that the Japanese, like ourselves, want primarily an open door for their commerce both in Korea and in China. They seek for a firm footing in the former country and for a legitimate share of influence in the latter because, if Northern China or even the Korean peninsula, with its magnificent harbours, passes under the dominion of Russia after she has completed her railway connexions with Manchuria and the Pacific coast, not only the trade but even the whole position of Japan throughout Eastern Asia may be imperilled. On the other hand it is argued, with much force, that if Japan "should control the peninsula she would have a vantage-ground in the Yellow Sea which even the possession of Port Arthur does not give to Russia." It is unlikely that Japan would care to surrender her claim to establish herself in such a position as this for the offer of a "slice" of a dismembered China. Territorial acquisitions on the mainland are of less importance to her than security that she shall not be driven out of the Chinese market under pressure from Russia intrenched under the Great Wall or in the Korean ports and building up a naval dominion in the Yellow Sea. The paramount object of Japanese policy is, like ours, to restore vitality to the Chinese Empire rather than to hasten its disintegration, and we are by no means prepared to contend that it can only be achieved in antagonism to Russia. But, in so far as Japan pursues that object by legitimate means, wo see no reason to grudge her her success in trade or her power at sea, though we trust that she may never require to make other than a pacific display of the latter for the protection of the former.

Berlin, den 15. November 1899.

An
Botschafter
London № 774.

J. № 9545.

Postziffern.

Der Kais. Konsulatsverweser in Söul telegraphirt auf bezügliche telegraphische Anfrage unterm 13. d. M.: Es bestehe kein Anhalt, daß zwischen Japan und Rußland z. Zt. in Korea ein Konflikt bevorstehe. Das Verhalten der Japaner dort gegenüber russischen Interessen sei keineswegs besonders aggressiv. Die Haltung des englischen Vertreters in Söul gegenüber dem japanisch-russischen Gegensatz sei eine neutrale. Vorstehendes zu E. E. gefl. Information.

N. S. E.

Japan und Rußland in Korea.

PAAA_RZ201-018927_312 ff.			
Empfänger	Fürst zu Hohenlohe - Schillingsfürst	Absender	Leyden
A. 13508 pr. 16. November 1899. a. m.		Tokio, den 13. Oktober 1899.	
Memo	mtg. 20. 11. London 792, Petersbg. 615, Peking A. 123.		

A. 13508 pr. 16. November 1899. a. m.

Tokio, den 13. Oktober 1899.

A. 130.

An Seine Durchlaucht

den Herrn Reichskanzler

Fürsten zu Hohenlohe - Schillingsfürst.

Die hiesigen Zeitungen sind seit einigen Tagen voll von Nachrichten über neue russische Übergriffe in dem nahe Fusan gelegenen Hafenorte Masampo. Es wird vielfach die Meinung vertreten, daß Rußland auf den Rath seiner Admirale diesen Hafen in Aussicht genommen habe, um das Dreieck Wladiwostock, Masampo, Port Arthur als maritime Basis herzustellen.

Obgleich mir die letztere Ansicht zweifelhaft, nahm ich gestern Anlaß, den Minister des Äußern um die Sachlage zu befragen.

Vikomte Aoki erzählte mir, die Russen hätten allerdings vor längerer Zeit in ihrer, wie er sich ausdrückte, high handed manner bei Masampo Leute gelandet und mit Bambuspfählen Terrain abgesteckt. Von einem stattgefundenen Ankauf des Landes durch Rußland sei ihm nichts bekannt. Später hätten Japaner zu spekulativen Zwecken ebenfalls Land in Masampo wirklich angekauft und es sei darüber, da von diesem Kaufgeschäfte auch jenes abgesteckte Gebiet berührt worden sei, zu Einsprüchen seitens Rußlands in Söul gekommen, deren Beantwortung Sache der koreanischen Regierung sei.

Kürzlich, fuhr Vikomte Aoki weiter, sei der russische Gesandte Baron Rosen zu ihm gekommen und habe ihm im Auftrage des Grafen Muraview auf die angeblichen Umtriebe der japanischen Konsuln in Korea mit speciellem Hinweis auf Masampo aufmerksam gemacht und gebeten, denselben zu steuern. Er, der Minister, habe nicht geglaubt, einem solchen Antrage Folge geben zu können, da es sich um Privatinteressen handele und ihm nicht die Macht zustehe, eingegangene Verträge rückgängig zu machen.

Aus den Angaben des Ministers geht für mich allerdings hervor, daß, wie es scheint, ein an sich unbemittelter Japaner für ziemliche Beträge Land in Masampo erworben hat und noch fortgesetzt erwirbt. Baron Rosen hat scheinbar nahegelegt, daß hinter diesem Japaner dessen eigene Regierung stehen könnte. Vikomte Aoki hat scherzend geantwortet, daß ja allerdings die russische Regierung in der Lage sein würde, für solche Zwecke öffentliche Gelder zu verwenden, daß Japan hingegen in jeder Einzelheit an die Zustimmung des Parlamentes gebunden sei und daß die geheimen Fonds des hiesigen Auswärtigen Amts zwanzigmal größer sein müßten, wenn sie allen ihnen zugeschriebenen Zwecken genügen müßten.

Auf meine Frage, wer eigentlich hinter dem „mittellosen" japanischen Spekulanten in Masampo stecke, erwiderte Vikomte Aoki, er wisse dies selbst nicht. Bei der ziemlich genauen Kontrolle, welche die japanische Regierung, wenn sie dies will, über ihre Unterthanen auszuüben versteht, möchte ich die Richtigkeit der letzteren Antwort bezweifeln und bin eher geneigt anzunehmen, daß Vikomte Aoki über da Geheimniß nicht verfügen darf.

Soweit ich von hier aus zu übersehen vermag, ist der japanische Gegenzug kein ungeschickter, insofern als die Schlichtung des Streites über die Besitzverhältnisse in Masampo jeder Zeit auf die Schultern der schwachen koreanischen Regierung gewälzt werden kann.

Graf Leyden.

Inhalt: Japan und Rußland in Korea.

Berlin, den 17. November 1899.   A. 13434.

Gesandter   Tel. in Ziff.
Tokio № 39   Englische Presse operirt mit naher Möglichkeit
                                   Konflikts zwischen Japan und Rußland wegen
cfr A. 14627   Korea. Bemerken Sie etwas von zunehmender
                                   Spannung oder von neuerlichen aggressiven
Sr. E.   Neigungen dortiger Regierung, etwa unter
Hr Wg. R. v. Holstein   englischer Ermuthigung?

                                            N. d. Hrn. U. St.
J. № 9634.   i. m.

Rußland und Japan.

Empfänger	Fürst zu Hohenlohe - Schillingsfürst	Absender	Rückler
A. 13593 pr. 18. November 1899. a. m.		London, den 16. November 1899.	
Memo	mtg 22. 11. Petersbg. 610, Tokio A. 30.		

PAAA_RZ201-018927_321 ff.

A. 13593 pr. 18. November 1899. a. m. 1 Anl.

London, den 16. November 1899.

№ 895.

An Seine Durchlaucht

den Herrn Reichskanzler

Fürsten zu Hohenlohe - Schillingsfürst.

In seinem Leitartikel behandelt der heutige „Globe" die Möglichkeit eines kriegerischen Konflikts zwischen Rußland und Japan wegen Korea's.

Das Blatt glaubt die Aussichten Japan's im gegenwärtigen Augenblick als durchaus günstige bezeichnen zu können und schließt mit der Bemerkung, daß jede Macht, die dem unaufhaltsam scheinenden Vorgehen Rußlands in Asien erfolgreich entgegentreten würde, sich um England wohl verdient machen würde.

J. A.
Rückler.

Inhalt: № 895. London, den 16. November 1899. Rußland und Japan.

[Anlage zu № 895.]

THE GLOBE, THURSDAY, NOVEMBER 16, 1899.

THE CLOUD IN THE FAR EAST.

The absorbed and breathless interest with which we are awaiting the next move in the drama at Ladysmith leaves scanty leisure for the contemplation of the more distant political horizon. None the less, there are signs and tokens which seem to point to a serious disturbance of the balance of power in the East at no distant date. The rumours of growing trouble between Russia and Japan are persistant and ominous, and there is nothing in the past history or present condition of the Corean question to cast doubt upon them. Corea, that strange country of a strange people, must, we are afraid, be definitely reckoned among the dead races; its inhabitants are alive to the comforts of civilization, but the power of self-government and recuperation is absolutely extinct. Apart from its great mineral and agricultural potentialities, its geographical situation makes it the most important strategical position in the Far East. Not only are its harbours magnificent, but its possession gives the control of the Yellow Sea and the mastery over Port Arthur. These obvious facts were not likely to escape the keen-witted and far-seeing eyes of the Japanese statesmen, and the war with China was waged for the possession of the Corean peninsula. How Russia was alive to this, and how she stepped in to rob Japan of the spoils of victory is ancient history. But the treaty of Shimonoseki was only the first act, and ever since then the game of mine and countermine has gone merrily on. The object of Russia is to keep Corea quiet in the stagnation of decay till the completion of the Siberian railway makes her mistress of the situation. Japan, on the other hand, is doing her utmost to galvanise the people into something like activity, and, at the least, to prepare by railways and other civilizing media for the task which at any moment may be upon her. To Russia the occupation of Corea is only a step in the long advance across Asia; to Japan the presence of the Muscovite at her door is a matter of life and death.

At the present moment the winning cards are in the hands of Japan, thanks to the unwearying efforts of the last five years. She has the larger and more powerful Navy in Eastern waters; she could close the Straits of Malacca against the Russian fleet, and bar the access of naval or military reinforcements. So admirable is her organization that she could in one month throw a quarter of a million of men into Siberia and the Corean peninsula. Meanwhile, and until the Siberian railway is completed, the hands of Russia are tied. She has a large force of men in Siberia and the Manchurian peninsula, but they have an enormous amount of territory to guard, and the sea power of Japan would give the opportunity of effecting the most disconcerting diversions. The two Powers are now face to face. The Japanese Government are aware that this superiority in resources can only rest with them for a few years longer, and that if the blow is to be struck at all it cannot be long delayed. A similar problem has confronted our own Government; it was pointed out to them again and again that with the Siberian railway uncompleted it was comparatively easy to stop the Russification of Manchuria, but that when the line was once completed the opportunity would be gone. The warning has been neglected, with consequences that are only too easy to predict, and the question remains whether Japan will follow our example or strike out a line of her own. For our part, we do not believe that Japan will consent to her future expansion being forestalled in this manner. She challenged a war on this issue with the unbroken Empire of China, and there is nothing to make one suppose that she will shrink from conflict with the Russian Empire and thus lose what she has already staked, and allow an implacable enemy to establish itself almost within gunshot of her shores.

Russia is fully alive to her present strategical weakness, and we may take it for granted that she will submit to a good deal rather than resort to war before her preparations are complete. But Japan may very well presume on this, and go to lengths which no European Power could stand; nor, if a country is really bent on forcing a quarrel, is it difficult to pick a pretext. In any event, whether the last extremity is resorted to, or whether the contest between the Powers is confined to diplomatic strategy, there can be no hesitation as to which of the two should command the sympathies of the British Empire. Our friends are those who favour the policy of the open door; our foes are those who keep it shut. As to the aims of Russia there is no disguise and no possibility of mistake. China is to be opened up, not for the benefit of civilisation, but as a close preserve for the Empire of the Czar, and the exclusion of British products and the hampering of British industries is the keyword of Russian policy. Japan has pursued a very different line in the past, and we can feel with confidence that her predominance in the Corean peninsula would mean a fair field and no favour for British commerce. Her position would be still further strengthened if she were to make it known beyond chance of misunderstanding that her expansion will be charaterised by the old liberal policy. This question of markets must continue to be, so long as Great Britain retains its supremacy, the predominating factor in our diplomacy. We seek no territory, to echo those much disputed words, but we do seek, and we must have, markets for our manufactures. The closing of a market to us is almost as costly in the long run as the loss of a "stricken field". We are now on the verge of events in which our interests in the East are profoundly concerned. The descent of Russia on the east and south of Asia has hitherto proceeded with unbroken regularity. It is possible that it may be about to sustain a chaos, and the Power which inflicts that check will have deserved well of the British Empire.

Berlin, den 20. November 1899.   A. 13508.

An

die Missionen in

1. London № 792.

2. St. Petersburg № 615.

3. Peking A. 123.

J. № 9702.

Ew. p. übersende ich anbei ergebenst Abschrift
eines Berichts des K. Gesandten in Tokio vom
13. v. Mts., betreffend Japan und Rußland in
Korea,

  zu Ihrer gefälligen Information.

   N. d. H. U. St. S.

    i. m.

Berlin, den 22. November 1899.

A. 13593.

An

die Missionen in

1. St. Petersburg № 620.

2. Tokio № A. 30.

J. № 9775.

Ew. p. übersende ich anbei ergebenst Abschrift eines Berichts des K. Botschafter in London vom 16. d. Mts., betreffend einen Artikel des „Globe" über Rußland und Japan,

zu Ihrer gef. Information.

N. d. H. U. St. S.

i. m.

Russische Landerwerbung in Masampo.

PAAA_RZ201-018927_327 ff.			
Empfänger	Fürst zu Hohenlohe - Schillingsfürst	Absender	Reinsdorf
A. 13782 pr. 23. November 1899. p. m.		Söul, den 3. Oktober 1899.	
Memo	mtg. 25. 11. Petersbg. 630, Tokio A. 31. cfr A. 11622[02] J. № 660.		

A. 13782 pr. 23. November 1899. p. m.

Söul, den 3. Oktober 1899.

№ 78.

An Seine Durchlaucht

den Herrn Reichskanzler

Fürsten zu Hohenlohe - Schillingsfürst.

Der zur Zeit als Geschäftsträger fungirende russische Legationssecretär Stein, der nach einer mehrmonatlichen Abwesenheit in Masampo und Fusan vor einigen Tagen nach Söul zurückkehrte, hat mir erzählt, es sei ihm jetzt gelungen, in Masampo ein Stück Land zu kaufen, auf dem seine Regierung eine Kohlenstation einrichten werde. Nachdem die Versuche, in Fusan eine solche zu erwerben, gescheitert seien, und das Bedürfniß nach dem Besitz einer Station zur Verbindung zwischen Wladiwostock und Port Arthur immer dringender geworden, hätte man sich für das zu solchen Zwecken der größeren Wassertiefe und geschützteren Lage halber mehr geeignete Masampo entschieden. Herr Pavlow traf bei Antritt seines Urlaubes, zusammen mit dem hiesigen russischen Militärbevollmächtigten Obersten Strelbitzky Anfang Mai dieses Jahres mit dem russischen Admiral Dubassoff in Masampo zusammen, wo alle drei ein an der Küste, etwa 2 km von der projektirten Fremdenniederlassung gelegenes Stück Land auswählten und zu kaufen suchten; die Eigenthümer waren gewillt zu verkaufen, erklärten aber, die Ortsbehörden verhinderten sie daran. Masampo wurde erst am 1. Juni geöffnet, die Erwerbung von Land durch Fremde war daher damals vertragsmäßig unzulässig. Die Russen reisten ab, nachdem sie an den Ortsvorsteher einen Brief gerichtet hatten, daß sie sich mit den Eigenthümern über den Verkauf geeinigt hätten, sie würden die Regierung in Söul veranlassen, die Genehmigung zum Verkauf zu ertheilen, in der Zwischenzeit solle er dafür sorgen, daß das Land nicht an andere Personen verkauft würde. Herr Dmitrewsky schrieb hier an das koreanische Auswärtige Amt, die Regierung möchte die Ortsbehörden in Masampo anweisen, dem Erwerb des Landes durch die russischen Käufer kein Hinderniß in den Weg zu legen. Der Minister der Auswärtigen Angelegenheiten soll entsprechende Zusagen gemacht haben, hätte jedoch mit der Sendung der Weisungen über einen Monat gezögert bis nach der am 1. Juni erfolgten Eröffnung von Masampo für den fremden Handel, und als Herr Stein gegen Ende Juni nach Masampo kam, um den Verkauf abzuschließen, fand er, daß inzwischen das qu. Land in andere koreanische Hände übergegangen war; die neuen Eigenthümer erklärten, sie hätten das Land zwar gekauft, aber nur für einen Japaner, der das Geld gegeben und die Besitztitel in der Hand hätte. Der Japaner weigerte sich, die Besitztitel auszuliefern oder seine Ansprüche an das Land aufzugeben. In Korea gilt der Inhaber der Besitztitel als rechtmäßiger Eigenthümer. Die russische Gesandtschaft in Söul schrieb an den hiesigen japanischen Vertreter, den Japaner zu veranlassen, das Land aufzugeben; Herr Hayashi antwortete aber, in der Sache Nichts thun zu können, der Japaner habe das Recht gehabt nach der Eröffnung von Masampo innerhalb 10 li Land zu erwerben und es sei dabei keinerlei Zwang auf die Verkäufer ausgeübt worden.

Nach Herrn Stein ist der größte Theil der Küstengrundstücke an der Masampo Bucht von Japanern angekauft worden; das jetzt von ihm erworbene Stück am Ufer sei jedoch groß genug, eine Kohlenniederlage und andere nöthige Bauten anzulegen.

Herr Stein ist sehr ungehalten, weil durch die Schuld der koreanischen Behörden und die Säumigkeit des Ministers der Auswärtigen Angelegenheiten die Erwerbung des zuerst in´s Auge gefaßten Landes verhindert worden wäre, und meint, die russische Regierung würde die koreanische dafür zur Verantwortung ziehen. Ein triftiger Grund dafür ist allerdings durch diese Angelegenheit nicht gegeben.

Reinsdorf.

Inhalt: Russische Landerwerbung in Masampo.

Berlin, den 25. November 1899.   A. 13782.

An

die Missionen in

1. St. Petersburg № 630.

2. Tokio A. № 31.

J. № 9872.

Ew. p. übersende ich anbei ergebenst Abschrift eines Berichts des K. Konsuls in Söul vom 3. v. Mts., betreffend russische Landerwerbungen in Masampo,

zu Ihrer gefl. Information.

N. d. H. U. St. S.

i. m.

Japan und Korea.

PAAA_RZ201-018927_335 ff.

Empfänger	Fürst zu Hohenlohe - Schillingsfürst	Absender	Leyden
A. 14112 pr. 1. December 1899. a. m.		Tokio, den 1. November 1899.	
Memo	mtg. 3. 12. n. Peking A. 127.		

A. 14112 pr. 1. December 1899. a. m.

Tokio, den 1. November 1899.

A. 139.

An Seine Durchlaucht

den Herrn Reichskanzler

Fürsten zu Hohenlohe - Schillingsfürst.

Der bisherige Japanische Gesandte in London, Herr Kato, hat eine Informationsreise nach China und Korea unternommen. Er hat in Chemulpo an die japanische Kolonie eine Ansprache gehalten, in welcher er sagte, daß er bisher den japanischen Einfluß in Korea bedeutend unterschätzt habe und sich dort wie in der Heimath fühle. Die durch spontane Unternehmungslust geschaffenen Interessen seien künstlichen Kolonisationen vorzuziehen, welche nur durch diplomatische Einwirkung geschaffen würden.

Er beglückwünsche daher seine Landsleute, daß sie zu den schon bestehenden historischen Beziehungen einen weiteren Ring gefügt hätten, welcher die Schicksale Japans und Koreas durch praktische Interessen einander kette.

Herr Kato munterte die Japaner Korea's auf, ihre Stellung dahin auszudehnen, daß andere Nationalitäten dort nichts unternehmen könnten, ohne sich vorher mit den vorhandenen Ansprüchen Japan's auseinandergesetzt zu haben. Sie könnten dies ohne jede Furcht thun, was immer kommen möge. Er fügte freilich hinzu, diese Ausdehnung müsse sich innerhalb der Vertragsgrenzen halten und mit den Umständen rechnen.

Diese chauvinistischen Äußerungen Herrn Kato's haben hier vielfachen Beifall in der einheimischen Presse gefunden.

Graf Leyden.

Inhalt: Japan und Korea.

Berlin, den 3. December 1899.   zu A. 14112.

An
die Gesandtschaft in
1. Peking № A. 127.

J. № 10108.

Euerer pp. übersende ich anbei ergebenst
Abschrift eines Berichts des Kais. Gesandten
in Tokio vom 1. v. Mts., betreffend Japan
und Korea,

      zu Ihrer gef. Information.

          N. S. E.

           i. m.

Korea (Geheim).

PAAA_RZ201-018927_340 ff.			
Empfänger	Fürst zu Hohenlohe - Schillingsfürst	Absender	Dr. W. Knappe
A. 14243 pr. 3. Dezember 1899. p. m.		Shanghai, den 26. Oktober 1899.	
Memo	A. 12169 ehrerb. beigef. mitg 6. 12. n. Peking A. 130.		

A. 14243 pr. 3. Dezember 1899. p. m.

Shanghai, den 26. Oktober 1899.

№ 126.

An Seine Durchlaucht

den Herrn Reichskanzler

Fürsten zu Hohenlohe - Schillingsfürst.

Euerer Durchlaucht habe ich die Ehre zu melden, daß Herr von Möllendorff, wie er mir mittheilt, der koreanischen Regierung zustimmend geantwortet hat und zwar auch für den Fall, daß Sir Robert Hart seine Beurlaubung nicht genehmige, dann allerdings unter der Bedingung, daß ein größeres Kapital zur Sicherung seiner Zukunft hinterlegt werde.

Herr von Möllendorff hat der koreanischen Regierung anheimgestellt sich direkt an die chinesische bezw. an Sir Robert Hart zu wenden. Er behauptet, daß sowohl der japanische wie der russische Vertreter in Seoul mit seiner Ernennung einverstanden seien.

Dr. W. Knappe.

Inhalt: Korea (Geheim).

Berlin, den 6. December 1899.

zu A. 14243.

An

die Gesandtschaft in

1. Peking № A. 130.

J. № 10200.

Euerer pp. übersende ich anbei ergebenst
Abschrift eines Berichts des Kais. General-
Konsuls in Shanghai vom 26. Okt. d. J.,
betreffend Herrn von Möllendorff und die
koreanische Regierung.

zu Ihrer gef. Information.

N. S. E.

i. m.

zu A. 14422.

Von Seiner Majestät

Durch Vermittlung des Militär-Kabinets nach Kenntnißnahme bezw. Vorlage bei den von Seiner Majestät bezeichneten Dienststellen zurückgelangt

mit A. 555.

Bemerkungen Seiner Majestät.

auf Seite 1.

[   ]

PAAA_RZ201-018927_345

Empfänger	Fürst zu Hohenlohe - Schillingsfürst	Absender	Hatzfeldt
A. 14422 pr. 7. Dezember 1899. p. m.		London, den 5. Dezember 1899.	

A. 14422 pr. 7. Dezember 1899. p. m.

№ 918.

London, den 5. Dezember 1899.

Seiner Durchlaucht

dem Herrn Reichskanzler

Fürsten zu Hohenlohe - Schillingsfürst.

Entzifferung.

Der zur Zeit sich hier aufhaltende Correspondent der Times in Peking, Herr Morrison, hat, wie ich höre, geäußert, seiner Ansicht nach werde Japan nur die Eisfreiheit abwarten, um mit der Besetzung Korea's kriegerisch gegen Rußland vorzugehen; denn es halte sich auch ohne die neuen, noch nicht fertigen Schiffe für stärker als Rußland und wünsche nicht letzterem Zeit zu weiteren Rüstungen zu lassen.

Hatzfeldt.

PAAA_RZ201-018927_350

Empfänger	Auswärtiges Amt in Berlin	Absender	Winkler
A. 14511 pr. 9. Dezember 1899. p. m.		Berlin, den 6. Dezember 1899.	

A. 14511 pr. 9. Dezember 1899. p. m. 2 Anl.

Berlin, den 6. Dezember 1899.

A. 5348.

Geheim!

An den Herrn Staatssekretär

des Auswärtigen Amts. hier.

Euerer Excellenz beehre ich mich anliegend Abschrift eines Berichts des Kreuzergeschwaders vom 15. September 1899 -G. 1238 I-, betreffend die Masanpho-Bucht in Korea, nebst Anlage ergebenst zu übersenden.

Im Auftrage.

Winkler.

Abschrift zu A. 5348.

(A. 14511)

Tsingtau, den 15. September 1899.

Kommando

des Kreuzergeschwaders.

G. Br. B. № 1238 I.

Geheim.

Euerer Kaiserlichen und Königlichen Majestät unterbreite ich anliegend allerunterthänigst: einen Bericht E. M. S. „Irene" über die Masanpho-Bucht und ihre Bedeutung als möglichen Stützpunkt für Rußland. Die ersten Nachrichten über russische Landerwerbungen dort gelangten durch den Kaiserlichen Konsularvertreter in Seoul hierher und veranlaßten mich, E. M. S. „Irene" nach Masanpho zu schicken. Seit jener ersten Nachricht habe ich nichts wieder über russische Pläne oder deren Fortschritte daselbst gehört. Der beigefügte Bericht läßt den Hafen in außerordentlich vortheilhaftem Lichte erscheinen, er ist, danach zu schließen, vielleicht der beste Hafen Korea's. Sein strategischer Werth für Rußland, soweit er durch die natürliche Lage bedingt wird, erhellt aus der Karte. Masanpho könnte zunächst gegenüber Tsu Shima und Sassebo, ähnliche Bedeutung wie Weihaiwei gegenüber Port Arthur gewinnen, d. h. eine Operationsbasis 2ter Ordnung darstellen als Versammlungsort, Kohlenstation und Stützpunkt für Torpedoboote. Zu einem erstklassigen Stützpunkt fehlt Masanpho, außer Befestigungen und Werkstätten, sowie Depots, die von der Seeherrschaft unabhängige Verbindung über Land durch Eisenbahn.

gez. Heinrich Prinz von Preußen.

Abschrift zu A. 5348.
(A. 14511)

Wladiwostock, den 27. Juli 1899.

Kommando
S. M. S. „Irene"
Zu G. J. № 414.

Geheim!

Die Masanpho-Bucht und ihre Bedeutung als möglicher Stützpunkt für Rußland.

Rußland soll ein Stück der Masanpho-Bucht angekauft haben.

Gelegentlich des Aufenthalts S. M. S. „Irene" in Fusan bezw. Gensan wurde in Erfahrung gebracht, daß Rußland einen Theil der Masanpho-Bucht, und zwar denjenigen mit dem besten Trinkwasser, von Korea anzukaufen beabsichtige, nachdem die koreanische Regierung weitergehenden Absichten Rußlands auf diesen Hafen durch Eröffnung desselben begegnet war. Sicher ist, daß sowohl der russische Geschäftsträger in Korea A. Pavlov wie der Kommandant des russischen asiatischen Geschwaders sich vor Kurzem in Masanpho aufgehalten haben. In Gensan war die Nachricht verbreitet, daß der Ankauf schon vollzogen sei. Mit diesem Ankauf in der Masanpho-Bucht verbindet äußerem Vernehmen nach Rußland den Plan, die zur Zeit in Nagasaki befindlichen und dortselbst im Falle eines Krieges mit Japan völlig werthlosen Depots und sonstigen Einrichtungen für seine

Kriegsschiffe demnächst nach der Masanpho-Bucht zu verlegen.

Die Masanpho-Bucht: ihre Lage, Hülfsmittel und wirthschaftliche Bedeutung.

Die Masanpho-Bucht, wohl einer der besten und sichersten Häfen der Welt, schneidet in einer Länge von 18 sm in NW licher Richtung in die S-Küste Korea's am W-Ende des Western-Channel ein und besitzt eine vom Ausgang bis zum inneren Theil allmählich abnehmende und sehr gleichmäßige Durchschnittstiefe von 18-6 Faden über weichem vorzüglichen Ankergrund. Durch Vorsprünge des Festlandes und vorgelagerte Inseln werden in der Längsrichtung der Bucht 3 größere Becken - 1.) Douglas Inlet, 2.) der Theil zwischen dem Sir Harry Parkes Sound und the Gate und 3.) dem Masanpho-Reach - gebildet. Die Fluthhöhe beträgt ca 3/4 m und der Gezeitenwechsel ruft deshalb nur einen nach innen bis zur Unauffälligkeit abnehmenden sehr geringen Strom hervor, sodaß die Schiffe auch bei geringen Windstärken fast immer auf dem Winde liegen. Als einziges, aber durch gute Peilungen unschwer zu vermeidendes navigatorisches Hinderniß liegt der Channel Rock am S0-Ende des Sir Harry Parkes Sound. Die im Vorstehenden unter 2 und 3 genannten Becken sind gegen jede See, in dem größeren Theil sogar gegen jeden Wind, der unter 1 erwähnte Theil gegen alle Richtungen, außer nach S bis S0 geschützt. Die Bucht bleibt im Winter eisfrei und besitzt nach den bisherigen, allerdings nur auf 9 Monate sich beschränkenden Erfahrungen der Zollbeamten ein sehr gesundes Klima.

Die die Bucht malerisch einfassenden, nur an wenigen Stellen schroffe Formationen aufweisenden Berge steigen bis zu einer Höhe von ca 800 m an und sind mit Gras, niedrigem, vorwiegend aus Kiefernsträuchern bestehenden Buschwerk und an vereinzelten Plätzen bis zu kleinen Gehölzen sich vereinigenden Bäumen (vornehmlich Kiefern und Eichen) bestanden. Bebaut und zwar vorwiegend mit Bohnen und Erbsen, ist außer den fruchtbaren für Reisbau ausgenützten Thälern immer nur der untere, höchstens bis ca 150 m reichende Theil derselben, woraus sich ein Schluß auf die Leichtigkeit und Billigkeit von Landerwerb ziehen läßt. An der Bucht, nur ganz vereinzelt, in einiger Höhe liegen hier und da koreanische Mattendörfer mit einigen 100 nur aus Fischern und Landleuten sich zusammensetzenden Einwohnern. An vielen Stellen kommen kleine Bäche mit klarem Wasser von den Bergen und fast überall ist die Anlage von Zisternen ausgeführt bezw. ohne Weiteres möglich. Während das Wasser in den meisten Fällen (zur Regenzeit in den Monaten April, Mai und Juni können Ausnahmen eintreten) als Kessel- und Waschwasser ohne Weiteres benutzbar ist, wird es zum Trinken vorherigen Filtrirens bedürfen.

Der Hauptort der Bucht, Masanpho, liegt am innersten Theil der Bucht, wo dieselbe sich im letzten zugänglichen Theil bis auf ca 1 Faden Tiefe verflacht, an einer kleinen Pier aber immerhin noch das Anlegen z. B. von Dampfpinnassen bei angewandter

Vorsicht gestattet. Masanpho hat außer seiner ca 3000 zählenden koreanischen Einwohnerschaft noch ca 35 japanische Kaufleute (Kleinhandel), 2 Beamte (1 Japaner und 1 Italiener) des seit ca 3/4 Jahren (Eröffnung Masanpho´s) bestehenden Zollhauses, 3 japanische Polizisten und 1 koreanischen Offizier, welch letzterer die nur einige Mann starke koreanische Polizeitruppe befehligt. Ein eigentlicher Handel existirt in Masanpho nicht; es werden in geringen Mengen japanische Gebrauchsgegenstände und nach schlechten Erntejahren Reis und Bohnen eingeführt, während eine Ausfuhr, ausgenommen vielleicht geringe Mengen Vieh, überhaupt nicht stattfindet. Infolgedessen ist der Schiffsverkehr ein gänzlich bedeutungsloser und beschränkt sich auf ein 6 mal im Monat mit Fusan verkehrendes kleines Dampfboot und einige wenige (im Juni d. Js. waren es 3) kleine japanische Schooner. Da dem Fischfang von den Eingeborenen trotz des augenscheinlich großen Fischreichthums wenig und nur in kleinen Booten obgelegen wird, die japanischen Fischer aber nicht in die Bucht hineinzugehen scheinen und ferner der Küstenverkehr mit koreanischen Dschunken ganz gering ist, ist der Vorrath an Booten und Dschunken sowohl in Masanpho wie in den übrigen Dörfern sehr klein.

Eine Verproviantirung größerer Schiffe für längere Zeit ist bei der geringen Zahl der Nichtkoreaner und der Bedürfnißlosigkeit bezw. auf Trägheit zurückzuführender Armuth der Koreaner schwierig, weil nur verhältnißmäßig wenig Land bebaut und die Viehzucht nur in sehr dürftigem Maßstab betrieben wird. Der erhaltbare Proviant beschränkt sich deshalb bei schnell auszuführenden Requisition auf einiges Rindvieh, Schwein in geringer Zahl, Hühner, Eier und meist nur geringe Quantitäten von Reist und Bohnen.

Die Bedeutung Masanphos als maritimer Stützpunkt für Rußland

Da z. Zt. keinerlei Handelsinteressen in der Masanpho-Bucht vorhanden und selbst bei einer eventl. Nutzbarmachung noch weiter auszuforschender Eisen-, Kupfer- pp. Lager infolge der Nähe Fusans, welches seinen geregelten Verkehr nach rückwärts und nach der See hin bereits besitzt und voraussichtlich auch für die Heranschaffung der eventl. gewonnenen Metalle günstiger liegen wird, auch für die fernere Zukunft nicht zu erwarten sein werden, können es lediglich militärische Gesichtspunkte sein, welche Rußland bewogen haben, durch den Ankauf eines Theils der Bucht festen Fuß in Süd-Korea zu fassen. Mit welcher Macht als Gegner Rußlands dabei gerechnet wird, läßt sich unschwer aus der Lage des in Aussicht genommenen Stützpunktes erkennen. Masanpho liegt an der engsten Stelle der die japanischen Inseln vom Festlande trennenden Korea-Straße. Von Tsushima, welches als Flottenstation ausgebaut werden soll, ist es ca 40 sm entfernt; von der Straße von Shimonoseki 150 sm; von Nagasaki 185 sm, sodaß diese Punkte, sowie eventl. noch später zu errichtende Kriegshäfen der japanischen Westküste direkt bedroht werden. Fusan, welches schon jetzt für die Japaner eine gewisse Bedeutung als Stützpunkt hat, und für den Kriegsfall voraussichtlich als Ausgangspunkt einer Landung von großer Wichtigkeit sein wird -japanische Eisenbahn Fusan-Söul - ist zu Wasser und zu Lande in wenigen Stunden zu erreichen. Wohl hat Rußland jetzt schon Wladiwostock, aber dieses liegt zu weit von der Shimonoseki-Straße entfernt und ist im Winter nicht eisfrei. In Port Arthur besitzt Rußland zwar einen eisfreien Hafen, jedoch ist dieses zu weit entfernt, um als Ausfallhafen und Stützpunkt gegen Japan im eigentlichen Sinne dienen zu können. Masanpho als befestigter Stützpunkt im Besitze Rußlands wird die japanischen Seestreitkräfte im Falle eines Krieges mit Rußland aller Voraussicht nach von einer unter Umständen wohl beabsichtigten Offensive zur Defensive zwingen, und eine russische Offensive aussichtsvoll gestalten. Die Lage Masanpho's wird dieses in Friedens- wie besonders in Kriegszeiten zu einer Etappe hervorragendster Bedeutung für Rußland machen, da es fast genau in der Mitte der ca 1050 sm langen Entfernung zwischen Port Arthur und Wladiwostock liegt und weil von hier aus die Passage des nur ca 30 sm breiten bisher durch Japan von Tsushima bezw. Nagasaki und Shimonoseki aus leicht zu blockirenden Western Channel beherrscht und gesichert werden kann.

Die voraussichtliche Befestigung Masanphos.

Wenn Masanpho den großen Werth für Rußland besitzen soll, den es verdient, so muß es befestigt werden. Diese Befestigung wird dank der hervorragend günstigen Küsten- und Inselformationen und Tiefenverhältnisse der Bucht ohne erhebliche Schwierigkeiten und ohne außerverhältnißmäßige Kosten ausgeführt werden können. Die Zufahrten zu den drei im ersten Theil beschriebenen Becken bilden drei sowohl durch Artillerie, wie Minen und Torpedobatterieen außerordentlich leicht zu vertheidigende Defilees, von denen das letzte (der Zugang zum Masanpho Reach) mit verhältnißmäßig wenig Mitteln zu einer unter Umständen unpassirbaren gemacht werden kann. Dabei wird es russischen Schiffen möglich sein, völlig (auch gegen indirektes Feuern, soweit es von Schiffsgeschützen abgegeben werden kann) gedeckt und unsichtbar einem selbst bis hinter den Sir Harry Parkes Sound vorgedrungenen Feind unter dem Schutz der hohen Inseln und Buchten in und rückwärts des Masanpho Reach zu liegen. Masanpho wird deshalb für die russische asiatische Flotte ein ebenso hervorragender Ausfall -wie Rückzugshafen sein können. Da im Falle eines Krieges mit Japan (koreanische Feindseligkeiten würden voraussichtlich nicht zu befürchten sein und können wohl zweifellos ohne dieses abgeschlagen werden) ein Angriff von der Landseite zwar schwierig und erhebliche Kräfte erfordernd, aber nicht unmöglich ist, wird von Rußland ein gleichfalls leicht zu schaffender Schutz nach dieser Seite vorzusehen sein.

Die Wahl Rußlands auf Masanpho als neuen Stützpunkt für seine Flotte und seine Interessensphäre in Ostasien muß von allen Gesichtspunkten aus außerordentlich günstig erscheinen. Es wird hierbei als sicher angenommen, daß die Erwerbung eines Theils der Bucht der Vorläufer für eine Besetzung der gesammten Douglas Inlet-Gewässer ist und daß Rußland, wenn es zur Befestigung und zum Ausbau des neuen Stützpunktes schreitet, auch die der Bucht nach SW vorgelagerte Insel Cargodo, welche als vorgeschobener Posten für Rußland sehr wichtig, im Besitz einer feindlichen Macht aber von großem Nachtheil sein muß, in Besitz nimmt.

gez. Obenheimer.

[   ]

PAAA_RZ201-018927_366 f.

Empfänger	Auswärtiges Amt in Berlin	Absender	Leyden
A. 14627 pr. 12. December 1899. p. m.		Tokio, den 12. Dezember 1899.	

A. 14627 pr. 12. December 1899. p. m.

Telegramm.

Tokio, den 12. Dezember 1899. 4 Uhr 35 Min. p. m.

Ankunft: 4 Uhr 5 Min. p. m.

Der K. Gesandte an Auswärtiges Amt.

Entzifferung.

№ 49.

Antwort auf Telegramm № 40. Telegramm № 39[21] noch nicht eingegangen.

Geheim.

Es werden jetzt schon länger vorgesehene Neuformirungen in Artillerie und Kavallerie vorgenommen. Amerikanischer Militärattaché gab mir zu verstehen, daß größere Bestellungen von Geschützpatronen mit Kordit-Pulver in England planmäßig verlaufen. Da seit einiger Zeit Beunruhigungen über das Verhältniß zu Rußland in hiesigen Blättern durchsickern, so werden Rüstungen kaum aufmerksamer Beobachtung entgehen können.

Leyden.

orig. i. a. Japan 2.

---

21 Konflikt zwischen Japan und Rußland wegen Korea.

zu A. 14627.

Dem Chiffrir-Bureau

Zur gefl. Äußerung (cfr. 5. pl. Vfz. v. 13. 12.)

ergebenst vorgelegt.

Ce. -Bur. 3. 1. 1900.

Ein Beamter des Haupt-Telegraphen-Amts hat mich vor ungefähr 8 Tagen wegen der in Aussicht genommenen Rückerstattung der Gebühr um eine besondere amtliche Bescheinigung ersucht, daß das Telegramm vom 17. November 1899 am Bestimmungsorte nicht eingegangen sei und mir bei dieser Gelegenheit mündlich mitgetheilt, daß das Telegramm seinerzeit bis Moskau gekommen und dort verschwunden sei.

Die Antwort auf das Büreauschreiben vom 14. Dezember v. J. steht noch aus.

Goldmint.

zu A. 14627.

An die Chiffrir-Bureau.

Zur gef. Kenntnißnahme:

und weitere Veranlassung.

Telegramm in Ziffern № 39 unterm 17. November d. J. nach Tokio gesandt ist nach einer Meldung vom 12. d. M. daselbst überhaupt nicht angekommen.

Vfg.

1) Da 6 mal 24 Stunden verstrichen sind, ist der Betrag wieder einzuziehen

2) und genaue Recherchen anzustellen

    a) welchen Weg das vermißte Telegr. gegangen ist.

    b) welches die Ursache dieser Verkehrsstörung sein kann.

3) resp. nach 3 Wochen w. mit Anzeige über das Ergebniß.

Berlin, den 13. December 1899.

Kt. Schr. v. Lettwit.

Geskeg. I B,

Ist das Antwortschreiben der Ober-Postdirektion dort vielleicht eingegangen?

Centr. Bur.
3. 1. 99.

Berlin, den 14. Dezember 1899.

zu A. 14627.

An

die Kaiserliche
Ober-Postdirektion
hierselbst.

J. № 10436.

Nach einer Meldung des Kaiserlichen Gesandten in Tokio ist das am 17. November d. J. an „German Legation Tokio" von hier abgesandte und am 17. 11. 93 p. m. von der hiesigen Telegramm-Annahme des Haupt-Telegraphen-Amts abquittirte Ziffertelegramm nicht in seine Hände gelangt.

Erhaltenem Auftrage zufolge bittet das unterzeichnete Büreau, gefälligst ermitteln und hierher mittheilen zu wollen, welchen Weg das vermißte Telegramm gegangen, bis wohin es seinerzeit nachweislich gekommen und welches die Ursache dieser Verkehrsstörung sein kann. Falls das Telegramm jenseits der Reichsgrenze in Verlust gerathen sein sollte, wird zugleich ergebenst gebeten, wegen Rückerstattung der Telegramm-Gebühren das Weitere geneigtest in die Wege leiten zu wollen.

Chiffrirbüreau.

PAAA_RZ201-018927_375 f.			
Empfänger	Auswärtiges Amt in Berlin	Absender	Leyden
A. 14755 pr. 15. December 1899. p. m.		Tokio, den 15. Dezember 1899.	

A. 14755 pr. 15. December 1899. p. m.

Telegramm.

Tokio, den 15. Dezember 1899. 1 Uhr 45 Min. p. m.

Ankunft: 12 Uhr 54 Min. p. m.

Der K. Gesandte an Auswärtiges Amt.

Entzifferung.

№ 50.

Aus russischen Kreisen Nagasaki´s erfahre ich, daß die Absicht der Russen, sich in Masampo zu etabliren, feststeht und daß Ende November in Port Arthur Kriegsbereitschaft gewesen wäre. Dampfer Orel hat 37 Millionen Rubel nach Wladiwostock gebracht und war von Kriegsschiffen begleitet. Im Gebiet Port Arthur Talienwan sollen etwa 60,000 Mann stehen.

Sensationsnachricht aus Port Arthur besagt, daß Rußland durch Deutschlands Intervention Masampo erhalten hätte.

Hier hatte Baron Rosen Ende November Vorstellungen wegen Japanischer Rüstungen zu machen. Zwei Tage später erhielt er unvermuthet seine Abberufung.

Leyden.

ad A. 14755.

Bemerkungen Seiner Majestät
auf Seite 1.

Die allerh. Bestimmung ist bereits erledigt. Eine Mittheilung an die
militärischen Stellen wäre noch verfrüht.

z. d. a.

Berlin, den 16. Dezember 1899.   A. 14755.

An
Botschafter
London № 879.

Sr. E.
Hrn W. G. R. v. Holstein

J. № 10508.

Postziffern.

Der Kais. Gesandte in Tokio telegraphirt unterm 15. d. M.:

„ins. aus Eingang"

Wir haben kein Interesse, durch Weiterverbreitung dieser Nachrichten oder der von englischer Seite geheim gehaltenen Meldungen über japanische Kriegsvorbereitungen vorzeitig ein Alarmsignal zu geben.

N. S. E.

Rüstungen Japans.

PAAA_RZ201-018927_380 f.			
Empfänger	Fürst zu Hohenlohe - Schillingsfürst	Absender	Rückler
A. 14776 pr. 16. Dezember 1899. a. m.		London, den 14. Dezember 1899.	

A. 14776 pr. 16. Dezember 1899. a. m. 1 Anl.

London, den 14. Dezember 1899.

№ 928.

An Seine Durchlaucht

den Herrn Reichskanzler

Fürsten zu Hohenlohe - Schillingsfürst.

Nach den hier beigeschlossenen Nachrichten des „Daily Chronicle" sollen die Gerüchte von gegen Rußland gerichteten kriegerischen Rüstungen Japans unbegründet sein.

I. A.

Rückler.

Inhalt: № 928. London, den 14. Dezember 1899 Rüstungen Japans.

[Anlage zu A. 14776.]

THE DAILY CHRONICLE.
THURSDAY, DECEMBER 14, 1899.

JAPAN AND RUSSIA.

Unfounded Rumours of Strained Relations.

The reports that have been latterly in circulation on the Continent to the effect that the relations between Russia and Japan had become extremely critical, are, a well-informed correspondent tells us, entirely without foundation. Up to a day or two ago at least nothing of the kind was known in diplomatic circles in Tokio. So far, indeed, from the relations between the two Powers having become more strained, they have undergone considerable improvement of late.

There is no doubt, however, continues our correspondent, that a steady increase in the Japanese army and navy forms part of the program which has been vigorously pushed forward since the war with China, but this has been prompted by considerations of national defence, and is not directed against any other Power. Moreover, Japanese statesmen, says our informant, see nothing in the attitude of Russia, either in Chinese or Korean affairs, to cause Japan any uneasiness or to justify increased military preparations.

PAAA_RZ201-018927_383 ff.			
Empfänger	[o. A.]	Absender	[o. A.]
A. 15181 pr. 24. Dezember 1899.		[o. A.]	
Memo	z. Fol. 28. 12.		

A. 15181 pr. 24. Dezember 1899.

Novoje Vremia.

12. (24.) Dezember 1899.

Russland und Korea.

Der Verfasser des Artikels empfiehlt den Japanern die Worte des jetzt in Tokio sich aufhaltenden japanischen Gesandten in Petersburg, die letzterer an einen Vertreter des „Osaka Meinitschi" gerichtet hat, zu beherzigen, daß sich Japan anstatt der politischen ganz der commerciellen Thätigkeit widmen, namentlich aber die Konvention von 1896 über das gemeinsame Vorgehen Rußlands und Japans in Korea vollständig ausnutzen möge, da dieser Vertrag jeden Tag aufgehoben werden könne.

Das Verhältniß Rußlands zu Korea hat sich in den letzten zwei Jahren stark verändert. 240 Werst von der koreanischen Küste ist eine mächtige russische Kolonie auf der Kwantung-Halbinsel aufgeschoßen und seitdem die Mandschurei zur russischen Einflußsphäre gehört, erstreckt sich die Grenzlinie zwischen Rußland und Korea über 600 Werst. Dadurch ist das Interesse der Russen für Korea, das schon jetzt das südussurische Land mit Vieh und Korn versorgt und künftig die Kornkammer für die Kwantunghalbinsel werden wird, bedeutend gestiegen. An der nordöstlichen Küste Koreas hat Gr. Keyserling eine sehr lukrative Wallfischfangunternehmung ins Leben gerufen und dazu bedeutende Konzessionen von der koreanischen Regierung erhalten. Letztere hat ferner die ungeheuren Wälder Nord-Koreas und seine Erzreichthümer an russische Unternehmer abgetreten. Russische Unterthanen haben in den erst vor Kurzem eröffneten Häfen von Zinnampo und Masampo bedeutenden Landbesitz erworben. Damit ist nicht gesagt, daß die russische Regierung die Annexion Koreas oder ihr Protektorat über Korea zu erstrecken wünscht. Aber in Folge der Zunahme der russischen industriellen Interessen auf Korea hat sich auch das Verhältniß Rußlands zu der Halbinsel bedeutend verändert und dadurch muß sich auch in dem Verhalten Japans zu der Thätigkeit Rußlands in Korea eine Veränderung vollziehen. Da die Japaner das Beispiel vor Augen haben, daß sich auf russischem Gebiete zwischen Wladiwostok und Blagowieschensk einige Tausend Japaner sehr wohl befinden und reich werden, können sie auch nicht fürchten, daß durch die Ausbreitung der russischen industriellen Thätigkeit in Korea der Wohlstand der dort ansässigen 15000 japanischer Fischer und Händler geschädigt wird. Wie ruhig Rußland sich in der koreanischen Frage Japan gegenüber verhält, zeigt schon der Umstand, daß es von seinem Rechte in Korea 600 Soldaten zum Schutze seiner Mission zu halten, keinen Gebrauch macht, während Japan in Korea eine mindestens eben so große Truppenzahl hält. Die Erklärung des japanischen Gesandten, daß Rußland durch den Bau der Mandschureibahn und Eröffnung der Märkte der Mandschurei Japan eine große Wohlthat erzeigt, ist ein Beweis dafür, daß im besseren Theil der japanischen Gesellschaft sich der erwünschte Umschwung in den Ansichten über die legitimen Rechte Rußlands im fernen Orient bereits vollzieht. Wir sind überzeugt, daß das industrielle und energische japanische Volk die Rathschläge seines Vertreters in Rußland beherzigen und alle Energie daran setzen wird nicht fiktive Ursachen zum Streit mit dem unendlich viel mächtigeren Nachbarn ausfindig zu machen, sondern alle Privilegien auszunutzen, welche Rußland seinen commerciellen Fähigkeiten auf dem asiatischen Festlande bietet. Nur Hand in Hand mit Rußland kann Japan die schwere wirthschaftliche Krisis erfolgreich überwinden, in welche die listigen Rathschläge Englands sein Volk gestürzt hat.

Überhaupt, meint der Verfasser, mache das Fortschreiten des russischen Einflusses viel weniger Japan als England bange. Rußland sei stets der aufrichtige Träger der Friedensidee, wie es auf der Haager Konferenz bewiesen habe. Aber seine Friedfertigkeit schließt nicht den energischen Schutz der Interessen seiner Unterthanen und sein thätiges Streben nach kulturellen Zielen im Orient aus.

PAAA_RZ201-018927_387 ff.

Empfänger	Fürst zu Hohenlohe - Schillingsfürst	Absender	Leyden
A. 15246 pr. 26. Dezember 1899. a. m.		Tokio, den 21. November 1899.	
Memo	I mtg. 29. 12. London 420, Paris 489, Petersbg. 702. II orig. eser. 29. 12. R. -Mon. -Amt. srk. 5. 2. mit A. 1573.		

Abschrift.

A. 15246 pr. 26. Dezember 1899. a. m.

Tokio, den 21. November 1899.

A. 143.

An Seine Durchlaucht den Herrn Reichskanzler Fürsten zu Hohenlohe - Schillingsfürst.

Vor einiger Zeit lief die Nachricht ein, daß in der zwischen Japan und Rußland schwebenden Masampo-Frage keine Entscheidung getroffen werden solle, ehe der aus Urlaub zurückgerufene russische Vertreter, Herr Pawlof, wieder in Söul eingetroffen wäre.

Kurz darauf hieß es, daß die russischen Seestreitkräfte in Ostasien eine Verstärkung durch 10 meist der Torpedo-Klasse angehörige Fahrzeuge erhalten sollten.

Gestern traf den hiesigen Gesandten Baron Rosen ganz unvermuthet in gnädiger Form die Nachricht, daß er nach München versetzt sei und den dort befindlichen Herrn Isvolsky als seinen Nachfolger hier anmelden solle.

Wenn auch keine genügenden Gründe vorliegen, um diese Vorfälle und Gerüchte im alarmistischen Sinne zu deuten, so glaube ich doch nicht fehl zu gehen, wenn ich dieselben, im Verein mit dem französischen Vorgehen in Südchina, als die ersten Rückschläge des Transvaalkrieges in Ostasien bezeichne, welchen noch weitere folgen dürften.

Baron Rosen, welcher jetzt kaum zwei Jahre als Gesandter hier geweilt hat, verbrachte früher eine lange Zeit als Sekretär in Tokio und hat sich eine sehr wohlwollende Beurtheilung der japanischen Verhältnisse bewahrt, welche er sogar in zuweilen übertriebener Form zum Ausdruck bringt. Theils aus Vorliebe für das Land, theils seinem überhaupt vorurtheilsfreien und liebenswürdigen Charakter zufolge war seine Haltung als russischer Gesandter eine besonders conciliante, und auch eine Reihe von Taktlosigkeiten seiner Gemahlin vermochte den Eindruck seiner gewinnenden Persönlichkeit nicht zu verwischen.

Es fiel mir im Laufe des Sommers auf, daß Baron Rosen mehrmals durch Telegramme seiner Regierung veranlasst wurde, sich vom Lande nach Tokio zu begeben.

Ich habe damals die Erklärung hierfür in der Aufmerksamkeit gesucht, welche die Gerüchte des Abschlusses eines chinesisch-japanischen Bündnisses und coreanischer Complicationen in St. Petersburg erregt haben mochten.

Mein Kollege, welcher sonst die Sprache als ein Mittel zu betrachten liebt, um seine Gedanken zu verhüllen, machte mir auch eine scherzhafte Andeutung, daß Graf Muraview von der löblichen Gewohnheit seiner Vorgänger abgewichen sei, im Sommer in Urlaub zu gehen, und daß der Telegraph daher nicht zur Ruhe komme.

Jedenfalls hat Baron Rosen über die damalige Situation sich in beruhigendem Sinne geäußert und nicht zu denen gehört, welche ein Schutz- und Trutzbündniß zwischen China und Japan als abgeschlossen ansahen.

Was die Masampo-Frage betrifft, so erzählte mir Vicomte Aoki, als er vor zwei Tagen bei mir aß, daß er mit dem gleichfalls anwesenden Baron Rosen unlängst eine lange und eingehende Unterredung gehabt habe, wobei er den Gesandten wie gewöhnlich höchst angenehm gefunden hätte. Meine Frage, ob der Verlauf des Gespräches ein günstiger gewesen sei, verneinte Aoki, Wir wurden aber durch das Hinzutreten meines Kollegen unterbrochen.

Baron Rosen empfindet übrigens geringe Sympathie für Vicomte Aoki, und ich nehme an, daß durch den plötzlichen Wechsel in der Person des Vertreters die russische Regierung den Unterhandlungen eine schärfere Accentuirung zu verleihen beabsichtigt. Herr Isvolsky, dessen Kollege ich durch zwei Jahre in Washington gewesen bin, scheint mir dazu gut gewählt; auch der interimistische Geschäftsträger, Herr Poklewski - Koziell, ein sehr begabter, nervöser und eitler junger Herr, panslavistischer Richtung, dürfte bereit sein, sich diplomatische Sporen zu verdienen.

Baron Rosen zeigt sich äußerlich über seine Versetzung sehr erfreut, hat aber noch vor wenigen Tagen in einem hiesigen Salon geäußert, er sei hier so zufrieden, daß er gern seine Laufbahn in Tokio beschließen möchte.

gez. Graf Leyden.

orig. i. a. Rußland 94.

PAAA_RZ201-018927_391 ff.

Empfänger	Fürst zu Hohenlohe - Schillingsfürst	Absender	Leyden
A. 15248 pr. 26. Dezember 1899. a. m.		Tokio, den 24. November 1899.	
Memo	I mtg. 29. 12. London 920, Paris 489, Petersbg. 702. II org. sta. 29. 12. R. -Mon. -Amt. sek. 5. 2. m. A. 1573.		

Abschrift.

A. 15248 pr. 26. Dezember 1899. a. m.

Tokio, den 24. November 1899.

A. 145.

Seiner Durchlaucht

dem Herrn Reichskanzler,

Fürsten zu Hohenlohe - Schillingsfürst.

Es war vorauszusehen, daß mit dem Ausbruch des Krieges in Südafrika von London aus Warnungsrufe ertönen würden, um Japan gegen die Ausnützung der politischen Konjunktur durch Rußland scharf zu machen.

Es ist dies Seitens der englischen Presse unter Anderem in der Form geschehen, daß der eingetroffene Auftrag zur beschleunigten Fertigstellung der für japanische Rechnung in England im Bau befindlichen Kriegsschiffe gemeldet wurde. Es sind dies die Schlachtschiffe Shikishima bei den Thames Works, Asahi bei den Clyde Works, Hatsuse bei Armstrong, Mikasa bei Vickers, von denen das zweite und dritte schon demnächst übernommen werden können.

Die japanische Presse leugnet die Richtigkeit dieser Nachricht, ohne direkt in Abrede zu stellen, daß die möglichst rasche Durchführung des Flotten-Programms von der japanischen Admiralität fortgesetzt im Auge behalten worden sei. Wenn dagegen eine Verstärkung des russischen Geschwaders in Ostasien thatsächlich im Werke sein sollte, so könnte Japan aus seiner Wachsamkeit kein Vorwurf gemacht werden.

Im Übrigen ist der Ton der japanischen Presse gegenüber Rußland ein vorsichtiger und mißtrauischer, nur ein liberales Blatt versteigt sich zu der Drohung, daß Japan im Ernstfalle nach wie vor die englischen Operationen zur See unterstützen würde.

Den Ausgangspunkt der publizistischen Äußerungen bildet die Masampo-Affäre, von welcher die ´´Nippon´´ sagt, daß sie gegenwärtig die einzige Schwierigkeit mit Rußland darstelle, auch wenn man zugeben wolle, daß ein Zusammenstoß in Korea früher oder später unvermeidlich sei. Dabei befinde sich aber Rußland klar im Unrecht, und eine kritische Lage, wie man sie von England aus zu sehen vorgebe, sei nicht vorhanden. Immerhin sei aber die Rückkehr des Herrn Pavlow ein Zeichen, daß man die Fortschritte Japans in Korea in St. Petersburg argwöhnisch verfolge.

Die an anderer Stelle gehorsamst gemeldete Versetzung des Baron Rosen ist erst heute bekannt geworden und in den wenigen vorliegenden Kommentaren wird dem scheidenden Gesandten das Zeugniß großer Ruhe im Gegensatz zu den jüngeren russischen Diplomaten und See-Offizieren ausgestellt.

gez. Graf Leyden.

orig. i. a. Rußland 94

Beziehungen Rußlands zu Korea.

	PAAA_RZ201-018927_394 ff.		
Empfänger	Fürst zu Hohenlohe - Schillingsfürst	Absender	Trenitrenky
A. 15273 pr. 27. Dezember 1899. a. m.		St. Petersburg, den 25. Dezember 1899.	

A. 15273 pr. 27. Dezember 1899. a. m. 1 Anl.

St. Petersburg, den 25. Dezember 1899.

№ 626.

Seiner Durchlaucht

dem Herrn Reichskanzler

Fürsten zu Hohenlohe - Schillingsfürst.

Euerer Durchlaucht beehre ich mich in der Anlage einen bemerkenswerthen Artikel der Nowoje Wremja über die Beziehungen Rußlands zu Korea in der von dem heutigen Herold gebrachten Übersetzung vorzulegen.

Das Blatt vertritt in seinen Ausführungen die Ansicht, daß Rußland und Japan in Korea gleich wichtige wirthschaftliche Interessen zu vertreten haben; politisch sei Rußland auf der Halbinsel jedoch bedeutend mehr interessirt als Japan, das von dem Russischen Reiche in dieser Beziehung nichts zu fürchten, wirthschaftlich jedoch große Vortheile zu erwarten habe, denn nur Hand in Hand mit Rußland „könne Japan sich aus der schweren ökonomischen Krisis retten, in die das verarmte Volk durch die heimtückischen Rathschläge Englands getrieben worden sei."

von Trenitrenky.

Inhalt: Beziehungen Rußlands zu Korea.

Anlage zum Bericht № 626 vom 25. Dezember 1899.

St. Petersburger Herold vom 25. 13. Dezember 1899 - № 345.

Einen ausführlichen Artikel widmet die „Nowoje Wremja" den Beziehungen Rußlands zu Korea.

Sehr richtig habe der japanische Vertreter am Petersburger Hofe, Baron Chaiassi, zu einem japanischen Journalisten geäußert, daß Japan weniger Aufmerksamkeit politischen Angelegenheiten zuwende und seine ganze Energie auf eine commerzielle Thätigkeit richten müsse. Wenn Japan heute in Korea große wirthschaftliche Interessen habe, so sei das Gleiche auch für Rußland der Fall. Korea versorge schon jetzt das Süd-Ussuri-Gebiet mit Vieh und Getreide und werde in naher Zukunft die Rolle einer Kornkammer für die Kwantung-Halbinsel spielen. An der Nordostküste Koreas habe sich das große Wallfischfang-Unternehmen des Grafen Kaiserlingk entwickelt, große Wälder und Bergwerke in Nord-Korea seien russischen Unternehmern abgetreten, russische Unterthanen hätten Land in den noch kürzlich geschlossenen Häfen Zinnampo und Masampo erworben und die Gesellschaft der Ost-Chinesischen Bahn richte regelmäßige Fahrten zwischen den japanischen Häfen ein.

Es sei kein Grund zu der Annahme, daß Rußland Korea sich einverleibe oder über dasselbe ein russisches Protektorat schaffen wolle, aber zweifellos sei, daß auch die politischen Interessen Rußlands in Korea weit bedeutender seien, als die Japans, welches mit Korea keine gemeinsamen Grenzen habe. In Korea wären nur etwa 15.000 japanische Fischer und Händler vorhanden, welche den 800sten Theil der Bevölkerung der Halbinsel ausmachten. Rußland benutze nicht einmal das ihm nach dem Memorandum von Weber und Komura zustehende Recht, auf Korea 600 Mann zum Schutze der russischen Mission zu unterhalten, während Japan dort mindestens eine solche Truppenmenge habe. Die Ruhe, mit welcher Rußland Japan gegenüber die koreanische Frage behandle, müsse Japan am Besten überzeugen, daß es von Rußland nichts zu fürchten habe, und in der That beginne sich auch in den Ansichten der japanischen Gesellschaft ein völliger Umschwung zu vollziehen, so daß man gegenwärtig über Korea weit mehr in England als in Japan besorgt sei. Der japanische Gesandte erfasse die Situation ganz richtig, wenn er sage, daß Japan seine Bahn von Söul nach Fusan in derselben Spurweite bauen müsse wie die Mandschurei-Bahn. Nur Hand in Hand mit Rußland könne Japan aus der schweren ökonomischen Krisis herauskommen, in welche das verarmte Volk die heimtückischen Rathschläge Englands getrieben hätten, welches in Japan den Chauvinismus erweckt und in die Kräfte des Landes übersteigenden Richtungen angetrieben hätte.

연구 참여자

[연구책임자] 김재혁 : 출판위원장·독일어권문화연구소장·고려대학교 독어독문학과 교수

[공동연구원] 김용현 : 출판위원·고려대학교 독어독문학과 교수

Kneider, H.-A. : 출판위원·한국외국어대학교 독일어학과&통번역대학원 교수

이도길 : 출판위원·고려대학교 민족문화연구원 HK 교수

배항섭 : 출판위원·성균관대학교 동아시아학술원 교수

유진영 : 출판위원·고려대학교 독일어권문화연구소 연구교수

[전임연구원] 한승훈 : 고려대학교 독일어권문화연구소 연구교수

이정린 : 고려대학교 독일어권문화연구소 연구교수

[번역] 강명순 : 고려대학교 독일어권문화연구소 연구원 (R18925)

박성철 : 고려대학교 독어독문학과 교수 (R18926, R18927)

[보조연구원] 김형근 : 고려대학교 대학원 한국사학과 박사수료

박진홍 : 고려대학교 대학원 한국사학과 박사수료

박진우 : 고려대학교 대학원 독어독문학과 석사과정

서진세 : 고려대학교 대학원 독어독문학과 석사과정

이홍균 : 고려대학교 독어독문학과 학사과정

정지원 : 고려대학교 독어독문학과 학사과정

박지수 : 고려대학교 독어독문학과 학사과정

박성수 : 고려대학교 한국사학과 학사과정

이원준 : 고려대학교 한국사학과 학사과정

[탈초·교정] Seifener, Ch. : 고려대학교 독어독문학과 부교수

Wagenschütz, S. : 동덕여자대학교 독일어과 외국인 교수

Kelpin, M. : 고려대학교 독어독문학과 외국인 교수

1874~1910

독일외교문서 한국편 8

2020년 4월 29일 초판 1쇄 펴냄

옮긴이 고려대학교 독일어권문화연구소
발행인 김흥국
발행처 보고사

책임편집 황효은
표지디자인 손정자

등록 1990년 12월 13일 제6-0429호
주소 경기도 파주시 회동길 337-15 보고사 2층
전화 031-955-9797(대표), 02-922-5120~1(편집), 02-922-2246(영업)
팩스 02-922-6990
메일 kanapub3@naver.com / bogosabooks@naver.com
http://www.bogosabooks.co.kr

ISBN 979-11-5516-997-1 94340
        979-11-5516-904-9 (세트)
ⓒ 고려대학교 독일어권문화연구소, 2020

정가 50,000원